תלמוד בבלי

— מהדורת נאה —

גיטין חלק ג

Steinsaltz Center

ירושלים

KOREN

Please note that the number ranges that appear at the bottom of each daf of the Vilna pages indicate the corresponding pages of the Koren Talmud Bavli translation and commentary.

תלמוד בבלי

הוצאת קורן ירושלים

— מהדורת נאה —

מסכת גיטין
דף מח: עד דף סז:

COMMENTARY BY

Rabbi Adin Even-Israel Steinsaltz

EDITOR-IN-CHIEF

Rabbi Dr Tzvi Hersh Weinreb

EXECUTIVE EDITOR

Rabbi Joshua Schreier

STEINSALTZ CENTER
KOREN PUBLISHERS JERUSALEM

°"בְּמִסְפַּר שְׁנֵי תְבוּאוֹת יִמְכָּר לָךְ"; מַתְנִיתָא, דְּתַנְיָא: בְּכוֹר נוֹטֵל פִּי שְׁנַיִם בַּשָּׂדֶה הַחוֹזֶרֶת לְאָבִיו בַּיּוֹבֵל. אָמַר אַבַּיֵי, *אנָקְטִינַן: בַּעַל בְּנִכְסֵי אִשְׁתּוֹ צָרִיךְ הַרְשָׁאָה. וְלָא אֲמָרַן אֶלָּא דְּלָא נְחֵית אַפֵּירֵי, אֲבָל נְחֵית אַפֵּירֵי, מִיגּוֹ דְּמִשְׁתָּעֵי דִּינָא אַפֵּירֵי – מִשְׁתָּעֵי דִּינָא אַגּוּפָא.§

(ויקרא כה) תורה אור

הדרן עלך השולח

הַנִּיזָּקִין בשָׁמִין לָהֶן בְּעִידִית, *גוּבַעַל חוֹב – בְּבֵינוֹנִית, דוּכְתוּבַּת אִשָּׁה – בְּזִיבּוּרִית; ר"מ אוֹמֵר: אַף כְּתוּבַּת אִשָּׁה – בְּבֵינוֹנִית. *האֵין נִפְרָעִין מִנְּכָסִים מְשׁוּעְבָּדִים *בְּמָקוֹם שֶׁיֵּשׁ נְכָסִי' בְּנֵי חוֹרִין, וַאֲפִילּוּ הֵן זִיבּוּרִית. *ואֵין נִפְרָעִין מִנִּכְסֵי יְתוֹמִין אֶלָּא מִן הַזִּיבּוּרִית. *זאֵין מוֹצִיאִין *לַאֲכִילַת פֵּירוֹת וְלִשְׁבַח קַרְקָעוֹת חוְלִמְזוֹן הָאִשָּׁה וְהַבָּנוֹת מִנְּכָסִים מְשׁוּעְבָּדִין, מִפְּנֵי תִיקּוּן הָעוֹלָם. *טוְהַמּוֹצֵא מְצִיאָה לֹא יִשָּׁבַע, מִפְּנֵי תִיקּוּן הָעוֹלָם.§ **גמ'** מִפְּנֵי תִיקּוּן הָעוֹלָם? דְּאוֹרָיְיתָא הִיא, דִּכְתִיב: °"מֵיטַב שָׂדֵהוּ וּמֵיטַב כַּרְמוֹ יְשַׁלֵּם"! אָמַר אַבַּיֵי: לָא צְרִיכָא אֶלָּא לְרַבִּי יִשְׁמָעֵאל, *דְּאָמַר: מִדְּאוֹרָיְיתָא בְּדְנִיזָּק שָׁיְימִינַן, קמ"ל: מִפְּנֵי תִיקּוּן הָעוֹלָם שָׁיְימִינַן בִּדְמַזִּיק. מַאי רַבִּי יִשְׁמָעֵאל? *דְּתַנְיָא: "מֵיטַב שָׂדֵהוּ וּמֵיטַב כַּרְמוֹ יְשַׁלֵּם" – מֵיטַב שָׂדֵהוּ שֶׁל נִיזָּק וּמֵיטַב כַּרְמוֹ שֶׁל נִיזָּק, דִּבְרֵי רַבִּי יִשְׁמָעֵאל; רע"א: לֹא בָּא הַכָּתוּב אֶלָּא לִגְבּוֹת לַנִּיזָּקִין מִן הָעִידִית, וְק"ו לַהֶקְדֵּשׁ. וּלְר' יִשְׁמָעֵאל, אָכַל שְׁמֵנָה מְשַׁלֵּם שְׁמֵנָה, אָכַל כְּחוּשָׁה מְשַׁלֵּם שְׁמֵנָה?! אָמַר רַב אִידִי בַּר אָבִין: הָכָא בְּמַאי עָסְקִינַן – כְּגוֹן שֶׁאָכְלָה עֲרוּגָה בֵּין הָעֲרוּגוֹת, וְלָא יָדְעִינַן אִי כְּחוּשָׁה אָכַל אִי שְׁמֵנָה אָכַל, דִּמְשַׁלֵּם לֵיהּ מִמֵּיטָב. אָמַר רָבָא: אִילּוּ יָדְעִינַן דִּכְחוּשָׁה אָכַל מְשַׁלֵּם כְּחוּשָׁה, הָשְׁתָּא דְּלָא יָדְעִינַן מְשַׁלֵּם שְׁמֵנָה? הַמּוֹצִיא מֵחֲבֵרוֹ עָלָיו הָרְאָיָה! אֶלָּא אָמַר רַב אַחָא בַּר יַעֲקֹב: הָכָא

רש"י

במספר שני תבואות. ובשעת היובל משתעי, כדכתיב: "במספר שנים אחר היובל" וגו', אלמא: אין גוף הקרקע מכור, אלא תבואות של כל שנה. בכור נוטל כו' בשדה החוזרת לאביו ביובל. כלומר, בשדה החוזרת לאחים מחמת שמכרה אביהן. דאי דחזרה בחיי האב – פשיטא. ואשמועינן דגוף הקרקע לא היה קנוי ללוקח, והוה ליה מוחזק לאביו לפני מותו. דאי כקנין הגוף דמי – הוה ליה ראוי, ואין הבכור נוטל בראוי דכתיב (דברים כא): "בכל אשר ימצא לו" – במוחזק בידו. צריך הרשאה. מאשתו, אם בא לדון עם שום אדם בגוף הקרקע. דאי ליכא הרשאה – מצי א"ל: לאו בעל דברים דידי את, דקנין פירות לאו כקנין הגוף הוא. דלא נחית. לדון לפירא, שאין לו לדון עמו כלום בפירות, שאין לו טענה עם אותו האיש בפירות כלל.

הדרן עלך השולח

הניזקין שמין להן. ניזקו, וגובין דמי ניזקו. **בעידית.** שבנכסי המזיק. שנוח לו לאדם לגבות מועט מקרקע עידית, ולא לגבות הרבה מזיבורית. וכולהו מפני תיקון העולם, כדמפרש בגמ'. **אין מוציאין** לאכילת פירות ולשבח קרקעות. הגוזל שדה ומכרה לאחר, וזרעה וצמחה ועשתה פירות, ובא נגזל וגבאה עם פירותיה מן הלוקח, ואינו משלם ללוקח כי אם היליאה – חוזר הלוקח על המוכר, וגובה דמי הקרקע מנכסים משועבדים, שמכרה לו באחריות, וכתב לו שטר מכירה, והרי היא מלוה בשטר. ואת הפירות – מנכסים בני חורין ולא ממשועבדים. ובגמ' מפרש טעמא. וכן לשבח קרקעות, אם השביחה הלוקח בנטיעת אילנות או טייבה בזבל ודיירה. **והמוצא מציאה.** ומחזירה, ובעלים אומרים שלא החזיר כולה – לא ישבע. מפני תיקון העולם. *אכולהו קאי. **גמ'** בדניזק שיימינן. מדאורייתא, שאם היתה זיבורית של מזיק כעידית של ניזק – אינו מגבהו אלא מזיבורית שלו. קמשמע לן. מדרבנן, מפני תיקון העולם, שיהו נזהרין מלהזיק, דבמזיק שיימינן. מיטב שדהו. של ניזק. השתא משמע שאם שילח בעירו ואכלה ערוגה של בית סאה בשדה חבירו – שמין ערוגה יפה שבכל שדה הניזק, ונותן לו דמיה, ואפילו היתה זו כחושה. ולקמן פריך: אכל כחושה משלם שמנה?! **לא בא הכתוב.** להחמיר עליו, לשלם יותר ממה שהזיק. **אלא לגבות לניזקין.** שיעור דמי נזקו כמות שהוא. **מן העידית.** שאם אין לו מעות, ורוצה לפרוע לו קרקע בשומא – צריך ליתן לו מקרקע מעולה שלו. וקל וחומר להקדש. לקמן מפרש. **אבל כחושה משלם שמנה.** בתמיה. ערוגה בין הערוגות. והיו בהן כחושות ושמנות מעורבות זו אצל זו. ולא ידעינן. איזו. **המוציא** מחבירו עליו הראיה. עליו להביא עדים לברר את הספק. ודאורייתא היא, דבבא קמא (דף מו:): "מי בעל דברים יגש אליהם" (שמות כד) – יגיש ראיה אליהם. הכא

תוספות

הניזקין שמין להן בעידית. אין ענין נזקין אצל גיטין, אלא משום דתנא לעיל ב"השולח" מילי דתיקון העולם, תנא ליה הכא. וגט פשוט דתנא בבבא בתרא ולא תנאה הכא במכילתין – משום דאיירי התם במילי שטרות כילד נעשין, תנא התם. **וכתובת** אשה בזיבורית. בגמ' מפרש טעמא: משום דיותר ממה שהאיש רוצה לישא האשה רוצה להנשא. *וקשה: דלמאן דאמר כתובה דאורייתא, דיליף לה בפ' קמא דכתובות (דף י.) מ"כמוהר הבתולות" שיהא זה כמוהר הבתולות ומוהר הבתולות כזה – מדאורייתא דינה בעידית, ואמאי הפקיעו חכמים דינה מהאי טעמא? ור"מ נמי, דאמר דינה בבינונית – קסבר כתובה דאורייתא, בפ' "אע"פ" (כתובות דף נו.)! וי"ל: דטעמא דהפקיעו חכמים דינה, כדאמר בגמ' (לקמן מט.) גבי בעל חוב – שלא יראה אדם לחבירו שדה נאה ויאמר אקפוץ ואלוונו, הכי נמי חשו חכמים באשה – שמא תקניטנו כדי שיגרשנה, ותגבה כתובה. וטעמא דיותר משהאיש רוצה לישא אשה רוצה להנשא – לא הוי אלא משום דלא תימא כמו שבעל חוב בבינונית משום נעילת דלת, אשה נמי משום חינא תהא בבינונית.

אין נפרעין מנכסים משועבדין כו'. ואע"ג דלמאן דאמר שעבודא לאו דאורייתא – מדאורייתא נמי בלא תיקון העולם לא גבי ממשעבדי, ואפילו למ"ד שעבודא דאורייתא – מכל מקום בע"ח דינו בזיבורית מן התורה. מ"מ, אי לאו משום תיקון העולם – היה גובה אפילו ממשעבדי בבינונית, משום נעילת דלת, להכי קאמר שפיר משום תיקון העולם. **אין** נפרעין מנכסי יתומים כו'. בבעל חוב ניחא, דלא חיישינן לנעילת דלת, כדאמרינן בגמרא (לקמן דף נ.) דלא מסיק מלוה אדעתיה דמית לוה. אבל ניזקין, דדינן מדאורייתא בעידית – איך הפקיעו חכמים דינן משום יתומים? ובגמרא אמר דמיתמי בזיבורית, אפילו הן ניזקין. ולרבא ניחא, דמוקי לה כגון שהיתה עידית דניזק כזיבורית דמזיק כו'. ולאביי ולמר זוטרא דפליגי עליה – איכא למימר דסברי שעבודא לאו דאורייתא. אי נמי: לא פלוג רבנן בין בעל חוב לנזקין.

אמר אביי לא צריכא אלא לר' ישמעאל דאמר מדאורייתא בדניזק כו'. הקשה ר"ת: דהכא משמע לאביי דפליגי ר' ישמעאל ור' עקיבא אי שיימינן בדניזק או בדמזיק, וכן תנא בהדיא לקמן. ובפ' "הכונס" (ב"ק דף נט.) מוקי אביי פלוגתייהו בנידון במשויר שבו! ונראה לפרש: דאע"ג דפליגי אי שיימינן בדניזק או בדמזיק, מ"מ משמע ליה לאביי דבנידון במשויר שבו נמי פליגי, מדקאמר ר"ע: לא בא הכתוב – משמע מתוך תשובתו שכך ר"ל: לא בא הכתוב להחמיר על המזיק כמו שאמרת, אלא לענין עידית לבד בא הכתוב. ואי לא פליגי בנידון במשויר שבו, אלא בעידית לחודיה – לא היה מחמיר ר' ישמעאל על המזיק בשום דבר טפי מר' עקיבא, אלא אדרבה ר"ע דאמר בדמזיק שיימינן – מחמיר טפי, כמו שאפרש בסמוך. ולהכי טעי טפי במילתיה דר' ישמעאל מדברי רבי עקיבא, דקאמר: ולר' ישמעאל אכל כחושה משלם שמנה? דמתוך תשובתו של ר"ע משמע שמע מרבי ישמעאל שבא הכתוב להחמיר על המזיק יותר ממה שהזיק, כדפירשנו. **ורבי** ישמעאל אכל שמנה כו'. פירוש: בשלמא אכל שמנה משלם שמנה, אלא אכל כחושה אמאי משלם שמנה? א"נ הכי פירושו: כיון דאכל שמנה אינו משלם אלא שמנה כמו שהזיקו, ולא קנסינן ליה לשלם יותר ממה שהזיק, אם כן כשאכל כחושה – נמי לא לקנסיה לשלם שמנה! כגון

תוספות רי"ד

אמר אביי נקטינן בעל בנכסי אשתו צריך הרשאה דקנין פירות לאו כקנין הגוף דמי כר"ל ולא אמרן אלא דליכא פירא אבל איכא פירא מיגו דמשתעי דינא אפירא משתעי נמי דינא אגופא:

סליק פירקא

הניזקין שמין להן בעידית וב"ח בבינונית וכתובת אשה בזיבורית רבי מאיר אומר אף כתובת אשה בבינונית אין נפרעין מנכסים משועבדים מקום שיש נכסים ב"ח אפילו הן זיבורית אין נפרעין מנכסי יתומים אלא מן הזיבורית. פי' אם אינו רוצה המזיק להגבותו מטלטלים דמי נזקו אלא קרקע מגבהו כשומת נזקו מן העידית שבנכסיו כדכתיב מיטב שדהו ומיטב כרמו ישלם ועידית היא הנאה שבכל קרקעותיו את כל נאות יעקב תרגומא ית כל עידית יעקב וכל מה שגובה בשומא גובה אלא שיותר אדם רוצה מעט עידית מהרבה זיבורית אבל אם רוצה להגבותו מטלטלין מגבהו ממה שהוא רוצה ואפילו סובין כדאמרינן בפ' ארבעה אבות נזיקין כסף ישיב ואפילו שוה כסף ואפילו סובין וזהו במטלטלין אבל בקרקע נותן לו מן העידית והרשות ביד המזיק ליתן לו קרקע או מטלטלין: וב"ח בבינונית פי' בדלית ליה זוזי אבל אי אית ליה זוזי לא מצי פטר נפשיה לא בקרקע ולא במטלטלין אלא בזוזי דדוקא גבי מזיק הוא דאקיל רחמנא ישיב לרבות שוה כסף ואפילו סובין אבל גבי ב"ח עבד לוה לאיש מלוה כדכתבינן בכתובות בפ' הכותב ובבבא בתרא בפ' המוכר בית כור עפר ואי לית ליה זוזי ואית ליה מטלטלין ה"נ דלא מצי מגבי ליה קרקע אבל (אית) [אי לית] ליה זוזי ולא מטלטלין מגבהו מן הקרקע ומן הבינונית: וכתובת אשה בזיבורית. פי' כתובת אשה לא גביא אלא מן הקרקע ואי לא משכחא קרקע מפסדא ולא אמרינן מיניה ואפילו מן גלימא דעל כתפיה אלא גבי ב"ח אבל אשה אין דינה אלא מן הקרקע ואפילו מינה כדכתבינן בפ' הכותב וזיבורית היא

עין משפט נר מצוה

קמז א מיי' פי"ג מהל' שלוחין הלכה ד סמג עשין פב טוש"ע ח"מ סי' קכב סעיף ח [וברב אלפס ב"ק פ"ע דף ח. וברא"ש שם סימן כג]:

א ב מיי' פ"ח מהל' נזקי ממון הלכה י ופ"ח הלכה י סמג עשין סז טוש"ע ח"מ סי' תיט סעיף א:

ב ג מיי' פי"ט מהל' מלוה ולוה הלכה א סמג עשין צד טוש"ע ח"מ סי' קב סעיף א:

ג ד מיי' שם הלכה ד ופט"ז מהל' אישות הלכה ג סמג עשין מח טוש"ע אה"ע סימן ק סעיף ב:

ד ה מיי' פי"ח מהל' מלוה הלכה א ופ"ט הלכה ב סמג עשין צד טוש"ע ח"מ סימן קיא סעיף ח:

ה ו מיי' שם פי"ט ה"א ופ"ח מהל' נזקי ממון הל' יא סמג שם טוש"ע ח"מ סי' קח סעיף כא ובסעיף יח וסי' תיט סעיף א:

ו ז מיי' פכ"א מהל' מלוה הל' א ופ"ט מהל' גזילה הל' ג סמג שם וסי' עג טוש"ע ח"מ סימן קטו סעי' א וסי' שעג סעי' א:

ז ח מיי' פכ"א מהל' מלוה הל' א ומהל' אישות הל' יג סמג עשין מח טוש"ע אה"ע סי' נג סעי' כא וסי' קיב סעי' ז:

ח ט מיי' פי"ג מהל' אבידה הלכה כ סמג עשין סס טוש"ע ח"מ סימן רסז סעיף כז:

מסורת הש"ס

[עי' פרש"י ערכין ה.]

ב"מ טז:

כתובות נה. ב"ק ח:

[עי' פרש"י על זה לקמן נ:]

ערכין כב. [לקמן מט. כתובות קי.]

[עי' תוספות לקמן נ: ד"ה אין מוציאין]

[לקמן נה.]

גיטין נ:

[לקמן נ.]

שמות כב

ב"ק ו: נט. [כל הסוגיא עד תכליתו]

[עי' רש"י]

גליון הש"ס

תוס' ד"ה וכתובת אשה כו'. דלמ"ד. עי' כתובות דף י ע"א תד"ה הואיל.

תורה אור

הכא במאי עסקינן – (א)כגון שהיתה עידית דניזק כזיבורית דמזיק; רבי ישמעאל סבר: בדניזק שיימינן, ור"ע סבר: (ב)בדמזיק שיימינן. מ"ט דרבי ישמעאל? נאמרה °"שדה" למטה ונאמרה °"שדה" למעלה, מה שדה האמורה למעלה – דניזק, אף שדה האמורה למטה – דניזק; ור"ע סבר: "מיטב שדהו ישלם" דהאיך דקא משלם. ור' ישמעאל? אהני גז"ש ואהני קרא; אהני גז"ש, לכדאמרן; אהני קרא, דאי אית ליה למזיק עידית וזיבורית, וזיבורית דידיה לא שויא כעידית דניזק, דמשלם ליה ממיטב. "רע"א: לא בא הכתוב אלא לגבות לניזקין מן העידית, וק"ו להקדש". מאי ק"ו להקדש? אילימא דנגחיה תורא דידן לתורא דהקדש – °"שור רעהו" אמר רחמנא, (ג)ולא שור של הקדש! אלא לאומר "הרי עלי מנה לבדק הבית", דאתי גזבר ושקיל מעידית – לא יהא אלא בעל חוב, ובעל חוב דינו בבינונית! וכ"ת, קסבר ר"ע: בעל חוב שקיל בעידית כניזקין – איכא למיפרך: מה לבעל חוב שכן יפה כחו בניזקין, תאמר בהקדש שכן הורע כחו בניזקין! לעולם דנגחיה תורא דידן לתורא דהקדש, ור"ע סבר לה כר"ש בן מנסיא; *דתניא, ר"ש בן מנסיא אומר: שור של הקדש שנגח לשור של הדיוט – פטור, ושל הדיוט שנגח לשור של הקדש, בין תם ובין מועד – משלם נזק שלם. אי הכי, ממאי דבעידית דניזק כזיבורית דמזיק פליגי? דלמא דכ"ע בדניזק שיימינן, והכא בפלוגתא דר"ש בן מנסיא ורבנן קמיפלגי, דר"ע סבר לה כר"ש בן מנסיא, ור' ישמעאל סבר לה כרבנן! א"כ, מאי "לא בא הכתוב"? ועוד, מאי ק"ו להקדש? ועוד, הא אמר רב אשי, תניא

שמות כב / שם / שם כא / ב"ק לז:

רש"י

הכא במאי עסקינן כגון שהיתה עידית דניזק כזיבורית דמזיק. ולרבי ישמעאל נמי אין שמין אכילת ערוגה אלא לפי מה שהיתה, אם שמינה – שמינה, אם כחושה – כחושה. ולאחר שנישומה בבית דין, ואמר: אין לי מעות לפורעו – יטול קרקע בדמי מעות נזקו. ובא לגבותו מזיבורית שלו, והיא טובה כעידית של ניזק. והלכה אומר: מעידית שלך הגביני, לפי דמי נזקי, שכן אמרה תורה "מיטב שדהו" וגו'. **רבי ישמעאל** סבר בדניזק שיימינן. ו"מיטב" שאמרה תורה, שאם בא להגבותו קרקע גרוע מעידיתו של ניזק, ויש לו להגבותו ערוגה במיטב של ניזק – על כרחו יגבהו ממיטב. אבל טובה מעידיתו של ניזק – אין לנו לכוף את המזיק לפרוע, ואפילו יש לו. בדמזיק שיימינן. ממיטב שדותיו אמרה תורה שיגבנו. **נאמרה** שדה למעלה. לענין נזק: "ובער בשדה אחר". **ונאמרה** שדה למטה. לענין תשלומין: "מיטב שדהו" וגו'. **ורבי עקיבא.** "שדהו ישלם" כתיב, במשלם הכתוב מדבר, דהיינו מזיק. והכי קאמר ר"ע: לא בא הכתוב להקל על המזיק להפטר בזיבורית שלו, אם היא כעידית של ניזק, אלא להגבות לניזקין מן העידית של מזיק. **ורבי ישמעאל.** אמר לך. **אהני** גזירה שוה. ד"שדה" "שדה" דניזק שיימינן. **ואהני קרא.** ד"שדהו ישלם" דמשמע דבמזיק שיימינן. **וזיבורית דידיה לא שויא** בעידית דניזק. אהני קרא לשלומי מעידית דידיה. דאי לאו קרא – הוה אמינא לא חייביה רחמנא טפי ממיטב דניזק, ולא רמי דיניה דניזק אעידית דמזיק. וליסקול מאי דמשכח גביה, כאילו לא הוה ליה עידית. **וק"ו** להקדש. וקא סלקא דעתך בניזקין נמי קאי. **לא יהא אלא בעל חוב.** בדבורא בעלמא דקביל עליה, מי עדיף מחוב, דתנן בבינונית? דאם החמירה תורה בניזקין לא ילפינן חוב מיניה. **איכא** למיפרך. כלומר, אפילו סבירא ליה הכי – לא ילפינן הקדש מיניה, דאיכא למיפרך: מה לבעל חוב – שהוא הדיוט, דינא הוא דליסקול בעידית. שכן יפה הכתוב כחו בניזקין. שחבירו חייב בנזקו. **משלם נזק שלם.** ודריש "רעהו" הכי: רעהו הוא דמשלם חצי נזק, אבל להקדש – נזק שלם. ולגבי הזיק הקדש דריש הכי: "לרעהו" הוא דמחייב, אבל הקדש שהזיקה – פטור. **אי הכי.** דר"ע כר"ש אוקמת ליה, מאי דוחקיך דאוקמת פלוגתא דרישא בשומא דניזק ומזיק? דלמא לגבות מן העידית דקאמר ר"ע – נמי מעידית דניזק קאמר, דהיא זיבורית דמזיק כר' ישמעאל, ואמינא: לא פליג עליה אלא בק"ו להקדש, דר' ישמעאל לא סבירא ליה דר"ש בן מנסיא. **אם כן.** דלא פליג עליה דרישא, מאי "לא בא הכתוב" דקאמר? דמשמע: לא בא לכך אלא לכך. **ועוד.** אי ר"ע קולא קאמר לגבי מזיק כר' ישמעאל. **מאי קל וחומר להקדש.** דקאמר? הואיל וקולא היא – היכי מצי למימר "וק"ו", דמקילינן נמי גבי הקדש?
תניא

תוספות

כגון שהיתה עידית דניזק כזיבורית דמזיק. ואיפכא לא מצי למימר, דכ"ע מודו דאינו נותן אלא מעידית שיש לו, ואינו חייב לקנות. כדאמרינן בפ"ק דבבא קמא (דף ז:): אין לו אלא זיבורית – כולן גובין מן הזיבורית. ומיהו, אי בשל עולם הן שמין – לר"ע הוה מצי למימר: כגון דאית ליה למזיק עידית בינונית וזיבורית, וזיבורית דידיה כעידית דעלמא, ועידית דידיה כעידית דניזק. ואפילו למאן דאמר בשלו הן שמין – הוה מצי למימר דאיכא בינייהו כגון דעידית דמזיק כזיבורית דניזק, דלמ"ד או כסף או מיטב – משלם כסף לר' ישמעאל, ולר"ע משלם מיטב שלו. **שור** רעהו אמר רחמנא ולא שור של הקדש. תימה: אמאי לא מוקי לה בשן ורגל שהזיק את ההקדש, דהתם לא כתיב "רעהו"! ומקרן ליכא למילף, שכן אינה מועדת מתחילתה, וגזירה שוה ד"תחת" "נתינה" "ישלם" "כסף" – לא נתקבלה אלא לענין מיטב דוקא, ולא לענין תשלומין, דאי לכל מילי – א"כ נפטרו כולהו ברשות הרבים, וכלים, ושור פסולי המוקדשים, וטמון! וי"ל: כיון דכתיב "רעהו" – תו ליכא למילף מיטב בשן ורגל שהזיק את ההקדש מק"ו דהדיוט, דאיכא למיפרך: מה להדיוט – שכן יפה כחו לענין קרן. וכה"ג פריך בסמוך: שכן יפה כחו בניזקין. וכי קאמר: אלא באומר הרי עלי מנה וכו', לא בעי לאוקמא בשן ורגל – משום דמנזקין אנזקין אסיק אדעתיה שפיר דאיכא למיפרך שכן יפה כחו. אבל מנזקין אמלוה – לא הוה סלקא דעתיה למיפרך, דהא כי מוקי לה כר"ש בן מנסיא לא פרכינן מה להדיוט שכן יפה כחו לענין רידית ואונאה אנזקין. ועוד יש לומר: דכולהו נזקין פטורין בהקדש, כדמוכח בירושלמי בריש פרקא, דאמר: במה אנן קיימין? אי בהכשר נזקין – הא תנינא: "שור רעהו" – ולא שור של הקדש, ואי בנזקי גופו – הא תני רבי חייא: נזקין להדיוט ואין נזקין לגבוה. אלא באומר "הרי עלי מנה" כו'. משמע דלא משכח נזקין להקדש לא בשן ורגל ולא באדם המזיק. ובפ"ק דבבא קמא (דף ט:) נמי תנן: נכסים שאין בהן מעילה, ואכולהו ד' אבות קאי, ואפילו אנזקי אדם למ"ד מבעה זה אדם. והא דמשמע בפרק "השואל" (ב"מ דף צט:) דאדם המזיק את ההקדש חייב לשלם קרן – היינו מדרבנן. וא"ת: והא הקדש יליף מתרומה, דכתיב בה (ויקרא כב) "כי יאכל" – פרט למזיק. והתם בתרומה חייב לשלם קרן, דמזיק ממון כהן הוא! וי"ל: דאע"ג דבתרומה חייב לשלם – מ"מ לא מהאי קרא מפיק, אלא מקרא אחרינא, דהוי כגוזל חבירו ומזיקו. והשתא כולהו נזקין דפטירי בו בהקדש – ילפינן מאדם, דיותר ראוי לחייב אדם המזיק בידים ממזיק ע"י כריית בור, או שולח בעירו. וא"ת: א"כ "רעהו" דכתב רחמנא למה לי? וי"ל: דאי לאו דאשכחן בחד דוכתא דפטר רחמנא להדיוט בהקדש לגמרי – לא הוה דרשינן "כי יאכל" פרט למזיק, אלא לפטור מחומש לחודיה. **ורבי** עקיבא סבר לה כר"ש בן מנסיא. ואם תאמר: בפ"ק דבבא קמא (דף ה.) דפרכינן: וליתני תרי גווני שור! ומשני: הא תבריה ר"ע לגזיזיה. אכתי תיקשי לו: דליתני שור דאזיק הדיוט, ושור דאזיק הקדש, דדינייהו חלוקין אליביה! וי"ל: דבהקדש לא קמיירי. וא"ת: אכתי איכא למיפרך: מה להדיוט – שכן יפה כחו בנזקי אדם ובור, תאמר בהקדש שהורע כחו באדם המזיק, ד"כי יאכל" – פרט למזיק, ובור דכתיב (שמות כא) "והמת יהיה לו" – שהמת שלו! וי"ל: דאיכא למיעבד ק"ו הכי: מה קרן הדיוט דקיל – דתם אינו משלם אלא ח"נ – גובה במועד מן העידית, קרן הקדש דחמיר – לא כ"ש. **ועוד** מאי ק"ו להקדש. פי' בקונטרס: הואיל ומן העידית דקאמר ר"ע אניזק קאי, ולאקולי אתא, דיהיב ליה מזיק מזיבורית – אם כן מאי ק"ו להקדש? גריעותא הוא! וקשה: דמ"מ איצטריך ק"ו דמשלם ממיטב דניזק, ולא מזיבורית דניזק! ונראה דה"פ: מאי קל וחומר להקדש, דלענין לחיובי מזיק בהקדש – לא קאמר, דהא מ"רעהו" נפקא, כדדריש ר"ש בן מנסיא, אלא לענין מיטב קאמר. ולא הוה ליה לר"ע לאהדורי לרבי ישמעאל ק"ו, כיון שר' ישמעאל עצמו היה מודה בכך אי לאו משום דפטר ליה לגמרי. וה"ר שלמה מדרוש תירץ: דה"פ: מאי ק"ו להקדש, דשיימינן בעידית דניזק ולא בדמזיק. מי ידעינן עידית דהקדש? שמא יש להקדש עידית בסוף העולם טובה שאין כמוה! ועל כרחיך בדמזיק שיימינן, דלא שייך כלל למישם בדניזק.
ורבי

עין משפט נר מצוה

מט א ב טוש"ע ח"מ סי' תיט סעיף א:
י ג מיי' פ"ח מהל' נזקי ממון הלכה א סמג עשין סו:

גליון הש"ס

גמ' שור רעהו אמר רחמנא. ע' תשובת רשד"ס חלק י"ד סימן רמט:

*תַּנְיָא בְּהֶדְיָא: °"מֵיטַב שָׂדֵהוּ וּמֵיטַב כַּרְמוֹ יְשַׁלֵּם" — מֵיטַב שָׂדֵהוּ שֶׁל נִיזָּק וּמֵיטַב כַּרְמוֹ שֶׁל נִיזָּק, דִּבְרֵי רַבִּי יִשְׁמָעֵאל; רע"א: אמֵיטַב שָׂדֵהוּ שֶׁל מַזִּיק וּמֵיטַב כַּרְמוֹ שֶׁל מַזִּיק! *רָבִינָא אָמַר: לְעוֹלָם מַתְנִי' ר"ע הִיא, דְּאָמַר: מִדְּאוֹרַיְיתָא בִּדְמַזִּיק שָׁיְימִינַן, ור"ש הִיא, *דְּדָרֵישׁ טַעְמָא דִּקְרָא, וּמָה טַּעַם קָאָמַר, מַה טַּעַם הַנִּיזָּקִין שָׁמִין לָהֶן בְּעִידִית? מִפְּנֵי תִּיקּוּן הָעוֹלָם; דְּתַנְיָא, אָמַר *ר"ש: מִפְּנֵי מָה אָמְרוּ הַנִּיזָּקִין שָׁמִין לָהֶן בְּעִידִית? מִפְּנֵי הַגַּזְלָנִים וּמִפְּנֵי הַחַמְסָנִין, כְּדֵי שֶׁיֹּאמַר אָדָם: לָמָּה אֲנִי גּוֹזֵל וְלָמָּה אֲנִי חוֹמֵס? לְמָחָר ב"ד יוֹרְדִין לִנְכָסַי וְנוֹטְלִין שָׂדֶה נָאָה שֶׁלִּי, וְסוֹמְכִים עַל מַה שֶּׁכָּתוּב בַּתּוֹרָה "מֵיטַב שָׂדֵהוּ וּמֵיטַב כַּרְמוֹ יְשַׁלֵּם", לְפִיכָךְ אָמְרוּ הַנִּיזָּקִין שָׁמִין לָהֶן בְּעִידִית; מִפְּנֵי מָה אָמְרוּ בַּעַל חוֹב בְּבֵינוֹנִית? כְּדֵי שֶׁלֹּא יִרְאֶה אָדָם לַחֲבֵירוֹ שָׂדֶה נָאָה וְדִירָה נָאָה, וְיֹאמַר: אֶקְפּוֹץ וְאַלְוֶנּוּ כְּדֵי שֶׁאֶגְבֶּנּוּ בְּחוֹבִי, לְפִיכָךְ אָמְרוּ בע"ח בְּבֵינוֹנִית. אֶלָּא מֵעַתָּה, יְהֵא בְּזִיבּוּרִית! א"כ, אַתָּה נוֹעֵל דֶּלֶת בִּפְנֵי לוֹוִין. כְּתוּבַּת אִשָּׁה — בְּזִיבּוּרִית, דִּבְרֵי ר' יְהוּדָה, ר"מ אוֹמֵר: בְּבֵינוֹנִית. אָמַר ר"ש: מִפְּנֵי מָה אָמְרוּ כְּתוּבַּת אִשָּׁה בְּזִיבּוּרִית? *שֶׁיּוֹתֵר מִמַּה שֶּׁהָאִישׁ רוֹצֶה לִישָּׂא, הָאִשָּׁה רוֹצָה לִינָּשֵׂא. *דָּבָר אַחֵר: באִשָּׁה יוֹצְאָה לִרְצוֹנָהּ וְשֶׁלֹּא לִרְצוֹנָהּ, וְהָאִישׁ אֵינוֹ מוֹצִיאָהּ אֶלָּא לִרְצוֹנוֹ. מַאי דָּבָר אַחֵר? וְכ"ת: כִּי הֵיכִי דְּכִי מַפֵּיק לָהּ אִיהוּ תַּקִּינוּ לָהּ רַבָּנַן כְּתוּבָּה מִינֵּיהּ, כִּי נָפְקָא אִיהִי נַמִּי לִיתַקְּנֵי לֵיהּ רַבָּנַן כְּתוּבָּה מִינָּהּ — ת"ש: אִשָּׁה יוֹצְאָה לִרְצוֹנָהּ וְשֶׁלֹּא לִרְצוֹנָהּ, וְהָאִישׁ אֵינוֹ מוֹצִיא אֶלָּא לִרְצוֹנוֹ, אֶפְשָׁר דְּמַשְׁהֵי לָהּ בְּגִיטָּא. § "כְּתוּבַּת אִשָּׁה בְּזִיבּוּרִית". § אָמַר מָר זוּטְרָא בְּרֵיהּ דְּרַב נַחְמָן: לָא אֲמָרַן אֶלָּא מִיַּתְמֵי, אֲבָל מִינֵּיהּ דִּידֵיהּ — בְּבֵינוֹנִית. מִיַּתְמֵי, מַאי אִירְיָא כְּתוּבַּת אִשָּׁה? אֲפִילּוּ כָּל מִילֵּי נַמִּי, דְּהָא *תְּנַן: אֵין נִפְרָעִים מִנִּכְסֵי יְתוֹמִים אֶלָּא מִן הַזִּיבּוּרִית! אֶלָּא לָאו, מִינֵּיהּ! לְעוֹלָם מִיַּתְמֵי, וּכְתוּבַּת אִשָּׁה אִיצְטְרִיכָא לֵיהּ, ס"ד אָמִינָא *מִשּׁוּם חִינָּא אַקִּילוּ רַבָּנַן גַּבָּהּ, קמ"ל. אָמַר רָבָא: ת"ש, ר"מ אוֹמֵר: כְּתוּבַּת אִשָּׁה — בְּבֵינוֹנִית; מִמַּאן? אִילֵימָא מִיַּתְמֵי, לֵית לֵיהּ לְר"מ הָא דִּתְנַן: אֵין נִפְרָעִים מִנִּכְסֵי יְתוֹמִים אֶלָּא מִן הַזִּיבּוּרִית? אֶלָּא לָאו, מִינֵּיהּ, מִכְּלָל דְּרַבָּנַן סָבְרִי: בְּזִיבּוּרִית! לָא, לְעוֹלָם מִיַּתְמֵי, וְשָׁאנֵי כְּתוּבַּת אִשָּׁה, מִשּׁוּם חִינָּא. אָמַר אַבַּיֵי, ת"ש: הַנִּיזָּקִין שָׁמִין לָהֶן בְּעִידִית, וּבַעַל חוֹב — בְּבֵינוֹנִית, וּכְתוּבַּת אִשָּׁה — בְּזִיבּוּרִית; מִמַּאן? אִילֵימָא מִיַּתְמֵי, מַאי אִירְיָא כְּתוּבַּת אִשָּׁה? אֲפִילּוּ כָּל הָנֵי נַמִּי! אֶלָּא לָאו מִינֵּיהּ! אָמַר רַב אַחָא בַּר יַעֲקֹב: הָכָא בְּמַאי עָסְקִינַן — כְּגוֹן שֶׁנַּעֲשָׂה עָרֵב לְנִזְקֵי בְּנוֹ, לְבַעַל חוֹב בְּנוֹ, וְלִכְתוּבַּת כַּלָּתוֹ, וְהַאי כִּי דִּינֵיהּ וְהַאי כִּי דִּינֵיהּ; נִיזָּקִין וּבַעַל חוֹב דְּמֵחַיִּים גָּבוּ, אִיהוּ נַמִּי כִּי מַגְבֵּי — כְּמֵחַיִּים מַגְבֵּי. כְּתוּבַּת אִשָּׁה דִּלְאַחַר מִיתָה גָּבְיָא, וּלְאַחַר מִיתָה מִמַּאן גָּבְיָא? מִיַּתְמֵי, אִיהוּ נַמִּי כִּי מַגְבֵּי — כִּלְאַחַר מִיתָה מַגְבֵּי. וְתִיפּוֹק לֵיהּ דְּעָרֵב דִּכְתוּבָּה לָא מִשְׁתַּעְבֵּד! בְּקַבְּלָן. הָנִיחָא לְמַאן דְּאָמַר: קַבְּלָן אַף עַל גַּב דְּלֵית לֵיהּ נִכְסֵי לַלֹּוֶה מִשְׁתַּעְבֵּד — שַׁפִּיר, אֶלָּא לְמַאן דְּאָמַר: אִי אִית לֵיהּ מִשְׁתַּעְבֵּד, אִי לֵית לֵיהּ לָא מִשְׁתַּעְבֵּד, מַאי אִיכָּא לְמֵימַר? אִיבָּעֵית אֵימָא: בִּדְהָווּ לֵיהּ וְאִישְׁתַּדּוּף; וְאִיבָּעֵית אֵימָא: כָּל לְגַבֵּי בְּרֵיהּ שִׁעְבּוּדֵי מְשַׁעְבֵּד נַפְשֵׁיהּ. *אִיתְּמַר: עָרֵב דִּכְתוּבָּה — דִּבְרֵי הַכֹּל לֹא מִשְׁתַּעְבֵּד, קַבְּלָן

תורה אור: שמות כב

רש"י

תַּנְיָא בְּהֶדְיָא. דְּלְרַבִּי עֲקִיבָא בִּדְמַזִּיק שָׁיְימִינַן. וְרַבִּי שִׁמְעוֹן הִיא. מַתְנִי', דְּקָתָנֵי בְּמִידֵּי דְּאוֹרַיְיתָא מִפְּנֵי תִּיקּוּן הָעוֹלָם – רַבִּי שִׁמְעוֹן, שֶׁהָיָה תַּלְמִיד שֶׁל רַבִּי עֲקִיבָא, אֲמָרָהּ. דְּדָרֵישׁ. נַמִּי בְּעָלְמָא טַעְמָא דִּקְרָא, בְּבָבָא מְצִיעָא (דף קטו.) גַּבֵּי "לֹא תַחְבּוֹל בֶּגֶד אַלְמָנָה" (דברים כד) דְּקָאָמַר: עֲשִׁירָה מְמַשְׁכְּנִין אוֹתָהּ. מִפְּנֵי תִּיקּוּן הָעוֹלָם. כִּדְקָתָנֵי בְּבָרַיְיתָא: שֶׁיֹּאמַר אָדָם לָמָּה אֲנִי גּוֹזֵל כו'. גַּזְלָן – לָא יָהֵיב דָּמֵי, חַמְסָן – יָהֵיב דָּמֵי. יוֹצְאָה לִרְצוֹנָהּ כו'. עַל כָּרְחָהּ בַּעַל מְגָרְשָׁהּ. מַאי דָּבָר אַחֵר. הֵיכִי הָוְיָא טַעְמָא לִכְתוּבָּה לְמִישְׁקַל בְּזִיבּוּרִית? וְכ"ת. כְּלוֹמַר, מִילְּתָא אַחֲרִיתִי קָאָמַר, וְלָא טַעְמָא לְזִיבּוּרִית הוּא. אֶפְשָׁר דְּמַשְׁהֵי לָהּ. וְלָא יָהֵיב לָהּ גִּיטָּא, וְכֵיוָן דְּלָא אַשְׁהֵי – מִדַּעְתֵּיהּ גֵּירְשָׁהּ. אֶלָּא מִיַּתְמֵי. כְּגוֹן כְּתוּבַּת אַלְמָנָה. מִשּׁוּם חִינָּא. שֶׁיְּהוּ אֲנָשִׁים נוֹשְׂאִין חֵן בְּעֵינֵי הַנָּשִׁים וְיִנָּשְׂאוּ לָהֶם. מִמַּאן. קָאָמַר כָּל הָנֵי דְּמַתְנִי'. אִילֵימָא מִיַּתְמֵי. נְזָקִין, הֵיכָא דָּמִית מַזִּיק וְגָבֵי מִיַּתְמֵי, מִי גָּבֵי מֵעִידִית? הָא תְּנַן: אֵין נִפְרָעִים מִנִּכְסֵי יְתוֹמִים אֶלָּא מִזִּיבּוּרִית! כְּגוֹן שֶׁנַּעֲשָׂה עָרֵב כו'. לְעוֹלָם כְּתוּבָּה מִינֵּיהּ דִּידֵיהּ בְּבֵינוֹנִית, וְכוּלָּהּ מַתְנִי' בְּעָרֵב קָמַיְירֵי, שֶׁנַּעֲשָׂה עָרֵב לִבְנוֹ לְנִזְקוֹ, וּלְהַלְוָאָתוֹ וְלִכְתוּבַּת אִשְׁתּוֹ, לְפוֹרְעָהּ בִּשְׁבִילוֹ אִם לֹא יִפְרְעֶהָ. וְלֹא פְּרָעָהּ, וּמֵת, וְאָתוּ וְגָבוּ מִן הֶעָרֵב. וְהָכָא וַדַּאי, אע"ג דְּלָאו מִיַּתְמֵי גָּבְיָא – לָא מַגְבִּינַן לָהּ אֶלָּא מִזִּיבּוּרִית, דְּהַאי כִּי דִּינֵיהּ וְהַאי כִּי דִּינֵיהּ. נְזָקִין וְחוֹב. דְּדִינַיְיהוּ לִיפָּרַע נַמִּי מֵחַיִּים שֶׁל בֵּן, תְּבִיעָתָן אֵינָהּ בָּאָה כְּלוֹעֲקִים עַל הַיְתוֹמִים. לְפִיכָךְ כְּשֶׁנִּפְרָעִים מִן הֶעָרֵב – נִפְרָעִים מִמֶּנּוּ כַּדִּין שֶׁהָיוּ נִפְרָעִים מִן הַבֵּן אִם הָיָה בַּחַיִּים וְהָיוּ לוֹ נְכָסִים. מִמַּאן גָּבְיָא. אִם הָיוּ לוֹ לַבֵּן נְכָסִים. אִיהוּ נַמִּי. עָרֵב. לָא מִשְׁתַּעְבֵּד. לִפְרוֹעַ, דְּהָכִי פָּסְקִינַן הִלְכְתָא לְקַמָּן בְּסָמוּךְ. בְּקַבְּלָן. שֶׁנַּעֲשָׂה עָלֶיהָ קַבְּלָן, שֶׁהִתְפִּיסָהּ בְּנוֹ מִטַּלְטְלִין לִכְתוּבָּתָהּ, וְהִיא מְסָרַתָּן לְיָדוֹ בְּתוֹרַת קַבְּלָנוּת, וְהֶחְזִירָתַן לִבְנוֹ. הָנִיחָא לְמ"ד. בְּב"ב בְּ"גֵט פָּשׁוּט"*. אִית לֵיהּ נִכְסֵי לַלֹּוֶה. בִּשְׁעַת הַלְוָאָה, דְּאִיכָּא לְמֵימַר: עֲלַיְיהוּ סָמֵיךְ הֶעָרֵב הַזֶּה, וְגָמַר וְשִׁעְבֵּד נַפְשֵׁיהּ. מִשְׁתַּעְבֵּד. וְאִם שְׁטָפוּ נָהָר אַחֲרֵי כֵן – נִפְרָעִין מִן הֶעָרֵב. מַאי אִיכָּא לְמֵימַר. הָא וַדַּאי לֵית לֵיהּ נְכָסִים לְאוֹתוֹ הַבֵּן, דְּאִי הָווּ לֵיהּ נְכָסִים – לֹא הָיוּ פּוֹרְעִים מִן הֶעָרֵב, דִּתְנַן: *הַמַּלְוֶה אֶת חֲבֵירוֹ ע"י עָרֵב – לֹא יִפָּרַע מִן הֶעָרֵב (תְּחִילָּה), וּמוֹקְמִינַן לֹא יִתְבַּע מִן הֶעָרֵב תְּחִילָּה. בִּדְהָווּ. נְכָסִים לַבֵּן בִּשְׁעַת מִלְוֶה. וְאִשְׁתַּדּוּף. הַשְׁתָּא. לְגַבֵּי בְּרֵיהּ. בִּשְׁבִיל בְּנוֹ. דִּבְרֵי הַכֹּל לֹא מִשְׁתַּעְבֵּד. חֲדָא: דְּעָרֵב בְּעָלְמָא הוּא, וְעוֹד: לָאו מִידֵּי חִסְּרָהּ, שֶׁלֹּא הוֹצִיאָהּ כְּלוּם מִשֶּׁלָּהּ.

קַבְּלָן

תוספות

ורבי שמעון היא דדריש טעמא דקרא. לא פליגי אלא היכא דאיכא נפקותא, כגון גבי חובל (א) בגד אלמנה וגבי "לא ירבה לו נשים". וה"נ משום האי טעמא שיימינן בדמזיק. **וכי** תימא כי היכי דכי מפיק כו'. פי' בקונטרס: משום מילתא אחריתי קאמר, ולא טעמא לזיבורית הוא. ונראה לפרש דה"ק: דלא תימא: על כרחך טעמא דיותר ממה שהאיש רוצה לישא – ליתא, דחיישינן לחינא. מדלא תקינו ליה רבנן כתובה מינה אם הקניטתו עד שגירשה.

משום חינא. פירש בקונטרס: שיהיו האנשים נושאים חן בעיני הנשים, וינשאו להם. וקשה: דבפרק "הכותב" (כתובות דף פד.) תנן, ר' עקיבא אומר: ינתנו לכושל שבהם. ואיכא דמפרש בגמ': לכתובת אשה, משום חינא. ולפירוש הקונטרס לא הוה ליה למיקריה "כושל", דאדרבה האיש כושל, שצריך למצוא חן בעיני האשה! ובפרק "נערה" (שם דף נג:) ובפ"ק דקדושין (דף ל:): "קחו לבניכם נשים ואת בנותיכם תתנו לאנשים", בשלמא בנו – בידו, אלא בתו מאי עביד לה? אלמא, יותר הבעל מוצא לישא אשה ממה שהאשה תמצא בעל. ולעיל נמי: יותר משהאיש רוצה לישא אשה רוצה לינשא! ונראה כפר"ח, דפירש משום חינא – שיהו הכל קופצין עליה לישאנה, והכי איתא בהדיא בירושל' דפירקין*.

ממאן אילימא מיתמי מאי איריא כו'. הכא לא שייך לשנויי כדלעיל: כתובת אשה איצטריכא ליה, והוא הדין כל מילי. דהא קתני: נזקין בעידית. ואית ספרים דגרסי הכי: אילימא מיתמי – והתנן: אין נפרעין כו', ופריך אנזקין ובעל חוב.

בקבלן. פי' בקונטרס: שהתפיסה בנו מטלטלין בכתובתה, והיא מסרתן לידו בתורת קבלנות, והחזירתן לבנו. וקשה: דאמרינן ב"גט פשוט" (ב"ב דף קעד.) דהיכא דנשא ונתן ביד – אין לו למלוה על הלוה כלום! ושמא היינו שלקח המעות מיד המלוה ונתן ללוה. אף על גב דמשמע התם דבלשון תליא מילתא – שמא תרוייהו בעינן.

אלא למאן דאמר אי אית ליה משתעבד כו'. והכא מיירי בדלית ליה, דאי אית ליה – נזקין ⊕אמאי בעידית, כיון שיש ממון ליתומין. דאפילו מיירי בקטנים, דלא מצי ערב לאישתעויי דינא בהדייהו – מ"מ לא היה להם לגבות כי אם מן הזיבורית, כיון דאית ליה נכסי ליתמי. ובקונטרס פי' דהכא בדלית ליה, דאי אית ליה – הא קי"ל ב"גט פשוט" (שם דף קעג.) המלוה חבירו על ידי ערב אין נפרעים מן הערב תחילה. וקשה: דהכא איירי בקבלן.

מלוה

תוספות רי"ד

היא הגרועה שבקרקעות כמו זו בורית: תניא א"ר שמעון בן אלעזר מפני מה אמרה תורה הניזקין שמין להן בעידית מפני הגזלנין והחמסנין כדי שיאמר אדם למה אני גוזל וחומס ולמחר ב"ד יורדים לנכסיי ונוטלים שדה נאה שלי וסומכין על מה שכתוב בתורה מיטב שדהו ומיטב כרמו ישלם: ומפני מה אמרו חכמים ב"ח בבינונית כדי שלא יראה אדם דירה נאה לחבירו ויאמר אקפוץ ואלונו כדי שאגבנה בחובי: אלא מעתה יהא בזיבורית א"כ אתה נועל דלת בפני לוין: ומפני מה אמרו כתובת אשה בזיבורית דיותר ממה שהאיש רוצה לישא האשה רוצה להנשא: וכתובת אשה בזיבורית אמר מר זוטרא בריה דרב נחמן לא שנו אלא מיתמי אבל מיניה דידיה בבינונית: אמר רבינא ת"ש מעיקרא דתקנתין יותר ממה שהאיש רוצה לישא האשה רוצה להנשא ואי ס"ד מיתמי האי משום דיתמי הוא תיובתא: איתמר ערב דכתובה דברי הכל לא מישתעבד: קבלן

עין משפט נר מצוה

יא א מיי' פ"א מהל' נזקי ממון הל' א ופ"ח הלכה י סמג עשין סו טוש"ע ח"מ סימן קפט סעי' ב וסי' תיט סעי' א:
יב ב מיי' פ"א מהל' גירושין הל' א סמג עשין נ טוש"ע אה"ע סי' קיט סעיף ו:

[גי' הרי"ף והרא"ש ר"ש בן אלעזר אבל בשאלתות פ' משפטים סימן סב איתא א"ר שמעון מפני וכו' וכצ"ל]

[וע"ע תוס' כתובות פז. ד"ה לכתובת]

מסורת הש"ס

ב"ק ז. נט:
[מתחילת הסוגיא עד כאן היא כולו בב"ק ו: ז.]
[קדושין סח: וש"נ]
[יבמות קיג. כתובות פו.]
יבמות קיב:
[דף קעד:]
[לעיל מח: וש"נ]
לעיל לה. וש"נ
ב"ב קעג.
ב"ב קעד: ערכין כג:

הגהות הב"ח

(א) תום' ד"ה ור' שמעון וכו' גבי חובל נ"ב ב"מ דף קטו:

גליון הש"ס

תום' ד"ה אלא למ"ד כו' אמאי בעידית כיון כו'. ע' ב"ב דף קעג ע"א תד"ה קבלן:

קבלן דבעל חוב — דברי הכל משתעבד, ערב דבעל חוב וקבלן דכתובה פליגי; איכא למ"ד: אע"ג דלית ליה נכסי ללוה משתעבד, ואיכא למאן דאמר: אי אית ליה משתעבד, אי לית ליה לא משתעבד. [א]והילכתא: בכולהו, אע"ג דלית ליה — משתעבד, [ב]בר מערב דכתובה, דאע"ג דאית ליה לא משתעבד; מאי טעמא? מצוה הוא דעבד, ולא מידי חסרה. אמר רבינא, ת"ש מעיקרא דתקנתין: יותר ממה שהאיש רוצה לישא, אשה רוצה לינשא; ואי ס"ד מיתמי, האי משום דיתמי הוא. תיובתא דמר זוטרא! תיובתא.§ אמר מר זוטרא בריה דרב נחמן משמיה דרב נחמן: [ג]שט"ח היוצא על היתומין, אע"פ שכתוב בו שבח — אינו גובה אלא מן הזיבורית. אמר אביי: תדע, דבע"ח דיניה בבינונית, ומיתמי בזיבורית. א"ל רבא: הכי השתא?! בעל חוב דיניה מדאורייתא בזיבורית, כדעולא, *דאמר עולא: דבר תורה בעל חוב בזיבורית, שנאמר: °"בחוץ תעמוד והאיש" וגו' (דברים כד), מה דרכו של איש להוציא? פחות שבכלים, ומה טעם אמרו בע"ח בבינונית? כדי שלא תנעול דלת בפני לוין, וגבי יתמי אוקמוה רבנן אדאורייתא. אלא הכא, כיון דדיניה מדאורייתא בעידית, אפילו מיתמי נמי בעידית. ולרבא, והתני אברם חוזאה: אין נפרעין מנכסי יתומין אלא מן הזיבורית, [ד]ואפילו הן ניזקין; והא ניזקין דינן מדאורייתא בעידית! הכא במאי עסקינן — כגון שהיתה עידית דניזק כזיבורית דמזיק, ורבי ישמעאל היא, דאמר: *מדאורייתא בדניזק שיימינן, ומפני תיקון העולם תיקנו רבנן בדמזיק, וגבי יתמי אוקמוה רבנן אדאורייתא. איני? והתני רבי אליעזר ניותאה: אין נפרעין מנכסי יתומים אלא מן הזיבורית, ואפילו הן עידית; מאי אפילו הן עידית? לאו אע"ג דכתיב עידית בשטרא? לא, מאי עידית? שפאי עידית, כדרבא. דאמר רבא: היזק זיבורית — גובה מן העידית, שפאי עידית — גובה מן הבינונית, וגבי יתמי אוקמוה רבנן אדאורייתא.§ "אין נפרעין מנכסי יתומין אלא מן הזיבורית".§ בעי רב אחדבוי בר אמי: יתומים שאמרו, קטנים או אפילו גדולים? תקנתא היא דעבוד רבנן גבי יתמי, לקטנים עבוד רבנן, לגדולים לא עבוד רבנן. או דלמא משום דלא מסיק אדעתא דמלוה דמיית לוה ונפלי נכסי קמי יתמי, דהוה ליה נועל דלת, הלכך אפילו גדולים נמי? ת"ש, *דתני אביי קשישא: יתומין שאמרו — גדולים, וא"צ לומר קטנים. ודלמא הני מילי לענין שבועה, דגדול במילי דאבוה כקטן דמי, אבל לענין זיבורית — לא! והלכתא:
יתומין

רש"י

קבלן דבעל חוב. תרתי לחיובא איכא: חדא – דקבלן הוא, ועוד – דחסריה ממונא. מעיקרא דתקנתא. משורש טעם התקנה, דקתני: מפני מה כתובה בזיבורית – יותר משהאיש כו'. היוצא על היתומים. שלוה אביהם. שכתוב בו שבח. שהתנה עם המלוה לגבות מעידית. תדע. דלא מהני תנאה לגבי יתומים, דהא סתם בעל חוב בבינונית, ולגבי יתמי משתנה דינו. מה דרכו של לוה להוציא. לפרוע. פחות שבכלים. שמרצונו לא יפרע עידית. כיון דדיניה מדאורייתא בעידית. שהרי שיעבדה לו, ונעשה קרקע זו ערב למלוה, וערב משתעבד מה"ת, דכתיב: "אנכי אערבנו" (בראשית מג). כגון שהיתה זיבורית זו של מזיק כעידית של ניזק. דמדאורייתא מיהא גבי. ור' ישמעאל היא. דאמר: מדאורייתא בדניזק שיימינן, ומפני תיקון העולם אמור רבנן בדמזיק שיימינן, כדתנן במתני', וגבי יתמי אוקמוה אדאורייתא. לאו אף על גב דכתיב עידית בשטרא. ותיובתא דרבא. מאי עידית. דקתני הכא, דאע"ג דכתבה בשטר הלואה אינו גובה ממנה – כגון דשפאי עידית לאחר הלואה – קפלה מלפניו, שאינו יכול לגבות הימנה, כגון שנטלוה מסיקין, או נשדפה, או שטפה נהר, דבטיל ליה תנאיה. דמהשתא הו"ל להאי בעל חוב לגבויי זיבורית מדאורייתא, ומשום שלא תנעול דלת אמור רבנן בינונית, וגבי יתמי אוקמוה אדאורייתא. וכדרבא. דאמר דהיכא דשפאי עידית אזל ליה דיניה. היזק זיבורית גובה. דמי נזקו מן העידית של מזיק ואפילו עידי עידית, לר"ע מדאורייתא ולרבי ישמעאל מדרבנן. שפאי עידית. לאחר היזק, ועדיין יש לו עידית ובינונית וזיבורית, אלא שזו היתה יפה מאוד. גובה מן הבינונית. דאזל ליה דיניה, דא"ל היאך: נסתחפה שדך ומזלך גרם. ובדין הוא דנדחייה אצל זיבורית, אלא מפני תיקון העולם הוא. וגבי יתמי אוקמוה כו'. לאו אדרבא קאי, אלא אדתנא ר"א ניותאה. תקנתא הוא דעבוד רבנן. לחוס על היתומים, להעמיד' על דין תורה, שיהא זה טורח ומוכר את הזיבורית, שאין להם מי יטרח בשבילם. או דילמא. לאו תקנתא הוא אלא דינא הואי, לאוקמינהו אדאורייתא שדינו בזיבורית. דטעמא מאי אמרי דיניה בבינונית – משום נעילת דלת. הלכך, אי נמי לא מיתקני רבנן למיגבי מיתמי בינונית – אין כאן נעילת דלת, דלא מסיק אדעתיה האי מלוה לנעול דלת וליחוש דילמא מיית לוה ונפלי קמי יתמי, ומגבו ליה זיבורית. ואי טעמא הכי הוא – אפילו גדולים נמי דינן כן. לשבועה. לענין שאמרו חכמים: הבא ליפרע מנכסי יתומים לא יפרע אלא בשבועה, ואפילו הוציא שטר. דאי הוה אבוהון דיתמי קיים – דלמא הוה טעין ואמר: אשתבע לי דלא פרעתיך, ומשבעינן ליה, כדאמרינן בשבועות (דף מא.). והשתא אנן טענינן בשביל יתמי, ולהא מילתא אפילו גדולים נמי. דגדול לגבי מילי דאביו כקטן הוא. ולא ידע אי פרעיה אבוה אי לא. אבל לענין זיבורית – אימא לך דטעמא משום דחסו רבנן עלייהו להעמידם על דין תורה הוא, וקטנים ולא גדולים.
במקום

תוספות

מצוה הוא דעבד ולא מידי חסרה. תרתי בעינן. אבל היכא דלאו מצוה עבד, ולא חסרה, כגון שנעשה ערב אחר הנישואין, או עבד מצוה וחסרה – משתעבד. **פחות** שבכלים. וה"ה כשבא ליתן לו קרקע – נותן לו פחות שבקרקעותיו, דהיינו זיבורית. אבל פחות שבכלים – היינו מיטב, כדאמרינן בפ"ק דב"ק (דף ז:) דכל מילי מיטב הוא.

כיון דדיניה מדאורייתא בעידית. נראה °דסבר שעבודא דאורייתא. דאי דרבנן, אע"ג דמיניה דידיה דיניה מדאורייתא בעידית – מיתמי יהא בזיבורית, כיון דמדאורייתא לא גבי כלל. ומר זוטרא ואביי דסברי מיתמי מזיבורית – צריך לומר דקסברי שעבודא לאו דאורייתא, כדפרשינן במתניתין. דאי לאו הכי – מאי טעמא אפקעוה רבנן? אי נמי, לא פלוג רבנן ביתמי. **מאי** עידית שפאי עידית. פירש בקונטרס: מאי עידית דקתני הכא, דאע"פ שכתבה בשטר הלואה אינו גובה ממנה – כגון דשפאי עידית, אחר הלואה קפלה מלפניו, שאינו יכול לגבות הימנה. כגון שנטלוה מסיקין, או נשדפה, או שטפה נהר, דבטל ליה תנאיה. ומהשתא הוה ליה להאי בעל חוב לאגבויי זיבורית מדאורייתא, ומשום נעילת דלת אמרו בבינונית. וגבי יתמי אוקמוה אדאורייתא, וכדרבא, דאמר: היכא דשפאי עידית לאחר היזק, ועדיין יש לו עידית בינונית וזיבורית, אלא שזו היתה יפה מאד – גובה מבינונית. דאזל ליה דיניה, דאמר ליה האיך: נסתחפה שדך, ומזלך גרם. וקשה לר"ת: דמאי עידית שפאי עידית – משמע שסותר הא דקא אמר: מאי לאו דכתב עידית בשטר. ולפי' הקונטרס הוה ליה למימר: הכא במאי עסקינן בשפאי עידית! ועוד: עידי עידית מאן דכר שמיה? ועוד: דפירש הקונטרס שאם נתקלקל עידי עידית לא יגבה מן העידית הנשארת – אם כן הורעת כחו של ניזקין אצל בינונית! דכי האי גוונא פריך בפ"ק דב"ק (דף ח.). ועוד: דרבא משמע התם (דף ח:) דאית ליה: בשל עולם הן שמין, גבי ראובן שמכר כל שדותיו לשמעון. ואם כן מאי עידי עידית שייך הכא? דמעידי עידית דעלמא לא גבי מיניה! ומפרש רבינו תם: מאי עידית שפאי עידית – כמו "ובכל שפיים מרעיתם" (ישעיה מט) דדרך שדות הטובות שאצל הנהר, שסוף השדה שעל שפת הנהר ממש עומד למרעה בהמות, וגריע מזיבורית מפני שהנהר שוטף תמיד מה שזורעים שם. ו"אפילו הן עידית" דקתני בברייתא – היינו אפילו הן שפאי עידית, אותה קרקע שמגבין יתומין, אף על גב דגריעי מזיבורית. וכדרבא, דאמר: הזיק זיבורית – גובה מן העידית, אבל הזיק שפאי עידית, שהעמיד שם בהמותיו לרעות – גובה מן הבינונית, דלא חשיב נזקין, דלהכי קיימי, אלא הוה ליה כבעל חוב, אע"ג דהעמיד שלא מדעת הבעלים.
יתומין

תוספות רי"ד

קבלן (דמלו' היה) [דבעל] חוב דברי הכל משתעבד קבלן דכתובה וערב דמלוה אתפליגו איכא למ"ד אע"ג דלית ליה נכסים ללוה משתעבד איכא למאן דאמר אי אית ליה נכסים ללוה משתעבד ואי לית ליה לא משתעבד והלכתא בכלהו משתעבד אע"ג דלית ליה לבר מערב דכתובה דאע"ג דאית ליה לא משתעבד מ"ט מצוה הוא דעביד ולאו מידי חסריה: אמר מר זוטרא בר רב נחמן משמיה דרב נחמן שטר חוב היוצא על היתומים אע"ג שכתיב בו שבח אינו גובה אלא מן הזיבורית והכי נמי סבר אביי ורבא פליג עליה ואמר גובה מן השבח כפי תנאו וע"כ לא פליגי אלא כשהתנה זה התנאי על עצמו בחייו דרב נחמן סבר על עצמו הועיל תנאו אבל מיתמי לא גבי אלא בדינייהו מן הזיבורית ורבא סבר כיון דמיניה גבי עידית מדאורייתא כפי תנאו ה"ה הכי נמי גבה מן היתומים אבל אם כתב לו שיגבה ממנו מן העידית בחייו ובמותו הכל לפי תנאו וליכא מאן דפליג בהא שכיון ששיעבד לו העידית בפירוש בין בחייו בין במותו היאך מפקע עכשיו אחרי מותו: ובדין זה משנה הרב שיטתו. והלכתא כרבא דקי"ל כל אביי ורבא הלכה כרבא בר מיע"ל קג"ם: אין נפרעין מן היתומים וכו' בעי רבי איבו בר אמי יתומים שאמרו קטנים או אפילו גדולים ואסיק תלמודא והלכתא

עין משפט נר מצוה

יג א מיי' פכ"ה מהל' מלוה ולוה הל' ג ד ופי"ז מהל' אישות הל' ט סמג עשין לד ומח טוש"ע ח"מ סי' קכט סעיף א ב וטוש"ע אה"ע סימן קב סעיף ו:

יד ב מיי' שם סמג עשין מח טוש"ע אה"ע שם:

טו ג טוש"ע ח"מ סימן קח סעיף יח:

טז ד מיי' פ"ח מהל' נזקי ממון הל' יא סמג עשין סו טוש"ע ח"מ סי' קח סעיף כא וסימן תיט סעיף ג:

מסורת הש"ס

ב"ק ח. [ב"ב קעה:]

[לעיל מח:]

כתובות לג. שבועות מב:

גליון הש"ס

תוס' ד"ה כיון וכו' דסבר שעבודא דאורייתא. עי' פסחים דף סא ע"א תוס' ד"ה ויקנו:

יתומין שֶׁאָמְרוּ — גְּדוֹלִים, וְא"צ לוֹמַר קְטַנִּים, אבֵּין לִשְׁבוּעָה בֵּין בלְזִיבּוּרִית.§ "אֵין נִפְרָעִין מִנְּכָסִים מְשׁוּעְבָּדִים בְּמָקוֹם שֶׁיֵּשׁ בְּנֵי חוֹרִין".§ בָּעֵי רַב אַחַדְבוֹי בַּר אַמִי: *בְּמַתָּנָה הֵיאָךְ? תַּקַּנְתָּא הוּא דַּעֲבוּד רַבָּנַן מִשּׁוּם פְּסֵידָא דְּלָקוֹחוֹת, אֲבָל מַתָּנָה דְּלֵיכָּא פְּסֵידָא דְּלָקוֹחוֹת — לָא, אוֹ דִּלְמָא מַתָּנָה נַמִי, אִי לָאו דְּאִית לֵיהּ הֲנָאָה מִינֵּיהּ לָא יָהֵיב לֵיהּ מַתָּנָה, וְהִלְכָּךְ כִּי פְּסֵידָא דְּלָקוֹחוֹת דָּמֵי? א"ל מָר קַשִּׁישָׁא בְּרֵיהּ דְּרַב חִסְדָּא לְרַב אַשִׁי, ת"ש: *גשְׁכִיב מְרַע שֶׁאָמַר "תְּנוּ מָאתַיִם זוּז לִפְלוֹנִי וְג' מֵאוֹת לִפְלוֹנִי וְד' מֵאוֹת לִפְלוֹנִי" — אֵין אוֹמְרִים: כָּל הַקּוֹדֵם בַּשְּׁטָר זָכָה. לְפִיכָךְ, יָצָא עָלָיו שט"ח — גּוֹבֶה מִכּוּלָּן; אֲבָל אִם אָמַר "תְּנוּ מָאתַיִם זוּז לִפְלוֹנִי וְאַחֲרָיו לִפְלוֹנִי, וְאַחֲרָיו לִפְלוֹנִי" — אוֹמְרִים: כָּל הַקּוֹדֵם בַּשְּׁטָר זָכָה. לְפִיכָךְ, יָצָא עָלָיו שט"ח — גּוֹבֶה מִן הָאַחֲרוֹן, אֵין לוֹ — גּוֹבֶה מִשֶּׁלְּפָנָיו, אֵין לוֹ — גּוֹבֶה מִשֶּׁלִּפְנֵי פָנָיו; וְאע"ג דְּקַמָּא בֵּינוֹנִית וּבַתְרָא זִיבּוּרִית — מִזִּיבּוּרִית גָּבֵי, מִבֵּינוֹנִית לָא גָּבֵי, ש"מ, דבְּמַתָּנָה נַמִי עֲבוּד רַבָּנַן תַּקַּנְתָּא! הָכָא בְּמַאי עָסְקִינַן — בְּבַעַל חוֹב. וְהָא "תְּנוּ" קָאָמַר! "תְּנוּ בְּחוֹבִי". וְלֶיחֱזֵי שְׁטָרָא דְּמַאן קָדֵים? דְּלֵיכָּא שְׁטָרָא. וְהָא "כָּל הַקּוֹדֵם בַּשְּׁטָר" קָאָמַר! בִּשְׁטַר פִּקַּדְתָּא. וְאב"א: אֲפִילּוּ מַתָּנָה נַמִי, וְלָא קַשְׁיָא; מַאי "גּוֹבֶה מִן הָאַחֲרוֹן"? אֵין נִפְסָד אֶלָּא אַחֲרוֹן. וְאב"א: דְּשָׁווּ כּוּלְּהוּ לַהֲדָדֵי.§ "אֵין מוֹצִיאִין לַאֲכִילַת פֵּירוֹת".§ מַאי טַעְמָא? אָמַר עוּלָּא אָמַר ר"ל לָקִישׁ: לְפִי שֶׁאֵין כְּתוּבִין. אָמַר לֵיהּ רַבִּי אַבָּא לְעוּלָּא: וְהָא מְזוֹן הָאִשָּׁה וְהַבָּנוֹת דִּכְמַאן דִּכְתִיבִי דָּמוּ, וְקָתָנֵי: אֵין מוֹצִיאִין! א"ל: הָתָם מֵעִיקָּרָא הָכִי אַתְקוּן, כְּתוּבִין הֵן אֵצֶל בְּנֵי חוֹרִין, וְאֵין כְּתוּבִין הֵן אֵצֶל מְשׁוּעְבָּדִין. וְכֵן אָמַר רַבִּי אַסִי אָמַר ר' יוֹחָנָן: לְפִי שֶׁאֵין כְּתוּבִין. אָמַר לֵיהּ רַבִּי זֵירָא לְרַב אַסִי: וְהָא מְזוֹן הָאִשָּׁה וְהַבָּנוֹת, דִּכְמַאן דִּכְתִיבִי דָּמוּ, וְקָתָנֵי: אֵין מוֹצִיאִין! א"ל: מֵעִיקָּרָא הָכִי אַתְקוּן, כְּתוּבִין הֵן אֵצֶל בְּנֵי חוֹרִין, וְאֵין כְּתוּבִין הֵן אֵצֶל מְשׁוּעְבָּדִין. ר' חֲנִינָא אָמַר: הלְפִי שֶׁאֵין קְצוּבִין. אִיבַּעְיָא לְהוּ: לְרַבִּי חֲנִינָא, קְצוּבִין וּכְתוּבִין בָּעֵי, או

רש"י

*בְּמָקוֹם שֶׁיֵּשׁ בְּנֵי חוֹרִין. דְּאָתוּ לָקוֹחוֹת לְאִינְצוּיֵי, וּלְמֵימַר: מִינֵּיהּ גְּבֵי, שֶׁהֲרֵי יֵשׁ לְךָ מָקוֹם. בְּמַתָּנָה הֵיאָךְ. אִם שִׁיעְבּוּד שֶׁל מְשׁוּעְבָּדִים הַלָּלוּ אֵינוֹ מֵחֲמַת מֶכֶר, אֶלָּא שֶׁנְּתָנָם בְּמַתָּנָה לְאַחַר שֶׁלָּוָה מִזֶּה, וְשִׁייֵּר זִיבּוּרִית לְפָנָיו, הֵיאַךְ מִיגְבֵּי, מִזִּיבּוּרִית בְּנֵי חוֹרִין, אוֹ מִבֵּינוֹנִית מְשׁוּעְבָּדִים? אֵין אוֹמְרִים כָּל הַקּוֹדֵם בַּשְּׁטָר. לַגּוּבֶה, זָכָה לִיקָּדֵם, שֶׁלֹּא יִטְּלוּ אַחֲרוֹנִים אֶלָּא מַה שֶּׁשִּׁייֵּר הָרִאשׁוֹן, שֶׁאִם יֶחְסַר, שֶׁלֹּא יִמָּצְאוּ שָׁם כָּל כָּךְ — לֹא יִהְיֶה נִפְסָד הָרִאשׁוֹן. הָא לָא אָמְרִינַן, דְּכֵיוָן דְּלֹא אָמַר "אַחֲרָיו לִפְלוֹנִי" — לָאו דַּוְקָא אַקְדְּמֵיהּ, אֶלָּא שֶׁאִי אֶפְשָׁר לְהוֹצִיא שְׁנֵי דְּבָרִים כְּאֶחָד. יָצָא עָלָיו שְׁטַר חוֹב. עַל הַמֵּת, לְאַחַר שֶׁגָּבוּ אֵלּוּ. גּוֹבֶה מִכּוּלָּם. כְּלוֹמַר, כּוּלָּן נִפְסָדִים בַּדָּבָר, אִישׁ אִישׁ לְפִי חֶלְקוֹ. בַּעַל אַרְבַּע מֵאוֹת נִפְסָד יוֹתֵר מִכּוּלָּן, שֶׁהַדִּין לַחֲזוֹר וּלְחַלֵּק לְאַחַר שֶׁיִּפָּרְעוּ לָזֶה מֵחֶלְקוֹ שֶׁל אֶחָד מֵהֶם, שֶׁאִם יָצָא עֲלֵיהֶם חוֹב שֶׁל מָנֶה — חוֹלְקִין אוֹתוֹ לְתִשְׁעָה חֲלָקִים, וִישַׁלֵּם זֶה ב' חֲלָקִים, וְזֶה שְׁלֹשָׁה, וְזֶה ד'. גּוֹבֶה מִן הָאַחֲרוֹן. שֶׁאֲפִילּוּ יָצָא שט"ח קוֹדֶם שֶׁגָּבוּ הֵן, וְגָבָה בַּעַל חוֹב אֶת חוֹבוֹ — הֲוֵה הָרִאשׁוֹן לַגּוּבֶה קוֹדֵם לִגְבּוֹת אֶת הַמַּתָּנָה עַד שֶׁיִּגְבֶּה כָּל חוֹבוֹ, וְאַחֲרָיו יִטּוֹל שֵׁנִי, וְהַשְּׁלִישִׁי יַפְסִיד. וְהָשְׁתָּא נַמִי לָא שְׁנָא. אֵין לוֹ. אֵין בְּשֶׁל אַחֲרוֹן כְּדֵי חִיּוּב הַשְּׁטָר. מִזִּיבּוּרִית גָּבֵי. מִבַּתְרָא, כִּדְאָמְרַן, דְּקַמָּא קָדֵים וְאָמַר לֵיהּ: כְּשֶׁנִּשְׁתַּעְבְּדוּ לִי תְּחִילָּה קוֹדֶם שֶׁאָמַר "וְאַחֲרָיו לִפְלוֹנִי" — הָיוּ שֶׁלִּי מְשׁוּעְבָּדִים, וְהַשְּׁאָר בְּנֵי חוֹרִין, וְהוּטַּל דִּינָךְ עֲלֵיהֶן. הִלְכָּךְ בַּתְרָא שָׁקֵל דִּינָךְ. אַלְמָא, בְּמַתָּנָה נַמִי אָמְרִינַן: אֵין נִפְרָעִין מִנְּכָסִים מְשׁוּעְבָּדִים בְּמָקוֹם שֶׁיֵּשׁ ב"ח. בְּבַעַל חוֹב. אוֹתָן שֶׁאָמַר עֲלֵיהֶם תְּנוּ לָהֶם כָּךְ וְכָךְ — מַלְוִים הָיוּ. וְלֶיחֱזֵי שְׁטָרָא. דְּהַלְוָאָה, דְּמַאן קָדֵים! אַמַּאי אָזְלִינַן בָּתַר דְּקָדֵים וּמְאוּחָר דְּצַוָּאָה? אִי נַמִי: בְּרֵישָׁא, כִּי לֹא אָמַר וְאַחֲרָיו — אַמַּאי גּוֹבֶה מִכּוּלָּם? דְּלֵיכָּא שְׁטָרָא. דְּהַלְוָאָה דְּמִלְוֶה עַל פֶּה הֲוַאי. פִּקַּדְתָּא. לַצַּוָּאָה. וְאִי בָּעֵית אֵימָא. לְעוֹלָם אִי קַמָּא בֵּינוֹנִית וּבַתְרָא זִיבּוּרִית — מִקַּמָּא גָּבֵי, דְּשָׁקֵיל דִּינֵיהּ, וְלֹא אָמַר בְּמַתָּנָה אֵין נִפְרָעִין מִנְּכָסִים מְשׁוּעְבָּדִים בְּמָקוֹם שֶׁיֵּשׁ בְּנֵי חוֹרִין. וּמַאי גּוֹבֶה מִן הָאַחֲרוֹן — אֵינוֹ נִפְסָד אֶלָּא אַחֲרוֹן, דְּכִי נַמִי גָּבֵי מִקַּמָּא — חוֹזֵר עַל הָאַחֲרוֹן וְגוֹבֶה מִמֶּנּוּ, דְּאָמַר לֵיהּ: לֵית לָךְ לְמִשְׁקַל מִקַּמָּאי. וְאִי בָּעֵית אֵימָא. דַּוְקָא גּוֹבֶה מִן הָאַחֲרוֹן קָאָמַר, וַאֲפִילּוּ הָכִי לֹא תִּפְשׁוֹט מִינֵּיהּ דְּאֵין נִפְרָעִין כו'. וְהָכָא בְּמַאי עָסְקִינַן — דְּשָׁווּ כּוּלְּהוּ קַרְקָעוֹת, אוֹ כּוּלָּן בֵּינוֹנִית, אוֹ כּוּלָּן זִיבּוּרִית, אוֹ כּוּלָּן עִידִּית. לְפִי שֶׁאֵין כְּתוּבִין. הַפֵּירוֹת הַלָּלוּ. כְּשֶׁנִּכְתַּב שְׁטַר מְכִירַת הַקַּרְקַע הַגְּזוּלָה — עֲדַיִין לֹא הָיוּ, וְלֹא כָּתַב בַּשְּׁטָר אֶלָּא: פְּלוֹנִי מָכַר קַרְקַע פְּלוֹנִי לִפְלוֹנִי בְּאַחֲרָיוּת. הִלְכָּךְ, דְּמֵי הַקַּרְקַע הָווּ כְּמִלְוֶה בִּשְׁטָר לְהַחֲזִיר אַחֲרָיוּתוֹ עָלָיו, אֲבָל דְּמֵי הַפֵּירוֹת — הָוֵי כְּמִלְוֶה עַל פֶּה, וְלֹא טָרְפֵי מִמְּשַׁעְבְּדֵי. וְאַף עַל גַּב דִּכְתַב לֵיהּ: אֲנָא אֵיקוּם וַאֲשַׁפִּי וְזַבִּינָא אִלֵּין אִינּוּן וְעַמְלֵיהוֹן וְשִׁבְחֵיהוֹן וּפֵירֵי דִּידְהוֹן — אַהֲנֵי לְחַיּוּבֵיהּ בְּאַחֲרָיוּת' וְלִיגְבֵּי מִבְּנֵי חָרֵי, אֲבָל מִמְּשַׁעְבְּדֵי — לָא. דְּטַעְמָא דְּמִלְוֶה בִּשְׁטָר טָרְפָא מִמְּשַׁעְבְּדֵי — מִשּׁוּם דְּאִית לֵיהּ קָלָא, וְהַאי כְּתִיבָה לֵית לָהּ קָלָא. דְּבִשְׁלָמָא עַל הַקַּרְקַע נָפֵיק קָלָא: פְּלוֹנִי מָכַר לִפְלוֹנִי וְקִיבֵּל עָלָיו אַחֲרָיוּת. אֲבָל עַל הַפֵּירוֹת שֶׁאֵינָן עֲדַיִין בִּשְׁעַת מְכִירָה — אֵין קוֹל יוֹצֵא. כְּמַאן דִּכְתִיבִי דָּמֵי. דִּתְנַאי בֵּית דִּין הוּא. וּמִשֶּׁנִּיסֵּאת לוֹ קוֹל יוֹצֵא שֶׁהוּא מְשׁוּעְבָּד לָהּ, דִּתְנַן: לֹא כָּתַב לָהּ "בְּנָן נוּקְבִין דְּיֶהֱווּ לֵיכִי מִינַּאי" כו' "וְאַתְּ תְּהֵא יָתְבָא בְּבֵיתִי" כו' — חַיָּיב, שֶׁהוּא תְּנַאי ב"ד. בִּכְתוּבּוֹת בְּפֶרֶק "נַעֲרָה" (דף נג:). מֵעִיקָּרָא לְהָכִי אִיתְּקַן. תְּנַאי ב"ד כָּךְ הָיָה, שֶׁיְּהוּ כְּתוּבִים אֵצֶל בְּנֵי חוֹרִין, וְלֹא יְהוּ חֲשׁוּבִים כִּכְתוּבִים אֵצֶל מְשׁוּעְבָּדִים. לְפִי שֶׁאֵין לְךָ אָדָם רוֹצֶה לִיקַּח שָׂדֶה מֵחֲבֵירוֹ אִם מְזוֹן אִשְׁתּוֹ וּבָנָיו חוֹזְרִים עָלָיו עוֹלָמִית.
קְצוּבִין

תוספות

יתומין שאמרו כו' בין לשבועה בין לזיבורית. וא"ת: לשבועה היכי משכחת לה בקטנים, לרב אסי דאמר בפרק "שום היתומים" (ערכין דף כב.): אין נזקקין לנכסי יתומים אלא אם כן רבית אוכלת בהם? ובשלמא זיבורית משכחת לה, כשהודה ומת, לרב הונא דאמר דמשום צררי, אבל שבועה ליכא! ולר"ת, דמפרש דדוקא שותפות אמרו חכמים (סנהדרין דף סג:) דאסור לעשות עם הגוי, שמא יתחייב לו שבועה, אבל אם כבר נתחייב — מותר לקבל הימנו, כדי להציל מידו, וקרא דמייתי "לא ישמע על פיך" (שמות כג) אסמכתא בעלמא, דקרא בישראל איירי — אתי שפיר, דאיכא לאוקמי בשטר שיש בו רבית, ובגוי שקיבל עליו לדון בדיני ישראל. אבל לפי מה שפי' רבינו שמואל דאסור לקבל הימנו שבועה מק"ו דשותפות — קשה! וי"ל: דמיירי בגר תושב, שקיבל עליו שלא לעבוד עבודה זרה. אי נמי: כדמוקי לה בירושלמי ב"הכותב": תיפתר כשערב לו מן הגוי, וקיבל הגוי להפרע מן החייב תחילה. דאי לאו הכי הגוי בתר ערבא אזיל, ואסור, כדאמרינן ב"איזהו נשך" (ב"מ דף עא:). אי נמי כר' יוחנן, דאמר: נזקקין לכתובה.

תנו מאתים זוז כו'. דוקא בכי האי גוונא שאינו נותן להם בשוה. אבל אם היה נותן להם בשוה — אפילו בלא אחריות נמי: כל הקודם בשטר זכה. מדלא אמר "תנו שש מאות לפלוני ופלוני ופלוני" — ש"מ דלהקדימם נתכוון. **גובה** מכולם. נראה דכל אחד יתן לפי חלקו, כדאשכחן גבי בכור, דנותן פי שנים. ורבינו חננאל דימה למתניתין דפ' "מי שהיה נשוי" (כתובות דף צג.), ונראה שיש לחלק.

אע"ג דקמא בינונית. קשה קצת: דמאי קא סלקא דעתין דמקשה דלא מפרש דאין נפסד אלא אחרון, והא רישא דקתני "גובה מכולם" על כרחך צריך לפרש דנפסדים כולם, דהתם פשיטא דשקיל בינונית.

שמע מינה במתנה נמי עבוד רבנן תקנתא. דאע"ג דיש לחלק בין מתנת שכיב מרע לשאר מתנות, דלא מסיק אדעתיה דמית ויהיב כל נכסיו, כדאמרינן לעיל דלא מסיק אדעתיה מלוה דמית לוה, ואין כאן נעילת דלת — לא מסתבר ליה לחלק. אי נמי: הכא במתנה במקצת, דהויא כמתנת בריא. **הכא** במאי עסקינן בבעל חוב. ומהכא משמע דבע"ח מאוחר שקדם וגבה — מה שגבה גבה, דקתני: יצא עליו שטר חוב כו', וכן הלכה במקרקעי. **והא** כל הקודם בשטר קאמר. אי במתנה איירי — ניחא, דפשיטא דאיירי בשטר פקדתא, דליכא לספוקי בשטרא אחרינא. א) **אין** מוציאין לאכילת פירות. בפרק "נערה" (כתובות דף נא:) תניא: חמשה גובין מן המשוחררין, ותנא ושייר הכא והתם, ואע"ג דהתם תני חמשה ב). **לפי** שאין כתובין. פי' בקונטרס: אע"ג דבפ"ק דבבא מציעא (דף טו.) אמרינן שכן כותב ללוקח: אנא איקום ואשפי וזבינא אלין אינון ועמליהון ושבחיהון ג) ופירי דידהו, מ"מ כיון דבשעת כתיבה לא הוי עדיין שום שבח — אין קול לאותה כתיבה. לפי זה הא דפריך: והא מזון האשה והבנות כמאן דכתיבי דמי — לאו מבנות פריך, אלא מאשה שהיא בעולם. אי נמי: דבנות נמי מי לא עסקינן דהוו בעולם, כגון דגירשה ואהדרה.

כתובין הן אצל בני חורין. וא"ת: אמאי לא משני: אימור צררי אתפסה, כדאמרינן לקמן! ויש לומר: דהשתא לית ליה האי שינויא. אי נמי: לקמן דמוקי לה בקנו מידו — איכא למיחש לצררי, והכא לא מיירי בקנו מידו, וליכא למיחש לצררי. **רבי** חנינא קצובין וכתובין בעי. אר"ש לקיש לא מיבעיא ליה אי קצובין וכתובין בעי או לאו.

עין משפט נר מצוה

יז א מיי' פי"ד מהל' מלוה ולוה הלכה א סמג עשין סד טוש"ע ח"מ סימן קח סעיף ג וסעיף יז וטוש"ע אה"ע סימן צ סעיף טז:
יח ב מיי' פי"ט שם הלכה א סמג עשין לד טוש"ע ח"מ סי' קח סעיף יח וסימן קיט סעיף ג:
יט ג מיי' פי"ז מהל' זכייה ומתנה הל' יג סמג עשין פב טוש"ע ח"מ סימן קיא סעי' ח וסי' רנב סעי' ט:
כ ד מיי' פי"ט מהל' מלוה ולוה הלכה ג סמג עשין עד טוש"ע ח"מ סי' קיא סעי' ח:
כא ה מיי' פכ"א מהל' מלוה ולוה הל' ה:

תוספות רי"ד

יתומין שאמרו גדולים ואין צ"ל קטנים בין לשבועה בין לזיבורית. ואי ק' והא אמרינן בערכין בפרק שום היתומים הלכה כרב הונא בריה דרב יהושע דאמר חיישינן דלמא צררי אתפשה והילכך אין נזקקין לנכסי יתומים ואפילו בשבועה עד דגדלי והכא אמרינן דבשבועה מיהת נפרעין וא"ת כגון שחייב מודה אי הכי שבועה מאי עבידתיה י"ל מאי דאמרינן הכא דנפרעין בשבועה מן היתומים מיתוקמא בכתובת אשה דנזקקין מנכסי יתומים משום חינא אבל לשאר חוב אין נזקקין ואפילו בשבועה עד דגדלי. ירושלמי אין נפרעין מנכסי יתומים אלא בשטר שהרבית אוכלת בו וא"א אף לכתובת אשה מפני מזונות וי"א אף לגוילה ולניזקין א"ר יוסי אף אנן תנן תרויהון לגוילה מן הדא דתנא בתגול ומאכיל גם היה דבר שיש בו אחריות חייבים להחזיר ולניזקין מהדא אין נפרעים מן הזיבורית כך היא מתני' אין נפרעין מנכסי יתומים לניזקין אלא מן הזיבורית והתניא עמד הבן תחת האב הניזקין שמין להן בעידית וכו' א"ר יוסי לא קשיא כאן ביתום גדול כאן ביתום קטן ובהא פליג אית תלמודא דידן דאמרינן יתומים שאמרו גדולים ואין צ"ל קטנים בין לשבועה בין לזבורית: **מתני'** אין נפרעין מנכסי משועבדי' במקום שיש נכסים ב"ח ואפילו הן זיבורית ואין מוציאין לאכילת פירות ולשבח קרקעות ולמזון האשה והבנות מנכסים משועבדים מפני תיקון העולם המוצא מציאה לא ישבע מפני תיקון העולם בעי' רב אחדבוי בר אמי במתנה היאך תקנתא הוא דעביד רבנן משום פסידא דלקוחות אבל מתנה דליכא פסידא לא או דלמא מתנה נמי אי לאו דאית ליה הנאה מיניה לא הוה יהיב ליה מתנה והלכך כלקוחות דמיא

גליון הש"ס

גמ' במתנה היאך. עי' ב"ב קטו ע"א תד"ה הא למקוים:

[שייך לעיל במשנה מח:]
ב"ב קלח.

א) [שייך לעיל במשנה מח:] ב) [לעיל מט: וש"נ] ג) [ב"ב קלח.] ד) [כתובות נא:] ה) [לקמן כ.]

א) צ"ל כגון דלא כתב ליה וכו' ודלא כפרש"י. ב) צ"ל לא גבי אלא מבני חרי וכו'.

או דִּלְמָא קְצוּבִין וְאע"פ שֶׁאֵינָן כְּתוּבִים? ת"ש, *דְּאִיתְּמַר: מִי שֶׁמֵּת וְהִנִּיחַ שְׁתֵּי בָנוֹת וּבֵן, וְקָדְמָה הָרִאשׁוֹנָה וְנָטְלָה עִישּׂוּר נְכָסִים, וְלֹא הִסְפִּיקָה שְׁנִיָּה לִגְבּוֹת עַד שֶׁמֵּת הַבֵּן, א"ר יוֹחָנָן: אשְׁנִיָּה וִיתְרָה; (א) וְא"ל ר' חֲנִינָא: גְּדוֹלָה מִזּוֹ אָמְרוּ, במוֹצִיאִין לְפַרְנָסָה גוְאֵין מוֹצִיאִין לִמְזוֹנוֹת, וְאַתְּ אָמַרְתְּ שְׁנִיָּה וִיתְרָה?! וְהָא פַּרְנָסָה דְּמִיקַּץ קַיְיצָא, מִיכְתַּב לָא כְּתִיבָא, וְקָא מוֹצִיאָה! שָׁאנֵי פַּרְנָסָה, כֵּיוָן דְּאִית לָהּ קָלָא, כְּמַאן דִּכְתִיבָא דָּמֵי. מְתִיב רַב הוּנָא בַּר מָנוֹחַ: *מֵתוּ – בְּנוֹתֵיהֶן נִזּוֹנוֹת מִנְּכָסִים בְּנֵי חוֹרִין, וְהִיא נִזּוֹנֶת מִנְּכָסִים מְשׁוּעְבָּדִים, מִפְּנֵי שֶׁהִיא כְּבַעֲלַת חוֹב! הָכָא בְּמַאי עָסְקִינַן – דבְּשֶׁקָּנוּ מִיָּדוֹ. אִי הָכִי, בָּנוֹת נַמִּי! בְּשֶׁקָּנוּ לָזוֹ וְלֹא קָנוּ לָזוֹ. מַאי פָּסְקָא? בַּת אִשְׁתּוֹ דַּהֲוַאי בִּשְׁעַת קִנְיָן – מְהַנֵּי לָהּ קִנְיָן, בִּתּוֹ דְּלָא הֲוַאי בִּשְׁעַת קִנְיָן – לָא מְהַנֵּי לָהּ קִנְיָן. מִי לָא עָסְקִינַן דְּהָווּ תַּרְוַיְיהוּ בִּשְׁעַת קִנְיָן, וְהֵיכִי דָּמֵי – דְּגֵרְשָׁהּ וְאַהַדְרָהּ? אֶלָּא, בִּתּוֹ דְּבִתְנַאי בֵּית דִּין קָאָכְלָה – לָא מְהַנֵּי לָהּ קִנְיָן, בַּת אִשְׁתּוֹ דְּלָאו בִּתְנַאי בֵּית דִּין קָאָכְלָה – מְהַנֵּי לָהּ קִנְיָן. וְכִי מִיגְרַע גָּרְעָה? אֶלָּא, בִּתּוֹ כֵּיוָן דְּבִתְנַאי בֵּית דִּין קָאָכְלָה, אֵימַר צְרָרֵי אַתְפְּסָהּ. ת"ש, א"ר נָתָן: אֵימָתַי? בִּזְמַן שֶׁקָּדַם מִקָּחוֹ שֶׁל שֵׁנִי לְשִׁבְחוֹ שֶׁל רִאשׁוֹן, אֲבָל קָדַם שִׁבְחוֹ שֶׁל רִאשׁוֹן לְמִקָּחוֹ שֶׁל שֵׁנִי – גּוֹבֶה מִנְּכָסִים מְשׁוּעְבָּדִים; אַלְמָא מִשּׁוּם דְּלָא קָדֵים הוּא! תַּנָּאֵי הִיא, דְּתַנְיָא: אֵין מוֹצִיאִין לַאֲכִילַת פֵּירוֹת וּלְשֶׁבַח קַרְקָעוֹת וְלִמְזוֹן אִשָּׁה וְהַבָּנוֹת מִנְּכָסִים מְשׁוּעְבָּדִים, מִפְּנֵי תִּיקּוּן הָעוֹלָם, לְפִי שֶׁאֵין כְּתוּבִין; אָמַר ר' יוֹסֵי: וְכִי מַה תִּיקּוּן הָעוֹלָם יֵשׁ בְּזוֹ? וַהֲלֹא אֵין קְצוּבִין!§ "וְהַמּוֹצֵא מְצִיאָה לֹא יִשָּׁבַע".§ אָמַר ר' יִצְחָק: "שְׁנֵי כִיסִין קְשׁוּרִין מָצָאתָ לִי", וְהַלָּה אוֹמֵר "לֹא מָצָאתִי אֶלָּא אֶחָד" – נִשְׁבָּע; "שְׁנֵי שְׁוָורִים קְשׁוּרִין מָצָאתָ לִי", וְהַלָּה אוֹמֵר "לֹא הָיָה אֶלָּא אֶחָד" – אֵינוֹ נִשְׁבָּע; מ"ט? שְׁוָורִין מִנַּתְּחִי מֵהֲדָדֵי, *כִּיסִין לָא מִנַּתְּחִי מֵהֲדָדֵי; "שְׁנֵי שְׁוָורִין קְשׁוּרִין מָצָאתָ", וְהַלָּה אוֹמֵר "מָצָאתִי וְהֶחֱזַרְתִּי לְךָ אֶחָד מֵהֶן" – הֲרֵי זֶה נִשְׁבָּע. וְר' יִצְחָק לֵית לֵיהּ *הַמּוֹצֵא מְצִיאָה לֹא יִשָּׁבַע מִפְּנֵי תִּיקּוּן הָעוֹלָם?

הוּא

רש"י

קְצוּבִין וְאע"פ שֶׁאֵין כְּתוּבִין. וְאִית לֵיהּ דְּמִלְוֶה עַל פֶּה, שֶׁהִיא קְצוּבָה, טָרְפָה מִמְּשַׁעְבְּדֵי. וְנָטְלָה עִישּׂוּר נְכָסִים. שֶׁזֶּה מִשְׁפַּט הַבָּנוֹת °בִּשְׁעַת בַּגְרוּת אוֹ נִישּׂוּאִין לִיטּוֹל עִישּׂוּר נְכָסִים, בְּהַכְנָסַת פַּרְנָסַת נְדוּנְיָיתָן, לְבַד מַה שֶּׁנִּיזּוֹנוּ מְזוֹנוֹת עַד אוֹתָהּ שָׁעָה. וְלֹא הִסְפִּיקָה שְׁנִיָּה לִגְבּוֹת. פַּרְנָסָתָהּ, שֶׁלֹּא נִיסֵּת. עַד שֶׁמֵּת הַבֵּן. וְנָפְלָה כָּל הַיְּרוּשָּׁה לִפְנֵי שְׁתֵּיהֶן. שְׁנִיָּה וִיתְרָה. אִיבְּדָה עִישּׂוּר נְכָסִים שֶׁלָּהּ, וְלֹא אָמְרִינַן תִּיגְבֵּי עִישּׂוּר נְכָסִים בְּרֵישָׁא, וְהַשְּׁאָר יַחְלְקוּ בְּשָׁוֶה. דְּטַעְמָא דְּתַקִּינוּ עִישּׂוּר נְכָסִים – כְּדֵי שֶׁתְּהֵא לַבָּנוֹת פַּרְנָסַת נִישּׂוּאִין, וְהָא אִיכָּא טְפֵי. וְאָמַר לוֹ ר' חֲנִינָא. וְכִי מִפְּנֵי שֶׁקָּדְמָה זוֹ אִיבְּדָה זוֹ? גְּדוֹלָה מִזּוֹ אָמְרוּ. שֶׁאֲפִילּוּ מָכַר הָאָב אֶת הַנְּכָסִים. מוֹצִיאִין. מִיַּד הַלָּקוֹחוֹת הָעִישּׂוּר לְפַרְנָסָה, וְאע"פ שֶׁאֵין מוֹצִיאִין לִמְזוֹנוֹת מִמְּשַׁעְבְּדֵי. וְאַתְּ אָמַרְתְּ שְׁנִיָּה וִיתְרָה. מִפְּנֵי שֶׁלֹּא הִסְפִּיקָה? וַהֲלֹא בְּשִׁעְבּוּד שֶׁל אֲחֵרִים, שֶׁהִיא גְּדוֹלָה מִזּוֹ, לֹא אָמְרוּ שֶׁתַּפְסִיד, וְעַכְשָׁיו שֶׁהֵן בְּפָנֶיהָ תַּפְסִיד? אַלְמָא שָׁמְעִינַן לְר' חֲנִינָא: קְצוּבִים טָרְפֵי מִמְּשַׁעְבְּדֵי, אַף עַל פִּי שֶׁאֵין כְּתוּבִין כְּגוֹן זוֹ. מִיקַּץ קַיְיצָא. עִישּׂוּר. דְּאִית לָהּ קָלָא. מִשָּׁעָה שֶׁמֵּת הָאָב הַכֹּל יוֹדְעִין שֶׁהַבַּת נוֹטֶלֶת עִישּׂוּר נְכָסִים. מֵתוּ בְּנוֹתֵיהֶן נִיזּוֹנוֹת כו'. הַנּוֹשֵׂא אֶת הָאִשָּׁה וּפָסְקָה עִמּוֹ לָזוּן אֶת בִּתָּהּ חָמֵשׁ שָׁנִים, וְגֵירְשָׁהּ בְּתוֹךְ חָמֵשׁ שָׁנִים, וְנִשֵּׂאת לְאַחֵר וּפָסְקָה עִמּוֹ כְּמוֹ כֵן – חַיָּיב לְזוּנָהּ חָמֵשׁ שָׁנִים, אֶחָד זָנָהּ וְא' נוֹתֵן לָהּ דְּמֵי מְזוֹנוֹת. מֵתוּ – בְּנוֹתֵיהֶן נִיזּוֹנוֹת מִנְּכָסִים בְּנֵי חוֹרִין, כִּדְקָתָנֵי מַתְנִיתִין: אֵין מוֹצִיאִין לִמְזוֹן הָאִשָּׁה וְהַבָּנוֹת מִנְּכָסִים מְשׁוּעְבָּדִים. וְהִיא. אוֹתָהּ בַּת אִשְׁתּוֹ. נִיזּוֹנֶת מִנְּכָסִים מְשׁוּעְבָּדִים כו'. אַלְמָא: כֵּיוָן דְּקַיְילֵי חָמֵשׁ שָׁנִים, אע"ג דְּלָא כְּתִיבָא – גָּבְיָא מִמְּשַׁעְבְּדֵי כְּר' חֲנִינָא, וְקַשְׁיָא לְעוּלָּא. בְּשֶׁקָּנוּ מִיָּדוֹ. וּסְתָם קִנְיָן לִכְתִיבָה עוֹמֵד. אִי הָכִי בָּנוֹת נַמִּי. דַּהֲוָיָא לָהּ מִינֵּיהּ, לִיתַּזְנוּ מִמְּשַׁעְבְּדֵי, הוֹאִיל וְקָנוּ מִיָּדוֹ קָא מַיְירֵי! מַאי פָּסְקָא. מַאי דַּעְתֵּיהּ דְּתַנָּא, וְכִי פָּסְקָא לְמִילְּתֵיהּ דִּסְתָם מַאן דְּפָסֵיק הָכִי קָנוּ מִיָּדוֹ לְבַת אִשְׁתּוֹ וְלֹא קָנוּ לְבִתּוֹ? דְּלָא הֲוַאי. שֶׁעֲדַיִין לֹא נוֹלְדָה. מִי לָא עָסְקִינַן כו'. כְּלוֹמַר, וּמִי לֹא מַשְׁמַע נַמִּי מַתְנִי' כְּגוֹן דְּהָווּ בְּנָתֵיהּ בִּשְׁעַת קִנְיָן? וְהֵיכִי דָּמֵי. כְּגוֹן דְּגֵירְשָׁהּ לְאַחַר שֶׁנּוֹלְדוּ לוֹ מִמֶּנָּה בָּנוֹת. וְאַהַדְרָהּ. וּפָסְקָה עִמּוֹ תְּנָאִים הַלָּלוּ, דְּהָא מַתְנִי' סְתָמָא תְּנַן. וְכִי מִגְרַע גָּרְעָה. בִּתְמִיָּה. כֵּיוָן דְּבִתְנַאי ב"ד קָאָכְלָה. וְהוּא נַמִּי קָנוּ מִיָּדוֹ – נוֹתֵן לֵב לְהַשְׁלִים חוּקָּהּ. אֵימָא צְרָרֵי. שֶׁל מָעוֹת הִתְפִּיסָהּ בְּמוֹתוֹ, לִהְיוֹת בְּיָדָהּ לָזוּן מֵהֶם. אֵימָתַי. אָמְרוּ אֵין מוֹצִיאִין לַאֲכִילַת פֵּירוֹת מִנְּכָסִים מְשׁוּעְבָּדִים. בִּזְמַן שֶׁקָּדַם מִקָּחוֹ. שֶׁל לוֹקֵחַ שֵׁנִי, זֶה שֶׁהָרִאשׁוֹן שֶׁלָּקַח שָׂדֶה הַגְּזוּלָה בָּא לַחֲזוֹר עָלָיו. לְשִׁבְחוֹ שֶׁל לוֹקֵחַ רִאשׁוֹן. שֶׁכְּשֶׁלָּקַח זֶה הַשֵּׁנִי מִן הַמּוֹכֵר עֲדַיִין לֹא הִשְׁבִּיחַ הַלּוֹקֵחַ הָרִאשׁוֹן אֶת הַקַּרְקַע הַגְּזוּלָה. אֲבָל קָדַם שִׁבְחוֹ שֶׁל רִאשׁוֹן כו'. דְּמִשֶּׁהִשְׁבִּיחָהּ, וְהַכֹּל יוֹדְעִים שֶׁבְּאַחְרָיוּת מְכָרָהּ לוֹ – יָצָא כָּל אַחְרָיוּת הַקַּרְקַע עִם שִׁבְחוֹ וּפֵירוֹתֶיהָ עַל נִכְסֵי הַגַּזְלָן. אַלְמָא מִשּׁוּם דְּלָא קָדֵים הוּא. וְלָאו מִשּׁוּם קְצוּבִין וּכְתוּבִין. מִפְּנֵי תִּיקּוּן הָעוֹלָם לְפִי שֶׁאֵין כְּתוּבִין. וְאִם בָּאתָ לִטְרוֹף לָקוֹחוֹת אַף בְּמִלְוֶה עַל פֶּה – אֵין לְךָ אָדָם לוֹקֵחַ שָׂדֶה מֵחֲבֵירוֹ, לְפִי שֶׁיָּרֵא שֶׁמָּא יֵשׁ עָלָיו מִלְוֶה. וַהֲלֹא אֵין קְצוּבִין. וּבַמֶּה יֵשׁ לַלָּקוֹחוֹת לְהִזָּהֵר? וּבְלָאו תִּיקּוּן הָעוֹלָם נַמִּי אֵין הַדִּין לִטְרוֹף. וְהַלָּה אוֹמֵר לֹא מָצָאתִי אֶלָּא אֶחָד נִשְׁבָּע. כִּדְמְפָרֵשׁ טַעְמָא: דְּלָא מִנַּתְּחִי מֵהֲדָדֵי, וַהֲוָה לֵיהּ טַעֲנָתוֹ שֶׁל זֶה טַעֲנַת בָּרִי, אַחֲרֵי שֶׁאֶחָד מֵהֶם בְּיַד זֶה, וַהֲרֵי הוֹדָה לוֹ בְּמִקְצָת. שְׁוָורִין מִנַּתְּחִי מֵהֲדָדֵי. וְטַעֲנַת שֶׁמָּא הוּא. שְׁנֵי שְׁוָורִים קְשׁוּרִים מָצָאתָ לִי וְהַלָּה אוֹמֵר מָצָאתִי וְהֶחֱזַרְתִּי לְךָ אֶחָד מֵהֶן הֲרֵי זֶה נִשְׁבָּע. שֶׁכֵּן הוּא שֶׁהֶחֱזִיר לוֹ הָאֶחָד, דַּהֲוָיָא לֵיהּ נַמִּי טַעֲנָה וַדָּאִית, וְאַף עַל פִּי שֶׁלֹּא רָאָה כְּשֶׁמְּצָאָם, שֶׁהֲרֵי גַּם זֶה אוֹמֵר כֵּן, וַהֲוָה לֵיהּ הֵיאַךְ מוֹדֶה בְּמִקְצָת טַעֲנָה בְּרוּרָה. וְהַךְ סֵיפָא נַמִּי ר' יִצְחָק אֲמָרָהּ, וְלָא גָּרְסִינַן בָּהּ: תַּנְיָא נַמִּי הָכִי.

הוא

תוספות

או דילמא קצובין אע"פ שאין כתובין. פי' בקונטרס: ואית ליה דמלוה על פה גובה ממשעבדי. ואין נראה, דבהדיא תנן בפרק "גט פשוט" (ב"ב דף קעה.) דגובה מנכסים בני חורין. ומפרש ר"ת: דהכא לא איירי במלוה, אלא בשאר מילי דקלבה, כגון פסק לזון את בתה חמש שנים. דדוקא במלוה על פה לא גבי ממשעבדי – משום דמאן דיזיף בצנעא יזיף, אבל שאר מילי – הוו כמכר, דאמרי' (ב"ב דף מא.): המוכר שדהו בעדים – גובה מנכסים משועבדים, דמאן דמזבן – בפרהסיא מזבן. **אמר** ר' חנינא גדולה מזו כו'. למאי דמסיק בפרק "מציאת האשה" (כתובות דף סט.) דרבי יוחנן קיבלה מרבי (חנינא), הוה מצי למיפרך – השתא דבעי למידק דקלובין לחודיה מהני – ארבי יוחנן דאמר לעיל לפי שאין כתובין. ומיהו, התם דחויא בעלמא הוא, ובמסקנא דהכא ניחא. **בשקנו** מידו. פי' בקונטרס: דהוו ככתובין, דסתם קנין לכתיבה עומד. וקשה: דא"כ אמאי פריך: אי הכי בנות נמי? הא לא מהני כתיבה דבנות, כדאמר לעיל! לכך נראה: דקנין אלים טפי מכתיבה, לכך פריך: בנות נמי, נהי דכתיבה לא מהני – קנין ליתהני! **אימר** צררי אתפסה. דוקא לגבי משועבדים חיישינן, אבל גבי בני חרי – לא, דאמרינן בפרק "שני דייני גזירות" (כתובות קז:): צררי לקטנה לא מתפיס. וצריך עיון, דלענין משעבדי חיישינן במזונות טפי לצררי מבכתובה, דכתובה נפרעת בשבועה מנכסים משועבדים, ומזונות לא גבי כלל אפילו בשבועה. ולענין בני חרי הוי איפכא, דלענין מזונות – גבי בלא שבועה, ולכתובה בעי שבועה, כדתנן בפ' "שני דייני גזירות" (שם דף קד:): מי שהלך למדינת הים ואשתו תובעת מזונות, חנן אומר: תשבע בסוף ולא תשבע בתחילה. **אלמא** משום דלא קדים הוא. פי' בקונטרס: ולאו משום דקלובין וכתובין. וק': דא"כ, כי משני "תנאי היא" – לא הוי רבי נתן לא כמר ולא כמר! ונראה: דלעולא פריך דוקא, ולמפשט נמי דרבי חנינא קלובין אע"פ שאין כתובין, דבזמן שקדם שבחו של ראשון – היינו קלובין ואין כתובין, דכתיבה לא מהניא, אע"ג שכבר בא השבח, כיון דבשעת הכתיבה אכתי לא הוה. **וכי** מה תקון העולם יש בזה והלא אין קצובין. פי' בקונטרס: ומן הדין בלא תיקון העולם אין לגבות ממשעבדי, כיון דאין קלובין. וקשה: דהא ר' חנינא דאמר: לפי שאין קלובין קאי לפרושי מפני תיקון העולם דמתני'! לכך נראה דה"פ: קא תלית טעמא מפני תיקון העולם בכתיבה – מה תיקון העולם יש בזה? דאפילו הוו כתובין לא גבי ממשעבדי, דאין תיקון העולם תלוי בכתיבה אלא בקליבה. **כיסין** לא מינתחי מהדדי. ואפילו רבי (*מאיר) בפ"ק דבילה (דף י:) דאמר גבי כיסין זימנין דמיתעכל קיטרייהו – היינו משום דאיכא הוכחה, שהניח מאתים ולא מלא אלא מנה, אבל הכא – מי יימר דלא מלא אלא אחד? **תניא** נמי הכי. פי' בקונטרס: דל"ג "תנ"ה", והך סיפא נמי ר' יצחק אמרה, וגרס בסיפא דהך: "שני שוורים קשורים מצאת לי" והלה אומר "מצאתי והחזרתי לך אחד מהם" – הרי זה נשבע. וקשה: דליהמניה במגו, דאי בעי אמר "לא מצאתי אלא אחד"! ועוד: לפי המסקנא ר' יצחק דאמר כמאן? אלא הכי גרסינן: תניא נמי הכי: "שני שוורים מצאת לי" והלה אומר "לא מצאתי אלא אחד" – אינו נשבע, "שני כיסין קשורין מצאת

לי

תוספות רי"ד

ממשועבדים ואין הלקוחות יכולין להזהר ולהניח לו מקום לגבות ממנו ומסתברא דהלכה כר' חנינא דאע"ג דכתב ליה אחריות בפירוש אפירות ואשבח אינם גובים ממשועבדים: **מתני'** המוצא מציאה וכו' אמר ר' יצחק שני כיסים קשורים מצאת לי והוא אומר לא מצאתי אלא אחד ישבע מפני שהוא טוענו טענת ודאי (בזה שפירש הרב הגדול חולק עליו שאדרבה אם החזיר הכים האחד פטור לגמרי לישבע) וכגון שטענו אחר שהחזיר לו הכים האחד ואמר שנים היו קשורים וכיון שמצאת האחד גם השני אתה מצאתה ששניהם היו קשורים ביחד זו היא טענת ודאי שנשבע עליה אבל אם היתה הטענה קודם שישיב לו האבידה ואמר לו שני כיסים קשורים מצאת לי והוא אומר אחד מצאתי ולא יותר פטור מלהשבע ע"י מיגו מיגו דאי בעי אמר לא מצאתי כלום אבל אחרי שהחזיר לו תחילה הכים האחד ועכשיו טוענו טענת ברי כי שנים היו חייב לישבע ומפני שכבר החזיר לו מקודם לכן אינו נפטר שעכשיו בעת הטענה אין לו שום מיגו שיפטרנו. שני שורים קשורים מצאת לי והלה אומר לא מצאתי אלא אחד אינו נשבע פי' ואע"פ שהחזיר לו תחלה האחד ואח"כ טען לו זה כי שנים היו קשורים: מאי טעמא שוורים מינתחי אהדדי ואין זו טענת ודאית כיסים לא מינתחי אהדדי והויא לה טענת ודאית. תניא נמי הכי שני שורים קשורים מצאת לי והלה אומר לא מצאתי אלא אחד פטור ואינו נשבע. שני שוורים קשורים מצאתי לך והחזרתי לך אחד מהן והלה אומר לא החזרת לי כל עיקר הרי זה נשבע פי' או לא היתה הטענה על המציאה כגון שנתברר בעדים שמצא שניהם אלא הם טוענים על החזרה שזה אומר החזרתי לך אחד מהן ואיני חייב אלא אחד וזה אומר לא החזרת לי כלום מחזיר לו הא' שמודה שלא החזיר ועל האחד שאומר כי החזירו נשבע לו מפני שהוא מודה במקצת והוא טוענו טענה ודאית שאומר לא החזרת לי כלום ואילו היה זה כופר בכל שהיה אומר החזרתי לך את שניהם היה פטור משבועה כדין כל האומר פרעתי אבל עכשיו שמודה במקצת ואינו כופר אלא במקצת חייב לישבע במה שכופר. ומקשה ולית ליה לר' יצחק המוצא מציאה לא ישבע מפני תיקון העולם פי' מדקתני מפני תיקון העולם ש"מ הא לאו הכי הוה מן דינא לאשבועיה וה"ד אי דקא טעין טענת ספק כגון שמצא חמורו והחזירו לו ואמר דיסקיא מליאה דינרים הייתה לי עליו ושמא אתה מצאתה והא אין נשבעין על הספק כדתנן בשבועות ואלו נשבעין על הספק שלא בטענה השותפין והאריסין והאפוטרופוס וכו' ומפרש בגמ' שלא בטענת ודאי אלא בטענת ספק ודוקא אותם נשבעי' בטענת ספק מפני תיקון העולם אבל מידי אחרינא לא והכא ספק הוא לו דשמא אדם אחר לקח הדיסקיא והניח החמור אלא ודאי דקא טעין ליה טענת ודאי כגון שמצא כיסו קשור והחזירו לו והוא טוענו כ' דינרים היו לי שם והוא אומר לא מצאתי

אלא

עין משפט נר מצוה

כב א מיי' פ"כ מהל' אישות הלכה ט סמג לאוין פא טוש"ע אה"ע סי' קיג סעי' ח ט:

כג ב מיי' שם הלכה ז טוש"ע שם סעי' ה:

כד ג טוש"ע אה"ע סי' קיב סעיף ז:

כה ד מיי' פכ"ג מהל' אישות הלכה יח טוש"ע אה"ע סימן קיד סעיף ד:

מסורת הש"ס

כתובות סט.

כתובות קח: קב:

[ביצה י:]

[לעיל מח:]

הגהות הב"ח

(א) גמ' שניה ויתרה א"ל כצ"ל והוא"ו נמחק:

גליון הש"ס

רש"י ד"ה ונטלה וכו' בשעת בגרות. זה נ"ע מלה:

עין משפט נר מצוה

כו א מיי' פ"ד מהלכות טוען ונטען הל' ה סמג עשין לה טוש"ע ח"מ סימן עה סעיף ג:

כז ב מיי' פ"ה שם ה"ט סמג שם טוש"ע ח"מ סי' נו סעיף א:

כח ג מיי' פי"א מהל' שבועות הל' ה סמג עשין עא טוש"ע ח"מ סי' פז סעיף א:

הוּא דְּאָמַר כְּרַבִּי אֱלִיעֶזֶר בֶּן יַעֲקֹב; *דְּתַנְיָא, ר' אֱלִיעֶזֶר בֶּן יַעֲקֹב אוֹמֵר: פְּעָמִים שֶׁאָדָם נִשְׁבָּע עַל טַעֲנַת עַצְמוֹ, כֵּיצַד? "מָנֶה לְאָבִיךָ בְּיָדִי וְהֶאֱכַלְתִּיו פְּרָס" — הֲרֵי זֶה נִשְׁבָּע, וְזֶה הוּא שֶׁנִּשְׁבָּע עַל טַעֲנַת עַצְמוֹ; וַחכ"א: אאֵינוֹ אֶלָּא כְּמֵשִׁיב אֲבֵידָה וּפָטוּר. וְרַבִּי אֱלִיעֶזֶר בֶּן יַעֲקֹב לֵית לֵיהּ מֵשִׁיב אֲבֵידָה פָּטוּר? אָמַר רַב: בְּטוֹעֲנוֹ קָטָן. קָטָן מִידֵּי מְשָׁשָּׁא אִית בֵּיהּ? *וְהָתְנַן: באֵין נִשְׁבָּעִין עַל טַעֲנַת חֵרֵשׁ, שׁוֹטֶה וְקָטָן! מַאי קָטָן — גָּדוֹל, וְאַמַּאי קָרֵי לֵיהּ קָטָן — דִּלְגַבֵּי מִילֵּי דְּאָבִיו קָטָן הוּא. אִי הָכִי, טַעֲנַת עַצְמוֹ? טַעֲנַת אֲחֵרִים הוּא! טַעֲנַת אֲחֵרִים וְהוֹדָאַת עַצְמוֹ. כּוּלְּהוּ טַעֲנְתָא נַמִּי טַעֲנַת אֲחֵרִים וְהוֹדָאַת עַצְמוֹ נִינְהוּ! אֶלָּא בִּדְרַבָּה קָמִיפַּלְגִי, *דְּאָמַר רַבָּה: מִפְּנֵי מָה אָמְרָה תּוֹרָה גמוֹדֶה מִקְצָת הַטַּעֲנָה יִשָּׁבַע? חֲזָקָה אֵין אָדָם מֵעִיז פָּנָיו בִּפְנֵי בַּעַל חוֹבוֹ, וְהַאי בְּכוּלֵּיהּ בָּעֵי לְמִכְפְּרֵיהּ לֵיהּ, וְהַאי דְּלָא כָּפְרֵיהּ — מִשּׁוּם דְּאֵין אָדָם מֵעִיז פָּנָיו בִּפְנֵי בַּעַל חוֹבוֹ, וּבְכוּלֵּיהּ בָּעֵי דְּלוֹדֵי לֵיהּ, וְהַאי דְּלָא אוֹדֵי לֵיהּ — אִישְׁתַּמּוֹטֵי הוּא דְּקָא מִשְׁתַּמֵּיט לֵיהּ, סָבַר עַד דְּהָווּ לִי זוּזֵי וּפָרַעְנָא לֵיהּ, וְאָמַר רַחֲמָנָא: רְמֵי שְׁבוּעָה עִילָּוֵיהּ כִּי הֵיכִי דְּלוֹדֵי לֵיהּ בְּכוּלֵּיהּ; ר' אֱלִיעֶזֶר בֶּן יַעֲקֹב סָבַר: לָ"שׁ בּוֹ וְלָ"שׁ בִּבְנוֹ — אֵינוֹ מֵעִיז, וְהִילְכָּךְ לָאו מֵשִׁיב אֲבֵידָה הוּא; וְרַבָּנַן סָבְרִי: בּוֹ הוּא דְּאֵינוֹ מֵעִיז, אֲבָל בִּבְנוֹ מֵעִיז, וּמִדְּלָא מֵעִיז, מֵשִׁיב אֲבֵידָה הוּא.§

מתני'

הוּא דְּאָמַר כר"א בֶּן יַעֲקֹב. דְּהֵיכָא דְּקָא תָּבְעֵי לֵיהּ בְּטַעֲנַת בָּרִי – לָא חֲשִׁיב לֵיהּ מֵשִׁיב אֲבֵידָה. עַל טַעֲנַת עַצְמוֹ. הַשְׁתָּא מַשְׁמַע שֶׁאֵין אָדָם תּוֹבְעוֹ. וּלְקַמָּן מְפָרֵשׁ לָהּ בְּטוֹעֲנוֹ זֶה בֶּן הַמֵּת, דְּדָמְיָא לִדְרַבִּי יִצְחָק. וְהֶאֱכַלְתִּיו פְּרָס. וְהֶחֱזַרְתִּי לוֹ חֶצְיוֹ. וְרַבִּי אֱלִיעֶזֶר לֵית לֵיהּ כו'. כְּמוֹ וְהָוֵינַן בָּהּ: וְר"א לֵית לֵיהּ חֲשָׁשָׁא דְּתִיקּוּן הָעוֹלָם, דְּמֵשִׁיב אֲבֵידָה פָּטוּר מִשְּׁבוּעָה, דְּאִ"כ – שָׁבֵיק לָהּ וְאָזֵיל? וְהַאי נַמִּי, כֵּיוָן דְּלָא תְּבָעוֹ – כְּמֵשִׁיב אֲבֵידָה הוּא. אִי הָכִי. דְּטוֹעֲנוֹ גָּדוֹל, טַעֲנַת עַצְמוֹ קָרֵי לָהּ? טַעֲנַת אֲחֵרִים הִיא! וְהוֹדָאַת עַצְמוֹ. עַל שֶׁהוֹדָה לוֹ שֶׁאֱמֶת כִּדְבָרָיו, וּמוֹדֶה שֶׁעֲדַיִין חַיָּיב לוֹ פְּרָס – הוּא נִשְׁבָּע. כּוּלְּהוּ טַעֲנְתָא נַמִּי טַעֲנַת אֲחֵרִים וְהוֹדָאַת עַצְמוֹ נִינְהוּ. וּלְכָךְ נִשְׁבָּעִין עֲלֵיהּ. וּבְכִי הַאי גַּוְונָא מִי פְּלִיגִי רַבָּנַן עֲלֵיהּ, וּמִי הֲוָה קָאָמַר "פְּעָמִים שֶׁאָדָם נִשְׁבָּע"? כָּל שַׁעְתָּא כִּי הַאי גַּוְונָא מִשְׁתַּבַּע! אֶלָּא. לָא תֵּימָא בְּטוֹעֲנוֹ גָּדוֹל, אֶלָּא בְּטוֹעֲנוֹ קָטָן. וּדְקַשְׁיָא לָךְ: אֵין נִשְׁבָּעִין עַל טַעֲנַת קָטָן – הָנֵי מִילֵּי בְּשֶׁטּוֹעֲנוֹ "הִפְקַדְתִּי לְךָ", דְּגַבֵּי שְׁבוּעָה כְּתִיב (שמות כב): "כִּי יִתֵּן אִישׁ" וְלֹא קָטָן, אֲבָל בָּא בְּטַעֲנַת אָבִיו – נִשְׁבָּעִין אֲפִילּוּ לְקָטָן. וּלְרַבָּנַן, אֲפִילּוּ לְגָדוֹל אֵין נִשְׁבָּעִין, כְּדִתְנַן בִּשְׁבוּעוֹת:* "מָנֶה לְאַבָּא בְּיָדְךָ" – "אֵין לוֹ בְּיָדִי אֶלָּא חֲמִשִּׁים דִּינָר" – פָּטוּר. וּבִדְרַבָּה פְּלִיגִי. חֲזָקָה אֵין אָדָם מֵעִיז פָּנָיו. לִכְפּוֹר אֶת הַכֹּל. הִלְכָּךְ, בִּשְׁבִיל הוֹדָאַת הַמִּקְצָת אֵינוֹ נֶאֱמָן עַל הַשְּׁאָר, דְּהַאי בְּכוּלֵּיהּ בָּעֵי דְּלִכְפְּרֵיהּ כו'. וְכִי תֵּימָא: לָא נִשְׁבְּעֵיהּ אַשְּׁאָרָא, דְּמִיגּוֹ דְּחָשׁוּד אַמָּמוֹנָא – חָשׁוּד נַמִּי אַשְּׁבוּעָתָא! אַמָּמוֹנָא לָא חָשׁוּד, מִדְּלָא כָּפְרֵיהּ בְּכוּלֵּיהּ. דְּהַאי כִּי אוֹדֵי בְּפַלְגָא – בְּכוּלֵּיהּ נַמִּי בָּעֵי דְּלוֹדֵי, וְהַאי דְּלָא אוֹדֵי לֵיהּ – לָאו דְּדַעְתּוֹ לְמִיגְזְלֵיהּ, אֶלָּא אִישְׁתַּמּוּטֵי אִישְׁתַּמֵּיט לְדָחוּיֵי הַשְׁתָּא.

מתני'

לי" והלה אומר "מנאתי לך, והחזרתי לך אחד מהן" – הרי זה נשבע. וה"ה דאם אמר "לא מנאתי אלא אחד", דנשבע, מדלא מיפטר כי אמר "החזרתי לך אחד מהן" במיגו. והיינו כר' יצחק. והא דנקט "החזרתי לך אחד מהן" בברייתא, ולא נקט "ולא מנאתי אלא אחד" – לרבותא נקט, דלא מפטר במיגו דאי בעי הוה טעין טענה מעלייתא "לא מנאתי אלא אחד", קמ"ל דלערומי קא מערים, דסבר: אי אמינא "לא מנאתי אלא אחד" – בעינן אישתבועי, אימא: "החזרתי" ולא בעינא אישתבועי. דכי האי גוונא אמרינן בפ"ק דבבא מציעא (דף ד:) דאע"ג דמסייעא ליה ברייתא – פריך ליה ממתני', דהיכי שביק מתני' מקמי ברייתא. ומשני: הוא דאמר כר"א בן יעקב שהוא קב ונקי, ⊕ולבסוף דלא קאי – יאמר על כרחו: אנא דאמרי כברייתא, לפיכך לא קאמר "תיובתא". **ורבי** אליעזר בן יעקב לית ליה משיב אבידה פטור. פירש בקונטרס דמכח מתני' פריך. וקשה: דלא נקט לישנא דלעיל "ולית ליה המוצא מציאה לא ישבע מפני תיקון העולם"! ועוד: דאין הכי נמי דלית ליה מתני', דהא הכי שני ליה: הוא דאמר כר' אליעזר בן יעקב דפליג אמתני'! לכך נראה דפריך: אמאי לא מהימן במיגו דאי בעי שתיק, דמיגו הוי מן התורה*. **מאי** קטן גדול. הא דלא אמר "אלא גדול" – משום דבעי לשנויי, דלא תקשי לרב: וכי לא ידע מתני'? ועוד, משום מתני' ד"שבועת הדיינין" (שבועות דף לח:) דקתני: אבל נשבעין לקטן. **אלא** בדרבה קא מיפלגי. פי' בקונטרס: לעולם בטוענו קטן, ודקא קשיא לך דאין נשבעין על טענת חרש שוטה וקטן – היינו כשבא מכח עצמו, דכתיב "כי יתן איש" ואין נתינת קטן כלום, אבל בא בטענת אביו – טענה חשובה היא. וטעמא דרבנן – כדרבה, משום דבבנו מעיז. וקשה: דעיקר התירוץ חסר מן הספר! ועוד: דב"הגוזל קמא" (ב"ק דף קו:) ממעט נתנו כשהוא קטן וטענו כשהוא גדול, משום דבעינן תביעה ונתינה כאחת שוין, וא"כ מהאי טעמא נמי נמעט נתנו כשהוא גדול ותבעו כשהוא קטן, דהיינו בבא בטענת אביו! לכך נראה לפרש: דקאי אמאי דקאמר: טענת עצמו – טענת אחרים הוא. הא דקרי לה טענת עצמו – משום דבבנו מעיז ומעיז, וכדרבנן. אע"ג דראב"י סבר דבבנו נמי אינו מעיז – הכי קאמר להו לרבנן: פעמים שאדם נשבע על מה שאתם מחשיבין טענת עצמו. **מפני** מה אמרה תורה מודה מקצת הטענה ישבע. פי': למה לא יהא נאמן במיגו, דאי בעי כופר הכל. או נילף מהכא דלא אמרינן מיגו? ומשני: דאין אדם מעיז פניו בפני בעל חובו, וליכא מיגו, דאין לו פנים לכפור הכל. אע"ג דבכופר הכל אמרינן נמי בפ' "הדיינין" (שבועות דף מ:) דאשתמוטי קא משתמיט, דלכך נתקנה שבועת היסת בכופר הכל – מ"מ יותר יש לו פנים לכפור מקצת מלכפור הכל, וליכא מיגו. אבל אין לפרש שבא ליתן טעם אמאי כופר הכל פטור, וקאמר לפי שאין אדם מעיז – דהא כופר הכל פטור אפילו במקום שיכול להעיז, דהרי בבנו דמעיז פטרוהו רבנן אפילו מודה מקצת, במיגו דאי בעי כופר הכל. וכן בפ"ק דב"מ (דף ד:) גבי סילעין דינרין – פטר [ר"ע] בלוה אומר ג', משום דמשיב אבידה, דאי בעי אמר ב', והוי כופר הכל, דהא דכתיב בשטר כ"הילך" דמי. ופריך נמי מינה התם למאן דאמר "הילך" חייב, אלמא: כופר הכל פטור, ואע"ג דיכול להעיז משום דמסייע ליה שטרא, דהא פטור במודה במקצת במיגו דאי בעי כפר הכל. וכופר הכל דפטור – גזירת הכתוב, דכתיב "כי הוא זה" משמע: דוקא במודה במקצת, ולא כופר הכל, כדאמרינן בפ"ק דב"מ (דף ה.) דתרי קראי כתיבי, כתיב "הוא" וכתיב "זה". אבל מדחייביה רחמנא שבועה בעד אחד – אין להוכיח דכופר הכל פטור, דאי חייב – מאי נפקא מינה מעד אחד! כיון דבלאו הכי חייב שבועה. דאיצטריך להיכא שאין הבעלים יודעין והעד מעיד שגנב לו, או שהיה חייב לאביו. **אין** אדם מעיז. אין לפרש: לפי שעשה לו טובה, כדפי' בקונטרס ב"הגוזל קמא" (ב"ק דף קז.) – דאם כן בפקדון שלא עשה לו טובה יפטר במודה במקצת, במיגו דאי בעי כפר הכל, ובכמה דוכתי מחייבינן מודה במקצת בפקדון. אלא אין אדם מעיז כל מקום שאותו שכנגדו יודע שהוא משקר, כדפי' ריב"א. ואין להאריך כאן. **ובכולי** בעי דלודי ליה. פי' בקונטרס: וכי תימא דלא נשבעיניה אשארא, דמיגו דחשיד אממונא חשיד אשבועתא – אממונא לא חשיד, מדלא כפריה כוליה, וכי היכי דמודה בפלגא – בכוליה נמי בעי דלודי ליה. וקשה: דבפ"ק דב"מ (דף ו.) מסקינן דלא אמרינן מיגו דחשיד אממונא חשיד אשבועתא. וליכא למימר דהתם מדרבנן הוא דלא חשיד, לפי שראו דפריש משבועתא טפי מממונא – דהא משמע ב"חזקת הבתים" (ב"ב דף לג:) גבי נסכא דרבי אבא, דאי הוה אמר: לא חטפי – הוה נשבע להכחיש את העד, אלמא: לא אמרינן מיגו דחשוד אממונא חשוד נמי אשבועתא. והיא שבועה דאורייתא, דשבועה דרבנן לא אמרינן: מתוך שאינו יכול לישבע משלם, דתקנתא לתקנתא לא עבדינן, כדאמרינן גבי ההוא רעיא בבבא מציעא בפ"ק (דף ה.). לכן נראה דאתא לפרש, דלא תימא: כיון דאין אדם מעיז פניו – אם כן קושטא קאמר, ויפטר משבועה מאותו מקצת שכופר, מטעם חזקה דאין אדם מעיז! ולהכי קאמר: ובכולי הוא דבעי דלודי ליה, דאינו ברצון מעיז, אלא אישתמוטי קא מישתמיט. ואם תאמר: גזלן אמאי פסול לשבועה, כיון דלא אמרינן מיגו דחשיד אממונא חשיד נמי אשבועתא! וי"ל: דמדרבנן פסול, משום דפסלתו תורה לעדות, דכתיב "להיות עד חמס", ולא גזרו רבנן אלא היכא דנודע פסולו, דגנאי הוא להשביעו. ואם תאמר: מדאורייתא מאי שנא לאו דעדות מלאו דשבועה? וי"ל: דחמירא ליה שבועה, לפי שכל העולם נזדעזע בשעה שאמר הקדוש ברוך הוא "לא תשא", כדאמרינן בריש פרק "הדיינין" (שבועות דף לט.). ועוד יש לחלק: דעל אותו ממון דחשדינן ליה – לא חשיד אשבועתא, דעל ידי שבועה יפרוש. אבל גזלן – אממון אחר חשוד, כמו שממון אחר לא פירש – כמו כן לא יפרוש משבועה. ולא קשה מההוא רעיא דאסהידו ביה דאכל תרי מנייהו – אמאי פסול, דהנך תרי צריך לשלם, ומן השאר יפרוש על ידי שבועה. דהא מה שמשלם ע"י עדים – אין זה הסבה מעליא, דעל כורחו הוא משלם.

יהבי

[וע"ע תוס' כתובות יח. ד"ה וכו"א]

מסורת הש"ס

כתובות יח. [שבועות מב.]

שבועות לח:

כתובות יח. ב"ק קז. שבועות מב: ב"מ ג.

[דף לח]

גליון הש"ס

תום' ד"ה (בע"א) תניא בסה"ד ולבסוף דלא קאי יאמר. וכיוצא בזה ב"ב דף קע"א עיי"ש בתד"ה כגון:

תוספות רי"ד

אלא עשרה ואפ"ה פטרינן ליה מפני תיקון העולם דאי רמיית עליה שבועה אתי לאימנועי ולא מיהדר ליה מידי והיאך ר' יצחק מחייבו שבועה בטוענו טענת [ודאי] ומהדר הוא דאמר כר' אליעזר בן יעקב פי' ר' יצחק לא סבר כמתני' אלא כר' אליעזר בן יעקב דפליג אמתני' ומחייב ליה בכל היכא דטעין ליה טענת ברי ולית ליה תקנה דילמא אתי לאימנועי דתניא רבי אליעזר בן יעקב אומר פעמים שאדם נשבע על טענת עצמו כיצד מנה לאביך בידי והאכלתיו פרס הרי זה נשבע זהו שנשבע על טענת עצמו וחכ"א אינו אלא כמשיב אבידה ופטור ואסיקנא דבטוען גדול ואומר לו בפני הלוה לך אבי מנה ובדרבה קמיפלגי דאמר רבה מפני מה אמרה תורה מודה מקצת הטענה ישבע חזקה אין אדם מעיז פניו בפני ב"ח ובכולהו בעי דליכפריה והאי דלא כפריה משום דאין אדם מעיז פניו בפני בעל חובו ובכולהו בעי דלודי ליה והאי דלא אודי ליה אישתמוטי הוא דמישתמיט מיניה סבר עד דהוה לי זוזי ופרענא ליה ואמר רחמנא רמי שבועה עילויה כי היכי דלודי בכולהו ר' אליעזר בן יעקב סבר ל"ש בו ול"ש בבנו אינו מעיז והילכך לאו משיב אבידה הוא. ורבנן סברי בו הוא דאינו מעיז אבל בבנו מעיז ומעיז ומדלא העיז משיב אבידה הוא ומ"ה קרי ליה טענת עצמו שהיה יכול להעיז ולא העיז והוה לרבנן כאילו הודה מעצמו והוא משיב אבידה ופטור משבועה ור' אליעזר ב"י מחייב ליה שבועה כיון דקא טעין טענת ודאי וקי"ל משנת ר' אליעזר ב"י קב ונקי והלכה כמותו בכל מקום וגם הלכה כר"י דקאי כותיה (ותניא) וליכא שום אמורא דפליג עליה ולית הלכתא כמתני' (והרב משנה שיטתו ופוסק כמתני') דפטר ליה מפני תיקון העולם דלמא מימנע מלמיעבד מצוה אבל ודאי היכא דלא טעין ליה טענת ודאי אלא טענת ספק כ"ע לא פליגי דפטור מפני שהוא משיב אבידה ואע"פ שמודה לו במקצת:

מתני'

מַתְנִי' אִיתוֹמִין שֶׁסָּמְכוּ אֵצֶל בַּעַל הַבַּיִת, אוֹ שֶׁמִּינָּה לָהֶן אֲבִיהֶן אַפּוֹטְרוֹפּוֹס – חַיָּיב לְעַשֵּׂר פֵּירוֹתֵיהֶם. *אַפּוֹטְרוֹפּוֹס שֶׁמִּינָּהוּ אֲבִי יְתוֹמִים – יִשָּׁבַע, מִינּוּהוּ ב"ד – לֹא יִשָּׁבַע; אַבָּא שָׁאוּל אוֹמֵר: בחִילּוּף הַדְּבָרִים.§ גמ' וּרְמִינְהוּ: "אַתֶּם" – *גוְלֹא שׁוּתָּפִין, דאַתֶּם – וְלֹא אֲרִיסִין, אַתֶּם – וְלֹא אַפּוֹטְרוֹפִּין *הוְלֹא הַתּוֹרֵם אֶת שֶׁאֵינוֹ שֶׁלּוֹ! אָמַר רַב חִסְדָּא, לָא קַשְׁיָא: כָּאן לְהַאֲכִיל, כָּאן לְהַנִּיחַ; וְהָתַנְיָא: *והָאַפּוֹטְרוֹפִּין תּוֹרְמִין וּמְעַשְּׂרִין, לְהַאֲכִיל וְלֹא לְהַנִּיחַ; זוּמוֹכְרִי' לָהֶן בְּהֵמָה, עֲבָדִים וּשְׁפָחוֹת, בָּתִּים, שָׂדוֹת וּכְרָמִים, לְהַאֲכִיל אֲבָל לֹא לְהַנִּיחַ; וּמוֹכְרִין לָהֶן פֵּירוֹת, יֵינוֹת, שְׁמָנִים וּסְלָתוֹת, לְהַאֲכִיל אֲבָל לֹא לְהַנִּיחַ; חוְעוֹשִׂין לָהֶן לוּלָב וַעֲרָבָה וְסוּכָּה וְצִיצִית, וְכָל דָּבָר שֶׁיֵּשׁ לוֹ קִצְבָה – לְאִיתוּיֵי שׁוֹפָר; וְלוֹקְחִין לָהֶם סֵפֶר תּוֹרָה, תְּפִילִּין וּמְזוּזוֹת, וְכָל דָּבָר שֶׁיֵּשׁ לוֹ קִצְבָה – לְאַתּוּיֵי מְגִילָּה; וְאֵין פּוֹסְקִין עֲלֵיהֶם צְדָקָה, וְאֵין פּוֹדִין עֲלֵיהֶן אֶת הַשְּׁבוּיִין, וְלֹא כָּל דָּבָר שֶׁאֵין לוֹ קִצְבָה – לְאַתּוּיֵי תַּנְחוּמֵי אֲבֵלִים; וְאֵין אַפּוֹטְרוֹפִּין רַשָּׁאִין לָדוּן לָחוֹב וְלִזְכּוֹת בְּנִכְסֵי יְתוֹמִים. לִזְכּוֹת אַמַּאי לָא? טאֶלָּא, לָחוֹב עַל מְנָת לִזְכּוֹת בְּנִכְסֵי יְתוֹמִים. יוְאֵין אַפּוֹטְרוֹפִּין רַשָּׁאִין לִמְכּוֹר בְּרָחוֹק וְלִגְאוֹל בְּקָרוֹב, בְּרָעָה – וְלִגְאוֹל בְּיָפָה; מ"ט? דִּדְלְמָא מִשְׁתַּדְפִין. כוְאֵין אַפּוֹטְרוֹפִּין רַשָּׁאִין לִמְכּוֹר שָׂדוֹת וְלִיקַּח עֲבָדִים, אֲבָל מוֹכְרִין עֲבָדִים וְלוֹקְחִין בָּהֶן שָׂדוֹת, רַבָּן שִׁמְעוֹן בֶּן גַּמְלִיאֵל אוֹמֵר: לאַף לֹא לִמְכּוֹר עֲבָדִים וְלִיקַּח שָׂדוֹת; מ"ט? דִּלְמָא לָא מְשַׁפְּיָין. מוְאֵין אַפּוֹטְרוֹפִּין רַשָּׁאִין *לְהוֹצִיא עֲבָדִים לְחֵירוּת, אֲבָל מוֹכְרִין אוֹתָן לַאֲחֵרִים, וַאֲחֵרִים מוֹצִיאִין אוֹתָן לְחֵירוּת; *רַבִּי אוֹמֵר, אוֹמֵר אֲנִי: אַף הוּא נוֹתֵן דְּמֵי עַצְמוֹ וְיוֹצֵא, מִפְּנֵי שֶׁהוּא כְּמוֹכְרוֹ לוֹ; וְצָרִיךְ לַחְשֵׁב עִמָּהֶן בָּאַחֲרוֹנָה, ר"ש בֶּן גַּמְלִיאֵל אוֹמֵר: נאֵינוֹ צָרִיךְ. סאֵין עוֹשִׂין אַפּוֹטְרוֹפִּין נָשִׁים וַעֲבָדִים וּקְטַנִּים, עוְאִם מִינָּן אֲבִי יְתוֹמִין – הָרְשׁוּת בְּיָדוֹ. הַהוּא אַפּוֹטְרוֹפּוֹס דַּהֲוָה בִּשְׁבָבוּתֵיהּ דְּר' מֵאִיר, דַּהֲוָה קָא מְזַבֵּין אַרְעָתָא *וְזָבֵין עַבְדֵי, וְלָא שַׁבְקֵיהּ ר' מֵאִיר; אַחְווּ לֵיהּ בְּחֶלְמֵיהּ *"אֲנִי לַהֲרוֹס וְאַתָּה לִבְנוֹת", אֲפִילּוּ הָכִי לָא אַשְׁגַּח, אֲמַר: *דִּבְרֵי חֲלוֹמוֹת לֹא מַעֲלִין וְלֹא מוֹרִידִין. הָנְהוּ בֵּי תְּרֵי דְּאִיגָּרֵי בְּהוּ שָׂטָן, דְּכָל בֵּי שִׁמְשֵׁי הֲווּ קָא מִינְצוּ בַּהֲדֵי הֲדָדֵי, אִיקְּלַע רַבִּי מֵאִיר לְהָתָם, עַכְּבִינְהוּ תְּלָתָא בֵּי שִׁמְשֵׁי עַד דַּעֲבַד לְהוּ שְׁלָמָא, שְׁמָעֵיהּ דְּקָאָמַר: וַוי, דְּאַפְּקֵיהּ ר' מֵאִיר לְהַהוּא גַּבְרָא מִבֵּיתֵיהּ.§ הַהוּא אַפּוֹטְרוֹפּוֹס דַּהֲוָה בִּשְׁבָבוּתֵיהּ דְּר' יְהוֹשֻׁעַ בֶּן לֵוִי, דַּהֲוָה קָא מְזַבֵּין אַרְעָא וְזָבֵין תּוֹרֵי, וְלָא אֲמַר לֵיהּ וְלָא מִידֵּי; סָבַר לַהּ כְּר' יוֹסֵי, *דְּתַנְיָא, א"ר יוֹסֵי: מִיָּמַי לֹא קָרִיתִי לְאִשְׁתִּי "אִשְׁתִּי" וּלְשׁוֹרִי "שׁוֹרִי", אֶלָּא לְאִשְׁתִּי – "בֵּיתִי" וּלְשׁוֹרִי – "שָׂדִי". הָנְהוּ יַתְמֵי דַּהֲווּ סְמִיכֵי גַּבֵּי הַהִיא סַבְתָּא, הֲוָה לְהוּ תּוֹרְתָא, שַׁקְלָה וְזַבִּינְתָהּ נִיהֲלַיְיהוּ. אָתוּ קְרוֹבִים לְקַמֵּיהּ דְּרַב נַחְמָן, אֲמַרוּ לֵיהּ: מַאי עֲבִידְתָּהּ דְּזַבְּנָא? אֲמַר לְהוּ: יְתוֹמִים שֶׁסָּמְכוּ אֵצֶל בַּעַל הַבַּיִת תְּנַן. וְהָא אִיַּקַּר! בִּרְשׁוּתָא דְּלוֹקֵחַ אִיַּקַּר. וְהָא לָא נְקִיטִי דְּמֵי! אֲמַר לְהוּ: א"כ, הַיְינוּ דְּרַב חֲנִילָאִי בַּר אִידִי אָמַר שְׁמוּאֵל, דְּאָמַר רַב חֲנִילָאִי בַּר אִידִי אָמַר שְׁמוּאֵל: פנִכְסֵי יְתוֹמִין הֲרֵי הֵן כְּהֶקְדֵּשׁ, וְלָא מִקְנֵי אֶלָּא בְּכַסְפָּא. חַמְרֵיהּ דְּרַבָּנָא עוּקְבָא יַתְמָא, מִשָּׁכוּהָ בְּאַרְבָּעָה אַרְבָּעָה וְאִיַּקַּר וְקָם בְּשִׁיתָּא שִׁיתָּא, אָתוּ לְקַמֵּיהּ דְּרַב נַחְמָן, אֲמַר לְהוּ: הַיְינוּ דְּרַב חֲנִילָאִי בַּר אִידִי, (א) דְּאָמַר רַב חֲנִילָאִי בַּר אִידִי אָמַר שְׁמוּאֵל: נִכְסֵי יְתוֹמִין הֲרֵי הֵן כְּהֶקְדֵּשׁ, וְלָא מִקְנֵי אֶלָּא בְּכַסְפָּא.§ מְשׁוּךְ פֵּירֵי מִיַּתְמֵי; אִיַּיקּוּר – הַיְינוּ דְּרַב חֲנִילָאִי בַּר אִידִי, צזוּל – *לֹא יְהֵא כֹּחַ הֶדְיוֹט חָמוּר מֵהֶקְדֵּשׁ. אַמְשִׁיכוּ לְהוּ פֵּירֵי לְיַתְמֵי; קאִיַּיקַּר – לֹא יְהֵא כֹּחַ הֶדְיוֹט חָמוּר מֵהֶקְדֵּשׁ, זוּל – סְבוּר מִינָּהּ הַיְינוּ דְּרַב חֲנִילָאִי בַּר אִידִי, א"ל רַב שֵׁישָׁא בְּרֵיהּ דְּרַב אִידִי: רהָא רָעָה הִיא לְדִידְהוּ, דִּזְמְנִין דְּמִצְטָרְכֵי לְפֵירֵי, וְלֵיכָּא דְּיָהֵיב לְהוּ עַד דְּיָהֲבֵי זוּזֵי. שיָהֲבֵי יַתְמֵי זוּזֵי אַפֵּירֵי; זוּל – לֹא יְהֵא כֹּחַ הֶדְיוֹט חָמוּר מִן הֶקְדֵּשׁ, אִיַּיקַּר – סְבוּר מִינָּהּ הַיְינוּ דְּרַב חֲנִילָאִי בַּר אִידִי, אֲמַר לְהוּ רַב שֵׁישָׁא בְּרֵיהּ דְּרַב אִידִי: תהָא רָעָה הִיא לְדִידְהוּ, דְּאָתוּ

[Glosses beside the Gemara: בַּמִּדְבָּר יח | [כע"י אנו] | [ב"ב קנ:]]

רש"י

מתני' שֶׁסָּמְכוּ אֵצֶל בַּעַל הַבַּיִת. לַעֲשׂוֹת עַל פִּיו, וְלֹא נִתְמַנָּה לָהֶן אַפּוֹטְרוֹפּוֹס, לֹא מֵאֲבִיהֶן וְלֹא מִבּ"ד, אֲפִילּוּ הָכִי – כְּאַפּוֹטְרוֹפּוֹס הוּא. יִשָּׁבַע. כְּשֶׁיִּגְדְּלוּ הַיְּתוֹמִין יִשָּׁבַע לָהֶן שֶׁאֵין לוֹ בְּיָדוֹ כְּלוּם מִשֶּׁלָּהֶן. לֹא יִשָּׁבַע. טַעְמָא דְּהַךְ פְּלוּגְתָּא מְפָרֵשׁ בַּגְּמָרָא, וּבֵין לְמָר וּבֵין לְמָר – מִפְּנֵי תִּיקּוּן הָעוֹלָם הוּא. גמ' וְלֹא שׁוּתָּפִין. אֵין יָכוֹל לִתְרוֹם עַל חֵלֶק חֲבֵרוֹ שֶׁלֹּא מִדַּעְתּוֹ. וְלֹא אֲרִיסִין. עַל חֶלְקוֹ שֶׁל בַּעַל הַבַּיִת. אַתֶּם וְלֹא הַתּוֹרֵם אֶת שֶׁאֵינוֹ שֶׁלּוֹ. הַךְ סֵיפָא טַעְמָא דְּרֵישָׁא, כְּלוֹמַר "אַתֶּם" מְמַעֵט הַתּוֹרֵם שֶׁאֵינוֹ שֶׁלּוֹ, וְהָנֵי כּוּלְּהוּ שֶׁאֵינוֹ שֶׁלּוֹ נִינְהוּ. אִי נַמִּי, זוֹ וְאֵין צָרִיךְ לוֹמַר זוֹ קָתָנֵי. תורה אור לְהַאֲכִיל. יְתוֹמִים לֶאֱכוֹל חַיָּיבִים לְעַשֵּׂר. לְהַנִּיחַ. הַתְּבוּאָה בָּאוֹצָר עַד שֶׁיִּגְדְּלוּ, לָמָּה לֵיהּ עִשּׂוּרֵי? לִכְשֶׁיִּגְדְּלוּ יְעַשְּׂרוּם הֵם. וְהָתַנְיָא. בְּנִיחוּתָא. וּמוֹכְרִין לָהֶם. כְּלוֹמַר, לְנַכְּרֵם מִנִּכְסֵיהֶם. לְהַאֲכִיל. הַמָּעוֹת. אֲבָל לֹא לְהַנִּיחַ. שֶׁמָּא יִגָּנְבוּ. אִי נַמִּי, מִשּׁוּם שֶׁבַח בֵּית אֲבִיהֶן נוֹי וְכָבוֹד הוּא לָהֶם. צְדָקָה. אֵין לָהּ קִצְבָה, דְּהָא בְּכָל שַׁעְתָּא קָיְימִי עֲנִיִּים, נִמְלְאוּ נִכְסֵיהֶם כָּלִים. לָדוּן. עִם בַּעַל דִּין שֶׁל יְתוֹמִים הַבָּא לְעוֹרֵר עַל נִכְסֵיהֶם, שֶׁמָּא יִתְחַיְּיבוּ בְּטַעֲנוֹתֵיהֶם. וְלִכְשֶׁיִּגְדְּלוּ הַיְּתוֹמִין יָדוּנוּ עִמּוֹ. לִזְכּוֹת אַמַּאי לָא. יָדוּנוּ עִמּוֹ? אִם דָּנוּ וְנִזְדַּכּוּ הַיְּתוֹמִים – אַמַּאי לָא הָוֵי דִּינָא? אֶלָּא. ה"ק: אֵין רַשָּׁאִין לָדוּן לָחוּב עַל מְנָת לִזְכּוֹת. אִם דָּנוּ כְּדֵי לִזְכּוֹת וְנִתְחַיְּיבוּ – אֵין הַיְּתוֹמִין נִפְסָדִין. דִּלְמָא לָא מִשְׁתַּפְיָין. לֹא יְהוּ מְשׁוּקָּטוֹת אֵלּוּ, שֶׁמָּא יֵצֵא עָלָיו עִרְעוּר. לְהוֹצִיאָן לְחֵרוּת. אֲפִילּוּ אֵין הַיְּתוֹמִין נִפְסָדִין, שֶׁהָעֲבָדִים בָּאִין לִפְדּוֹת עַצְמָן בְּכֶסֶף שֶׁנּוֹתְנִין לָהֶם אֲחֵרִים עַל מְנָת שֶׁאֵין לַיְּתוֹמִין רְשׁוּת בּוֹ – אֲפִי' הָכִי אֵין רַשָּׁאִין, שֶׁהֲרֵי אֵין גּוּפָן קָנוּי לָהֶן לְשַׁחְרְרָן. אֲבָל מוֹכְרִין אוֹתָם לַאֲחֵרִים. לְתַקָּנַת הַיְּתוֹמִין, כְּגוֹן לְהַאֲכִיל אוֹ לִיקַּח שָׂדוֹת. וַאֲחֵרִים מוֹצִיאִין אוֹתָם כו'. וְאוֹתָם אֲחֵרִים שֶׁהָיוּ רוֹצִין לָתֵת לָהֶם הַכֶּסֶף לִפְדּוֹת עַצְמָן – הֵן יִקְחוּם, וְיִהְיוּ קְנוּיִם לָהֶן, וְאח"כ יְשַׁחְרְרוּם. אוֹמֵר אֲנִי. כְּשֵׁם שֶׁרַשָּׁאִין לְמוֹכְרָן לַאֲחֵרִים – כָּךְ הֵם רַשָּׁאִים לְקַבֵּל הַכֶּסֶף מִיַּד הָעֶבֶד עַצְמוֹ, בְּתוֹרַת מְכִירָה. מִפְּנֵי שֶׁהוּא. הָאַפּוֹטְרוֹפּוֹס. כְּמוֹכְרוֹ לְעַצְמוֹ. לָעֶבֶד עַצְמוֹ. בָּאַחֲרוֹנָה. כְּשֶׁיִּגְדְּלוּ – יְחַשֵּׁב עִמָּהֶן, וְיִשָּׁבַע שֶׁלֹּא נִשְׁאַר בְּיָדוֹ כְּלוּם. נָשִׁים. אֵין דַּרְכָּן לָצֵאת וְלָבֹא וְלִטְרוֹחַ. עֲבָדִים. אֵין נֶאֱמָנִין. קְטַנִּים. אֵינָם בְּנֵי דַּעַת. דְּכָל בֵּי שִׁמְשֵׁי. שֶׁל עֶרֶב שַׁבָּת. שְׁמָעֵיהּ. לַשָּׂטָן דְּקָאָמַר: וַוי דְּאַפְּקֵיהּ מִבֵּיתֵיהּ. לְאִשְׁתִּי בֵּיתִי. שֶׁכָּל צָרְכֵי הַבַּיִת עַל יָדָהּ נַעֲשִׂים, וְהִיא עִיקַּר הַבַּיִת. וְכֵן שׁוֹר – עִיקָּרוֹ שֶׁל שָׂדֶה. מַאי עֲבִידְתָּהּ דְּזַבְּנָא. מִי מִינָּהּ אַפּוֹטְרוֹפּוֹס. יְתוֹמִין שֶׁסָּמְכוּ תְּנַן. וְאַף ע"פ שֶׁלֹּא נִתְמַנָּה – חָשִׁיב לֵיהּ כְּאַפּוֹטְרוֹפּוֹס. הֲרֵי הֵן כְּהֶקְדֵּשׁ. דִּכְתִיב (ויקרא כז): "וְנָתַן הַכֶּסֶף וְקָם לוֹ" וְלָא שַׁיְּיכָא בְּהוּ מְשִׁיכָה. מָשְׁכוּ. לָקוֹחוֹת מֵאַפּוֹטְרוֹפְּסִים. בְּאַרְבָּעָה אַרְבָּעָה. הֶחָבִית. לֹא יְהֵא כֹּחַ הֶדְיוֹט חָמוּר מֵהֶקְדֵּשׁ. כָּל הֶדְיוֹט הַמּוֹכֵר יָכוֹל לַחֲזוֹר בּוֹ כָּל זְמַן שֶׁלֹּא מָשְׁכוּ הַלָּקוֹחוֹת, אֲבָל אִם מָשַׁךְ – לֹא יָכוֹל לַחֲזוֹר. וְכָל שֶׁכֵּן אֵלּוּ שֶׁהֵן כְּהֶקְדֵּשׁ, דְּלִיפּוּי כֹּחַ עֲשָׂאוּם כְּהֶקְדֵּשׁ, וְלֹא לְהָרֵעַ כֹּחַ. הִמְשִׁיכוּ. מוֹכְרִים. פֵּירֵי לְיַתְמֵי. שֶׁהַיְּתוֹמִים מָשְׁכוּ פֵּירוֹת מֵאֲחֵרִים וְלֹא נָתְנוּ דָּמִים. אִיַּקַּר. וְרוֹצִין הַמּוֹכְרִים לַחֲזוֹר, מִשּׁוּם דְּקָנִין יְתוֹמִים בְּכֶסֶף. לֹא יְהֵא כֹּחַ הֶדְיוֹט כו'. וְכֵיוָן דְּאִי אַמְשִׁיכוּ לְהֶדְיוֹט לָא הָדְרֵי – הַשְׁתָּא כָּל שֶׁכֵּן דְּלָא הָדְרֵי. הַיְינוּ דְּרַב חֲנִילָאִי. וְנִיהַדְרוּ בְּהוּ יַתְמֵי. אִיַּקַּר. וְרוֹצִים הַמּוֹכְרִים לַחֲזוֹר. הַיְינוּ דְּרַב חֲנִילָאִי. וְלֹא יַחְזְרוּ. נִשְׂרְפוּ

תוספות

יהבי יתמי זוזי אפירי זול לא יהא כח הדיוט חמור מכח הקדש. פירוש: והיתומין יכולין לחזור בהן. וא"ת: גבי הקדש כה"ג אינו יכול לחזור, כיון דאיכא "מי שפרע" בהדיוט, כדאמרינן בפ"ק דקדושין (דף כט.) גבי פדאוהו במנה ולא הספיק למושכו עד שעמד במאתים! וי"ל: דהתם קני בכסף מדאורייתא, ומשום "שלא יהא כח הדיוט חמור מכח הקדש" נמי ליכא, כיון דבהדיוט נמי קאי "במי שפרע". אבל יתמי – מן התורה דינם כהדיוט, ולא קנו בכסף, ולא קיימי אפילו ב"מי שפרע". דאתו

תוספות רי"ד

מתני' יתומים שסמכו אצל ב"ה חייב לעשר פירותיהן מפני תיקון העולם אפוטרופוס שמינהו אבי יתומים ישבע מינוהו ב"ד לא ישבע אבא שאול אומר חילוף הדברים המטמא והמדמע והמנסך בשוגג פטור במזיד חייב הכהנים שפיגלו במקדש מזידים חייבים פי' יתומים שסמכו מאליהן אצל ב"ה ולא נתמנה אפוטרופוס עליהן לא מפי ב"ד ולא מפי אביהם חייב אותו ב"ה לעשר פירותיהן מפני תיקון העולם שדין אפוטרופוס יש לו כיון שהן סמוכין עליו: ורמינהו אתם ולא שותפים אתם ולא אריסים אתם ולא אפוטרופין אתם ולא התורם את שאינו שלו פי' כן תרימו גם אתם אתם ולא שותפים שאם היו שניהם שותפים בשדה אין האחד רשאי לתרום חלק חבירו בלא רשות חבירו וכן הארים לא יתרום חלק ב"ה בלא רשותו וכן האפוטרופוס אינו רשאי לתרום פירות של יתומים. כל אלו מפני שאינן שלהן ואין אדם תורם דבר שאינו שלו ואי ק' והתנן בפ"ג דתרומות השותפין שתרמו בזה אחר זה ר' עקיבא אומר תרומת שניהם תרומה וחכ"א תרומת הראשון תרומה ר' יוסי אומר אם תרם הראשון כשיעור אין תרומת השני תרומה ואם לא תרומת השני תרומה. בד"א בשלא דבר אבל אם הרשה את בן בתו או עבדו או שפחתו לתרום תרומתו תרומה וכו' דאלמא השותף שתרם אפילו שלא ברשות תרומתו תרומה י"ל כגון שהיו שותפין בפירות דמסתמא ניחא ליה לשותף במאי דעביד חבריה ומאי דאמרי' הכא אתם ולא שותפין כגון שהיו שותפין בשדה ולא בפירות שהיו מחלקין הפירות וכל אחד היה מוליך את חלקו בביתו. אמר רב חסדא לא ק' כאן להאכיל כאן להניח פי' מה שצריכים היתומים לאכול מעשר ותורם להם מפני שהם קטנים ותרומת הקטן אינה תרומה כדתנן בריש תרומות חמשה לא יתרומו ואם תרמו אין תרומתן תרומה החרש והשוטה והקטן והתורם את שאינו שלו ועובד כוכבים שתרם את של ישראל אפילו ברשות אין תרומתן תרומה אבל להניח את התבואה מעושרת באוצר עד שיגדילו אינן רשאין לעשר לכשיגדילו יעשרו הם ואי ק' כיון שאין האפוטרופסים רשאין מן התורה לתרום ולעשר היאך תורמין כדי להאכיל והלא תרומתן היא טבל והיאך יאכלו אותה הכהנים י"ל דב"ד הפקירו נכסי היתומים שיהו האפוטרופסין תורמים את שאינו שלהם ודוקא להאכיל זיכוהו ב"ד אבל להניח לא וכך י"ל במכירת העבדים דאמרי' לקמן שהאפוטרופסים מוכרין אותן לאחרים ואותן האחרים יכולין לשחררן ולהתירן בבת ישראל ולא אמרינן כיון שהאפוטרופסים אינן בעלים נמצא שקנין הלוקח אינו כלום ואינו יכול לשחררו אלא ב"ד הפקירום שיהו האפוטרופסים זוכים בהן ומכירתן מכירה גמורה היא אבל לשחררם לא זיכום ב"ד שכל מה שעשו לא עשו אלא לתיקון היתומים ואם יעשו ע"ד ב"ד הרי הן בעלים ואם לאו הרי הן כנכרים: והתניא. סיועא אפוטרופסין תורמין ומעשרין להאכיל אבל לא להניח ומוכרין בהמה עבדים ושפחות שדות וכרמים להאכיל אבל לא להניח ועושים להן סוכה ולולב וציצית וכל דבר שיש להן קצבה לאתויי שופר ולוקחים להן ס"ת תפילין ומזוזות וכל דבר שיש לו קצבה לאתויי מגילה ואין פוסקין צדקה ואין פודין עליהן את השבויין וכל דבר שאין לו קצבה לאתויי תנחומי אבלים ואין האפוטרופסין רשאין לדון בנכסי יתומים ע"מ לזכות פי' אם באו לדין ולטעון על נכסי יתומים אין האפוטרופין רשאין לדון עמהן ואם נתחייבו אין חובן חוב ואע"ג שכונתם כדי לזכותם אלא ממתינין להן עד שיגדילו שאין נזקקין לנכסי יתומים עד שיגדילו ואע"פ שיש להן אפוטרופוס ואין האפוטרופין רשאין למכור ברחוק ולגאול בקרוב למכור ברע ולגאול ביפה מ"ט דילמא מישתדפי: ואין האפוטרופין רשאין למכור שדות וליקח עבדים אבל מוכרין עבדים ולוקחין בהן שדות רשב"ג אומר אף אין מוכרין עבדים ולוקחין שדות מ"ט דילמא לא מישפיין ואין אפוטרופין רשאים להוציא עבדים לחירות אבל מוכרין אותן לאחרים ואחרים מוציאין אותן לחירות וצריך לחשוב עמהן באחרונה דברי ר' רשב"ג אומר אינו צריך פי' צריך לחשב עמהן ולהשבע להן שלא נשאר בידו משלהן כלום ואין עושין אפוטרופוס נשים ועבדים וקטנים ואם מינן אבי יתומים הרשות בידו וש"מ דבאפוטרופוס שמינוהו ב"ד מיירי ואתי ר' כאבא שאול ורשב"ג

מסורת הש"ם

כתובות פח: [תוס' ב"ב פ"ח ע"ש]
קדושין מא:
[עי' תוס' כתובות ב: ד"ה הרי זה]
[תוספ' תרומות פ"א ותוס' ב"ב פ"ח]
[הטעם נתבאר בתוס' לעיל לח: בד"ה אין]
לעיל לח: לט:
[נ"ל חבן]
[סנהדרין ל. הוריות יג:]
שבת קיח:

הגהות הב"ח

(א) גמ' בר אידי אמר שמואל דאמר כו':

גליון הש"ס

גמ' כאן להאכיל. עי' לעיל דף מ ע"ב תד"ה וכתב: **שם** כאן להניח. עי' שבת דף נד ע"ב תד"ה הוה מעשר: **שם** אלא לחוב וכו'. עי' קדושין דף מב ע"א תד"ה אלא לחוב: **שם** ואין אפוטרופין וכו'. עיין לעיל דף לח ע"ב תוד"ה אין:

עין משפט נר מצוה

כט א מיי' פ"ד מהל' תרומות הלכה י ופי"א מהלכות נחלות הלכה ט סמג עשין ע טוש"ע ח"מ סימן רל סעיף יד:
ל ב מיי' פי"א מהלכות נחלות הלכה ה סמג שם טוש"ע שם סעיף טז:
לא ג מיי' פ"ד מהל' תרומות הלכה ח וע"ש בכ"מ:
לב ד מיי' שם הלכה י וע"ש בכ"מ:
לג ה מיי' שם הל' ב:
לד ו מיי' פי"א מהל' נחלות הל' ט סמג עשין צו טוש"ע ח"מ סי' רל סעיף יד:
לה ז מיי' שם הלכה ו טוש"ע שם:
לו ח מיי' שם הלכה י טור ש"ע שם סעי' טו:
לז ט מיי' שם הלכה ז טור ש"ע שם סעי' יב:
לח י כ ל מיי' שם הלכה ו ז טוש"ע שם סעיף יא:
לט מיי' שם הלכה ח טוש"ע שם סעי' יג:
מ נ מיי' שם טוש"ע שם סעיף טז:
מא ס טוש"ע שם סעי' ב:
מב ע טוש"ע שם סעי' ה:
מג פ מיי' פ"ט מהל' מכירה הלכה ג סמג עשין פב טוש"ע ח"מ סי' קצט סעיף ד:
מד צ מיי' שם:
מה ק ר מיי' שם הל' ה:
מו ש ת מיי' שם הל' ו:

דאתו לְמֵימַר לְהוּ: נִשְׂרְפוּ חִיטֵּכֶם בַּעֲלִיָּיה. אִיהֲבִי לְהוּ זוּזֵי לְיַתְמֵי אַפֵּירֵי, אִייַּקַּר – לֹא יְהֵא כֹּחַ הֶדְיוֹט חָמוּר מֵהֶקְדֵּשׁ, זוֹל – סְבוּר מִינָּהּ הַיְינוּ דְּרַב חֲנִילָאי בַּר אִידִי. אֲמַר לְהוּ רַב שִׁישָׁא בְּרֵיהּ דְּרַב אִידִי: הָא רָעָה הוּא לְדִידְהוּ, דִּזְמְנִין דְּמִצְטָרְכֵי לְזוּזֵי, וְלֵיכָּא דְּיָהֵיב לְהוּ עַד דְּיָהֲבִי לְהוּ פֵּירֵי. אֲמַר רַב אַשִׁי: אֲנָא וְרַב כָּהֲנָא חָתְמִינַן אַשְׁטָרָא דְּאִימֵּיהּ דִּזְעִירָא יַתְמָא, דִּמְזַבְּנָא אַרְעָא לְכַרְגָּא בְּלָא אַכְרַזְתָּא, *דְּאָמְרִי נְהַרְדְּעֵי: לְכַרְגָּא, וְלִמְזוֹנֵי, וְלִקְבוּרָה – מְזַבְּנִינַן בְּלָא אַכְרַזְתָּא.§ עַמְרָם צַבָּעָא אַפּוֹטְרוֹפָּא דְּיַתְמֵי הֲוָה, אָתוּ קְרוֹבִים לְקַמֵּיהּ דְּרַב נַחְמָן, אָמְרִי לֵיהּ: קָא לָבֵישׁ וּמְכַסֵּי מִיַּתְמֵי! אֲמַר לְהוּ: כִּי הֵיכִי דְּלִישְׁתַּמְעָן מִילֵּיהּ. קָאָכֵיל וְשָׁתֵי מִדִּידְהוּ, וְלָא אֲמוּד! אֵימוּר מְצִיאָה אַשְׁכַּח. וְהָא קָא מַפְסִיד! אֲמַר לְהוּ: אַיְיתוּ לִי סָהֲדֵי דְּמַפְסִיד וְאִיסַּלְּקִינֵיהּ, דְּאָמַר רַב הוּנָא חַבְרִין מִשְּׁמֵיהּ דְּרַב: אַפּוֹטְרוֹפּוֹס דְּמַפְסִיד מְסַלְּקִינַן לֵיהּ. דְּאִיתְּמַר: אַפּוֹטְרוֹפָּא דְּמַפְסִיד, רַב הוּנָא אָמַר רַב: מְסַלְּקִינַן לֵיהּ, דְּבֵי רַבִּי שֵׁילָא אָמְרִי: לָא מְסַלְּקִינַן לֵיהּ. וְהִלְכְתָא: מְסַלְּקִינַן לֵיהּ.§ "אַפּוֹטְרוֹפּוֹס שֶׁמִּינָּהוּ אֲבִי יְתוֹמִים – יִשָּׁבַע".§ מַאי טַעְמָא? אִי לָאו דְּאִית לֵיהּ הֲנָאָה מִינֵּיהּ לָא הֲוָה לֵיהּ אַפּוֹטְרוֹפּוֹס, וּמִשּׁוּם שְׁבוּעָה לָא אָתֵי לְאִמְנוֹעֵי.§ "מִינּוּהוּ ב"ד – לֹא יִשָּׁבַע".§ מִלְּתָא בְּעָלְמָא הוּא דְּעָבֵיד לְבֵי דִינָא, וְאִי רָמֵית עֲלֵיהּ שְׁבוּעָה אָתֵי לְאִמְנוֹעֵי.§ "אַבָּא שָׁאוּל אוֹמֵר: חִילּוּף הַדְּבָרִים".§ מ"ט מִינּוּהוּ ב"ד יִשָּׁבַע? בְּהַהִיא הֲנָאָה דְּקָא נָפֵיק עֲלֵיהּ קָלָא דְּאִינִישׁ מְהֵימְנָא הוּא, דְּהָא סָמֵיךְ עֲלֵיהּ בֵּי דִינָא, מִשּׁוּם שְׁבוּעָה לָא אָתֵי לְאִמְנוֹעֵי; מִינָּהוּ אֲבִי יְתוֹמִים לֹא יִשָּׁבַע – מִילְּתָא בְּעָלְמָא הוּא דְּעָבְדִי לַהֲדָדֵי, וְאִי רָמֵית עֲלֵיהּ שְׁבוּעָה אָתֵי לְאִמְנוֹעֵי. אָמַר רַב חָנָן בַּר אַמִי אָמַר שְׁמוּאֵל: הִלְכְתָא כְּאַבָּא שָׁאוּל.§ תַּנְיָא, רַבִּי אֱלִיעֶזֶר בֶּן יַעֲקֹב אוֹמֵר: זֶה וָזֶה יִשָּׁבַע, וַהֲלָכָה כִּדְבָרָיו. תָּנֵי רַב תַּחְלִיפָא בַּר מַעַרְבָא קַמֵּיהּ דְּר' אַבָּהוּ: אַפּוֹטְרוֹפּוֹס שֶׁמִּינָּהוּ אֲבִי יְתוֹמִים – יִשָּׁבַע, מִפְּנֵי שֶׁהוּא נוֹשֵׂא שָׂכָר. אֲמַר לֵיהּ: אַתְּ אַיְיתַתְּ קַבָּא וְכָיְילַתְּ לֵיהּ? אֶלָּא אֵימָא: מִפְּנֵי שֶׁהוּא כְּנוֹשֵׂא שָׂכָר.§

מתני' *הַמְטַמֵּא, וְהַמְדַמֵּעַ, וְהַמְנַסֵּךְ, בְּשׁוֹגֵג – פָּטוּר, בְּמֵזִיד – חַיָּיב.§

גמ' אִיתְּמַר: מְנַסֵּךְ – רַב אָמַר: מְנַסֵּךְ מַמָּשׁ, וּשְׁמוּאֵל אָמַר: מְעָרֵב. מ"ד מְעָרֵב, מ"ט לָא אָמַר מְנַסֵּךְ? אָמַר לָךְ: מְנַסֵּךְ קָם לֵיהּ בִּדְרַבָּה מִינֵּיהּ. וְאִידָךְ: כִּדְרַבִּי יִרְמְיָה, *דְּא"ר יִרְמְיָה: מִשְּׁעַת הַגְבָּהָה הוּא דְּקָנֵה, מִתְחַיֵּיב בְּנַפְשׁוֹ לָא הָוֵי עַד שְׁעַת נִיסּוּךְ. וּלְמַאן דְּאָמַר מְנַסֵּךְ, מ"ט לָא אָמַר מְעָרֵב? אָמַר לָךְ: מְעָרֵב הַיְינוּ

נִשְׂרְפוּ חִיטֵּכֶם בַּעֲלִיָּיה. שֶׁהֲרֵי קְנִיתֶם בַּמָּעוֹת, וְכִי תֵּימָא: לָא מָצוּ לְמֵימַר הָכִי, דְּהָא גַּבֵּי גְּרִיעוּתָא דְּיַתְמֵי אָמְרִינַן לֹא יְהֵא כֹּחַ הֶדְיוֹט חָמוּר מֵהֶקְדֵּשׁ! לָאו מִילְּתָא הוּא, דְּכֵיוָן דִּלְעִנְיַן חֲזָרָה לָאו בִּרְשׁוּת מוֹכֵר הוּא – לְעִנְיַן דְּלֵיקָה נַמִי לָאו בִּרְשׁוּתֵיהּ קַיְימָא. דְּהַאי דִּגְבֵי הֶדְיוֹט מוֹקְמִינַן לָהּ בִּרְשׁוּת מוֹכֵר לִדְלֵיקָה – הַיְינוּ טַעְמָא: בְּהַהִיא הֲנָאָה דְּקַיְימָא בִּרְשׁוּתֵיהּ לַחֲזָרָה. **אַכְרַזְתָּא.** שֶׁמַּכְרִיזִין שְׁלֹשִׁים יוֹם: קַרְקַע פְּלוֹנִי יוֹצֵא לִימָּכֵר בְּב"ד. **דִּמְזַבְּנָא אַרְעָא.** דְּיַתְמֵי, לְפַיּוֹסֵי כַּרְגָּא דְּיַתְמֵי, וְזַבְּנָהּ בְּלֹא אַכְרָזָה, מִפְּנֵי שֶׁגַּבָּאֵי הַמֶּלֶךְ נָחוּץ. **מְזַבְּנִינַן בְּלָא אַכְרַזְתָּא.** לְפִי שֶׁאֵין פְּנַאי. **אֲמַר לְהוּ.** רַב נַחְמָן. **כִּי הֵיכִי דְּלִשְׁתַּמְעָן מִילֵּיהּ.** וְצוֹרֶךְ הַיְתוֹמִים הוּא שֶׁיְּהֵא נִרְאֶה כְּאָדָם חָשׁוּב. **וְלָא אֲמִיד.** אֵינוֹ עָשִׁיר לַעֲשׂוֹת יְצִיאוֹת הַלָּלוּ מִשֶּׁלּוֹ, וּמִשֶּׁל יְתוֹמִים הוּא עוֹשֶׂה. וּסְתָם עָשִׁיר אוֹמְדִים אוֹתוֹ בְּנֵי אָדָם זֶה כָּךְ וְזֶה כָּךְ, אֲבָל עָנִי אֵין אָדָם אוֹמְדוֹ. א"נ: דְּלָא אֲמִיד לִבְנֵי אָדָם שֶׁיְּהֵא עָשְׁרוֹ רָאוּי לִיצִיאוֹת הַלָּלוּ. **וְהָא קָמַפְסִיד.** נִכְסֵי הַיְתוֹמִים, שֶׁאֵינוֹ מְפַרְנֵס הַקַּרְקָעוֹת כָּרָאוּי לָהֶם, וְקוֹצֵץ אִילָנוֹת. **וּמִשּׁוּם שְׁבוּעָה.** דְּרָמֵית עֲלֵיהּ לְבַסּוֹף, לֹא מִמְנַע מִתְּחִלָּה, שֶׁהֲרֵי הֶהֱנָהוּ זֶה. **מִלְּתָא בְּעָלְמָא הוּא דְּעָבֵד.** גַּבֵּי ב"ד, טוֹבַת חִנָּם הִיא שֶׁזֶּה עוֹשֶׂה לְב"ד לְקַבֵּל דִּבְרֵיהֶן וְלִטְרוֹחַ לִפְנֵי יְתוֹמִין, וְאָתֵי לְאִמְנוֹעֵי מֵעִיקָּרָא מִלְּקַבֵּל עָלָיו. **מִלְּתָא בְּעָלְמָא הוּא דְּעָבוּד לַהֲדָדֵי.** דִּבְרֵי אַהֲבָה וְרֵיעוּת הָיָה בֵּינֵיהֶם, וְלֹא הֲנָאַת מָמוֹן כָּל כָּךְ. **מתני' הַמְטַמֵּא.** טְהָרוֹתָיו שֶׁל חֲבֵרוֹ, כְּגוֹן תְּרוּמָה. **וְהַמְדַמֵּעַ.** תְּרוּמָה בְּחוּלִּין שֶׁל חֲבֵרוֹ, וּמַפְסִידוֹ, שֶׁאוֹסְרוֹ לְזָרִים, וְצָרִיךְ לְמוֹכְרוֹ לְכֹהֲנִים בְּזוֹל. **וְהַמְנַסֵּךְ.** יֵין חֲבֵרוֹ, בַּגְּמָרָא מְפָרֵשׁ לָהּ. **בְּשׁוֹגֵג פָּטוּר כו'.** בַּגְּמָרָא אָמַר טַעְמָא. **פָּטוּר.** מִתַּשְׁלוּמִין. **גמ' מְנַסֵּךְ מַמָּשׁ.** שֶׁכִּשְׁכֵּךְ בְּיָדוֹ לְתוֹכוֹ לְשֵׁם ע"ז, וְכָךְ הָיְתָה עֲבוֹדָתָן. **מְעָרֵב.** יֵין נֶסֶךְ בְּיַיִן כָּשֵׁר שֶׁל חֲבֵירוֹ, וַאֲסָרוֹ בַּהֲנָאָה. **קָם לֵיהּ בִּדְרַבָּה מִינֵּיהּ.** לָא מָצֵי לְמִיתְנֵי בְּמַתְנִיתִין אַמֵּזִיד חַיָּיב בְּתַשְׁלוּמִין – דְּהָא עוֹבֵד עֲבוֹדָה זָרָה הֲוָה, וְנִסְקָל. **דְּאַגְבְּהֵהּ.** ע"מ לְגוֹזְלוֹ. הַיְינוּ

דאתו למימר להו נשרפו חיטכם בעלייה. הקשה בקונטרס: וכי נשרפו – יחזרו בהן, כמו בזול! וי"ל: כיון דברשות יתמי אייקור, ומסתברא דברשותם נמי נשרפו. וא"ת: לעיל דאמר: משוך פירי מיתמי אייקר, היינו דרב חנילאי, והדרי בהו יתמי – הא רעה הוא לגבייהו, דיאמרו להן הלוקחין נשרפו חיטכם בעלייה! וי"ל: דנעשים הלוקחים שומרי שכר, כיון דיכולים לאוכלם ולעשות בהם כל חפצם, כדאמרינן ב"האומנין" (ב"מ דף פא.): הלוקח כלי מבית האומן לשגרו לבית חמיו ונאנס, בהליכה – חייב, בחזרה – פטור, מפני שהוא כנושא שכר, אלמא: בחזרה הוי כנושא שכר, דהואיל ונהנה – מהנה. **לכרגא** • פירש בקונטרס: לפיוסי כרגא דיתמי כו'. משמע דלשאר צורכי היתומים בעי הכרזה. וקשה: דבפ' "שום היתומים" (ערכין דף כב.) כי פריך לרב אסי דאמר: אין נזקקין לנכסי יתומין אלא א"כ רבית כו', ממתני' ד"שום היתומין" – לוקמה לשאר צורכי יתומים בר מבעל חוב! לכך נראה דהכא בכרגא ומזונות וקבורה דאשה ובנות. **ולקבורה** • הא פשיטא דאין ממתינים לקבור את המת עד דמשלמי יומי הכרזה. אלא הא קא משמע לן: דאם לוו לצורך קבורה – מוכרין בלא הכרזה, ופורעין. **הלכה כאבא שאול.** אומר ר"ת: דכן הלכה. אע"ג דקיימא לן (עירובין סב:) דמשנת ראב"י קב ונקי, ובברייתא קתני נמי "וכן הלכה כדבריו" – *אין למידין הלכה מפי תלמוד. וכן מוכיח ב"הכותב" (כתובות דף פח:) דמוקי פלוגתייהו דר"ש ורבנן בפלוגתא דאבא שאול ורבנן, ורבי שמעון כאבא שאול, וכולהו לישני דהתם רבי שמעון כהלכתא. ואומר רבינו חיים: דלא מחייבינן אפוטרופא לישבע אלא דלא עיכב כלום משלהם, אבל לא מישתבע שלא פשע. דאפי' ודאי פשע – פטור, כדאמרינן בפרק "ד' וה'" (ב"ק דף לט.) גבי "שור של יתומים שנגח", דגבי מעלייתא דיתמי, דאי אמרת מעלייתא דאפוטרופא – ממנעי ולא עבדי. ולר' יוסי בר' חנינא נמי, דאמר: מעלייתא דאפוטרופוס – חוזרין ונפרעין מיתומין לכי גדלי. והרב רבי שלמה בר יוסף מוורדון הביא ראיה דאפשיעה חייב, דאמר ב"המפקיד" (ב"מ דף מג:) גבי תורא דלא הוה ליה ככי ושיני ומת: נימא ליה לאפוטרופוס זיל שלים – אמר: אנא לבקרא מסרתי. משמע, הא לאו הכי – חייב! ולא שייך "ממנעי ולא עבדי" אלא דוקא התם שלא נתמנו כל עיקר אלא כדי שישלמו, ולא בשביל ריוח היתומין, אלא לתקנתא דשאר אינשי דלא ליתזקי. אבל אפוטרופא שנתמנה לצורך היתומים – לא ממנע בשביל מה שמשלם כשפשע לכ"ע, אי משום דעבד ליה דניחא נפשיה, אי משום דנפיק עליה קלא דאיניש מהימנא הוא. וגבי שבועה דווקא פליגי. ומיהו, נראה דודאי אי פשע – חייב לשלם לכ"ע, אבל כל כמה דלא ידעי' אי נאבד כלום – אין ראוי להשביעו על דבר זה בלא טענה, כדאמרינן בירושלמי דפירקין: קאתיא דרבי יוחנן דאמר משל יתומים כרבנן, ודרבי יוסי בר' חנינא דאמר מעליית אפוטרופא כאבא שאול. אתיא דרבי יוחנן כרבנן? בתמיה. אפילו יסבור כאבא שאול בעי איניש מיתן זוזי בגין דמיתקרי מהימן. אבל גבי שור יתומין, דלא הועמד אפוטרופא לנאמנות אלא לשמור שלא יגח. ודרבי יוסי ברבי חנינא כאבא שאול, אפילו יסבור כרבנן – אדם מבריח עצמו מן השבועה, ואין מבריח עצמו מן התשלומין. פי': רוצה לשלם כשיפשע, ואינו רוצה שישביעוהו בחנם. **מנסך** קם ליה בדרבה מיניה. ומטעם שלא יהא כל אחד ואחד הולך ומטמא טהרות של חבירו – אין לחייבו. דמהאי טעמא לא מחייבינן ליה טפי, אלא כאילו הוא היזק ניכר. וא"ת: ולשמואל מ"ש מדאמרי' בריש "אלו נערות" (כתובות דף ל:): ומודה ר' נחוניא בן הקנה בגונב חלבו של חברו ואכלו – שהוא חייב, שכבר נתחייב בגנבה קודם שיבא לידי איסור חלב! וי"ל: דסבר שמואל דהגבהה לצורך ניסוך היא טפי, דאי אפשר לניסוך בלא הגבהה. אבל התם – אפשר לאכילה בלא הגבהה, דאי בעי – גחין ואכיל. והכי מפליג התם בין ההיא להא דאמר רבי אבין גבי שבת: זרק חץ מתחילת ד' לסוף ד', וקרע שיראים בהליכתו – פטור, דעקירה לצורך הנחה היא, משום דאי אפשר להנחה בלא עקירה, וקסבר שמואל דניסוך נמי דומה לדר' אבין. ור' ירמיה ורב דהכא סברי כאידך שינויא דהתם, דמחלק בין זורק חץ לגונב חלבו, – אי בעי להדורי לא מצי מהדר, הכא – מצי מהדר. וגבי ניסוך נמי כיון דמצי מהדר

מז א ב מיי' פ"ט מהל' מכירה הלכה ד טוש"ע ח"מ סי' קנט סעי' ד:

מח ג מיי' פ"ב מהל' אישות הל' ה ופי"ח הלכה כ ופ"ב מהלכות מלוה ולוה הלכה יא סמג עשין מח ולג ופב טוש"ע אה"ע סימן ע סעיף ה וסימן צ סעיף כה וסי' קד סעיף ג וסימן קיב סעיף ו וטוש"ע ח"מ סי' קט סעיף ב:

מט ד מיי' פי"א מהל' נחלות הלכה ה טוש"ע ח"מ סימן רנ סעיף ד:

נ ה מיי' שם פ"י הלכה ז טוש"ע שם סעיף ה:

נא ו מיי' שם פי"א הל' ה ופי"ב מהל' שלוחין הלכה א סמג עשין קנג טוש"ע ח"מ סי' רצ סעיף ח וסימן לג סעיף טו:

נב ז ח מיי' פ"ז מהל' חובל ומזיק הלכה ג סמג עשין ע טוש"ע ח"מ סימן שפה סעיף א:

נג ט מיי' וסמג שם טור ש"ע שם סעיף ב:

ב"מ קח: כתובות פו. ק:

[עיין ב"ב קל: נדה ז:]

תוספות רי"ד

ורשב"ג כרבנן ולקמן פסקי' הלכה כאבא שאול: ההוא דהוה בשבבותיה דר' מאיר דהוה מזבין ארעתא וזבין עבדי ולא שבקיה ר' מאיר איתחזי ליה בחלמיה אנו להרוס ואתה לבנות ואפ"ה לא אשגח אמר דברי חלומות לא מעלין ולא מורידין: וההוא דהוה בשיבבותיה דריב"ל דהוה מזבין ארעתא וזבין תורי ולא אמר ליה ולא מידי דתניא א"ר יוסי מימי לא קראתי לאשתי אשתי ולשורי שורי אלא לאשתי ביתי ולשורי שדי: הנהו יתמי דהוו סמיכי גבי ההוא סבתא הויא להו תורתא שקילא זבינתא ניהלייהו אתו קרובים לקמיה דר' נחמן אמרו ליה מאי עבידתה דמזבנא פי' מי מינה אותה אפוטרופא עליהן אמר להו יתומים שסמכו אצל ב"ה תנן והא אייקר ברשותא דלוקח אייקר והא לא נקיטי יתמי דמי אמר להו א"כ היינו דרב ניהלאי בר אידי דאמר רב ניהלאי בר אידי אמר שמואל נכסי יתומים הרי הן כהקדש ולא מיקנו אלא בכספא: משוך פירי מיתמי אייקר היינו דרב ניהלאי זול לא יהא כח הדיוט חמור מכח הקדש פי' ואין הלוקח יכול לחזור בו כיון שמשך: אימשיכו להו פירי ליתמי אייקר לא יהא כח הדיוט חמור מכח הקדש ואין המוכר יכול לחזור בו. זול כסבור למימר היינו דרב ניהלאי פי' והיתומים יכולין לחזור בהן אמר להו רב ששת הא רעה היא להן דזימנין דמיצרכי פירי וליכא דיהיב להו בהקפה עד דפרע זוזי יהיב זוזי דיתמי אפירי זול לא יהא כח הדיוט חמור מכח הקדש ויכולין היתומים לחזור בהן אייקור סבור מינה היינו דרב ניהלאי ואין המוכר יכול לחזור בו אמר להו רב שישא בריה דרב אידי רעה היא לדידהו דאתו למימר להו נשרפו חיטין בעלייה ולא יטרח להצילם אבל אם נאמר שהמוכר יכול לחזור בו אם ירצה מפני שלא משכו יטרח ויצילם כי הוא סבור להרויח בהן יהבו להו זוזי ליתמי אייקור לא יהא כח הדיוט חמור מכח הקדש ויכולים לחזור בהן זול סבור מינה היינו דרב ניהלאי אמר להו רב שישא בריה דרב אידי הא רעה לדידהו דזמנין דמצרכי להו זוזי לפירי וליכא דיהיב להו נמצא עכשיו שדין היתומים שוה לשאר בני אדם בכל דבר חוץ כשמשכו אחרים מהן והוקירו אמר רב אשי אני וארי שבחבורה ומנו רב כהנא חתמינן אשטרא דאימיה דזעירי יתמא דזבנא ארעא לכרגא ולמזוני בלא אכרזתא דאמרי נהרדעי לכרגא ולמזוני ולקבורה מזבנינן בלא אכרזתא: עמרם צבעא אפוטרופא דיתמי הוה אתו קרובים לקמיה דרב נחמן אמרו ליה לביש ומכסי מיתמי אמר להו כי היכי דלישתמען מיליה קאכיל ושתי ולא אמוד אימור מציאה אשכח

תוספות רי"ד

וכגון שמינהו אבי יתומים שכיון הוא שהאמינו עליהן אין כח לב"ד לסלקו קא מפסיד שאינו מתעסק בהן כראוי והקרקעות נפסדות אמר להו איתו לי סהדי ואסלקיה דאמר רב הונא חברין משמיה דרב אפוטרופא דמפסיד מסלקי' ליה והלכתא כותיה ואמרי רבוותא מינו דמסלקי' ליה משביעים ליה והאי דאפסקא הלכתא דלא משביעין ליה ה"מ היכא דלא אישתכח עליה פסידא אבל היכא דאישתכח עליה פסידא מסלקי' ליה ומשבעינן ליה. אפוטרופוס שמינה אבי יתומים ישבע מ"ט דאי לאו דאית ליה הנאה מיניה לא הוה ליה אפוטרופא ומשום שבועה לא אתי לאימנועי מינוהו ב"ד לא ישבע מ"ט מילתא בעלמא הוא דעביד לבי דינא ואי רמית עליה שבועה אתי לאימנועי אבא שאול אומר חילוף הדברים מינוהו ב"ד ישבע מ"ט בההוא הנאה דקנפיק (מיניה) עליה קלא דאיניש מהימן הוא וסמכי עליה בי דינא משום שבועה לא אתי לאימנועי מינוהו אבי יתומים לא ישבע מילתא בעלמא הוא דעבדי אינשי אהדדי ואי רמית עליה שבועה אתי לאימנועי אמר רב חנן בר אמי אמר שמואל הלכה כאבא שאול תניא ר' אליעזר ב"י אומר זה וזה ישבע והלכה כדבריו אע"ג דק"ל משנת ר' אליעזר ב"י קב ונקי והלכה כמותו בכל מקום ה"מ היכי דלא פסקי אמוראי הלכתא אבל הכא כיון דפסק שמואל הלכה כאבא שאול כשמואל עבדי'. ואע"ג דתניא והלכה כדבריו הא ק"ל אין למדין הלכה מפני משנה ואפסק אמוראי

סמכינן כתב ר' יצחק ז"ל והני מילי בטענת שמא אבל בטענת ברי משבעינן ליה כגון דגדלי יתמי וטעני טענת ברי עליה ואיהו כפר כגון האי ודאי משתבע ודברי טעם הן דדוקא משבועת האפוטרופין פטרהו שהוא בלא טענת ודאי. ואלו נשבעין שלא בטענה השותפין והאפוטרופין וכו' ואמרי' מאי שלא בטענה [בטענת] ודאי אלא בטענת ספק אבל בטענת ודאי הרי הוא ככל אדם ואינו נפטר משבועה: המטמא והמדמע וכו' פי' טימא תרומתו של כהן והפסידה לגמרי דתו לא חזיא לאכילה או טהרותיו של חבירו שהן חולין ואוכל חולין בטהרה וגורם לו למכרן בזול לטמאים שיאכלו אותם בימי טומאתם. ומדמע שהוא מערב תרומה בחולין וגורם לו שצריך למוכרן לכהנים בזול בדמי תרומה. ומנסך רב (אשי) אמר מנסך ממש שהגביה בכלי של יין וניסך ממנו לשם עבודה זרה ואסרו כולו בהנאה ושמואל אמר מערב שלקח יין נסך ועירב ביינו של ישראל ואסר. ורב דאמר מנסך ממש אע"ג דקם ליה בדרבה מיניה סבר לה כר' ירמיה דאמר משעת הגבהה הוא דקנייה ומתחייב בנפשו לא הוי עד שעת ניסוך הלכך אינן באין כאחד וחייבין לשלם כל אלה אם עשה בשוגג פטור ואם עשה במזיד חייב הכהנים שפגלו הקרבן כגון ששחטו או שעשו אחת מעבודות הדם או קבלה או הלכה או זריקה על מנת לאוכלן חוץ לזמנו או חוץ למקומו אם היו מזידין שידעו שהקרבן נפסל

הַיְינוּ מְדַמֵּעַ. וְאִידָךְ? קְנָסָא הוּא, וּמִקְּנָסָא לָא יָלְפִינַן. וּלְמַאן דְּיָלֵיף קְנָסָא מִקְּנָסָא, כָּל הָנֵי לָמָּה לִי? צְרִיכָא, דְּאִי תָּנָא מְטַמֵּא, אִי תְּרוּמָה — הֲוָה אָמִינָא מִשּׁוּם דְּקָא מַפְסִיד לָהּ לְגַמְרֵי, וְאִי מְטַמֵּא חוּלִּין — אמִשּׁוּם *דְּאָסוּר לִגְרוֹם טוּמְאָה לְחוּלִּין שֶׁבְּאֶרֶץ יִשְׂרָאֵל, אֲבָל מְדַמֵּעַ אֵימָא לָא; וְאִי אַשְׁמְעִינַן מְדַמֵּעַ, מִשּׁוּם דִּשְׁכִיחַ, אֲבָל מְטַמֵּא דְּלָא שְׁכִיחַ — אֵימָא לָא; וְאִי אַשְׁמְעִינַן מְטַמֵּא וּמְדַמֵּעַ, מִשּׁוּם דְּלָא קִים לֵיהּ בִּדְרַבָּה מִינֵּיהּ, אֲבָל מְנַסֵּךְ דְּקִים לֵיהּ בִּדְרַבָּה מִינֵּיהּ — אֵימָא לָא, קָא מַשְׁמַע לָן כְּדְרַבִּי יִרְמְיָה. וּלְהָא *דְּתָנֵי אֲבוּהּ דְּר' אָבִין: בָּרִאשׁוֹנָה הָיוּ אוֹמְרִים הַמְטַמֵּא וְהַמְנַסֵּךְ, חָזְרוּ לוֹמַר אַף הַמְדַמֵּעַ, כָּל הָנֵי לָמָּה לִי? צְרִיכָא, דְּאִי אַשְׁמְעִינַן מְטַמֵּא, מִשּׁוּם דְּלָא קִים לֵיהּ בִּדְרַבָּה מִינֵּיהּ, אֲבָל מְנַסֵּךְ דְּקִים לֵיהּ בִּדְרַבָּה מִינֵּיהּ — אֵימָא לָא; וְאִי אַשְׁמְעִינַן מְנַסֵּךְ, מִשּׁוּם דְּקָא מַפְסִיד לֵיהּ לְגַמְרֵי, אֲבָל מְטַמֵּא דְּלָא מַפְסִיד לֵיהּ לְגַמְרֵי — אֵימָא לָא; וְאִי אַשְׁמְעִינַן הָנֵי תַּרְתֵּי, מִשּׁוּם דְּהֶפְסֵד מְרוּבֶּה, אֲבָל מְדַמֵּעַ דְּהֶפְסֵד מוּעָט — אֵימָא לָא, צְרִיכָא. אָמַר חִזְקִיָּה: דְּבַר תּוֹרָה אֶחָד שׁוֹגֵג וְאֶחָד מֵזִיד — חַיָּיב; מַאי טַעְמָא? *הֶיזֵּק שֶׁאֵינוֹ נִיכָּר שְׁמֵיהּ הֶיזֵּק, וּמַה טַּעַם אָמְרוּ בְּשׁוֹגֵג פָּטוּר? כְּדֵי שֶׁיּוֹדִיעוֹ. אִי הָכִי, אֲפִילּוּ בְּמֵזִיד נַמִי! הַשְׁתָּא לְאַזּוּקֵי קָא מְכַוֵּין, אוֹדוּעֵי לָא מוֹדַע לֵיהּ? וְר' יוֹחָנָן אָמַר: בדְּבַר תּוֹרָה אֶחָד שׁוֹגֵג וְאֶחָד מֵזִיד — פָּטוּר; מַאי טַעְמָא? הֶיזֵּק שֶׁאֵינוֹ נִיכָּר לָא שְׁמֵיהּ הֶיזֵּק, וּמַה טַּעַם אָמְרוּ בְּמֵזִיד חַיָּיב? שֶׁלֹּא יְהֵא כָּל אֶחָד וְאֶחָד הוֹלֵךְ וּמְטַמֵּא טָהֳרוֹתָיו שֶׁל חֲבֵירוֹ, וְאוֹמֵר פָּטוּר אֲנִי. תְּנַן:* הַכֹּהֲנִים שֶׁפִּגְּלוּ בַּמִּקְדָּשׁ מְזִידִים — חַיָּיבִין, וְתָנֵי עֲלָהּ: *מִפְּנֵי תִּיקּוּן הָעוֹלָם; וְאִי אָמְרַתְּ הֶיזֵּק שֶׁאֵינוֹ נִיכָּר שְׁמֵיהּ הֶיזֵּק, הַאי שׁוֹגְגִין פְּטוּרִין מִפְּנֵי תִּיקּוּן הָעוֹלָם מִיבָּעֵי לֵיהּ! הָכִי נַמִי קָאָמַר: גמְזִידִין — חַיָּיבִין; הָא שׁוֹגְגִין — פְּטוּרִין, מִפְּנֵי תִּיקּוּן הָעוֹלָם. מְתִיב רַבִּי אֶלְעָזָר: *הָעוֹשֶׂה מְלָאכָה בְּמֵי חַטָּאת וּבְפָרַת חַטָּאת — פָּטוּר מִדִּינֵי אָדָם וְחַיָּיב בְּדִינֵי שָׁמַיִם; וְאִי אָמְרַתְּ הֶיזֵּק שֶׁאֵינוֹ נִיכָּר שְׁמֵיהּ הֶיזֵּק, בְּדִינֵי אָדָם נַמִי לִחַיַּיב! הוּא מוֹתִיב לָהּ, וְהוּא מְפָרֵק לָהּ: דפָּרָה — שֶׁהִכְנִיסָהּ לְרִבְקָה עַל מְנָת שֶׁתִּינַק וְתָדוּשׁ, מֵי חַטָּאת — שֶׁשָּׁקַל בָּהֶן מִשְׁקָלוֹת. וְהָאָמַר רָבָא: מֵי חַטָּאת שֶׁשָּׁקַל

רש"י

הַיְינוּ מְדַמֵּעַ. שֶׁמְּעָרֵב בְּהֶיתֵּר דָּבָר הָאָסוּר. וְכֵיוָן דְּשָׁמְעִינַן דִּקְנָסוּהוּ רַבָּנַן – ה"ה דְּיָלְפִי' מִינֵּיהּ לִמְנַסֵּךְ, וְלָא אִצְטְרִיךְ לְמִתְנְיֵיהּ. אֲבָל הַשְׁתָּא דִּמְנַסֵּךְ מַמָּשׁ אִיצְטְרִיךְ לְמִתְנְיֵי', דְּלָא תֵּימָא: קָם לֵיהּ בִּדְרַבָּה מִינֵּיהּ, וּפָטוּר. [קְנָסָא הוּא]. מְטַמֵּא וּמְדַמֵּעַ, דִּבְמֵזִיד חַיָּיב – קְנָסָא הוּא, דְּהֶיזֵּק שֶׁאֵינוֹ נִיכָּר לָא שְׁמֵיהּ הֶיזֵּק. וּקְנָסָא מִקְּנָסָא לָא יָלְפִינַן. דְּהָא לָאו דִּינָא הוּא, וְהֵיכָא דִּקְנוּס – קְנוּס, וְהֵיכָא דְּלָא קְנוּס – לָא קְנוּס, וּלְהָכִי אִצְטְרִיךְ מְנַסֵּךְ. וּלְמַאן דְּיָלֵיף קְנָסָא מִקְּנָסָא. הַיְינוּ רַב, דְּאָמַר מְנַסֵּךְ מַמָּשׁ, דְּאִילּוּ מְעָרֵב – לָא אִצְטְרִיךְ, דְּיָלְפִינַן מִמְּדַמֵּעַ, אע"ג דִּקְנָסָא הוּא. כָּל הָנֵי. דְּמַתְנִי', לָמָּה לִי? לִיתְנֵי חֲדָא, וְנֵילְפָא אִידָךְ מִינָּהּ! מִשּׁוּם דְּקָא מַפְסִיד לָהּ לְגַמְרֵי. דְּלָא חַזְיָא תּוּ לַאֲכִילָה. דְּאָסוּר לִגְרוֹם טוּמְאָה. מִפְּנֵי פְּרוּשִׁים, שֶׁאוֹכְלִין חוּלֵּיהֶן בְּטָהֳרָה, וּמִשּׁוּם דַּעֲבַד אִיסּוּרָא – קְנָסוּהוּ. מְדַמֵּעַ. לָא מַפְסִיד לְגַמְרֵי, דְּהָא חֲזֵי לַכֹּהֲנִים, וְזָבְנִי מִינֵּיהּ בְּזוֹל. מִשּׁוּם דִּשְׁכִיחַ. דְּעָבֵיד, וּבְמִילְּתָא דִּשְׁכִיחַ – עָבְדִי רַבָּנַן תַּקַּנְתָּא, כִּי הֵיכִי דְּלָא נַעֲבֵיד. כְּר' יִרְמְיָה. דִּמְדְּאַגְבְּהֵהּ קַנְיֵיהּ. לָמָּה לִי. כֵּיוָן דִּתְנַן מְנַסֵּךְ בָּתְרָתֵּי דְּרֵישָׁא – כ"ש מְדַמֵּעַ, דְּלֵיכָּא לְמֵימַר דְּקָם לֵיהּ בִּדְרַבָּה מִינֵּיהּ. מְנַסֵּךְ. מַפְסִיד לְגַמְרֵי, שֶׁאָסְרוּ בַּהֲנָאָה. אֲבָל מְטַמֵּא, אע"ג דְּמַפְסִיד לֵיהּ לְגַמְרֵי לְעִנְיַן שֶׁהוּא עַצְמוֹ אֵינוֹ יָכוֹל לֶאֱכוֹל – אֲבָל חֲזֵי הוּא עֲדַיִין לְהַסָּקָה, אוֹ לְמַאֲכַל בְּהֵמָה. דַּאֲפִי' מְטַמֵּא תְּרוּמָה – חֲזֵי לְהַסָּקָה אוֹ לְבֶהֱמַת כֹּהֵן. מְטַמֵּא אִיכָּא הֶפְסֵד מְרוּבֶּה דְּלָא חַזְיָא תּוּ לַאֲכִילָה. שְׁמֵיהּ הֶיזֵּק. וּבְהֶיזֵּק לָא חִילְּקָה תּוֹרָה כְּשֶׁהוּא בָּא בִּידֵי אָדָם עַצְמוֹ, בֵּין שׁוֹגֵג לְמֵזִיד, כִּדְאָמְרִינַן בְּ"הַחוֹבֵל" (ב"ק דף פה:) "פֶּצַע תַּחַת פָּצַע" – לְחַיֵּיב עַל הַשּׁוֹגֵג כְּמֵזִיד. הֶיזֵּק שֶׁאֵינוֹ נִיכָּר. כְּגוֹן הָנֵי דְּמַתְנִיתִין, שֶׁלֹּא נִשְׁתַּנּוּ מִכְּמוֹת שֶׁהָיוּ. כְּדֵי שֶׁיּוֹדִיעוֹ. שֶׁטִּימְּאָה אוֹ דִּימַּע. דְּאִי מְחַיְּיבַתְּ לֵיהּ – לָא אָתֵי מוֹדַע לְהוּ לַבְּעָלִים, וְאָכְלִי אִיסּוּרָא. לְצַעוּרֵיהּ קָא מִכַּוֵּין. דְּאִי לָאו לְהַקְנִיטוֹ בָּא וּלְהוֹדִיעוֹ, לָמָּה לוֹ דַּעֲבַד? הַכֹּהֲנִים שֶׁפִּגְּלוּ. קָרְבָּנוֹת, שֶׁשְּׁחָטוּם וּזְרָקוּם לֶאֱכוֹל מֵהֶם חוּץ לִזְמַנָּם, וְלֹא הוֹדְעוּ לַבְּעָלִים. מְזִידִין. שֶׁיָּדְעוּ שֶׁפְּסוּלִים בְּכָךְ. חַיָּיבִין. לְשַׁלֵּם דְּמֵיהֶם לַבְּעָלִים, שֶׁהֲרֵי צְרִיכִין לְהָבִיא אֲחֵרִים. וְאִי נַמִי נְדָבָה הִיא – קָשֶׁה בְּעֵינָיו שֶׁלֹּא הִקְרִיב קָרְבָּנוֹ, שֶׁהֲרֵי לְהָבִיא דּוֹרוֹן הָיָה מְבַקֵּשׁ. מִפְּנֵי תִּקּוּן הָעוֹלָם. קס"ד דְּה"ק: חַיָּיבִין מִפְּנֵי תִּקּוּן הָעוֹלָם, שֶׁלֹּא יַרְגִּילוּ בְּכָךְ. שׁוֹגְגִין פְּטוּרִין מִפְּנֵי תִּיקּוּן הָעוֹלָם מִיבָּעֵיא לֵיהּ. דְּהָא חַיָּיבִין דְּמֵזִיד – דִּינָא דְּאוֹרַיְיתָא הוּא, וְתִיקּוּן הָעוֹלָם – אַפְּטוּרִין הוּא דְּשַׁיָּיךְ לְמִיתְנֵי, כְּדֵי שֶׁיּוֹדִיעוֹ. הָא שׁוֹגְגִין פְּטוּרִין. דְּמַתְנִי' לָא תָּנֵי שׁוֹגְגִין פְּטוּרִין בְּהֶדְיָא בְּרֵישָׁא, וְאִי נַמִי תָּנֵי – תִּיקּוּן הָעוֹלָם לָא אַרֵישָׁא קָאֵי. מֵי חַטָּאת. דְּפָרָה אֲדוּמָּה, וְכֵן פָּרָה עַצְמָהּ – נִפְסָלִין בִּמְלָאכָה, דִּכְתִיב (במדבר יט): "אֲשֶׁר לֹא עָלָה עָלֶיהָ עוֹל", וּבְמֵי חַטָּאת כְּתִיב: "לְמִשְׁמֶרֶת לְמֵי נִדָּה". וְתַנְיָא בְּסִפְרֵי: מַה ת"ל? שֶׁיָּכוֹל אֵין לִי שֶׁתְּהֵא מְלָאכָה פּוֹסֶלֶת אֶלָּא בְּפָרָה, וּמִנַּיִן אַף בַּמַּיִם – ת"ל: "לְמִשְׁמֶרֶת לְמֵי נִדָּה", כְּלוֹמַר, שֶׁיִּהְיוּ מְשׁוּמָּרוֹת לְכָךְ, וְלֹא לְדָבָר אַחֵר. פָּטוּר מִדִּינֵי אָדָם. לְשַׁלֵּם. וְחַיָּיב בְּדִינֵי שָׁמַיִם. פּוּרְעָנוּת לְשַׁלֵּם לָרְשָׁעִים, שֶׁנִּתְכַּוְּונוּ לְהַפְסִיד אֶת יִשְׂרָאֵל. לְרִבְקָה. לִמְקוֹם אֲסִיפַת הַבְּהֵמוֹת וְקִישּׁוּרָן, כְּמוֹ "כְּעֶגְלֵי מַרְבֵּק" (מלאכי ג*). כְּדֵי שֶׁתִּינַק. אֶת אִמָּהּ. וְתָדוּשׁ. בִּתְבוּאָה עִם הַשְּׂאָר, דְּתַשְׁלוּמִין לֵיכָּא מַעֲשֵׂה יָדָיו, דְּקָאָמַר: לְטוֹבָה הִכְנַסְתִּיהָ, שֶׁתִּינַק. וּפְסוּלָהּ לָא הָוֵי אֶלָּא מֵחֲמַת מַחְשַׁבְתּוֹ, שֶׁנִּתְכַּוֵּין אַף שֶׁתָּדוּשׁ. וּגְרָמָא בְּנִיזָּקִין פָּטוּר, דְּאַמַּחֲשָׁבָה לָא מְחַיְּיבִינַן לֵיהּ, דִּפְסוּלָהּ מֵחֲמַת מַחֲשָׁבָה הוּא, כִּדְאָמַר (פסחים כו:) עוּבָּד דּוּמְיָא דְּעָבַד, דְּנִיחָא לֵיהּ. שֶׁשָּׁקַל

תוספות

מהדר – חייב. א"נ: קסבר דאפשר לנסך בלא הגבהה, ולא דמי לעקירה והנחה דשבת. א"נ: אפשר דרבי ירמיה פליג אדרבי אבין. וכן משמע, דאמר ב"מרובה" (ב"ק דף ע:) דאמר ליה "זרוק גניבותיך לאלרי ותקני לי גניבותיך", ופריך: מדמטי לאויר אלרו קנה, ומתחייב בנפשו לא הוי עד דנייח! ומשני: באומר "לא תקני לגניבותיך עד שתנוח". והיינו דלא כרבי אבין, דלרבי אבין לא צריך לאוקומי הכי, דעקירה לורך הנחה היא. וכן משמע ב"הגוזל בתרא" (שם דף קיז.) דקאמר: בראשונה היו אומרים "המטמא והמדמע", חזרו לומר "אף המנסך". ומפרש: מעיקרא סבור כרבי אבין, ולבסוף כרבי ירמיה. ועוד י"ל: דטעמא דשמואל, אף ע"ג דהגבהה לאו לורך דניסוך הוא – אפי' הכי פטור, כיון דאשעת ניסוך לא מחייב, דקים ליה בדרבה מיניה – אשעת הגבהה נמי מיפטר, דאמר לו "הרי שלך לפניך", כמו תרומה ונטמאת. דכמו דאם נסכו אחר אומר לו "הרי שלך לפניך" – הכי נמי כי ניסך ליה איהו, אע"ג דמנסך ליה בידים, כיון דקים ליה בדרבה מיניה. ורב סבר: כיון דבשעת הגבהה לא שייך למימר דקים ליה בדרבה מיניה – יש לחייב מחמת הגבהה אכל מה שיעשה בידים אחרי כן, אע"ג דההיא שעתא קים ליה בדרבה מיניה.

משום דקא מפסיד ליה לגמרי. הך סוגיא כר' יוחנן דאמר: היזק שאינו ניכר אינו היזק. דלחזקיה הוה ליה לאלרוכיה לפטורא.

בראשונה היו אומרים המטמא והמנסך. ב"הגוזל בתרא" (שם קיז.) כתובה אפכא, וזו אחת מסוגיות הפוכות א).

שלא יהא כל אחד ואחד כו'. הקשה ה"ר אפרים: הא דתנן בפרק "עד כמה" (בכורות דף כח:): דן את הדין, טימא את הטהור – מה שעשה עשוי, וישלם מביתו. ואמאי? והא שוגג הוא! ומאן דמוקי לה כר"מ דדאין דינא דגרמי – ניחא, דלקמן קניס ר"מ שוגג אטו מזיד. אבל למאן דמוקי אפילו כרבנן (א), ובנגע בהו שרץ – קשה, לר' יוחנן אמאי חייב? ומיהו, לחזקיה אתי שפיר, דלא שייך למיפטריה כדי שיודיעו. ותירץ: דהתם פשע, דמה היה לו לטמאותה כדי להחזיק דבריו! והוי כמו מזיד דהכא. וא"ת: בטיהר את הטמא שעירבו עם פירותיו, לפטור לחזקיה כדי שיודיעו? ויש לומר: דאין רגילות שיחזור מהוראתו אלא ע"י אחרים, הלכך לא חיישינן ב).

ותני עלה מפני תיקון העולם. ברוב ספרים גרסינן במתניתין: הכהנים שפיגלו במקדש, שוגגין – פטורין, מזידין – חייבין. ופריך משום דמשמע ליה ד"מפני תיקון העולם" דקתני בברייתא – קאי א"מזידין חייבין", דקתני לבסוף. והכי איתא בתוספתא [פ"ג]: בראשונה היו אומרים: המטמא והמנסך, חזרו לומר: אף המדמע, בשוגג – פטור, מזיד – חייב, מפני תיקון העולם. הכהנים שפגלו במקדש שוגגין – פטורין, מזידין – חייבין, מפני תקון העולם. וקשה: דמרישא דהמטמא והמדמע והמנסך דקיימי בהו הוה ליה למיפרך! לכך נראה דלא גרסינן במתני' "שוגגין פטורין". וברייתא דהכא – לאו היינו דתוספתא דהתם שהבאתי. ו"מפני תיקון העולם" אדיוקא קאי. וכה"ג משני לקמן (דף נה:) א"חטאת גזולה שלא נודעה לרבים".

העושה מלאכה במי חטאת ובפרת חטאת. מ"עובד" דומיא ד"עבד" דרשינן, דעלה עליה זכר פסולה אע"ג דממילא, כיון דניחא להו לבעלים. וה"ה דכי עביד חבירו בידים וניחא ליה לאותו שעושה, דמיתרבי נמי מ"עובד" מ"מ.

בדיני אדם נמי ליחייב. וא"ת: והרי לורם אוזן פרתו של חבירו דפטור, כדאמר בפ"ב דזבחים* (כה:) וב"הגוזל קמא" (ב"ק לח.), משום דכולהו שוורין לאו לגבי מזבח קיימי. ופריך התם, מהך ד"העושה מלאכה" – משמע דוקא מלאכה דלא מינכר היזקא! ומשני: דנקט מלאכה לרבותא, דאע"ג דלא מינכר – מיחייב בדיני שמים. ונראה דהאי דסתם שוורים לאו לגבי מזבח קיימי – לא עביד ליה אלא כהיזק שאינו ניכר.

הא

מסורת הש"ס

[סוטה ל: נדה ו:]

ב"ק קיז. ע"ש

[לעיל מה. מד: מ"ק יג. בכורות לה. ב"ק ה.]

לקמן נד: וש"נ

[תוס' פ"ג]

ב"ק ט. ולח.

[שמואל א כח]

הגהות הב"ח

(א) תוס' ד"ה שלא וכו' אפי' כרבנן ובנגע בהו שרץ:

עין משפט נר מצוה

נד א מיי' פט"ז מהל' טומאת אוכלין הלכה ט:

נה ב מיי' פ"ז מהלכות חובל ומזיק הלכה א ג טוש"ע ח"מ סימן שפה סעיף א [וברב אלפס ב"ק פ"א דף ב ע"ב ובהרא"ש שם סימן א]:

נו ג מיי' שם הל' ד:

נז ד מיי' שם הלכה ה וע"ש בכ"מ:

תוספות רי"ד

נפסל בכך חייבין ואם היו שוגגין פטורים מלשלם הקרבן לבעלים אמר חזקיה דבר תורה אחד שוגג ואחד מזיד חייב מ"ט היזק שאינו ניכר שמיה היזק וקי"ל אדם מועד לעולם בין שוגג בין מזיד ומה טעם אמרו בשוגג פטור כדי שיודיענו שטימא או דמע דאי מחייבין ליה לא מודע ליה ואכיל איסורא. ור' יוחנן אמר דבר תורה אחד שוגג ואחד מזיד פטור היזק שאינו ניכר לאו שמיה היזק ומה טעם אמרו במזיד חייב שלא יהא כל אחד ואחד הולך ומטמא טהרותיו של חבירו ואומר פטור אני. פי' אע"ג דלאו שמיה היזק גדול הוא מגרמא דניזקין דאפילו מאן דאמר גרמא בניזקין פטור הכא מיחייב מפני שעושה מעשה בידים אבל בגרמא ליכא מעשה בידים וכל הני דמתני' מטמא ומדמע ומנסך ומפגל אית בהו מעשה מה שאין כן בגרמא דמפגל נמי אע"פ שבדבור בעלמא הוא מעשה גמור יש שם שהוא שוחט וזורק באותו הדיבור ופוסלו בידים: ובפרקין דלעיל אמרן אמר אביי נקיטינן טימא טהרותיו של חבירו ומת לא קנסו בנו אחריו מאי טעמא היזק שאינו ניכר לאו שמיה היזק וקנסא דרבנן הוא לדידיה קנסו רבנן לבריה לא קנסו רבנן ויש ללמוד מכאן דאע"ג דדנינן דינא דגרמי כדאמרינן בפ' הגוזל ומאכיל אם מת קודם ששילם בני פטור מלשלם א) שהרי היזק שאינו ניכר הוא גדול מגרמא ואפילו הכי בנו פטור:

א) נראה דר"ל שסברי אפי' לר"מ דס"ל לקמן דקנסו שוגג אטו מזיד מ"מ בגרמי ס"ל דבשוגג פטור וכמו שכתב רבינו לקמן ע"ב.

[לא נמצא מזה כלום בכל מסכת זבחים]

א) [עי' תוס' מנחות נח: ד"ה ואיכא דאמרי ודע דבתוספתא דגיטין פ"ג תניא כמו דאיתא בב"ק]. ב) [וע"ע תוס' סנהדרין לג: ד"ה שמערבן].

עין משפט
נר מצוה

נח א מיי' פ"י מהל' פרה אדומה הל' ה ופ"ז מהל' חובל ומזיק הלכה ה:
נט ב מיי' פ"ג מהל' גזילה הלכה ד סמג עשין עג ולאוין קנ טוש"ע ח"מ סימן שסג סעיף א:
ס ג ד מיי' פ"ו מהל' שבת הלכה כג סמג לאוין סה טוש"ע א"ח סימן שיח סעיף א:
סא ה מיי' פ"א מהל' שמטה ויובל הל' יב סמג לאוין רסו:

שֶׁשָּׁקַל בָּהֶן מִשְׁקָלוֹת – כְּשֵׁרָה! לָא קַשְׁיָא: הָא בְּגוּפָן, הָא בִּבְגָדָן. בְּגוּפָן – מַעֲשֶׂה קָא עָבֵיד בְּהוּ, וְאִי הֶיזֵּק שֶׁאֵינוֹ נִיכָּר שְׁמֵיהּ הֶיזֵּק, בְּדִינֵי אָדָם נַמִּי לְחַיֵּיב! ^א אֶלָּא, אִידִי וְאִידִי בִּבְגָדָן, וְלָא קַשְׁיָא: הָא דְּאַסַּח דַּעְתֵּיהּ, הָא דְּלָא אַסַּח דַּעְתֵּיהּ.§ מְתִיב רַב פַּפָּא: *^ב גָּזַל מַטְבֵּעַ – וְנִפְסַל, תְּרוּמָה – וְנִטְמֵאת, חָמֵץ – וְעָבַר עָלָיו הַפֶּסַח, אוֹמֵר לוֹ "הֲרֵי שֶׁלְּךָ לְפָנֶיךָ"; וְאִי אָמְרַתְּ הֶיזֵּק שֶׁאֵינוֹ נִיכָּר שְׁמֵיהּ הֶיזֵּק, הַאי גַּזְלָן הוּא, מָמוֹנָא מַעַלְיָא בָּעֵי שַׁלּוּמֵי! תְּיוּבְתָּא. לֵימָא כְּתַנָּאֵי: הַמְטַמֵּא, וְהַמְדַמֵּעַ, וְהַמְנַסֵּךְ, אֶחָד שׁוֹגֵג וְאֶחָד מֵזִיד – חַיָּיב, דִּבְרֵי ר"מ; רַבִּי יְהוּדָה אוֹמֵר: בְּשׁוֹגֵג – פָּטוּר, בְּמֵזִיד – חַיָּיב; מַאי לָאו בְּהָא קָמִיפַּלְגִי, דְּמָר סָבַר: הֶיזֵּק שֶׁאֵינוֹ נִיכָּר שְׁמֵיהּ הֶיזֵּק, וּמָר סָבַר: לָא שְׁמֵיהּ הֶיזֵּק! אָמַר רַב נַחְמָן בַּר יִצְחָק: דְּכוּלֵּי עָלְמָא – הֶיזֵּק שֶׁאֵינוֹ נִיכָּר לָא שְׁמֵיהּ הֶיזֵּק, וְהָכָא *בְּקָנְסוּ שׁוֹגֵג אַטּוּ מֵזִיד קָא מִיפַּלְגִי, דְּמָר סָבַר: קָנְסוּ שׁוֹגֵג אַטּוּ מֵזִיד, וּמָר סָבַר: לֹא קָנְסוּ שׁוֹגֵג אַטּוּ מֵזִיד. וְרָמֵי דְּרַבִּי מֵאִיר אַדְּרַבִּי מֵאִיר, וְרָמֵי דְּרַבִּי יְהוּדָה אַדְּרַבִּי יְהוּדָה; *דְּתַנְיָא: *הַמְבַשֵּׁל בְּשַׁבָּת, בְּשׁוֹגֵג – יֹאכַל, בְּמֵזִיד – לֹא יֹאכַל, דִּבְרֵי רַבִּי מֵאִיר; ר' יְהוּדָה אוֹמֵר: ^ג בְּשׁוֹגֵג – יֹאכַל לְמוֹצָאֵי שַׁבָּת, בְּמֵזִיד – לֹא יֹאכַל עוֹלָמִית; ר' יוֹחָנָן הַסַּנְדְּלָר אוֹמֵר: בְּשׁוֹגֵג – יֵאָכֵל לְמוֹצָאֵי שַׁבָּת לַאֲחֵרִים וְלֹא לוֹ, בְּמֵזִיד – לֹא יֵאָכֵל עוֹלָמִית לֹא לוֹ וְלֹא לַאֲחֵרִים; קַשְׁיָא דְּרַבִּי מֵאִיר אַדְּרַבִּי מֵאִיר, קַשְׁיָא דְּרַבִּי יְהוּדָה אַדְּרַבִּי יְהוּדָה! דְּר"מ אַדְּרַבִּי מֵאִיר לָא קַשְׁיָא, כִּי קָנֵיס – בִּדְרַבָּנַן, בִּדְאוֹרַיְיתָא – לָא קָנֵיס. וְהָא מְנַסֵּךְ דְּאוֹרַיְיתָא הוּא, וְקָא קָנֵיס! מִשּׁוּם חוּמְרָא דַּעֲבוֹדָה זָרָה קָנַס לֵיהּ. דְּר' יְהוּדָה אַדְּר' יְהוּדָה לָא קַשְׁיָא, כִּי לָא קָנֵיס – בִּדְרַבָּנַן, בִּדְאוֹרַיְיתָא – קָנֵיס. וְהָא מְנַסֵּךְ דְּאוֹרַיְיתָא, וְלָא קָנֵיס! מִשּׁוּם חוּמְרָא דַּעֲבוֹדָה זָרָה מִיבְדַּל בְּדִילֵי מִינֵּיהּ. וְרָמֵי דְּרַבִּי מֵאִיר אַדְּר"מ בִּדְאוֹרַיְיתָא; *דְּתַנְיָא: *^ד הַנּוֹטֵעַ בְּשַׁבָּת, בְּשׁוֹגֵג – יְקַיֵּים, בְּמֵזִיד – יַעֲקֵר, ^ה וּבַשְּׁבִיעִית, בֵּין בְּשׁוֹגֵג בֵּין בְּמֵזִיד – יַעֲקֵר, דִּבְרֵי ר"מ; רַבִּי יְהוּדָה אוֹמֵר: בַּשְּׁבִיעִית, בְּשׁוֹגֵג – יְקַיֵּים, בְּמֵזִיד – יַעֲקֵר, וּבְשַׁבָּת, בֵּין בְּשׁוֹגֵג בֵּין בְּמֵזִיד – יַעֲקֵר! וּלְטַעֲמִיךְ, תִּקְשֶׁה לָךְ הִיא גּוּפַהּ, מִכְּדִי הָא דְּאוֹרַיְיתָא וְהָא דְּאוֹרַיְיתָא, מַאי שְׁנָא שַׁבָּת וּמַאי שְׁנָא שְׁבִיעִית? אֶלָּא הָתָם כְּדְקָתָנֵי טַעְמָא: א"ר מֵאִיר, מִפְּנֵי מָה אֲנִי אוֹמֵר: בְּשַׁבָּת בְּשׁוֹגֵג – יְקַיֵּים, בְּמֵזִיד – יַעֲקֵר, וּבַשְּׁבִיעִית בֵּין בְּשׁוֹגֵג בֵּין בְּמֵזִיד – יַעֲקֵר? מִפְּנֵי שֶׁיִּשְׂרָאֵל מוֹנִין לַשְּׁבִיעִית, וְאֵין

שֶׁשָּׁקַל בָּהֶן מִשְׁקָלוֹת. שֶׁהָיוּ תְּלוּיוֹת בְּכַף מֹאזְנַיִם, וְהָיָה יוֹדֵעַ מִשְׁקָלָם וְנָתַן בָּשָׂר לְשָׁקְלוֹ בְּכַף שְׁנִיָּה. דְּלָא עֲבַד בָּהֶן מַעֲשֶׂה בְּיָדָיו, אֶלָּא בְּמַחֲשָׁבָה מִיפְסָל. דְּרָבָא בִּבְגָדָן. כִּדְפָרִישִׁית. וּמַתְנִיתָא דְּמַשְׁמַע פְּסוּלוֹת – שֶׁשָּׁקַל בְּגוּפָן, כְּדֶרֶךְ הַטַּבָּחִים לִשְׁקוֹל בָּשָׂר בְּמַיִם. שֶׁיֵּשׁ לָהֶם כְּלִי שֶׁיֵּשׁ בּוֹ שְׁנָתוֹת, וְנוֹתְנִים מַיִם בָּרִאשׁוֹנָה, וְנוֹתְנִים בָּשָׂר בַּמַּיִם עַד שֶׁהַמַּיִם עוֹלִים לָרֹאשׁ הַשֵּׁנִי וְכִוְּונָהוּ כְּבָר שֶׁבְּמִשְׁקַל לִיטְרָא אוֹ ב' לִיטְרָאוֹת הַמַּיִם עוֹלִים וּמַגִּיעִין לְאוֹתוֹ הָרֹאשׁ. מַתְנִי' דְּאַסַּח דַּעְתֵּיהּ. מִשְּׁמִירָתָן, ע"י הַמִּשְׁקָל שֶׁשָּׁקַל בָּהֶם וְנִפְסְלוּ בְּהֵיסַּח הַדַּעַת. ד"לְמִשְׁמֶרֶת לְמֵי נִדָּה" כְּתִיב, שֶׁצְּרִיכָה שִׁימּוּר תָּמִיד, וּמִיהוּ, בְּדִינֵי אָדָם לָא מִיחַיַּיב – דִּגְרָמָא בְּעָלְמָא הוּא. וְהָא דְּרָבָא – בְּדְלָא אַסַּח. וְנִפְסַל. שֶׁפְּסָלַתּוּ מַלְכוּת. נִטְמֵאת. מֵאֵלֶיהָ. הֲרֵי שֶׁלְּךָ לְפָנֶיךָ. וּבִלְבַד שֶׁיְּשַׁלֵּם לוֹ אוֹתוֹ עַצְמוֹ, וְקָרֵינָא בֵּיהּ "וְהֵשִׁיב אֶת הַגְּזֵלָה אֲשֶׁר גָּזָל" (ויקרא ה) שֶׁהֲרֵי לֹא נִשְׁתַּנָּה. וְאִי שְׁמֵיהּ הֶיזֵּק. מִכְּדֵי מִיגְזַל גַּזְלֵיהּ מִדְּמַשְׁכֵיהּ, וְקָם לֵיהּ בִּרְשׁוּתֵיהּ, וְכִי קָמְשַׁלֵּם לֵיהּ – דָּבָר הַנִּיזָּק מְשַׁלֵּם לֵיהּ, וְלֹא כַּמָּה שֶׁגָּזַל. ר"מ סָבַר שְׁמֵיהּ הֶיזֵּק. הִלְכָּךְ, אַף בְּשׁוֹגֵג חַיָּיב, דְּאִתְרַבֵּי (ב"ק כו:) מִ"פֶּצַע תַּחַת פָּצַע". לָא שְׁמֵיהּ הֶיזֵּק. וּבְמֵזִיד הוּא דְּמִחַיֵּיב, מִשּׁוּם קְנָסָא. ר"מ קָנֵיס שׁוֹגֵג אַטּוּ מֵזִיד. וְאע"ג דְּמֵזִיד גּוּפֵיהּ קְנָסָא הוּא. בְּשׁוֹגֵג יֹאכַל. הוּא עַצְמוֹ, וְאַף בְּשַׁבָּת. בְּשׁוֹגֵג יֹאכַל. הוּא עַצְמוֹ. לְמוֹצָאֵי שַׁבָּת. לְאַחַר שֶׁהִמְתִּין בִּכְדֵי שֶׁיֵּעָשׂוּ. אֲבָל בְּשַׁבָּת – לֹא, דְּקָנֵיס שׁוֹגֵג אַטּוּ מֵזִיד. כִּדְרַבִּי יוֹחָנָן הַסַּנְדְּלָר גָּרַס יֵאָכֵל, דְּר' יוֹחָנָן סָבַר מַעֲשֵׂה שַׁבָּת אֲסוּרִין בַּאֲכִילָה, וְיָלֵיף לָהּ מִקְּרָאֵי בְּב"ק (דף עא.) וּבִכְתוּבּוֹת (דף לד.). מְטַמֵּא וּמְדַמֵּעַ. אִיסּוּרָא דְּרַבָּנַן הוּא, כֵּיוָן דְּלָא שְׁמֵיהּ הֶיזֵּק – אֵין כָּאן אִיסּוּרָא דְּאוֹרַיְיתָא, וְדִבְרֵי סוֹפְרִים צְרִיכִין חִיזּוּק, הִלְכָּךְ קָנֵיס אַף הַשּׁוֹגֵג. אֲבָל בִּישּׁוּל בְּשַׁבָּת – אִיסּוּרָא דְּאוֹרַיְיתָא הוּא, וְלָא שְׁכִיחַ דְּעָבְרֵי עֲלָהּ, הִלְכָּךְ לָא קָנֵיס. מִשּׁוּם חוּמְרָא דַּעֲ"ז. לְהַרְחִיקוֹ מִן הָאִיסּוּר – קָנֵיס, וַעֲבַד לֵיהּ חִיזּוּק. וְר' יְהוּדָה. בְּאִיסּוּר דְּאוֹרַיְיתָא, מִשּׁוּם דַּעֲבַד אִיסּוּר חָמוּר – קָנֵיס, לְהַרְחִיקוֹ, אֲבָל בִּדְרַבָּנַן, דְּקִיל – לָא קָנֵיס אֶת הַשּׁוֹגֵג. מִשּׁוּם חוּמְרָא דַּעֲ"ז בְּדִילֵי מִינֵּיהּ. וְלָא צָרִיךְ לְמִיקְנְסֵיהּ. וְרָמֵי. דְּאוֹרַיְיתָא אַדְּאוֹרַיְיתָא. הָכָא תָּנֵי בְּשַׁבָּת דְּאוֹרַיְיתָא דְּלָא קָנֵיס, וְגַבֵּי שְׁבִיעִית קָתָנֵי: בֵּין בְּשׁוֹגֵג בֵּין בְּמֵזִיד – יַעֲקֵר. וְה"ה נַמִּי דְּלְר' יְהוּדָה קַשְׁיָא, אֶלָּא מִשּׁוּם דְּתַנָּא קַמָּא ר"מ הוּא, נָקַט לֵיהּ. וּמַסְקָנָא אַלִּיבָּא דְּתַרְוַיְיהוּ מְתָרְצִינַן לָהּ. מוֹנִין יִשְׂרָאֵל לַשְּׁבִיעִית. יִשְׂרָאֵל מוֹנִין שְׁנוֹת נְטִיעוֹתֵיהֶן לַשְּׁבִיעִית, לְפִי שֶׁצְּרִיכִין לִמְנוֹת שְׁנוֹת הַנְּטִיעָה לְעָרְלָה וְלִרְבָעִי, כְּשֶׁיּוֹצֵא מֵאִיסּוּר עָרְלָה וּמְחַלְּלִין אוֹתוֹ בִּרְבִיעִית – הָרוֹאֶה מוֹנֶה הַשָּׁנִים לְמַפְרֵעַ, וְיוֹדֵעַ שֶׁנְּטָעָהּ בַּשְּׁבִיעִית, וְאָתֵי לְמִשְׁרֵי נְטִיעָה בַּשְּׁבִיעִית.

וְאֵין

הא דאפסח דעתיה. ו"מלאכה" דנקט – משום פרה. אי נמי: אע"פ שפשע להסיח דעתו מחמת מלאכה אפילו הכי פטור מדיני אדם. **גזלן** הוא וממון מעליא בעי לשלומי. תימה: דהיכי מדמי הכא דממילא למטמא בידים? דנהי דמטמא בידים חייב, היכא דנטמאת מאליה – אומר לו "הרי שלך לפניך". דהא המכחיש בהמת חבירו באבנים או במלאכה – חייב, ובהכחשה ממילא או פירות שהרקיבו מקצתם – אומר לו "הרי שלך לפניך", הואיל ועדיין הם בעין, ולא קנאם בשינוי! וי"ל: דכיון דהיזק שאינו ניכר שמיה היזק – א"כ חשיב ליה כאילו הוא ניכר, ואם כן אין לך שינוי גדול מזה, וקנאם הגזלן בשינוי, וצריך לשלם בממון מעליא, ושמין כעין שגזל, ולא מצי אמר ליה "הרי שלך לפניך". וא"ת: ב"הגוזל קמא" (ב"ק דף צח:) דבעי לאוקמי הך משנה ד"גזל מטבע ונפסל" כר' יעקב, דאמר: החזירו שומר אחר שנגמר דינו – מוחזר. ודחי רבה: דכ"ע אמרינן באיסורי הנאה "הרי שלך לפניך", דא"כ לפלגו בחמץ בפסח. אלא הכא – ב"גומרין דינו של שור שלא בפניו" קמיפלגי, רבנן סברי: אין גומרין דינו של שור אלא בפניו, דאמר ליה: אי אייתיתיה ניהלי – הוה מעריקנא ליה לאגמא, השתא אתפסתיה לתוראי ביד מאן דלא מצינא לאישתעויי דינא בהדייהו. משמע דחייב משום דאתפסיה בידים. וכן פירש בקונטרס בס"פ "ד' וה'" (שם דף מה.). והשתא, אי חשיב ליה היזק שאינו ניכר – אפי' אתפסיה בידים פטור, כדמוכח הכא. ואי חשיב היזק ניכר – אפילו תפסוהו ב"ד מאליהן, ולא אתפסיה בידים – למה יפטר? וכי לא היה לו לשומרו שלא יבא לידי כך? ועוד: אם כשתפסוהו מאליהן פטור – גם כי מתפיסו בידים יהא פטור, דסוף סוף אפילו לא היה מתפיסו – היו תופסים אותו מאיליהם, ולא הפסידו הבעלים כלום בתפיסתו! ונראה ד"אתפסתיה לתוראי" – אפי' לא אתפסיה בידים, אלא כלומר: אתפסתיך גרמה להתפיס, שלא שמרתו מתפיסת ב"ד. ולרבנן, כיון דאין גומרין דינו של שור אלא בפניו – מה שנופל ביד ב"ד חשיב היזק ניכר, לפי שהיזק ניכר זה בא בפשיעת שומר – חייב, ואינו יכול לומר "הרי שלך לפניך". אבל לרבי יעקב – לא חשיב מה שנופל ליד ב"ד היזק ניכר, כיון דאין נפסל ע"י שנפל בידיהם, דאפילו לא נפל בידם – היו גומרין דינו שלא בפניו. וכיון דחשיב היזק שאינו ניכר – יכול לומר לו: הרי שלך לפניך, כמו בחמץ שעבר עליו הפסח.

תיובתא • אע"ג דמייתי אחרי כן תנאי, קאמר "תיובתא", משום דכן הלכה דלא שמיה היזק א). **המבשל** בשבת בשוגג **יאכל**. פי': אפילו הוא עצמו, ואפי' בו ביום. דמהכא מוכיח דלא קניס שוגג אטו מזיד. וכן משמע בריש "כירה" (שבת דף לח.) גבי בעו מיניה מרבי חייא בר אבא: שכח קדרה על גבי כירה בשבת ובישלה במזיד – לא יאכל, פירוש: בו ביום, בין הוא בין אחרים. ובמוצאי שבת – שרי אפילו לדידיה. וכן נמי שוגג דרבי יהודה, דהא מתניתין בפ"ק דחולין היא (דף יד.) דתנן: השוחט בשבת וביום הכפורים, אע"פ שמתחייב בנפשו – שחיטתו כשירה. ומוקי לה כרבי יהודה. ופריך: ונוקמה במזיד וכר' מאיר כו', וקתני שבת דומיא דיום הכפורים, דאסור בו ביום בין לו בין לאחרים, ותני נמי: ושחיטתו כשרה – לא שנא לו לא שנא לאחרים, כדאמרי' התם על ר' יוחנן הסנדלר. ובמזיד קאמר ר' יהודה: לא יאכל עולמית – היינו הוא, אבל אחרים – יאכלו במוצאי שבת, דאי "בין הוא בין אחרים" קאמר, כר' יוחנן הסנדלר – אם כן ב"מרובה" (ב"ק דף עא.) ובפרק "אלו נערות" (כתובות דף לד.) דפטרי רבנן טבח בשבת מתשלומי ארבעה וחמשה, ומפרש דסברי לה כר' יוחנן הסנדלר, דאמר: מעשה שבת אסורין, והויא שחיטה שאינה ראויה – אמאי מוקי לה כר' יוחנן הסנדלר טפי מרבי יהודה? דלדידיה נמי מעשה שבת אסורים! ועוד: דבעי מאי טעמא דר' יוחנן הסנדלר, ולא בעי מאי טעמא דר' יהודה. כללא דמילתא: מזיד דרבי מאיר – שוגג דר' יהודה, מזיד דר' יהודה – שוגג דרבי יוחנן הסנדלר. **בדאורייתא** קנים. ואם תאמר: והא מתניתין ר' יהודה היא, וקתני: כהנים שפגלו במקדש – שוגגין פטורין! ויש לומר: דלא קנסינן להו שוגגין – ממנעו ולא עבדי.

וקמשלם

תוספות רי"ד

מתיב רב פפא גזל מטבע ונפסל תרומה ונטמאת חמץ ועבר עליו הפסח אומר לו הרי שלך לפניך ואי ס"ד היזק שאינו ניכר שמיה היזק האי גזלן הוא וממונא מעליא בעי שלומי פי' אלא ודאי לאו שמיה היזק ומפני שלא נשתנה קרינן ביה והשיב את הגזילה אשר גזל ודוקא גבי מזיק קנסו חכמים במזיד אבל גבי גזלן לא קנסו ואדרבה הרבה תקנות עשו חכמים לגזלן כדי שיעשה תשובה כדאמרינן בהגוזל תיובתא דחזקיה תיובתא וכיון דאיתותב חזקיה הלכה כר' יוחנן: נימא כתנאי המטמא והמדמע והמנסך אחד שוגג ואחד מזיד חייב דברי ר"מ ר' יהודה אומר בשוגג פטור במזיד חייב מאי לאו בהא קמיפלגי דמר סבר היזק שאינו ניכר שמיה היזק ומר סבר לא שמיה היזק אמר רב נחמן בר יצחק לא דכ"ע היזק שאינו ניכר לא שמיה היזק והכא בקנסו שוגג אטו מזיד קמיפלגי דר"מ סבר קנסו שוגג אטו מזיד ור' יהודה סבר לא קנסו שוגג אטו מזיד ואע"ג דקנים ר"מ שוגג אטו מזיד לא קנים אלא במטמא ומדמע ומנסך דאית בהו מעשה אבל בגרמא דניזקין אע"ג דמיחייב ר"מ כדאמרינן בהגוזל עצים א) בהלכות נתן לאומנים לתקן ה"מ במזיד שעשה הגרמא בכונה אבל אם באה לו בשגגה ובאונס בלי כונה ולא מצאנו שחייב ר"מ תדע דהכי

מסורת הש"ס

ב"ק נו:

[שבת ג: עירובין סח: ק.]

ב"ק עא. חולין טו. ביצה יז: תרומות פ"ב מ"ג שבת לח. כתובות לד. [תוספתא דשבת פ"ג]

[משום פלוגתא דר"י ור"י הסנדלר דליתא במשנה דתרומות פ"ב מ"ג ספיר גרסינן דתניא]

[משום פלוגתא דר"י ור"י דליתא בתרומות פ"ב מ"ג ספיר גרסינן דתניא]

תרומות פ"ב מ"ג [תוספתא דשבת פ"ג]

גליון הש"ס

תוס' ד"ה תיובתא. עי' ב"ק דף מז ע"א תד"ה מ"ט גופא ומצינו ג"כ תיובתא ובתר הכי אמרינן והלכתא ... ואב"א שבת דף כ ע"ב:

א) [יותר באור כתבו תוס' סנהדרין פ: ד"ה טובר ותוס' ב"ק מז. ד"ה מ"ט גופא ועי' תוס' זבחים קיב. ד"ה וקסבר.]

א) אולי צ"ל כשנתן לאומנים לתקן וכו' וצ"ל כשנתן לצבע לצבוע אדום וכו' ועי' ב"ק דף ק ע"א וע"ע.

ואין מונין לשבתות. דבר אחר: [א]נחשדו ישראל על השביעית, ולא נחשדו על השבתות. מאי "דבר אחר"? ה"ק: וכי תימא: שבת נמי זימנין דמיקלע יום ל' בשבת, דאי נטע ההוא יומא — הוא דסלקא ליה שתא, ואי לא — לא סלקא ליה שתא, ת"ש: דבר אחר, נחשדו ישראל על השביעית, ולא נחשדו על השבתות. דרבי יהודה אדרבי יהודה לא קשיא, *באתריה דרבי יהודה חמירא להו שביעית. *דההוא דאמר ליה לחבירו: "דייר בר דיירתא"! אמר ליה: אנא לא אכלי פירי דשביעית כוותך. תא שמע: *אכל תרומה טמאה — משלם חולין טהורין. שילם חולין טמאים, מהו? אמר סומכוס משום ר"מ: בשוגג — תשלומיו תשלומין, במזיד — אין תשלומיו תשלומין, וחכ"א: אחד זה ואחד זה — תשלומיו תשלומין, וחוזר ומשלם חולין טהורים; והוינן בה: במזיד אמאי אין תשלומיו תשלומין? תבא עליו ברכה, דאכיל מיניה מידי דלא חזי ליה בימי טומאתו, וקא משלם ליה מידי דחזי ליה בימי טומאתו! ואמר רבא, ואמרי לה כדי: חסורי מחסרא והכי קתני: [ב]אכל תרומה טמאה — משלם כל דהו, *אכל תרומה טהורה — משלם חולין טהורים. שילם חולין טמאין, מהו? סומכוס אומר משום ר"מ: בשוגג — תשלומיו תשלומין, במזיד — אין תשלומיו תשלומין, וחכ"א: [ג]אחד זה ואחד זה — תשלומיו תשלומין, וחוזר ומשלם חולין טהורין; ואמר רב אחא בריה דרב איקא: הכא בקנסו שוגג אטו מזיד איכא בינייהו, (דר"מ סבר: לא קנסו שוגג אטו מזיד, וחכ"א: קנסו!) [ס"א ל"ג] הכי השתא?! התם גברא לשלומי קא מיכוין, אנן ניקום וליקנסיה? ת"ש: *דם שנטמא וזרקו, בשוגג — הורצה, במזיד — לא הורצה! אמר לך ר"מ: הכי השתא?! התם גברא לכפורי קא מכוין, אנן ניקום ונקנסיה? תא שמע: *[ד]המעשר בשבת, בשוגג — יאכל, במזיד — לא יאכל! הכי השתא?! התם גברא לתקוני קא מיכוין, אנן ליקום וליקנסיה? תא שמע: *[ה]המטביל כלים בשבת, בשוגג — ישתמש בהן, במזיד — לא ישתמש בהן! הכי השתא?! התם גברא לטהורי מאני קא מיכוין, אנן ליקום וליקנסיה? ורמי דר' יהודה אדרבי יהודה בדרבנן; דתניא: נפלו

רש"י

ואין מונין. נטיעותיהן לשבתות. שאין מונין ימים לנטיעה אלא שנים, לפיכך אין הדבר ידוע לזמן מרובה שנטע בשבת. מאי דבר אחר. למה ליה לאתויי טעמא אחרינא. הכי קאמר וכי תימא שבתות נמי. זימנין דצריך למימני, דתניא: הנוטע ערב שביעית, ל' יום לפני ראש השנה — עלתה לו שנה, לשני ערלה. דשלשים יום בשנה חשובין שנה, ומותר לקיימן בשביעית. פחות משלשים יום לפני ראש השנה — לא עלתה לו שנה, ואסור לקיימן בשביעית. הלכך, זמנין דשבת זו שנטע זה הויא יום שלשים לפני ר"ה, ומונין אותו שנה. ואי הוה בליר ההוא יומא — לא הוה סליק ליה שתא. ולאחר זמן כשאוכלין מן הפירות לסוף שתי שנים, ואומרים: למה הותרו פירות הללו לשתי שנים? ואומר להם: השלשים שלפני ר"ה חשובין שנה, ומזכירים שנטע בשבת. וליקנסוה. תא שמע דבר אחר נחשדו ישראל על שביעית. ואיכא למיחש, מתוך שהדבר ניכר — אתי למישרי נטיעה בשביעית. ולא נחשדו על שבתות. ואפילו יזכר ויודע הדבר — לא אתי למישרי נטיעתא בשבת. דיירא בר דיירתא. גר בן גיורת. ת"ש. דרבי מאיר בדרבנן לא קניס שוגג. אכל תרומה. בשוגג, ואפי' טמאה. משלם חולין טהורין. ולקמן פריך: אמאי משלם טהורין? האוכל תרומה שוגג אינו משלם מעות אלא תבואה, ואינו משלם תרומה אלא חולין מתוקנין, ועל ידי תשלומין הן נעשין תרומה, שנאמר: "ונתן לכהן את הקדש" (ויקרא כב) — על ידי נתינתו נעשו קודש. אלמא: דבר הראוי לחול עליו שם תרומה בעינן, ולא מעות. אבל האוכלה מזיד — משלם מעות. בשוגג. אם בשוגג שילם, שלא היה יודע שהן טמאין. תשלומיו תשלומין. ופטור באלו, והן נעשין תרומה טמאה, כמה שאכל. במזיד אין תשלומיו תשלומין. ולקמיה פריך: אמאי? אחד זה ואחד זה. שוגג ומזיד. תשלומיו תשלומין. והן נעשין תרומה, וממון כהן. ואם קידש בהן אשה — מקודשת. וחוזר ומשלם חולין טהורים. משום קנס, ואינן נעשין תרומה. והוינן בה במזיד אמאי אין תשלומיו תשלומין. אמאי קנסת ליה אמזיד דהני תשלומין? הא לא הזיד בתשלומין גרועין! דאכל מיניה. תרומה טמאה דלא מצי למיכל בימי טומאה, [*]דהאוכל תרומה בטומאת הגוף במיתה, א] ואפילו היא טמאה. וקמשלם ליה. חולין טמאים, דחזו ליה בימי טומאה.

תוספות

וקמשלם מידי דחזי ליה בימי טומאתו. פירוש: קודם שישלם. אבל לאחר ששילם — נעשה תרומה, ולא חזי ליה. אכל תרומה טהורה ושילם חולין טמאין מהו כו' בשוגג תשלומיו תשלומין. לא כמו שפירש בקונטרס דקסבר דלפי מדה משלם, דאפי' את"ל דלפי מדה משלם — לא מיפטר אלא אם כן ישלם שיהו שוין להסיקה כשיעור תרומה טהורה שאכל. דלא גרע מגזלן, כדאמר התם: כל היכא דמעיקרא שויא ד' ולבסוף שויא זוזא — לא תבעי לך דלפי דמים משלם, כי תיבעי לך — דמעיקרא לא שויא אלא זוזא ולבסוף שויא ד'. מ"מ, במזיד אין תשלומיו תשלומין, דאכל מידי דקפדי עליה זבינא, ומשלם מידי דלא קפדי עליה זבינא. הכא בקנסו שוגג אטו מזיד כו'. ב"האשה רבה" (יבמות דף צ.) מעיקרא ס"ד דאין תשלומיו תשלומין כלל קא"ר מאיר, ופריך מינה למאן דאמר אין כח ביד חכמים לעקור דבר מן התורה. ומסיק: דאין תשלומיו תשלומין, וחוזר ומשלם חולין טהורים כדרבנן, ולא פליגי אלא בקנסו שוגג אטו מזיד כו'. דם שנטמא וזרקו. וא"ת: מאי קשיא ליה לר"מ? והא לאו סתם מתני' היא, דברייתא היא ב"הקומץ רבה" (מנחות דף כה.)! וי"ל: דסמיך אסתם מתני' ד"כילד צולין" (פסחים דף פ:) דתנן: הפסח שנזרק דמו ואח"כ נודע שהוא טמא — הציץ מרצה. ודייק בגמ': טעמא דאח"כ נודע, הא נודע ואח"כ נזרק — לא. ומייתי ברייתא דמפרשא בהדיא. והך קושיא לרבינא, דמפרש [בפ' כילד צולין] (שם) דשוגג קאי אזריקה. דלרב שילא דמפרש דקאי אטומאה — לא קשה מידי, דטומאה דאורייתא. המעשר בשבת. משנה היא בפרק שני דתרומות (משנה ג), וכן ההיא דהמטביל כלים, ופריך מינייהו משום דסתם משנה ר"מ היא. ותימה: דפריך ברישא מההיא דמעשר, והיא שנויה שם בסוף. נפלו ונתפצעו. תימה: דתניא בירושלמי בפרק בתרא דערלה: נפלו ואח"כ נתפלעו, בין בשוגג בין במזיד — לא יעלו, דברי ר"מ. ורבי יהודה אומר: בין בשוגג בין במזיד יעלו. ורבי יוסי אומר: שוגג — יעלו, מזיד — לא יעלו. טעמא דר"מ — דקניס שוגג אטו מזיד, טעמא דרבי יוסי — כדאמר רבי אבהו בשם ר' יוחנן: כל האיסורין שריבה עליהם, שוגג — מותר, מזיד — אסור. טעמא דרבי יהודה מפרש: משום דכבר קנסו בידו. פירוש: כבר נתקלקלו פירותיו בשעת פליעה. אמר

רש"י (המשך)

ואע"ג דסוף סוף הן נעשין תרומה, ולא חזו ליה, דהא טמאה היא — מיהו חולין טמאין מיכוין לשלומי, ולא ידע דהם נעשין תרומה. משלם כל דהו. כל שהוא חולין, בין טהורין בין טמאין. בשוגג תשלומיו תשלומין. דהא אוכל תרומה שוגג לפי מדה משלם ולא לפי דמים. ואע"ג דהך *טומאה גריעא מההיא דאכל [נ"ל טמאה] — תשלומין הן מדאורייתא ורבנן נמי לא קנסוהו הואיל ושגג בתשלומין. במזיד. שידע שטמאין הן. אין תשלומיו תשלומין. דקנסוהו רבנן, שמתכוין להפסיד כהן. ואמר רב אחא בריה דרב איקא. ביבמות ב"האשה רבה" (דף צ.) דמזיד נמי דקאמר ר' מאיר אין תשלומיו תשלומין — להפטר לגמרי קאמר, כלומר: שצריך לחזור ולשלם חולין טהורין, כרבנן. ובשוגג הוא דפליג אדרבנן, דלרבי מאיר לא קנסו שוגג אטו מזיד, ורבנן קנסו. והא הכא איסורא דרבנן היא, דמדאורייתא תשלומין מעליא נינהו דלפי מדה משלם, וכי משלם טמאין אפי' במזיד — איסורא דרבנן הוא דעבד, ולא קניס רבי מאיר שוגג! לשלומי מיכוין. ואדם כשר הוא. ואנן ניקום ונקנסיה. על שגגתו? אבל מטמא ומדמע שוגג — אינו מתעסק בטובה. בשוגג הורצה. דהציץ מרצה, ומותר בשר באכילה. במזיד לא הורצה. מדרבנן, וקנסא הוא לאסור בשר באכילה, אבל בעלים נתכפרו. והך זריקת מזיד — איסורא דרבנן היא, דמדאורייתא זורק לכתחילה, דהציץ מרצה. ואנן ניקום ונקנסיה. על שגגתו? וה"ה דמצי לשנויי: הא מני — רבי יהודה היא, דלא קניס בדרבנן. דהא לאו סתם משנה היא, אלא ברייתא היא במנחות ב"הקומץ רבה" (דף כה.). מיהו, ניחא ליה לשנויי דאפי' תימא רבי מאיר היא. המעשר בשבת. איסור שבות דרבנן היא, כדתנן ב"משילין" (ביצה דף לו:): אלו הן משום שבות של מצוה: אין מגביהין תרומות ומעשרות, דמיחזי כמתקן. והך המעשר בשבת — סתם משנה היא, במסכת תרומות (פ"ב מ"ג). וכן המטביל כליו — מטביל נמי איסורא דרבנן היא, במסכת ביצה בפרק "י"ט" (דף יח.) מפני שנראה כמתקן כלי. וכל הני רמינן דרבי מאיר אדרבי מאיר, דקניס לעיל בדרבנן. נפלו

עין משפט נר מצוה

סב א מיי' פ"ח מהל' שמיטה ויובל הלכה יב סמג לאוין רסז:

סג ב ג מיי' פ"י מהל' תרומות הלכה כ:

סד ד מיי' פכ"ג מהל' שבת הלכה ט סמג לאוין סה טוש"ע א"ח סי' שלט סעיף ד:

סה ה מיי' שם הל' ח סמג שם:

תוספות רי"ד

דהכי הוא דהא ממחצת הכרם שנפרצה דא"ר מאיר דקדש וחייב באחריות ילפינן דסבר ר"מ גרמא בניזקין חייב והתם במזיד הוא כדקתני אומרים לו גדור נתיאש הימנה ולא גדרה הרי זה קדש וחייב באחריותו דמשמע טעמא דהדיוטהו מיחייב הא לאו הכי לא:

הגהות מהר"ב רנשבורג

א] רש"י ד"ה דאכל מיניה וכו' ואפי' היא טמאה. כ"ב נ"ע דתרומה טמאה בטומאת הגוף אינה במיתה כדאי' בחולין קיג ע"ב וכ"פ הר"מ פ"ז מהל' תרומות הלכה א' וכן ראיתי לבעל בני יעקב בהגהות רמב"ם שם תמה על רש"י בזה והנ"ע ועי' בספר מים חיים לפר"ח בהל' תרומות פ"ז הלכה א' ובמחנה ראובן ביבמות דף נ ע"א ודו"ק:

מסורת הש"ס

[בכורות ל.] | שם ע"ש | יבמות ל. | שם | פסחים טז: יומא ז. מנחות כה. יבמות ל. זבחים מה. | תרומות פ"ב מ"ג ביצה יז: | ג"ז שם | [נ"ל טמאה]

גליון הש"ס

רש"י ד"ה דאכל מיניה כו' דהאוכל תרומה בטומאת הגוף במיתה ואפילו היא טמאה. עי' חולין דף קיג ע"ב וצ"ע:

סו א מיי' פט"ז מהל' מאכלות אסורות הלכה יא יב:
סז ב מיי' שם הלכה כה:
סח ג מיי' פ"ו מהל' חובל ומזיק הלכה ז:
סט ד ה מיי' פי"ט מהל' פסולי המוקדשין הל' טו ופי"ג מהל' מטמאי משכב ומושב הלכה ח וע"ש בכ"מ:
ע ו ז מיי' פ"א מהל' תפילין הלכה יח סמג עשין כה טור ש"ע י"ד סימן רפא סעיף ה:

*נָפְלוּ וְנִתְפַּצְּעוּ, אֶחָד שׁוֹגֵג וְאֶחָד מֵזִיד — לֹא יַעֲלוּ, דִּבְרֵי ר"מ וְרַבִּי יְהוּדָה; רַבִּי יוֹסֵי וְר' שִׁמְעוֹן אוֹמְרִים: אבְּשׁוֹגֵג — יַעֲלוּ, בְּמֵזִיד — לֹא יַעֲלוּ; וְהָא הָכָא דִּמְדְּאוֹרַיְיתָא חַד בִּתְרֵי בָּטֵל, וְרַבָּנַן הוּא דִּגְזוּר, וְקָא קָנֵיס ר' יְהוּדָה! הָתָם הַיְינוּ טַעְמָא דְּר' יְהוּדָה — מִשּׁוּם דְּאָתֵי לְאִיעֲרוּמֵי. וְרָמֵי דְּרַבִּי יוֹסֵי אַדְּרַבִּי יוֹסֵי; דִּתְנַן: *נְטִיעָה שֶׁל עָרְלָה וְשֶׁל כִּלְאֵי הַכֶּרֶם שֶׁנִּתְעָרְבוּ בִּנְטִיעוֹת אֲחֵרוֹת — הֲרֵי זֶה לֹא יְלַקֵּט, וְאִם לִיקֵּט — יַעֲלוּ בְּאֶחָד וּמָאתַיִם, וּבִלְבַד שֶׁלֹּא יִתְכַּוֵּין לְלַקֵּט; ר' יוֹסֵי אוֹמֵר: באַף הַמִּתְכַּוֵּין לְלַקֵּט — יַעֲלוּ בְּאֶחָד וּמָאתַיִם! הָא אִתְּמַר עֲלָהּ, אָמַר רָבָא: חֲזָקָה אֵין אָדָם אוֹסֵר אֶת כַּרְמוֹ בִּנְטִיעָה אַחַת. וְכֵן כִּי אֲתָא רָבִין א"ר יוֹחָנָן: חֲזָקָה אֵין אָדָם אוֹסֵר אֶת כַּרְמוֹ בִּנְטִיעָה אַחַת.§ **מתני'** *גהַכֹּהֲנִים שֶׁפִּגְּלוּ בַּמִּקְדָּשׁ, מְזִידִין — חַיָּיבִין.§ **גמ'** ת"ר: *דהָיָה עוֹשֶׂה עִמּוֹ בְּטָהֳרוֹת, וְאָמַר לוֹ: טָהֳרוֹת שֶׁעָשִׂיתִי עִמְּךָ נִטְמְאוּ, הָיָה עוֹשֶׂה עִמּוֹ בִּזְבָחִים, וא"ל: זְבָחִים שֶׁעָשִׂיתִי עִמְּךָ נִתְפַּגְּלוּ — נֶאֱמָן; אֲבָל אָמַר לוֹ: טָהֳרוֹת שֶׁעָשִׂיתִי עִמְּךָ בְּיוֹם פְּלוֹנִי נִטְמְאוּ, וּזְבָחִים שֶׁעָשִׂיתִי עִמְּךָ בְּיוֹם פְּלוֹנִי נִתְפַּגְּלוּ — אֵינוֹ נֶאֱמָן. מַאי שְׁנָא רֵישָׁא, וּמַאי שְׁנָא סֵיפָא? אָמַר אַבָּיֵי: כָּל שֶׁבְּיָדוֹ נֶאֱמָן. רָבָא אָמַר: הכְּגוֹן דְּאַשְׁכְּחֵיהּ וְלָא אֲמַר לֵיהּ וְלָא מִידֵּי, וּלְבָתַר הָכִי אַשְׁכְּחֵיהּ וַאֲמַר לֵיהּ. הַהוּא דַּאֲמַר לֵיהּ לְחַבְרֵיהּ: טָהֳרוֹת שֶׁעָשִׂיתִי עִמְּךָ בְּיוֹם פְּלוֹנִי נִטְמְאוּ, אֲתָא לְקַמֵּיהּ דְּרַבִּי אַמִי, אָמַר לֵיהּ: שׁוּרַת הַדִּין אֵינוֹ נֶאֱמָן. אָמַר לְפָנָיו רַבִּי אַסִי: רַבִּי, אַתָּה אוֹמֵר כֵּן? הָכִי אָמַר ר' יוֹחָנָן מִשּׁוּם רַבִּי יוֹסֵי: מָה אֶעֱשֶׂה שֶׁהַתּוֹרָה הֶאֱמִינַתּוֹ. הֵיכָן הֶאֱמִינַתּוֹ? א"ר יִצְחָק בַּר בִּיסְנָא: וכֹּהֵן גָּדוֹל בְּיוה"כ יוֹכִיחַ, דְּכִי אָמַר פִּגּוּל — מְהֵימַן; וּמְנָא יָדְעִינַן? וְהָכְתִיב: °"וְכָל אָדָם לֹא יִהְיֶה בְּאֹהֶל מוֹעֵד"! אֶלָּא לָאו מִשּׁוּם דִּמְהֵימַן. וְדִלְמָא דִּשְׁמַעְנֵיהּ דְּפַגֵּיל! אִי לָאו דִּמְהֵימַן, אע"ג דִּשְׁמַעְנֵיהּ נַמִי לָא מְהֵימַן, דְּדִלְמָא לְבָתַר הָכִי קָאָמַר. זוְדִלְמָא דַּחֲזֵינֵיהּ בְּפִישְׁפֵּשׁ! קַשְׁיָא. הַהוּא דַּאֲתָא לְקַמֵּיהּ דְּרַבִּי אַמִי, אָמַר לֵיהּ: סֵפֶר תּוֹרָה שֶׁכָּתַבְתִּי לִפְלוֹנִי, אַזְכָּרוֹת שֶׁלּוֹ חלֹא כְתַבְתִּים לִשְׁמָן, אָמַר לֵיהּ: סֵפֶר תּוֹרָה בְּיַד מִי? אָמַר לֵיהּ: בְּיַד לוֹקֵחַ, אָמַר לֵיהּ: *טנֶאֱמָן אַתָּה לְהַפְסִיד שְׂכָרְךָ, וְאִי אַתָּה נֶאֱמָן לְהַפְסִיד סֵפֶר תּוֹרָה. אֲמַר לֵיהּ רַבִּי יִרְמְיָה: נְהִי דְּהִפְסִיד שְׂכַר אַזְכָּרוֹת, שְׂכַר דְּסֵפֶר תּוֹרָה כּוּלֵּיהּ מִי הִפְסִיד? אֲמַר לֵיהּ: אִין, שֶׁכָּל סֵפֶר תּוֹרָה שֶׁאֵין אַזְכָּרוֹת שֶׁלּוֹ כְּתוּבוֹת לִשְׁמָן — אֵינוֹ שָׁוֶה כְּלוּם. וְלִיעֲבַר עֲלַיְיהוּ קוּלְמוּס וְלִיקַדְּשֵׁיהּ! כְּמַאן? נֵימָא דְּלָא כְּרַבִּי יְהוּדָה. *דִּתְנַן: *הֲרֵי שֶׁהָיָה צָרִיךְ לִכְתּוֹב אֶת הַשֵּׁם, וְנִתְכַּוֵּין לִכְתּוֹב "יְהוּדָה" וְטָעָה וְלֹא הִטִּיל בּוֹ דָּלֶת — מַעֲבִיר עָלָיו קוּלְמוּס וּמְקַדְּשׁוֹ, דִּבְרֵי רַבִּי יְהוּדָה; וַחֲכָמִים אוֹמְרִים: אֵין הַשֵּׁם מִן הַמּוּבְחָר! אֲפִילּוּ תֵּימָא רַבִּי יְהוּדָה, עַד כָּאן לָא קָאָמַר רַבִּי יְהוּדָה — אֶלָּא בַּחֲדָא אַזְכָּרָה, אֲבָל דְּכוּלֵּי סֵפֶר תּוֹרָה — לָא, מִשּׁוּם דְּמִיחֱזֵי כְּמְנוּמָּר. הַהוּא דַּאֲתָא לְקַמֵּיהּ דְּר' אַבָּהוּ, א"ל: ס"ת שֶׁכָּתַבְתִּי לִפְלוֹנִי, גְּוִילִין שֶׁלּוֹ לֹא עִיבַּדְתִּים לִשְׁמָן, א"ל: סֵפֶר תּוֹרָה בְּיַד מִי? א"ל: בְּיַד לוֹקֵחַ, אָמַר לוֹ: ימִתּוֹךְ שֶׁאַתָּה נֶאֱמָן לְהַפְסִיד שְׂכָרְךָ, אַתָּה נֶאֱמָן לְהַפְסִיד סֵפֶר תּוֹרָה.

וּמַאי

תורה אור: ויקרא טז

רש"י

נָפְלוּ וְנִתְפַּצְּעוּ. אֱגוֹזֵי פֶּרֶךְ אֵין בְּטֵלִין אֲפִילּוּ בָּאֶלֶף, מִפְּנֵי חֲשִׁיבוּתָן. נִתְפַּצְּעוּ הָאֱגוֹזִים שֶׁל עָרְלָה, וְאַח"כ נָפְלוּ לְתוֹךְ שֶׁל הֶיתֵּר — יַעֲלוּ. נָפְלוּ תְּחִלָּה וְאַח"כ נִתְפַּצְּעוּ. אֶחָד. שֶׁפְּלָעָן שׁוֹגֵג — שֶׁלֹּא נִתְכַּוֵּין כְּדֵי לְבַטֵּל חֲשִׁיבוּתָן וּלְהַעֲלוֹתָן בְּאֶחָד וּמָאתַיִם כְּדִין עָרְלָה, בֵּין שֶׁפְּלָעָן מֵזִיד — שֶׁנִּתְכַּוֵּין לְכָךְ. לֹא יַעֲלוּ. אֲפִילּוּ בָּאֶלֶף, דְּקָנֵיס ר"מ וְרַבִּי יְהוּדָה שׁוֹגֵג אַטּוּ מֵזִיד. אע"ג דְּהַךְ עֲלִיָּיה שֶׁהוּא מַעֲלֶה וּמְבַטֵּל אֱגוֹזֵי פֶּרֶךְ — אִיסּוּרָא דְּרַבָּנַן בְּעָלְמָא הוּא, וַאֲפִילּוּ שְׁלֵמִים, דְּמִדְּאוֹרַיְיתָא אֵין חִילּוּק בֵּין חָשׁוּב לְשֶׁאֵינוֹ חָשׁוּב, דְּהַכֹּל בָּטֵל, דִּכְתִיב (שמות כג): "אַחֲרֵי רַבִּים לְהַטּוֹת" וְרַבָּנַן הוּא דִּגְזוּר. דְּאָתֵי לְאִיעֲרוּמֵי. וּלְהִתְכַּוֵּין, וְיֹאמַר: שׁוֹגֵג הָיִיתִי, וְלֹא נִתְכַּוַּונְתִּי כְּדֵי לְהַעֲלוֹתָן. הֲרֵי זֶה לֹא יְלַקֵּט. דְּכָל זְמַן שֶׁהִיא בִּמְקוֹמָהּ — כִּמְחוּבָּר חֲשׁוּבָה וְלֹא בְּטֵלָה, וְכִי לָקֵיט לְפֵירוֹת וּמְבַטֵּל לְהוּ בְּמָאתַיִם — הָוֵי מְבַטֵּל אִיסּוּר לְכַתְּחִלָּה. וְאִם לִיקֵּט. וְלֹא נִמְלַךְ. יַעֲלוּ. דְּה"ל שׁוֹגֵג, דְּלֹא נִתְכַּוֵּין לְלַקֵּט ע"מ לְבַטֵּל, דְּסָבוּר שֶׁכְּבָר בִּטְּלוֹ בִּמְחוּבָּר. וּבִלְבַד שֶׁלֹּא יִתְכַּוֵּין לְלַקֵּט. בְּכַוָּונַת בִּיטּוּל. אַף הַמִּתְכַּוֵּין כו'. אַלְמָא: בְּמֵזִיד נַמִי בָּטֵיל. אֵין אָדָם אוֹסֵר אֶת כַּרְמוֹ בִּנְטִיעָה אַחַת. אֵין לָךְ אָדָם נוֹטֵעַ עָרְלָה בֵּין שְׁאָר נְטִיעוֹת בְּלֹא סִימָן, וְאוֹסֵר כַּרְמוֹ בִּשְׁבִיל נְטִיעָה אַחַת. וְכֵיוָן דְּלָא שְׁכִיחָא — לָא אַחְמוּר בָּהּ רַבָּנַן. אֲבָל נְפִילַת אִיסּוּר בְּהֶיתֵּר — שְׁכִיחָא. כָּל שֶׁבְּיָדוֹ. לַעֲשׂוֹת בְּשָׁעָה שֶׁמּוֹדִיעוֹ. נֶאֱמָן. וְרֵישָׁא — כְּגוֹן שֶׁעוֹדָן בְּיָדוֹ לְטַמְּאָן וּלְפַגְּלָן. וְגַבֵּי קָרְבָּנוֹת — בְּכֹהֵן הָעוֹבֵד קָמַיְירֵי, כְּגוֹן שֶׁהוֹדִיעוֹ בֵּין שְׁחִיטָה לִזְרִיקָה, וְאָמַר: פִּיגַּלְתִּיהָ בִּשְׁחִיטָה, שֶׁעֲדַיִין בְּיָדוֹ לְפַגְּלוֹ בִּשְׁאָר עֲבוֹדוֹת. אֲבָל בְּיוֹם פְּלוֹנִי, שֶׁכְּבָר יָצְאוּ מִיָּדוֹ — לָאו כָּל כְּמִינֵיהּ. רָבָא אָמַר. אע"פ שֶׁאֵין בְּיָדוֹ — נֶאֱמָן. וְסֵיפָא — כְּגוֹן דְּאַשְׁכְּחֵיהּ מִקַּמֵּי הָאִידָנָא, וְלָא אֲמַר לֵיהּ, וְהַשְׁתָּא א"ל. שׁוּרַת הַדִּין. כְּלוֹמַר, הַדִּין נוֹתֵן. אַתָּה אוֹמֵר כֵּן. שֶׁאֵינוֹ נֶאֱמָן, אֲבָל רַבִּי יוֹחָנָן אָמַר מִשּׁוּם רַבִּי יוֹסֵי כו'. הֶאֱמִינַתּוֹ. וַאֲפִי' לְאַחַר זְמַן, כִּדְמְפָרֵשׁ. כֹּהֵן גָּדוֹל בְּיוה"כ. בְּפַר וְשָׂעִיר שֶׁלִּפְנַי וְלִפְנִים, שֶׁהוּא שָׁם יָחִיד וְאֵין רוֹאֵהוּ. וְאִם אָמַר פִּגּוּל — מְהֵימָן, דְּהָא כְּתִיב: "הַמַּקְרִיב אוֹתוֹ לֹא יֵחָשֵׁב" (ויקרא ז) וְקָרֵי "לֹא יַחְשֹׁב" — מַחֲשֶׁבֶת פִּיגּוּל, וְאִם חָשַׁב — פִּיגּוּל יִהְיֶה. וּמְנָא יָדְעִינַן. בְּיוה"כ דְּפַגֵּיל, אִי לָאו דִּמְהֵימַן? וְדִלְמָא. כִּי אָמַר קְרָא: "פִּיגּוּל יִהְיֶה" — דִּשְׁמָעִינַן דְּפַגֵּיל בְּקוֹל רָם, דְּאָמַר: הֲרֵינִי מַזֶּה עַל מְנָת לְהַקְטִיר אֵימוּרִין חוּץ לִזְמַנָּן. וּמְשַׁנֵּי. אִי לָאו דִּמְהֵימַן. לוֹמַר: בִּשְׁעַת עֲבוֹדָה פִּיגַּלְתִּי, אע"ג דִּשְׁמַעְנֵיהּ דְּפַגֵּיל נַמִי, דִּלְמָא לְבָתַר עֲבוֹדָה קָאָמַר. הָכִי גָּרְסִינַן. דִּלְמָא דַּחֲזֵינֵיהּ בְּפִישְׁפָּשׁ. וְדִלְמָא בְּכה"ג מְהֵימַן — דְּחָזֵינַן בְּפִישְׁפָּשׁ דִּבְשְׁעַת אֲמִירָה הָיָה מַזֶּה. פִּישְׁפָּשׁ = פֶּתַח קָטָן שֶׁהָיָה בְּבֵית הַחֲלִיפוֹת, פָּתוּחַ לַהֵיכָל. וּשְׁנַיִם הָיוּ, אֶחָד בַּצָּפוֹן וְאֶחָד בַּדָּרוֹם, כִּדְתַנְיָא בִּזְבָחִים בְּ"אֵיזֶהוּ מְקוֹמָן" (דף נה:): שְׁנֵי פִישְׁפָּשִׁין הָיוּ בְּבֵית הַחֲלִיפוֹת, אֶחָד בַּצָּפוֹן וְאֶחָד בַּדָּרוֹם, כְּדֵי לְהַכְשִׁיר אֶת כָּל הָעֲזָרָה לִשְׁחִיטַת קָדָשִׁים קַלִּים, שֶׁנִּהְיָה קוֹרִין בְּכָל הָרוּחוֹת "וּשְׁחָטוֹ פֶּתַח אֹהֶל מוֹעֵד" (ויקרא א). וְגַם לוּל קָטָן הָיָה פָּתוּחַ לְבֵית הַכַּפּוֹרֶת. וְהַאי דְּמַקְשֵׁי הָכָא: דִּלְמָא דַּחֲזֵינֵיהּ בְּפִישְׁפָּשׁ — אַהֲזָאוֹת דְּעַל הַפָּרוֹכֶת בַּהֵיכָל קָאֵי. וְגַבֵּי עֲבוֹדוֹת דְּלִפְנַי וְלִפְנִים נַמִי אִיכָּא לְאַקְשׁוּיֵי דַּחֲזֵינֵיהּ דֶּרֶךְ לוּל. וְאֵין אַתָּה נֶאֱמָן כו'. הוֹאִיל וְאֵין בְּיָדְךָ. וְלַעֲבַר עֲלַיְיהוּ קוּלְמוּס. לִשְׁמָן, כְּתָב עַל גַּבֵּי כְּתָב וּלְקַדְּשֵׁיהּ. וְלֹא הִטִּיל בּוֹ דָּלֶת. וְנִמְצָא שֵׁם כָּתוּב כְּדַרְכּוֹ, אֲבָל שֶׁלֹּא לִשְׁמוֹ הוּא. מַעֲבִיר עָלָיו קוּלְמוּס. לִשְׁמוֹ. כּוּלֵּיהּ ס"ת. כָּל אַזְכָּרוֹת שֶׁבּוֹ. גְּוִילִים. קְלָפִים.

וּמַאי

תוספות

אמר אביי כל שבידו נאמן. הקשה ר"ת: דהכא אפי' לרבא לא מהימן אלא משום שהיה בידו תחילה, ובפ' "האומר" (קידושין דף סו.) פליגי אביי ורבא באשתו זינתה בעד אחד, והלה שותק. ומשמע התם דתרווייהו מודו בא"ל עד אחד "נטמאו טהרותיך" והלה שותק – נאמן. וכן א"ל עד אחד "אכלת חלב", ואע"ג דאין בידו! ואומר ר"ת: דהכא במכחישו, או אומר איני יודע. אבל התם דשותק – הוי כהודאה. וכן משמע ב"האשה רבה" (יבמות דף פז:) דבעי למיפשט מיניה דעד אחד נאמן באיסורין, ודחי: דלמא שאני הכא משום דאשתיק, ושתיקה כהודאה דמיא. וגבי אשתו זינתה – פליגי נמי בשותק, ומהני לאביי בעד אחד כשר דלאו גזלנא, אף ע"ג דאין דבר שבערוה פחות משנים, או בקינוי וסתירה בעד אחד – הכא דשותק שאני. אי נמי: מדרבנן. ורבא אפי' שותק לא אסר אלא אם כן מהימן עליה כבי תרי. ומתוך כך אומר ר"ת: דאדם המטהר יין לחברו, אי אשכחיה ואמר ליה בזימנא קמייתא – מהימן, כרבא, ואפילו מכחישו, כיון דהיה בידו. אבל אחר לא מהימן אי מכחישו, או אומר איני יודע, ואי שתיק – מהימן. וכן פסק רבינו משולם בן רבינו קלונימוס. ואי מהימן עליה כבי תרי – אסור, כדאשכחן בהוא סמיא (קידושין דף סו.) לרבא. ואפי' היכא דלא מהימן – מכל מקום לדידיה אסור, דשויא אנפשיה חתיכה דאיסורא. ונראה דאם שותק מחמת שאינו יודע – דלא הויא שתיקה כהודאה, וכל הסוגיא דקידושין יש לפרש באומר לו "נטמאו טהרותיך בפניך", או "ידעת". תדע דקתני דומיא ד"אכלת חלב", והתם דוקא הויא שתיקה כהודאה. **דכי** אמר פיגול מהימן. ותימה: הא רבי יוסי גופיה בזבחים פרק "בית שמאי" (דף מד:) אית ליה דאין פיגול בדבר הנעשה בפנים, דיליף משלמים! וי"ל: נהי דפיגול לא הוי – פסול מיהא הוי. ופיגול דהכא לאו דוקא, כדאשכחן בסוף פ"ק דזבחים (דף יד.) לרבי [שמעון] דאמר: כל שאינו על מזבח החיצון כשלמים – אין חייבין עליו משום פיגול, ואמר רבי יוסי בר' חנינא: מודה רבי [שמעון] דפסול מקל וחומר. א)ואין לתמוה מנא ליה דמהימן – דפשיטא דבכל הקרבנות שייך פיגול בכל ד' עבודות.

ועל

א) [ועי' תוספת זבחים יד. ד"ה מודה ותוס' מנחות יד. ד"ה פיגול]

תוספות רי"ד

ת"ר היה עושה עמו בטהרות ואומר לו טהרות שעשיתי עמך נטמאו היה עושה עמו בזבחים ואומר לו זבחים שעשיתי עמך נתפגלו נאמן אמר לו טהרות שעשיתי עמך ביום פלוני נטמאו וזבחים שעשיתי עמך ביום פלוני נתפגלו אינו נאמן מ"ש רישא ומ"ש סיפא אמר אביי כל שבידו נאמן פי' מדלא קאמר כל שהן בידו אלא כל שבידו ש"מ ה"ק כל שבידו לטמאות ולהתפגל שאע"פ א) שהן תחת רשותו אם יש בידו לפסול נאמן ואם לאו אינו נאמן שכשאמר לו טהרות שעשיתי עמך נטמאו אם יכול לטמאן מכאן ולהבא נאמן ואם לאו אינו נאמן ואע"פ שהם ברשותו כגון שלא היו קרובים לו וזה רוצה ללכת עמו וללוקחם כיון שאינו יכול לטמאן עכשיו אם אמר לו נטמאו אינו נאמן וזהו ביום פלוני שגמר מלאכתו ואינו עסוק בהן ואע"פ שעדיין לא החזירן לו: ורבא אמר כגון דאשכחיה (והוא שלא יצאו מתחת ידו) ולא א"ל ולא מידי ולבתר הכי אשכחיה וא"ל. פי' רבא פליג עליה דאע"ג דאין בידו לטמאן נאמן הוא אם א"ל בזמנא קמא דאשכחיה והוא שלא יצאו מתחת ידו דומיא דס"ת דר' אמי ור' אבהו לקמן נאמן. וסיפא כגון דאשכחיה ולא א"ל ולבתר הכי אשכחיה וא"ל. וזבחים ב) נמי כל זמן שבידו לפגלם דהיינו בין שחיטה לזריקה אם אמר כי נתפגלו בשחיטה או בקבלה או בהולכה נאמן שהרי עדיין יכול לפגל בזריקה אבל אם גמר כל העבודות שכבר זרק ואומר נתפגלו אינו נאמן ואע"פ שעדיין הוא עסוק בקרבן להפשיט ולנתח ולהקטיר והאי דקאמר ביום פלוני לאו דוקא דמה לי ביום פלוני ומה לי בשעה פלונית. ורבא פליג עליה ואמר אע"ג דאין בידו לפגל אי אמר ליה בזמנא קמא דאשכחיה נאמן אבל מיהו בעינן שיהא הקרבן עדין ברשותו שלא גמר כל עבודותיו להקטיר איבריו או אימוריו וה"ה דפליגי גם בס"ת שאם לא גמר כל הספר אז נאמן לומר אליבא דאביי לא כתבתי האזכרות לשמן לא עבדתי הגוילין לשמן שעדיין יכול לפוסלו במה שיש לו כתוב אבל אם גמר הספר שהרי אינו יכול לפוסלו אינו נאמן ולרבא נאמן כל זמן שהוא תחת ידו כר' אמי ור' אבהו והוא דא"ל בזמנא קמא דאשכחיה ההוא דאתא לקמיה דר' אמי א"ל ס"ת שכתבתי לפלוני אזכרות שבו לא כתבתים לשמן א"ל ספר תורה ביד מי א"ל ביד לוקח א"ל נאמן אתה להפסיד שכרך ואי אתה נאמן לפסול ס"ת פי' אבל אם היה הספר בידו היה נאמן כדרבא: ההוא דאתא לקמיה דר' אבהו א"ל ס"ת שכתבתי לפלוני גוילין שבו לא עבדתים לשמן א"ל ס"ת ביד מי א"ל ס"ת ביד לוקח א"ל מתוך שאתה נאמן להפסיד שכרך נאמן אתה להפסיד ס"ת ומ"ש מדר'

א) נראה דצ"ל שאע"פ שהן תחת ידו מ"מ דוקא אם יש בידו וכו'. ב) ר"ל ובזבחים נמי יש חילוק בין אביי לרבא דלאביי כל זמן שבידו וכו'.

גליון הש"ס

גמ' כה"ג ביוה"כ יוכיח. עי' זבחים דף מד ע"ב תד"ה בדבר הנעשה. ודלמא דחזיוניה. עי' זבחים דף נה ע"ב תד"ה פשפשים: **שם** לא כתבתים לשמן. עיין מנחות דף מב ע"ב תד"ה ולא ימול: **תוד"ה** ואין לתמוה וכו' י"ל כאומר. עי' סוטה דף ג ע"ב תוד"ה ת"ל:

מסורת הש"ס

(ערלה פ"ג מ"ח)
ערלה פ"א מ"ו
לעיל נג. נדרים לו. מנחות מט.
[תוספתא פרק שני דתרומות ע"ש]
[עי' תוס' ב"ב נג. סד"ה ה"ג לסוף]
[נ"ל דתניא]
[מסכת סופרים פ"ה לעיל כ. שבת קד:]

ומאי שנא מדרבי אמי? התם איכא למימר טעי בדר' ירמיה, הכא כיון דקא מפסיד כוליה אגריה ואתא ואמר, אימור קושטא קאמר.§ **מתני'** *[א]העיד רבי יוחנן בן גודגדא: על החרשת שהשיאה אביה – שהיא יוצאה בגט; [ב]ועל קטנה בת ישראל שנשאת לכהן – שאוכלת בתרומה, [ג]ואם מתה – בעלה יורשה; *[ד]ועל המריש הגזול שבנאו בבירה – שיטול את דמיו, מפני תקנת השבים; [ה]ועל חטאת הגזולה שלא נודעה לרבים – שהיא מכפרת, מפני תיקון המזבח.§ **גמ'** *אמר רבא: מעדותו של רבי יוחנן בן גודגדא, [ו]אמר לעדים *"ראו גט זה שאני נותן לה", וחזר ואמר לה "כנסי שטר חוב זה" – הרי זו מגורשת. מי לא אמר ר' יוחנן בן גודגדא לא בעינן דעתה – ה"נ לא בעינן דעתה. פשיטא! מהו דתימא, כיון דאמר "כנסי שטר חוב זה" בטולי בטליה, קמ"ל, אם איתא דבטליה – לעדים הוה אמר להו, והאי דקאמר הכי – משום כיסופא.§ "ועל קטנה בת ישראל".§ [ז]ואילו *חרשת לא אכלה. מ"ט? גזירה שמא יאכיל חרש בחרשת. וליכול, *קטן אוכל נבלות הוא! גזירה שמא יאכיל חרש בפיקחת. ולאכול בתרומה דרבנן! [ח]גזירה שמא אתי לאכולי בתרומה דאורייתא.§ "ועל המריש הגזול שבנאו".§ תנו רבנן: גזל מריש ובנאו בבירה, ב"ש אומרים: מקעקע כל הבירה כולה ומחזיר מריש לבעליו, וב"ה אומרים: אין לו אלא דמי מריש בלבד, משום תקנת השבין.§ "ועל חטאת הגזולה" כו'.§ אמר עולא: דבר תורה בין נודעה ובין לא נודעה – אינה מכפרת, מ"ט? [ט]יאוש כדי לא קני, ומה טעם אמרו לא נודעה מכפרת? שלא יהו כהנים עצבין. אמרי ליה רבנן לעולא: והאנן "מפני תיקון המזבח" תנן! אמר להם: כיון דכהנים עצבין, נמצא מזבח בטל. ורב יהודה אמר: [י]דבר תורה בין נודעה בין לא נודעה – מכפרת, מאי טעמא? יאוש כדי קני,

ומה

רש"י

ומאי שנא מדרבי אמי. דאמר ליה: אין אתה נאמן להפסיד ספר תורה. התם איכא למימר. דמשקר ונתכוון להקניט, וסבור שלא יפסיד אלא שכר אזכרות כר' ירמיה. אבל הכא גבי קלפים, דיודע הוא שיפסיד כל שכרו, ואתי ואמר – אימר קושטא קאמר. מתני' שהשיאה אביה. רבותא נקט, דאע"ג דקביל אביה קידושין דידה כשהיא קטנה, והויא לה אשת איש גמורה – אפי' הכי יוצאה בגט ומקבלת את גיטה, ואע"ג דלית בה דעתא. דאשה כי נפקא – בע"כ נפקא, ואין מתרצה בגירושין ואפ"ה נפקא, הלכך לא בעינן דעתה. ועל קטנה בת ישראל שנשאת לכהן. והיא יתומה, דלא הוו נישואין אלא מדרבנן. שאוכלת בתרומה. דרבנן, בהני נישואין, ולא גזרינן מידי. מריש. קורה. בירה. בית גדול. מפני תקנת השבים. שאם אתה מצריכו לקעקע בירתו ולהחזיר מריש עצמו – ימנע מלעשות תשובה. שלא נודעה לרבים. שהיא גזולה. שהיא מכפרת. ואין צריך להביא אחרת. מפני תקנת המזבח. בגמרא מפרש. ומשום הנך תרתי בתרייתא, דמשום תקנה נינהו, תנא ליה הכא. גמ' מעדותו של ר' יוחנן בן גודגדא. אנו למדין. אמר לעדים. שלא בפניה: "ראו גט זה" כו', וחזר ואמר לה: "כנסי שטר חוב זה", ולא הודיעה שהוא גט. לא בעינן דעתה. דאשה, דהא חרשת לית לה דעתא. ואילו חרשת. שלא השיאה אביה, והיא נישאת מעצמה לכהן משגדלה. לא אכלה. בתרומה, מדשני תנא במילתיה, דאיירי בחרשת ושבקה ונקט קטנה – שמע מינה חרשת גדולה, דנשואיה דרבנן דכוותה נינהו – לא אכלה ע"י קידושין דידה. מ"ט. הא נישואי חרש וחרשת נמי רבנן תקינו, ביבמות ב"חרש שנשא" (קיב:). שמא יאכיל. כהן חרש בחרשת. אי שרית להאכיל פקח בחרשת – אתא לאכולי חרש בחרשת. ופריך: וליכול! קטן אוכל נבלות הוא. הך חרשת, כיון דלית בה דעתא – הרי היא כקטן האוכל נבילות, ואיכא למ"ד ביבמות (קיד.) דאין ב"ד מצווין עליו להפרישו. ואפילו בתרומה דאורייתא תיכול! גזירה שמא יאכיל חרש. כהן, שאין קנייתו קנין. בפקחת. שמוזהרת על האיסור. הלכך גזור פקח בחרשת משום חרש בפקחת. אבל גדול בקטנה ליכא למיגזר משום קטן בגדולה, דקטן לית ליה נישואין אפילו מדרבנן, כדאמר ביבמות (דף קיב:): שוטה וקטן שנשאו נשים – נשותיהן פטורות מן החליצה ומן היבום. וליכול. חרש בפקחת בתרומה דרבנן, דאתו נשואין דרבנן ומהני לתרומה דרבנן. יאוש כדי. יאוש לבדו בלא שינוי רשות אחר היאוש. לא קני. לענין הקרבה, ואפי' שמעינן שנתייאשו הבעלים – לא קרינן ביה "קרבנו". שלא יהו כהנים עצבים. שאכלו חולין שנשחטו בעזרה, שאסורין. נמצא מזבח בטל. שנמנעין מלעבוד עבודה. ואי קשיא: היאך התנו ב"ד לעקור דבר מן התורה ולפטור את זה מחטאת שהוא חייב? הא אמרינן ביבמות (א) (דף צ:): שב ואל תעשה שאני, דלאו מיעקר הוא. בין נודעה בין לא נודעה מכפרת. אם נתייאשו הבעלים.

ומה

תוספות

ועל הקטנה בת ישראל כו'. בתרומה דרבנן איירי, למ"ד אין כח ביד חכמים לעקור דבר מן התורה, כדאמרינן בריש "האשה רבה" (יבמות צ.) דמפרש: ואוכלת בגינו תרומה – בתרומה דרבנן. וא"ת: ולוקמה אפילו בתרומה דאורייתא, דקטן אוכל נבלות הוא! וי"ל: דקטן אוכל נבלות בעיא היא בפרק "חרש" (שם קיד.), ולא איפשיטא אי ב"ד מצווין להפרישו או לאו. ועוד: ד"אוכלת בגינו" משמע דאפי' מאכילה בידים. ועוד: משמע דאפי' לכי גדלה אוכלת מכח זה, אע"פ שעדיין לא בעל. והכא לא גזרינן תרומה דרבנן אטו דאורייתא, כדגזרינן בסמוך גבי חרש בפקחת, דאפי' תאכל תרומה דאורייתא – הא קטנה היא (ג). **מאי טעמא יאוש כדי** לא קני. הכא סבר עולא דיאוש לא קני. וב"מרובה" (ב"ק סו.) נמי אמר עולא: מנין ליאוש שאינו קונה כו'. והקשה ר"ת: דב"הגוזל בתרא" (שם קיד.) גבי פלוגתא דר"ש ורבנן דגנב וגזלן, אמר עולא: מחלוקת בסתם, אבל בידוע – דברי הכל יאוש קונה. ואומר ר"ת: דבכל מקום יאוש קונה לעולא, רק לענין קרבן שיהא כשר להקרבה קאמר הכא וב"מרובה" דלא קני, משום דמצוה הבאה בעבירה היא. ותדע, דבסמוך פריך לעולא מ"גנב והקדיש ואח"כ מכר וטבח" כו', ולא פריך מגופה: אמאי פטור מד' וה', והא לאו דהקדש קטבח אי יאוש לא קני! אלא ודאי יאוש לכל מילי קני, רק לענין הקרבה. ולהכי פריך מדתניא עלה דבחוץ חייב כרת – אלמא ראוי לפתח אהל מועד הוא, ואפי' לענין הקרבה קני יאוש. וקשה לרבינו יצחק: בסמוך, דמסיק רבא דוולדות אינן שלו רק משעת הקדש, ואליבא דעולא קאמר, כדמוכח הסוגיא. ואי לעולא יאוש קני – הא על כרחך משעת יאוש, דהיינו משעת גניבה, גיזותיה וולדותיה דידיה הוו! ועוד קשה: דמשמע דאי יאוש קני – אתי שפיר, והא ב"מרובה" (ב"ק סח:) פריך אפכא ר' יוחנן לריש לקיש, דאמר: חיוביה לפני יאוש אבל לאחר יאוש שלו הוא טובח ושלו הוא מוכר, מגנב והקדיש ואחר כך טבח ומכר כו', אימת? אילימא לפני יאוש – מי קדוש, אלא פשיטא לאחר יאוש. ואי יאוש קני – מאי איריא הקדיש? כי לא הקדיש נמי פטור מד' וה', דשלו הוא טובח ושלו הוא מוכר! וליכא לשנויי כדמשני התם לר"ל: כגון שהקדישוהו בעלים בבית גנב – דא"כ מאי קפריך לעולא "כרת מאי עבידתיה" – הא מתחייב כרת שפיר, דהא ראוי לפתח אהל מועד כיון שהקדישו בעלים! ונראה לרבינו יצחק: דבכל מקום לעולא יאוש לא קני, והאי ד"הגוזל בתרא" (שם דף קיד.) הוי יאוש ושינוי השם, דמעיקרא מקלא והשתא (א) אברזא, כדאמר ב"מרובה" (שם דף סו: ושם). ואע"ג דגבי קרבן נמי הוי יאוש ושינוי השם, כדאמרינן נמי התם (דף סז.): מעיקרא חולין והשתא הקדש – מ"מ, כיון דאינו קנוי אלא מחמת שהקדיש, ולא היה קנוי לו קודם – פסליה רחמנא להקרבה משום מצוה הבאה בעבירה. ומיהו, אם היה קנוי לו קודם ההקדש – לא הוה חשיב מצוה הבאה בעבירה, כדמוכח בסוכה (דף ל.), דאמר להו רב הונא להנהו אוונכרי: כי זבניתו אסא מן הגוים – ליגזוז אינהו כו'. ופריך: וליקננהו בשינוי השם. משמע דאי קנו ליה – תו לא הוה מצוה הבאה בעבירה. ודוחק לומר דסבר כר' יצחק בר נחמני דלא חייש למצוה הבאה בעבירה. ועוד: אמרינן התם: האי כשורה דמטללתא עבדו בה רבנן תקנתא מפני השבים. ובסוכה לא בעינן "משלכם", ולא מיפסלא אלא משום מצוה הבאה בעבירה, וכי קנייה בתקנתא דרבנן – לא חשיב מצוה הבאה בעבירה, כל שכן אי קנו קנין גמור. והא דאמר בריש "הגוזל קמא" (ב"ק צד.): הרי שגזל סאה של חטין, טחנה, לשה ואפאה, והרים ממנה חלה, כיצד יברך? אין זה מברך אלא מנאץ. ואע"ג דקנה קודם לכן, דשנוי קונה – לענין ברכה ראוי להחמיר יותר, וחשיב מצוה הבאה בעבירה, אע"ג דכבר קנה, אין להזכיר שם שמים עליו. והשתא בשמעתין, אי לאו סיפא דתני עלה – אתי שפיר לעולא הא דפטור מד' וה', דהוי יאוש ושינוי השם דליכא למיפרך נמי: אי יאוש קני – כי לא הקדיש נמי דלרב יהודה נמי. יאוש גרידא לא קני אלא יאוש ושינוי השם, ולא חייש לטעם דמצוה הבאה בעבירה.

שלא

גליון הש"ס

הגהות הב"ח

תוספות רי"ד

פ א מיי' פ"ה מהלכות איסורי מזבח הל' ז סמג לאוין שיח שיט:

פא ב מיי' פ"ב מהל' גניבה הל' ו סמג עשין עא:

פב ג ד ה מיי' פי"ח מהל' מעשה הקרבנות הלכה יד:

פג ו מיי' פכ"ב מהל' איסות הל' יז ופ"ל מהל' מכירה הל' ג סמג עשין מח טוש"ע אה"ע סי' ל סעיף יז וסימן ק סעיף ג:

פד ז ח מיי' פ"י מהל' גזילה הלכה ג סמג עשין עג טוש"ע ח"מ סימן רלו סעיף א:

שלא יאמרו מזבח אוכל גזילות. וא"ת: וכי יש כח ביד חכמים לעקור דבר מן התורה בקום עשה? דמן התורה אין לריך להביא קרבן אחר! וי"ל: דדווקא נודעה קודם זריקה אינה מכפרת, אבל לאחר זריקה, שכבר נתכפר – לא הלריכוהו להביא אחרת. **כי** היכי דליחייב עלה. פירש בקונטרס: דקנסוהו רבנן. וקשה: דמי לא עסקינן דאפילו שחטה אחר בחוץ, דחייב! אלא כיון דלא נודעה לרבים – אוקמוה ברשותיה, שלא יהו כהנים עלבים, וממילא מחייב השוחט בחוץ.

לגיזותיה וולדותיה. וא"ת: אפי' קודם הקדש הן שלו, דהא תנן (ב"ק דף לג:): גזל פרה מעוברת וילדה, ורחל טעונה וגזזה – משלם דמי פרה העומדת לילד, ודמי רחל העומדת ליגזז. ואם נתעברה אללו – משלם כשעת הגזלה! וי"ל: דנפקא מינה לר"מ, דאמר התם בגמרא: משלם אותה ואת גיזותיה ואת ולדותיה – משום דקנסו גזלן. ואע"ג דשינוי קונה – הכא מ"מ בשעת הקדש אוקמוה ברשותיה, ולא קנסו. ולרבי יהודה דאמר גזילה חוזרת בעיניה, לרב זביד דאמר אליביה שבח שעל גבי הגזילה דנגזל הוי, הכא דאוקמוה ברשותיה – דגזלן הוי. אבל לרב פפא, דאמר אליביה דהוי דגזלן – לא נפקא מינה מידי. ולרבי שמעון דאמר התם למחצה ולשליש ולרביע – הכא הוי הכל שלו. אבל לרב זביד דאמר לר"ש כוליה דגזלן – לא נפקא מינה מידי הכא במאי דאוקמוה ברשותיה.

ביהודה בהרוגי המלחמה. בירושלמי: בראשונה גזרו גזרה על יהודה, לפי שמסורת בידם מאבותם שיהודה הרג עשו, דכתיב (בראשית מט) "ידך בעורף אויביך", ותניא נמי בספרי: "ידיו רב לו" – בשעה שהרג את עשו. ובסוף פ"ק דסוטה (דף יג.) דאמר: חושים בן דן שקל קולפא ומחייה ארישיה דעשו ונתרו עיניה ונפלו אכרעיה דיעקב – שמא לא מת באותה הכאה, עד שעמד עליו יהודה והרגו.

אשרי אדם מפחד תמיד. בפ' "הרואה" (ברכות ס.) אמרינן: חזייה לההוא גברא דהוה מפחד, א"ל: חטאה את, דכתיב "פחדו בציון חטאים". ופריך מקרא דהכא, ומוקי לה בדברי תורה, שדואג שלא ישכח תלמודו, וחוזר על משנתו תמיד. והכא נמי מייתי ליה אהני עובדי שבטחו על רוב טובתם ושלוותם לבייש את בר קמצא, ולעמוד על בת קיסר, והיה להם לפחד ולדאג מן הפורענות. ולא דמי לאדם המתפחד בחנם.

עגלא

תורה אור

וּמַה טַּעַם אָמְרוּ נוֹדְעָה אֵינָהּ מְכַפֶּרֶת? שֶׁלֹּא יֹאמְרוּ מִזְבֵּחַ אוֹכֵל גְּזֵילוֹת. בִּשְׁלָמָא לְעוּלָּא הַיְינוּ דְּקָתָנֵי חַטָּאת, אֶלָּא לְרַב יְהוּדָה, מַאי אִירְיָא חַטָּאת? אֲפִי' עוֹלָה נַמִי! לָא מִיבָּעֲיָא קָאָמַר, לָא מִיבָּעֲיָא עוֹלָה דְּכָלִיל הִיא, אֶלָּא [א]אֲפִי' חַטָּאת נַמִי, דְּחֵלֶב וָדָם הוּא דְּסָלֵיק לְגַבֵּי מִזְבֵּחַ וְאִידָּךְ כֹּהֲנִים אָכְלִי לֵיהּ, אֲפִי' הָכִי גְּזוּר, שֶׁלֹּא יֹאמְרוּ מִזְבֵּחַ אוֹכֵל גְּזֵילוֹת. תְּנַן: עַל חַטָּאת הַגְּזוּלָה שֶׁלֹּא נוֹדְעָה לָרַבִּים שֶׁהִיא מְכַפֶּרֶת מִפְּנֵי תִּיקּוּן הַמִּזְבֵּחַ; בִּשְׁלָמָא לְעוּלָּא נִיחָא, אֶלָּא לְרַב יְהוּדָה אִיפְּכָא מִיבָּעֵי לֵיהּ! הָכִי נַמִי קָאָמַר: לֹא נוֹדְעָה – מְכַפֶּרֶת, נוֹדְעָה – אֵינָהּ מְכַפֶּרֶת, מִפְּנֵי תִּיקּוּן הַמִּזְבֵּחַ. מְתִיב רָבָא: *[ב]גָּנַב וְהִקְדִּישׁ וְאַחַר כָּךְ טָבַח וּמָכַר – מְשַׁלֵּם תַּשְׁלוּמֵי כֵפֶל, וְאֵינוֹ מְשַׁלֵּם תַּשְׁלוּמֵי אַרְבָּעָה וַחֲמִשָּׁה, וְתָנֵי עֲלָהּ: [ג]בַּחוּץ כִּי הַאי גַּוְונָא עָנוּשׁ כָּרֵת; וְאִי אָמְרַתְּ יֵאוּשׁ כְּדֵי לָא קָנֵי, כָּרֵת מַאי עֲבִידְתֵּיהּ? אָמַר רַב שֵׁיזְבִי: כָּרֵת מִדִּבְרֵיהֶם. אַחִיכוּ עֲלֵיהּ: כָּרֵת מִדִּבְרֵיהֶם מִי אִיכָּא? אֲמַר לְהוּ רָבָא: *גַּבְרָא רַבָּה אֲמַר מִילְּתָא לָא תְּחוּכוּ עֲלָהּ, כָּרֵת שֶׁעַל יְדֵי דִּבְרֵיהֶן בָּאתָה לוֹ, [ד]אוֹקְמוּהָ רַבָּנַן בִּרְשׁוּתֵיהּ כִּי הֵיכִי דְּלִיחַיֵּיב עֲלָהּ. אֲמַר רָבָא: הָא וַדַּאי קָא מִיבָּעֲיָא לִי: כִּי אוֹקְמוּהָ רַבָּנַן בִּרְשׁוּתֵיהּ, מִשְּׁעַת גְּנֵיבָה אוֹ מִשְּׁעַת הֶקְדֵּישָׁהּ? לְמַאי נָפְקָא מִינַּהּ – לְגִיזּוֹתֶיהָ וּוְלָדוֹתֶיהָ. מַאי? הֲדַר אֲמַר רָבָא: מִסְתַּבְּרָא, [ה]מִשְּׁעַת הֶקְדֵּישָׁהּ, *שֶׁלֹּא יְהֵא חוֹטֵא נִשְׂכָּר.§ **מתני'** [א]לֹא הָיָה סִיקָרִיקוֹן בִּיהוּדָה בַּהֲרוּגֵי מִלְחָמָה, מֵהֲרוּגֵי הַמִּלְחָמָה וְאֵילָךְ יֵשׁ בָּהּ סִיקָרִיקוֹן. כֵּיצַד? *לָקַח מִסִּיקָרִיקוֹן וְחָזַר וְלָקַח מִבַּעַל הַבַּיִת – מִקָּחוֹ בָּטֵל, מִבַּעַל הַבַּיִת וְחָזַר וְלָקַח מִסִּיקָרִיקוֹן – מִקָּחוֹ קַיָּים. *[ו]לָקַח מִן הָאִישׁ וְחָזַר וְלָקַח מִן הָאִשָּׁה – מִקָּחוֹ בָּטֵל, מִן הָאִשָּׁה וְחָזַר וְלָקַח מִן הָאִישׁ – מִקָּחוֹ קַיָּים. זוֹ מִשְׁנָה רִאשׁוֹנָה. ב"ד שֶׁל אַחֲרֵיהֶם אָמְרוּ: [ז]הַלּוֹקֵחַ מִסִּיקָרִיקוֹן נוֹתֵן לַבְּעָלִים רְבִיעַ; אֵימָתַי? בִּזְמַן שֶׁאֵין בְּיָדָן לִיקַּח, אֲבָל יֵשׁ בְּיָדָן לִיקַּח – הֵן קוֹדְמִין לְכָל אָדָם. רַבִּי הוֹשִׁיב בֵּית דִּין וְנִמְנוּ, [ח]שֶׁאִם שָׁהֲתָה בִּפְנֵי סִיקָרִיקוֹן שְׁנֵים עָשָׂר חֹדֶשׁ – כָּל הַקּוֹדֵם לִיקַּח זָכָה, אֲבָל נוֹתֵן לַבְּעָלִים רְבִיעַ.§ **גמ'** הַשְׁתָּא בַּהֲרוּגֵי הַמִּלְחָמָה לֹא הָיָה בָּהּ סִיקָרִיקוֹן, מֵהֲרוּגֵי מִלְחָמָה וְאֵילָךְ יֵשׁ בָּהּ סִיקָרִיקוֹן? אָמַר רַב יְהוּדָה: לֹא דָּנוּ בָּהּ דִּין סִיקָרִיקוֹן קָאָמַר; דְּאָמַר רַבִּי אַסִּי, ג' גְּזֵירוֹת גָּזְרוּ: גְּזֵרְתָא קַמַּיְיתָא – כָּל דְּלָא קָטֵיל לִיקְטְלוּהוּ, מְצִיעֲתָא – כָּל דְּקָטֵיל לַיְיתֵי אַרְבַּע זוּזֵי, בַּתְרַיְיתָא – כָּל דְּקָטֵיל לִיקְטְלוּהוּ; הִלְכָּךְ, קַמַּיְיתָא וּמְצִיעֲתָא, כֵּיוָן דְּקָטְלֵי – אַגַּב אוּנְסֵיהּ גָּמַר וּמַקְנֵי, בַּתְרַיְיתָא, אָמְרִי: הָאִידָּנָא לִישְׁקוֹל, לְמָחָר תִּבְעֲנָא לֵיהּ בְּדִינָא.§ אָמַר רַבִּי יוֹחָנָן, מַאי דִּכְתִיב: °"אַשְׁרֵי אָדָם מְפַחֵד תָּמִיד וּמַקְשֶׁה לִבּוֹ יִפּוֹל בְּרָעָה"? [ט]אַקַּמְצָא וּבַר קַמְצָא חֲרוּב יְרוּשָׁלַיִם, אַתַּרְנְגוֹלָא וְתַרְנְגוֹלְתָא חֲרוּב טוּר מַלְכָּא, אַשָּׁקָא *דְּרִיסְפַּק חֲרוּב בֵּיתָר. אַקַּמְצָא וּבַר קַמְצָא חֲרוּב יְרוּשָׁלַיִם; דְּהַהוּא גַּבְרָא, דְּרַחֲמֵיהּ קַמְצָא וּבַעַל דְּבָבֵיהּ בַּר קַמְצָא, עֲבַד סְעוּדְתָא, אֲמַר לֵיהּ לְשַׁמָּעֵיהּ: זִיל אַיְיתִי לִי קַמְצָא, אֲזַל אַיְיתִי לֵיהּ בַּר קַמְצָא. אֲתָא אַשְׁכְּחֵיהּ דַּהֲוָה יָתֵיב, אֲמַר לֵיהּ: מִכְּדִי הַהוּא גַּבְרָא בַּעַל דְּבָבָא דְּהַהוּא גַּבְרָא הוּא מַאי בָּעֵית הָכָא? קוּם פּוּק! אֲמַר לֵיהּ: הוֹאִיל וַאֲתַאי שַׁבְקַן, וְיָהֵיבְנָא לָךְ דְּמֵי מַה דְּאָכֵילְנָא וְשָׁתֵינָא.

אֲמַר

משלי כח

[גי' במגדל דריספק]

וּמַה טַּעַם אָמְרוּ נוֹדְעָה אֵינָהּ מְכַפֶּרֶת. דְּקָתָנֵי מַתְנִיתִין שֶׁלֹּא נוֹדְעָה מְכַפֶּרֶת, הָא נוֹדְעָה – אֵינָהּ מְכַפֶּרֶת, כְּלוֹמַר: אֵינָהּ קְרֵיבָה. הַיְינוּ דְּקָתָנֵי חַטָּאת. דְּחַטָּאת אֲכִילַת כֹּהֲנִים. דְּכָלִיל הִיא. וְאָמְרִי: מִזְבֵּחַ אוֹכֵל גְּזֵילוֹת. אִיפְּכָא מִיבְּעֵי לֵיהּ. "וְעַל חַטָּאת הַגְּזוּלָה שֶׁנּוֹדְעָה לָרַבִּים שֶׁאֵינָהּ מְכַפֶּרֶת מִפְּנֵי תַּקָּנַת הַמִּזְבֵּחַ". מְשַׁלֵּם תַּשְׁלוּמֵי כֵפֶל. דִּכְשֶׁגְּנָבָהּ חוּלִּין הֲוַאי. וְאֵינוֹ מְשַׁלֵּם תַּשְׁלוּמֵי אַרְבָּעָה וַחֲמִשָּׁה. דְּכִי טָבַח וּמָכַר – הֶקְדֵּשׁ הֲוַאי, וְאֵין תַּשְׁלוּמֵי כֵפֶל וְתַשְׁלוּמֵי אַרְבָּעָה וַחֲמִשָּׁה נוֹהֲגִין בְּהֶקְדֵּשׁ, כְּדְיָלְפִינַן בְּ"הַזָּהָב" (ב"מ דף נז:). בַּחוּץ. אִי שָׁחַט בַּחוּץ – עָנוּשׁ כָּרֵת. כָּרֵת מַאי עֲבִידְתֵּיהּ. דְּבִשְׁלָמָא לְעִנְיַן תַּשְׁלוּמֵי אַרְבָּעָה וַחֲמִשָּׁה לָא קַשְׁיָא לָן, דְּאִיכָּא לְמֵימַר: דְּכִי אָמַר יֵאוּשׁ כְּדֵי לָא קָנֵי – לְעִנְיַן הַקְרָבָה קָאָמַר, וְלָא לְעִנְיַן הֶקְדֵּשׁ קָאָמַר. אֶלָּא כָּרֵת, אִי מִדְּאוֹרַיְיתָא לָא חַזְיָא לְהַקְרָבָה – הָא קַיְימָא לָן (זבחים דף קיב.): הָרָאוּי לְפֶתַח אֹהֶל מוֹעֵד – חַיָּיבִין עָלָיו בַּחוּץ, מִידֵּי אַחֲרִינָא – לָא. כָּרֵת שֶׁע"י דִּבְרֵיהֶם בָּאת לוֹ. כָּרֵת דְּאוֹרַיְיתָא, כִּדְמְפָרֵשׁ וְאָזֵיל. אוֹקְמוּהָ רַבָּנַן. בִּרְשׁוּת גַּנָּב אִם הִקְדִּישָׁהּ, שֶׁיָּחוּל עָלֶיהָ הֶקְדֵּשׁ גָּמוּר, וְשֶׁיִּתְחַיֵּיב כָּרֵת אִם יִשְׁחָטֶנָּה בַּחוּץ, כִּי הֵיכִי דְּאוֹקְמוּהָ בִּרְשׁוּתֵיהּ לְעִנְיַן כַּפָּרָה. וּקְנָס הִיא דִּקְנָסוּהוּ, וְהֶפְקֵר ב"ד הֶפְקֵר הוּא, וְקָדְשָׁה. לְגִיזּוֹתֶיהָ וּוְלָדוֹתֶיהָ. דִּלְפְנֵי הֶקְדֵּשׁ. אִי אָמְרַתְּ מִשְּׁעַת גְּנֵבָה קַיְימָא בִּרְשׁוּתֵיהּ – גִּיזּוֹתֶיהָ דִּידֵיהּ הוּא, וְאֵינוֹ מְשַׁלֵּם אֶלָּא דְּמֵי פָרָה הָעוֹמֶדֶת לֵילֵד, וְלֹא דְּמֵי פָרָה וּוְלָדָהּ. **מתני'** לֹא הָיָה סִיקָרִיקוֹן בִּיהוּדָה. סִיקָרִיקוֹן – גּוֹי רוֹצֵחַ שֶׁנּוֹתֵן לוֹ יִשְׂרָאֵל קַרְקַע בְּפִדְיוֹן נַפְשׁוֹ, וְאוֹמֵר לוֹ: שָׂא קַרְקַע זוֹ וְאַל תְּמִיתֵנִי. בַּהֲרוּגֵי הַמִּלְחָמָה. מִלְחֶמֶת טִיטוּס שֶׁהָיְתָה בִּירוּשָׁלַיִם וּבִיהוּדָה. וּבַגְּמָ' פָּרֵיךְ: מַאי קָאָמַר? מִקָּחוֹ בָּטֵל. דְּאָמְרִי': מֵירְאָה עָבַד. אִי נַמִי: הַשֵּׁנִי נוֹחַ לִי וְהָרִאשׁוֹן קָשֶׁה הֵימֶנּוּ. וּבַגְּמָרָא מוֹקֵי לָהּ דְּלָא כָּתַב לֵיהּ שְׁטָרָא. לָקַח מִן הָאִישׁ. קַרְקַע הַמְיוּחֶדֶת לִכְתוּבַּת אִשְׁתּוֹ, אוֹ שֶׁכָּתוּב בִּכְתוּבָּתָהּ, אוֹ הִכְנִיסַתּוּ לוֹ שׁוּם בִּכְתוּבָּתָהּ. וְכָל שֶׁכֵּן שְׁאָר נְכָסִים, דְּאִי לָא עָבְדָה לֵיהּ אָמַר לָהּ: עֵינַיִךְ נָתַתְּ בְּגֵרוּשִׁין וּבְמִיתָה. הָכִי מוֹקְמִינַן לֵיהּ בב"ב (נ.). מִקָּחוֹ בָּטֵל. דְּאָמְרָה: נַחַת רוּחַ עָשִׂיתִי לְבַעְלִי. נוֹתֵן לַבְּעָלִים רְבִיעַ. שֶׁשִּׁיעֲרוּ דְּסִיקָרִיקוֹן מוֹזִיל גַּבֵּי' רִיבְעָא. **גמ'** לֹא דָּנוּ דִּין סִיקָרִיקוֹן. בַּהֲרוּגֵי הַמִּלְחָמָה, דְּקָנֵי לְגַמְרֵי, וְהַלּוֹקֵחַ מִמֶּנּוּ מִקָּחוֹ קַיָּים. אֲבָל מֵהֲרוּגֵי הַמִּלְחָמָה וְאֵילָךְ – הַלּוֹקֵחַ מִמֶּנּוּ יֵשׁ לוֹ דִּין הַמְפוֹרָשׁ בְּמִשְׁנָתֵינוּ. דְּאָמַר רַבִּי אַסִּי שָׁלֹשׁ גְּזֵרוֹת גָּזַר. טִיטוּס בְּפוּלְמוּס שֶׁלּוֹ. כָּל דְּלָא קָטֵיל. יִשְׂרָאֵל, כָּל הֵיכָא דְּמַשְׁכַּח לֵיהּ. לִקְטְלוּהוּ. הִלְכָּךְ, אַגַּב אוּנְסֵיהּ כִּי א"ל: שָׂא קַרְקַע זוֹ וְהַנִּיחֵנִי – אַקְנְיֵיהּ נִיהֲלֵיהּ בְּלֵב שָׁלֵם. וְקַיְימָא לָן: תָּלוּהוּ וְזַבֵּין – זְבִינֵיהּ זְבִינָא (ב"ב דף מז:). מְפַחֵד. דּוֹאֵג לִרְאוֹת הַנּוֹלָד, שֶׁלֹּא תֶּאֱרַע תַּקָּלָה בְּכָךְ אִם אֶעֱשֶׂה זֹאת. שַׁקָּא דְּרִיסְפַּק. דּוֹפֶן שֶׁל מֶרְכֶּבֶת נָשִׁים שֶׁקּוֹרִין ריטוג"א בִּלְשׁוֹן אַשְׁכְּנַז, וְהִיא כְּעֵין עֲגָלָה. דְּאָמְרִינַן בְּ"אוֹתוֹ וְאֶת בְּנוֹ" (חולין דף עט.): כִּי מְעַיְּילִית לִי כּוֹדַנְיָיתָא בְּרִיסְפַּק. קַמְצָא וּבַר קַמְצָא. כָּךְ שֵׁם שְׁנֵי יְהוּדִים. דְּרַחֲמֵיהּ קַמְצָא. אוֹהֲבוֹ הָיָה שְׁמוֹ קַמְצָא.

א"ל

ב"ק סח: [עד:]

[ברכות יט: נדה נ:]

ב"ב מז: מח.

שם מט: כתובות נה.

גליון הש"ס

גמ' אקמצא ובר קמצא. אסמכיה אקרא דמשלי ענין מעשה שהיה אח"כ וכן סנהדרין דף לד ע"ב מארת ה' בבית רשע זה פקח בן רמליהו וכו' ועיין לקמן דף סח ע"א וע"ש בתוס' ד"ה וכתיב:

[יבמות לב: וש"נ]

הגהות מהר"ב רנשבורג

מתני' א] לא הי' סיקריקון וכו' אבל יש בידן ליקח כו'. עי' תוי"ט:

תוספות רי"ד

דאורייתא פי' אבל בקטנה לא גזרי' דאפי' אי אכלה קטן אוכל נבילות היא ובקטנה נמי ליכא למיגזר שמא יאכיל קטן בגדולה דקידושי קטן אינן כלום שלא תקנו חכמים קדושין לקטן אבל קידושי חרש הן קדושין מדרבנן כדאמרן בפרק חרש: ועל המריש וכו' פי' קורה גדולה וכגון שלא עשה בה שום שינוי מעשה אלא בנאה בבירתו כאשר היא שלא קנאה בשינוי מעשה שאילו עשה בה שינוי מעשה מדאורייתא קנאה ואין לו עליו אלא דמים: ת"ר גזל מריש ובנאו בבירה בש"א מקעקע את כל הבירה כולה ומחזיר מריש לבעליו ובה"א אין לו אלא דמי מריש מפני תקון השבים: ועל חטאת הגזולה וכו'. אמר עולא דבר תורה בין נודעה בין לא נודעה אינה מכפרת מ"ט יאוש כדי לא קני וקרבן פסול הוא דלא קרינא ביה קרבנו וחולין בעזרה הוא ומפני מה אמרו לא נודעה מכפרת שלא יהו כהנים עצבים שאכלו חולין שנשחטו בעזרה וימנעו מעשות עבודה ונמצא מזבח בטל ואי ק' היאך התנו ב"ד לעקור דבר תורה ולפטור את זה מחטאת שהוא מחויב בה מן התורה. האמרן באשה רבה שב ואל תעשה שאני ולא מיעקר הוא. ורב יהודה אמר דבר תורה בין נודעה בין לא נודעה מכפרת מ"ט יאוש כדי קני ומפני מה אמרו נודעה אינה מכפרת גזירה שמא יאמרו מזבח אוכל גזילות פי' רב יהודה מפרש מריש דמתני' דקתני מפני תיקון השבים כגון שלא נתייאשו הבעלים ואפ"ה מפני תיקון השבים שלא יקעקע בירתו תקנו שיתן דמיו משא"כ בכל גזילה: **מתני'** לא היה סקריקון ביהודה בהרוגי מלחמה מהרוגי מלחמה ואילך יש סקריקון כיצד לקח מן הסקריקון וחזר ולקח מן ב"ה מקחו בטל מב"ה וחזר ולקח מן הסקריקון מקחו קיים מן האיש וחזר ולקח מן האשה מקחו בטל מן האשה וחזר ולקח מן האיש מקחו קיים זו משנה ראשונה אבל ב"ד של אחריהם אמרו הלוקח מן הסקריקון נותן לבעלים רביעי אימתי בזמן שאין בידם ליקח אבל יש בידם ליקח הם קודמין לכל אדם ר' הושיב ב"ד ונמנו שאם שהתה לפני סקריקון י"ב חודש כל הקודם ליקח [זכה] ונותן לבעלים רביע פי' סקריקון רומי אנס שאונס שדות ישראל וישראל אומר לו שא קרקע והניחני מפני שהוא ירא שלא יהרגנו ובהרוגי מלחמת טיטוס שהיתה בארץ יהודה לא היתה סקריקון אבל מהרוגי מלחמה ואילך יש בה סקריקון. ומקשה מאי קאמר השתא בהרוגי מלחמה לא היה סקריקון ומהרוגי מלחמה ואילך יש בה סקריקון והרי יותר גדול היה בעת הרוגי מלחמה ממה שהיה לאחר מיכן אמר רב יהודה שלא דנו בה דין סקריקון דאמר רב יוסף שלש גזירות גזרו גזירתא קמייתא כל דלא קטיל ניקטליה אמצעיתא כל דקטיל ניתיב ליה ד' זוזי בתרייתא כל דקטיל ליקטליה הלכך קמייתא ומציעתא כיון דקטליה מירתת אגב אונסיה גמר ומקני בתרייתא מימר אמר האידנא לישקול ולמחר תבענא ליה לדינא פי' דין סקריקון הוא שאם קנה ישראל מיד א"י האנס שהוא הסקריקון אין

אין מקחו קיים שבכל שעה יכול לבוא ישראל בעל השדה ומוציאה מידו ואומר לו למה קנית השדה שלי שאני הייתי עתיד לתבוע את הא"י בדין אבל בהרוגי מלחמה לא היה זה הדין נוהג דאגב אונסיה דמיסתפי דלא ליקטליה גמר ומקני ליה בכל לב והלכך ישראל שקנה ממנו קניינו קנין אבל מהרוגי מלחמה ואילך אינו מקנה לו בכל לב וישראל הקונה ממנו יש לו דין סקריקון שיבואו הבעלים ויוציאוה מידו ואם לקח מן הסקריקון וחזר ולקח מב"ה מקחו בטל שהוא אומר לו מחמת פחד הגוי הקניתי לך ולא בכל לב אבל אם לקח תחילה מב"ה וחזר ולקח מן הסקריקון מקחו קיים. כי כשהקנה לו הוא תחילה בכל לב הקנה לו וכן נמי אם קנה מן האיש וחזר ולקח מן האשה כדי שלא תבא ותטרוף ממנו בכתובתה מקחו בטל שתוכל לומר נחת רוח עשיתי לבעלי ולא הקניתי לך בכל לב אבל אם לקח תחילה מן האשה וחזר ולקח מן האיש מקחו קיים. זו היתה משנה ראשונה דתני מקחו בטל והבעלים מוציאין השדה מידו אבל ב"ד של אחריהם תקנו ואמרו שהלוקח מן הסקריקון נותן לבעלים רביע ומקחו קיים דק"ל דסקריקון רבעא מוזיל גביה ויהיב ההוא רבעא לבעלים ומקחו קיים וקי"ל אימתי הוא זה כשאין ביד הבעלים מעות ליקח וליתן דמי השדה שיתן הלוקח לסקריקון אבל אם יש בידן מעות ליקח הם קודמין לכל אדם אבל מיהו בחנם אינן יכולין להוציא מידן כמו שהיו עושין תחילה כ"א שיתנו להם הדמים שנתנו לסקריקון ור' הושיב ב"ד ונמנו וגמרו שאם שהתה שדה לפני הסקריקון י"ב חודש כל הקודם ליקח מהסקריקון זכה ונותן לבעלים הרביע שולזל לו ואינו יכול להוציא השדה מידו אפילו בדמים שלקח מסקריקון וכו':

אמר

א"ל לא. שבקינא לך. א"ל. איהו: יהיבנא לך דמי פלגא סעודתך. איכול קורצא. מלשינות. קורבנא. קרבן להקריב על גבי המזבח. דקיימא לן: "איש איש" – לרבות את הגוים שנודרים נדרים ונדבות כישראל (חולין דף יג:). בניב שפתים. שפה העליונה. לדידהו לא הוי מומא. להקריב לגבוה בבמה דידהו, אלא מחוסר אבר. דוקין = טיל"ה, כמו "הנוטה כדוק" (ישעיה מ). יאמרו המטיל מום בקדשים יהרג. שיהו סבורין שבשביל שהטיל מום בקדשים, ועבר על "מום לא יהיה בו" (ויקרא כב) – נהרג. ענוותנותו. סבלנותו, שסבל את זה ולא הרגו. שדא גירא למזרח. לקסום קסם, כשהיה סמוך לירושלים. ההוא ינוקא. "הוה מגמגם בלישניה" לא גרסינן. ביד עמי ישראל. על ידי עמי ישראל. ולכפורי ידיה. לקנח ידיו*. נקדה. נקבה, לשון "מקדרין בהרים" (עירובין דף נח.). נקדה לו חמה – זרחה בשבילו, במסכת תענית (דף כ.). ציציתו. ציצית של טליתו. נגררת על גבי כרים וכסתות. שלא היה מהלך אלא על גבי מילת. ואיכא דאמרי. בן ציצית שמו, ולמה נקרא שמו "הכסת" – שהיתה כסתו – כסא שלו, מוטלת בין גדולי רומי, כשהיה הולך ברומי להקביל פני קיסר. הוו להו. להנך תלתא עתירי, חיטי ושערי וחמרא וציבי למיזן כל בני העיר עשרים וחד שתא. בריוני. אנשים ריקים ופוחזים למלחמה. אמרו להו רבנן. להנך בריוני. לא מסתייעא מילתא. לנצח. קמו. בריוני. קלינהו להנך אמברי. לאוצרות התבואה והעצים כדי שילחמו. סמידא. סלת. חיוורתא. פת נקייה. גושקרא. °פת קיבר, שאונדיי"ר. פרתא. פרש של גללי בהמה. ומתה. מחמת איסטניסותה. גרוגרות. מאותם שנשארו לרבי צדוק, שמלך את מימיה, ומלאתה היא ואכלתה לרעבונה. ומריח החולי של רבי צדוק שנכנס בגרוגרת – טעמה, ומתה באיסטניסו'. הוה מתחזי. בגרונו. מאבראי. מחמת שהיה כחוש. כי הוה בריא. כשגמר תעניותיו, ורצה להברות עצמו. הוו מייתי ליה גרוגרות. תאנים יבשין. מפני שלא היה יכול לבלוע דבר עבה, והיה מוצץ את מימיהן, ומשליך הגרוגרות. אבא סיקרא. כך שמו. שלח ליה. רבן יוחנן בן זכאי: תא לגבאי בצנעה. אמר ליה. רבן יוחנן בן זכאי. עד אימתי עבדיתו הכי. דלא שבקיתון לאשלומי. חזי לי תקנתא לדידי. שיניחוני לצאת מן העיר. נקוט נפשך בקצירי. החזק עצמך כחולה, הוציא קול שאתה חולה. לישיילו בך. כמו שאתה גוסס. ואייתי מידי סריא. דבר מסריח, כגון נבלה. ואגני גבך. והשכב במטתך עמך, שיאמרו: מת הוא ומסריח כבר. וליעיילו בך תלמידך. יכנסו תחת רגלי מטתך לשאת, ולא יניחו אחרים לשאת. דאינון ידעין דחייא קליל ממיתה. בעו. הנך בריוני. למדקריה. ברמחים, שמא מערים הוא. אמר להו. אבא סקרא. יאמרו. הרומיים עליכם, שאפילו רבן דקרו. למדחפיה. אולי יצעק. דלאו מלכא אנא. והתעללת בי. איברא

אמר ליה: לא. אמר ליה: יהיבנא לך דמי פלגא דסעודתיך! אמר ליה: לא. אמר ליה: יהיבנא לך דמי כולה סעודתיך! א"ל: לא. נקטיה בידיה ואוקמיה ואפקיה. אמר: הואיל והוו יתבי רבנן ולא מחו ביה, ש"מ קא ניחא להו, איזיל איכול בהו קורצא בי מלכא. אזל אמר ליה לקיסר: מרדו בך יהודאי! א"ל: מי יימר? א"ל: שדר להו קורבנא, חזית אי מקרבין ליה. אזל שדר בידיה עגלא תלתא. בהדי דקאתי שדא ביה מומא *בניב שפתים, ואמרי לה בדוקין *שבעין, דוכתא דלדידן הוה מומא ולדידהו לאו מומא הוא. סבור רבנן לקרוביה משום שלום מלכות, אמר להו רבי זכריה בן אבקולס, יאמרו: בעלי מומין קריבין לגבי מזבח! סבור למיקטליה, דלא ליזיל ולימא, אמר להו רבי זכריה, יאמרו: מטיל מום בקדשים יהרג! אמר רבי יוחנן: ענוותנותו של רבי זכריה בן אבקולס החריבה את ביתנו, ושרפה את היכלנו, והגליתנו מארצנו. שדר עלוייהו לנירון קיסר. כי קאתי, שדא גירא למזרח – אתא נפל בירושלים, למערב – אתא נפל בירושלים, לארבע רוחות השמים – אתא נפל בירושלים. א"ל לינוקא: פסוק לי פסוקיך, אמר ליה: °"ונתתי את נקמתי באדום ביד עמי ישראל" וגו' אמר: קודשא בריך הוא *בעי לחרובי ביתיה, ובעי לכפורי ידיה בההוא גברא! ערק ואזל ואיגייר, ונפק מיניה ר"מ. שדריה עילוייהו לאספסיינוס קיסר. אתא, צר עלה תלת שני. הוו בה הנהו תלתא עתירי: נקדימון בן גוריון, ובן כלבא שבוע, ובן ציצית הכסת; נקדימון בן גוריון – שנקדה לו חמה בעבורו; בן כלבא שבוע – שכל הנכנס לביתו כשהוא רעב ככלב, יוצא כשהוא שבע; בן ציצית הכסת – שהיתה ציציתו נגררת על גבי *כסתות. איכא דאמרי: שהיתה כסתו מוטלת בין גדולי רומי. חד אמר להו: אנא זיינא להו בחיטי ושערי, וחד אמר להו: בדחמרא ובדמלחא ומשחא, וחד אמר להו: בדציבי, ושבחו רבנן לדציבי; דרב חסדא כל *אקלידי הוה מסר לשמעיה בר מדציבי, דאמר רב חסדא: *אכלבא דחיטי בעי שיתין אכלבי דציבי. הוה להו למיזן עשרים וחד שתא. הוו בהו הנהו בריוני, אמרו להו רבנן: ניפוק ונעביד שלמא בהדייהו, לא שבקינהו. אמרו להו: ניפוק ונעביד קרבא בהדייהו, אמרו להו רבנן: לא מסתייעא מילתא. קמו קלנהו להנהו אמברי דחיטי ושערי, והוה כפנא. מרתא בת בייתוס עתירתא דירושלים הויא, שדרתה לשלוחה ואמרה ליה: זיל אייתי לי סמידא. אדאזל איזדבן, אתא אמר לה: סמידא ליכא, חיוורתא איכא, אמרה ליה: זיל אייתי לי. אדאזל איזדבן, אתא ואמר לה: חיוורתא ליכא, גושקרא איכא, א"ל: זיל אייתי לי. אדאזל אזדבן, אתא ואמר לה: גושקרא ליכא, קימחא דשערי איכא, אמרה ליה: זיל אייתי לי. אדאזל איזדבן, הוה שליפא מסאנא, אמרה: איפוק ואחזי אי משכחנא מידי למיכל, איתיב לה פרתא בכרעא ומתה. קרי עלה רבן יוחנן בן זכאי: °"הרכה בך והענוגה אשר לא נסתה כף רגלה". איכא דאמרי: גרוגרות דר' צדוק אכלה, ואיתניסא ומתה. דר' צדוק יתיב ארבעין שנין בתעניתא דלא ליחרב ירושלים, כי הוה אכיל מידי הוה מיתחזי מאבראי, וכי הוה בריא, מייתי ליה גרוגרות, מייץ מייהו ושדי להו. כי הוה קא ניחא נפשה, אפיקתה לכל דהבא וכספא שדיתיה בשוקא, אמרה: האי למאי מיבעי לי! והיינו דכתיב: °"כספם בחוצות ישליכו". אבא סקרא ריש בריוני דירושלים בר אחתיה דרבן יוחנן בן זכאי הוה, שלח ליה: תא בצינעא לגבאי. אתא, א"ל: עד אימת עבדיתו הכי, וקטליתו ליה לעלמא בכפנא? א"ל: מאי איעביד, דאי אמינא להו מידי קטלו לי! א"ל: חזי לי תקנתא לדידי דאיפוק, אפשר דהוי הצלה פורתא. א"ל: נקוט נפשך בקצירי, וליתי כולי עלמא ולישיילו בך, ואייתי מידי סריא ואגני גבך, ולימרו דנח נפשך, וליעיילו בך תלמידך ולא ליעול בך איניש אחרינא, דלא לרגשן בך דקליל את, דאינהו ידעי דחייא קליל ממיתא. עביד הכי, נכנס בו רבי אליעזר מצד אחד ורבי יהושע מצד אחר, כי מטו לפיתחא בעו למדקריה, אמר להו: יאמרו "רבן דקרו"! בעו למדחפיה, אמר להו: יאמרו "רבן דחפו"! פתחו ליה בבא, נפק. כי מטא להתם, אמר: שלמא עלך מלכא, שלמא עלך מלכא! א"ל: מיחייבת תרי קטלא, חדא, דלאו מלכא אנא וקא קרית לי מלכא! ותו, אי מלכא אנא, עד האידנא אמאי לא אתית לגבאי? א"ל: דקאמרת לאו מלכא אנא,
איברא

עגלא תילתא. כמו "ושלישים על כולו" (שמות יד) וכמו "עגלה משולשת ואיל משולש" (בראשית טו). פי': בריא וטוב. ויש מפרשים: שלישי לבטן. ולא יתכן, דאמרינן בפרק "ארבע מיתות" (סנהדרין דף סה:): דהוו מברו להו עיגלא תלתא. ולא כמו שמפרש שגדל שליש, דהא בסוף פרק "רבי אליעזר דמילה" (שבת דף קלו.) אמר: עבד להו עגלא תילתא ביומא דשבעא, פירוש יום שביעי ללידתו*.
אי

תורה אור: יחזקאל כה; דברים כח; יחזקאל ז

עי' רש"י זבחים כה. ד"ה כפורי זהב
[עי' תוס' זבחים עז: ד"ה הכא בדוקין]
פי' מפתחות
פי' אוצר
[וע"ע תוספות בכורות יט. ד"ה דהך שלא וכו']
ס"א של עין
ס"א ניחא ליה
[גי' הערוך ערך לן ג כרים וכסתות]

גליון הש"ס
רש"י ד"ה גושקרא פת קיבר. עיין שבת דף כ ע"ב ברש"י ד"ה גושקרא:

אִיבְרָא מַלְכָּא אַתְּ. מֶלֶךְ אַתָּה עָתִיד לִהְיוֹת. וְהָיָה אַדִּירוֹ מִמֶּנּוּ וּמוֹשְׁלוֹ מִקִּרְבּוֹ יֵצֵא. אַלְמָא: "אַדִּיר" – הוּא מוֹשֵׁל. לְבָנוֹן זֶה בֵּית הַמִּקְדָּשׁ. שֶׁמַּלְבִּין עֲוֹנוֹתֵיהֶן שֶׁל יִשְׂרָאֵל. כָּרוּךְ עָלֶיהָ. דָּבוּק וְלָהוּט אַחֲרֶיהָ. אֵין שׁוֹבְרִין אֶת הֶחָבִית. כְּדֵי שֶׁיֵּלֵךְ לוֹ הַדְּרָקוֹן? כָּךְ הָיָה לָכֶם לְהַשְׁחִית חוֹמַת הָעִיר וּלְשׂוֹרְפָהּ בָּאֵשׁ, כְּדֵי לְהַשְׁלִיךְ אוֹתָן בִּרְיוֹנֵי מִתּוֹכָהּ. וְחָבִיתָא שֶׁבְקִינַן לָהּ. כָּךְ הָיִינוּ מְצַפִּים, אוּלַי נוּכַל לָהֶם וּלְהוֹצִיאָם מִמֶּנָּה, וְתִהְיֶה הָעִיר קַיֶּימֶת, וְנַשְׁלִים עִמְּךָ. פְּרִיסְתְּקָא. שָׁלִיחַ. לָא נָפֵיק. שֶׁנִּתְדַּשְּׁנוּ אֵבָרָיו מִשִּׂמְחַת הַשְּׁמוּעָה. וְרוּחַ נְכֵאָה תְּיַבֶּשׁ גָּרֶם. וְכַאֲשֶׁר תִּכְלֶה רוּחֲךָ מֵחֲמַת הַשּׂוֹנֵא – תּוֹרה אור תִּיבַשׁ הָעֶצֶם שֶׁלְּךָ. תֵּן לִי יַבְנֶה. שֶׁלֹּא תַּחְרִיבֶנָּה, וְלֹא תַּהֲרוֹג חֲכָמֶיהָ. וְשׁוֹשִׁילְתָּא דְּרַבָּן גַּמְלִיאֵל. מִשְׁפַּחַת הַנָּשִׂיא, שֶׁלֹּא תַּהַרְגֵם, שֶׁלֹּא תִּכְלֶה שׁוֹלְטָנוּת בֵּית דָּוִד. וְאַסְוָותָא. רוֹפְאִים. תֵּן לִי מֵאַנְשֶׁיךָ שֶׁיְּרַפְּאוּ אֶת רַבִּי צָדוֹק. שֶׁלֹּא הָיָה יָכוֹל לִבְלוֹעַ אוֹכֶל, לְפִי שֶׁנִּתְקַלְקְלוּ מֵעָיו בְּתַעֲנִיּוֹתָיו. וְהוּא סָבַר. רַבָּן יוֹחָנָן סָבַר. כּוּלֵּי הַאי. דְּלִישְׁבַּק לִירוּשָׁלַיִם לָא עָבִיד לֵיהּ, וְאִשְׁתַּכַּח דַּאֲפִי' הַצָּלָה פּוּרְתָּא לָא עָבְדִי. הִלְכָּךְ בָּעֵינָא מִינֵּיהּ הָא, דְּתֶיהֱוֵי הַצָּלָה פּוּרְתָּא. מַיָּא דְּפָאֲרֵי. מַיִם שֶׁנִּשּׁוֹרוּ בָּהֶם סוּבִּין. מַיָּא דְּסִיפּוּקָא. סוּבִּין גַּסִּין, וְקֶמַח מְעוֹרָב בָּהֶן. שָׁאֲגוּ צוֹרְרֶיךָ בְּקֶרֶב מוֹעֲדֶיךָ. בְּבַיִת שֶׁאַתָּה מִתְוַועֵד בּוֹ. שָׂמוּ אוֹתוֹתָם אוֹתוֹת. אָמְרוּ שֶׁסִּימָנֵיהוֹן סִימָן: דָּם זֶה שֶׁל מִי הוּא אִם לֹא שֶׁהֲרַגְנוּ אֶת עַצְמוֹ. עַצְמוֹ. כִּינּוּי כְּלַפֵּי מַעְלָה. חֲסִין. מִתְאַפֵּק. כְּמִין גַּרְגּוּתְנִי. סַל גָּדוֹל שֶׁשּׁוֹפְכִים בּוֹ יַיִן מִגַּת לַבּוֹר, וְקוֹרִין קולדויי"ר. וְיִשְׁתַּכְּחוּ בָעִיר אֲשֶׁר כֵּן עָשׂוּ. הַגְּבוּרָה הַזֹּאת שֶׁאַתֶּם רוֹאִין. מִילֵּי דְּמִיטַּמְּרָן. מַטְמוֹן מָמוֹנָם שֶׁל יִשְׂרָאֵל. נַחְשׁוֹל. רוּחַ סְעָרָה. סִיסְרָא. נַחַל קִישׁוֹן גְּרָפָם. מַעַלְנָא. פֶּה לְהַכְנִיס מַאֲכָל. מַפַּקְנָא. מוֹצָא דֶּרֶךְ בֵּית הָרְעִי. אַרְזַפְתָּא. קוּרְנָס. אִישְׁתִּיק. אוֹתוֹ יַתּוּשׁ מְנַקֵּר, מִפְּנֵי קוֹל הַקּוּרְנָס. כֵּיוָן דְּדָשׁ דָּשׁ. מִשֶּׁהִרְגִּיל הַיַּתּוּשׁ וְלָמַד בְּקוֹל הַקּוּרְנָס – הִכִּיר בּוֹ וְלֹא הִנִּיחַ נִיקּוּרוֹ. צִפּוֹר דְּרוֹר. רונדיל"א. בִּנְגִידָא. אוֹב. בַּמָּאי

אי לאו דמלכא את לא מימסרא ירושלים בידך. אע"ג דאכתי לא מימסרא בידו עד שבא טיטוס, מ"מ כיון דכבר צר עליה שלש שנים והוה כפנא – הוי כאילו כבר נמסרה. **ונעשה** נס והיה דם כו'. להודיע דקשה לפני המקום חורבן בית המקדש. **וניקר** במוחו ז' שנים. לא נעשה טרפה בכך, דדרך חוטמו נכנס ולא ניקב הקרום. ועוד, יש חילוק בין טריפות דאדם לבהמה, כדפרישית בפרק קמא דערובין (דף ז.)*. זה

אִיבְרָא מַלְכָּא אַתְּ, דְּאִי לָאו מַלְכָּא אַתְּ לָא מִימְסְרָא יְרוּשָׁלַיִם בְּיָדָךְ, דִּכְתִיב: (ישעיה י) °"וְהַלְּבָנוֹן בְּאַדִּיר יִפּוֹל", וְאֵין "אַדִּיר" אֶלָּא מֶלֶךְ, דִּכְתִי': (ירמיה ל) °"וְהָיָה אַדִּירוֹ מִמֶּנּוּ" וגו', וְאֵין "לְבָנוֹן" אֶלָּא ביהמ"ק, שֶׁנֶּאֱמַר: (דברים ג) °"הָהָר הַטּוֹב הַזֶּה וְהַלְּבָנוֹן"; וּדְקָאָמְרַתְּ: אִי מַלְכָּא אֲנָא אַמַּאי לָא קָאָתֵית לְגַבַּאי עַד הָאִידָּנָא – בִּרְיוֹנֵי דְּאִית בַּן לָא שָׁבְקִינַן. אֲמַר לֵיהּ: אִילּוּ חָבִית שֶׁל דְּבַשׁ וּדְרָקוֹן כָּרוּךְ עָלֶיהָ, לֹא הָיוּ שׁוֹבְרִין אֶת הֶחָבִית בִּשְׁבִיל דְּרָקוֹן? אִישְׁתִּיק. קְרֵי עֲלֵיהּ רַב יוֹסֵף, וְאִיתֵּימָא רַבִּי עֲקִיבָא: (ישעיה מד) °"מֵשִׁיב חֲכָמִים אָחוֹר וְדַעְתָּם יְסַכֵּל", אִיבָּעֵי לֵיהּ לְמֵימַר לֵיהּ: שָׁקְלִינַן צִבְתָּא וְשָׁקְלִינַן לֵיהּ לִדְרָקוֹן וְקָטְלִינַן לֵיהּ, וְחָבִיתָא שָׁבְקִינַן לָהּ.

אַדְּהָכִי אָתֵי פְּרִיסְתְּקָא עֲלֵיהּ מֵרוֹמִי, אֲמַר לֵיהּ: קוּם, דְּמִית לֵיהּ קֵיסָר, וְאָמְרִי הָנְהוּ חֲשִׁיבֵי דְּרוֹמִי לְאוֹתִיבָךְ בְּרֵישָׁא. הֲוָה סַיֵּים חַד מְסָאנֵי, בְּעָא לְמְסַיְּימָא לְאַחֲרִינָא לָא עָיֵיל, בְּעָא לְמִשְׁלְפָא לְאִידָךְ לָא נָפַק, אֲמַר: מַאי הַאי? אֲמַר לֵיהּ: לָא תִּצְטָעֵר, שְׁמוּעָה טוֹבָה אָתְיָא לָךְ, דִּכְתִיב: (משלי טו) °"שְׁמוּעָה טוֹבָה תְּדַשֶּׁן עָצֶם". אֶלָּא מַאי תַּקַּנְתֵּיהּ? לֵיתֵי אִינִישׁ דְּלָא מִיתְּבָא דַּעְתָּךְ מִינֵּיהּ וְלִחְלִיף קַמָּךְ, דִּכְתִיב: (שם יז) °"וְרוּחַ נְכֵאָה תְּיַבֶּשׁ גָּרֶם", עֲבַד הָכִי, עָיֵיל. אֲמַר לֵיהּ: וּמֵאַחַר דְּחַכְמִיתוּ כּוּלֵּי הַאי, עַד הָאִידָּנָא אַמַּאי לָא אָתֵיתוּ לְגַבַּאי? אֲמַר לֵיהּ: וְלָא אֲמַרִי לָךְ? אֲמַר לֵיהּ: אֲנָא נַמִי אֲמַרִי לָךְ! אֲמַר לֵיהּ: מֵיזַל אָזֵילְנָא וְאֶינָשׁ אַחֲרִינָא מְשַׁדַּרְנָא, אֶלָּא בְּעֵי מִינַּאי מִידֵּי דְּאֶתֵּן לָךְ. אֲמַר לֵיהּ: תֵּן לִי יַבְנֶה וַחֲכָמֶיהָ, וְשׁוֹשִׁילְתָּא דְּרַבָּן גַּמְלִיאֵל, וְאַסְוָותָא דְּמַסְיָין לֵיהּ לְרַבִּי צָדוֹק. קְרֵי עֲלֵיהּ רַב יוֹסֵף, וְאִיתֵּימָא רַבִּי עֲקִיבָא: (ישעיה מד) °"מֵשִׁיב חֲכָמִים אָחוֹר וְדַעְתָּם יְסַכֵּל", אִיבָּעֵי לְמֵימַר לֵיהּ לְשַׁבְקִינְהוּ הָדָא זִימְנָא. וְהוּא סָבַר, דִּלְמָא כּוּלֵּי הַאי לָא עָבֵיד, וְהַצָּלָה פּוּרְתָּא נַמִי לָא הָוֵי. אַסְוָותָא דְּמַסְיָין לֵיהּ לְרַבִּי צָדוֹק מַאי הִיא? יוֹמָא קַמָּא אַשְׁקְיוּהּ מַיָּא דְּפָאֲרֵי, לְמָחָר מַיָּא דְּסִיפּוּקָא, לְמָחָר מַיָּא דְּקִימְחָא, עַד דְּרָוַוח מֵיעֵיהּ פּוּרְתָּא פּוּרְתָּא. אֲזַל שַׁדְּרֵיהּ לְטִיטוּס. (דברים לב) °"וְאָמַר אֵי אֱלֹהֵימוֹ צוּר חָסָיוּ בוֹ" – זֶה טִיטוּס הָרָשָׁע שֶׁחֵירֵף וְגִידֵּף כְּלַפֵּי מַעְלָה. מֶה עָשָׂה? תָּפַשׂ זוֹנָה בְּיָדוֹ וְנִכְנַס לְבֵית קָדְשֵׁי הַקֳּדָשִׁים, וְהִצִּיעַ סֵפֶר תּוֹרָה וְעָבַר עָלֶיהָ עֲבֵירָה, וְנָטַל סַיִף וְגִידֵּר אֶת הַפָּרוֹכֶת, וְנַעֲשָׂה נֵס וְהָיָה דָּם מְבַצְבֵּץ וְיוֹצֵא, וּכְסָבוּר הָרַג אֶת עַצְמוֹ, שֶׁנֶּאֱמַר: (תהלים עד) °"שָׁאֲגוּ צוֹרְרֶיךָ בְּקֶרֶב מוֹעֲדֶיךָ שָׂמוּ אוֹתוֹתָם אוֹתוֹת". אַבָּא חָנָן אוֹמֵר: (שם פט) °"מִי כָמוֹךָ חֲסִין יָהּ" – מִי כָּמוֹךָ חֲסִין וְקָשֶׁה, שֶׁאַתָּה שׁוֹמֵעַ נִיאוּצוֹ וְגִידּוּפוֹ שֶׁל אוֹתוֹ רָשָׁע וְשׁוֹתֵק. דְּבֵי רַבִּי יִשְׁמָעֵאל תָּנָא: (שמות טו) °"מִי כָמוֹכָה בָּאֵלִים ה'" – מִי כָּמוֹכָה בָּאִלְּמִים. מֶה עָשָׂה? נָטַל אֶת הַפָּרוֹכֶת וַעֲשָׂאוֹ כְּמִין גַּרְגּוּתְנִי, וְהֵבִיא כָּל כֵּלִים שֶׁבַּמִּקְדָּשׁ וְהִנִּיחָן בָּהֶן, וְהוֹשִׁיבָן בִּסְפִינָה לֵילֵךְ לְהִשְׁתַּבֵּחַ בְּעִירוֹ, שֶׁנֶּאֱמַר: (קהלת ח) °"וּבְכֵן רָאִיתִי רְשָׁעִים קְבוּרִים וָבָאוּ וּמִמְּקוֹם קָדוֹשׁ יְהַלֵּכוּ וְיִשְׁתַּכְּחוּ בָעִיר אֲשֶׁר כֵּן עָשׂוּ", אַל תִּיקְרֵי "קְבוּרִים" אֶלָּא "קְבוּצִים", אַל תִּיקְרֵי "וְיִשְׁתַּכְּחוּ" אֶלָּא "וְיִשְׁתַּבְּחוּ". אִיכָּא דְּאָמְרִי: קְבוּרִים מַמָּשׁ, דַּאֲפִילּוּ מִילֵּי דְּמִטַּמְּרָן אִיגַּלְיָיא לְהוֹן. עָמַד עָלָיו נַחְשׁוֹל שֶׁבַּיָּם לְטוֹבְעוֹ, אָמַר: כִּמְדוּמֶּה אֲנִי שֶׁאֱלֹהֵיהֶם שֶׁל אֵלּוּ אֵין גְּבוּרָתוֹ אֶלָּא בַּמַּיִם, בָּא פַּרְעֹה טִבְּעוֹ בַּמַּיִם, בָּא סִיסְרָא טִבְּעוֹ בַּמַּיִם, אַף הוּא עוֹמֵד עָלַי לְטוֹבְעֵנִי בַּמַּיִם, אִם גִּבּוֹר הוּא יַעֲלֶה לַיַּבָּשָׁה וְיֵעָשֶׂה עִמִּי מִלְחָמָה! יָצְתָה בַּת קוֹל וְאָמְרָה לוֹ: רָשָׁע בֶּן רָשָׁע בֶּן בְּנוֹ שֶׁל עֵשָׂו הָרָשָׁע, בְּרִיָּה קַלָּה יֵשׁ לִי בְּעוֹלָמִי וְיַתּוּשׁ שְׁמָהּ. אַמַּאי קָרֵי לָהּ בְּרִיָּה קַלָּה? דְּמַעַלְנָא אִית לָהּ וּמַפַּקְנָא לֵית לָהּ. עֲלֵה לַיַּבָּשָׁה וְתֵעָשֶׂה עִמָּהּ מִלְחָמָה. עָלָה לַיַּבָּשָׁה, בָּא יַתּוּשׁ וְנִכְנַס בְּחוֹטְמוֹ, וְנִקֵּר בְּמוֹחוֹ שֶׁבַע שָׁנִים. יוֹמָא חַד הֲוָה קָא חָלֵיף אַבָּבָא דְּבֵי נַפָּחָא, שָׁמַע קָל אַרְזַפְתָּא אִישְׁתִּיק, אֲמַר: אִיכָּא תַּקַּנְתָּא. כָּל יוֹמָא מַיְיתוּ נַפָּחָא וּמָחוּ קַמֵּיהּ, לְגוֹי יָהֵיב לֵיהּ אַרְבַּע זוּזֵי, לְיִשְׂרָאֵל אֲמַר לֵיהּ: מִיסְתַּיךְ דְּקָא חָזֵית בְּסַנְאָךְ. עַד תְּלָתִין יוֹמִין עֲבַד הָכִי, מִכָּאן וְאֵילָךְ כֵּיוָן דְּדָשׁ דָּשׁ. תַּנְיָא, אָמַר רַבִּי פִּנְחָס בֶּן עֲרוּבָא: אֲנִי הָיִיתִי בֵּין גְּדוֹלֵי רוֹמִי, וּכְשֶׁמֵּת פָּצְעוּ אֶת מוֹחוֹ, וּמָצְאוּ בּוֹ כְּצִפּוֹר דְּרוֹר מִשְׁקַל שְׁנֵי סְלָעִים. בְּמַתְנִיתָא תָּנָא: *כְּגוֹזָל בֶּן שָׁנָה מִשְׁקַל שְׁנֵי לִיטְרִין. אָמַר אַבָּיֵי, נְקִטִינַן: פִּיו שֶׁל נְחוֹשֶׁת וְצִפָּרְנָיו שֶׁל בַּרְזֶל. כִּי הֲוָה קָא מָיֵית, אֲמַר לְהוּ: לִיקְלְיוּהּ לְהַהוּא גַּבְרָא וְלִבַדְּרִי לְקִיטְמֵיהּ אַשַּׁב יַמֵּי, דְּלָא לַשְׁכְּחֵיהּ אֱלָהָא דִּיהוּדָאֵי וְלוֹקְמֵיהּ בְּדִינָא.[א] אוּנְקְלוֹס בַּר קָלוֹנִיקוֹס בַּר אַחְתֵּיהּ דְּטִיטוּס הֲוָה, בְּעֵי לְאִיגַּיּוֹרֵי, אֲזַל אַסְקֵיהּ לְטִיטוּס *בִּנְגִידָא, אֲמַר לֵיהּ: מַאן חֲשִׁיב בְּהַהוּא עָלְמָא? אֲמַר לֵיהּ: יִשְׂרָאֵל. מַהוּ לְאִידַּבּוֹקֵי בְּהוּ? אֲמַר לֵיהּ: מִילַּיְיהוּ נְפִישִׁין וְלָא מָצֵית לְקִיּוּמִינְהוּ, זִיל אִיגָּרֵי בְּהוּ בְּהַהוּא עָלְמָא וְהָוֵית רֵישָׁא, דִּכְתִיב: (איכה א) °"הָיוּ צָרֶיהָ לְרֹאשׁ" וגו', *כָּל הַמֵּיצֵר לְיִשְׂרָאֵל *)נַעֲשֶׂה רֹאשׁ. אֲמַר לֵיהּ: דִּינֵיהּ דְּהַהוּא גַּבְרָא בְּמַאי? א"ל: בְּמַאי

*) [כלומר קודם שמילך להם נעשה ראש שלא יאמרו ביד אומה שפליה מסר את בניו. כ"כ תוספות חגיגה יג. ד"ה שלא]

[כפט"ז מ"ד ליבמות כתב התוי"ט על מ"ש תוס' דהכא כדפרישית בפ"ק דעירובין אבל לא מצאתי שם כלום עכ"ל נראה שלא היה לפניו מה שנדפס שם בתוספות דעירובין ז. ד"ה כגון שדרה וכו' בשם תוס' כ"י ומיהו כמה בני אדם וכו' ע"ש ועי' תוס' ב"ק נא. ד"ה נעביד ותוס' זבחים קטז. ד"ה ודלמא ותוס' חולין מב: ד"ה וא"ר יהודה ותוספות בכורות לז. ד"ה כדין]

הגהות הגר"א

[א] גמ' אונקלוס בר אונקלוס בר אחתיה דאנדריינוס הוה כו' כצ"ל:

[לפי שהגלה את ישראל שנמשלו ליונה טעם זה כתב בספר חסידים סי' תתשנ"א]

[בערוך ערך נגר ד' איתא בנגירא פי' בכישוף]

סנהדרין קד: ע"ש

בְּמַאי דְּפָסֵיק אַנַּפְשֵׁיהּ; כָּל יוֹמָא מְכַנְשֵׁי לֵיהּ
לְקִיטְמֵיהּ וְדַיְינֵי לֵיהּ, וְקָלוּ לֵיהּ וּמְבַדְּרוּ אַשַּׁב
יַמֵּי. אֲזַל אַסְּקֵיהּ לְבִלְעָם בִּנְגִידָא, אֲמַר לֵיהּ:
מַאן חֲשִׁיב בְּהַהוּא עָלְמָא? א"ל: יִשְׂרָאֵל. מַהוּ
דברים כג לְאִידַּבּוּקֵי בְּהוּ? א"ל: °"לֹא תִדְרוֹשׁ שְׁלוֹמָם
וְטוֹבָתָם כָּל הַיָּמִים". א"ל: דִּינֵיהּ דְּהַהוּא גַּבְרָא
בְּמַאי? א"ל: בְּשִׁכְבַת זֶרַע רוֹתַחַת.*) אֲזַל אַסְּקֵיהּ
בִּנְגִידָא לְיֵשׁוּ הַנּוֹצְרִי, א"ל: מַאן חֲשִׁיב
בְּהַהוּא עָלְמָא? א"ל: יִשְׂרָאֵל. מַהוּ לְאִדַּבּוּקֵי
בְּהוּ? א"ל: טוֹבָתָם דְּרוֹשׁ, רָעָתָם לֹא תִדְרוֹשׁ,
כָּל הַנּוֹגֵעַ בָּהֶן כְּאִילּוּ נוֹגֵעַ בְּבָבַת עֵינוֹ. א"ל:
דִּינֵיהּ דְּהַהוּא גַּבְרָא **) בְּמַאי? א"ל: בְּצוֹאָה
[עירובין כח.] רוֹתַחַת; דְּאָמַר מָר: *כָּל הַמַּלְעִיג עַל דִּבְרֵי חֲכָמִים נִידּוֹן בְּצוֹאָה רוֹתַחַת. תָּא חֲזִי, מַה בֵּין פּוֹשְׁעֵי יִשְׂרָאֵל שֶׁל לִנְבִיאֵי
אוּמּוֹת הָעוֹלָם. תַּנְיָא, אָמַר רַבִּי אֶלְעָזָר: בֹּא וּרְאֵה כַּמָּה גְּדוֹלָה כֹּחָהּ שֶׁל בּוּשָׁה, שֶׁהֲרֵי סִיֵּיעַ הקב"ה אֶת
בַּר קַמְצָא, וְהֶחֱרִיב אֶת בֵּיתוֹ וְשָׂרַף אֶת הֵיכָלוֹ.§ אַתַּרְנְגוֹלָא וְאַתַּרְנְגוֹלְתָא חָרֵיב טוּר מַלְכָּא. דְּהָווּ נָהִיגֵי כִּי הָווּ
מַפְּקֵי חַתְנָא וְכַלְּתָא, מַפְּקֵי קַמַּיְיהוּ תַּרְנְגוֹלָא וְתַרְנְגוֹלְתָא, כְּלוֹמַר, פְּרוּ וּרְבוּ כְּתַרְנְגוֹלִים. יוֹמָא חַד הֲוָה קָא חָלֵיף
גּוּנְדָּא דְּרוֹמָאֵי, שַׁקְלִינְהוּ מִינַּיְיהוּ, נָפְלוּ עֲלַיְיהוּ מַחוּנְהוּ, אָתוּ אָמְרוּ לֵיהּ לְקֵיסָר: מָרְדוּ בָּךְ יְהוּדָאֵי! אֲתָא עֲלַיְיהוּ. הֲוָה
בְּהוּ הַהוּא בַּר דְּרוֹמָא דַּהֲוָה קָפֵיץ מִילָא וְקָטֵיל בְּהוּ, שַׁקְלֵיהּ קֵיסָר לְתָאגֵיהּ וְאוֹתְבֵיהּ אַאַרְעָא, אֲמַר: רִיבּוֹנֵיהּ
דְּעָלְמָא כּוּלֵּיהּ, אִי נִיחָא לָךְ, לָא תִּמְסְרֵיהּ לְהַהוּא גַּבְרָא לִידֵיהּ וּלְמַלְכוּתֵיהּ בִּידֵיהּ דְּחַד גַּבְרָא! אַכְשְׁלֵיהּ פּוּמֵיהּ
תהלים ס לְבַר דְּרוֹמָא, וַאֲמַר: °"הֲלֹא אַתָּה אֱלֹהִים זְנַחְתָּנוּ וְלֹא תֵצֵא אֱלֹהִים בְּצִבְאוֹתֵינוּ". דָּוִד נַמִי אֲמַר הָכִי! דָּוִד אִתְמוֹהֵי קָא
מִתְמַהּ. עַל לְבֵית הַכִּסֵּא, אֲתָא דְּרָקוֹנָא שְׁמְטֵיהּ לְכַרְכַּשֵּׁיהּ וְנָח נַפְשֵׁיהּ. אֲמַר: הוֹאִיל וְאִיתְרְחִישׁ לִי נִיסָּא, הָא זִימְנָא
אִישְׁבְּקִינְהוּ, שַׁבְקִינְהוּ וַאֲזַל. אִיזְדַּקּוּר וְאָכְלוּ וְשָׁתוּ, וְאַדְלִיקוּ שְׁרַגֵּי עַד דְּאִיתַּחֲזֵי בִּלְיוֹנָא דְּגוּשְׁפַּנְקָא בְּרָחוֹק מִילָא.
אֲמַר: מִיחְדָא קָא חָדוּ בִּי יְהוּדָאֵי! הֲדַר אֲתָא עֲלַיְיהוּ. א"ר אַסִי: תְּלָת מְאָה אַלְפֵי שָׁלְיפֵי סַיְיפָא עַיִילוּ לְטוּר מַלְכָּא, וְקַטְלוּ
איכה ב בָּהּ תְּלָתָא יוֹמֵי וּתְלָתָא לֵילָוָתָא, וּבְהָךְ גִּיסָא הִלּוּלֵי וְחִנְגֵּי, וְלָא הָווּ יָדְעֵי הָנֵי בְּהָנֵי. °"בִּלַּע ה' וְלֹא חָמַל אֵת כָּל
נְאוֹת יַעֲקֹב" — כִּי אֲתָא רָבִין אָמַר רַבִּי יוֹחָנָן: אֵלּוּ שִׁשִּׁים רִבּוֹא עֲיָירוֹת שֶׁהָיוּ לוֹ לְיַנַּאי הַמֶּלֶךְ בְּהַר הַמֶּלֶךְ; דְּאָמַר רַב
יְהוּדָה אָמַר רַב אַסִי: שִׁשִּׁים רִבּוֹא עֲיָירוֹת הָיוּ לוֹ לְיַנַּאי הַמֶּלֶךְ בְּהַר הַמֶּלֶךְ, וְכָל אַחַת וְאַחַת הָיוּ בָּהּ כְּיוֹצְאֵי מִצְרַיִם,
חוּץ מִשָּׁלֹשׁ שֶׁהָיוּ בָּהֶן כִּפְלַיִם כְּיוֹצְאֵי מִצְרַיִם, אֵלּוּ הֵן: כְּפַר בִּישׁ, כְּפַר שִׁיחְלַיִים, כְּפַר דִּכְרַיָּא. כְּפַר בִּישׁ — דְּלָא יָהֲבִי
בֵּיתָא לְאוּשְׁפִּיזָא; כְּפַר שִׁיחְלַיִים — שֶׁהָיְתָה פַּרְנָסָתָן מִן שַׁחֲלַיִים; כְּפַר דִּכְרַיָּא — אָמַר רַבִּי יוֹחָנָן: שֶׁהָיוּ נְשׁוֹתֵיהֶן יוֹלְדוֹת
זְכָרִים תְּחִלָּה, וְיוֹלְדוֹת נְקֵבָה בָּאַחֲרוֹנָה וּפוֹסְקוֹת. אָמַר עוּלָּא: לְדִידִי חֲזִי לִי הַהוּא אַתְרָא, וַאֲפִילּוּ שִׁיתִּין רִיבְוָותָא
[לעיל יא. ועי' כתובות קיב. ולע"ק וע"ע ר"ה יג.] קָנֵי לָא מַחֲזִיק. אֲמַר לֵיהּ הַהוּא מִינָא לְרַבִּי חֲנִינָא: שַׁקּוֹרֵי מְשַׁקְּרִיתוּ! אֲמַר לֵיהּ: *°"אֶרֶץ צְבִי" כְּתִיב בָּהּ, מַה צְּבִי ירמיה ג
זֶה אֵין עוֹרוֹ מַחֲזִיק אֶת בְּשָׂרוֹ, אַף אֶרֶץ יִשְׂרָאֵל, בִּזְמַן שֶׁיּוֹשְׁבִין עָלֶיהָ רְוֹוחָא, וּבִזְמַן שֶׁאֵין יוֹשְׁבִין עָלֶיהָ גַּמְדָּא.
רַב מַנְיוֹמִי בַּר חִלְקִיָּה וְרַב חִלְקִיָּה בַּר טוֹבִיָּה וְרַב הוּנָא בַּר חִיָּיא הֲווּ יָתְבִי גַּבֵּי הֲדָדֵי, אָמְרִי: אִי אִיכָּא דְּשָׁמִיעַ לֵיהּ
מִילְּתָא מִכְּפַר סִכְנַיָא שֶׁל מִצְרַיִם לֵימָא. פְּתַח חַד מִינַּיְיהוּ וַאֲמַר: מַעֲשֶׂה בְּאָרוּס וַאֲרוּסָתוֹ שֶׁנִּשְׁבּוּ לְבֵין הַגּוֹיִם
וְהִשִּׂיאוּם זֶה לָזֶה, אָמְרָה לוֹ: בְּבַקָּשָׁה מִמְּךָ, אַל תִּגַּע בִּי, שֶׁאֵין לִי כְּתוּבָּה מִמְּךָ, וְלֹא נָגַע בָּהּ עַד יוֹם
מוֹתוֹ. וּכְשֶׁמֵּת, אָמְרָה לָהֶן: סִיפְדוּ לָזֶה שֶׁפִּטְפֵּט בְּיִצְרוֹ יוֹתֵר מִיּוֹסֵף, דְּאִילּוּ בְּיוֹסֵף לָא הֲוָה אֶלָּא חֲדָא שַׁעְתָּא,
וְהַאי כָּל יוֹמָא וְיוֹמָא; וְאִילּוּ יוֹסֵף לָאו בַּחֲדָא מִטָּה, וְהַאי בַּחֲדָא מִטָּה; וְאִילּוּ יוֹסֵף לָאו אִשְׁתּוֹ, וְהָא אִשְׁתּוֹ. פְּתַח אִידָךְ
וַאֲמַר: מַעֲשֶׂה וְעָמְדוּ אַרְבָּעִים מוֹדְיוֹת בְּדִינָר, נֶחְסַר הַשַּׁעַר מוֹדְיָא אַחַת, וּבָדְקוּ וּמָצְאוּ אָב וּבְנוֹ שֶׁבָּאוּ עַל נַעֲרָה
מְאוֹרָסָה בְּיוֹם הַכִּפּוּרִים, וֶהֱבִיאוּם לְבֵית דִּין וּסְקָלוּם, וְחָזַר הַשַּׁעַר לִמְקוֹמוֹ. פְּתַח אִידָךְ וַאֲמַר: מַעֲשֶׂה בְּאָדָם
אֶחָד שֶׁנָּתַן עֵינָיו בְּאִשְׁתּוֹ לְגָרְשָׁהּ, וְהָיְתָה כְּתוּבָּתָהּ מְרוּבָּה. מֶה עָשָׂה? הָלַךְ וְזִימֵּן אֶת שׁוֹשְׁבִינָיו וְהֶאֱכִילָן וְהִשְׁקָן,
שִׁיכְּרָן וְהִשְׁכִּיבָן עַל מִטָּה אַחַת, וְהֵבִיא לוֹבֶן בֵּיצָה וְהִטִּיל בֵּינֵיהֶן, וְהֶעֱמִיד לָהֶן עֵדִים וּבָא לְבֵית דִּין. הָיָה שָׁם זָקֵן
אֶחָד מִתַּלְמִידֵי שַׁמַּאי הַזָּקֵן וּבָבָא בֶּן בּוּטָא שְׁמוֹ, אָמַר לָהֶן, כָּךְ מְקוּבְּלַנִי מִשַּׁמַּאי הַזָּקֵן: לוֹבֶן בֵּיצָה סוֹלֵד מִן הָאוּר,
וְשִׁכְבַת זֶרַע דּוֹהָה מִן הָאוּר. בָּדְקוּ וּמָצְאוּ כִּדְבָרָיו, וֶהֱבִיאוּהוּ לְב"ד וְהִלְקוּהוּ וְהִגְבּוּהוּ כְּתוּבָּתָהּ מִמֶּנּוּ. א"ל אַבָּיֵי
תענית ל: לְרַב יוֹסֵף: וּמֵאַחַר דְּהָווּ צַדִּיקִים כּוּלֵּי הַאי, מַאי טַעְמָא אִיעֲנוּשׁ? א"ל: *מִשּׁוּם דְּלָא אִיאַבּוּל עַל יְרוּשָׁלַיִם, דִּכְתִיב:
ישעיה סו °"שִׂמְחוּ אֶת יְרוּשָׁלַםִ וְגִילוּ בָהּ כָּל אוֹהֲבֶיהָ שִׂישׂוּ אִתָּהּ מָשׂוֹשׂ כָּל הַמִּתְאַבְּלִים עָלֶיהָ".§ אַשָּׁקָא דְּרִיסְפָּק חֲרֵיב
בֵּיתָר. דְּהָווּ נָהִיגֵי כִּי הֲוָה מִתְיְלִיד יָנוּקָא שָׁתְלֵי אַרְזָא, יְנוּקְתָא — שָׁתְלֵי תּוּרְנִיתָא, וְכִי הָווּ מִינַּסְבֵי, קַיְיצֵי לְהוּ וַעֲבְדוּ
גְּנָנָא. יוֹמָא חַד הֲוָה קָא חָלְפָא בְּרַתֵּיהּ דְּקֵיסָר, אִתַּבַּר שָׁקָא דְּרִיסְפָּק, קַצוּ אַרְזָא וְעַיְילוּ לָהּ. אָתוּ נְפוּל עֲלַיְיהוּ, מַחוּנְהוּ.
איכה ב אָתוּ אֲמַרוּ לֵיהּ לְקֵיסָר: מָרְדוּ בָּךְ יְהוּדָאֵי! אֲתָא עֲלַיְיהוּ.§ °"גָּדַע בָּחֳרִי אַף כֹּל קֶרֶן יִשְׂרָאֵל" — א"ר זֵירָא א"ר אַבָּהוּ
א"ר יוֹחָנָן: אֵלּוּ שְׁמוֹנִים [אֶלֶף] קַרְנֵי מִלְחָמָה שֶׁנִּכְנְסוּ לִכְרַךְ בֵּיתָר בְּשָׁעָה שֶׁלְּכָדוּהָ, וְהָרְגוּ בָּהּ אֲנָשִׁים וְנָשִׁים וָטַף,
עַד שֶׁהָלַךְ דָּמָן וְנָפַל לַיָּם הַגָּדוֹל; שֶׁמָּא תֹּאמַר קְרוֹבָה הָיְתָה — רְחוֹקָה הָיְתָה מִיל. תַּנְיָא, רַבִּי אֱלִיעֶזֶר הַגָּדוֹל
אוֹמֵר: שְׁנֵי נְחָלִים יֵשׁ בְּבִקְעַת יָדַיִם, אֶחָד מוֹשֵׁךְ אֵילָךְ וְאֶחָד מוֹשֵׁךְ אֵילָךְ, וְשִׁיעֲרוּ חֲכָמִים: שְׁנֵי חֲלָקִים
מַיִם וְאֶחָד דָּם. בְּמַתְנִיתָא תָּנָא: שֶׁבַע שָׁנִים בָּצְרוּ גּוֹיִם אֶת כַּרְמֵיהֶן מִדָּמָן שֶׁל יִשְׂרָאֵל בְּלֹא זֶבֶל.

אָמַר

*) כלומר אהבת נשים לו יותר מדי וזה מבלה גופו ונשמתו. **) בלעס. בצואה רותחת כלומר מצואתו לא רוחץ ומטומאתו לא נטהר גם לעולם הבא.

בְּמַאי דִּפְסַק אַנַּפְשֵׁיהּ. מִיקְלֵי, וּבַדּוּרֵי קִיטְמָא. בְּשִׁכְבַת זֶרַע רוֹתַחַת. מִדָּה כְּנֶגֶד מִדָּה, שֶׁבַּעֲצָתוֹ הִתְחִיל הָעָם לִזְנוֹת אֶל בְּנוֹת מוֹאָב. דְּאָמַר מָר. בַּעֲרוּבִין (דף כא:), וְיָלֵיף לָהּ מִ"וְלַהַג הַרְבֵּה יְגִיעַת בָּשָׂר", הַמַּלְעִיג הַרְבֵּה — נִידּוֹן כִּיגִיעַת בָּשָׂר. וּקְרָא בְּדִבְרֵי סוֹפְרִים כְּתִיב: "וְיוֹתֵר מֵהֵמָּה בְּנִי הִזָּהֵר" — בְּדִבְרֵי סוֹפְרִים יוֹתֵר תּוֹרָה אוֹר מִדִּבְרֵי תוֹרָה. פּוֹשְׁעֵי יִשְׂרָאֵל יֵשׁוּ. נְבִיאֵי אוּמּוֹת הָעוֹלָם. בִּלְעָם, שֶׁהַשְּׁכִינָה נִגְלֵית עָלָיו, וְהִרְשִׁיעַ לְדַבֵּר. טוּר מַלְכָּא. מְדִינָה שֶׁשְּׁמָהּ הַר הַמֶּלֶךְ. נָפְלוּ. בְּנֵי הַמְּדִינָה הַיְּהוּדִים עֲלַיְיהוּ דְּרוֹמָאֵי, וּמַחוּנְהוּ. גּוּנְדָּא. גְּדוּד. הֲוָה בְּהוּ. בַּיְּהוּדִים. אִיזְדַּקּוּר. לִשְׂמוֹחַ. עַד דְּאִתַּחֲזֵי. לִבְנֵי הַחַיִל. בִּלְיוֹנָא דְּגוּשְׁפַּנְקָא. מִי שֶׁהָיְתָה לוֹ צוּרָה בְּטַבַּעְתּוֹ הָיָה מַכִּירָהּ רָחוֹק מִיל מִן הָעִיר, לְמַרְאֵה הַנֵּרוֹת. שַׁחֲלַיִים מִין מַאֲכָל הוּא בְּמַסֶּכֶת [וכן ברכות נז:] ע"ז (דף כט.*). הַהוּא אַתְרָא. הַר הַמֶּלֶךְ. מְשַׁקְּרִיתוּ. דְּאָמְרִיתוּ: שִׁשִּׁים רִבּוֹא עֲיָירוֹת הָיוּ בְּהַר הַמֶּלֶךְ, וְהוּא אֵינוֹ מַחֲזִיק אֲפִילּוּ שִׁשִּׁים רִבּוֹא קָנִים. גַּמְדָּא. דִיטריו"ש בְּלַעַ"ז, כְּמוֹ "גֹּמֶד אׇרְכָּהּ" (פסחים דף קיא.). אֵין עוֹרוֹ מַחֲזִיק בְּשָׂרוֹ. מִשֶּׁהוּפְשַׁט הוּא כָּוֵוץ וְאֵין יָכוֹל לַחֲזוֹר וּלְכַסּוֹתוֹ בּוֹ. דְּשָׁמִיעַ לֵיהּ. מַה מַּעֲשֵׂיהֶם, אִם צַדִּיקִים אִם רְשָׁעִים. בְּאָרוּס וַאֲרוּסָתוֹ. מֵאוֹתָהּ הָעִיר. שֶׁפִּטְפֵּט. זִלְזֵל בְּיִצְרוֹ, וְלֹא חֲטָאוֹ אֶלָּא נִתְגַּבֵּר עָלָיו. וְחָסַר הַשַּׁעַר. נִתְיַיקֵּר הַתְּבוּאָה. לוֹבֶן בֵּיצָה. שֶׁהוּא דּוֹמֶה לְשִׁכְבַת זֶרַע, לְהוֹצִיא קוֹל שֶׁבָּאוּ עַל אִשְׁתּוֹ. סוֹלֵד. דיטריי"ש, מִתְיַיבֵּשׁ וּמַגְלִיד. שִׁכְבַת זֶרַע דּוֹהָה מִן הָאוּר. נִכְנָס וְנִבְלָע בַּבֶּגֶד, וְאֵינוֹ מַגְלִיד. תּוּרְנִיתָא. פי"ן. גְּנָנָא. חוּפָּה. קַרְנֵי מִלְחָמָה. רָאשֵׁי גְּיָיסוֹת תּוֹקְעֵי קֶרֶן, וּמִתְאַסְּפִים עֲלֵיהֶם בְּנֵי גְדוּדָם. וְשֶׁמָּא תֹּאמַר קְרוֹבָה הָיְתָה. לַיָּם. בִּקְעַת יָדַיִם. שֵׁם מָקוֹם. וְאֶחָד דָּם. מֵהֲרוּגֵי בֵּיתָר.

שֶׁל זְכַרְיָה. בֶּן יְהוֹיָדָע הַכֹּהֵן, שֶׁהֲרָגוּהוּ שָׂרֵי יְהוּדָה בְּמִלְכוּת יוֹאָשׁ, כְּשֶׁהִשְׁתַּחֲווּ לוֹ לְיוֹאָשׁ וַעֲשָׂאוּהוּ אֱלוֹהַּ, וַהֲרָגוּהוּ בָּעֲזָרָה (דה"ב כד). שְׁטַר פִּירַטְתָּא. שְׁטַר נַוּוֹתָה, שֶׁפֵּרֵט מַה תְּהֵא עַל נְכָסָיו. °גֵּר תּוֹשָׁב הָיָה. שֶׁלֹּא קִיבֵּל עָלָיו שְׁאָר מִצְוֹת אֶלָּא ע"ז, שֶׁנֶּאֱמַר: "כִּי לֹא יַעֲשֶׂה עוֹד עַבְדְּךָ" וגו' (מ"ב ה). הַיְינוּ דִּכְתִיב. אַדָּמֵיהּ דִּזְכַרְיָה. עַל צְחִיחַ סֶלַע. עַל חֶלְקַת אֶבֶן חֲלָקָה, שֶׁלֹּא יִבָּלַע בָּאָרֶץ, כָּךְ הָיָה דָּמוֹ שֶׁל זְכַרְיָה עַל הָרִצְפָּה, וְלֹא נִבְלַע. צְחִיחַ. שְׁעִיעוּת, כְּתַרְגּוּמוֹ. הַקּוֹל. קוֹל נְוָחָה וּבְכִי עוֹלֶה מִיַּעֲקֹב. רָאָה יִצְחָק בִּנְבוּאָה מַפָּלָה זוֹ שֶׁל בֵּיתָר. וְהַיְינוּ דְּאָמַר רַבִּי אֶלְעָזָר. הָא דְּאָמְרִינַן לְעֵיל שֶׁעַל יְדֵי לָשׁוֹן הָרַע חָרַב הַבַּיִת וְנֶהֶרְגוּ כַּמָּה רְבָבוֹת. בְּחִירְחוּרֵי לָשׁוֹן. בִּמְרִיבַת לָשׁוֹן, כְּמוֹ "אַל תִּתְחַר" (תהלים לז). שׁוֹט לָשׁוֹן. שֵׁבֶט מַכֶּה. לְקָלוֹן. יְלָדִים לְמִשְׁכַּב זְכוּר, וִילָדוֹת לְפִלַּגְשִׁים. בָּשָׁן. "בֵּין שֵׁן" נוֹטָרִיקוֹן. שֶׁדַּרְכָּן לְכָךְ. לְתַשְׁמִישׁ וְאֵין קְלוֹנָן מְרוּבֶּה כִּקְלוֹן שֶׁלָּנוּ. זוֹ אִשָּׁה. "הוֹרַגְנוּ כָּל הַיּוֹם". הֶאֱמַרְתָּ. יִיחַדְתָּ. גּוּשְׁפַּנְקָא. חוֹתָמִי שֶׁצּוּרָתִי טְבוּעָה בּוֹ, כְּדֵי שֶׁתְּהֵא נִרְאֶה מִשְׁתַּחֲוֶה לָהּ. הַרְמָנָא דְּמַלְכָּא. שׁוּלְטָנוּת הַמֶּלֶךְ קִבֵּל עָלָיו לַעֲשׂוֹת. זוֹ מִילָה. "הוֹרַגְנוּ כָּל הַיּוֹם" דִּזְמְנִין דְּמָיֵית. בַּר מִשְׁחִיטָה. שֶׁמָּא יִתְחָנְקוּ בִּגְרוֹנוֹ. דָּבָר אַחֵר. לָרַעַת וּמַרְאוֹת נְגָעִים, מִפְּנֵי שֶׁמְּסוּכָּן לִקְפּוֹץ עָלָיו. קְלוּלֵי

תורה אור

זה אדריינוס קיסר שהרג באלכסנדריא. והא דאמרי' ב"החליל" (סוכה נא:) דאלכסנדרוס מוקדון הרגם והחריבה – שמא פעמים נתיישבה. **קפצו** כולן ונפלו לתוך הים. והא דאמר במס' ע"ז (דף יח.): "מוטב שיטלנה מי שנתנה, ואל יחבל בעצמו" – הכא יראים היו מיסורין, כדאמרינן (כתובות דף לג:): אלמלי נגדו לחנניה מישאל ועזריה פלחו לצלמא. ועוד: דע"כ היו מענין אותן ולא היו הורגים אותן*.

אתיוהו לקמיה. *שיטא קראי מייתי, ובשביעי לא מייתי. ובמדרש אמר דקמא אמר "אנכי" והשני "לא יהיה לך". כל

[ועי' תוס' ע"ז יח. ד"ה ואל]

בספרים שלהם חשב אנכי ולא יהיה בחדא ובבתרא לא היה מביא קרא אלא א"ל אשדי לך גושפנקי מהרש"ל.

אָמַר רַבִּי חִיָּיא בַּר אָבִין אָמַר רַבִּי יְהוֹשֻׁעַ בֶּן קָרְחָה: סָח לִי זָקֵן אֶחָד מֵאַנְשֵׁי יְרוּשָׁלַיִם: בְּבִקְעָה זוֹ הָרַג נְבוּזַרְאֲדָן רַב טַבָּחִים מָאתַיִם וְאַחַת עֶשְׂרֵה רִבּוֹא, וּבִירוּשָׁלַיִם הָרַג תִּשְׁעִים וְאַרְבַּע רִבּוֹא עַל אֶבֶן אַחַת, עַד שֶׁהָלַךְ דָּמָן וְנָגַע בְּדָמוֹ שֶׁל זְכַרְיָה, לְקַיֵּים מַה שֶּׁנֶּאֱמַר: °"וְדָמִים בְּדָמִים נָגָעוּ". *אַשְׁכַּחֵיהּ לִדְמֵיהּ דִּזְכַרְיָה דַּהֲוָה קָא מַרְתַּח וְסָלֵיק, אֲמַר: מַאי הַאי? אֲמַרוּ לֵיהּ: דַּם זְבָחִים דְּאִשְׁתַּפּוּךְ. אַיְיתִי דְּמֵי וְלָא אִידַּמּוּ, אֲמַר לְהוּ: אִי אָמְרִיתוּ לִי – מוּטָב, וְאִי לָאו – מְסָרֵיקְנָא לְבִשְׂרַייכוּ בְּמַסְרְקֵי דְּפַרְזְלֵי. אָמְרִי לֵיהּ: מַאי נֵימָא לָךְ, נְבִיָּא הֲוָה בָּן דַּהֲוָה קָא מוֹכַח לָן בְּמִילֵּי דִּשְׁמַיָּא, קָמֵינַן עִילָּוֵיהּ וְקָטְלִינַן לֵיהּ, וְהָא כַּמָּה שְׁנִין דְּלָא קָא נָיֵיח דְּמֵיהּ. אֲמַר לְהוּ: אֲנָא מְפַיֵּיסְנָא לֵיהּ. אַיְיתֵי סַנְהֶדְרֵי גְּדוֹלָה וְסַנְהֶדְרֵי קְטַנָּה קָטַל עִילָּוֵיהּ וְלָא נָח, בַּחוּרִים וּבְתוּלוֹת קָטַל עִילָּוֵיהּ הושע ד

וְלָא נָח, אַיְיתֵי תִּינוֹקוֹת שֶׁל בֵּית רַבָּן קָטַל עִילָּוֵיהּ וְלָא נָח, א"ל: זְכַרְיָה, זְכַרְיָה, טוֹבִים שֶׁבָּהֶן אִיבַּדְתִּים, נִיחָא לָךְ דְּאַבְדִּינְהוּ לְכוּלְּהוּ? כִּדְאָמַר לֵיהּ הָכִי, נָח. בְּהַהִיא שַׁעְתָּא הִרְהֵר תְּשׁוּבָה בְּדַעְתֵּיהּ, אָמַר: וּמָה אִם עַל נֶפֶשׁ אַחַת – כָּךְ, הַהוּא גַּבְרָא דְּקָטַל כָּל הָנֵי נְשָׁמָתָא – עַל אַחַת כַּמָּה וְכַמָּה! עֲרַק אֲזַל שְׁדַר שְׁטַר פַּרְטְתָּא בְּבֵיתֵיהּ וְאִגַּיַּיר.

סנהדרין צו: ע"ש
תָּנָא: *נַעֲמָן גֵּר תּוֹשָׁב הָיָה; נְבוּזַרְאֲדָן גֵּר צֶדֶק הָיָה; מִבְּנֵי בָנָיו שֶׁל הָמָן לָמְדוּ תּוֹרָה בִּבְנֵי בְּרַק; מִבְּנֵי בָנָיו שֶׁל סִיסְרָא לִמְּדוּ תִּינוֹקוֹת בִּירוּשָׁלַיִם; מִבְּנֵי בָנָיו שֶׁל סַנְחֵרִיב לִמְּדוּ תּוֹרָה בָּרַבִּים. מַאן אִינּוּן? שְׁמַעְיָה וְאַבְטַלְיוֹן. הַיְינוּ דִּכְתִיב: °"נָתַתִּי אֶת דָּמָהּ עַל צְחִיחַ סֶלַע לְבִלְתִּי הִכָּסוֹת". °"הַקּוֹל קוֹל יַעֲקֹב וְהַיָּדַיִם יְדֵי עֵשָׂו", "הַקּוֹל" – זֶה אַדְרִיָּינוּס קֵיסָר, שֶׁהָרַג בַּאֲלֶכְּסַנְדְּרִיָּא שֶׁל מִצְרַיִם שִׁשִּׁים רִבּוֹא עַל שִׁשִּׁים רִבּוֹא כִּפְלַיִם כְּיוֹצְאֵי מִצְרַיִם; "קוֹל יַעֲקֹב" – זֶה אַסְפַּסְיָינוּס קֵיסָר, שֶׁהָרַג בִּכְרַךְ בֵּיתָר אַרְבַּע מֵאוֹת רִבּוֹא, וְאָמְרִי לָהּ אַרְבַּעַת אֲלָפִים רִבּוֹא; "וְהַיָּדַיִם יְדֵי עֵשָׂו" – זוֹ מַלְכוּת הָרְשָׁעָה, שֶׁהֶחֱרִיבָה אֶת בָּתֵּינוּ, וְשָׂרְפָה אֶת הֵיכָלֵנוּ, וְהִגְלִיתָנוּ מֵאַרְצֵנוּ. דָּבָר אַחֵר: "הַקּוֹל קוֹל יַעֲקֹב" – אֵין לְךָ תְּפִלָּה שֶׁמּוֹעֶלֶת שֶׁאֵין בָּהּ מִזַּרְעוֹ שֶׁל יַעֲקֹב; "וְהַיָּדַיִם יְדֵי עֵשָׂו" – אֵין לְךָ מִלְחָמָה שֶׁנּוֹצַחַת שֶׁאֵין בָּהּ מִזַּרְעוֹ שֶׁל עֵשָׂו. וְהַיְינוּ דְּא"ר אֶלְעָזָר: °"בְּשׁוֹט לָשׁוֹן תֵּחָבֵא" – בְּחִירְחוּרֵי לָשׁוֹן תֵּחָבֵא. אָמַר רַב יְהוּדָה אָמַר רַב, מַאי דִּכְתִיב: °"עַל נַהֲרוֹת בָּבֶל שָׁם יָשַׁבְנוּ גַּם בָּכִינוּ בְּזָכְרֵנוּ אֶת צִיּוֹן"? מְלַמֵּד, שֶׁהֶרְאָהוּ הקב"ה לְדָוִד חוּרְבַּן בַּיִת רִאשׁוֹן וְחוּרְבַּן בַּיִת שֵׁנִי; חוּרְבַּן בַּיִת רִאשׁוֹן, שֶׁנֶּאֱמַר: "עַל נַהֲרוֹת בָּבֶל שָׁם יָשַׁבְנוּ גַּם בָּכִינוּ"; בַּיִת שֵׁנִי, דִּכְתִיב: °"זְכוֹר ה' לִבְנֵי אֱדוֹם אֵת יוֹם יְרוּשָׁלָיִם הָאוֹמְרִים עָרוּ עָרוּ עַד הַיְסוֹד בָּהּ". אָמַר רַב יְהוּדָה אָמַר שְׁמוּאֵל, וְאִיתֵּימָא רַבִּי אַמִי, וְאָמְרִי לָהּ בְּמַתְנִיתָא תָּנָא: מַעֲשֶׂה בְּד' מֵאוֹת יְלָדִים וִילָדוֹת שֶׁנִּשְׁבּוּ לְקָלוֹן, הִרְגִּישׁוּ בְּעַצְמָן לְמָה הֵן מִתְבַּקְּשִׁים, אָמְרוּ: אִם אָנוּ טוֹבְעִין בַּיָּם אָנוּ בָּאִין לְחַיֵּי הָעוֹלָם הַבָּא? דָּרַשׁ לָהֶן הַגָּדוֹל שֶׁבָּהֶן: °"אָמַר ה' מִבָּשָׁן אָשִׁיב אָשִׁיב מִמְּצוּלוֹת יָם", "מִבָּשָׁן אָשִׁיב" – מִבֵּין שִׁינֵּי אַרְיֵה, "אָשִׁיב מִמְּצוּלוֹת יָם" – אֵלּוּ שֶׁטּוֹבְעִין בַּיָּם; כֵּיוָן שֶׁשָּׁמְעוּ יְלָדוֹת כָּךְ, קָפְצוּ כּוּלָּן וְנָפְלוּ לְתוֹךְ הַיָּם. נָשְׂאוּ יְלָדִים ק"ו בְּעַצְמָן וְאָמְרוּ: מָה הַלָּלוּ שֶׁדַּרְכָּן לְכָךְ – כָּךְ, אָנוּ שֶׁאֵין דַּרְכֵּנוּ לְכָךְ – עַל אַחַת כַּמָּה וְכַמָּה! אַף הֵם קָפְצוּ לְתוֹךְ הַיָּם. וַעֲלֵיהֶם הַכָּתוּב אוֹמֵר: °"כִּי עָלֶיךָ הוֹרַגְנוּ כָל הַיּוֹם נֶחְשַׁבְנוּ כְּצֹאן טִבְחָה". וְרַב יְהוּדָה אָמַר: זוֹ אִשָּׁה וְשִׁבְעָה בָּנֶיהָ; אַתְיוּהוּ קַמָּא לְקַמֵּיהּ דְּקֵיסָר, אֲמַרוּ לֵיהּ: פְּלַח לַעֲבוֹדָה זָרָה! אֲמַר לְהוּ, כָּתוּב בַּתּוֹרָה: °"אָנֹכִי ה' אֱלֹהֶיךָ", אַפְּקוּהוּ וְקַטְלוּהוּ. וְאַתְיוּהוּ לְאִידָךְ לְקַמֵּיהּ דְּקֵיסָר, אֲמַרוּ לֵיהּ: פְּלַח לַעֲבוֹדָה זָרָה! אֲמַר לְהוּ, כָּתוּב בַּתּוֹרָה: °"לֹא יִהְיֶה לְךָ אֱלֹהִים אֲחֵרִים עַל פָּנָי", אַפְּקוּהוּ וְקַטְלוּהוּ. אַתְיוּהוּ לְאִידָךְ, אֲמַרוּ לֵיהּ: פְּלַח לַעֲבוֹדָה זָרָה! אֲמַר לְהוּ, כָּתוּב בַּתּוֹרָה: °"זוֹבֵחַ לָאֱלֹהִים יָחֳרָם", אַפְּקוּהוּ וְקַטְלוּהוּ. אַתְיוּהוּ לְאִידָךְ, אֲמַרוּ לֵיהּ: פְּלַח לַעֲבוֹדָה זָרָה! אֲמַר לְהוּ, כָּתוּב בַּתּוֹרָה: °"לֹא תִשְׁתַּחֲוֶה לְאֵל אַחֵר", אַפְּקוּהוּ וְקַטְלוּהוּ. אַתְיוּהוּ לְאִידָךְ, אֲמַרוּ לֵיהּ: פְּלַח לַעֲבוֹדָה זָרָה! אֲמַר לְהוּ, כָּתוּב בַּתּוֹרָה: °"שְׁמַע יִשְׂרָאֵל ה' אֱלֹהֵינוּ ה' אֶחָד", אַפְּקוּהוּ וְקַטְלוּהוּ. אַתְיוּהוּ לְאִידָךְ, אֲמַרוּ לֵיהּ: פְּלַח לַעֲבוֹדָה זָרָה! אֲמַר לְהוּ, כָּתוּב בַּתּוֹרָה: °"וְיָדַעְתָּ הַיּוֹם וַהֲשֵׁבֹתָ אֶל לְבָבֶךָ כִּי ה' הוּא הָאֱלֹהִים בַּשָּׁמַיִם מִמַּעַל וְעַל הָאָרֶץ מִתָּחַת אֵין עוֹד", אַפְּקוּהוּ וְקַטְלוּהוּ. אַתְיוּהוּ לְאִידָךְ, אֲמַרוּ לֵיהּ: פְּלַח לַעֲבוֹדָה זָרָה! אֲמַר לְהוּ, כָּתוּב בַּתּוֹרָה: °"אֶת ה' הֶאֱמַרְתָּ וגו' וַה' הֶאֱמִירְךָ הַיּוֹם", כְּבָר נִשְׁבַּעְנוּ לְהַקָּדוֹשׁ בָּרוּךְ הוּא שֶׁאֵין אָנוּ מַעֲבִירִין אוֹתוֹ בְּאֵל אַחֵר, וְאַף הוּא נִשְׁבַּע לָנוּ שֶׁאֵין מַעֲבִיר אוֹתָנוּ בְּאוּמָּה אַחֶרֶת. א"ל קֵיסָר: אִישְׁדֵי לָךְ גּוּשְׁפַּנְקָא וּגְחֵין וּשְׁקָלֵיהּ, כִּי הֵיכִי דְּלֵימְרוּ קַבֵּיל עֲלֵיהּ הַרְמָנָא דְּמַלְכָּא, א"ל: חֲבָל עֲלָךְ קֵיסָר, חֲבָל עֲלָךְ קֵיסָר, עַל כְּבוֹד עַצְמְךָ כָּךְ, עַל כְּבוֹד הקב"ה עַל אַחַת כַּמָּה וְכַמָּה! אַפְּקוּהוּ לְמִיקְטְלֵיהּ, אָמְרָה לְהוּ אִימֵּיהּ: יַהֲבוּהוּ נִיהֲלִי וְאֶינַשְּׁקֵיהּ פּוּרְתָּא, אָמְרָה לוֹ: בָּנַיי, לְכוּ וְאִמְרוּ לְאַבְרָהָם אֲבִיכֶם: אַתָּה עָקַדְתָּ מִזְבֵּחַ אֶחָד וַאֲנִי עָקַדְתִּי שִׁבְעָה מִזְבְּחוֹת! אַף הִיא עָלְתָה לַגַּג וְנָפְלָה וּמֵתָה. יָצְתָה בַּת קוֹל וְאָמְרָה: °"אֵם הַבָּנִים שְׂמֵחָה". ר' יְהוֹשֻׁעַ בֶּן לֵוִי אָמַר: זוֹ מִילָה שֶׁנִּיתְּנָה בַּשְּׁמִינִי. ר' שִׁמְעוֹן בֶּן לָקִישׁ אָמַר: אֵלּוּ ת"ח שֶׁמַּרְאִין הִלְכוֹת שְׁחִיטָה בְּעַצְמָן; דְּאָמַר רָבָא: כָּל מִילֵּי לֵיחֲזֵי אִינִישׁ בְּנַפְשֵׁיהּ, בַּר מִשְׁחִיטָה וְדָבָר אַחֵר. רַב נַחְמָן בַּר יִצְחָק אָמַר: אֵלּוּ תַּלְמִידֵי חֲכָמִים שֶׁמְּמִיתִין עַצְמָן עַל דִּבְרֵי תּוֹרָה; כְּדְר' שִׁמְעוֹן בֶּן לָקִישׁ, *דְּאָמַר ר"ש בֶּן לָקִישׁ: אֵין דִּבְרֵי תוֹרָה מִתְקַיְּימִין אֶלָּא בְּמִי שֶׁמֵּמִית עַצְמוֹ עֲלֵיהֶם, שֶׁנֶּאֱמַר: °"זֹאת הַתּוֹרָה אָדָם כִּי יָמוּת בְּאֹהֶל" וגו'. אָמַר רַבָּה בַּר בַּר חָנָה א"ר יוֹחָנָן: אַרְבָּעִים סְאָה קְצוּצֵי

יחזקאל כד · בראשית כז · איוב ה · תהלים קלז · שם · שם סח · שם מד · שמות כ · שם · שם כב · שם לד · דברים ו · שם ד · שם כו · תהלים קיג · במדבר יט

ברכות סג: שבת פג.

גליון הש"ס

רש"י ד"ה גר תושב היה. עיין ע"ז דף סה ע"ב:

קְצוּצֵי תְפִילִּין נִמְצְאוּ בְּרָאשֵׁי הֲרוּגֵי בֵיתָר. רַבִּי יַנַּאי בְּרַבִּי יִשְׁמָעֵאל אָמַר: שָׁלֹשׁ קוּפּוֹת שֶׁל אַרְבָּעִים אַרְבָּעִים סְאָה.[א] בְּמַתְנִיתָא תָּנָא: אַרְבָּעִים קוּפּוֹת שֶׁל שָׁלֹשׁ שָׁלֹשׁ סְאִין. וְלָא פְּלִיגֵי: הָא דְרֵישָׁא, הָא דְדַרְעָא. אָמַר רַבִּי אַסִּי: אַרְבָּעָה קַבִּין מוֹחַ נִמְצְאוּ עַל אֶבֶן אַחַת. עוּלָּא אָמַר: תִּשְׁעַת קַבִּין. אָמַר רַב כָּהֲנָא, וְאִיתֵימָא שֵׁילָא בַּר מָרִי: מַאי קְרָאָה? °"בַּת בָּבֶל הַשְּׁדוּדָה אַשְׁרֵי שֶׁיְשַׁלֶּם לָךְ וגו' אַשְׁרֵי שֶׁיֹּאחֵז וְנִפֵּץ אֶת עוֹלָלַיִךְ אֶל הַסָּלַע". § °"בְּנֵי צִיּוֹן הַיְקָרִים הַמְסֻלָּאִים בַּפָּז" — מַאי "מְסוּלָּאִים בַּפָּז"? אִילֵימָא דַּהֲווּ מְחַפֵּי בְּפִיזָא — וְהָאָמְרִי דְּבֵי רַבִּי שֵׁילָא: *תַּרְתֵּי מַתְקְלֵי אִיסְתֵּירֵי פִּיזָא נְחוּת בְּעָלְמָא, חֲדָא בְּרוֹמִי וַחֲדָא בְּכוּלֵּי עָלְמָא! אֶלָּא שֶׁהָיוּ מְגַנִּין אֶת הַפָּז בְּיוֹפְיָין. מֵעִיקָּרָא, חֲשִׁיבֵי דְּרוֹמָאֵי הֲווּ נָקְטִי בִּלְיוֹנָא דְּגוּשְׁפַּנְקָא וּמְשַׁמְּשִׁי עַרְסַיְיהוּ, מִכָּאן וְאֵילָךְ מַיְיתוּ בְּנֵי יִשְׂרָאֵל וְאָסְרִי בְּכַרְעֵי דְּפוּרְיָיהוּ וּמְשַׁמְּשִׁי. אֲמַר לֵיהּ חַד לְחַבְרֵיהּ: הָא הֵיכָא כְּתִיבָא? אֲמַר לֵיהּ: °"גַּם כָּל חֳלִי וְכָל מַכָּה אֲשֶׁר לֹא כָתוּב בְּסֵפֶר הַתּוֹרָה הַזֹּאת". אֲמַר: כַּמָּה מַרְחִיקְנָא מִדּוּכְתָּא פְּלָן? אֲמַר לֵיהּ: אִינְגַּד פּוּסְתָּא וּפַלְגָּא, אֲמַר לֵיהּ: אִי מְטַאי לְגַבֵּיהּ לָא אִיצְטְרִיכִי לָךְ. *אָמַר רַב יְהוּדָה אָמַר שְׁמוּאֵל מִשּׁוּם *רַבָּן שִׁמְעוֹן בֶּן גַּמְלִיאֵל, מַאי דִּכְתִיב: °"עֵינִי עוֹלְלָה לְנַפְשִׁי מִכֹּל בְּנוֹת עִירִי"? אַרְבַּע מֵאוֹת בָּתֵּי כְנֵסִיּוֹת הָיוּ בִּכְרַךְ בֵּיתָר, וּבְכָל אַחַת וְאַחַת הָיוּ בָּהּ אַרְבַּע מֵאוֹת מְלַמְּדֵי תִינוֹקוֹת, וְכָל אֶחָד וְאֶחָד הָיוּ לְפָנָיו אַרְבַּע מֵאוֹת תִּינוֹקוֹת שֶׁל בֵּית רַבָּן, וּכְשֶׁהָיָה אוֹיֵב נִכְנָס לְשָׁם הָיוּ דּוֹקְרִין אוֹתָן בְּחוֹטְרֵיהֶן, וּכְשֶׁגָּבַר אוֹיֵב וּלְכָדוּם, כְּרָכוּם בְּסִפְרֵיהֶם וְהִצִּיתוּם בָּאֵשׁ. § ת"ר: *מַעֲשֶׂה בְּרַבִּי יְהוֹשֻׁעַ בֶּן חֲנַנְיָה שֶׁהָלַךְ לִכְרַךְ גָּדוֹל שֶׁבְּרוֹמִי, אָמְרוּ לוֹ: תִּינוֹק אֶחָד יֵשׁ בְּבֵית הָאֲסוּרִים, יְפֵה עֵינַיִם וְטוֹב רוֹאִי וּקְווּצּוֹתָיו סְדוּרוֹת לוֹ תַּלְתַּלִּים. הָלַךְ וְעָמַד עַל פֶּתַח בֵּית הָאֲסוּרִים, אָמַר: °"מִי נָתַן לִמְשִׁסָּה יַעֲקֹב וְיִשְׂרָאֵל לְבוֹזְזִים"? עָנָה אוֹתוֹ תִינוֹק וְאָמַר: "הֲלֹא ה' זוּ חָטָאנוּ לוֹ וְלֹא אָבוּ בִדְרָכָיו הָלוֹךְ וְלֹא שָׁמְעוּ בְּתוֹרָתוֹ". אָמַר: מוּבְטְחַנִי בּוֹ שֶׁמּוֹרֶה הוֹרָאָה בְּיִשְׂרָאֵל, הָעֲבוֹדָה! שֶׁאֵינִי זָז מִכָּאן עַד שֶׁאֶפְדֶּנּוּ בְּכָל מָמוֹן שֶׁפּוֹסְקִין עָלָיו. אָמְרוּ: לֹא זָז מִשָּׁם עַד שֶׁפְּדָאוֹ בְּמָמוֹן הַרְבֵּה, וְלֹא הָיוּ יָמִים מוּעָטִין עַד שֶׁהוֹרָה הוֹרָאָה בְּיִשְׂרָאֵל. וּמַנּוּ? רַבִּי יִשְׁמָעֵאל בֶּן אֱלִישָׁע. אָמַר רַב יְהוּדָה אָמַר רַב: מַעֲשֶׂה בִּבְנוֹ וּבְבִתּוֹ שֶׁל ר' יִשְׁמָעֵאל בֶּן אֱלִישָׁע שֶׁנִּשְׁבּוּ לִשְׁנֵי אֲדוֹנִים. לְיָמִים נִזְדַּוְּוגוּ שְׁנֵיהֶם בְּמָקוֹם אֶחָד, זֶה אוֹמֵר: יֵשׁ לִי עֶבֶד שֶׁאֵין כְּיוֹפְיוֹ בְּכָל הָעוֹלָם, וְזֶה אוֹמֵר: יֵשׁ לִי שִׁפְחָה שֶׁאֵין בְּכָל הָעוֹלָם כּוּלּוֹ כְּיוֹפְיָהּ. אָמְרוּ: בּוֹא וְנַשִּׂיאֵם זֶה לָזֶה וְנַחְלֵק בַּוְּולָדוֹת. הִכְנִיסוּם לְחֶדֶר, זֶה יָשַׁב בְּקֶרֶן זָוִית זֶה, וְזוֹ יָשְׁבָה בְּקֶרֶן זָוִית זֶה, זֶה אוֹמֵר: אֲנִי כֹּהֵן בֶּן כֹּהֲנִים גְּדוֹלִים אֶשָּׂא שִׁפְחָה? וְזֹאת אוֹמֶרֶת: אֲנִי כֹּהֶנֶת בַּת כֹּהֲנִים גְּדוֹלִים אֶנָּשֵׂא לְעֶבֶד? וּבָכוּ כָּל הַלַּיְלָה. כֵּיוָן שֶׁעָלָה עַמּוּד הַשַּׁחַר, הִכִּירוּ זֶה אֶת זֶה, וְנָפְלוּ זֶה עַל זֶה וְגָעוּ בִּבְכִיָּה עַד שֶׁיָּצְאָה נִשְׁמָתָן. וַעֲלֵיהֶן קוֹנֵן יִרְמְיָה: °"עַל אֵלֶּה אֲנִי בוֹכִיָּה עֵינִי עֵינִי יֹרְדָה מַּיִם". אָמַר רֵישׁ לָקִישׁ: מַעֲשֶׂה בְּאִשָּׁה אַחַת וְצָפְנַת בַּת פְּנִיאֵל שְׁמָהּ, צָפְנַת — שֶׁהַכֹּל צוֹפִין בְּיוֹפְיָהּ, בַּת פְּנִיאֵל — בִּתּוֹ שֶׁל כֹּהֵן גָּדוֹל שֶׁשִּׁימֵּשׁ לִפְנַי וְלִפְנִים, שֶׁנִּתְעַלֵּל בָּהּ שַׁבַּאי כָּל הַלַּיְלָה. לְמָחָר הִלְבִּישָׁהּ שִׁבְעָה חֲלוּקִים וְהוֹצִיאָהּ לְמוֹכְרָהּ. בָּא אָדָם אֶחָד שֶׁהָיָה מְכוֹעָר בְּיוֹתֵר, אָמַר לוֹ: הַרְאֵנִי אֶת יוֹפְיָהּ, אָמַר לוֹ: רֵיקָא! אִם אַתָּה רוֹצֶה לִיקַּח — קַח, שֶׁאֵין כְּיוֹפְיָהּ בְּכָל הָעוֹלָם כּוּלּוֹ. אָמַר לוֹ: אַף עַל פִּי כֵן. הִפְשִׁיטָהּ שִׁשָּׁה חֲלוּקִים, וּשְׁבִיעִי קָרְעָתָהּ וְנִתְפַּלְּשָׁה בָּאֵפֶר, אָמְרָה לְפָנָיו: רִבּוֹנוֹ שֶׁל עוֹלָם, אִם עָלֵינוּ לֹא חַסְתָּ, עַל קְדוּשַּׁת שִׁמְךָ הַגִּבּוֹר לָמָּה לֹא תָחוּס? וְעָלֶיהָ קוֹנֵן יִרְמְיָה: °"בַּת עַמִּי חִגְרִי שָׂק וְהִתְפַּלְּשִׁי בָאֵפֶר אֵבֶל יָחִיד עֲשִׂי לָךְ מִסְפַּד תַּמְרוּרִים כִּי פִתְאֹם יָבֹא הַשֹּׁדֵד עָלֵינוּ", "עָלַיִךְ" לֹא נֶאֱמַר אֶלָּא "עָלֵינוּ", כִּבְיָכוֹל, עָלַי וְעָלַיִךְ בָּא שׁוֹדֵד. אָמַר רַב יְהוּדָה אָמַר רַב, מַאי דִּכְתִיב: °"וְעָשְׁקוּ גֶּבֶר וּבֵיתוֹ וְאִישׁ וְנַחֲלָתוֹ"? מַעֲשֶׂה בְּאָדָם אֶחָד שֶׁנָּתַן עֵינָיו בְּאֵשֶׁת רַבּוֹ, וְשׁוּלְיָא דְנַגָּרֵי הֲוָה. פַּעַם אַחַת הוּצְרַךְ (רַבּוֹ) לִלְווֹת, אָמַר לוֹ: שַׁגֵּר אִשְׁתְּךָ אֶצְלִי וְאַלְוֶנָּה, שִׁיגֵּר אִשְׁתּוֹ אֶצְלוֹ, שָׁהֲתָה עִמּוֹ שְׁלֹשָׁה יָמִים. קָדַם וּבָא אֶצְלוֹ, אָמַר לוֹ: אִשְׁתִּי שֶׁשִּׁיגַּרְתִּי לְךָ הֵיכָן הִיא? אָמַר לוֹ: אֲנִי פְּטַרְתִּיהָ לְאַלְתַּר, וְשָׁמַעְתִּי שֶׁהַתִּינוֹקוֹת נִתְעַלְּלוּ בָּהּ בַּדֶּרֶךְ. אָמַר לוֹ: מָה אֶעֱשֶׂה? אָמַר לוֹ: אִם אַתָּה שׁוֹמֵעַ לַעֲצָתִי גָּרְשָׁהּ. אָמַר לוֹ: כְּתוּבָּתָהּ מְרוּבָּה, אָמַר לוֹ: אֲנִי אַלְוְוךָ וְתֵן לָהּ כְּתוּבָּתָהּ. עָמַד זֶה וְגֵרְשָׁהּ, הָלַךְ הוּא וּנְשָׂאָהּ. כֵּיוָן שֶׁהִגִּיעַ זְמַנּוֹ וְלֹא הָיָה לוֹ לְפוֹרְעוֹ, אָמַר לוֹ: בֹּא וַעֲשֵׂה עִמִּי בְּחוֹבָךְ. וְהָיוּ הֵם יוֹשְׁבִים וְאוֹכְלִים וְשׁוֹתִין וְהוּא הָיָה עוֹמֵד וּמַשְׁקֶה עֲלֵיהֶן, וְהָיוּ דְּמָעוֹת נוֹשְׁרוֹת מֵעֵינָיו וְנוֹפְלוֹת בְּכוֹסֵיהֶן, וְעַל אוֹתָהּ שָׁעָה נִתְחַתֵּם גְּזַר דִּין. וְאָמְרִי לָהּ: עַל שְׁתֵּי פְתִילוֹת בְּנֵר אֶחָד. § "לָקַח מִן הַסִּיקָרִיקוֹן" וכו'. § *[א]אָמַר רַב: לֹא שָׁנוּ אֶלָּא דְּאָמַר לוֹ "לֵךְ חֲזַק וּקְנֵי", אֲבָל בִּשְׁטָר — קָנָה; וּשְׁמוּאֵל אָמַר: [ב]אַף בִּשְׁטָר נַמִי לֹא קָנָה, עַד שֶׁיִּכְתּוֹב לוֹ אַחֲרָיוּת. תַּנְיָא

רש"י

קְלוּלֵי תְפִילִּין. דְּפוּסֵי תְפִילִּין חוּץ מִן הָרְצוּעָה קָרוּי קְלִיָּה, כִּדְאָמְרִי' בְּמַסֶּכֶת סוּכָּה (דף כו:): אוֹחֵז בָּרְצוּעָה וְאֵינוֹ אוֹחֵז בַּקְּלִיָּה. דְּדַרְעָא. מ' סְאָה, וּדְרֵישָׁא שֶׁהֵם גְּדוֹלִים, ד' בָּתִּים בְּכָל קְלִיָּה — הָווּ ג' זִימְנֵי מ' סְאָה. וְא"ת: ד'! לֹא הִיא, שֶׁבַּיִת אֶחָד שֶׁל זְרוֹעַ גָּדוֹל מֵאֶחָד מִבָּתֵּי הָרֹאשׁ, לְפִי שֶׁכָּאן כָּל אַרְבַּע פָּרָשִׁיּוֹת בְּבַיִת אֶחָד, וּבְשֶׁל רֹאשׁ פָּרָשָׁה אַחַת בְּבַיִת אֶחָד. ומ"מ דְּפוּס שֶׁל רֹאשׁ, מִתּוֹךְ שֶׁצָּרִיךְ לְחַלֵּק הַבָּתִּים, וְלִהְיוֹת רֶיוַח בֵּינֵיהֶן, וּקְבוּעִין עַל מוֹשָׁב אֶחָד — הוּצְרַךְ הַמּוֹשָׁב לִהְיוֹת רָחָב, וְהָוֵי עַל אֶחָד שְׁלֹשָׁה שֶׁבַּזְּרוֹעַ. אַרְבָּעָה קַבִּין. בְּחוּרְבַּן בַּיִת רִאשׁוֹן. אִיסְתֵּירֵי. סְלָעִים. שֶׁהָיוּ מְגַנִּין אֶת הַפָּז בְּיוֹפְיָין. וְהַיְינוּ מְסוּלָּאִים, לְשׁוֹן "סוֹלּוּ לָרוֹכֵב" (תהלים סח) "לֹא תְסוּלֶּה בְּכֶתֶם אוֹפִיר"* — מְשׁוּבָּחִין הָיוּ בְּיוֹפְיָין מִן הַפָּז. בִּלְיוֹנֵי דְּגוּשְׁפַּנְקֵי. צוּרוֹת נָאוֹת שֶׁבְּחוֹתָמֵיהֶן, כְּדֵי שֶׁתִּתְעַבֵּרְנָה כְּנֶגְדָּן. כַּמָּה מַרְחִיקְנָא מֵהַהוּא דּוּכְתָּא. שֶׁלֹּא הִגַּעְתִּי לִלְמוֹד אוֹתוֹ פָּסוּק. אִינְגַּד. מְעַט. פּוּסְתָּא וּפַלְגָּא. דַּף וָחֵצִי. עַל כְּבוֹד שִׁמְךָ הַגִּבּוֹר. וְהֵיכָן גְּבוּרָתְךָ? עָלַי וְעָלַיִךְ. שֶׁשְּׁמִי נִתְחַלֵּל בְּכָךְ. שׁוּלְיָא דְנַגָּרֵי הֲוָה. לֹא הָיָה רַבּוֹ לַתּוֹרָה, אֶלָּא רַבּוֹ לְאוּמָּנוּת שֶׁל נַגָּרִים. שׁוּלְיָא. אינדרי"ן. הוּצְרַךְ לִלְווֹת. הָרַב. קִידֵּם. הִשְׁכִּים. שְׁתֵּי פְתִילוֹת בְּנֵר אֶחָד. אֵשֶׁת אִישׁ. לֹא שָׁנוּ. דְּמִקָּחוֹ בָּטֵל. אֶלָּא דְּאָמְרוּ לֵיהּ. בְּעָלִים, לָזֶה שֶׁלָּקַח מִסִּיקָרִיקוֹן. לֵךְ חֲזַק וּקְנֵי. בַּחֲזָקָה, דְּכֵיוָן דְּדִיבּוּרָא בְּעָלְמָא הוּא — אִיכָּא לְמֵימַר: הַשְּׁנִי נוֹחַ לִי. אֲבָל. אִי כָּתַב לֵיהּ שְׁטָרָא בִּשְׁמֵיהּ. קָנֵי. דְּכוּלֵּי הַאי לָא הֲוָה לֵיהּ לְמֵיעֲבַד, אִי לָאו דְּזַבְּנָהּ לֵיהּ מֶכֶר גָּמוּר, וּמִדַּעַת. אַחֲרָיוּת. דְּאִי טָרְפוּ לָהּ מִינֵּיהּ — לִגְבֵּיהּ דְּמֵי אַרְעָא.

ה"ג

תוספות

כל ממון שפוסקין עליו. כי איכא סכנת נפשות פודין שבויין יותר על כדי דמיהן, כדאמרינן בפרק "השולח" (לעיל דף מד.) גבי מוכר עצמו ואת בניו לגויס, כ"ש הכא דאיכא קטלא. אי נמי — משום דמופלג בחכמה היה*. אבל בשטר קנה. אשה נמי קאי, כדמוכח בסמוך. והא דאמר בפרק "מי שהיה נשוי" (כתובות דף נה.): כתב לראשון ולא חתמה לו, ולשני וחתמה לו — איבדה כתובתה. משמע דבחד לוקח יכולה לומר "נחת רוח עשיתי לבעלי"! התם כשחתמה על שטר של בעלה, והכא כשכתבה שטר בפני עצמה. ועוד: דחתמה דהתם — שנתרצית במכירת הבעל, או שמחלה לו השעבוד, אבל הכא — כשכתבה *שטר מכירה שהיא מוכרת לו. ולמאי דמפרש ה"ר אליעזר משנז"א דרב ושמואל פליגי הכא באחריות טעות סופר הוא, דשמואל לטעמיה דאמר בפ"ק דב"מ (דף יד.) דאחריות לאו טעות סופר הוא בשטרי מקח וממכר, ורב סבר אחריות ט"ס הוא, ובסתם שטר — ככתבה לו אחריות דמי, והיא דכתובות — כשפירשה דלא קבלה אחריות (א) מידי.

כגון

מסורת הש"ס

תהלים קלז

איכה ד

דברים כח

איכה ג

איוב כח

[עי' תוס' ע"ז יא: ד"ה מתקלי]

ב"ק פג. ע"ש [סוטה מט: ע"ש]

[תוספתא הוריות פ"ב]

ישעיה מב

איכה א

ירמיה ו

מיכה ב

ס"א ל"ג

[ב"ב מז: מח.]

[עי' תוס' ע"ז לב: ד"ה אבל]

עין משפט נר מצוה

פה א ב מיי' פי"ד מהל' טוען הלכה ב ועי' במ"מ סמג עשין נה טוש"ע חו"מ סימן רלו סעיף ד וסי' קנא סעי' ג:

*[ועי' תוספות לעיל מה. ד"ה דלא וכו']

בשטר מכירת הבעל שהיא מוכרת כצ"ל

תוספות רי"ד

אמר רב ל"ש אלא דא"ל לך חזק וקני אבל בשטר קנה ושמואל אמר אף בשטר לא קנה עד שיכתוב לו אחריות וקי"ל הלכה כשמואל בדיני ועוד דאמרינן בחזקת הבתים אמר רב הונא אמר לי רב נחמן כולן שהביאו ראיה ראייתן ראיה ומעמידין שדה בידם גזלן שהביא ראיה אין ראייתו ראיה ואין מעמידין שדה בידו מאי קמ"ל תנינא לקח מסיקריקון וחזר ולקח מבע"ה מקחו בטל לאפוקי מדרב דאמר רב ל"ש אלא דאמר ליה לך חזק וקני אבל בשטר קנה קא משמע לן כדשמואל דאמר שמואל אף בשטר לא

הגהות הב"ח

(א) תוס' ד"ה אבל וכו' אחריות מיירי הס"ד:

פו א מיי' פכ"ב מהל' אישות הלכה יז סמג עשין מח טוש"ע אה"ע סימן ל סעיף טז:

נ"א מיתיבי רשב"א

פז ב ג טוש"ע ח"מ סימן רלז סעיף ה וסעיף ז:

פח ד ה מיי' פ"י מהל' גזילה הלכה א סמג עשין עג טוש"ע ח"מ סימן רלו סעיף ז וסעיף ח וע"ש:

פט ו ז מיי' שם הלכה ג טוש"ע שם סעיף א:

*תַּנְיָא כְּוָותֵיהּ דִּשְׁמוּאֵל, *ר' שִׁמְעוֹן בֶּן אֶלְעָזָר אוֹמֵר: אלָקַח מִן הָאִשָּׁה וְחָזַר וְלָקַח מִן הָאִישׁ — מִקָּחוֹ קַיָּים, מִן הָאִישׁ וְחָזַר וְלָקַח מִן הָאִשָּׁה — מִקָּחוֹ בָּטֵל, עַד שֶׁתִּכְתּוֹב לוֹ אַחֲרָיוּת. נֵימָא תֶּיהֱוֵי תְּיוּבְתָּא דְּרַב! אָמַר לָךְ רַב: מַאי אַחֲרָיוּת? נַמִי שְׁטָר. *ת"ר: בלָקַח מִן הַסִּיקָרִיקוֹן, וַאֲכָלָהּ שָׁלֹשׁ שָׁנִים בִּפְנֵי בְעָלִים, וְחָזַר וּמְכָרָהּ לְאַחֵר — אֵין לַבְּעָלִים עַל לוֹקֵחַ שֵׁנִי כְּלוּם. ה"ד? אִי דְּקָא טָעֵין וְאָמַר "מִינָּךְ זַבְנָהּ", אֲפִילּוּ רִאשׁוֹן נַמִי! אִי דְּלָא קָא טָעֵין וְאָמַר "מִינָּךְ זַבְנָהּ", אֲפִילּוּ שֵׁנִי נַמִי לָא! אָמַר רַב שֵׁשֶׁת: לְעוֹלָם דְּלָא קָא טָעֵין לֵיהּ, גוּכְגוֹן זֶה *טוֹעֲנִין לְיוֹרֵשׁ וְטוֹעֲנִין לְלוֹקֵחַ, וְאִידָּךְ, אִי טָעֵין — אִין, וְאִי לָא טָעֵין — לָא.§ ת"ר: דהַבָּא מֵחֲמַת חוֹב וּמֵחֲמַת אַנְפָּרוֹת — אֵין בּוֹ מִשּׁוּם סִיקָרִיקוֹן, וְאַנְפָּרוֹת עַצְמָהּ — צְרִיכָה שֶׁתִּשְׁהֶה שְׁנֵים עָשָׂר חֹדֶשׁ. וְהָאָמַרְתְּ אֵין בָּהּ מִשּׁוּם סִיקָרִיקוֹן! ה"ק: סִיקָרִיקוֹן עַצְמָהּ — צְרִיכָה שֶׁתִּשְׁהֶה י"ב חֹדֶשׁ. אָמַר רַב יוֹסֵף, נָקְטִינַן: אֵין אַנְפָּרוֹת בְּבָבֶל. וְהָא קָחָזֵינַן דְּאִיכָּא! אֶלָּא אֵימָא: אֵין דִּין אַנְפָּרוֹת בְּבָבֶל. מ"ט? הכֵּיוָן דְּאִיכָּא בֵּי דָוָאר וְלָא אָזֵיל קָבֵיל, אֵימָא אַחוּלֵי אַחֵיל. גִּידֵּל בַּר רְעִילַאי קַבֵּיל אַרְעָא בְּטַסְקָא מִבְּנֵי בָאגָא, אַקְדֵּים וְיָהֵיב זוּזֵי דִּתְלָת שְׁנִין. לַסּוֹף אֲתָא מַרְוָותָא קַמָּאֵי, אֲמַרוּ לֵיהּ: שַׁתָּא קַמַּיְיתָא דִּיהַבַת אֲכַלְתְּ, הָשְׁתָּא אֲנַן יָהֲבִינַן אֲנַן אָכְלִינַן. אֲתוּ לְקַמֵּיהּ דְּרַב פָּפָּא, סָבַר לְמִיכְתַּב לֵיהּ טִירְפָּא אַבְנֵי בָאגָא, א"ל רַב הוּנָא בְּרֵיהּ דְּרַב יְהוֹשֻׁעַ לְרַב פָּפָּא: א"כ, עָשִׂיתָ סִיקָרִיקוֹן! אֶלָּא אָמַר רַב הוּנָא בְּרֵיהּ דְּרַב יְהוֹשֻׁעַ: הִנִּיחַ מָעוֹתָיו עַל קֶרֶן הַצְּבִי.§ "וזוֹ מִשְׁנָה רִאשׁוֹנָה. ב"ד שֶׁל אַחֲרֵיהֶן אָמְרוּ: הַלּוֹקֵחַ מִן הַסִּיקָרִיקוֹן נוֹתֵן לַבְּעָלִים רְבִיעַ".§ אָמַר רַב: *רְבִיעַ בְּקַרְקַע אוֹ רְבִיעַ בְּמָעוֹת, וּשְׁמוּאֵל אָמַר: ירְבִיעַ בְּקַרְקַע שֶׁהֵן שְׁלִישׁ בְּמָעוֹת. בְּמַאי קָמִיפַּלְגִי? מָר סָבַר: נְכִי רְבִיעָא זָבֵין, וּמ"ס: נְכִי חוּמְשָׁא זָבֵין. מֵיתִיבִי: זוֹ מִשְׁנָה רִאשׁוֹנָה. ב"ד שֶׁל אַחֲרֵיהֶן אָמְרוּ: הַלּוֹקֵחַ מִן הַסִּיקָרִיקוֹן נוֹתֵן לַבְּעָלִים רְבִיעַ, וְיַד בְּעָלִים עַל הָעֶלְיוֹנָה, ירָצוּ בְּקַרְקַע נוֹטְלִין, רָצוּ בְּמָעוֹת נוֹטְלִין; אֵימָתַי? בִּזְמַן שֶׁאֵין בְּיָדָן לִיקַּח, אֲבָל יֵשׁ בְּיָדָן לִיקַּח — הֵן קוֹדְמִין לְכָל אָדָם. רַבִּי הוֹשִׁיב ב"ד וְנִמְנוּ, שֶׁאִם שָׁהֲתָה בִּפְנֵי סִיקָרִיקוֹן שְׁנֵים עָשָׂר חוֹדֶשׁ — כָּל הַקּוֹדֵם לִיקַּח זָכָה, אֲבָל נוֹתֵן לַבְּעָלִים רְבִיעַ בְּקַרְקַע אוֹ רְבִיעַ בְּמָעוֹת. אָמַר רַב אַשִׁי: כִּי תַּנְיָא הַהִיא — לְאַחַר שֶׁבָּאוּ מָעוֹת לְיָדוֹ. *אָמַר רַב: אָנָא

[תוספתא פ"ג] [ב"ב מז:] [מת: וע"ש לג:] [גי' הערוך בערך רבע א' א"ר הונא רביע בקרקע שהוא רביע במעות וע"ש פי' ארוך ונעים] [ועמ"ש תוס' בזה בב"ק נח. ד"ה או נמי] [ב"ב כג.] [סנהדרין לו.]

ה"ג תַּנְיָא כְּוָותֵיהּ דִּשְׁמוּאֵל. מַאי אַחֲרָיוּת. דְּקָתָנֵי. שְׁטָר. וְלֹא אַחֲרָיוּת נְכָסִים, אֶלָּא עַד שֶׁתִּכְתּוֹב לוֹ שְׁטָר, וַהֲוָה לוֹ לְאַחֲרָיוּת שֶׁאֵינָהּ יְכוֹלָה לַחֲזוֹר עָלָיו עוֹד. אִי דְּקָא טָעֵין. לֵיהּ הַאי לוֹקֵחַ שֵׁנִי. מִינָּךְ זַבְנָהּ. לוֹקֵחַ רִאשׁוֹן, שֶׁנָּתַן לְךָ רְבִיעַ כְּתַקָּנַת בֵּית דִּין, וַהֲדַר אֲכָלָהּ שְׁנֵי חֲזָקָה. וְתוּ לָא מָצֵי אָמַר לֵיהּ הַאי: אֶחֱזֵי שְׁטָרָא דְּטָפֵי מִתְּלָתָא שְׁנִין לָא מִזְדַּהַר אִינִישׁ בִּשְׁטָרֵיהּ. מַאי אִירְיָא חָזַר וּמְכָרָהּ לְאַחֵר? אֲפִילּוּ לוֹקֵחַ רִאשׁוֹן נַמִי, בָּתַר דַּאֲכָלָהּ שְׁנֵי חֲזָקָה, אִי הֲוָה טָעֵין לֵיהּ חֲזַרְתִּיהָ וּלְקַחְתִּיהָ מִמְּךָ כְּתַקָּנַת חֲכָמִים זֶה שָׁלֹשׁ שָׁנִים — טַעֲנָתֵיהּ טַעֲנָה. לְעוֹלָם דְּלָא טָעֵין וּכְגוֹן זֶה. דְּסִיקָרִיקוֹן. טוֹעֲנִין לְיוֹרֵשׁ וְטוֹעֲנִין לְלוֹקֵחַ. הַלּוֹקֵחַ מִסִּיקָרִיקוֹן, וְהוֹרִישָׁהּ לְבָנָיו וַאֲכָלָהּ ג' שָׁנִים, אוֹ מְכָרָהּ לְאַחֵר וַאֲכָלָהּ ג' שָׁנִים, וּבָאוּ בְּעָלִים לְהוֹצִיא מִמֶּנּוּ, וְאֵינוֹ יוֹדֵעַ לִטְעוֹן וְלוֹמַר לוֹ: "הָרִאשׁוֹן קְנָאָהּ מִמְּךָ" — בֵּית דִּין טוֹעֲנִין בִּשְׁבִיל הַיּוֹרֵשׁ וּבִשְׁבִיל הַלּוֹקֵחַ. וַאֲפִילּוּ לְמ"ד בָּבָא בַּתְרָא:* אֵין טוֹעֲנִין לַיּוֹרֵשׁ, וְאֵין טוֹעֲנִין לַלּוֹקֵחַ טַעֲנָה זוֹ "הָרִאשׁוֹן לְקָחָהּ מִמְּךָ" — הָכָא מוֹדֵי דְּטָעֲנִינַן לֵיהּ, דִּסְתָם מַאן דְּזָבֵין מִסִּיקָרִיקוֹן מֵידַע יָדַע, וְלָא שָׁדֵי זוּזֵי בִּכְדִי לַלּוֹקֵחַ, אִם לֹא עַל פִּי בְּעָלִים. וְאִידָּךְ אִי טָעֵין אִין. אֲבָל לוֹקֵחַ רִאשׁוֹן, אִי טָעֵין — אִין, אִי לָא טָעֵין — אֲנַן לָא טָעֲנִינַן לֵיהּ. דְּהָא יָדַע אִי זַבְנָהּ אִי לָא, וְאִי אִיתָא דְּזַבְנָהּ — הֲוָה טָעֵין. הַבָּא מֵחֲמַת חוֹב. גּוֹי הַבָּא מֵחֲמַת חוֹב עַל יִשְׂרָאֵל. אוֹ מֵחֲמַת אַנְפָּרוֹת. גָּזֵל בְּעָלְמָא, וְאֵינוֹ מָסוּר בְּיָדוֹ לַהֲרוֹג, וְאָנַס הַגּוֹי קַרְקָעוֹ בְּחוֹבוֹ אוֹ בְּאַנְפָּרוֹת. אֵין בּוֹ מִשּׁוּם סִיקָרִיקוֹן. אִם שָׁהָה בְּיָדוֹ שְׁנֵים עָשָׂר חֹדֶשׁ, לָתֵת רְבִיעַ לַבְּעָלִים כְּתִקּוּן חֲכָמִים, וְיַחֲזִיק בְּקַרְקָעוֹ. אֶלָּא מַחֲזִיר לוֹ הַקַּרְקַע בְּחִנָּם. דְּגַבֵּי סִיקָרִיקוֹן הוּא דְּחָזְרוּ וְנִמְנוּ, דְּכֵיוָן דְּגָמַר וְאַקְנֵי אַגַּב אוֹנֶס מִיתָה. וַאֲפִילּוּ בָּתַר דִּגְזוּר "כָּל דְּקָטֵיל לִקְטְלוּהּ" — מִסְתַּפֵּי לֵיהּ מִקַּמָּא דְּקַמֵּיהּ דְּאִקְטוּל, וְסוֹפוֹ הוֹכִיחַ שֶׁהִנִּיחָהּ בְּיָדוֹ שְׁנֵים עָשָׂר חֹדֶשׁ וְלֹא צָעַק עָלָיו, וְהִלְכָּךְ נוֹתֵן לַבְּעָלִים רְבִיעַ — דְּקִים לְהוּ לְרַבָּנַן דְּגוֹי אוֹזִיל גַּבֵּי לוֹקֵחַ רְבִיעַ, לְפִי שֶׁבְּחִנָּם בָּאָה לוֹ. אֲבָל הַאי לָא גָּמַר וְאַקְנֵי מִידֵי, וְאַע"ג דְּשָׁהֲתָה שְׁנֵים עָשָׂר חֹדֶשׁ — לֹא בָּאת לוֹ שָׁעָה לְכוֹפוֹ, הִלְכָּךְ אֵין מְכִירָתוֹ מְכִירָה כְּלָל*. צְרִיכָה שֶׁתִּשְׁהֶה. בְּיַד הַגּוֹי שְׁנֵים עָשָׂר חֹדֶשׁ, דְּאִי לָא — הֲדָרָא לְמָרֵיהּ וְיָהֵיב דָּמֵי, כִּדְקָתָנֵי מַתְנִיתִין: שֶׁאִם יֵשׁ בְּיָדָם לִיקַּח — הֵם קוֹדְמִין לְכָל אָדָם. וְהָאָמַרְתְּ אֵין בּוֹ מִשּׁוּם סִיקָרִיקוֹן. וּשְׁנֵים עָשָׂר חֹדֶשׁ לֹא הוּזְכְּרוּ אֶלָּא בּוֹ, דְּאִילּוּ אַנְפָּרוֹת — הָדְרָא בְּלָא דָּמֵי, וּלְעוֹלָם. הָכִי קָאָמַר אַנְפָּרוֹת אֵין בּוֹ מִשּׁוּם סִיקָרִיקוֹן. דְּאִילּוּ מִסִּיקָרִיקוֹן מוֹקְמִינַן לָהּ בְּיַד לוֹקֵחַ, וְנוֹתֵן רְבִיעַ. אֲבָל אַנְפָּרוֹת — בְּלָא דְּמֵי הָדְרָא, וּלְעוֹלָם. וְסִיקָרִיקוֹן עַצְמָהּ. דְּאָמְרִינַן דְּקַיְימָא לֵיהּ בְּיַד לוֹקֵחַ — וְהוּא שֶׁשָּׁהֲתָה שְׁנֵים עָשָׂר חֹדֶשׁ בְּיַד סִיקָרִיקוֹן. אֵין אַנְפָּרוֹת בְּבָבֶל. מַשְׁמַע: אֵין גּוֹי אוֹנֵס קַרְקַע מִיִּשְׂרָאֵל בְּבָבֶל בְּאַנְפָּרוֹת, וְאִם בָּא יִשְׂרָאֵל וְעִרְעֵר עַל חֲבֵירוֹ, וְאוֹמֵר: קַרְקַע זוֹ שֶׁלָּקַחְתָּ מִן הַגּוֹי שֶׁלִּי הָיְתָה, וּגְזָלָהּ מִמֶּנִּי — אֵינוֹ נֶאֱמָן. אֵין דִּין אַנְפָּרוֹת בְּבָבֶל. לְאַפְסוּדֵיהּ לַלּוֹקֵחַ. רְעִילַאי. כָּךְ שְׁמוֹ. טַסְקָא. מַס קַרְקַע. מִבְּנֵי בָאגָא. בְּנֵי הַבִּקְעָה. כָּךְ הָיָה מִנְהָגָם: פּוֹסְקִים מַס עַל כָּל הַבִּקְעָה לָתֵת כָּךְ וְכָךְ לְשָׁנָה לַמֶּלֶךְ, וְהֵם מְחַלְּקִין הַשָּׂדוֹת בֵּינֵיהֶם, וְנוֹתֵן כ"א מַס לְפִי חֶלְקוֹ הַמַּגִּיעוֹ, וְנוֹתְנִין לְאֶחָד, וְהוּא נוֹתְנוֹ לְגַבָּאֵי הַמֶּלֶךְ. וְאִם הָלַךְ אֶחָד מִבְּנֵי הַשָּׂדוֹת לְדַרְכּוֹ — גַּבָּאֵי הַמֶּלֶךְ תּוֹבֵעַ מִבְּנֵי הַבִּקְעָה כָּל הַמַּס שָׁלֵם. וְהַבְּעָלִים שֶׁל קַרְקַע זוֹ הָלְכוּ לְדַרְכָּן, וּבְנֵי בָּאגָא שֶׁהָיָה כָּל הַמַּס מוּטָּל עֲלֵיהֶם נְתָנוּהָ לְגִידּוּל, לִפְרוֹעַ הַמַּס בִּשְׁבִיל הַבְּעָלִים וּלְאוֹכְלָהּ. קְדֵים וְיָהֵיב. לַמֶּלֶךְ טַסְקָא דִּתְלָת שְׁנִין. טִירְפָּא. שְׁטָר מִבֵּית דִּין לִטְרוֹף מִקַּרְקָעוֹת שֶׁלָּהֶם מַה שֶּׁנָּתַן. שֶׁאִילּוּ לֹא בָּאוּ הַבְּעָלִים לִטְרוֹף מִמֶּנּוּ — לֹא הָיָה מַפְסִיד כְּלוּם. וּמֵעַתָּה, שֶׁיֹּאכְלוּהָ אֲחֵרִים — יִטּוֹל הַמֶּלֶךְ מְנָתוֹ מֵהֶם, וְלֹא יַעֲלוּ אֵלֶּה בַּחֶשְׁבּוֹן, וְנִמְצָא זֶה מַפְסִיד מַה שֶּׁנָּתַן. אִם כֵּן עָשִׂיתָ. הַדָּבָר, כְּדִין סִיקָרִיקוֹן, דְּאָמְרִינַן בְּמִשְׁנָה אַחֲרוֹנָה שֶׁאֵינוֹ מַפְסִיד כְּלוּם, דְּקָתָנֵי: קָנָה, וְנוֹתֵן לַבְּעָלִים מַאי דְּאוֹזִיל גּוֹי גַּבֵּיהּ, אוֹ אִם יֵשׁ בְּיָדָם לִיקַּח — יַחֲזִירוּ לוֹ מָעוֹתָיו. וְהַאי נַמִי לֹא יַפְסִיד מַה שֶּׁנָּתַן לַמֶּלֶךְ וְגַבֵּי כּוּלֵּהּ. וְהָכָא לָאו סִיקָרִיקוֹן הוּא הַמֶּלֶךְ, אֵין לוֹ עֲלֵיהֶם כִּי אִם הַמַּס, וּמִפְּנֵי אוֹתוֹ הַחוֹב נִמְכְּרָה לָזֶה, וְלֹא הָיָה לוֹ לְהַקְדִּים וְלִיתֵּן שֶׁל שָׁלֹשׁ שָׁנִים. אָמַר רַב רְבִיעַ בְּקַרְקַע אוֹ רְבִיעַ בְּמָעוֹת. אוֹ יִתֵּן לַבְּעָלִים רְבִיעַ מָעוֹת שֶׁנָּתַן לַגּוֹי, אוֹ יִתֵּן לוֹ קַרְקַע שָׁוֶה רְבִיעַ הַמָּעוֹת. אִם לְקָחָהּ בְּמָנֶה — נוֹתֵן לוֹ רְבִיעַ מָנֶה, אוֹ מִן הַקַּרְקַע עַצְמוֹ שָׁוֶה רְבִיעַ מָנֶה, דְּהַיְינוּ חֲמִישִׁית שֶׁבַּקַּרְקַע, אִם הַבְּעָלִים חֲפֵצִים בַּקַּרְקַע. דְּקָסָבַר רַב: נְכִי חוּמְשָׁא זָבֵן מִן הַגּוֹי, שָׁוֶה חָמֵשׁ בְּאַרְבָּעָה. הִלְכָּךְ יָהֵיב לֵיהּ רְבִיעַ מָנֶה, אוֹ חֲמִישִׁית הַקַּרְקַע — דְּהַיְינוּ רְבִיעַ מָנֶה, שֶׁהַקַּרְקַע הַנִּקְנֵית מִסִּיקָרִיקוֹן בְּמָנֶה שָׁוֶה חֲמֵשֶׁת רְבִיעִים. וּשְׁמוּאֵל אָמַר: רְבִיעַ הַקַּרְקַע עַצְמוֹ נוֹתֵן לוֹ, אוֹ שְׁלִישׁ מָנֶה. דְּסָבַר שְׁמוּאֵל: נְכִי רִיבְעָא זָבֵן, שָׁוֶה אַרְבַּע לָקַח בְּשָׁלֹשׁ, הִלְכָּךְ שָׂדֶה זוֹ שֶׁלָּקַח בְּמָנֶה שָׁוֶה אַרְבַּע שְׁלִישֵׁי מָנֶה. זוֹ מִשְׁנָה רִאשׁוֹנָה. רֵישָׁא דְּמַתְנִיתִין, דְּקָתָנֵי: מִקָּחוֹ בָּטֵל. אוֹ רְבִיעַ בְּמָעוֹת. וְקַשְׁיָא לִשְׁמוּאֵל. כִּי תַּנְיָא. רְבִיעַ בְּמָעוֹת — לְאַחַר שֶׁבָּאוּ שְׁלִישׁ הַמָּעוֹת לְיַד הַבְּעָלִים כִּשְׁמוּאֵל, קָרֵי לְהוּ רְבִיעַ, דְּהָא שְׁלֹשָׁה שְׁלִישֵׁי נָתַן לַגּוֹי וְלָזֶה שְׁלִישׁ — הֲרֵי אַרְבָּעָה. וְהָכִי קָאָמַר: נוֹתֵן לַבְּעָלִים רְבִיעִית הַקַּרְקַע, אוֹ מָעוֹת שִׁיעוּר שֶׁיְּהוּ רְבִיעַ, כְּשֶׁמִּצְטָרֵף שֶׁל גּוֹי וְשֶׁל בְּעָלִים יְהוּ שֶׁל בְּעָלִים רְבִיעַ בְּכוּלָּן. אֲנָא

כגון זה טוענין ליורש וללוקח. פירש בקונטרס: אפילו למ"ד בב"ב דאין טוענין — הכא מודה. ולא מצינו שם פלוגתא, אלא אמרי' בפרק "לא יחפור" (ב"ב דף כג.): טוענין ליורש – תנינא, טוענין ללוקח – תנינא. ו"כגון זה" דאמר – ה"פ: אפילו כגון זה, דסלקא דעתך דהדין עם הבעלים, דמה שלא מיחו – מפני יראת הסיקריקון. **אנן** יהבינן אנן אכלינן. והא דאמרינן בפ' "חזקת הבתים" (ב"ב דף נד:) גבי דורא דרעוותא דבני באגי דמטמרי הוו, ומלכא אמר: מאן דיהיב טסקא – ליכול ארעא, והפסידו הקרקע לגמרי. התם היו נשמטים מלפרוע. אבל כאן שהבעלים הלכו, ולא להשמט – דין הוא דכל הנהו שני מאן דיהיב טסקא אכיל, וכי הדרי – אהדרי ארעא למרא. **למכתב** ליה טירפא אבני באגא. לא אבני באגי דקביל מינהון, דמה להן לפרוע מה שהקדים זה? אלא אמרוותא קמאי. **רביע** בקרקע או רביע במעות. פירוש: רביע במעות שנתן יתן לו, ואותו רביע – בקרקע או במעות יתן לו, דהיינו חמישית בקרקע, כדמפר' דנכי חומשא זבין. ותימה, דמאי פריך מברייתא דקתני: רביע בקרקע או רביע במעות, לשמואל דאמר: רביע בקרקע שהוא שליש במעות, דנכי ריבעא זבין? הא איכא לפרושי נמי איפכא: דרביע הקרקע יתן לו או בקרקע או במעות – דהיינו שליש מעות. ואית ספרים דגרסי בדרב ובברייתא: רביע בקרקע שהוא רביע במעות, וכן ר"ח. ומפרש: רביע – בקרקע שנתן דמים עליה, דהיינו חומש. דעל ארבע חומשים נתן דמים, דנכי חומשא זבין. דכולהו

תוספות רי"ד

קנה: ת"ר הבא מחמת חוב ומחמת אנפרות אין בו משום סיקריקון פי' אם הגוי לקח שדה מישראל בחובו ואחר כך מכרם לישראל אחר אין הבעלים יכולין לטורפה ממנו דה"ל למיפרעיה לגוי ומיסבה מיניה דהא אין רצונו של גוי להחמיסו ומדלא יהיב ליה דמיה ושקליה מיניה ש"מ אחולי אחיל ואין לו דין עם הלוקח וכן אם לקחה הגוי מישראל באנפרות שהיא גזילה שאין לו אונס מיתה שהיה לו לקבול עליו אצל המושל ולמה הניחה בידו אלא ודאי אחולי אחיל כדאמר רב יוסף לקמן (וגבי) [דכי] האי גוונא קתני דאין בו משום סיקריקון כגון דקביעי בי דואר במתא וקעביד דינא דכיון דלא אזיל ותבעיה אחולי אחיל ואין לו דין גזלן פי' אין דין אנפרות שאם לקח ישראל מיד האנפרות יהיה מקחו בטל אלא מקחו קיים ואין בעלים הראשונים יכולים להוציאה מיד גוי כגזלן ישראל דאילו ישראל שגזל שדה מחבירו אע"פ ששהתה בידו כמה זמן לא נתייאש דאמר כל זמן דתבענא ליה בדינא שקילנא מיניה אבל בגוי אם תשתקע בידו בודאי מייאש הלכך מדלא תבעיה אחולי אחיל ואין לו דין עם הלוקח: אמר רב יוסף נקטינן אין אנפרות בבבל והא קחזינן דאיכא אלא אימא אין דין אנפרות בבבל מ"ט כיון דאיכא בי דואר ולא אזיל אימור אחיל: זו משנה ראשונה היתה כך שמהרוגי מלחמה ואילך יש בהן דין סיקריקון והיו באין הבעלים וטורפין אותן בחנם ראו ב"ד של אחריהן שהשדות משתקעות ביד הסיקריקון ואין קונה מהם התקינו שלא יטרפום בחנם אלא נותן מעות ולוקח שדהו או לוקח ממנו רביע ומחליטו לאותו לוקח שקנה מסיקריקון א) עוד דאפילו שהיו נמנעין מליקח מן הסיקריקון שמא יבואו הבעלים ויתנו מעות ויקחו שדותיהן התקינו שעד י"ב חדש יכולים הבעלים ליתן מעות ולטרוף אבל מכאן ואילך כל הקודם ליקח [זכה] ואינו נותן לבעלים אלא רביע שוזלו לו הסיקריקון. אמר רב רביע בקרקע שהוא רביע במעות ושמואל אמר רביע בקרקע שהוא שליש במעות במאי קמיפלגי מר סבר נכי רבעא זבין ומר סבר נכי חומשא זבין פי' רב סבר הא רובע דקתני במתני' דאוזיל גביה הסקריקון אמעות דיהיב ליה קאי שאם קנה ממנו השדה במנה נותן לו לבעלים רביע מנה שהשדה שמכר לו במנה שוה חמשה רבעי מנה דנכי חומשא זבין ליה ואם רוצה שיתן לו הקרקע [כל כך] יתן לו עד שמגיע לרביע מנה שעושין מן השדה חמשה חלקים כל חלק שוה רביע מנה וידו של בעל [קרקע] על העליונה כדקתני בברייתא או יקח רובע מנה מעות או יקח שוה רובע מנה שהוא חמישית שדה וזהו רביע בקרקע שהוא רביע במעות כלומר מאי דקתני במתניתין נותן לבעלים רביע אמעות דיהב לסקריקון קאי ואם רוצה בו בעל השדה קרקע כל כך קרקע יתן לו שיהא רביע במעות דהיינו חמישית השדה ושמואל סבר האי דקתני נותן לבעלים רביע אשדה קאי שממנה שנתן לו אינו מגיע אלא לג' חלקי השדה דנכי רבעא זבין ליה וכל השדה שוה מנה ושליש ורובע השדה מגיע שליש מנה וקי"ל הלכה

א) נראה דל"ל עוד ראו דאפילו שכן עדיין היו נמנעין וכו'.

אֲנָא הֲוַאי בְּמִנְיָינָא דְּבֵי רַבִּי, וּמִינַּאי דִּידִי מָנוּ בְּרֵישָׁא. וְהָאֲנַן תְּנַן: *א דִּינֵי מָמוֹנוֹת וְהַטְּהָרוֹת וְהַטּוּמְאוֹת מַתְחִילִין מִן הַגָּדוֹל, וְדִינֵי נְפָשׁוֹת מַתְחִילִין מִן הַצַּד! אָמַר רַבָּה בְּרֵיהּ דְּרָבָא, וְאִיתֵּימָא ר' הִילֵּל בְּרֵיהּ דְּר' וָולָס: שָׁאנֵי מִנְיָנָא דְּבֵי רַבִּי, דְּכוּלְּהוּ מִנְיָנַיְיהוּ מִן הַצַּד הָווּ מַתְחִילִין. *וְאָמַר רַבָּה בְּרֵיהּ דְּרָבָא, וְאִיתֵּימָא רַבִּי הִילֵּל בְּרֵיהּ דְּרַבִּי וָולָס: מִימוֹת מֹשֶׁה וְעַד רַבִּי לֹא מָצִינוּ תּוֹרָה וּגְדוּלָּה בְּמָקוֹם אֶחָד. וְלָא? הָא הֲוָה יְהוֹשֻׁעַ! הֲוָה אֶלְעָזָר. (א) הָא הֲוָה אֶלְעָזָר! הֲוָה פִּנְחָס. וְהָא הֲוָה פִּנְחָס! הָווּ זְקֵנִים. הָא הֲוָה שָׁאוּל! הֲוָה שְׁמוּאֵל. וְהָא נָח נַפְשֵׁיהּ! כּוּלְּהוּ שָׁנֵי קָאָמְרִינַן. וְהָא הֲוָה דָּוִד! הֲוָה עִירָא הַיָּאִירִי. וְהָא נָח נַפְשֵׁיהּ! כּוּלְּהוּ שָׁנֵי בָּעֵינַן. הָא הֲוָה שְׁלֹמֹה! הֲוָה שִׁמְעִי בֶּן גֵּרָא. וְהָא קַטְלֵיהּ! כּוּלְּהוּ שָׁנֵי קָאָמְרִינַן. הָא הֲוָה חִזְקִיָּה! הֲוָה שֶׁבְנָא. הָא אִיקְטִיל! כּוּלְּהוּ שָׁנֵי קָאָמְרִינַן. וְהָא הֲוָה עֶזְרָא! הֲוָה נְחֶמְיָה בֶּן חֲכַלְיָה. *אָמַר רַב אַחָא בְּרֵיהּ דְּרָבָא, אַף אֲנִי אוֹמֵר: מִימוֹת רַבִּי וְעַד רַב אַשִׁי לֹא מָצִינוּ תּוֹרָה וּגְדוּלָּה בְּמָקוֹם אֶחָד. וְלָא? וְהָא הֲוָה הוּנָא בַּר נָתָן! שָׁאנֵי הוּנָא בַּר נָתָן, דְּמֵיכַף הֲוָה כָּיֵיף לֵיהּ לְרַב אַשִׁי.§ **מתני'** ב חֵרֵשׁ רוֹמֵז וְנִרְמָז, וּבֶן בְּתֵירָא אוֹמֵר: קוֹפֵץ וְנִקְפָּץ, ג בְּמִטַּלְטְלִין. *ד הַפָּעוֹטוֹת — מִקָּחָן מִקָּח וּמִמְכָּרָן מִמְכָּר בְּמִטַּלְטְלִין.§ **גמ'** א"ר נַחְמָן: מַחֲלוֹקֶת — בְּמִטַּלְטְלִין, אֲבָל בְּגִיטִּין — ה דִּבְרֵי הַכֹּל בִּרְמִיזָה. פְּשִׁיטָא, "בְּמִטַּלְטְלִין" תְּנַן! מַהוּ דְּתֵימָא אַף בְּמִטַּלְטְלִין, קמ"ל. אִיכָּא דְּאָמְרִי, א"ר נַחְמָן: כְּמַחֲלוֹקֶת בְּמִטַּלְטְלִין כָּךְ מַחֲלוֹקֶת בְּגִיטִּין. וְהָאֲנַן "בְּמִטַּלְטְלִין" תְּנַן! אֵימָא: אַף בְּמִטַּלְטְלִין.§ "הַפָּעוֹטוֹת — מִקָּחָן מִקָּח וּמִמְכָּרָן מִמְכָּר בְּמִטַּלְטְלִין".§ וְעַד כַּמָּה? מַחְוֵי רַב יְהוּדָה לְרַב יִצְחָק בְּרֵיהּ: ו כְּבַר שִׁית, כְּבַר שַׁב. רַב כָּהֲנָא אָמַר: כְּבַר שַׁב, כְּבַר תְּמָנֵי. בְּמַתְנִיתָא תָּנָא: כְּבַר תֵּשַׁע, כְּבַר עֶשֶׂר. וְלָא פְּלִיגִי, *ז כָּל חַד וְחַד לְפִי חוּרְפֵּיהּ. וְטַעֲמָא מַאי? א"ר אַבָּא בַּר יַעֲקֹב א"ר יוֹחָנָן: ח מִשּׁוּם כְּדֵי חַיָּיו. °"וַיֹּאמֶר לַאֲשֶׁר עַל הַמֶּלְתָּחָה הוֹצֵא לְבוּשׁ לְכֹל עוֹבְדֵי הַבַּעַל" (מ"ב י) — מַאי מֶלְתָּחָה? א"ר אַבָּא בַּר יַעֲקֹב א"ר יוֹחָנָן: דָּבָר הַנִּמְלָל וְנִמְתָּח. כִּי אֲתָא רַב דִּימִי א"ר יוֹחָנָן: שִׁיגֵּר לוֹ *בּוֹנְיָים בֶּן נוּנְיָים לְרַבִּי, סִיבְנִי וְחוֹמֶס סַלְסָלָה וּמַלְמָלָא, סִיבְנִי וְחוֹמֶס — כְּאַמְגוּזָא וּפַלְגֵיהּ דְּאַמְגוּזָא, סַלְסָלָה וּמַלְמָלָא — כְּפִיסְתָּקָא וּפַלְגֵי דְּפִיסְתָּקָא. מַאי מַלְמָלָא? דָּבָר הַנִּמְלָל וְנִמְתָּח. וְטָעוּתָן עַד כַּמָּה? א"ר יוֹנָה א"ר זֵירָא: ט עַד שְׁתוּת, כְּגָדוֹל. בָּעֵי אַבָּיֵי: מַתְּנָתוֹ, מַאי? רַב יֵימַר אָמַר: אֵין מַתְּנָתוֹ מַתָּנָה, מָר בַּר רַב אַשִׁי אָמַר: מַתְּנָתוֹ מַתָּנָה. *אַפְכוּהָ וּשְׁדַרוּהָ לְקַמֵּיהּ דְּרַב מָרְדְּכַי, א"ל, זִילוּ אִמְרוּ לְבַר מָר: לָאו הָכִי הֲוָה עוּבְדָא? כִּי הֲוָה קָאֵי מָר חַד כַּרְעֵיהּ אַאַרְעָא וְחַד כַּרְעֵיהּ אַדַּרְגָּא, וַאֲמַרְנָא לֵיהּ: מַתְּנָתוֹ מַאי? וַאֲמַר לַן: מַתְּנָתוֹ מַתָּנָה, י אַחַת מַתְּנַת שְׁכִיב מְרַע וְאַחַת מַתְּנַת בָּרִיא, אַחַת מַתָּנָה מְרוּבָּה וְאַחַת מַתָּנָה מוּעֶטֶת.§ **מתני'** כ אֵלּוּ דְּבָרִים אָמְרוּ מִפְּנֵי דַּרְכֵי שָׁלוֹם: כֹּהֵן קוֹרֵא רִאשׁוֹן וְאַחֲרָיו לֵוִי וְאַחֲרָיו יִשְׂרָאֵל, מִפְּנֵי דַּרְכֵי שָׁלוֹם; ל מְעָרְבִין בְּבַיִת יָשָׁן, מִפְּנֵי דַּרְכֵי שָׁלוֹם;

בּוֹר

אנא הואי במניינא דרבי. באותו מנין שתקנו שכל הקודם ליקח זכה. **ומינאי דידי מנו ברישא.** ממני שאלו תחלה בשורה, כשהיינו יושבין, מה דעתי נוטה. והוא היה בינוני, לא מן הגדולים ולא מן הקטנים. ואני שמעתי שקטן שבהם היה. **מתחילין מן הגדול.** כשעומדין למנין, לראות אם רוב מטמאין או רוב מטהרין. **מן הצד.** מן הקטנים, ולא מן הגדול, שלא ילמד חובה וישאר נכנעין מפניו שלא לחלוק עליו משום "לא תענה על רב" (שמות כג), ובדיני נפשות מוקמינן להאי קרא בפ"ק דסנהדרין (דף ג.): לא כהטייתך לטובה כו', ולא ילמדו זכות. **דכולהו מנייניהו מן הצד מתחילין.** משום "לא תענה על ריב" וכתיב חסר בלא יו"ד, ודרשינן: "לא תענה על רב" — לא תחלוק על מופלא שבבית דין. ולא מוקמי ליה לרישא דקרא בדיני נפשות, ואע"ג דסיפיה דקרא לא מיתוקם אלא בדיני נפשות. **וולס. במקום אחד.** שתהא תורתן וגדולתן של ישראל במקום אחד, שאין בישראל גדול בתורה ובעושר כמותו. **והא הוה אלעזר.** יחיד, לאחר שנפטר יהושע. **והא הוה פנחס.** לאחר אלעזר, תורה וגדולה, שהיה כהן גדול אחר אביו. **הוו זקנים.** שקבלו מיהושע, והאריכו ימים אחריו, כדכתיב (יהושע כד): "אשר האריכו ימים אחרי יהושע". **שאול.** גדול בתורה היה, אלא שלא לימד לאחרים, כדאמרי' בעירובין (דף נג.): שאול לא גלי מסכתא, להכי כתיב ביה "בכל אשר יפנה ירשיע". **והא נח נפשיה.** דשמואל קודם שאול. **כולהו שני.** משעמד בגדולה תהא תורה וגדולה במקום אחד. וזה בתחילת גדולתו לא יחיד היה בתורה. **עירא היאירי.** גדול בתורה היה, כדאמרינן במו"ק (דף טז:) דהוה מתני להו לרבנן על גבי כרים וכסתות. **חזקיה.** מלך יהודה, גדול בתורה היה, כדאמרינן ב"חלק" (סנהדרין דף צד:). **שבנא.** גדול בתורה היה, כדאמרינן בסנהדרין (כו.): שבנא הוה דריש בתליסר ריבוותא וחזקיה בחד סרי ריבוותא. **והא איקטיל.** סנחריב הרגו, כדאמרינן ב"זה בורר" (שם). **מתני' רומז ונרמז.** מה שהוא רומז קיים, ומה שרומזין לו והוא מתרצה — קיים. **רמיזה.** בידיו ובראשו. **קפיצה.** עקימת שפתים, שנא': "קפצה פיה" (איוב ה) ואינו סימן ניכר כרמיזה. **במטלטלין.** אם מכר מטלטלין. **גמ' אבל בגיטין.** דקיי"ל: חרש שנשא משנתחרש, אם רצה להוציא — יוציא, כשם שכנס ברמיזה — כך מוציא ברמיזה (יבמות דף קיב:). **פשיטא במטלטלין תנן.** במילתיה דבן בתירא. **מהו דתימא אף במטלטלין.** קאמר, וכ"ש בגיטין, דלא תימא: גיטין הוא דקילי, משום דבקפילה כנס בקפילה יוציא, אבל מטלטלין שנפלו בירושה — לא, מש"ה תנן מטלטלין. קמ"ל. **רב נחמן:** מטלטלין דוקא נקט בן בתירא. ולא בגיטין ובקרקעות, לא ברמיזה ולא בקפילה, דהכא הוא משום כדי חייו תקון רבנן, כדלקמן. **משום כדי חייו.** דאי לאו זביניה זבינא — לא מזבני ליה מזוני, ולא זבני מיניה. **ויאמר לאשר על המלתחה.** ביהוא כתיב. ומשום רבי אבא בר יעקב משום ר' יוחנן נקט לה. **דבר הנמלל ונמתח.** בגדי פשתן הן, שחוטן נמתח ע"י מלילה, שמולל באצבעותיו כשהוא טווה. **בוניים בן נוניים.** *ישראל עשיר הוה. **סיבני וחומס סלסלה ומלמלא.** ארבע מינין של בגדי פשתן דק וטוב. **כי אמגוזא ופלגי אמגוזא.** טלית גדולה למידתו, וכשהוא מקפלה — לא היתה יותר מאגוז וחצי. **פיסתקא.** גלנ"ט שאוכלים חזירים*. **וטעותן.** של פעוטות. **עד כמה.** הדרא. **עד שתות כגדול.** עד שתות קנה הקונה, ומחזיר אונאה. יותר משתות — בטל מקח. **מתנתו מאי.** במטלטלין? משום כדי חייו הוא, וזביני — אין, מתנה — לא. או דלמא מתנתו נמי מתנה, דעבדו ליה נייח נפשיה. **אפכוה.** °בני הישיבה טעו, והפכו דברים דמר למר. **ושדרו לקמיה דרב מרדכי.** כמאן ס"ל. **זילו אמרו ליה לבר מר.** לבנו של רבי. דרב מרדכי תלמידו של רב אשי היה, בכמה מקומות ובמס' סוטה (דף מו:) אמרי' גבי לויה: תלמיד לרב אין לו שיעור, רב מרדכי אלוייה לרב אשי כו'. **כי קאי מר.** רב אשי. **אדרגא.** סולם של עליית בהמ"ד. **מתני' כהן קורא ראשון כו'.** כי היכי דלא ליתו לאינצויי תקינו להו רבנן האי סידרא, דכיון דתקנתא דרבנן היא — תו לא מצינן לשנויי ולמימר: אנא קרינא ברישא. **מערבין בבית ישן.** בני חצר שרגילין ליתן עירוב החצר בבית אחד — אין משנין את מקומן ליתנו בבית אחר, מפני דרכי שלום. ובגמ' מפרש לה.

בור

דכולהו מנייניהו מן הצד הוו מתחלי. פי' בקונט': דמוקי לה "לא תענה על ריב" בכל דבר. ואין נראה, דלא מיסתבר דפליג אמתניתין דסנהדרין (דף לב.) דאייתי. אלא משום ענוה, שלא להראות עצמו גדול, היה עושה. **והא** הוה הונא בר נתן. תורה וגדולה היתה לו, כדאמרינן במו"ק (דף כח.) דקא דסקא רגלי דהונא בר נתן, ואמר בפ' ב' דזבחים (דף יט.) דאיקיים ביה "והיו מלכים אומניך".

אחת מתנה מרובה ואחת מתנה מועטת. ומדלא קאמר נמי "אחת מתנת מטלטלין ואחת קרקעות" — נראה דוקא במטלטלין, דאיירי בהו, קאמר. והא דאמרי' ב"מי שמת" (ב"ב דף קנה:) גבי פחות מבן כ' דאין מוכר בנכסי אביו, ומתנתו מתנה במקרקעי — התם בגדול שהוא בן י"ג שנים ויום אחד, אלא דלא היה בן עשרים.

עין משפט נר מצוה

צ א מיי' פי"א מהלכות סנהדרין הלכה ו סמג עשין צז:

צא ב ג מיי' פכ"ט מהלכות מכירה הל' ב סמג עשין פב טוש"ע ח"מ סימן רלה סעיף יז [וברב אלפס עוד בפ"ו דמכילתין דף קעח.]:

צב ד מיי' שם הל' א טוש"ע שם סע"א:

צג ה מיי' פ"ב מהל' גירושין הל' טז סמג עשין נ טוש"ע אה"ע סי' קכא סעיף ו:

צד ו ז ח מיי' פכ"ט מהלכות מכירה הל' ו סמג עשין פב טוש"ע ח"מ סימן רלה סעיף א:

צה ט מיי' שם הלכה ח טור ש"ע שם סעיף ג:

צו י מיי' שם הלכה ו טוש"ע שם סע"א:

צז כ מיי' פי"ב מהלכות תפלה הלכה יח סמג עשין יט טוש"ע א"ח סימן קלה סעיף ג:

צח ל מיי' פ"א מהל' עירובין הלכה טז סמג עשין מד"ס א טוש"ע א"ח סי' שסו סעיף ג:

מסורת הש"ס

סנהדרין לב.

שם לו.

[שם ע"ש]

[תוספ' פ"ג] לקמן סה. ב"ב קנה: כתובות ע.

[כתובות ס.]

ש"ב כ

מ"ב י

[פי' בן נגס ערוך בערך סבן ע"ש שהאריך בפי' סיבני וחומס וכו']

[קדושין מד: ע"ש פרש"י]

[עירובין פה: ושם איתא בוניים בן בוניים] [ועי' פרש"י בקדושין מז. ד"ה כאלון]

הגהות הב"ח

(א) גמ' והא הוה אלעזר וכו' והא הוה שאול וכו' והא הוה שלמה וכו' והא הוה חזקיה:

גליון הש"ס

רש"י ד"ה אפכוה וכו' בני הישיבה טעו. עיין קדושין דף מד ע"ב רש"י ד"ה ואפכוה ונע"ק. אח"כ ראיתי שעמד בזה בתשובת באר שבע סימן יח.

תוספות רי"ד

הלכה כשמואל בדיני: **מתני'** חרש רומז ונרמז בן בתירא אומר קופץ ונקפץ במטלטלין הפעוטות מקחן מקח וממכרן ממכר במטלטלין פי' רומז כל מה שהוא רומז קיים ונרמז מה שאחרים רומזין לו והוא מתרצה קיים ובן בתירא אומר קופץ ונקפץ פי' הרמיזה הוא בידיו ובראשו והקפיצה היא עקימת שפתים כמו קפצה פיה ואינו סימן ניכר כמו הרמיזה וכל זה במטלטלין ומפני תיקון העולם משום כדי חייו אבל במקרקעי לא. אמר רב נחמן מחלוקת במטלטלין אבל בגיטין דברי הכל ברמיזה. פי' מאי דתנן בפרק חרש דחרש שנשא אשה אחר שנתחרש שיכול להוציא בגט דכשם דכנס ברמיזה כך מוציא ברמיזה דוקא ברמיזה יכול להוציא אבל בקפיצה לא פשיטא מטלטלים תנן מהו דתימא (מהו) במטלטלים אף במטלטלים קמ"ל. פי' דלא תימא גיטין הוא דקילי משום דברמיזה כנס וברמיזה יוציא אבל במטלטלין שנפלו לו בירושה לא מ"ה תני מטלטלין קמ"ל רב נחמן דוקא מטלטלין א"ד אמר רב נחמן כמחלוקת במטלטלין כך מחלוקת בגיטין והאנן במטלטלין תנן אימא אף במטלטלין ואע"ג דפריש רב נחמן למילתיה דבן בתירא לא פסיק הלכתא כוותיה בפירוש הלכך לית הלכתא כוותיה דה"ל יחיד אלא הלכה כת"ק דדוקא רמיזה הוא דמהניא גבי חרש אבל קפיצה לא: הפעוטות מקחן וכו'. פי' מדין תורה אין מעשה קטן כלום אבל מפני תיקון העולם משום כדי חייו אמור רבנן שיהא מקחו מקח וממכרו ממכר ועד כמה מחוי רב יהודה לרב יצחק בריה כבר שית כבר שבע ורב כהנא אמר כבר שבע כבר תמני במתניתא תנא כבר תשע כבר עשר ולא פליגי כל חד וחד לפום חורפיה וטעמא מאי אמר רבא בר יעקב א"ר יוחנן משום כדי חייו ודוקא במטלטלין אבל בקרקעות לא עשה כלום. וטעותו עד כמה א"ר יוסי א"ר זירא עד שתות כגדול מתנתו מאי אמר רב יימר אין מתנתו מתנה ומר בר רב אשי אמר מתנתו מתנה והכי אמר רב אשי אחד מתנת בריא ואחד מתנת ש"מ אחד מתנה מרובה ואחד מתנה מועטת ובשלהי פרק מציאת האשה אמרינן אמר רפרם ל"ש אלא שאין שם אפוטרופוס אבל יש שם אפוטרופוס אין מקחו מקח ואין ממכרו ממכר ושם כתבתי שגם מתנתו אינה מתנה אם יש שם אפוטרופוס עיין בערוך נ"ד בס"ה: **מתני'** אלו דברים אמרו מפני דרכי שלום כהן קורא ראשון ואחריו לוי ואחריו ישראל מפני דרכי שלום ומערבי'

בבית

אבור שהוא קרוב לאמה מתמלא ראשון, מפני דרכי שלום; במצודות חיה ועופות ודגים יש בהן משום גזל, מפני דרכי שלום, ר' יוסי אומר: גזל גמור; *גמציאת חרש שוטה וקטן יש בהן משום גזל, מפני דרכי שלום, ר' יוסי אומר: גזל גמור; דעני המנקף בראש הזית – מה שתחתיו גזל, מפני דרכי שלום, ר' יוסי אומר: גזל גמור; האין ממחין ביד עניי גוים בלקט שכחה ופאה, מפני דרכי שלום.§ **גמ'** מנה"מ? אמר רב מתנה, דאמר קרא: °"ויכתוב משה את התורה הזאת ויתנה אל הכהנים בני לוי", אטו אנא לא ידענא דכהנים בני לוי נינהו? אלא *כהן ברישא והדר לוי. רבי יצחק נפחא אמר, מהכא: °"ונגשו הכהנים בני לוי", אטו אנן לא ידעינן דכהנים בני לוי נינהו? אלא *כהן ברישא והדר לוי. רב אשי אמר, מהכא: °"בני עמרם אהרן ומשה ויבדל אהרן להקדישו קדש קדשים". ר' חייא בר אבא אמר, מהכא: °"וקדשתו" – לכל דבר שבקדושה. *תנא דבי רבי ישמעאל: ו"וקדשתו" – *לכל דבר שבקדושה, לפתוח ראשון, ולברך ראשון, וליטול מנה יפה ראשון. א"ל אביי לרב יוסף: מפני דרכי שלום? דאורייתא היא! א"ל: דאורייתא, ומפני דרכי שלום. כל התורה כולה נמי מפני דרכי שלום היא, דכתי': °"דרכיה דרכי נועם וכל נתיבותיה שלום"! אלא אמר אביי: לכדמר; *דתניא: זשנים – ממתינין זה לזה בקערה, שלשה – אין ממתינין; חהבוצע הוא פושט ידו תחלה, ואם בא לחלוק כבוד לרבו או למי שגדול ממנו – הרשות בידו; ואמר מר עלה: לא שנו אלא בסעודה, אבל בבהכ"נ לא, דאתו לאינצויי. אמר רב מתנה: הא דאמרת: בבהכ"נ לא, לא אמרן אלא בשבתות וימים טובים דשכיחי רבים, אבל בשני ובחמישי לא. איני? והא רב הונא קרי בכהני בשבתות ויו"ט! *שאני רב הונא, דאפילו רבי אמי ורבי אסי כהני חשיבי דא"י מיכף הוו כייפי ליה. אמר אביי, *טנקטינן: אין שם כהן – נתפרדה חבילה. ואמר אביי, נקטינן: אין שם לוי – קורא כהן. איני? והאמר רבי יוחנן: כהן אחר כהן לא יקרא משום פגמו של ראשון, לוי אחר לוי לא יקרא משום פגם שניהם! כי קאמרינן – יבאותו כהן. מ"ש לוי אחר לוי – דאיכא פגם שניהם, דאמרי: חד מינייהו לאו לוי הוא. כהן אחר כהן נמי אמרי: חד מינייהו לאו כהן הוא! כגון דמוחזק לן באבוה דהאי שני דכהן הוא. ה"נ דמוחזק לן באבוה דהאי שני דלוי הוא! אלא, אמרי: ממזרת או נתינה נסיב ופסליה לזרעיה. הכא נמי אמרי: גרושה או חלוצה נסיב ואחליה לזרעיה! סוף סוף לוי מי קא הוי? ולמאן? אי ליושבין, הא קא חזו ליה! אלא ליוצאין. שלחו ליה בני גלילא לרבי חלבו: אחריהן

מי

רש"י

בור הקרוב לאמה. אמת המים המביאה מים מן הנהר לשדות, ורגילין לעשות בורות, שאם תיבש האמה ימלאו מן הבור וישקו השדות. ומרגילין מי האמה לבור עד שיתמלא. ותקנו חכמים שיתמלאו בורות שבשדות העליונות, שהן קרובין למוצא האמה, ואח"כ ימלאו התחתונים, וכשהוא ממלאו – סוכר את האמה עד שיתמלא. מפני דרכי שלום. שלא תהא מחלוקת ביניהם: אני אסכור ראשון, דהא תקנתא דרבנן הכי, ואע"פ שאינו דין. מצודות חיה כו'. מדאורייתא' כל כמה דלא מטא לידיה – לאו גזל הוא. ובגמ' מפרש ליה במצודות שאין להן תוך דליקני ליה כליו. גזל גמור. בגמרא מפרש: גזל גמור מדבריהם. וטעמא דרבי יוסי בכולהו – דקסבר: עשו מפני דרכי שלום את שאינו זוכה לקנות קנין גמור – כזוכה. המנקף. חותך, כמו "ונקף סבכי היער" (ישעיה י) וכמו "ונשאר בו עוללות כנוקף זית" (שם יז). **גמ'** ויתנה. שיקראו בה כהנים והדר בני לוי. וקדשתו. "כי את" וגו'. לפתוח ראשון. בכל דבר כבוד, בין בתורה בין בישיבה – הוא ידבר בראש. ולברך ראשון. בסעודה. וליטול מנה יפה ראשון. אם בא לחלוק עם ישראל בכל דבר, לאחר שיחלקו בשוה, אומר לו: ברור וטול איזה שתרצה. א"ל דאורייתא היא. ותורה אמרה כן, מפני דרכי שלום. אלא אמר אביי. דרכי שלום דקתני מתני'. לכדמר. אתא – רבה בר נחמני שהיה רבו. אין ממתינין. אין צריכין להמתין. הבוצע. כגון בעה"ב שהוא מברך המוציא, ואפי' הוא קטן. הוא פושט ידו. בקערה תחלה ללפת בו את פרוסת המוציא. לא שנו. דחולק כבוד לרבו. אלא בסעודה. כדאמרן. אבל. לענין לקרות בתורה בבית הכנסת – אין כהן חולק כבוד ללוי, ולוי לישראל, דלא ליתו שערה לאנצויי, ולמימר: אנא נמי קרינא ברישא. והיינו דקתני מתניתין: כהן קורא ראשון כו' כמה שכתוב בתורה, ואינו רשאי לחלוק כבוד בדבר ולשנותו מפני דרכי שלום. רב הונא. ישראל הוה. נקטינן. מסורת מאבותינו. נתפרדה חבילה. נפסק הקשר, איבד הלוי את כבודו בשביל חבילתו הנפרדת, ואינו קורא כלל. כך אמר מורי הזקן, ומורי ר' יצחק בן יהודה, וכן סידר רב עמרם. אבל מתלמידי מורי רבי יצחק הלוי שמעתי משמו: שאין סדר לדבר להקדים לוי לישראל, ומי שירצה יקדים. קורא כהן. במקום לוי. מפני פגמו של ראשון. שלא יאמרו: הראשון אינו כהן. ולקמיה פריך: והא קא חזו דסליק ממניינא. משום פגם שניהם. לא ידעי איזהו פגמא בהי מינייהו, ויאמרו: ראשון אינו לוי, לפיכך חזר וקרא לוי. אי נמי: שני אינו לוי אלא ישראל. ולקמיה פריך: גבי כהן נמי, אמאי ליכא נמי פגם שניהם, דאתו למימר: שני לאו כהן הוא אלא לוי? באותו כהן. עצמו יחזור ויקרא במקום לוי. דמוחזק לן באבוה דהאי שני דכהן הוא. ולא מצי למימר: לוי הוא, הלכך לראשון הוא דאיכא פגמא. ופרכינן: דבוותיה על ברחך גבי לוי דמוחזק לן באבוה דהאי שני דלוי הוא. ומאי פגמא איכא? אלא על כרחך היינו פגמא, דאמרי: אבוה ממזרת נסיב או נתינה (או) מן הגבעונים שגזר דוד עליהם, ואחליה מקודשת לויה והוי ישראל פסול, ובמקום ישראל קורא. הכא נמי כהן שני, אתו למימר כו'. ואחליה. מקודשת כהונה, והרי הוא כישראל. ומשני: הואיל ובלוי קרא ליכא פגמא, דאי ס"ד חלל הוא סוף סוף לוי מי הוי, שיקרא במקום לוי? הלכך על כרחך, כיון דאבוה כהן – אין זה חלל, ואין כאן פגם אלא לראשון. ולמאן. מי פגמו. אילימא היושבין. עד שיגלל ס"ת. הא קא חזו ליה. להאי כהן ראשון דסליק למנין שבעה. ליוצאין. שלא ימתינו ויצאו. אחריהן. דכהן ולוי.

מי

תוספות

וליטול מנה יפה ראשון. כגון במעשר עני, או בצדקה אם הוא עני, או בחברים המסובין בסעודה. אבל במידי דשותפות – לא, דאמרינן בפ' "מקום שנהגו" (פסחים דף נ:) דהנותן עינו בחלק יפה – אינו רואה סימן ברכה לעולם*. **אבל** בשני ובחמישי לא. אומר ר"ת: הני מילי לדידהו, דבחול הוו טרידי במלאכתן ולא שכיחי, אבל לדידן – שכיחי בשני ובחמישי כמו ביו"ט.

דאפי' רבי אמי ורבי אסי כהני חשיבי כו'. משמע דאי לאו הכי – אסור, אפי' הוא גדול מכל בני עירו. והא דאמר בסוף מגילה (דף כח.) א"ר פרידא: מימי לא ברכתי לפני כהן. ופריך הש"ס מהכם הקורא אחר כהן עם הארץ דחייב מיתה, ומוקי לה בשוין. ועל כרחך לאו שוין ממש – דא"כ מאי רבותיה? אלא אתא לאפוקי כהן ע"ה. וצריך למימר נמי דכולהו הוו כפופין לרבי פרידא, דאי לאו הכי – מאי רבותיה? אי נמי, הא דבעי הכא כייפי – היינו בשבתות ויו"ט, ור' פרידא אפילו בשני ובחמישי לא קרא. **נתפרדה** החבילה. *ה"ר יצחק ברבי יהודה מפרש דקורא לוי במקום הראוי לו. והא דאמר בכתובות (דף כה:): מוחזקני בזה שהוא כהן שקרא אחריו לוי – צריך לומר דקים ליה דלא קרא במקום הראוי, דגדול היה משלפניו או קטן משל אחריו. **כי** קאמרינן באותו כהן. למאי דתקון ב"הקורא את המגילה" (דף כא:) שכל אחד מברך לפניה ולאחריה – ניחא. ואפילו לפי מאי דתנן (שם): הפותח מברך לפניה, וחותם מברך לאחריה – צריך לומר באותו כהן שקורא, פעמים שהולך ויושב בינתים. דאי בע"א – במאי הוי מינכרא שתי קריאות? כי ההיא דתניא בתוספתא דמגילה: אם לא היה שם אלא אחד דידע לקרות – קורא ויושב, ועומד וקורא. וזה היה נמי קודם התקנה, דלאחר התקנה שכל אחד מברך לפניה ולאחריה – לא צריך. ומשם רבינו יהודה כתבו דאם אין בבית הכנסת רק כהנים – אחד קורא במקום שבעה, ועל כל פרשה יברך לפניה ולאחריה.

אם

תוספות רי"ד

בבית ישן מפני דרכי שלום. בור שהוא קרוב לאמה מתמלא ראשון מפני דרכי שלום מצודות חיה ועופות ודגים יש בהן גזל מפני דרכי שלום ר' יוסי אומר גזל גמור הוא מציאת חרש שוטה וקטן יש בהן גזל מפני דרכי שלום ר' יוסי אומר גזל גמור עני המנקף בראש הזית מה שתחתיו גזל מפני דרכי שלום רבי יוסי אומר גזל גמור אין ממחי' ביד עניים גוים בלקט שכחה ופיאה מפני דרכי שלום: כהן קורא ראשון מנא ה"מ תנא דבי רבי ישמעאל וקדשתו לכל דבר שבקדושה לפתוח ראשון ולברך ראשון וליטול מנה יפה ראשון. פי' לפתוח ראשון בכל דבר כבוד בין בתורה בין בישיבה הוא ידבר בראש ולברך ראשון בסעודה וליטול מנה יפה ראשון. אם בא לחלוק עם ישראל בכל דבר לאחר שישוו החלקים בשוה אומר לו ברור וטול איזו חלק שתרצה בלא גורל אבל ליטול בלא אמירת חבירו לא דהא אמרינן בעלמא כל הנוטל חלק יפה אינו רואה סימן ברכה לעולם: א"ל אביי לרב יוסף מפני דרכי שלום דאורייתא היא אלא אמר אביי לכדמר דתניא שנים ממתינין זה לזה בקערה שלשה אין ממתינין. פי' אין השנים צריכין להמתין להיחיד והבוצע הוא פושט ידו תחלה כגון בעל הבית שהוא מברך ברכת המוציא ואם בא לחלוק כבוד לרבו או למי שגדול ממנו בחכמה הרשות בידו ואמר מר עלה לא שנו אלא בסעודה אבל בבית הכנסת לא דאתו לאנצויי פי' דוקא בסעודה אדם רשאי לחלוק כבוד למי שגדול ממנו או ללוי או לישראל (דלמא) [דהא] ליתא שארא לאינצויי ולמימר אנא נמי קרינא ברישא אבל בבית הכנסת דאתו לאנצויי ולמימר אנא קרינא ברישא אינו רשאי לחלוק כבוד לרבו או למי שגדול ממנו והיינו דקתני מתניתין כהן קורא ראשון שאינו רשאי לחלוק כבוד לרבו או למי שגדול ממנו וכ"ש שאין הגדול רשאי ליטול שררה לעצמו לקרוא קודם הכהן א) וקרא דכתיב וקדשתו אם רוצה הכהן לחלוק כבוד למי שגדול ממנו רשאי אי נמי קרא דכתיב בשוין כדתנן בשלהי הוריות כהן קודם ללוי לוי קודם לישראל וכו' עד אימתי בזמן ששניהם שוין אבל אם היה ממזר תלמיד חכם וכהן גדול עם הארץ ממזר תלמיד חכם קודם לכהן גדול עם הארץ ואמרינן בגמרא מנא הני מילי אמר רבי אחא בר חנינא דאמר קרא יקרה היא מפנינים יקרה היא מכהן גדול שנכנס לפני ולפנים אבל בקריאת התורה תיקנו שאינו רשאי לחלוק כבוד למי שגדול ממנו כל שכן שאין הגדול רשאי ליטול שררה לעצמו: אמר רב מתנה הא דאמרת בב"ה לא יחלוק כבוד למי שגדול ממנו לא אמרו אלא בשבתות וימים טובים דשכיחי רבים ואתו לאינצויי אבל בשני ובחמישי דלא שכיחי רבים ולא אתו לאינצויי אם בא לחלוק [כבוד] לרבו חולק איני והא רב הונא קרי בכהני בשבתות ובימים טובים שאני רב הונא דאפילו רבי אמי ורבי אסי כהני חשיבי בדארעא דישראל מיכף הוו כייפין ליה פי' ודוקא גדול הדור שאין בכל המקומות כמותו וכולם כפופין תחתיו ואין מי שיתקנא בו אבל אם היה גדול בעירו בלבד אינו רשאי לחלוק כבוד לישראל אתו לאנצויי שהרי בני אדם מתקנאים ותופשין עצמן גדולים: אמר אביי נקטינן אם אין שם כהן נתפרדה החבילה. פירוש לא אמרינן יקדים הלוי לישראל אלא קורין לפי מעלתן: ואמר אביי נקטינן אין שם לוי קורא כהן והאמר רבי יוחנן כהן אחר כהן לא יקרא כי קאמרינן באותו כהן שקרא ראשון וקורא במקום לוי: שלחו ליה בני גלילא לרבי חלבו אחריהן מי

א) נראה לנ"ל קודם הכהן דהא כהן כתיב קרא וקדשתו ודוקא אם רוצה וכו'.

עין משפט נר מצוה

צט א מיי' פ"ג מהל' שכנים הל' י טוש"ע ח"מ סימן קמ סעיף ב:

[ועי' היטיב תוספות מו"ק כח:]

ק ב מיי' פ"ו מהלכות גזילה הלכה ז ופ"א מהלכות זכייה ומתנה הל' ג סמג עשין עג טוש"ע ח"מ סימן רע סעיף ד:

קא ג מיי' פ"ו מהלכות גזילה ואבידה הל' יב סמג עשין עג טוש"ע ח"מ סימן ער סעיף ה:

קב ד מיי' פ"ו מהלכות גזילה הלכה יג סמג עשין עג טוש"ע ח"מ סימן עט סעיף ה:

קג ה מיי' פ"א מהלכות מתנות עניים הל' ט ומיי' פ"ו מהלכות עכו"ם הלכה ה סמג לאוין רפד [וטוש"ע י"ד סימן קנא סעיף יב:]

קד ו מיי' פ"ד מהלכות כלי המקדש הלכה ב:

קה ז מיי' פ"ז מהלכות ברכות הלכה ו סמג עשין כז טוש"ע א"ח סימן קע סעיף ג:

קו ח מיי' שם ה"ה סמג שם טוש"ע א"ח סי' קסז סעיף יז:

קז ט מיי' פ"ח מהל' תפלה הלכה יב סמג עשין יט טוש"ע א"ח סימן קלה סעיף ו:

קח י טור ש"ע שם סעיף ח:

מסורת הש"ס

תורה אור: דברים לא; שם כא; דה"א כג; ויקרא כא; משלי ג

ב"מ יב. שבועות מח.

[הוריות יג.]

שם

נדרים סב. מו"ק כח. הוריות יב: [עיין תוספות חולין פז. סד"ה ותיתן]

ברכות מז: [תוספתא שם פ"ה]

[מגילה כב.]

[עי' פרש"י בעירובין ה. ד"ה והאמר]

גליון הש"ס

תוס' ד"ה נתפרדה החבילה ה"ר יצחק בר' יהודה. בתשובת מהר"ם לבית לוי כלל ד סימן ו כתב דט"ס הוא וצ"ל ר' יצחק הלוי.

מי קוראין? לא הוה בידיה. אתא ושייליה לרבי יצחק נפחא, א"ל: אאחריהן קוראין ת"ח הממונין פרנסים על הצבור, ואחריהן ת"ח הראויין למנותם פרנסים על הציבור, ואחריהן בני ת"ח שאבותיהן ממונים פרנסים על הצבור, ואחריהן ראשי כנסיות וכל אדם. שלחו ליה בני גליל לר' חלבו: מהו לקרות בחומשים בבהכ"נ בציבור? לא הוה בידיה. אתא שייליה לר' יצחק נפחא, לא הוה בידיה. אתא שאיל בי מדרשא, ופשטוה מהא דא"ר שמואל בר נחמני א"ר *יוחנן: בס"ת שחסר יריעה אחת — אין קורין בו. ולא היא, התם מחסר במילתיה, הכא לא מחסר במילתיה. רבה ורב יוסף דאמרי תרווייהו: באין קוראין בחומשין בבית הכנסת משום כבוד צבור. (א) ורבה ורב יוסף דאמרי תרווייהו: האי ספר אפטרתא — אסור למקרי ביה בשבת; מאי טעמא? דלא ניתן ליכתב. מר בר רב אשי אמר: לטלטולי נמי אסור; מ"ט? דהא לא חזי למיקרי ביה. ולא היא, שרי לטלטולי ושרי למיקרי ביה. *דר' יוחנן ור"ש בן לקיש מעייני בספרא דאגדתא בשבתא, והא לא ניתן ליכתב! אלא *כיון דלא אפשר — °"עת לעשות לה' הפרו תורתך", ה"נ, כיון דלא אפשר — "עת לעשות לה' הפרו תורתך". בעא מיניה אביי מרבה: *מהו לכתוב מגילה לתינוק להתלמד בה? תיבעי למאן דאמר: תורה מגילה מגילה ניתנה, תיבעי למאן דאמר: תורה חתומה ניתנה; תיבעי למ"ד תורה מגילה מגילה ניתנה, כיון דמגילה מגילה ניתנה — כותבין, או דילמא כיון דאידבק אידבק? תיבעי למ"ד תורה חתומה ניתנה, כיון דחתומה ניתנה אין כותבין, או דילמא כיון דלא אפשר כתבינן? א"ל: גאין כותבין, ומה טעם? *לפי שאין כותבין. איתיביה: *אף היא עשתה טבלא של זהב שפרשת סוטה כתובה עליה! *א"ר שמעון בן לקיש משום ר' ינאי: באל"ף בי"ת. איתיביה: כשהוא כותב, רואה וכותב מה שכתוב בטבלא! אימא: כמה שכתוב בטבלא. איתיביה: כשהוא כותב, רואה בטבלא וכותב מה שכתוב בטבלא, מה הוא כתוב בטבלא? °"אם שכב אם לא שכב"! *הכא במאי עסקינן — דבסירוגין. כתנאי: *אין כותבין מגילה לתינוק להתלמד בה, ואם דעתו להשלים — מותר; ר' יהודה אומר: בבראשית — עד דור המבול, בתורת כהנים — עד "ויהי ביום השמיני". א"ר יוחנן משום רבי בנאה: תורה — מגילה מגילה ניתנה, שנא': °"אז אמרתי הנה באתי במגילת ספר כתוב עלי"; ר"ש בן לקיש אומר: תורה — חתומה ניתנה, שנאמר: °"לקוח את ספר התורה הזאת". ואידך נמי, הכתיב: "לקוח"! ההוא לבתר דאידבק. ואידך נמי, הכתיב: "במגילת ספר כתוב עלי"! ההוא, דכל התורה כולה איקרי מגילה, דכתיב: °"ויאמר אלי מה אתה רואה ואומר אני רואה מגילה עפה". אי נמי, לכדרבי לוי, דאמר רבי לוי: שמונה פרשיות נאמרו ביום שהוקם בו המשכן, אלו הן: פרשת כהנים, ופרשת לוים, ופרשת טמאים, ופרשת שילוח טמאים, ופרשת "אחרי מות", ופרשת

תורה אור: תהלים קיט | במדבר ה | תהלים מ | דברים לא | זכריה ה

רש"י

מי קוראין. *כלומר: תיקנו שום סדר לישראל בשבתות משום דרכי שלום? הראויין לימנות כו'. דאמרינן במסכת שבת [בד"ה אלו קשרים"] (דף קיד.): איזהו תלמיד חכם שראוי למנותו פרנס על הצבור — כל ששואלין אותו דבר הלכה בכל מקום ואומרה. בחומשין. שיש שכותבין להן חמשה חומשין, כל חומש אחד שלם לעצמו. וכל ספריהם היו *במגילה כס"ת שלנו. מחסר במילתיה. שקורין לו ס"ת וחסר הוא. דלא ניתן ליכתב. פחות מספר אחד שלם לעצמו. והא לא ניתן ליכתב. שום דבר, גמרא והלכה ואגדה, כדאמרינן לקמן: אלה אתה כותב כו'. כיון דלא אפשר. מליכתב, שנתמעט הלב והתורה משתכחת. עת לעשות לה'. ואם בא עת לעשות תקנה לשם שמים — הפרו דברי תורה לשעה הצריכה. ה"נ כיון דלא אפשר. שאין לכל צבור וצבור יכולת לכתוב נביאים שלם. מגילה. פרשה לבדה של תורה או שתים. למ"ד. לקמן בשמעתין. מגילה מגילה ניתנה. כשנאמרה פרשה למשה — היה כותבה ולבסוף מ' שנה, כשנגמרו כל הפרשיות — חיברן בגידין ותפרן. חתומה ניתנה. לא נכתבה עד סוף מ', לאחר שנאמרו כל הפרשיות כולן. והנאמרות לו בשנה ראשונה ושניה — היו סדורות לו על פה, עד שכתבן. לפי שאין כותבין. ואפי' למ"ד מגילה ניתנה, כיון דאידבק אידבק. אף היא. הילני המלכה, במסכת יומא (ד' לז.). פרשת סוטה. לכתוב משם פרשיות לסוטות הבאות. באל"ף בי"ת. כלומר: ראשי התיבות. כשהוא כותב. כהן הכותב פרשת סוטה. כמה שכתוב. לפי הסימנים היה מבין וכותב. אם שכב. כלומר "ואת כי שטית" וגו'. בסירוגין. תחילת המקרא היה כתוב תיבה שלימה, ולבסוף ראשי תיבות. עד ויהי ביום השמיני. שהוא גמר לווי הקרבנות. אז אמרתי. כך אמר דוד: אז אמרתי, כשערערו עלי שאול ודואג לפוסלני מלבא בקהל, והועד בבית המדרש "עמוני ולא עמונית", כדאמרינן ביבמות (דף עז.). הנה באתי. עכשיו באתי לכלל. כתוב עלי. מאז ניתנה התורה הוזכרתי בה: "ואת שתי בנותיך הנמצאות" (בראשית יט) — בזכות דוד שעתיד לצאת מרות המואביה, ונעמה העמונית אמו של רחבעם; כתיב הכא "הנמצאות" וכתיב התם (תהלים פט) "מצאתי דוד עבדי". אלמא מגילה איקרי, משום דמתחילה נכתבה מגילת בראשית, והדר מגילת נח, והדר מגילת אברהם, והיינו דקאמר: במגילת אברהם כתוב עלי. חתומה. גמורה ומסויימה ושלימה. א"נ לכדרבי לוי. איקראי מגילה. אותן ח' פרשיות שהוצרכו ליום, נאמרו ונכתבו ונמסרו בו ביום, ונכתבו כל אחת במגילה לבדה, לפי שמובדלות ורחוקות זו מזו. הלכך קרי לשאר נמי מגילה, משום דכשחזר והשלימה — הוצרך לכתוב מבראשית עד פרשת כהנים לבד, ודילג פרשת כהנים הכתובה כבר. וכתב מפרשת כהנים עד פרשת שילוח טמאים, וכן כולם. פרשת כהנים. "אמור אל הכהנים", שהלכות כהנים כתובות בה: "לא יטמא" "לא יקח" "מום בו לא יגש". ומפני שבו ביום הוזקק לעבודה — הוצרכה קדושתן להודיעם. פרשת לוים. "קח (נא) את הלוים" ד"בהעלותך", שבה הלכות לוים. וי"א: "ואל הלוים תדבר", ואינו כן, כי מה ענייניה אצל הקמת המשכן? מעשר ראשון לא נהגה עד סוף ארבעים שנה! *ועוד: "פרשת מעשר" מיקריא! פרשת לוים. הוצרכה לו בו ביום, שנזקקו לשיר. פרשת טמאים. "ויהי אנשים" וגו', משום הלכות הפסח, והמשכן הוקם באחד בניסן. והוזהרה להם פרשת שילוח טמאים "וישלחו מן המחנה", שבו ביום הוקבעו שלש מחנות, מחנה שכינה ומחנה לויה ומחנה ישראל, והוזקקו להשתלח, ומתוך כך הוזקקו טמאים לישאל, הואיל וצריכין שילוח ולא יוכלו ליכנס למשכן — היאך יעשו פסחיהם. ולרבי לוי יכולים היו ליטהר עד ט"ו, ולא נזקקו לפסח שני אלא א"כ לא יטהרו. ופרשת שילוח טמאים. "וישלחו מן המחנה", שבאותו היום הוקבעו המחנות, וכשנגללים הפרוכת בכל סילוק מסעות — הותרו זבין ומצורעים ליכנס לשם*. ופרשת אחרי מות. אע"פ שהיא של יום הכפורים — בו ביום נאמרה, כדכתיב: "אחרי מות", ומפני שמתו בני אהרן בשביל ביאה שלא לצורך, נאמרה אותה אזהרה לאהרן: "אל יבא בכל עת". ופרשת

תוספות

אם שכב אם לא שכב. "אם שכב" לא כתיב כלל, אלא "אם לא שכב" כתיב. אלא דבתר הכי כתיב "ואת כי שטית". **תורה** חתומה ניתנה. תימה: דכתיב (שמות כד) "ויקח ספר הברית ויקרא באזני העם" ופרש"י בפי' חומש: דהיינו מבראשית ועד כאן! ונראה לפרש: דלא קאמר חתומה ניתנה שלא נכתבה עד לבסוף, אלא שעל הסדר נכתבה, דיש פרשיות שנאמרו תחילה לפני אותם הכתובים לפניהם, ולא נכתבה עד שנאמר לו אותה שכתובה לפניה, וכותב זאת אחריה. ועל זה מייתי מדרבי לוי, שאותם לא נאמרו על הסדר. והיה יכול להוכיח זה מכמה מקראות דאין מוקדם ומאוחר בתורה, אלא הואיל ומשכח דרבי לוי — מייתי לה. ור"ת גרים: א"ר לוי, מילתא באפי נפשה. **פרשת** טמאים. פי' בקונטרס: "ויהי אנשים". וקשה לפירושו: דאמר בפ"ק דפסחים (דף ו.): שואלים בהלכות פסח קודם הפסח ל' יום, שהרי נביא עומד בפסח ראשון ומזהיר על פסח שני. ולפ"ז איכא חדש ואלי, כיון שנאמר בראש חדש ניסן! ועוד: דלא יתכן לרבי יוסי הגלילי, דאמר: *נושאי ארונו של יוסף היו, ולרבי יצחק דאמר: למת מצוה נטמאו ואל שביעי שלהם בערב פסח! ונראה דפרשת טמאים — היינו פרשת "וינזרו" (ויקרא כב) דכתיב ביה טומאת שרץ ונבילה, וכל הצריך לטומאת מקדש וקדשיו*. **ופרשת** אחרי מות. בבראשית רבה* איכא פלוגתא גבי "אחר הדברים האלה היה דבר ה' אל אברם" (בראשית טו), דאיכא למ"ד "אחר" — סמוך, ו"אחרי" — מופלג, ואיכא למ"ד איפכא. וקשה מ"אחרי מות" דבו ביום היה! ושמא נאמר אחר כל הפרשיות, לכך חשיב מופלג.

אתמוהי

תוספות רי"ד

מי קורא לא הוה בידיה אתא ושייליה לר' יצחק נפחא א"ל אחריהן קורין ת"ח הממונים פרנסים על הצבור ואחריהן ת"ח שאבותיהן ממונים פרנסים על הצבור כדאמרי' בפ' כל כתבי הקדש איזהו ת"ח שראוי למנותו פרנס על הצבור כל ששואלין אותו הלכה ואומרה (ואחריהן ת"ח שאבותיהן ממונים פרנסין על הצבור) ואחריהן ראשי כנסיות וכל אדם: שלחו ליה בני גלילא לר' חלבו מהו לקרות בחומשין בבה"כ פי' כל ספר וספר כתוב לעצמו כעין ס"ת ואסיקנא רבה ורב יוסף דאמרי תרווייהו אין קורין בחומשין בבה"כ מפני כבוד הצבור: רבה ורב יוסף דאמרי תרווייהו האי ספר אפטרתא אסור למקרא ביה בשבת' מ"ט לא ניתן ליכתב שאין כותבים אלא כל הנביאים ביחד ולא מגילה מגילה כמו שכתובים בספר ההפטרות. מר בר רב אשי אמר אפילו לטלטולה נמי אסור דהא לא חזי למיקרי ביה ולא היא שרי למיקרי ביה ושרי לטלטולי דר' יוחנן ור"ל מעייני בספרא דאגדתא בשבתא והא לא ניתן ליכתב דדברים שבע"פ אי אתה רשאי לכותבן בספר אלא כיון דלא אפשר עת לעשות לה' הפרו תורתך שהתורה משתכחת ואם לא יכתבו תורה שבע"פ תשתכח לגמרי הילכך מותר להפר ד"ת מפני תיקון שמים הכא נמי כיון דלא אפשר עת לעשות לה' הפרו תורתך שאין כל צבור וצבור יכולין ליכתוב כל הנביאים הילכך מותר ללקט כל ההפטרות ולכתבן בספר א': בעא מיניה אביי מרבה מהו לכתוב מגילה לתינוק להתלמד בה א"ל אין כותבין ומיתוקמא כתנאי וי"ל דגם זה עת לעשות לה' וכותבין: דרש רב יהודה בר נחמני מתורגמניה דר"ל כתוב א' אומר כי על פי הדברים האלה וכתוב א' אומר כתב לך הדברים האלה הא כיצד אמר הקב"ה למשה דברים שבכתב אי אתה רשאי לאומרן על פה ודברים שבע"פ אי אתה רשאי לאומרן בכתב דבי ר' ישמעאל תנא כתוב לך את הדברים האלה אלה אתה כותב ואי אתה כותב הלכות פי' אבל משום עת לעשות לה' התירו חכמים לכתוב ובזה סמך ר' שכתב המשנה ואחריו כתבו

עין משפט נר מצוה

קט א מיי' פי"ב מהל' תפלה הל' יח סמג עשין יט טוש"ע או"ח סי' קלו:

קי ב מיי' שם הל' כג סמג שם טוש"ע או"ח סי' קמג סעי' א וטוש"ע יו"ד סי' רפג סעי' א [וברב אלפס עוד בפ' הקורא את המגילה ערך:]

קיא ג מיי' פ"ז מהל' ס"ת הל' יד סמג עשין כד טוש"ע יו"ד סי' רפג סעי' ב:

קיב ד מיי' שם טוש"ע שם סעי' ג:

[סוכה כה. וש"נ]

[ועי' תוס' פסחים ו ד"ה שנאמר]

[פרשה מ"ד]

יומא לז.

[שם: כל הסוגיא]

מסורת הש"ס

נ"ל כלום

נ"ל בגלילה

[נ"ל ר' יונתן]

[תמורה יד:]

יומא סט. תמורה יד:

יומא לז:

[פי' בעא מיניה טעם ולא נתן לו אלא אמר לו כי אין כותבין כלומר קבלה הוא לבני אדם לכתוב הכי. ערוך ערך לפי]

אם שטית אם לא שטית נ"א מ"ד [מס' סופרים פ"ה ה"ט]

[קדושין מ:]

[כדאיתא תענית כח. מנחות לה:]

הגהות הב"ח

(א) גמ' רבה כצ"ל ואות ו' נמחק:

גליון הש"ס

גמ' ס"ת שחסר יריעה אחת. ע' מגילה דף ט ע"א תד"ה כשלמת תורה. ע' שם משום כבוד צבור. ע' מגילה דף כ' יומא דף ע ע"א סוטה דף לט ע"ב: שם א"ל אין כותבין ומה טעם לפי שאין כותבין. כעין זה שבת דף כ"א ע"א וש"נ:

תורה אור

וּפָרָשַׁת שְׁתוּיֵי יַיִן, וּפָרָשַׁת נֵרוֹת, וּפָרָשַׁת פָּרָה אֲדוּמָּה. א"ר אֶלְעָזָר: °תּוֹרָה — רוֹב בִּכְתָב וּמִיעוּט עַל פֶּה, שֶׁנֶּא': °"אֶכְתּוֹב לוֹ רוּבֵּי תּוֹרָתִי כְּמוֹ זָר נֶחְשָׁבוּ"; (הושע ח) וְר' יוֹחָנָן אָמַר: רוֹב עַל פֶּה וּמִיעוּט בִּכְתָב, שֶׁנֶּא': °"כִּי עַל פִּי הַדְּבָרִים הָאֵלֶּה". (שמות לד) וְאִידָּךְ נַמִי, הָכְתִיב: "אֶכְתּוֹב לוֹ רוּבֵּי תּוֹרָתִי"! הַהוּא אִתְּמוֹהֵי קָא מִתְמַהּ: אֶכְתּוֹב לוֹ רוּבֵּי תּוֹרָתִי? הֲלֹא כְּמוֹ זָר נֶחְשָׁבוּ! וְאִידָּךְ נַמִי, הָכְתִיב: "כִּי עַל פִּי הַדְּבָרִים הָאֵלֶּה"! הַהוּא מִשּׁוּם דִּתְקִיפֵי לְמִיגְמְרִינְהוּ. *דָּרַשׁ רַבִּי יְהוּדָה בַּר נַחְמָנִי מְתוּרְגְּמָנֵיהּ דְּרַבִּי שִׁמְעוֹן בֶּן לָקִישׁ, כְּתִיב: °"כְּתוֹב לְךָ אֶת הַדְּבָרִים הָאֵלֶּה", (שם) וּכְתִיב: °"כִּי ע"פ הַדְּבָרִים הָאֵלֶּה", (שם) הָא כֵּיצַד? דְּבָרִים שֶׁבִּכְתָב אִי אַתָּה רַשַּׁאי לְאוֹמְרָן עַל פֶּה, דְּבָרִים שֶׁבְּעַל פֶּה אִי אַתָּה רַשַּׁאי לְאוֹמְרָן בִּכְתָב. דְּבֵי רַבִּי יִשְׁמָעֵאל תָּנָא: "אֵלֶּה" — אֵלֶּה אַתָּה כּוֹתֵב, וְאִי אַתָּה כּוֹתֵב הֲלָכוֹת. א"ר יוֹחָנָן: לֹא כָּרַת הקב"ה בְּרִית עִם יִשְׂרָאֵל אֶלָּא בִּשְׁבִיל דְּבָרִים שֶׁבְּעַל פֶּה, שֶׁנֶּאֱמַר: °"כִּי עַל פִּי הַדְּבָרִים הָאֵלֶּה כָּרַתִּי אִתְּךָ בְּרִית וְאֶת יִשְׂרָאֵל". (שם) § "מְעָרְבִין בְּבַיִת יָשָׁן מִפְּנֵי דַּרְכֵי שָׁלוֹם". § מַאי טַעְמָא? אִילֵימָא מִשּׁוּם כָּבוֹד, וְהָא הַהוּא שִׁיפּוּרָא דַּהֲוָה מֵעִיקָּרָא בֵּי רַב יְהוּדָה, וּלְבַסּוֹף בֵּי רַבָּה, וּלְבַסּוֹף בֵּי רַב יוֹסֵף, וּלְבַסּוֹף בֵּי אַבַּיֵי, וּלְבַסּוֹף בֵּי רָבָא! אֶלָּא מִשּׁוּם חֲשָׁדָא. § "בּוֹר שֶׁהוּא קָרוֹב לָאַמָּה" וכו'. § אִיתְּמַר: בְּנֵי נַהֲרָא — רַב אָמַר: תַּתָּאֵי שָׁתוּ מַיָּא בְּרֵישָׁא, וּשְׁמוּאֵל אָמַר: עִילָּאֵי שָׁתוּ מַיָּא בְּרֵישָׁא. בִּדְמֵיזַל כּוּלֵּי עָלְמָא לָא פְּלִיגִי, כִּי פְּלִיגִי — בְּמִיסְכַּר וְאַשְׁקוּיֵי, שְׁמוּאֵל אָמַר: עִילָּאֵי שָׁתוּ מַיָּא בְּרֵישָׁא, דְּאָמְרִי: אֲנַן מְקָרְבִינַן טְפֵי; וְרַב אָמַר: תַּתָּאֵי שָׁתוּ מַיָּא בְּרֵישָׁא, דְּאָמְרִי: נַהֲרָא כִּפְשָׁטֵיהּ לֵיזִיל. תְּנַן: בּוֹר הַקָּרוֹב לָאַמָּה מִתְמַלֵּא רִאשׁוֹן, מִפְּנֵי דַּרְכֵי שָׁלוֹם! תַּרְגְּמָהּ שְׁמוּאֵל אַלִּיבָּא דְּרַב: בְּאַמָּה הַמִּתְהַלֶּכֶת ע"פ בּוֹרוֹ. אִי הָכִי, מַאי לְמֵימְרָא? מַהוּ דְּתֵימָא, מָצֵי אָמְרִי לֵיהּ: סְכַר מִיסְכַּר וְאַשְׁקֵי בְּהִינְדְּזָא, קמ"ל. אָמַר רַב הוּנָא בַּר תַּחֲלִיפָא: אהַשְׁתָּא דְּלָא אִיתְּמַר הִלְכְתָא לָא כְּמָר וְלָא כְּמָר, *כָּל דְּאַלִּים גָּבַר. רַב שִׁימִי בַּר אַשִׁי אֲתָא לְקַמֵּיהּ דְּאַבַּיֵי, אֲמַר לֵיהּ: לוֹתְבַן מָר בְּעִידָּנָא! אֲמַר לֵיהּ: אִית לִי עִידָּנָא לְדִידִי. וְלוֹתְבַן מָר בְּלֵילְיָא! א"ל: אִית לִי מַיָּא לְאַשְׁקוּיֵי. א"ל: אֲנָא מַשְׁקֵינָא לֵיהּ לְמָר מַיָּא בִּימָמָא, וְלוֹתְבַן מָר בְּלֵילְיָא! א"ל: לְחַיֵּי. אֲזַל לְעִילָּאֵי, אֲמַר לְהוּ: תַּתָּאֵי שָׁתוּ מַיָּא בְּרֵישָׁא. אֲזַל לְתַתָּאֵי, אֲמַר לְהוּ: עִילָּאֵי שָׁתוּ מַיָּא בְּרֵישָׁא. אַדְּהָכִי סְכַר מִיסְכַּר וְאַשְׁקֵי. כִּי אֲתָא לְקַמֵּיהּ דְּאַבַּיֵי, אֲמַר לֵיהּ: כְּבֵי תְּרֵי עֲבַדְתְּ לִי! וְלָא טַעֲמִינְהוּ אַבַּיֵי לְפֵירֵי דְּהַהִיא שַׁתָּא. הָנְהוּ בְּנֵי בֵּי חַרְמָךְ דַּאֲזוּל כָּרוּ בְּרֵישָׁא *דְּשַׁנְוָותָא וְאַהַדְרוּהּ וְשַׁדְיוּהּ בְּשִׁילְהֵי נַהֲרָא, אָתוּ עִילָּאֵי לְקַמֵּיהּ דְּאַבַּיֵי, אֲמַרוּ לֵיהּ: קָא מַתְקִיל לְנַהֲרִין! אֲמַר לְהוּ: כְּרוּ בַּהֲדַיְיהוּ טְפֵי פּוּרְתָּא. אֲמַרוּ לֵיהּ: קָא יָבְשִׁי פֵּירִין! אֲמַר לְהוּ: זִילוּ סַלִּיקוּ נַפְשַׁיְיכוּ *מֵהָתָם. § "מְצוּדוֹת חַיָּה וְעוֹפוֹת וְדָגִ' יֵשׁ בָּהֶן" וכו'. § בבְּאוּזְלֵי וְאוֹהֲרֵי

כוּלֵּי

רש"י

וּפָרָשַׁת שְׁתוּיֵי יַיִן. לְפִי שֶׁמֵּאוֹתוֹ הַיּוֹם וְאֵילָךְ נֶאֶסְרוּ, דְּהָא בְּבִיאַת אֹהֶל מוֹעֵד תָּלָה רַחֲמָנָא. וּפָרָשַׁת נֵרוֹת. "בְּהַעֲלוֹתְךָ", לְפִי שֶׁבּוֹ בַּיּוֹם הִתְחִילוּ לְהַדְלִיק. וּפָרָשַׁת פָּרָה אֲדוּמָּה. לְפִי שֶׁבַּיּוֹם הַמָּחֳרָת נִשְׂרְפָה הַפָּרָה לִהְיוֹת נִטְהָרִין לְפִסְחֵיהֶן. וְקוֹדֶם לָכֵן לֹא יָכְלוּ לַעֲשׂוֹתָהּ, דְּבָעֵינַן "וְהִזָּה אֶל נֹכַח פְּנֵי אֹהֶל מוֹעֵד" (במדבר יט). וְהָכִי אָמְרִינַן בְּמַסֶּכֶת מְגִילָּה יְרוּשַׁלְמִי: בְּאֶחָד בְּנִיסָן הוּקַם הַמִּשְׁכָּן, וּבַשֵּׁנִי לוֹ נִשְׂרְפָה הַפָּרָה. רוֹב בִּכְתָב. רוֹב הַתּוֹרָה תְּלוּיָה בְּמִדְרָשׁ, שֶׁכְּתוּבָה לְמִידְרַשׁ בִּכְלָל וּפְרָט וּגְזֵירָה שָׁוָה, וּשְׁאָר מִדּוֹת שֶׁהַתּוֹרָה נִדְרֶשֶׁת בָּהֶן. וּמִיעוּטָהּ עַל פֶּה. שֶׁאֵין רֶמֶז לִלְמוֹד לָהּ בַּתּוֹרָה, אֶלָּא לְמֹשֶׁה נֶאֱמַר עַל פֶּה. כִּי עַל פִּי וגו'. עַל שֶׁבְּעַל פֶּה נִכְרַת בְּרִית, אַלְמָא אִיהִי הֲוַאי רוּבָּא. אִתְּמוֹהֵי מִתְמַהּ. וְכִי רוּבֵּי תּוֹרָתִי הָיָה לִי לִכְתּוֹב לָהֶם? וַהֲלֹא בְּאוֹתָהּ שֶׁכָּתַבְתִּי לָהֶם כְּמוֹ זָר נֶחְשָׁבוּ! כְּתִיב כְּתוֹב לְךָ. אַלְמָא נִכְתֶּבֶת. וּכְתִיב ע"פ. אַלְמָא לֹא נִכְתֶּבֶת. דְּבָרִים. שֶׁאָמַרְתִּי לְךָ בִּכְתָב — אִי אַתָּה רַשַּׁאי לְמוֹסְרָם לְיִשְׂרָאֵל עַל פֶּה. וּדְבָרִים שֶׁבְּעַל פֶּה אִי אַתָּה רַשַּׁאי לְכוֹתְבָן. מִכָּאן אַתָּה לָמֵד שֶׁהַתַּלְמוּד לֹא נִיתַּן לִכְתּוֹב, אֶלָּא מִפְּנֵי שֶׁהַתּוֹרָה מִשְׁתַּכַּחַת. אִילֵימָא מִשּׁוּם כָּבוֹד. שֶׁל בַּעַל הַבַּיִת. וְהָא שׁוֹפָר. שֶׁל תְּקִיעַת ע"ש, דְּמֵעִיקָּרָא הָוֵי בֵּי רַב יְהוּדָה שֶׁהָיָה רֹאשׁ יְשִׁיבָה בְּפוּמְבְּדִיתָא, וּלְבַסּוֹף כְּשֶׁנִּפְטַר וּמָלַךְ רַבָּה נְתָנוּהוּ בְּבֵיתוֹ, וּבָתַר רַבָּה מָלַךְ רַב יוֹסֵף, וַהֲדַר מָלַךְ אַבַּיֵי, וַהֲדַר מָלַךְ רָבָא. וְרַב שְׁרִירָא גָּאוֹן פֵּירֵשׁ בִּכְתַב תְּשׁוּבָתוֹ: שִׁיפּוּרָא — שׁוֹפָר שֶׁל נְדָבָה, שֶׁהָיוּ נוֹתְנִין לְתוֹכוֹ נְדָבָה הַשְּׁלוּחָה לִבְנֵי הַיְשִׁיבָה. כְּמוֹ: י"ג שׁוֹפָרוֹת הָיוּ בַּמִּקְדָּשׁ (שקלים דף ח). מִשּׁוּם חֲשָׁדָא. הוֹאִיל וְהוּרְגַּל הָעֵירוּב בְּתוֹךְ אוֹתוֹ הַבַּיִת, אִם בָּאתָ לְשַׁנּוֹת אֶת מְקוֹמוֹ — הַנִּכְנָסִין לְאוֹתוֹ הַבַּיִת, וְלֹא יִרְאוּ שָׁם אֶת הָעֵירוּב — יַחְשְׁדוּ אֶת בְּנֵי הֶחָצֵר שֶׁמְּטַלְטְלִין בְּלֹא עֵירוּב. בְּנֵי נַהֲרָא. שָׂדוֹת שֶׁעַל שְׂפַת הַנָּהָר. בְּמֵיזַל כ"ע לָא פְּלִיגִי. אִם אֵינָן סוֹכְרִים אֶת הַנָּהָר, אֶלָּא דּוֹלִין וְהוֹלְכִים וְהַנָּהָר מוֹשֵׁךְ כִּפְשָׁטוֹ — כ"ע לָא פְּלִיגִי שֶׁכָּל הָרוֹצֶה לִדְלוֹת יִדְלֶה. כִּי פְּלִיגִי בְּמִיסְכַּר וְאַשְׁקוּיֵי. שֶׁאֵין בּוֹ כְּדֵי לִדְלוֹת כּוּלָּן יַחַד, וְרוֹצִין הָעֶלְיוֹנִים לְסוֹכְרוֹ שֶׁלֹּא יֵרְדוּ הַמַּיִם לְמַטָּה, וּלְהַמְשִׁיךְ הַנָּהָר דֶּרֶךְ נְגָרִים קְטַנִּים עַד שֶׁיִּשְׁתּוּ כָּל שְׂדוֹתֵיהֶן. וְהַתַּחְתּוֹנִים מְעַכְּבִין עֲלֵיהֶם, אֶלָּא אַ"כ נַשְׁקֶה אֲנַחְנוּ תְּחִילָּה. הַקָּרוֹב לָאַמָּה. הַיְינוּ עִילָּאֵי. בְּאַמָּה הַמִּתְהַלֶּכֶת ע"פ בּוֹרוֹ. שֶׁמִּתְמַלֵּא מֵאֵלָיו כְּדֶרֶךְ הִילּוּכוֹ, וְאֵין צָרִיךְ לִסְכּוֹר הַנָּהָר. סְכַר מִיסְכַּר. פִּי בּוֹרְךָ, שֶׁלֹּא יֵרְדוּ הַמַּיִם לְתוֹכוֹ, שֶׁמְּמַעֵט מְשִׁיכַת הַנָּהָר. וְאַשְׁקֵי בְּהִנְדְּזָא. אוינטור"א, כְּפִי מַה שֶּׁיַּעֲלֶה לְךָ לִדְלוֹת מִן מְשִׁיכַת הַנָּהָר כְּמוֹתוֹ. כְּמוֹ "דְּמִהַנְדְּזֵי לַהֲדָדֵי" בִּשְׁחִיטַת חוּלִּין (דף מג.). כָּל דְּאַלִּים גָּבַר. וְלֵית לֵיהּ דְּהִלְכְתָא כִּשְׁמוּאֵל בְּדִינֵי. לוֹתְבַן מָר בְּעִידָּנָא. יוֹשִׁיבֵנִי אֲדוֹנִי לִלְמוֹד בְּעֵת קָבוּעַ. לְדִידִי. לִגְירְסָא. תַּתָּאֵי שָׁתוּ בְּרֵישָׁא. וְאֵין אַתָּה רַשַּׁאי לְסוֹכְרוֹ. כְּבֵי תְּרֵי. רַב וּשְׁמוּאֵל. חַרְמָךְ. שֵׁם הָעִיר. שַׁנְוָותָא. שֵׁם הַנָּהָר. כָּרוּ בְּרֵישָׁא דְּשַׁנְוָותָא וְאַהַדְרוּהּ בְּשִׁלְהֵי נַהֲרָא. רָצוּ לְהַקִּיף אֶת שְׂדוֹתֵיהֶן בְּמֵי הַנָּהָר, וְכָרוּ מִלְמַעְלָה לִשְׂדוֹתֵיהֶן לְצַד רֹאשׁ הָעֶלְיוֹן שֶׁל הַנָּהָר, וְהֵסִיבוּ מִקְלָתָן סָבִיב שְׂדוֹתֵיהֶן, וּבְסוֹף שְׂדוֹתֵיהֶן הֱסִיבוּהוּ עַד שֶׁחָזַר וְנָפַל לְתוֹךְ הַנָּהָר (כָּזֶה). קָא מַתְקִיל לְנַהֲרִין. נָהָר שֶׁלָּנוּ נִתְקַל מִפְּנֵי שֶׁהֱסִיבוּהוּ, וְאֵינוֹ נִמְשָׁךְ מַהֵר, וְצָפִין הַמַּיִם דֶּרֶךְ *שְׂדוֹתֵינוּ, שֶׁכֵּן דֶּרֶךְ הַנָּהָר הַמֵּיסֵב אֵין מֵימָיו קַלִּין לָרוּץ, מִפְּנֵי הָעֲקָמוּמִית. כְּרוּ בַּהֲדַיְיהוּ טְפֵי פּוּרְתָּא. הַעֲמִיקוּ הַמַּיִם אֶצְלְכֶם בְּרֹאשׁ הַמְסִיבָּה, כְּדֵי שֶׁיִּשְׁטְפוּ הַמַּיִם בִּמְרוּצָה. קָא יָבְשֵׁי פֵּירִין. אִם נַעֲמִיק יִיבְשׁוּ חֲרֵילִין שֶׁלָּנוּ, כְּשֶׁלֹּא יִתְבָּרְכוּ מִימֵי הַנָּהָר יַעֲמִיקוּ הַמַּיִם, וְיֶחְדַּל הַלַּחְלוּחִית, וְלֹא יִנָּבְעוּ הַמַּיִם לַחֲרֵילִין שֶׁיֵּשׁ לָנוּ. פֵּירִין. כְּמוֹ: *פִּירָא דְּכַוְורֵי (כתובות דף עט.). אֲמַר לְהוּ. אַבַּיֵי לִבְנֵי חַרְמָךְ. סַלִּיקוּ נַפְשַׁיְיכוּ. וּסְתְמוּ אֶת מְסִיבַּתְכֶם. אוּזְלֵי. רְשָׁתוֹת שֶׁל חוּטִין שֶׁיֵּשׁ לָהֶם תּוֹךְ. אוֹהֲרֵי. שֶׁל גֶּמִי, יונקייר"ש בְּלַעַ"ז.

כ"ע

תוספות

אתמוהי קא מתמה. במדרש (שמות רבה פ' תשא) אמרינן: "כמו זר נחשבו" – שגוים כתבו את התורה. ואם היה נכתב הכל לישראל – היו גוים הכל כותבין. ולהכי קאמר רחמנא: אכתוב לו רובי תורה? והלא מה שכתבתי להם "כמו זר נחשבו" – שהעתיקו זרים. ובקונטרס פירש בענין אחר.

שיפורא · לפי מה שפי' בקונט' שתוקעין בע"ש – קשה: דבסוף פ' "במה מדליקין" (שבת דף לה:) משמע דחזן הכנסת היה מניחו בראש הגג. ועוד: דרב יהודה היה בפומבדיתא, ורבא במחוזא! אלא נראה כלשון אחר שפירש: שופר שבו נותנין נדבה לתלמידים.

אלא משום חשדא. פירש ר"ת: שלא יאמרו: מפני החשד – שחושדים אותו לגנוב פת של עירוב – אין מניחים אותו שם. אבל בשיפורא – ליכא חשדא, שיודעין שמניחים אצל ריש מתיבתא לחלק לתלמידים.

במיזל כולי עלמא לא פליגי. אפילו נהר קטן שמימיו פוסקין – כל הרוצה לדלות ידלה, כיון שמושך הנהר כפשטו.

והשתא דלא איתמר כו'. לית ליה הא דאמר בפ' "יש בכור" (בכורות דף מט:) הלכתא כשמואל בדיני וכרב באיסורי. א"נ, הכא מסתבר טעמא דרב, אע"ג דחזקין מתניתין אליביה.

כבי תרי עבדת לי. והוא סבר: כיון דאמר כל דאלים גבר – יכול להערים עליהם. ולא דמי, דמה נפשך מילעי לא שתו, ואעילאי ותתאי הוא דשייך כל דאלים גבר.

לא טעמינהו. להודיע שלא על פיו עשה. ושמא מכרם, דאין כאן גזל, אלא מפני דרכי שלום בעלמא.

סליקו נפשייכו מהכא. פי' ר"ת: דלעילאי אמר, שאין יכול למחות בהן, משום דכל דאלים גבר. וקלא משמע כן, שהרי להן היה מדבר. ומ"מ נראה כפירוש הקונטרס, דלבני חרמך היה מדבר, שיסתמו את מסיבתם. ולא דמי לדרב ושמואל כלל.

מצודות חיות ועופות כו'. ולא דמי למרחיקין מצודות הדג מן הדג דפרק "לא יחפור" (ב"ב דף כא:) – דהתם אומנתו בכך, ומן הדין הוא שירחיק מהם, דא"ל: קא פסקת לחיותי. אבל הכא, דאין אומנתו בכך – לא הוי גזל, אלא מפני דרכי שלום.

ליקט

עין משפט נר מצוה

קיג א מיי' פ"ז מהל' שכנים הל"י טוש"ע חו"מ סי' קע סעי' ב ובס"ם קלט:

קיד ב מיי' פ"א מהל' זכייה ומתנה הל"ג סמג עשין עג טוש"ע חו"מ סי' שע סעי' ד בהג"ה:

תוספות רי"ד

כתבו הברייתות ורבינא ורב אשי כתבו התלמוד וכן כל חכמי הדורות כותבין פירושיהן: ומערבין בבית ישן וכו' פי' בני החצר שהיו מערבין ביניהן והיו רגילין לתת עירובן בבית אחד אל ישנו ויתנוהו בבית אחרים אלא בבית ישן שהורגלו לשומו. ומפרש בגמ' משום חשדא שבני אדם הנכנסים שם באותו חצר ואין רואין עירובן בבית הרגיל להן יחשדום שהן מטלטלים בחצר בלא עירוב ואתי לאינצויי בהדייהו: בור הקרוב לאמה וכו'. פי' אמת המים המביאה מים מן הנהר לשדות והיו עושין בורות שאם תיבש האמה ימלאו מן הבור וישקו השדות ותקנו חכמים שימלאו הבורות שבשדות העליונות הקרובות למוצא המים ואח"כ ימלאו התחתונות מפני דרכי שלום שלא יעשו מריבה: איתמר בני נהרא רב אמר תתאי שתו מיא ברישא ושמואל אמר עילאי שתו מיא ברישא פי' שדות העומדות על שפת הנהר ומסתפקין ממימיו רב סבר התחתונים ישקו תחילה ושמואל סבר העליונים ישקו תחילה במיזל כ"ע לא פליגי פי' אם אינן סוכרים את הנהר אלא הנהר הולך כפשוטו והן דולין ומשקין והנהר מושך כדרכו כ"ע לא פליגי שכל הרוצה לדלות ידלה כי פליגי במיסכר ואשקויי פי' שאין מי הנהר מספיקין לכולן אם יניחוהו ללכת כדרכו ורוצים העליונים לסוכרו שלא ירדו המים למטה ולהמשיך מי הנהר על ידי נגרים קטנים לתוך שדותיהן והתחתונים מעכבין עליהם לומר אל תסכרוהו עד שנשקה אנחנו תחילה שמואל אמר [עילאי] שתו מיא ברישא דאמרי אנן קדמי' טפי ורב אמר תתאי שתו מיא דאמרי נהרא כפשטי' ליזיל. תנן בור הקרוב לאמה מתמלא ראשון מפני דרכי שלום ק' לרב תרגמה שמואל אליבא דרב באמה המהלכת ע"פ בורו מים שמתמלא מאליו בדרך הילוכו ואין צריך לסכור הנהר אי הכי מאי למימרא פשיטא מ"ד מצי אמרי ליה מיסכר ואשקיה בהגריזא קמ"ל פי' הייתי אומר שיאמרו לו התחתונים הסכיר פי בורך ומלא מן הנהר כמונו כפי מה שיעלה לך במזלך: אמר רב הונא בר תחליפא השתא דלא איתמר הלכתא לא כרב ולא כשמואל כל דאלים גבר: מצודות חיות ועופות ודגים יש בהם גזל מפני דרכי שלום פי' מדאורייתא עד דלא אתי לידיה לא קנייה הילכך כל הקודם זכה ואע"פ שהוא בתוך מצודתו אבל מפני דרכי שלום דלא ליתו לאינצויי תקנו חכמים שיהיה בהן

מסורת הש"ס

תמורה יד:

[ב"ב לג:]

[בערוך ערך בר שניא פי' בסם רב האי בהריכות ע"ש]

ס"א מהכא

ס"א שדותיכם

פי' חפירה

גליון הש"ס

גמ' תורה רוב בכתב. עי' בבאור שבע הוריות פ"א בד"ה אבל בדבר שצדוקים מודים בו:

כּוּלֵּי עָלְמָא לָא פְּלִיגִי, כִּי פְּלִיגִי — בְּלֶחִי וְקוֹקְרֵי.§ "מְצִיאַת חֵרֵשׁ שׁוֹטֶה וכו' ר' יוֹסֵי אוֹמֵר: גֶּזֶל גָּמוּר".§ *אָמַר רַב חִסְדָּא: גֶּזֶל גָּמוּר מִדִּבְרֵיהֶם. לְמַאי נָפְקָא מִינַּהּ? לְהוֹצִיאוֹ בְּדַיָּינִין.§ "עָנִי הַמְנַקֵּף בְּרֹאשׁ הַזַּיִת — מַה שֶּׁתַּחְתָּיו" וכו'.§ אתָּנָא: אִם לִיקֵּט וְנָתַן בַּיָּד — ה"ז גֶּזֶל גָּמוּר. רַב כָּהֲנָא הֲוָה קָאָזֵיל לְהוּצַל, חַזְיֵיהּ לְהַהוּא גַּבְרָא דַּהֲוָה שָׁדֵי אוֹפְיֵי וְקָא נָתְרָן תַּמְרֵי, אֲזַל קָא מַנְקִיט וְאָכֵיל. א"ל: חֲזִי מָר דְּבִידַאי שְׁדִיתִינְהוּ, א"ל: מֵאַתְרֵיהּ דְּר' יֹאשִׁיָּה אַתָּה, קָרֵי עֲלֵיהּ: (משלי י) °"וְצַדִּיק יְסוֹד עוֹלָם".§ "אֵין מְמַחִין בְּיַד עֲנִיֵּי גּוֹיִם בְּלֶקֶט בְּשִׁכְחָה וּבְפֵאָה, מִפְּנֵי דַּרְכֵי שָׁלוֹם".§ ת"ר: *במְפַרְנְסִים עֲנִיֵּי גּוֹיִם *עִם עֲנִיֵּי יִשְׂרָאֵל, גוּמְבַקְּרִין חוֹלֵי גּוֹיִם עִם חוֹלֵי יִשְׂרָאֵל, דוְקוֹבְרִין מֵתֵי גּוֹיִם עִם מֵתֵי יִשְׂרָאֵל, מִפְּנֵי דַּרְכֵי שָׁלוֹם.§

מתני' *המַשְׁאֶלֶת אִשָּׁה לַחֲבֶירְתָּהּ הַחֲשׁוּדָה עַל הַשְּׁבִיעִית, נָפָה וּכְבָרָה וְרֵיחַיִם וְתַנּוּר, אֲבָל לֹא תָּבוֹר וְלֹא תִּטְחַן עִמָּהּ. ואֵשֶׁת חָבֵר מַשְׁאֶלֶת לְאֵשֶׁת עַם הָאָרֶץ נָפָה וּכְבָרָה, וּבוֹרֶרֶת •וְטוֹחֶנֶת וּמְרַקֶּדֶת עִמָּהּ, אֲבָל מִשֶּׁתָּטִיל אֶת הַמַּיִם לֹא תִּגַּע עִמָּהּ, לְפִי שֶׁאֵין מַחֲזִיקִין יְדֵי עוֹבְרֵי עֲבֵירָה. וְכוּלָּן לֹא אָמְרוּ — אֶלָּא מִפְּנֵי דַּרְכֵי שָׁלוֹם. *זוּמַחֲזִיקִין יְדֵי גּוֹיִם בַּשְּׁבִיעִית, •אֲבָל לֹא יְדֵי יִשְׂרָאֵל, וְשׁוֹאֲלִין בִּשְׁלוֹמָן, מִפְּנֵי דַּרְכֵי שָׁלוֹם.§

גמ' מַאי שְׁנָא רֵישָׁא וּמ"ש סֵיפָא? אָמַר אַבָּיֵי: *רוֹב עַמֵּי הָאָרֶץ מְעַשְּׂרִין הֵן. רָבָא אָמַר: הָכָא בְּעַם הָאָרֶץ דְּר"מ, וְטוּמְאָה וְטָהֳרָה דְּרַבָּנַן; דְּתַנְיָא: *אֵיזֶהוּ ע"ה? כָּל שֶׁאֵינוֹ אוֹכֵל חוּלָּיו בְּטָהֳרָה, דִּבְרֵי ר"מ, וַחכ"א: כָּל שֶׁאֵינוֹ מְעַשֵּׂר פֵּירוֹתָיו. וְהָא מִדְּקָתָנֵי סֵיפָא: מִשֶּׁתָּטִיל אֶת הַמַּיִם לֹא תִּגַּע עִמָּהּ, מִכְּלָל דְּרֵישָׁא לָאו בְּטוּמְאָה וְטָהֳרָה עָסְקִינַן! רֵישָׁא וְסֵיפָא בְּטוּמְאָה וְטָהֳרָה, וְרֵישָׁא בְּטוּמְאַת חוּלִּין, וְסֵיפָא בְּטוּמְאַת חַלָּה. וּרְמִינְהוּ: טוֹחֲנִין

רש"י

כ"ע לא פליגי. דכיון דיש להם תוך – קנה לו כליו, והוי גזל גמור. לחי. חכה, אי"ס בלע"ז. קוקרי. שאר מלודות ומכשולים, שנותנים חוט ארוך בנהר ומורזין בו מחטים על פני כולו. מדבריהם. אפי' לר' יוסי, לאו גזל דאורייתא הוא. נפקא מינה. מדר' יוסי. להוציאו בדיינים. דלרבנן לא נפיק בדיינים. ומיהו, לר' יוסי גזל מעליא לא הוי, ליפסל לעדות ולעבור עליו בלאו. אם ליקט ונתן. על גבי קרקע ביד, הואיל ומטו לידיה – גזל גמור הוא. אופיי. מקלות. רבי יאשיה מן הולל הוה. מאתריה דר' יאשיה אתה. לפיכך אתה בקי בדינין, לפי שהוא דורש לרבים ומודיען. עם מתי ישראל. לא בקברי ישראל, אלא מתעסקין בהם אם מצאום הרוגים עם ישראל. **מתני'** על השביעית. לשמור פירות שביעית ולהכניס מן הביעור ואילך. לא תבור ולא תטחון עמה. לסייעה, מפני שאסור לסייע בידים ידי עוברי עבירה בשעת העבירה. ובוררת וטוחנת כו'. בגמרא פריך: אמאי? הרי חשודה על המעשרות! בזמן שהיא טמאה כו' – לא גרסינן, ובברייתא גרסינן לה בגמ'. אבל משתטיל את המים לא תגע. לפי שמשגלגלה הוטבלה לחלה, והא מיטמאה מחמת כלים טמאים. וזו מסייעתה לגלגל, ואסור לגרום טומאה לחלה. וכולן לא אמרו. שהתירו להשאילם כלים, ולסייעם בלא שעת עבירה עצמה – אלא מפני דרכי שלום. ומחזיקין ידי גוים. *הכא משמע מסייעין ממש. ושואלין בשלומם. כל הימים, ואע"פ שמטיל על הגוי שם שמים, שהשלום שמו של הקב"ה. **גמ'** מאי שנא רישא. דקתני: לא תבור, שמסייעת ידי עוברי עבירה שביעית. ומאי שנא סיפא. דקתני: ובוררת וטוחנת, והלא מסייעת ידי עוברי עבירה טבל! רוב עמי הארץ מעשרין הן. הלכך חששא דרבנן בעלמא היא, ומפני דרכי שלום מותר לסייען. אבל חשודה על השביעית – משמע דמוחזק לן בה שחשודה. רבא אמר. לעולם כמחלה על מחלה (דמי) מספקינן להו, ואסור לסייען הואיל ועבירה דאורייתא היא, ומתני' במוחזק לעשר קאמר. ועם הארץ דר"מ – הוא שחשוד לאכול פירות בטומאה, והך טומאה וטהרה דחולין – דרבנן היא, דתורה לא הזהירה לאכול בטהרה אלא תרומה וקדשים בלבד. הלכך לאו איסורא דאורייתא היא, ומפני דרכי שלום מותר לסייען. והא מדקתני סיפא כו'. ס"ל להאי דפריך דטעם דמשתטיל את המים אסור – משום דהוכשרו עכשיו הוא, ועד עכשיו לא הוכשרו. מכלל דרישא לאו בטומאה וטהרה. שיהא שום נדנוד עבירה דטומאה, דהא לא הוכשרו. ואי בנאמן על המעשרות קמיירי – אמאי קתני: וכולן לא אמרו אלא מפני דרכי שלום? רישא וסיפא בטומאה וטהרה. ובפירות מוכשרין. ורישא, כל זמן שלא גילגלה – אינה אלא טומאת חולין דרבנן, ולא גזור בה משום מסייע, במקום דרכי שלום, ובלבד שלא תאכל. וסיפא בטומאת חלה. דאורייתא, שאסור לטמאה ביד, דכתיב (במדבר יח): "את משמרת תרומותי" – עביד לה שימור.

תוספות

ליקט •ונתן ביד ה"ז גזל גמור. נראה דאצטריך לאשמועינן בתלשן בידו ומפילן, אע"פ שלא נתעכבו בידו ולא אחז בהן אלא להפילם. **שדי** אופיי מדקלא. פירש בקונטרס: אופיי – מקלות. וקשה: דרב כהנא היכי הוה מנקיט ואכיל? ומי לא הוה חייש לדרכי שלום! ונראה כרבינו חננאל, שפירש: אופיי – חריות של דקל, הוה שדי מן הדקל, ונתרי תמרי. ורב כהנא היה סבור שלא היה חושש מן הפירות אלא מן החריות, ואמר לו: אנא בידאי שדיתינהו, וגזל נמי איכא. **משאלת** אשה לחברתה כו'. בסיפא מפרש *דקתני מתני' מפני דרכי שלום. וקשה לר"ת: ותיפוק ליה דהוה שרי משום דאיכא למיתלי בתבואה של היתר, כדאשכחן במסכת שביעית בפ"ה (מ"ח): ב"ש אומרים לא ימכור לו פרה החורשת בשביעית, וב"ה מתירין, מפני שיכול לשוחטה. עוד תנן התם (גז"ש מ"ו): אלו כלים שאין האומן רשאי למוכרם בשביעית: מחרישה וכלי העול כו', זה הכלל: כל שמלאכתו מיוחדת לעבירה – אסור, לאיסור ולהיתר – מותר. וליכא למימר דהתם נמי לא שרי אלא מפני דרכי שלום – דבמכר לא שייך דרכי שלום! ועוד: דקא דייק בפ"ק דמסכת ע"ז (דף טו:) מינה, מבית הלל דשרי למכור פרה לגוי, דאימר לשחיטה זבנה. ואפילו שייך דרכי שלום במוכר לישראל, משום דנראה כחושדו כשאינו רוצה למכור לו – במוכר לגוי לא שייך כלל דרכי שלום! ועוד: דעל כרחך התם לאו משום דרכי שלום הוא, מדלא תני להו הכא! ואומר ר"ת: דהכא בידוע שאין לה אלא פירות שביעית, הלכך אי לאו משום דרכי שלום – הוה אסור. ובמכר דלא שייך דרכי שלום – אסור היכא דליכא למיתלי. וכן משמע בירושלמי, דקאמר: אני אומר נפה – לספור בה מעו', כברה – לכבר בו חול, ריחים – לטחון בו סמנין, תנור – לטמון בו אונין של פשתן. משמע דמיירי דאין לו תבואה של היתר למיתלי בה. והשתא דירושלמי לא הוה תלייה גמורה כפרה לשחיטה – דא"כ בלא דרכי שלום נמי הוה שרי, כמו במוכר. וא"ת: לפירוש ר"ת: מאי פריך בגמ' "מ"ש רישא ומ"ש סיפא", כיון דבודאי בפירות שביעית איירי? וי"ל: דקסבר הש"ס דאחמור רבנן בתבואת החשודים כאילו הוא בודאי טבל, דאוקמיה אחזקה. **ריחים** ותנור. ובאשת עם הארץ לא תנא תנור וריחים – משום דתנא נפה וכברה, והוא הדין ריחים ותנור, דיגיד עליו ריעו. א"נ: משום דתנור אין דרך להשאילו, דמיטמא וטעון שבירה. ואיידי דלא תנא תנור – לא תנא ריחים. אבל בחשודה אשביעית – לא מטמא, דלא חשודה אטומאה. ומיהו, קשה: דבפרק "עד כמה" (בכורות דף ל.) תנן: החשוד על זה ועל זה, פירוש אשביעית ואמעשרות – חשוד על הטהרות! ושמא התם בטומאת פירות, אבל אטומאת הגוף – לא חשוד. **רבא** אמר בע"ה כו'. אביי מיקל טפי לסייע במעשר מבטומאה וטהרה דרבנן, כדמוכח בסמוך, ורבא איפכא. ורבא נמי אית ליה רוב עם הארץ מעשרין הן והקילו בדמאי, בפרק "אע"פ" (כתובות דף נו:) ובפרק "במה מדליקין" (שבת דף כג.), אבל סבר הכא: אע"ג דרוב עמי הארץ מעשרין הן – מ"מ איסור דמאי איכא, ואסור לסייעם. ואביי, בפ"ק דשבת (דף יג.) גבי לא יאכל זב פרוש עם זב ע"ה, חייש טפי שמא יאכילנו דברים שאינן מתוקנים, אע"ג דרוב מעשרין, ורבא לא חייש. **איזהו** ע"ה כל שאינו אוכל כו'. בע"ז בתוספתא (פ"ג) מיתניא, לענין שנותנים לע"ה בנות חבירים גדולות, ופוסקין עמו שלא תעשה על גביו טהרות. ורשב"ג אומר: אינו צריך לפסוק. וקתני בתריה: איזהו ע"ה – כל שאינו אוכל חוליו בטהרה, דברי ר"מ, דכיון דמעשר – אין להחמיר עליו שלא להשיאו בת חבר. וחכמים שרו אפילו אינו מעשר, ותנהוג תחתיו דברי חברות. ואם תאמר: בפרק "היה נוטל" (סוטה דף כב.) קאמר ר"מ: איזהו ע"ה – כל שאינו קורא ק"ש ערבית ושחרית בברכותיה, וחכ"א: כל שאינו מניח תפילין, בן עזאי אומר: כל שאין לו ציצית. ונראה דהתם אתי לפרושי איזהו ע"ה שאין מזמנין עליו, כדאמרינן בפרק "שלשה שאכלו" (ברכות דף מז:) ושאין מכריזין על אבדתו, כדאמרינן בפ' "אלו עוברין" (פסחים דף מט:). **רישא** טומאת חולין וסיפא טומאת חלה. ואם תאמר: משום חלה – ליתסרו משעת ברירה טחינה והרקדה, כדאשכחן בעבודה זרה פרק "ר' ישמעאל" (דף נו.) דאין בוצרים עם ישראל העושה פירותיו בטומאה, אע"ג דשרי התם עם גוי – עם ישראל אסור, משום דטבלא לתרומה, אע"ג דעד שירד לבור או יקפה לא נגמרה מלאכתו

תוספות רי"ד

בהן גזל וקנאתם בעל המצודה ור' יוסי אומר גזל גמור יש בהן ואוזלי ואורדי כ"ע לא פליגי כי פליגי בלוחי וקוקרי. פי' אוזלי ואורדי הן מצודות שיש להן תוך והלכך מודה ת"ק דקנה כליו שכל שבשבילו של אדם קונה לו וגזל גמור הוא אבל לוחי וקוקרי הם מצודות שאין להן תוך שאין לומר שם כליו קנה: מציאת חרש שוטה וקטן וכו'. פי' מדאורייתא אע"פ שהגביהו המציאה אין בהן דעת לקנות וכל הקודם וטורף מידם זכה אבל מפני דרכי שלום דלא ליתו לאינצויי עם קרוביהם אמרו חכמים שיהא גזל בידו. ר' יוסי אומר גזל גמור אמר רב חסדא גזל גמור מדבריהם פי' מדאורייתא לא הוי גזל אלא מדבריהם למאי נפקא מינה להוציאו בדיינין [פי'] כיון דמדבריהם הוא מאי נפקא מינה לקרותו גזל גמור ואמר להוציאו בדיינין דת"ק דקרי ליה גזל זהו לכתחלה שאסור ליקח מהן אבל אם לקח ותובעו בדין אין כח בדיינים להוציאו מידו ור' יוסי דקרי ליה גזל גמור מוציאין בדיינין מידו ואין הלכה כר' יוסי אלא כת"ק דאע"ג דאמר' ר' יוסי נמוקו עמו הני מילי כשחולק על יחיד אבל לא כשחולק על רבים לא: עני המנקף וכו'. פי' עומד בראש הזית וחובט הזית וחובט הזיתים של פאה שהניח שם בעל הבית והזיתים נופלים לארץ מן התורה אין בהן גזל לפי שעדיין לא באו בידו אלא מפני דרכי שלום: תאנא אם לקט ונתן בידו הרי זה גזל פי' אם לקט הזיתים בידו והשליכם לארץ זהו גזל גמור שכבר קנאם בידו. אין ממחין ביד עניי גוים וכו'. ת"ר מפרנסין עניי גוים עם עניי ישראל מפני דרכי שלום ומבקרים חולי גוים עם חולי ישראל מפני דרכי שלום וקוברין מתי גוים עם מתי ישראל מפני דרכי שלום. פי' מתעסקין בקבורתם לא שיקברום ביחד: **מתני'** משאלת אשה לחברתה החשודה על השביעית נפה וכברה רחיים ותנור אבל לא תבור ולא תטחן עמה. אשת חבר משאלת לאשת עם הארץ נפה וכברה ובוררת וטוחנת ומרקדת עמה בזמן שהיא טמאה אבל לא בזמן שהיא טהורה אבל משתטיל את המים לא תגע עמה לפי שאין מחזיקין ידי עוברי עבירה וכולן לא אמרו אלא מפני דרכי שלום: ומחזקין ידי גוים בשביעית אבל לא ידי ישראל ושואלין בשלומן מפני דרכי שלום. פי' אשה החשודה על השביעית לזרוע ולאכול מה שזרעו בשביעית ולשמור את הפירות והפירות שנזרעו או שנטעו בשביעית הם אסורים באכילה. אבל לא תבור ולא תטחן עמה שאסור לסייע עוברי עבירה בידים. אשת חבר משאלת לאשת עם הארץ פי' סתם עם הארץ חשוד על המעשרות אבל לא על השביעית ומ"ה תנא ברישא החשודה על השביעית דמסתמא אין עם הארץ חשוד על השביעית עד שיוחזק לכך ולא אמרי' [illegible] איסור השביעית. אמר אביי רוב עמי הארץ מעשרין הן ומפני זה לא החמירו חכמים במעשרות כאשר החמירו בחשוד על השביעית שהוחזק לחשוד בה. אבל [illegible] חשדינן להו וכיון דרובם מעשרין הקלו בהן חכמים אבל משתטלת מים בעיסה לא תגע עמה מפני שכבר הוטבלה העיסה לחלה ואסור לגרום טומאה לחלה לפי שאין מסייעין ידי עוברי עבירה: **סליק פירקא**

עין משפט נר מצוה

קטו א מיי' פ"א מהל' גזילה הל' ג סמג עשין עג טוש"ע חו"מ סי' ער סעי' ט:

קטז ב מיי' פ"י מהל' מתנות עניים הל' ז ומיי' פ"י מהל' ע"ז הל' ה ופ"י מהל' מלכים הל' י סמג לאוין נח [טוש"ע יו"ד סי' קנא סעי' יב וסי' רנא ס"א]:

קיז ג מיי' פ"ח מהל' מלכים שם ופ"ד מהל' אבל הל"ב סמג עשין כ טוש"ע יו"ד סי' שלה סעי' ט:

דתקנו מפני כו' כצ"ל

קיח ד מיי' וסמ"ג שם טוש"ע יו"ד סי' שלה סעי' ט:

קיט ה מיי' פ"ח מהל' שמטה ויובל הל' ז סמג עשין קסח:

קכ ו מיי' פ"ח מהל' בכורים הל' ג:

קכא ז מיי' פ"ח מהל' שמיטה ויובל הל"ח סמג עשין קסח:

מסורת הש"ס

שבועות מה. ב"מ יב.

[תוספתא פ"ג ע"ש]

[ע' תוס' ע"ז דף כ. ד"ה ר"ן]

שביעית פ"ה מ"ט כל משנה ז

ג"ז שם וכפ"ד מ"ג

שבת יג. כג. [בילה לה: מנחות לא.] כתובות כב.

ברכות מז: [תוספתא דע"ז פ"ג סוטה כב. ע"ש נ"ע]

גליון הש"ס

מתני' וטוחנת. ע' כתובות ד' נט ע"ב תוס' ד"ה טוחנת: שם אבל לא ידי ישראל. עי' מג"א סי' תמז ס"ק ד: תוס' ד"ה ליקט ונתן. ע' ב"ב ד' נד ע"א תד"ה אדעתא:

קכב א ב ג מיי' פי"ב מהל' תרומות הל"ח ע"ש בכ"מ:

קכג ד ה מיי' פי"א מהל' מעשר הלי"ב:

טוחנין ומפקידין אצל אוכלי שביעית ואצל אוכלי פירותיהן בטומאה, אבל לא לאוכלי שביעית ולא לאוכלי פירותיהן בטומאה! אמר אביי: התם בכהן החשוד לאכול תרומה בטומאה עסקינן, דהוה ליה טומאה דאורייתא. אי הכי מפקידין? ורמינהו: אמפקידין תרומה אצל ישראל עם הארץ ולא אצל כהן ע"ה, מפני שלבו גס בה! א"ר אילעא: הכא במאי עסקינן – בבכלי חרש המוקף צמיד פתיל. וליחוש שמא תסיטנו אשתו נדה! אלא א"ר ירמיה, לא קשיא: גכאן בפירות שהוכשרו, כאן בפירות שלא הוכשרו. ורמינהו: *המוליך חטין לטוחן כותי או לטוחן ע"ה – הרי אלו בחזקתן *למעשר ולשביעית, אבל לא לטומאה! האי מאי רומיא? לאו אוקימנא בפירות שלא הוכשרו? ודקארי לה מאי קארי לה? משום דקא בעי למירמי אחריתי עלה: הרי אלו בחזקתן למעשר ולשביעית, ולחלופי לא חיישינן. ורמינהו: *דהנותן לחמותו, מעשר את שהוא נותן לה ואת שהוא נוטל הימנה, מפני שחשודה מחלפת המתקלקל! התם כדקתני טעמא, אמר רבי יהודה: רוצה היא בתקנת בתה ובושה מחתנה. ולעלמא לא חיישינן? והתנן: ההנותן לפונדקית, מעשר את שהוא נותן לה ואת שהוא נוטל הימנה, מפני שמחלפת! התם מוריא ואמרה: בר בי רב ליכול חמימא, ואנא איכול קרירא? ואכתי לעלמא לא חיישינן? *והתניא: אשת חבר טוחנת עם אשת עם הארץ בזמן שהיא טמאה, אבל לא בזמן שהיא טהורה; ר"ש בן אלעזר אומר: אף בזמן שהיא טמאה לא תטחון, מפני שחברתה נותנת

טוחנין. תבואה מתוקנת. ומפקידין. אותה אצל אוכלי שביעית, שאין חשודים לא להחליף ולא ליגע. אבל לא לאוכלי שביעית. תבואה של עוברי עבירה אין טוחנין אותה להם, שאסור לסייען בעבירתם. ומתני' קתני: טוחנת עמה, ומוקמת לה באוכל חולין בטומאה! אמר אביי ההוא בכהן כו'. דאיסורא דאורייתא הוא, כדפרישית. אי הכי מפקידין. אי בכהן קאי – מי מצי מפקידין אצלו, והא חייש שמא יגע? אצל ישראל עם הארץ. דמתוך שאינו רגיל בה לא יגע בה. גס בה. רגיל בה פריוו"ן. נדה. מטמאה את משאה, ואע"פ שאין נוגעת. כאן. הא דתני: אין מפקידין – בשהוכשרו, והא דתני: מפקידין – בשלא הוכשרו, ותרוייהו בתרומה. ובשלהן אסור לסייען, דחבר לא ידע אי הוכשרו אי לא. לטוחן. זה שם האומן בלשון המשנה. בחזקתן. שאין חשוד להחליף בשאינו מעושר ובפירות שביעית. אבל לא לטומאה. חיישינן שמא נגע, ולעיל קתני: מפקידין אצלם. מאי קארי לה. הא איפרקא לה הכי. למירמא אחריתי עלה. על הדא דקתני בחזקתן למעשרות, ולכך קבעה בגמ' הכא, למירמא עלה ולפרושה דלא תקשי לן. הנותן לחמותו. עיסה לתקנה לו, והוא חבר והיא אשת עם הארץ, והטבילה לכך. שהיא חשודה מחלפת המתקלקל. ונותנת לו היפה שלה. הלכך, מעשר את שהוא נותן לה, שאם תחליפנו – נמצא מאכילה שאינו מעושר. ואת שהוא נוטל הימנה, שאם החליפתו – נמצא אוכל שאינו מעושר. רוצה היא כו'. ולא לרעה היא מחלפת. לפונדקית. תלמיד היושב לפני רבו ונתאכסן אצל עם הארץ, פונדקית אופה לו את עיסתו. שחשודה מחלפת. לא גרסינן הכא: המתקלקל. התם נמי לטובה היא מתכוונת. ומוריא לעצמה הוראת מצוה בחלוף זה. בר בי רב כו'. חמימא וקרירא, לאחר ב' ימים או ג' היא מחליפה. טוחנת. מסייעתה. בזמן שהיא טמאה. אשת חבר, דכיון דבימי טומאה אינה רגילה ליגע בטהרות – לא חיישינן שמא תטול ותתן לתוך פיה. נותנת

מלאכתו לתרומה! וי"ל: דלא דמי, דהכא אם מפריש קודם גלגול – אין שם חלה עליה כלל. אבל התם – חל שם תרומה קודם גמר מלאכתו, כגון מעשר שהקדימו בשיבולין, וגם אסור באכילת קבע. ומ"מ אסור הכא משתטיל למים, אע"ג דלא מיחייבא בחלה עד שתגלגל. ומיהו קשה: דתנן נמי התם בפרק "ר' ישמעאל" (ע"ז דף נה:): נחתום שהיה עושה בטומאה – לא לשין ולא עורכים עמו. ותני עלה: לא בוררין עמו. ובירושלמי פריך, ומשני: כאן – בלותת, כאן – בשאינו לותת. ומיהו, האי שינויא לא יתיישב אלא לאביי, דמחמיר לענין טומאה טפי מלענין דמאי. אבל לרבא – שרי אפי' בהוכשרו, כיון דטומאת חולין הוא, ולא אסר אלא משתטיל למים. ור"ת תירץ: דהתם "העושה פירות בטומאה" קתני, משמע דודאי בטומאה קא עביד, וכן נחתום העושה בטומאה – להכי החמירו משעת בלירה ובירירה. אבל הכא לא איירי אלא בחשוד בעלמא. והא דפריך הכא מאין טוחנין לאוכלי פירות בטומאה, לאוכלי – לא משמע אלא חשדא בעלמא, וחשוד קרי ליה בתר הכי. וא"ת: דבפ"ק דנדה (דף ו:) אמרינן, תנן התם: נולד לה ספק טומאה, עד שלא גלגלה – תעשה בטומאה, משגלגלה – תעשה בטהרה. והכא אסרינן משתטיל למים! וי"ל: דשאני התם, דכבר נולד לה ספק טומאה – לא חיישינן כל כמה דלא איחייבה בחלה, ואין הפסד לכהן, דבלאו הכי לא יאכל הכהן את החלה. אבל הכא בטהורה – אסור משתטיל למים. **אמר** אביי בכהן חשוד. אליבא דרבא משני. דלדידיה לא קשיא מידי. וכן מלינו בכמה מקומות בפרק "כילד מעברין" (עירובין דף נו:) בשמעתא דטבלא מרובעת, ובפרק "חלון" (שם דף עו:).

וליחוש שמא תסיטנו אשתו נדה. אבל להיסט עם הארץ גופיה – לא חיישינן. וכן לקמן: ובא עם הארץ ונוטל את שתיהן ואינו חושש – היינו משום דלא גזרו עליו חומרא יתירה כגון משכב ומושב והיסט, דאין צבור יכולין לעמוד בה. וכן מוכח במסכת טהרות בפ"ז (משנה ו), דתנן: הגנבים שנכנסו לבית – אין טמא אלא מקום רגלי הגנבים, ומה הן מטמאין – אוכלין ומשקין וכלי חרס הפתוחים, אבל משכבות ומושבות וכלי חרס המוקפין צמיד פתיל – טהורין, ואם יש עמהן גוי או אשה – הכל טמא. משמע בהדיא דאין עם הארץ עושה משכב ומושב. והשתא הא דתנן: בגדי ע"ה מדרס לפרושים, בגדי פרושים מדרס כו', ומפרש רבא בפ' שני דחולין (דף לה:): שמא ישבה עליהם אשתו נדה – קאי נמי אבגדי ע"ה. והא דאמר בפרק "בנות כותים" (נדה דף לג:): כותי שטבל ועלה ודרס על בגדי חבר, הא דנקט "ודרס" ולא נקט "ונגע" – לאו משום דאי לא טבל יש לו טומאת מדרס, אלא נקט "ודרס" – משום דבעי ליהוי בגד חבר תחת לרגלו של כותי, דהכי קתני התם במתני': ומטמא משכב תחתון כעליון. אבל בלינורא שלו, שאפשר ליזהר ולעמוד בה – גזרו, כדמוכח ב"חומר בקודש" (חגיגה דף כג.) ובפרק "בנות כותים" (נדה דף לג:). והרב ר' משה מפונטיז"א היה מפרש דלשום דבר לא עשו עם הארץ כזב, ואינו מטמא אלא מטעם בגדים, שמא ישבה עליהם אשתו נדה, והרי הוא נושא את המדרס. דלינורא שלו טמא – לפי שנגע בשפתיו, ולא מטעם מעיין. ואין נראה, דא"כ בפרק "בנות כותים" (שם דף לג:) דקאמר: אי משום טומאת ע"ה הא טביל ליה, למה ליה למימר "הא טביל ליה"? כי לא טביל נמי לא מטמא, כיון שהוא ערום, דאין נושא מדרס מטמא כלי(א) חרס אחר שפירש מן המדרס, כדתנן במסכת זבים (פ"ה מ"א)! ועוד, גבי לדוקי דפריך התם: מה הועיל כ"ג במה שקדש אבל אשתו – תיפוק ליה משום לינורא דע"ה. הרבה הועיל, דאם בועל נדה – היה נטמא הוא ובגדיו, כנושא רוקו של זב. ואי משום לינורא דע"ה – בגד לחודיה הוא דנטמא משום משקה, דמטמא כלי מדרבנן. וא"ת: דמשמע הכא דאפילו לתרומה אין היסט לע"ה. ובתוספתא דחגיגה תניא: ספק רשות ע"ה, מדרסו, חלילו, והסיטו – טהורין לחולין, וטמאין לתרומה! וי"ל: דהתם חיישינן משום אשתו, אבל לחולין לא חיישינן לאשה, לא למדרס ולא להיסט, והיא דגנבים שנכנסו לבית – איירי נמי לתרומה. **משום** דקא בעי למירמא אחריתי. ואע"ג דאקמייתא נמי מצי לאקשויי, דקתני: טוחנין ומפקידין, ולא חיישינן לאיחלופי – מ"מ מייתי לה נמי, משום דבעי למירמא מע"ה אעם הארץ. **התם** נמי מוריא ואמרה בר בי רב ליכול חמימא. פי' בקונטרס: לטובה אני מכוונת. ד"מוריא" – הוראת מצוה. ולשון "מוריא" לא משמע כן, אלא לשון הוראת היתר, כמו: מוריא ואמרה: תורא מדישיה קא אכיל (חולין דף ו:*). ועוד, דבמשנה קאמר *ר"מ עלה: אין אנו אחראין לרמאין. ומפרש ה"ר מנחם: דבתמי' קאמרה: דבר בי רב ליכול חמימא כו'? והלא טרחתי בשבילו! והא דלא חיישינן לאיחלופי בפ"ק דחולין (ד' ו.) גבי נותן עיסתו לשכנתו לאפות וקדרה לבשל, אע"פ שטורחת בשבילו – משום דדרך שכנים לטרוח זה בשביל זה. **אשת** חבר טוחנת עם אשת ע"ה. פי' בקונטרס: אשת חבר מסייעה לאשת ע"ה בזמן שהיא טמאה, דאז לא חיישינן שמא תיטול ותתן לתוך פיה דבר שאינו מעושר. אבל לא בזמן שהיא טהורה, דכיון שהיא נוגעת באוכלין – חיישינן שמא תתן לתוך פיה דבר שאינו מעושר. וקאמר: השתא מגנב גנבה, פירוש: שנותנת בלא רשות בעלה לאשת חבר. ובפ"ק דחולין (שם*) פירש: אע"ג דאשת חבר אינה חשודה לא לאכול גזל ולא לאכול דבר שאינו מעושר – חיישינן לשכחה, דעביד איניש דמינשי ואכיל מאי דיהיב ליה. אבל לתת לאחרים, אי לאו דחשודה על הגזל – לא מינשיא. וזה החילוק דחוק. ועוד: דאין זה גזילה, דמקבלין דבר מועט מן הנשים, כדאמרינן בסוף "הגוזל בתרא" (ב"ק דף קיט.). ועוד: הרי היא מסייעת ידי עוברי עבירה, ואסור לרבא. ולאביי דאמר

דמאי פ"ג מ"ד

[עי' תוספות בכורות ל. ד"ה מעשרות]

דמאי פ"ג מ"ו חולין ו. כל הסוגיא

תוספתא לטהרות פ"ח ע"ש

הגהות הב"ח

(א) תום' ד"ה וליחוש וכו' מטמא כלי אחר ותיבת חרס נמחק:

[בסוגיא דהכא סב. נמי איתא]

לפנינו איתא ר' יוסי

[ע"ב ד"ה שחברתה]

נוֹתֶנֶת לָהּ וְאוֹכֶלֶת; הַשְׁתָּא מִיגְנַב גָּנְבָא, חֲלוּפֵי לָא מִיחַלְּפָא? אָמַר רַב יוֹסֵף: הָתָם נַמִּי מוֹרְיָא וְאָמְרָה: תּוֹרָא מִדִּישֵׁיהּ קָאָכֵיל. *הֵעִיד ר' יוֹסֵי בֶּן הַמְשׁוּלָּם מִשּׁוּם ר' יוֹחָנָן אָחִיו שֶׁאָמַר מִשּׁוּם ר"א בֶּן חַסְמָא: [א]אֵין עוֹשִׂין חַלַּת עַם הָאָרֶץ בְּטָהֳרָה, אֲבָל עוֹשִׂין עִיסַּת חוּלָּיו בְּטָהֳרָה, וְנוֹטֵל הֵימֶנָּה כְּדֵי חַלָּה וּמַנִּיחָהּ בִּכְפִישָׁא אוֹ בְּאַנְחוּתָא, וּכְשֶׁבָּא ע"ה לִיטּוֹל — נוֹטֵל אֶת שְׁתֵּיהֶן וְאֵינוֹ חוֹשֵׁשׁ; [ב]וְאֵין עוֹשִׂין תְּרוּמַת זֵיתָיו בְּטָהֳרָה, אֲבָל עוֹשִׂין זֵיתִים חוּלָּיו בְּטָהֳרָה, וְנוֹטֵל הֵימֶנָּה כְּדֵי תְּרוּמָה וּמַנִּיחָהּ בְּכֵלָיו שֶׁל חָבֵר, וּכְשֶׁבָּא עַם הָאָרֶץ לִיטּוֹל — נוֹטֵל אֶת שְׁתֵּיהֶן וְאֵינוֹ חוֹשֵׁשׁ; וְטַעְמָא מַאי? א"ר יוֹחָנָן: [ג]מִשּׁוּם כְּדֵי חַיָּיו דְּגַבָּל, וּמִשּׁוּם כְּדֵי חַיָּיו דְּבַדָּד. וּצְרִיכָא; דְּאִי אַשְׁמוֹעִינַן גַּבָּל, מִשּׁוּם דְּלָא נָפֵישׁ אַגְרֵיהּ, אֲבָל בַּדָּד דְּנָפֵישׁ אַגְרֵיהּ — אֵימָא לָא; וְאִי אַשְׁמוֹעִינַן בַּדָּד, מִשּׁוּם דְּלָא שְׁכִיחַ לֵיהּ, אֲבָל גַּבָּל דִּשְׁכִיחַ לֵיהּ — אֵימָא לָא, צְרִיכָא. אָמַר מָר: נוֹטֵל הֵימֶנָּה כְּדֵי חַלָּה וּמַנִּיחָהּ בִּכְפִישָׁא אוֹ בְּאַנְחוּתָא, וּכְשֶׁבָּא ע"ה לִיטּוֹל, נוֹטֵל אֶת שְׁתֵּיהֶן וְאֵינוֹ חוֹשֵׁשׁ. וְלֵיחוּשׁ דִּילְמָא נָגַע בָּהּ! [ד]דְּאָמְרִי' לֵיהּ: חֲזֵי, אִי נָגַעְתְּ בָּהּ הָדְרָא לְטִיבְלָא. וְלֵיחוּשׁ דִּילְמָא לָא אִיכְפַּת לֵיהּ! הַשְׁתָּא לְתַקּוּנֵי קָא מִיכַּוֵּין, מִיכְפַּת לָא אִיכְפַּת לֵיהּ? אָמַר מָר: נוֹטֵל הֵימֶנָּה כְּדֵי תְּרוּמָה וּמַנִּיחָהּ בְּכֵלָיו שֶׁל חָבֵר, וּכְשֶׁבָּא ע"ה לִיטּוֹל, נוֹטֵל אֶת שְׁתֵּיהֶן וְאֵינוֹ חוֹשֵׁשׁ. וְלֵיחוּשׁ דִּילְמָא נָגַע בָּהּ! בִּשְׁלָמָא הָתָם אִית לֵיהּ הֶיכֵּרָא, הָכָא מַאי הֶיכֵּרָא אִית לֵיהּ? [ה]דְּמַנַּח לֵיהּ בִּכְלֵי גְלָלִים, בִּכְלֵי אֲבָנִים, בִּכְלֵי אֲדָמָה. א"ה, מַאי אִירְיָא דְּחָבֵר? אֲפִי' דְּעַם הָאָרֶץ נַמִּי! ה"נ קָאָמַר: בְּכֵלִים שֶׁל עַם הָאָרֶץ הָרְאוּיִין לְהִשְׁתַּמֵּשׁ בָּהֶן חָבֵר. § "מַחֲזִיקִין יְדֵי גוֹיִם בַּשְּׁבִיעִית". § מַחֲזִיקִין?! וְהָאָמַר רַב דִּימִי בַּר שִׁישְׁנָא מִשְּׁמֵיהּ דְּרַב: [ו]אֵין עוֹדְרִין עִם הַגּוֹי בַּשְּׁבִיעִית, [ז]וְאֵין כּוֹפְלִין שָׁלוֹם לְגוֹי! [ח]לָא צְרִיכָא, לְמֵימְרָא לְהוּ "אַחֲזוּקוּ" בְּעָלְמָא, כִּי הָא דְּרַב יְהוּדָה אָמַר לְהוּ "אַחֲזוּקוּ", רַב שֵׁשֶׁת אָמַר לְהוּ "אַשַּׁרְתָּא". § "וְאֵין כּוֹפְלִין שָׁלוֹם לְגוֹי". § [ט]רַב חִסְדָּא מַקְדִּים וְיָהֵיב לְהוּ שְׁלָמָא. רַב כָּהֲנָא א"ל "שְׁלָמָא לְמָר". § "וְשׁוֹאֲלִין בִּשְׁלוֹמָן". § הַשְׁתָּא אַחֲזוּקֵי מַחֲזְקִינַן, שׁוֹאֲלִין בִּשְׁלוֹמָן מִיבָּעֲיָא? אָמַר רַב יֵיבָא: [ט]לָא נִצְרְכָא אֶלָּא לְיוֹם חַגָּם; דְּתַנְיָא: לֹא יִכָּנֵס אָדָם לְבֵיתוֹ שֶׁל גּוֹי בְּיוֹם חַגּוֹ וְיִתֵּן לוֹ שָׁלוֹם. [י]מְצָאוֹ בַּשּׁוּק, נוֹתֵן לוֹ בְּשָׂפָה רָפָה וּבְכוֹבֶד רֹאשׁ. *רַב הוּנָא וְרַב חִסְדָּא הֲווּ יָתְבִי, חָלֵיף וְאָזֵיל גְּנֵיבָא. א"ל חַד לְחַבְרֵיהּ: נֵיקוּם מִקַּמֵּיהּ, *דְּבַר אוֹרְיָין הוּא, אֲמַר לוֹ: וּמִקַּמֵּי פַּלְגָּאָה נֵיקוּם? אַדְּהָכִי אֲתָא אִיהוּ לְגַבַּיְיהוּ, אֲמַר לְהוּ: שְׁלָמָא עֲלַיְיכוּ מַלְכֵי, שְׁלָמָא עֲלַיְיכוּ מַלְכֵי! אֲמַרוּ לֵיהּ: מְנָא לָךְ דְּרַבָּנַן אִיקְּרוּ מְלָכִים? אֲמַר לְהוּ, דִּכְתִיב: °"בִּי מְלָכִים יִמְלוֹכוּ" וגו'. אֲמַרוּ לֵיהּ: וּמְנָא לָךְ דְּכָפְלִינַן שְׁלָמָא לְמַלְכֵי? אֲמַר לְהוּ, דְּאָמַר רַב יְהוּדָה אָמַר רַב: מִנַּיִן שֶׁכּוֹפְלִין שָׁלוֹם לַמֶּלֶךְ? שֶׁנֶּאֱמַר: °"וְרוּחַ לָבְשָׁה אֶת עֲמָשַׂי רֹאשׁ הַשָּׁלִישִׁים" *וגו'. אָמְרִי לֵיהּ: לִיטְעוֹם מָר מִידֵּי, אֲמַר לְהוּ: הָכִי אָמַר *רַב יְהוּדָה אָמַר רַב: [כ]אָסוּר לוֹ לָאָדָם *שֶׁיִּטְעוֹם כְּלוּם עַד שֶׁיִּתֵּן מַאֲכָל לִבְהֶמְתּוֹ, שֶׁנֶּאֱמַר: °"וְנָתַתִּי עֵשֶׂב בְּשָׂדְךָ לִבְהֶמְתֶּךָ", וַהֲדַר "וְאָכַלְתָּ וְשָׂבָעְתָּ". §

הדרן עלך הניזקין

רש"י

נוֹתֶנֶת לָהּ. אַלְמָא: חֲשׁוּדָה אֵשֶׁת עַם הָאָרֶץ לִגְנוֹב מִשֶּׁל בַּעְלָהּ וְלִיתֵּן לַחֲבֶרְתָּהּ. מוֹרְיָא. מוֹרָה הוֹרָאַת הֶיתֵּר לְעַצְמָהּ. הֵעִיד ר' יוֹסֵי כו'. בָּרַיְיתָא הִיא. אֵין עוֹשִׂין חַלַּת עַם הָאָרֶץ בְּטָהֳרָה. עַם הָאָרֶץ שֶׁאָמַר לְגַבָּל חָבֵר: הַפְרֵשׁ חַלָּה מֵעִיסָּתִי, וַעֲשֵׂה אוֹתָהּ בְּטָהֳרָה — לֹא יִשְׁמַע לוֹ, שֶׁהֲרֵי כְּבָר נִטְמְאָה כָּל הָעִיסָּה בְּיַד עַם הָאָרֶץ, וְהַכֹּהֵן יִסְמוֹךְ עַל הַגַּבָּל שֶׁהוּא חָבֵר, וִיהֵא סָבוּר שֶׁהַחַלָּה טְהוֹרָה. אֲבָל עוֹשִׂין. תְּחִילַּת הָעִיסָּה בְּטָהֳרָה. בִּכְפִישָׁא אוֹ בְּאַנְחוּתָא. כֵּלִים שֶׁל כַּלְּאֵי חֵמָתוֹת, וְאֵין רְגִילִים לִיתֵּן בָּהֶם עִיסָּה, וְטוּמְאָה אֵין מְקַבְּלִין. וְאֵינוֹ חוֹשֵׁשׁ. הַגַּבָּל, שֶׁמָּא יִגַּע עַם הָאָרֶץ בְּחַלָּה וִיטַמְּאֶנָּה, וּלְקַמֵּיהּ מְפָרֵשׁ טַעְמָא. וְאֵין עוֹשִׂין תְּרוּמַת זֵיתָיו בְּטָהֳרָה. לְאַחַר שֶׁהָפַךְ זֵיתִים לִתֵּן לְבֵית הַבַּד — אֵין מַפְרִישִׁים בַּדָּדִים חֲבֵירִים תְּרוּמָה מֵהֶן, לַעֲשׂוֹתָן בְּטָהֳרָה — לְפִי שֶׁכְּבָר הוּכְשְׁרוּ *בַּמַּעֲטָן וְנִטְמְאוּ, וְהַכֹּהֵן סוֹמֵךְ עֲלֵיהֶם, וְסוֹבֵר שֶׁהֵן טְהוֹרִים. וְטַעְמָא מַאי. שָׁרוּ רַבָּנַן לְאַקּוֹלֵי בִּתְרוּמָה כִּי הַאי קוּלָּא? דְּאִיכָּא לְמֵיחַשׁ דִּלְמָא הֲדַר נָגַע. דְּלָא נָפֵישׁ אַגְרֵיהּ. שֶׁשְּׂכָרוֹ מוּעָט, לְפִיכָךְ הוּא עָנִי וְצָרִיךְ לִמְזוֹנוֹת. דְּלָא שְׁכִיחַ. לְהִשְׁתַּכֵּר כִּי אִם מִשָּׁנָה לְשָׁנָה, לְהָכִי צָרִיךְ לִמְזוֹנוֹת. דְּאָמְרִינַן. לְחַיֵּיס עָלָיו. אִם נָגַעְתָּ בָּהּ. וּתְטַמְּאֶנָּה. הָדְרָא לְטִיבְלָא. וְהוּא אֵינוֹ חָשׁוּד לֶאֱכוֹל טֶבֶל שֶׁבְּמִיתָה. לְתַקּוּנֵי קָמְכַוֵּין. שֶׁהֲרֵי בָּא אֶצְלוֹ לְתַקְּנָהּ לוֹ. מִיכְפַּת לָא אִיכְפַּת לֵיהּ. בִּתְמִיָּה. בִּשְׁלָמָא הָתָם. גַּבֵּי חַלָּה. אִיכָּא הֶיכֵּרָא. שֶׁהִנִּיחָהּ בְּכֵלִים שֶׁאֵין עֲשׂוּיִין לְהַנִּיחַ בָּהֶן עִיסָּה, וְנִזְכַּר עַל שֶׁאִיַּימְנוּ עָלָיו. מַאי הֶיכֵּרָא אִית לֵיהּ. דְּלִידְכַּר. בִּכְלֵי גְלָלִים. שֶׁאֵינָן מְקַבְּלִים טוּמְאָה. דְּאִי נָגַע בִּכְלִי — לֹא מְקַבֵּל טוּמְאָה. וּבְעִיסָּה גּוּפָהּ אִית לֵיהּ הֶיכֵּרָא, מִשּׁוּם הָנֵי כֵּלִים שֶׁאֵינוֹ רָגִיל לְהִשְׁתַּמֵּשׁ בָּהֶן. וְעַם הָאָרֶץ לָא אַחְמוּר רַבָּנַן עֲלֵיהּ כּוּלֵּי הַאי, לְשַׁוְּיֵיהּ כְּזָב גָּמוּר לְטַמֵּא בְּמַשָּׂא. בְּכֵלִים שֶׁל עַמֵּי הָאָרֶץ. שֶׁאֵין מְקַבְּלִין טוּמְאָה, הָרְאוּיִים לְהִשְׁתַּמֵּשׁ בָּהֶן חָבֵר. עוֹדְרִין. חוֹפְרִין. וְאֵין כּוֹפְלִין. דְּהָא דְּנוֹתְנִים שָׁלוֹם לְגוֹי — מִפְּנֵי דַּרְכֵי שָׁלוֹם הוּא דְּשָׁרֵי, וּמִשּׁוּם דַּרְכֵי שָׁלוֹם — בְּחֲדָא זִימְנָא סַגִּי. לְמֵימְרָא לְהוּ אַחֲזוּקוּ. כְּשֶׁאוֹמְרִין לְעוֹשֵׂי מְלָאכָה הָעוֹבְרִים עֲלֵיהֶם "תֶּחֱזַקְנָה יְדֵיכֶם". אַשַּׁרְתָּא. אַף הוּא לְשׁוֹן חִיזּוּק, כְּמוֹ "אִישַּׁרְנוּהִי" (כתובות דף כא.). שְׁלָמָא לְמָר. וְלֹא הָיָה מִתְכַּוֵּין לְבָרְכוֹ, אֶלָּא לִבּוֹ הָיָה לְרַבּוֹ. הַשְׁתָּא אַחֲזוּקֵי מַחֲזְקִינַן. יְדֵיהֶם בִּדְבוּרָא, בְּדָבָר הָאָסוּר לְיִשְׂרָאֵל, כְּגוֹן עֲבוֹדַת שְׁבִיעִית. שׁוֹאֲלִים בִּשְׁלוֹמָן. כָּל יְמוֹת הַשָּׁנָה מִיבָּעֲיָא? לְיוֹם חַגָּם. וְלָא חָיְישִׁינַן דִּלְמָא אָזֵיל וּמוֹדֶה. לֹא יִכָּנֵס כו'. דְּכֵיוָן דְּאַחְשְׁבֵיהּ כּוּלֵּי הַאי — דִּלְמָא אָזֵיל וּמוֹדֵי. בַּר אוֹרְיָין. בֶּן תּוֹרָה. פַּלְגָּאָה. חוֹלֵק עַל הַחֲכָמִים, שֶׁהָיָה מְלַעֲרוֹ לְמָר עוּקְבָא שֶׁהָיָה אַב בֵּית דִּין, כִּדְאָמְרִי' בְּפֶרֶק קַמָּא (לעיל דף ז.).

הדרן עלך הניזקין

תוספות

דאמר רוב עמי הארץ מעשרין הן שרי לסייע' אף בזמן שהיא טהורה, דהא בוררת קתני במתניתין, ואי אפשר שלא תגע. ומפ' ר"ת וכן ר"ח: דאשת חבר טוחנת עם אשת עם הארץ – איירי בתבואה של חבר. ובתוספתא* דקתני: אשתו של עם הארץ טוחנת עם אשתו של חבר – בזמן שאשת עם הארץ מחזקת עצמה בטומאה, שאז היא נזהרת מליגע בתבואה, אבל לא בזמן שהיא מחזקת עצמה טהורה – שאינה נזהרת מליגע ומטמאה. ורשב"א אומר: אף בזמן שמחזקת עצמה בטומאה לא תטחון, מפני שחברתה אשת עם הארץ אחר, שסבורה שהיא טהורה, נותנת לה ואוכלת. והשתא פריך בפשיטות: השתא מיגזל גזלה תבואה של אשת חבר בע"כ, חלופי מיבעיא? **אין** עושין חלת עם הארץ בטהרה. פי' בקונטרס: לפי שכבר נטמאה העיסה ביד ע"ה, וכהן יסמוך על הגבל שהוא חבר, ויהא סבור שהחלה טהורה. ולפירושו, אם יפריש ממקום אחר על אותה עיסה – חלתו טהורה. ונראה דבכל ענין אסור. דלכל עיקר לא התירו אלא כדי חייו, ולא התירו אלא היכא שנוטל שכר מכל העיסה, אבל משום שכר חלה גרידא – משום שהיא פורתא לא התירו, דחיישינן דלמא נגע.

ומניחה בכליו של חבר. נראה דלא נקט כפישא ואנחותא – לפי שהן פשוטי כלי עץ, ולא חזו לזיתים. אין עודרין עם הגוי בשביעית. והא דקאמר בפרק "זה בורר" (סנהדרין דף כו.) גבי כהן וחורש, יכול לומר לו "אגיסטון אני בתוכה" – לא כמו שפי' בקונטרס: שכיר לגוי, דהא משמע הכא דאסור. ולא מסתבר לחלק בין חנם לבשכר. אלא מפר"ת: אגיסטון – בקרקע שמקבלים מן המלך, לפרוע כך וכך תבואה בשנה, כדאמר התם לעיל מינה: רבי ינאי מכריז: פוקו וזרעו ארנונא בשביעית. ושמא סכנת נפשות איכא אם לא יפרעו מס למלך. אי נמי, קסבר: יש קנין לגוי בארץ להפקיע משביעית. אי נמי: שביעית בזמן הזה דרבנן, אע"ג דמדרבנן אסור לגוי אחר – גבי מלך התירו.

אשרתא · בירושלמי איכא למאן דאמר דהיינו: "חרש בה טבאות, ולבתר שמיטה נסיבא לה מינך". ולישראל אמרינן "יישר". ואיכא למ"ד דלגוי אמר "יישר", ולישראל "שלום עליכם". משמע דלכ"ע לגוי אסור לומר "שלום עליך", ודלא כש"ס שלנו הכא, דלא אסרינן לגוי אלא כפילת שלום. ונראה דלפי' הירושלמי, דמחזיקים ידי גוים בשביעית ושואלים בשלומם – חדא מילתא היא, שאומר לו: "חרש בה טבאות". **שלמא** למר. פי' בקונטרס: ולא היה מתכוין לברכו, אלא לבו היה לרבו. וצ"ע, שלא יהא בזה גונב דעת הבריות! ועל חנם פי' כן, דלא קאמר אלא דאין כופלין לו שלום.

הדרן עלך הניזקין

עין משפט נר מצוה

קכד א מיי' פ"ח מהל' בכורים הלי"ב:
קכה ב מיי' פי"ב מהל' תרומות הל"ט:
[דטהרות פ"ח]
קכו ג מיי' שם ופ"ח מהל' בכורים הלי"ב:
קכז ד מיי' פי"ב מהל' תרומות הל"ט:
קכח ה מיי' פ"ח מהל' בכורים הלי"ב:
קכט ו מיי' פ"ח מהל' שמטה הל"ח:
קל ז מיי' פ"י מהל' ע"ז הל"ה ופ"י מהל' מלכים הלי"ב טוש"ע יו"ד סי' קמח סעי' י:
קלא ח מיי' פ"ח מהל' שמטה הל"ח:
קלב ט י מיי' פ"י מהל' ע"ז הל"ה טוש"ע יו"ד סי' קמח סעי' ט:
קלג כ מיי' פ"ט מהל' עבדים הל"ח סמג עשין עב:

מסורת הש"ס

תוספתא דמאי פ"ג ע"ש
פי' הכלי שעושין בהן זיתים
לעיל לח:
[ברכות יז. וע"ש מה שנרשם בגליון]
משלי ח
דה"א יב
נ"ל השלישים לך דויד ועמך בן ישי שלום שלום לך אמרי' כו' ס"א שיאכל [עמ"ש על הגליון בברכות מ.]
ברכות מ.
דברים יא

גליון הש"ס

גמ' רב חסדא מקדים וכו'. עי' ברכות דף ו ע"ב ובמהרש"א ח"א שם:

א א מיי' פ"ו מהל' גירושין הל"י סמג עשין נ טוש"ע אה"ע סי' קמ סעיף ח וסי' קמא סעי' נט:
ב ב מיי' שם הל"א וסמג שם טוש"ע שם סי' קמ סעי' ג:
ג ג מיי' שם הל"י טוש"ע שם סעי' ו:
ד ד מיי' שם הל"ט טוש"ע שם סעי' ז: [ומפרש"י לקמן עח: ד"ה טעמא וכו' וד"ה הא אמר וכו' מוכח שסידורו היה מי שאחזו קודם התקבל]
ה ה ו מיי' שם הל"ו סמג שם טוש"ע שם סי' קמא סעי' לא:
ו ז ח מיי' שם הלי"א סמג שם טוש"ע שם סי' קמ סעי' ח:

הָאוֹמֵר "הִתְקַבֵּל גֵּט זֶה לְאִשְׁתִּי" אוֹ "הוֹלֵךְ גֵּט זֶה לְאִשְׁתִּי", א****אִם רָצָה לַחֲזוֹר — יַחֲזוֹר. בהָאִשָּׁה שֶׁאָמְרָה "הִתְקַבֵּל לִי גִּיטִּי", אִם רָצָה לַחֲזוֹר — לֹא יַחֲזוֹר. גלְפִיכָךְ, אִם אָמַר לוֹ הַבַּעַל: "אִי אִפְשִׁי שֶׁתְּקַבֵּל לָהּ, אֶלָּא הוֹלֵךְ וְתֵן לָהּ", אִם רָצָה לַחֲזוֹר — יַחֲזוֹר; רשב"ג אוֹמֵר: דאַף הָאוֹמֶרֶת "טוֹל לִי גִּיטִּי", אִם רָצָה לַחֲזוֹר — לֹא יַחֲזוֹר.§ **גמ'** א"ל רַב אַחָא בְּרֵיהּ דְּרַב אָוְיָא לְרַב אַשִׁי: טַעְמָא דְּלָא שַׁוְּיתֵיהּ אִיהִי שָׁלִיחַ לְקַבָּלָה, הָא שַׁוְּיתֵיהּ אִיהִי שָׁלִיחַ לְקַבָּלָה, רָצָה לַחֲזוֹר — לֹא יַחֲזוֹר; ש"מ: *"הוֹלֵךְ" כִּ"זְכֵי" דָּמֵי! לָא, לְעוֹלָם אֵימָא לָךְ: "הוֹלֵךְ" *לָאו כִּ"זְכֵי" דָּמֵי, וְ"הִתְקַבֵּל גֵּט לְאִשְׁתִּי" אִיצְטְרִיכָא לֵיהּ; דְּס"ד אָמִינָא הוֹאִיל וּבַעַל לָאו בַּר שַׁוְּיֵהּ שָׁלִיחַ לְקַבָּלָה הוּא, אע"ג דְּמָטָא גִּיטָּא לְיָדָהּ — לָא לֶיהֱוֵי גִּיטָּא, קמ"ל דְּ"הִתְקַבֵּל וְהוֹלֵךְ" קָאָמַר. תְּנַן: הָאִשָּׁה שֶׁאָמְרָה "הִתְקַבֵּל לִי גִּיטִּי", אִם רָצָה לַחֲזוֹר — לֹא יַחֲזוֹר; מַאי לָאו לָא שְׁנָא אַקַּבָּלָה, לָא שְׁנָא אַהוֹלָכָה? לָא, אַקַּבָּלָה. ת"ש: לְפִיכָךְ, אִם אָמַר לוֹ הַבַּעַל "אִי אִיפְשִׁי שֶׁתְּקַבֵּל לָהּ, אֶלָּא הוֹלֵךְ וְתֵן לָהּ", אִם רָצָה לַחֲזוֹר — יַחֲזוֹר; טַעְמָא דְּאָמַר "אִי אִיפְשִׁי", הָא לֹא אָמַר "אִי אִיפְשִׁי", אִם רָצָה לַחֲזוֹר — לֹא יַחֲזוֹר; ש"מ: "הוֹלֵךְ" כִּ"זְכֵי" דָּמֵי! דִּילְמָא בְּ"הֵילָךְ". פְּשִׁיטָא, אִישׁ הָוֵי שָׁלִיחַ לְהוֹלָכָה — שֶׁכֵּן בַּעַל מוֹלִיךְ גֵּט לְאִשְׁתּוֹ, וְאִשָּׁה הָוְיָא שָׁלִיחַ לְקַבָּלָה — שֶׁכֵּן אִשָּׁה מְקַבֶּלֶת גִּיטָּהּ מִיַּד בַּעְלָהּ. אִישׁ לְקַבָּלָה וְהָאִשָּׁה לְהוֹלָכָה, מַאי? ת"ש: הָאוֹמֵר "הִתְקַבֵּל גֵּט זֶה לְאִשְׁתִּי" אוֹ "הוֹלֵךְ גֵּט זֶה לְאִשְׁתִּי", אִם רָצָה לַחֲזוֹר — יַחֲזוֹר; הָאִשָּׁה שֶׁאָמְרָה "הִתְקַבֵּל לִי גִּיטִּי", אִם רָצָה לַחֲזוֹר — לֹא יַחֲזוֹר; מַאי לָאו בְּחַד שָׁלִיחַ, וש"מ: כָּשֵׁר *לְקַבָּלָה כָּשֵׁר לְהוֹלָכָה! לָא, בִּשְׁנֵי שְׁלוּחִין. תָּא שְׁמַע: לְפִיכָךְ, אִם אָמַר לוֹ הַבַּעַל "אִי אִיפְשִׁי שֶׁתְּקַבֵּל לָהּ, אֶלָּא הוֹלֵךְ וְתֵן לָהּ", אִם רָצָה לַחֲזוֹר — יַחֲזוֹר; וְהָא הָכָא דְּחַד שָׁלִיחַ הוּא, וש"מ: כָּשֵׁר לְקַבָּלָה כָּשֵׁר לְהוֹלָכָה. פְּשׁוֹט מִינָּהּ: האִישׁ הָוֵי שָׁלִיחַ לְקַבָּלָה — שֶׁכֵּן אָב מְקַבֵּל גֵּט לְבִתּוֹ קְטַנָּה. אִשָּׁה לְהוֹלָכָה תִּיבְּעֵי לָךְ, מַאי? אָמַר רַב מָרִי, ת"ש: *אַף הַנָּשִׁים שֶׁאֵין נֶאֱמָנוֹת לוֹמַר "מֵת בַּעְלָהּ" — נֶאֱמָנוֹת לְהָבִיא אֶת גִּיטָּהּ; וְהָתָם הוֹלָכָה הִיא, אָמַר רַב אַשִׁי: מִסֵּיפָא נַמִי שְׁמַע מִינָּהּ, דְּקָתָנֵי סֵיפָא: *הָאִשָּׁה עַצְמָהּ מְבִיאָה אֶת גִּיטָּהּ, וּבִלְבַד שֶׁהִיא צְרִיכָה לוֹמַר "בְּפָנַי נִכְתַּב וּבְפָנַי נֶחְתַּם", וְאוֹקִימְנָא בְּהוֹלָכָה, יש"מ.§ אִיתְּמַר: "*זהָבֵא לִי גִּיטִּי", וְ"אִשְׁתְּךָ אָמְרָה הִתְקַבֵּל לִי גִּיטִּי", וְהוּא אָמַר: "הֵילָךְ כְּמָה שֶׁאָמְרָה", אָמַר רַב נַחְמָן אָמַר רַבָּה בַּר אֲבוּהּ אָמַר רַב: חאֲפִילּוּ הִגִּיעַ גֵּט לְיָדָהּ — אֵינָהּ מְגוֹרֶשֶׁת. שְׁמַע מִינָּהּ, אַדִּיבּוּרָא דִּידֵיהּ קָא סָמֵיךְ, דְּאִי אַדִּיבּוּרָא דִּידָהּ קָא סָמֵיךְ, מִכִּי מָטֵי גִּיטָּא לְיָדָהּ מִיהָא תִּיגָּרֵשׁ! אָמַר רַב אַשִׁי: הָכִי הָשְׁתָּא?! בִּשְׁלָמָא

הָאוֹמֵר התקבל. רצה לחזור. הבעל. יחזור. דגט חוב הוא לה, ואין חבין לאדם אלא מדעתו, ליעשות לו שליח לחובתו. לא יחזור. כיון דאיהי שוייתיה שליח – הרי הוא כידה, ונתגרשה מיד בקבלתו של זה. לפיכך. כיון דאמרן אין יכול לחזור – אין לו תקנה לחזור, אא"כ אמר לו הבעל לזה שעשתה אותו שליח לקבלה: אי אפשי שתקבל לה להיות כידה, אלא שליח שלי תהא, להוליכו לידה. אם רצה לחזור. כל זמן שלא הגיע גט לידה. יחזור. שאינה מתגרשת אלא מדעת המגרש, והרי אמר: לא יהא גט עד שיגיע גט לידה. אף האומרת טול לי גיטי. לשון קבלה הוא. **גמ'** טעמא דלא שויתיה שליח לקבלה. א"הולך גט זה לאשתי" קאי, דקתני מתני': יחזור, ומיירי בדלא שויתיה איהי שליח לקבלה. ובעל לאו בר שוייה שליח לקבלה הוא, דהא חוב הוא לה, והכא הוא דקאמרינן יחזור. הא שויתיה איהי שליח לקבלה. וקאמר איהו "הולך". לא יחזור. דלא עקריה משליחותא דידה. אלמא הולך כזכי דמי. ופלוגתא היא בפ"ק (לעיל דף יד.). לא לעולם לאו כזכי דמי. ואפילו שויתיה איהי שליח לקבלה, ואמר לו איהו "הולך" – מיעקר עקריה משליחותא ושוייה איהו שליח להולכה. והאי דנקט מתני' בדלא שויתיה שליח – משום "התקבל" נקט לה, ד"התקבל" איצטריכא ליה לאשמועי', דאע"ג דלא שויתיה היא שליח, ובעל נמי לאו בר שוייה שליח לקבלה הוא אלא להולכה, ואיהו לא אמר "הולך", אפ"ה, כי מטא גט לידה – מיהא מגורשת. לא ליהוי גיטא. דהא לאו להולכה שוייה שליח, ולקבלה נמי לא בר שוייה שליח הוא. קמ"ל. ד"התקבל" דקאמר ליה – "התקבל והולך" קאמר. דאדם יודע שאין לו שליחות לקבלה, ואיידי דתנא "התקבל" תנא "הולך", דהכי קאמר מתני': בין שאמר בעל בלשון קבלה, בין שאמר בלשון הולכה – הוי שליח להולכה. מאי לאו. אתרווייהו מילי דתנא לעיל מיניה קאי; לא שנא כי אמר הבעל קבלה ולא שנא הולכה, אי שויתיה איהי שליח לקבלה מעיקרא – לא יחזור, ש"מ: הולך כזכי דמי. דילמא בהילך. בהך סיפא לא תיתני "הולך ותן לה" אלא "הילך ותן לה", ד"הילך" ודאי הילך כדקאמרה היא, ואי לאו דאמר "אי אפשי" – הוה ליה שליח לקבלה. פשיטא איש. זכר, יכול ליעשות שליח לבעל להולכה, כיון דאיתרבי שליחות מקרא מ"ושלחה" – פשיטא דודאי זכר להולכה רבי. שכן בעל. עליו להוליך גט לאשתו, ובמידי דאיהו כשר – שלוחו נמי כשר. ואשה. אחרת פשיטא לן דהויא שליח לחברתה לקבלה, מאחר דרבי קרא שליחות לקבלה מ"ושלחה מביתו" קרי ביה ושלחה. שכן. היא עצמה מקבלת גיטה. איפכא מאי. מי אמרי': כיון דהוא עצמו לאו בר קבלה הוא – שאר זכרים נמי לאו בני קבלה נינהו. וכן לענין הולכה באשה. בחד שליח. קאמר, דבין א"ל בעל "הולך" בין א"ל "התקבל" – הוי שליח להולכה, ואי אמרה ליה איהי מעיקרא להוא "התקבל" – הוי שליח לקבלה. אלמא: ההוא דאכשר להיות שליח לבעל להולכה – מכשר להיות שליח לאשה לקבלה. לא בשני שלוחין. וה"ק: הבעל שאמר לאיש: בין "התקבל" בין "הולך" – לשון הולכה היא, והאשה שאמרה לחברתה "התקבל" ונתנו לה הבעל, אם רצה לחזור – לא יחזור. ולאו אשליח דרישא קאי. והא הכא דחד שליח הוא. לההוא דאמרה ליה איהי "התקבל" א"ל איהו: אי אפשי שתקבל אלא הולך. פשוט מינה איש דהוי שליח לקבלה. כלומר, מתרתי בעיין דבעינן לעיל חדא מצית למפשט מינה – דאיכא למימר מתני' באיש קמיירי דכשר אף לקבלה. ודין הוא, שהרי מצינו שהוא ראוי לקבלה בגט של בתו קטנה, שהתורה זכתה לו לקבל קידושיה, כדילפינן בכתובות (דף מו.) מ"ויצאה חנם אין כסף" ולקבל את גיטה, דכתיב: "ויצאה והיתה לאיש" – איתקש יציאה להויה, הלכך בשליחות נמי כשר. אבל אשה להולכה – אכתי מיבעי לן. אף הנשים כו'. חמותה, ובת חמותה, צרתה, ויבמתה, ובת בעלה. והתם הולכה היא. דקתני: "להביא". ואוקימנא בהולכה. בפרק *קמא, מדקתני: צריכה לומר "בפני נכתב", והוינן בה: מכי מטא גיטא לידה איגרשה לה, ומתרצינן: דאמר לה הוי שליח להולכה עד דמטית התם. ה"ג הבא לי גיטי ואשתך אמרה התקבל לי גיטי. האשה שאמרה לשלוחה "הבא לי גיטי" והוא אומר לבעל "אשתך אמרה התקבל לי גיטי". והוא אומר. הבעל אמר לו: הילך כמה שאמרה. אפי' הגיע גט לידה אינה מגורשת. כדמפרש ואזיל. ש"מ. דמאן דאמר לשליח "הילך כמה שאמרה משלחך" – אדיבורא דידיה סמיך, אדעתא דדיבורא דשליח קאמר ליה האי "הילך כמה שאמרה" דמהימנת לי דשליח לקבלה את. הילכך אינה מגורשת, דכי יהב בעל ניהליה – אדעתא דשליחות קבלה יהיב ניהליה, ולאו אדעתא דהולכה. ושליח לקבלה – לא הוי, ותפשוט מיניה בעיא דאיבעיא לן בב"מ ב"השוכר את האומנין": אדיבורא דשליח סמיך. דאי אדיבורא דידה סמיך. והכי קאמר ליה: אנא לא ידענא, אלא כדקאמרה איהי מסרנא ליה ניהלך. כי מטא גט לידה מיהא תתגרש. דהא בעל נמי שליח להולכה שוייה.
הכי

האומר התקבל. (א) בירושלמי תנא "התקבל" אחר "הניזקין" ואחריו "מי שאחזו". וכן נראה לר"ת ד"הניזקין" תנא בתר "השולח" – משום דאיירי במילי דהויא מפני תיקון העולם, והשתא הדר למילתיה דאיירי בשליחות. ואיידי דאיירי באומר לשנים "תנו" או לשלשה "כתבו ותנו" – תנא בתריה "מי שאחזו", דאיירי נמי באומר "כתבו". ואיידי דתנא ב"מי שאחזו" במגורשת ואינה מגורשת – תנא בתריה "הזורק" דקתני בה מתלה על מתלה מגורשת ואינה מגורשת*.

הא שויתיה שליח. השתא סלקא דעתין דלא איצטריך למיתני "התקבל", אלא למידק דכי היכי ד"התקבל" דוקא בלא שויתיה שליח – "הולך" נמי דוקא בלא שויתיה שליח.

דילמא בהילך. אינו מגיה, אלא כלומר, דילמא איכא דתני "הילך".

איש לקבלה ואשה להולכה מאי. משום דבגט אשה בהולכה לא שייכא, ואיש בקבלה, משום הכי קבעי.
בשלמא

תוספות רי"ד

האומר התקבל גט זה לאשתי או הולך גט זה לאשתי אם רצה א) להחזיר יחזיר האשה שאמרה התקבל לי גיטי אם רצה להחזיר לא יחזיר לפיכך אם אמר לו אי אפשי שתקבל לה אלא הולך ותן לה אם רצה להחזיר יחזיר רשבג"א אף האומרת טול לי גיטי אם רצה להחזיר לא יחזיר. פי' בעל שאמר התקבל גט זה לאשתי כך הוא כאילו אומר הולך שאין הבעל ממנה שליח לקבלה כ"א להולכה הילכך בין אם אמר הולך בין אם אמר התקבל ורצה להחזיר ולבטל השליחות יכול לבטל אבל האשה שאמרה התקבל לי גיטי ומסרו הבעל לידו בתורת קבלה אינו יכול להחזירו שיד השליח כיד האשה דמיא אך אם יאמר הבעל אי אפשי שתקבל לה אלא הולך ותן לה [אם רצה להחזיר יחזיר] רשבג"א אף האומרת לשליח טול לי גיטי כאומרת התקבל דמי ואם רצה להחזיר לא יחזיר. פשיטא לי איש הוי שליח להולכה שכן בעל מוליך גט לאשתו אשה הויא שליח לקבלה שכן אשה מקבלת גיטה מיד בעלה איש לקבלה ואשה להולכה מאי ופשטי' דאיש נמי הוי שליח לקבלה שכן אב מקבל גט לבתו קטנה ואשה נמי הוי שליח להולכה שכן אשה עצמה מביאה גיטה ממדינת הים דתנן אשה עצמה מביאה גיטה ובלבד שתהא צריכה לומר בפני נכתב ובפני נחתם. איתמר הבא לי גיטי והלך השליח ואמר לבעל אשתך אמרה התקבל לי גיטי והוא אמר לו הולך כמו ב) שאמרת אמר רב נחמן אמר רבה בר אבוה אמר רב אפילו הגיע הגט לידה אינה מגורשת משום דעקריה שליח לשליחותיה דאמר שליח לקבלה הוינא (ולא) להולכה לא הוינא

[לעיל יד. לקמן סג:]
[לעיל יד. לב:]
כשר להולכה כשר לקבלה כצ"ל מ"ד
לעיל כג:
שם ודף ה.
ב"מ עו. ע"ש
[נ"ל שני דף כז.]

הגהות הב"ח

(א) תוס' ד"ה האומר התקבל כ"ב וכן כתבו התוס' דף עב. ד"ה ומשום כיסופא אבל הרא"ש סידר פ' התקבל אחר פ' מי שאחזו:

א) כ"ה נוסחת המשנה בירושלמי אם רצה להחזיר יחזיר וזהו שהולך רבינו לפרש דרוצה להחזיר ולבטל וכו'. ב) לפנינו הגירסא כמו שאמרה ואולי דרבינו היה גורס כמו שאמרת.

ז א ב מיי' פ"ו מהלכות גירושין הל' ב סמג עשין נ טוש"ע אה"ע סימן קמ סעי' ס וע"ש:
ח ג מיי' שם טוש"ע שם סעי' ו:
ט ד ה מיי' שם הל' א טוש"ע שם סעי' ו:
י ו מיי' שם הל' י טוש"ע שם סעיף ח:

הכי השתא בשלמא אי אתמר איפכא התקבל לי גיטי. אמרה ליה היא, והוא אמר לבעל "אשתך אמרה הבא לי גיטי" ובעל אמר ליה "הילך כמה שאמרה" – איכא למיפשט בעיין מדרב נחמן. דאי אמר רב נחמן עלה: משיגיע גט לידו מגורשת – איכא למיפשט דאדיבורא דידה סמיך ולא הימניה, אלא תלה בדעתה, ומסריה ניהליה בתורת קבלה. ואי נמי. הוה אמר רב נחמן עלה: משיגיע גט לידה מגורשת – פשטינן מינה דאדיבורא דידיה סמיך, והימניה דהכי אמרה, ומסריה לידיה בתורת הולכה. אלא. השתא דאמר רב נחמן: אינה מגורשת – ליכא למיפשט דטעמא משום דסמך אדיבוריה דשליח הוא. דאי נמי אדיבורא דידה סמיך, ושוייה שליח להולכה, אשמועי' רב נחמן דשליח גופיה לאו בתורת הכי קבליה, דלא ניחא ליה בטירחא דהולכה, ועקריה לשליחותיה, ואמר: שליח לקבלה – אפשי להיות, שליח להולכה – אי אפשי להיות. הלכך, אי נמי אמליך ואמטייה ניהלה – לאו גיטא הוא, דמעיקרא לא קבל עליו להיות שליח לבעל להוליך. ת"ש. תיובתא לרב נחמן. טעמא דרצה לחזור הא לא רצה. ואמטייה לידה מגורשת. אמאי והא בעל לאו בר שויא שליח לקבלה הוא. ואיהו בתורת קבלה יהביה. אלא. על כרחיך משום דאמרי': אע"ג דלא יהביה אלא בתורת קבלה, כיון דאמטייה לידה – מיגרשה, משום דכיון שנתן עיניו לגרשה, לכי מתיידע ליה דלא מצי לשוייה שליח לקבלה – ניחא ליה דליהוי שליח להולכה. והכא. גבי מילתיה דרב נחמן, נמי, אע"ג דההיא שעתא לא נעשה שליח להולכה, מיהו לכי מימליך ואמטייה – מינח ניחא ליה לבעל, והוי שלוחו להולכה. וגמר ונתן לשם הולכה. ו"התקבל" דקאמר ליה – "התקבל והולך" קאמר, ולא טעמא כדקאמרת הוא, דהיכא דשני ניהוי שליחות. אבל הכא טעי. בעל, כסבור שהיא עשאתו שליח לקבלה, דסמך אדיבוריה, ולא יהביה ניהליה אלא לשם קבלה. ולרב אשי נמי, דאוקי טעמא דרב נחמן משום דמעיקרא עקריה שליח לשליחותיה – שפיר מיתרלה בהכי, כדתרלינן דטעמא דמתניתין משום ד"התקבל והולך" קאמר, ומתחילה נעשה שלוחו. ולא איצטריכא למינקט הכא טעי – אלא אליבא דלישנא קמא, דקא סלקא דעתין טעמא דרב משום דאדיבורא דידיה סמיך הוא. אינו גט עד שיגיע גט לידה. שאין הקטן עושה שליח, הילכך לאו שלוחא דידה הוא, אלא שלוחו דידיה הוא. ה"ג: ואמאי הא לאו שליח להולכה שוייה. אדם יודע שאין שליחות לקטן. ואין זה שליח לקבלה וגמר ונתן לשום הולכה. ואשתך אמרה. גרסי' בכולהו. הולך ותן לה זכי לה והתקבל לה. אחד מכל הלשונות הללו אמר לו. רצה לחזור יחזור. מפרשינן לה ואזלינן. מאי לאו קבלה אקבלה והולכה אהולכה. "זכי" ו"התקבל" דקתני – קאי אה"אשתך אמרה התקבל", ו"הולך ותן לה" דקתני – קאי אה"אשתך אמרה הבא", וקתני בתרוייהו: משיגיע גט לידה – מגורשת. ותיובתא דרב נחמן מקבלה אקבלה, דקתני: "הבא לי גיטי" ו"אשתך אמרה התקבל" והוא אומר "התקבל" – דבהדיא יהביה ניהליה בתורת קבלה. ובעל לאו בר הכי הוא, ואיהי נמי לא שויתיה, וקתני דהוי מיהא שליח להולכה, דכיון שנתן עיניו לגרשה כו' כדלעיל. וכ"ש היכא דאמר לו "הילך כמה שאמרה" דאיכא למימר לאו אדיבוריה סמך, אלא בדעתה תלה, ושוייה נמי שליח להולכה. לא קבלה. דקתני "זכי לה" ו"התקבל לה" – קאי אהולכה, א"אשתך אמרה הבא לי" דאיהי נמי שליח לקבלה שויתיה, שהרי אמרה לו "התקבל". ולקמיה פריך: אם רצה לחזור – אמאי יחזור? והולכה. דקתני "הולך ותן לה" – א"אשתך אמרה התקבל". מכי מטי גט לידיה. דשליח, תיגרש. דהא תרוייהו שליח לקבלה שוייה, ואמאי אם רצה לחזור יחזור? ה"ג. שמע מינה דאדיבורא דידיה. דשליח, סמיך. כלומר, תיפשוט מדקתני: יחזור – דאדיבורא דידיה סמיך, ואיהו א"ל "אשתך אמרה הבא לי" והא הימניה, ו"התקבל" דקאמר ליה – "התקבל והולך" קאמר. דהכי נמי אוקימנא לעיל, דאי אתמר דרב נחמן איפכא "התקבל לי גיטי" ו"אשתך אמרה הבא" והוא אמר "הילך כמה שאמרה", ואמר רב נחמן: משיגיע גט לידה מגורשת, הוה פשטינן מיניה דאדיבורא דשליח סמיך. הכי השתא התם קאמר ליה הילך כמה שאמרה. הא דאמרן לעיל דאי אתמר דרב נחמן איפכא, כי הא דהכא "התקבל לי גיטי" ו"אשתך אמרה הבא לי גיטי" והוא אמר "הילך כמה שאמרה", והוה אמר רב נחמן דכשיגיע גט לידה הוא דהויא מגורשת – הוה פשטינן מיניה דאדיבורא דידיה סמיך, דהא קאמר ליה "הילך כמה שאמרה", וכיון דלא מיגרשה בקבלה דהאי – איכא למיפשט מינה בעיין ד"השוכר" דאיבעיא לן בכי האי גוונא, דהאי "כמה שאמרה" דקאמר – ה"ק לן[י]ה: מהימנת לי דהכי קאמרה, ובתורת הולכה יהביה ניהליה. הכא. דקאמר ליה "זכי" ו"התקבל". מי קאמר ליה הילך כמה שאמרה. דתיפשוט בעיין ד"השוכר" מינה? הא דקתני הכא יחזור – משום דכיון דאמר ליה "שליח להולכה עשאתני אשתך" ואיהו א"ל "התקבל" – אדם יודע שאין עושה שליח לקבלה, ו"התקבל והולך" קאמר. אבל אי אמר לו "הילך כמה שאמרה" – אימא לך דאדיבורא דידה סמיך, ולא הימניה, ובדעתה תלה. ואם רצה לחזור – לא יחזור, דתרוייהו שליח לקבלה שוינהו. ת"ר כו' רצה לחזור לא יחזור. קסבר: הולך כזכי דמי. אמר לו אי אפשי שתקבל. גלי דעתיה ד"הולך" דקאמר ליה – לאו "זכי" הוא. ה"ג: הילך לרבי נתן כזכי דמי או לא. האשה שאמרה התקבל לי גיטי. כלומר, ואם אמרה לו מתחלה האשה "התקבל" ונתנו ליה הבעל בתחת משתי לשונות הללו, רצה לחזור – לא יחזור.
מאי

בשלמא אי איתמר איפכא: [א]"התקבל לי גיטי", ואשתך אמרה "הבא לי גיטי", והוא אמר "הילך כמה שאמרה", וא"ר נחמן אמר רבה בר אבוה אמר רב: כיון שהגיע גט לידו מגורשת, אלמא אדיבורא דידה הוא דקא סמיך, [ב]א"נ לידה – אדיבורא דידיה קא סמיך. אלא הכא משום דעקריה שליח לשליחותיה לגמרי הוא, דאמר: שליח לקבלה הוינא, להולכה לא הוינא. א"ר הונא בר חייא, תא שמע: האומר "התקבל גט זה לאשתי" או "הולך גט זה לאשתי", רצה לחזור – יחזור; טעמא דרצה, הא לא רצה – הוי גט, ואמאי? הא בעל לאו בר שויא שליח לקבלה הוא! אלא אמרינן: כיון שנתן עיניו לגרשה, מימר אמר: תיגרש כל היכי דמגרשה, הכא נמי כיון שנתן עיניו לגרשה, מימר אמר: תיגרש כל היכי דמגרשה! הכי השתא?! התם [ג]אדם יודע שאין שליחות לקבלה, וגמר ונתן לשם הולכה, הכא – טעי. אמר רבא, תא שמע: *קטנה שאמרה "התקבל לי גיטי" – אינו גט עד שיגיע גט לידה; כי מטי גיטא לידה מיהא מגרשה, ואמאי? *והא לאו שליח להולכה שוייה! אלא אמרינן: כיון שנתן עיניו לגרשה, מימר אמר: תיגרש כל היכי דמגרשה, ה"נ כיון שנתן עיניו לגרשה, מימר אמר: תיגרש כל היכי דמגרשה! הכי השתא?! התם אדם יודע שאין שליחות לקטן, וגמר ונתן לה לשום הולכה דידיה, הכא – טעי. ת"ש: *"הבא לי גיטי" ו"אשתך אמרה התקבל לי גיטי", "התקבל לי גיטי" ו"אשתך אמרה הבא לי גיטי", והוא אמר "הולך ותן לה, זכי לה, והתקבל לה", רצה לחזור – יחזור, [ד]משהגיע גט לידה – מגורשת; מאי לאו קבלה אקבלה, והולכה אהולכה? לא, קבלה אהולכה, והולכה אקבלה. אי קבלה אהולכה, מכי מטי גיטא לידיה לאלתר ליהוי גיטא. שמעת מינה דאדיבורא דידיה קא סמיך! הכי השתא?! התם קאמר ליה "הילך כמה שאמרה", הכא [ה]מי קאמר ליה "הילך כמה שאמרה"? ת"ר: "*התקבל לי גיטי", ו"אשתך אמרה התקבל לי גיטי", והוא אומר "הולך ותן לה, זכי לה, והתקבל לה", רצה לחזור – לא יחזור; ר' נתן אומר: [ו]"הולך ותן לה" רצה לחזור – יחזור, "זכי לה, והתקבל לה" רצה לחזור – לא יחזור; רבי אומר: בכולן אם רצה לחזור – לא יחזור, אבל אם אמר לו "אי איפשי שתקבל לה אלא הולך ותן לה" רצה לחזור – יחזור. רבי היינו ת"ק! איבעית אימא: "אי איפשי" אתא לאשמועי'; ואיבעית אימא: הא קא משמע לן; מאן ת"ק – רבי. איבעיא להו: "הילך" לר' נתן, כ"זכי" דמי או לאו כ"זכי" דמי? ת"ש: האומר "התקבל גט זה לאשתי או הולך גט זה לאשתי", רצה לחזור – יחזור; האשה שאמרה "התקבל לי גיטי", רצה לחזור – לא יחזור;
מאי

לקמן סה.

ג"א הא אין קטן עושה שליח ורש"י ל"ג ליה

[תוספתא פ"ד ע"ש]

[שם ע"ש]

בשלמא אי איתמר איפכא. בלא איפכא הוי מלי למימר: בשלמא אי אמר רב נחמן: משהגיע גט לידה מגורשת – הוה ש"מ דאדיבורא דידה סמיך. אלא משום דב"איתמר איפכא" איכא תרי גווני, נקטיה. **רבי** אומר בכולן **אם** רצה לחזור **לא** יחזור. דהולך כזכי. ואע"ג דבסוף פ"ק (לעיל דף יד:) סבר ר' יהודה הנשיא, דהיינו רבי, דהולך לאו כזכי, גבי "הולך מנה לפלוני" – שאני הכא כיון שאמר ליה שליח: אשתך אמרה "קבל לי גיטי" – סתמא דמילתא דאדעתא דהכי יהיב ליה.
דקדמה

תוספות רי"ד

אבל אם אמרה לו התקבל לי גיטי והוא אמר לבעל אשתך אמרה לי הבא לי גיטי והוא אומר לו א) הולך כמו שאמרת והגיע גט לידה מגורשת: ת"ר התקבל לי גיטי ואמר השליח לבעל אשתך אמרה התקבל לי גיטי והוא אומר לו הולך ותן לה או זכה לה והתקבל לה אם רצה להחזיר לא יחזיר ר' נתן אומר הולך ותן לה אם רצה להחזיר יחזיר זכה לה והתקבל לה אם רצה להחזיר לא יחזיר רבי אומר בכולן אם רצה להחזיר לא יחזיר. אבל אם אמר לו אי אפשי שתקבל לה אלא הולך ותן לה אם רצה להחזיר יחזיר רבי היינו ת"ק איבעית תימא אי אפשי אתא לאשמעי' ואיבעית תימא הא קמ"ל מאן ת"ק רבי איבעיא להו לר' נתן הילך כזכי דמי.

עין משפט נר מצוה

יא א מיי' פ"ו מהלכות גירושין הלכה י סמג עשין נ טוש"ע אה"ע סימן קמ סעיף ח ועי' בב"י:

יב ב מיי' שם טוש"ע שם סעי' ו בהג"ה ועי' במ"מ שם:

יג ג ד מיי' פ"ו מהל' גירושין הל"ט סמג עשין נ טוש"ע אה"ע סי' קמא סעי' א:

יד ה מיי' פ"ב מהל' גירושין הל"ח סמג שם טוש"ע אה"ע סי' קכב סעי' א:

טו ו מיי' שם הל"ט טוש"ע שם סעי' ב:

טז ז מיי' שם פ"ו הל"ט סמג שם טוש"ע שם סי' קמ סעי' ז:

יז ח מיי' שם הל"א סמג שם טוש"ע שם סי' קמא סעי' ח:

מַאי לָאו בְּ"הֵילָךְ" וְר' נָתָן? לָא, בְּ"הוֹלֵךְ" וְרַבִּי. ת"ש: לְפִיכָךְ, אִם אָמַר לוֹ הַבַּעַל "אִי אֶפְשִׁי שֶׁתְּקַבֵּל לָהּ אֶלָּא הוֹלֵךְ וְתֵן לָהּ", רָצָה לַחֲזוֹר – יַחֲזוֹר; טַעְמָא דְּאָמַר "אִי אֶפְשִׁי", הָא לֹא אָמַר "אִי אֶפְשִׁי", רָצָה לַחֲזוֹר – לֹא יַחֲזוֹר; מַאי לָאו בְּ"הֵילָךְ" וְר' נָתָן? לָא, בְּ"הוֹלֵךְ" וְרַבִּי. ת"ש: "הוֹלֵךְ גֵּט זֶה לְאִשְׁתִּי" – רָצָה לַחֲזוֹר יַחֲזוֹר, "הֵילָךְ גֵּט זֶה לְאִשְׁתִּי" – רָצָה לַחֲזוֹר לֹא יַחֲזוֹר; מַאן שָׁמְעַתְּ לֵיהּ דְּאָמַר בְּ"הוֹלֵךְ" – רָצָה לַחֲזוֹר יַחֲזוֹר? ר' נָתָן, וְקָאָמַר בְּ"הֵילָךְ" – רָצָה לַחֲזוֹר לֹא יַחֲזוֹר, ש"מ: *א"הֵילָךְ" כִּ"זְכֵי" דָּמֵי, ש"מ: אִתְּמַר: ב"הִתְקַבֵּל לִי גִּיטִּי", וְ"אִשְׁתְּךָ אָמְרָה הִתְקַבֵּל לִי גִּיטִּי", וְהוּא אוֹמֵר "הוֹלֵךְ וְתֵן לָהּ", אָמַר ר' אַבָּא אָמַר רַב הוּנָא אָמַר רַב: נַעֲשָׂה שְׁלוּחוֹ וּשְׁלוּחָהּ, וְחוֹלֶצֶת. לְמֵימְרָא, דְּמִסַּפְּקָא לֵיהּ לְרַב אִי "הוֹלֵךְ" כִּ"זְכֵי" דָּמֵי אִי לָאו כִּ"זְכֵי" דָּמֵי? וְהָא *אִתְּמַר: "הוֹלֵךְ מָנֶה לִפְלוֹנִי שֶׁאֲנִי חַיָּיב לוֹ", אָמַר רַב: חַיָּיב בְּאַחֲרָיוּתוֹ, וְאִם בָּא לַחֲזוֹר – אֵינוֹ חוֹזֵר! הָתָם *סְפֵק מָמוֹנָא לְקוּלָּא, הָכָא סְפֵק אִיסּוּרָא – לְחוּמְרָא. אָמַר רַב: *אֵין הָאִשָּׁה עוֹשָׂה שָׁלִיחַ לְקַבֵּל לָהּ גִּיטָּהּ מִיַּד שְׁלִיחַ בַּעְלָהּ, וְר' חֲנִינָא אָמַר: גאִשָּׁה עוֹשָׂה שָׁלִיחַ לְקַבֵּל לָהּ גִּיטָּהּ מִיַּד שְׁלִיחַ בַּעְלָהּ. מ"ט דְּרַב? אִיבָּעֵית אֵימָא: מִשּׁוּם בִּזָּיוֹן דְּבַעַל; אב"א: *מִשּׁוּם חֲצֵרָהּ הַבָּא לְאַחַר מִיכָּן. מַאי בֵּינַיְיהוּ? אִיכָּא בֵּינַיְיהוּ, דְּקַדְמָה אִיהִי וְשַׁוְיָהּ שָׁלִיחַ מֵעִיקָּרָא. הַהוּא גַּבְרָא דְּשַׁדַּר לָהּ גִּיטָּא לִדְבֵיתְהוּ, אֲזַל שְׁלִיחָא אַשְׁכְּחָהּ כִּי יָתְבָה וְקָא לָיְשָׁא, אֲמַר לָהּ: הֵילָךְ גִּיטֵּיךְ, אֲמַרָה לֵיהּ: לֶיהֱוֵי בִּידָךְ; אָמַר רַב נַחְמָן: אִם אִיתָא לִדְרַבִּי חֲנִינָא, עֲבַדִי בָּהּ עוּבְדָא. אֲמַר לֵיהּ רָבָא: וְאִם אִיתָא לְדר' חֲנִינָא, עָבְדַתְּ בָּהּ עוּבְדָא? הָא לֹא *חָזְרָה שְׁלִיחוּת אֵצֶל הַבַּעַל! שְׁלַחוּהָ לְקַמֵּיהּ דְּר' אַמִּי, שְׁלַח לְהוּ: לֹא חָזְרָה שְׁלִיחוּת אֵצֶל הַבַּעַל. וְר' חִיָּיא בַּר אַבָּא אָמַר: *נִתְיַישֵּׁב בַּדָּבָר. הֲדוּר שְׁלַחוּהָ קַמֵּיהּ דְּר' חִיָּיא בַּר אַבָּא, אֲמַר: *כָּל הָנֵי שָׁלְחוּ לָהּ וְאָזְלִי! כִּי הֵיכִי דְּמִסַּפְּקָא לְהוּ לְדִידְהוּ, דהָכִי נַמִי מִסַּפְּקָא לָן לְדִידָן. הָוֵי דָּבָר שֶׁבְּעֶרְוָה, וְדָבָר שֶׁבְּעֶרְוָה – חוֹלֶצֶת. הֲוָה עוּבְדָא, וְאַצְרְכָהּ רַב יִצְחָק בַּר שְׁמוּאֵל בַּר מָרְתָא גֵּט וַחֲלִיצָה. תַּרְתֵּי?! גֵּט מֵחַיִּים, וַחֲלִיצָה לְאַחַר מִיתָה. הַהִיא דַּהֲווּ קָרוּ לָהּ נְפָאתָה, אֲזוּל סָהֲדֵי כְּתוּב תְּפָאתָה, אָמַר רַב יִצְחָק בַּר שְׁמוּאֵל בַּר מָרְתָא מִשְּׁמֵיהּ דְּרַב: עָשׂוּ עֵדִים שְׁלִיחוּתָן. מַתְקִיף לָהּ רַבָּה: מִי קָאָמַר לְהוּ "כְּתוּבוּ חַסְפָּא וְהַבוּ לָהּ"? אֶלָּא אָמַר רַבָּה: וַדַּאי אִי כְּתוּב סָהֲדֵי גִּיטָּא מַעַלְיָא וְאָבַד, עָשׂוּ עֵדִים שְׁלִיחוּתָן. מַתְקִיף לָהּ רַב נַחְמָן: מִי קָאָמַר לְהוּ "כִּתְבוּ וְאַנְחוּהּ בְּכִיסַיְיכוּ"? אֶלָּא אָמַר רַב נַחְמָן: הכּוֹתְבִין וְנוֹתְנִין אֲפִי' מֵאָה פְּעָמִים.§ בְּעָא מִינֵּיהּ רָבָא מֵרַב נַחְמָן: "כִּתְבוּ וּתְנוּ לְשָׁלִיחַ", מַהוּ? סַלּוּקֵי סַלֵּיק לְהוּ, אוֹ דִּילְמָא לְטִירְחָא דִּידְהוּ חָיֵישׁ? א"ל רָבִינָא לְרַב אַשִׁי: "וְיוֹלִיךְ לָהּ", מַהוּ? ותֵּיקוּ.§ "רשבג"א: אַף הָאוֹמֶרֶת "טוֹל לִי גִּיטִּי" אִם רָצָה לַחֲזוֹר – לֹא יַחֲזוֹר".§ תָּנוּ רַבָּנַן: "זטוֹל לִי", *"וְשָׂא לִי", וִ"יהֵא לִי בְּיָדְךָ" – כּוּלָּן לְשׁוֹן קַבָּלָה הֵן.§

מתני' חהָאִשָּׁה שֶׁאָמְרָה "הִתְקַבֵּל לִי גִּיטִּי" – צְרִיכָה שְׁתֵּי כִיתֵּי עֵדִים, שְׁנַיִם שֶׁאוֹמְרִי' "בְּפָנֵינוּ אָמְרָה", וּשְׁנַיִ' שֶׁאוֹמְרִים "בְּפָנֵינוּ קִבֵּל וְקָרַע", אֲפִי' הֵן הָרִאשׁוֹנִי' וְהֵן הָאַחֲרוֹנִי',

אוֹ

מַאי לָאו בְּהֵילָךְ. קָתָנֵי בָּהּ, וְר' נָתָן הִיא דִּפְלִיג בְּ"הוֹלֵךְ" וּמוֹדֶה בְּ"הֵילָךְ". **אִם אָמַר לוֹ הַבַּעַל כו'.** מִשְׁנָתֵינוּ הִיא. **מַאי לָאו בְּהֵילָךְ.** תְּנַן בְּמַתְנִי'. **נַעֲשָׂה שְׁלוּחוֹ וּשְׁלוּחָהּ וְחוֹלֶצֶת.** אִם מֵת הַבַּעַל קוֹדֶם שֶׁהִגִּיעַ גֵּט לְיָדָהּ – חוֹלֶצֶת וְלֹא מִתְיַיבֶּמֶת. **מְסַפְּקָא לֵיהּ** אִי הוֹלֵךְ כִּזְכֵי. וְנִתְגָּרְשָׁה בְּקַבָּלָתוֹ שֶׁל זֶה, אִי לָאו כִּ"זְכֵי". **חַיָּיב.** הַמְשַׁלֵּחַ בְּאַחֲרָיוּתוֹ, שֶׁהֲרֵי לֹא צִוָּהוּ הַמַּלְוֶה לְשׁוֹלְחוֹ. **וְאִם בָּא לַחֲזוֹר אֵינוֹ חוֹזֵר.** אַלְמָא כִּ"זְכֵי" דָּמֵי. **סְפֵק מָמוֹנָא לְקוּלָּא.** וְהַמּוֹלִיךְ מַחֲזִירוֹ יָדוֹ עַל הַתַּחְתּוֹנָה, לְפִיכָךְ אֵינוֹ חוֹזֵר. **מִשּׁוּם בִּזָּיוֹן דְּבַעַל.** כְּסָבוּר: קִלּוּתִי בְּעֵינֶיהָ, שֶׁאֵינָהּ מְקַבַּלְתּוֹ בְּעַצְמָהּ. דְּאִילּוּ כִּי עָבְדָא לְקַבֵּל מִיַּד הַבַּעַל – אֵין כָּאן חֲשַׁשׁ בִּזָּיוֹן, דְּהָא יָדַע וְלָא קָפֵיד. **מִשּׁוּם חֲצֵרָהּ הַבָּאָה לָהּ לְאַחַר מִיכָּן.** לְאַחַר שֶׁנָּתַן לָהּ הַבַּעַל הַגֵּט בְּחָצֵר שֶׁל אֲחֵרִים – קְנָאַתּוּ. [לעיל יז. סב:] דְּהַהוּא לָאו גִּיטָּא הֲוֵי, דְּבָעִינַן "וְנָתַן בְּיָדָהּ" אוֹ בַּחֲצֵרָהּ דְּאִיתְרַבַּאי מִ"יָּדָהּ", וְזֶה, בְּשָׁעָה שֶׁנָּתַן – לֹא הָיָה הֶחָצֵר שֶׁלָּהּ. וְגָזְרִינַן שֶׁלֹּא יְקַבֵּל שְׁלִיחַ הָאִשָּׁה מִיַּד שְׁלִיחַ בַּעְלָהּ, מִשּׁוּם דְּדָמֵי לְהָא שֶׁקָּדַם הַבַּעַל וּמְסָרוֹ לְיַד שָׁלִיחַ, [לעיל יד.] וְאַחַר כָּךְ עֲשָׂתָהּ הִיא שָׁלִיחַ לְקַבְּלוֹ, וְאָתוּ נַמִי לְמֵימַר: חָצֵר הָוֵי שְׁלִיחַ הַבַּעַל, [כתובות עג: וש"נ] וּכְשֶׁקְּנָאַתּוּ הִיא – נַעֲשָׂה הֶחָצֵר עַצְמוֹ שְׁלוּחָהּ. **מַאי בֵּינַיְיהוּ.** בֵּין הָנֵי תְּרֵי לִישָּׁנֵי. [לעיל כד.] **דְּקַדְמָה אִיהִי וְשַׁוְיָהּ שָׁלִיחַ.** דִּידָהּ, קוֹדֶם שֶׁמָּסַר הַבַּעַל לְיַד שְׁלוּחוֹ, דְּהַשְׁתָּא לָא דָּמֵי לְחָצֵר הַבָּאָה לְאַחַר מִיכָּן. **לֶיהֱוֵי בִּידָךְ.** וְתִהְיֶה אַתָּה שְׁלוּחִי לְקַבָּלָה. [לעיל כח.] **אִם אִיתָא לְדְרַבִּי חֲנִינָא.** אִם הָיִיתִי יוֹדֵעַ שֶׁהֲלָכָה כְּמוֹתוֹ. **עֲבֵידְנָא.** בְּהָא מִילְּתָא עוּבְדָא כְּוָותֵיהּ, וְאָמֵינָא מְגוֹרֶשֶׁת, וְלָא חָיְישִׁינַן לַחֲצֵרָהּ הַבָּאָה לְאַחַר מִיכָּן. **לֹא חָזְרָה שְׁלִיחוּת אֵצֶל הַבַּעַל.** שָׁלִיחַ שֶׁחָזַר וְנַעֲשָׂה שָׁלִיחַ לְמִי שֶׁנִּשְׁתַּלַּח לוֹ – נִיתַּק מִשְּׁלִיחוּת הָרִאשׁוֹן עַד שֶׁלֹּא הָיָה לוֹ שָׁהוּת לַחֲזוֹר אֵצֶל שׁוֹלְחוֹ וְלוֹמַר: עָשִׂיתִי שְׁלִיחוּתְךָ, וּשְׁלִיחוּת שֶׁאֵינָהּ רְאוּיָה לַחֲזוֹר [לעיל כד.] וּלְהַגִּיד – אֵינָהּ שְׁלִיחוּת. **נִתְיַישֵּׁב בַּדָּבָר.** נְעַיֵּין בָּהּ עַד שֶׁיִּתְיַישֵּׁב דַּעְתֵּנוּ לְהָשִׁיב [ב"ק כ:] כַּהֲלָכָה. **הֲדוּר שְׁלַחוּהָ.** לְאַחַר יָמִים, [שם: שבועות מח.] לָדַעַת מַה נִּתְיַישֵּׁב בַּדָּבָר. **כָּל הָנֵי.** כָּל אֵלּוּ, פְּעָמִים חוֹזְרִים וְשׁוֹלְחִים. **הָוֵי דָּבָר שֶׁבְּעֶרְוָה.** שֶׁנּוֹלַד בּוֹ סָפֵק בְּבֵית הַמִּדְרָשׁ. **חוֹלֶצֶת וְלֹא מִתְיַיבֶּמֶת.** אִם מֵת. **הֲוָה עוּבְדָא.** כִּי הַאי גַּוְונָא. **וְאַצְרְכָהּ גֵּט.** אַחֵר, מִשּׁוּם דְּלֹא חָזְרָה שְׁלִיחוּת. **תַּרְתֵּי.** בִּתְמִיָּה, אִם גֵּט לָמָּה חֲלִיצָה מִשֶּׁמֵּת? **גֵּט מֵחַיִּים.** אִם בָּאת לִינָּשֵׂא מֵחַיִּים – צְרִיכָה גֵּט שֵׁנִי. **וַחֲלִיצָה לְאַחַר מִיתָה.** אִם מֵת, וְלֹא נָתַן לָהּ גֵּט. **נְפָאתָה.** כָּךְ שְׁמָהּ. **אֲזוּל סָהֲדֵי.** שֶׁאָמַר לָהֶם בַּעַל: כִּתְבוּ גֵּט וּתְנוּ לָהּ. [רי"ף ורא"ש לא גרסי ושא לי] **וְכָתְבוּ תְּפָאתָה.** טָעוּ בִּשְׁמָהּ. **עָשׂוּ עֵדִים שְׁלִיחוּתָם.** לְגֵט אֶחָד עֲשָׂאָם שְׁלוּחִים וְעֵדִים, וַהֲרֵי כָּתְבוּ גֵּט אֶחָד, וְאֵינָן שְׁלוּחִים עוֹד לַחֲזוֹר וְלִכְתּוֹב גֵּט כָּשֵׁר. **וְאָבַד.** קוֹדֶם שֶׁנְּתָנוּהוּ לָהּ. **עָשׂוּ עֵדִים שְׁלִיחוּתָם.** וְאֵינָן רַשָּׁאִין לִכְתּוֹב גֵּט שֵׁנִי וְלִיתֵּן לָהּ, שֶׁהֲרֵי כְּבָר כָּתְבוּ גֵּט כָּשֵׁר. **כִּתְבוּ וּתְנוּ לַשָּׁלִיחַ.** לַשָּׁלִיחַ שֶׁלִּי שֶׁמִּינִּיתִי. וְכֵן עָשׂוּ, וְאָבַד בַּדֶּרֶךְ. מִי אָמְרִינַן: עָשׂוּ כָּל שְׁלִיחוּתָם וְנִסְתַּלְּקוּ? **אוֹ דִלְמָא.** הָאִי נַמִי, עַד שֶׁיַּגִּיעַ גֵּט לְיָדָהּ וְתִתְגָּרֵשׁ עֲשָׂאָן שְׁלוּחִין לִכְתּוֹב, אֶלָּא לְטִירְחָא דִּידְהוּ חָשׁ – שֶׁלֹּא לְהַטְרִיחָם בְּהוֹלָכָה. **א"ל רָבִינָא לְרַב אַשִׁי** וְיוֹלִיךְ לָהּ מַהוּ. אמ"ל בְּהַךְ דְּלָא אָמַר אֶלָּא "כִּתְבוּ וּתְנוּ לַשָּׁלִיחַ", וְהֵם כָּתְבוּ וְנָתְנוּ לוֹ וְאָבַד, דְּעָשׂוּ שְׁלִיחוּתָם, דְּהָא כָּל מַה שֶּׁצִּוָּם גָּמְרוּ וְעָשׂוּ. הָכָא מַאי? מִי אָמְרִינַן כֵּיוָן דְּאָמַר "כִּתְבוּ וּתְנוּ לַשָּׁלִיחַ וְיוֹלִיךְ לָהּ" – עֲשָׂאָן שְׁלוּחִים לַחֲזוֹר וְלִכְתּוֹב עַד שֶׁיַּגִּיעַ לְיָדָהּ, לְכָךְ פֵּירֵשׁ לָהֶם כָּל כָּךְ, אוֹ דִלְמָא לָא שְׁנָא? ה"ג: טוֹל לִי שָׂא לִי יְהֵא לִי בְּיָדְךָ כו'. **מתני' הָאִשָּׁה שֶׁאָמְרָה** הִתְקַבֵּל לִי גִּיטִּי. וְהוּא חָזַר, וְאָמַר "קִבַּלְתִּי". **צְרִיכָה.** לְהָבִיא לְפָנֵינוּ ב' כִּיתֵּי עֵדִים. **שְׁנַיִם שֶׁיֹּאמְרוּ בְּפָנֵינוּ אָמְרָה.** לוֹ לְקַבְּלוֹ. **וּשְׁנַיִם שֶׁיֹּאמְרוּ בְּפָנֵינוּ קִבֵּל וְקָרַע.** וּבַגְּמָרָא פָּרֵיךְ: לָמָּה לוֹ לְמִיקְרְעֵיהּ? **אֲפִי' הֵן כו'.** שֶׁהַשְּׁנַיִם שֶׁאָמְרָה בִּפְנֵיהֶם הֵן עַצְמָן רָאוּ כְּשֶׁקִּבְּלוֹ.

אוֹ

דקדמה איהי ושויה שליח מעיקרא. הוה מצי למימר דאיכא בינייהו היכא דלא קפיד בעל.

כותבין ונותנין **אפי'** ק' **פעמים.** נראה לר"י: היכא דלא נאבד הגט, אלא שמסופקין בו אם נעשה כתיקון אם לאו – דאין לעשות אחר, שהרי עשו שליחותן אם הוא כשר. לפיכך, טוב ללמד את הבעל שיצוה לעשות כמו שירצו, עד שיצאו מן הספק. **אפי'** הן הראשונים והן האחרונים. וא"ת: מאי "אפילו"? אדרבה, הכי עדיף טפי, דלא הוי אלא דבר! וי"ל: משום דכת אחת דומה לשקר, דהיכי מתרמי שהיו בשעת אמירה ובשעת קבלה? וגבי גט הוה לן למיחש שמא שכרתם האשה, כדאשכחן בסוף פירקין באומר "אמרו": שמא תשכור עדים. והדר קאמר: או אחד מן הראשונים ואחד מן האחרונים ואחד מצטרף עמהם – אפילו לאותו יחידי לא חיישינן שמא שכרתו. וא"ת: לר' עקיבא, דאמר ב"מרובה" (ב"ק דף ע.) וב"חזקת הבתים" (ב"ב דף נו:): דבר ולא חצי דבר, היכי מכשרינן הכא שתי כיתי עדים? וי"ל: דלמ"ד בגמרא שליש נאמן – לא צריכי עדי אמירה לעדי קבלה, וכוליה דבר הוא. ואפילו למ"ד בעל נאמן – ה"מ כשלשתן בעיר, בעל שליש ואשה, כמו שמפרש בגמ'. הלכך, כיון דאם אין שלשתן בעיר לא צריכי עדי אמירה לעדי קבלה – כוליה דבר הוא.

*) **בעל** אומר לפקדון. הא דלא נקט: בעל אומר להולכה, ושליח אומר לקבלה – משום דלא שייך האי טעמא דקאמר, דאם איתא לגירושין – לדידה הוה יהיב לה, אלא כשאומר הבעל לפקדון.

ושליש אומר לגירושין. פירוש: שאומר שהיה שליח לקבלה. ומיירי כשיש שנים שמעידין "בפנינו אמרה" דשויתיה האשה שליח לקבלה, כדתנן במתני'.

בעל

*) [ב' דבורים אלו שייכים לדף סד ע"א]

תוספות רי"ד

ת"ש הולך גט זה לאשתי רצה להחזיר יחזיר הילך גט זה לאשתי רצה להחזיר לא יחזיר ש"מ: איתמר התקבל א) גט זה לאשתי ואשתך אמרה התקבל לי גיטי והוא אמר הולך ותן לה א"ר אבא אמר רב הונא אמר רב נעשה שלוחו ושלוחה וחולצת. פי' שליחות הבעל ביטל שליחות האשה שלא עשאו אלא שליח להולכה ואם מת קודם שיגיע גט לידה צריכא חליצה ויבומי לא מיבמי דשמא שליחות האשה עיקר והויא לה גרושת אחיו. למימרא דמספקא ליה הולך אי כזכי דמי והלכה כרבי בדלא אמר אי אפשי כדלעיל אי לאו כזכי דמי והלכתא כרבי נתן: אמר רב אין האשה עושה שליח לקבל לה גיטה מיד שליח בעלה ור' חנינא אמר אשה עושה שליח לקבל לה גיטה מיד שליח בעלה מ"ט דרב אי בעית תימא משום בזיון דבעל פי' שסבור הבעל נבזיתי בעיניה שאינה מקבלתו בעצמה דאילו כי עשתה שליח מיד הבעל אין כאן חשש בזיון דהא ידע ולא קפיד. ואיבעית תימא משום חצרה הבאה לאחר מכאן פי' לאחר שנתן לה הבעל הגט בחצר של אחרים קנאתו דההוא לאו גיטא דבעי' דונתן בידה או בחצרה דאיתרבי מידה וזה בשעה שנתן לא היה החצר שלה וגזרי' שלא יקבל שליח האשה מיד שליח הבעל משום דדמי להאי שקדם הבעל ומסרו ליד השליח ואח"כ עשתה היא שליח לקבל ואתי נמי ג) למיחש חצר הוה שליח הבעל וכשקנאתו היא נעשה החצר עצמו שלוחה מאי בינייהו בין הני תרי לישני איכא בינייהו דקדמה איהי ושויה שליח דידה קודם שמסר הבעל ליד שלוחו השתא לא דמי לחצרה הבאה לאחר מיכן: ההוא גברא דשדר לה גיטא לדביתהו אתא שליח אשכחה דיתבא וקא לישא אמר לה הי גיטך אמרה ליה ליהוי בידיך פי' והיה ידך כידי ותהיה שלוחי לקבלה אמר רב חסדא אי איתא לדר' חנינא עבידנא בה עובדא א"ל רבא ואי איתא לדר' חנינא עבדת בה עובדא והא לא חזרה שליחות אצל הבעל פי' שחזר ונעשה שליח למי שנשתלח לו ונידח משליחות הראשון עד שלא היה לו שהות לחזור אצל שלוחו ולומר עשיתי שליחותך ושליחות שאינה ראויה לחזור ולהגיד אינה שליחות. שלחוה קמיה דר' אמי שלח להו לא חזרה שליחות אצל הבעל ור' חייא בר אבא אמר נתיישב בדבר הדור שלחוה קמיה ר' חייא בר אבא אמר כל הכי שלחו לי ואזלי כי היכי דמסתפקא להו לדידהו הכי מספקא לי לדידי הוי דבר שבערוה וחולצת הוי עובדא ואצרכה רב שמואל בר רב יצחק בר מרתא גט וחליצה גט מחיים וחליצה לאחר מיתה כל זו השטה מוכחא כר' חנינא דדוקא משום דלא חזרה שליחות אצל הבעל אבל אם היה שליח אחר שפיר דמי עיין בערך נ"ה בס"ה: ההיא דהוו קרו לה נפאתא אזול ספרי וטעי וכתיב שפאתא אמר רב יצחק בר שמעון בר מרתא משמיה דרב עשו עדים שליחותן פי' ואינן רשאין לכתוב לה גט אחר עד שירשה אותם הבעל פעם שנית דשליחות הראשונה בטלה כבר ובפ' גט פשוט אמר רב הכי גבי מי שפרע מקצת חובו דב"ד מקרעין שטרו וכותבין לו שטר אחר מזמן ראשון ודוקא ב"ד דאלימו לאפקועי ממונא אבל עדים לא דעדים שעשו שליחותן אין חוזרין ועושין שליחותן ורב נחמן דשרי הכא לא פליג עליה דרב דהתם גמרו עדים שליחותן ונתנוהו למלוה אבל הכא לא גמרו שליחותן עד שיתנוהו לאשה וכי אמר תנו לשליח ג) איפשיטו לן דסליקי סלקינהו ואין חוזרין וכותבין משום דגמרו שליחותן: מתקיף לה רבא מי אמר להו כתובו חספא והבו לה הילכך חוזרין וכותבין עוד גט כשר אבל ודאי אי כתוב ספרי גיטא מעליא ואבד קודם שיתנוהו לאשה אין חוזרין וכותבין שהרי עשו שליחותן מתקיף לה רב נחמן מי קא"ל כתובו ואנחוה בביסיכו אלא אמר רב נחמן כותבין ונותנין אפילו ק' פעמים. בעא מיניה רבא מרב נחמן אמר לשנים כתבו ותנו לשליח מהו כיון דאמר תנו לשליח איסתלקו להו מיניה או דלמא מישך שייכו בהדיה עד דמטי גיטא לידה ואיתוקם בתיקו וכל תיקו דאיסורא לחומרא ואין כותבין ונותנין עד שירשה אותם פעם שנית. רשבג"א וכו' ת"ר טול לי שא לי יהא לי בידך כולן לשון קבלה הם: **מתני'** האשה שאמרה התקבל לי גיטי צריכה שתי כתי עדים שנים שאמרו בפנינו אמרה ושנים

שיאמרו

א) נ"ל התקבל לי גיטי ואשתך אמרה וכו'. ב) אולי נ"ל ואתי נמי למימר דחצר הוי שליח וכו'. ג) לקמן בסמוך הביא בעצמו לדברי הסוגיא דנשאר האיבעיא בתיקו.

או אֶחָד מִן הָרִאשׁוֹנִים וְאֶחָד מִן הָאַחֲרוֹנִים וְאֶחָד מִצְטָרֵף עִמָּהֶן.§ **גמ'** אִיתְּמַר: בַּעַל אוֹמֵר לְפִקָּדוֹן וְשָׁלִישׁ אוֹמֵר לְגֵירוּשִׁין, מִי נֶאֱמָן? רַב הוּנָא אָמַר: בַּעַל נֶאֱמָן, וְרַב חִסְדָּא אָמַר: שָׁלִישׁ נֶאֱמָן. רַב הוּנָא אָמַר: בַּעַל נֶאֱמָן, דְּאִם אִיתָא דִּלְגֵירוּשִׁין יְהָבֵיהּ נִיהֲלֵיהּ – לְדִידָהּ הֲוָה יָהֵיב לָהּ נִיהֲלָהּ; וְרַב חִסְדָּא אָמַר: שָׁלִישׁ נֶאֱמָן, דְּהָא הֵימְנֵיהּ. מְתִיב ר' אַבָּא: *הוֹדָאַת בַּעַל דִּין כְּמֵאָה עֵדִים דָּמֵי, וְשָׁלִישׁ נֶאֱמָן מִשְּׁנֵיהֶם, כֵּיצַד? זֶה אוֹמֵר כָּךְ וְזֶה אוֹמֵר כָּךְ – שָׁלִישׁ נֶאֱמָן! שָׁאנֵי מָמוֹן, דְּאִיתְיְהִיב לִמְחִילָה. וְהָא תַּנְיָא: וְכֵן לְגִיטִּין! גִּיטֵּי מָמוֹן. וְהָתַנְיָא: וְכֵן לִשְׁטָרוֹת! *מִידֵי גַּבֵּי הֲדָדֵי תַּנְיָא? תְּנַן: הָאִשָּׁה שֶׁאָמְרָה "הִתְקַבֵּל לִי גִּיטִּי" – צְרִיכָה שְׁתֵּי כִיתֵּי עֵדִים, שְׁנַיִם שֶׁיֹּאמְרוּ "בְּפָנֵינוּ אָמְרָה", וּשְׁנַיִם שֶׁיֹּאמְרוּ "בְּפָנֵינוּ קִבֵּל וְקָרַע"; וְאַמַּאי? לֵיהֶמְנֵיהּ לְשָׁלִישׁ! מִי קָא נָפֵיק גִּיטָּא מִתּוּתֵי יְדֵיהּ דְּלִיהֶמְנֵיהּ? תֵּינַח "אָמְרָה", "קִיבֵּל" לָמָּה לִי? אָמַר רַבָּה: הָא מַנִּי? ר"א הִיא, דְּאָמַר: *עֵדֵי מְסִירָה כָּרְתִי. קָרַע לָמָּה לִי? אָמַר רַב יְהוּדָה א"ר: בִּשְׁעַת הַשְּׁמָד שָׁנוּ. אָמַר רַבָּה: וּמוֹדֶה רַב הוּנָא, דְּאִי אָמְרָה אִיהִי "לְדִידִי אֲמַר לִי שָׁלִישׁ דִּלְגֵירוּשִׁין יְהָבֵיהּ נִיהֲלֵיהּ" – מְהֵימְנָא. מִי אִיכָּא מִידֵּי, דְּשָׁלִישׁ גּוּפֵיהּ לָא מְהֵימַן וְאִיהִי מְהֵימְנָא? אֶלָּא, אִי אָמְרָה "קַמַּאי דִּידִי לְגֵרוּשִׁין יְהָבֵיהּ נִיהֲלֵיהּ" – מְהֵימְנָא, מִיגּוֹ דְּאִי בָּעֲיָא אָמְרָה: לְדִידָהּ יְהָבֵיהּ נִיהֲלֵיהּ בַּעַל. בַּעַל אָמַר לְגֵירוּשִׁין, וְשָׁלִישׁ אוֹמֵר לְגֵירוּשִׁין, וְהִיא אוֹמֶרֶת: נָתַן לִי וְאָבַד, אָמַר רַבִּי יוֹחָנָן: *הֲוָה דָּבָר שֶׁבְּעֶרְוָה, וְאֵין דָּבָר שֶׁבְּעֶרְוָה פָּחוֹת מִשְּׁנַיִם. וְאַמַּאי? וְלִיהֵימְנֵיהּ לְשָׁלִישׁ! מִי קָא נָפֵיק גִּיטָּא מִתּוּתֵי יְדֵיהּ דְּלְהֵימְנֵיהּ? וְלְהֵימְנֵיהּ לְבַעַל, דְּאָמַר *רַב חִיָּיא בַּר אָבִין א"ר יוֹחָנָן: בַּעַל שֶׁאָמַר "גֵּירַשְׁתִּי אֶת אִשְׁתִּי" – נֶאֱמָן! מִי קָאָמַר גֵּירַשְׁתִּי? וְלֵימָא: חֲזָקָה שָׁלִיחַ עוֹשֶׂה שְׁלִיחוּתוֹ! *דְּאָמַר רַבִּי יִצְחָק: הָאוֹמֵר לִשְׁלוּחוֹ "צֵא וְקַדֵּשׁ לִי אִשָּׁה" סְתָם, וּמֵת שְׁלוּחוֹ – אָסוּר בְּכָל הַנָּשִׁים שֶׁבָּעוֹלָם, חֲזָקָה שָׁלִיחַ עוֹשֶׂה שְׁלִיחוּתוֹ!
הָנֵי

או אֶחָד מִן הָרִאשׁוֹנִים וְאֶחָד מִן הָאַחֲרוֹנִים וְאֶחָד. שְׁלִישִׁי, שֶׁנַּעֲשָׂה עֵד בְּזוֹ וּבְזוֹ, מִצְטָרֵף עִמָּהֶם. **גמ'** בַּעַל אוֹמֵר לְפִקָּדוֹן. גֵּט שֶׁנָּתוּן בְּיַד שָׁלִישׁ, בַּעַל אוֹמֵר: לְפִקָּדוֹן נְתַתִּיו בְּיָדְךָ, וְשָׁלִישׁ אוֹמֵר: לְגֵירוּשִׁין נָתַתָּ לִי, שֶׁהָיִיתִי שְׁלוּחָהּ לְקַבָּלָה וְנִתְגָּרְשָׁה בְּקַבָּלָתִי, וְהָאִישׁ וְהָאִשָּׁה יַחַד בָּעִיר. דְּהָא הֵימְנֵיהּ. כְּשֶׁמְּסָרוֹ בְּיָדוֹ. דְּאִיתְיְהִיב לִמְחִילָה. שֶׁאִם מְחָלוֹ – מָחוּל, הִלְכָּךְ שָׁלִישׁ נֶאֱמָן, דְּכֵיוָן שֶׁהֶאֱמִינוֹ וּמָסַר בְּיָדוֹ – נִתְרַצָּה בְּהַבְטָחָתוֹ עָלָיו לִמְחוֹל עַל מָמוֹנוֹ, וּלְהַאֲמִין כָּל מַה שֶּׁיֹּאמַר. אֲבָל בְּמִילְּתָא דְּאִיסּוּרָא – אֵין בְּיָדוֹ לְהַאֲמִין. גִּיטֵּי מָמוֹן. שֶׁאֵין גֵּט אֶלָּא לְשׁוֹן שְׁטָר. מִידֵי גַּבֵּי הֲדָדֵי תַּנְיָא. "וְכֵן לְגִיטִּין וְכֵן לִשְׁטָרוֹת", דְּנֵימָא: מִדְּקָא לִשְׁטָרוֹת דְּמָמוֹן – קַמַּיְיתָא לְגִיטֵּי נָשִׁים? הָנֵי תְּרֵי תַּנָּאֵי נִינְהוּ, וְתַרְוַיְיהוּ בְּמָמוֹן אַיְירֵי. וְאַמַּאי. בָּעֵי עֵדִים כְּלָל, לֹא בְּקַבָּלָה וְלֹא בַּאֲמִירָה? אֶלָּא בַּאֲמִירָתוֹ בִּלְבַד לְהֵימְנֵיהּ, דְּהָא הֵימְנֵיהּ בַּעַל. מִי קָא נָפֵיק גִּיטָּא מִתּוּתֵי יְדֵיהּ. בְּפָנֵינוּ, לְהַרְאוֹתוֹ לָנוּ דְּנֵיהֶמְנֵיהּ? הָא קְרָעוֹ! וְאַע"פ שֶׁהַקְּרָעִים בְּיָדוֹ בְּפָנֵינוּ – אֵין שָׁלִישׁ אא"כ הַשְּׁלִישִׁית בְּיָדוֹ, דְּמִיגּוֹ דְּאִי בָּעֵי הֲוָה עָבֵיד בֵּיהּ מַאי דְּקָאָמַר – נֶאֱמָן נַמִי עַל אֲמִירָתוֹ. אֲבָל זֶה שֶׁקְּרָעוֹ – אֵין בְּיָדוֹ לְמוֹסְרוֹ בְּיָדָהּ. תֵּינַח אָמְרָה קִיבֵּל לָמָּה לִי. לְאַתּוּיֵי עֵדִים שֶׁרְאוּהוּ מְקַבְּלוֹ מִיַּד הַבַּעַל? הֲרֵי הוּא בְּיָדוֹ בְּפָנֵינוּ, וְהָא וַדַּאי קַבְּלֵיהּ! רַבִּי אֶלְעָזָר הִיא. דְּאָמַר: אֵין גֵּט כָּשֵׁר בְּלֹא עֵדֵי מְסִירָה. קָרַע לָמָּה לִי. כְּלוֹמַר, לָמָּה לִי לְמִקְרְעֵיהּ? שְׁעַת גְּזֵרַת הַמַּלְכוּת הֲוָה. שֶׁגָּזְרוּ עַל הַמִּצְוֹת. שָׁלִישׁ גּוּפֵיהּ לָא מְהֵימַן. וְאִיהִי כִּי אָמְרָה מִשְּׁמֵיהּ מְהֵימְנָא? בַּעַל אוֹמֵר לְגֵירוּשִׁין. נְתַתִּיו לַשָּׁלִישׁ לְמוֹסְרוֹ לָהּ. גֵּירַשְׁתִּי אֶת אִשְׁתִּי נֶאֱמָן. דְּמַה לּוֹ לְשַׁקֵּר? הֲרֵי בְּיָדוֹ לְגָרְשָׁהּ. מִי קָאָמַר גֵּירַשְׁתִּי. שָׁלִיחַ לְהוֹלָכָה הוּא דַּעֲבַד! וְנֵימָא דַּחֲזָקָה שָׁלִיחַ כו'. כֵּיוָן דְּבַעַל נֶאֱמָן דְּמַסְרֵיהּ לְהַאי עַל מְנָת לְגָרְשָׁהּ, נֵימָא שֶׁחֲזָקָה שֶׁהַשָּׁלִיחַ עוֹשֶׂה שְׁלִיחוּתוֹ! אָסוּר בְּכָל הַנָּשִׁים. שֶׁמָּא זוֹ קְרוֹבַת אֲרוּסָתוֹ שֶׁקִּידֵּשׁ לוֹ שְׁלוּחוֹ הִיא, אא"כ חָזַר שְׁלוּחוֹ לוֹמַר לוֹ: פְּלוֹנִית קִדַּשְׁתִּי לְךָ, אוֹ לֹא קִדַּשְׁתִּי לְךָ שׁוּם אִשָּׁה. לְחוּמְרָא

בעל נאמן דאם איתא דלגירושין כו'. וא"ת: א"כ מה הועילו חכמים דתקון לומר "בפני נכתב ובפני נחתם" משום דאי אתי בעל ומערער לא משגיחינן ביה? אכתי יערער, שיאמר: לפקדון נתתי. ואי דאיכא עדים דיהבינהו לגירושין – התם לא בעינן "בפני נכתב"! וי"ל: דלא מהימן אלא בשלשתן בעיר, דשייך האי טעמא דלדידה הוה יהיב לה. והא דפריך לרב חסדא ממתניתין, משמע דלרב הונא ניחא – היינו משום דלדידיה איכא לאוקמי בשלשתן בעיר. וא"ת: והנהו דמלרכי (לעיל דף ו.) מערסא לערסא ומשכונה לשכונה דבעיר אחת, מה הועילו חכמים בתקנתן? וי"ל: דסברי כרב חסדא דאמר: שליש נאמן אפי' בעיר אחת. אי נמי: התם איירי כשהבעל אומר "כתבו ותנו", והלך לדרכו, דליכא למימר דלדידה הוה יהיב לה.

שליש נאמן דהא הימניה. אפי' אומר הבעל שנתן לו בפני עדים – מ"מ סמך עליו, דזימנין דמייתי עדים או אזלי למדינת הים. דאין לפרש דנאמן השליש מטעם מיגו דאי בעי עביד ביה מאי דקאמר, שיכול למוסרו לאשה, כדפי' בקונטרס בסמוך. חדא: דבלא שום מיגו הימנוהו רבנן לשליש, כדמשמע בסוף "זה בורר" (סנהדרין דף לא.) גבי ההיא סבתא דאפקידו גבה שטרא, ואמרה דפריע הוא, והימנה רב נחמן בלא שום מיגו, דכיון דאיתחזק בב"ד – אי בעי קלתיה לא אמרינן. ועוד: אי חשיב מיגו – לא הוה פליג רב הונא, דהיכא דאיכא מיגו מודה, כדאמרינן בסמוך: ומודה רב הונא דאי אמרה קמי דידי כו'. אלא לא חשיב מיגו, דהא אין ביד השליח למוסרו לאשה, דשמא האשה לא תתרצה לקבל הגט, כיון דבעלה אומר לפקדון. לכך נראה לפרש: דהא הימניה – כיון שמסר בידו – על דעת כן מסר לו, שיהא לגירושין אם יאמר לגירושין, אע"פ שהוא משקר. ולפי זה מהימנינן ליה לשליש אפילו בדברים העשויים להשאיל ולהשכיר, היכא דלא אמר: בתורת שאילה, אלא אומר: בפקדון יהבי' ניהליה. **מתיב** ר' **אבא** הודאת בעל דין כמאה עדים דמי ושליש נאמן. משמע דנאמן אפילו כולן בעיר אחת, אע"ג דאיכא למימר דאם איתא דלאו לפקדון יהביה – הוה יהיב ליה. **שאני** ממון דאיתיהיב למחילה. כיון שהאמינו ומסר בידו, נתרצה בהבטחתו – עליו למחול על ממונו, ולהאמין על כל מה שיאמר אפי' ישקר, שהאמינו להפסידו ממונו אפילו שלא כדין. אבל במילתא דאיסורא – אין בידו להאמינו. ורב חסדא סבר: דבגט נמי שליש נאמן, דעל כן נתן לו – שיהא לגירושין אם יאמר לגירושין, כדפירשנו. **ולהימניה** לשליש. פי': אמאי צריך שנים שיאמרו "בפנינו קיבל"? אבל צריך לעולם שנים שיאמרו "בפנינו אמרה", כדפירשנו לעיל. ומשני: מי נפיק גיטא מתותי ידיה? דהנך קרעים שבידו – שמא מצאו באשפה. דדוקא היכא שהגט שלם בידו, דהימניה הבעל ומסרו לו, נאמן. **תינח** בפנינו **אמרה**. פירוש: תינח דבדין צריך שנים שיאמרו "בפנינו אמרה", ומזה לא הוה קשה מעולם. אלא "בפנינו קיבל" למה ליה? נהי דלא סגי בשנים אומרים "בפנינו אמרה", כיון דנקרע הגט, ולא נפיק גיטא מתותי ידיה – מ"מ למה לי "בפנינו קיבל"? לא היה צריך אלא לעדים שראוהו בידו שלם. **רבי** אלעזר **היא** דאמר עדי מסירה כרתי. ומיירי שאין העדים חתומין בו. ולכך לא סגי במה שראוהו בידו שלם, כיון שלא ראו הקבלה. אבל אם עדים חתומין בו – כשר, אפי' אין כאן עדי מסירה לפנינו, דמסתמא נמסר בפני עדים ונעשה כדין, כדאמרי' ב"השולח" (לעיל דף לו.), אמר רבה: לא נריכא אלא לר' אלעזר דאמר עדי מסירה כרתי, תיקנו חכמים עדי חתימה, דזימנין דמייתי סהדי או אזלי למדינת הים. ולקמן ב"המגרש" (דף פו.) תנן במילתיה דרבי *אליעזר גופיה: אין העדים חותמין על הגט אלא מפני תיקון העולם. **אסור** בכל הנשים שבעולם. אבל לכל אדם אין לאסור לקדש, ולחוש שמא זאת היא שקדש השליח. דאם איתא דנתקדשה – לא היתה חוזרת ומתקדשת. אבל האי – אסור לקדש, שמא שלוחו קידש לו אחת מקרובותיה כגון אמה ואם אמה וכיוצא בהן. ואפי' באות כל הקרובות ואמרו שלא נתקדשו – לא סמכינן אדיבורא בעלמא. ואם תאמר: יתומה קטנה תיאסר לכל אדם, שמא אביה קדשה לזה השליח? ונראה דקנסא בעלמא הוא, דקנסינן ליה שלוה לקדש סתם, ולא חשש על עצמו שלא יבא לידי תקלה. אבל מן הדין – מותר בכל הנשים, דאין זו חזקה גמורה, דאינה בידו להתקדש – שמא לא תתרצה. ועוד: דאזלינן בתר רובא. ומ"מ מוכיח שפיר דחזקה שליח עושה שליחותו, דאי לאו הכי – לא הוה ראוי לקנוס כאן. והא דפריך עלה בנזיר בפ"ב (דף יב.) מקן *סתומה שפרח אחד מהם לאויר העולם – יקח זוג לשני, ואילו שאר קינין בעלמא – מיתקנן, ואע"ג דהכא קנסא בעלמא – מ"מ פריך שפיר, דהתם נמי הוה לן למקנסיה על שלא נזהר שלא יפרח. וממה דשאר קינין בעלמא מיתקנן לדידיה פריך. והא דמשני: אמינא לך אנא אשה דלא ניידא – לאו משום דתיחשב כקבועה, שלא תתבטל ברוב. דבדבר המתערב ואינו ניכר לא אמרינן ליהוי קבוע לדידיה כמחצה על מחצה, אלא כלומר: מחמת קביעותא קנסינן טפי מבגוזל. [וע"ע תוס' נזיר יב. ד"ה אסור].

יח א מיי' פי"ב מהל' גירושין הלכה א סמג עשין נ טוש"ע אה"ע סי' קמא סעי' נה:
יט ב מיי' פ"ז מהל' טוען הל"א טוש"ע חו"מ סי' פא סעי' ח:
כ ג מיי' פט"ז מהל' מלוה הלכה ח סמג עשין לד טוש"ע חו"מ סי' נו סעיף א:
כא ד טוש"ע אה"ע סי' קמא סעי' נה:
כב ה מיי' פי"ב מהל' גירושין הלכה יב סמג עשין נ טוש"ע שם סעי' נו:
כג ו מיי' פ"ט מהל' אישות הל"ו סמג עשין מח טוש"ע אה"ע סי' לה סעי' יח:

תוספות רי"ד

שיאמרו בפנינו קבל וקרע ואפילו הם הראשונים והם האחרונים או א' מן הראשונים ואחד מן האחרונים וא' מצטרף עמהם פי' האשה שאמרה התקבל לי גיטי והוא חזר ואמר קבלתי צריכה להביא לפנינו שני כיתי עדים שנים שיאמרו בפנינו אמרה לו לקבלו ושנים שיאמרו קבלו וקרעו ולקמן מפרש למה לי לקורעו: ואפילו הם הראשונים שאמרה בפניהם לקבל לה הם עצמם מעידים שראו שקבלו או א' מן הראשונים ואחד מן האחרונים וא' שלישי שנעשה עד בזו ובזו מצטרף עמהם ואע"ג דשליח להולכה אינו צריך עדים שהבעל עשאו שליח אלא הוא נאמן מפני שהגט שבידו מוכיח אבל שליח לקבלה שאין דבר המוכיח בידו צריך עדים ואילו היו שנים אינן צריכין עדים אלא הם נאמנים לומר שהאשה עשאתנו שלוחים לקבלה שהשנים נאמנים לכל דבר ונ"ל שגם שליח של קידושין צריך עדים היאך מינהו הבעל שליח לקדש בפניהם שאע"פ שמוליך הקידושין בידו (מאלו) [מ"מ אינו] מוכיח שהבעל נתנם לו ולא דמי לגט שכתוב בו אנא פלוני בר פלוני מעיר פלוני פטרתי פלונית בת פלונית שזו ודאי היא הוכחה גדולה שהבעל מסרו ולא חיישי' שמא לפקדון נתנו לו או מצאו בשוק אלא כיון שהוא מוחזק בו ויוצא מידו נאמן הוא לומר שהבעל נתנו לו וה"ה בשליח קדושין אם היה מקדשה בשטר אבל בכסף צריך עדים שמינהו שליח בפניהם ומאי דאמרי' בריש פ' האיש מקדש שהשליח נעשה עד ובשליח וע"א מתקדשת האשה כגון שיש עדים שהוא שלוחו וה"ה הכי נמי שליח להולכה דגט כיון שהוא נאמן בלא עדים מצטרף הוא עם ע"א בנתינת הגט ליד האשה לר' אלעזר דבעי עדי מסירה ואם היו שני שלוחים בקדושין אינן צריכים מפני שהן שנים והם נאמנים וגם לא עדי מסירה אלא הן הן שלוחיו הן הן עידיו כדאמרי' התם: איתמר בעל אומר לפקדון ושליח אומר לגירושין מי נאמן רב נחמן אמר בעל נאמן ורב חסדא אמר שליח נאמן רב הונא [אמר] בעל נאמן אם איתא דלגירושין יהביה ניהליה לדידה הוה יהיב לה ורב חסדא אמר שליח נאמן דהא הימניה פי' בשליח שמינתו האשה לקבלה מיירי והשליח והאשה יחד הם בעיר ומשום הכי פליג רב חסדא ואמר דשליח נאמן שאין ביד הבעל לבטל אותה השליחות וכיון שהגט יוצא מתחת ידו אמר רב חסדא דשליח נאמן אבל בשליח להולכה א"א לומר דשליח נאמן שהרי הבעל יכול לבטלו ואין לך בטול גדול מזה כשאומר לו לפקדון נתתיו לך. ואם תאמר אין זה בטול גמור אלא גלויי דעתא בעלמא וכבר קי"ל כאביי דאמר גלויי דעתא בגיטא לאו מילתא היא ולא בטיל עד דמבטלי ליה בפירוש ויאמר לו אי אפשי בשליחותך (והגט) [והכא] לא בטלו בפירוש אלא אמר בפקדון נתתיו לך לא בטיל והשליח נאמן ואם יתננו לאשה היא מגורשת זה לא יתכן דנהי דאין זה בטול גמור כיון שיכול לבטלו ביטול גמור יהא נאמן לומר לפקדון נתתיו לך ע"י מגו דאי בעי מבטל ליה ואמר ליה אי אפשי בשליחותך כי אמר נמי לפקדון יהבתיה ניהלך יהא נאמן ואין לומר דלית ליה לרב חסדא מיגו דהא קי"ל בפ' האשה שנתאלמנה [ד' כב.] דאמרי' מיגו מדאורייתא ומסברא הילכך אין לפרש מחלוקתם אלא בשליח לקבלה ואותיב עליה דרב חסדא ממאי דתנן האשה שאמרה התקבל לי גיטי צריכה שתי כיתי עדים שנים שיאמרו וכו' ואמאי ליהמניה לשליח. פי' צריכה עדים שיאמרו בפנינו אמרה לו לקבל גיטה אבל אם אין עדים בדבר אע"פ שהאשה מודה כי מינתו שליח והבעל מודה לו שנתנו לו והגט יוצא מתחת יד השליח שקבלו בעבור האשה אמרי' שאין האשה מגורשת דשמא האשה לא מינתו שליח ואמאי צריכה עדים בזה הדבר יהא השליח נאמן לומר שהאשה מינתו שליח כדאמר רב חסדא הכא דשליח נאמן באומרו לבעל כי לגירושין נתתו לי. ומתרץ מי כי נפיק גיטא מתותי ידיה דליהמניה פי' כשבא השליח ואומר כי האשה מינתני שליח במה נאמן לו כלום יוצא מתחת ידו כמו שיוצא עכשיו כשאומר לבעל לגירושין נתתו לי. הילכך שליח להולכה נאמן בלא עדים אבל שליח לקבלה אינו נאמן בלא עדים: הדר מקשה ליה תינח אמרה קבל למה לי' פי' נהי דבעי' עדים שאמרה לו האשה ומינתו שליח עדים שקבל הגט למה לי כיון שהגט יוצא מתחת ידו יהא השליח נאמן כדאמר רב חסדא ומשני רבא ר' אלעזר היא דאמר עדי מסירה כרתי פי' ואפילו אם הגט יוצא מתחת יד האשה צריכה להביא עדי מסירה כ"ש מיד השליח וכי פליגי רב הונא ורב חסדא אליבא דר' מאיר דלא בעי עדי מסירה ואילו נפיק הגט מתחת יד האשה נאמנת לומר לגירושין ניתן לי ואינה צריכה עדי מסירה וכשיוצא מתחת יד השליח פליגי רב הונא ורב חסדא דרב הונא סבר אפי' לר' מאיר בעל נאמן ורב חסדא סבר אליבא דר' מאיר השליח נאמן שכך נאמן השליח כמו האשה ובעי תלמודא קרע למה לי פי' מה צורך לשליח לקורעו ואהדר רב יהודה בשעת השמד

תוספתא כ"מ פ"א [לעיל מ: קדושין סה: כ"מ ג:]
[שבת יח. עירובין כ: כ"מ לד. לג.]
[לעיל ע: וש"נ]
לעיל כ: ג. קדושין סו. [יבמות פח.]
[ב"ב קלד:]
[חולין יב. עירובין לא: נזיר יב. ע"ש]

גליון הש"ס

תד"ה אסור בכל הנשים וכו' דאין זה חזקה גמורה. ע' לקמן סה ע"א תד"ה התקבל:

[נ"ל אליעזר]
פי' שעדיין לא פי' איזה לחטאת ואיזה לעולה

אהני מילי לחומרא, אבל לקולא — לא. וליהמנה לדידה מדרב המנונא, *דאמר רב המנונא: בהאשה שאמרה לבעלה "גירשתני" — נאמנת, חזקה אין האשה מעיזה פניה בפני בעלה! גה"מ היכא דליכא דקא מסייע לה, אבל היכא דמסייע לה — מעיזה ומעיזה.§ **מתני'** *דנערה המאורסה, היא ואביה מקבלין את גיטה; אמר רבי יהודה: אין שתי ידים זוכות כאחת, אלא אביה מקבל את גיטה בלבד. וכל שאינה יכולה לשמור את גיטה, אינה יכולה להתגרש.§ **גמ'** במאי קמיפלגי? רבנן סברי: ידא יתירתא זכי לה רחמנא, ורבי יהודה סבר: במקום אביה, יד דילה לאו כלום היא.§ "וכל שאינה יכולה לשמור את גיטה".§ ת"ר: *הקטנה היודעת לשמור את גיטה — מתגרשת, ושאינה יודעת לשמור את גיטה — אינה מתגרשת. ואיזו היא קטנה יודעת לשמור את גיטה? כל שמשמרת גיטה ודבר אחר. מאי קאמר? א"ר יוחנן, ה"ק: כל שמשמרת דבר אחר מחמת גיטה. מתקיף לה רב הונא בר מנוח: הא שוטה בעלמא היא! אלא אמר רב הונא בר מנוח משמיה דרב אחא בריה דרב איקא: יכל שמבחנת בין גיטה לדבר אחר. אמר רב יהודה אמר רבי אסי: יצרור וזורקו, אגוז ונוטלו — זוכה לעצמו ואין זוכה לאחרים. חפץ ומחזירו לאחר שעה — זוכה בין לעצמו ובין לאחרים; כי אמריתה קמיה דשמואל, אמר לי: דא ודא אחת היא. מאי "דא ודא אחת היא"? אמר רב חסדא: אחד זה ואחד זה — זוכה לעצמו ואין זוכה לאחרים. מתיב רב חיננא וורדאן: *חכיצד משתתפין במבוי? מניח את החבית ואומר "הרי זו לכל בני המבוי", טומזכה להם ע"י בנו ובתו הגדולים, וע"י עבדו ושפחתו העברים; *האי שפחה היכי דמי? אי דאתיא שתי שערות, מאי בעיא גביה? אלא לאו דלא אתיא שתי שערות, וקתני: זוכה לאחרים! שאני שיתופי מבואות, דרבנן. אמר רב חסדא: אישתיק וורדאן. מאי הוה ליה למימר? *כל דתקון רבנן —

כעין

לחומרא. כי הא דרבי יצחק. **מתני'** היא ואביה. או היא או אביה. היא — יש לה יד, דהא גדולה היא. ואביה נמי זכאי לקבלו, ומ"מ יד דידה כדקיימא קיימא, דהא גדולה היא, ואם היתה יתומה — היא מהוה את עצמה והיא מקבלת את גיטה, והשתא נמי לא שנא. **גמ'** יד דידה לאו כלום היא. דלגמרי אוקמה רחמנא ברשותיה כל ימי נערות, אלא א"כ ניסת. אינה מתגרשת. דכתיב: "ושלחה מביתו" — מי שמשלחה ואינה חוזרת, יצתה זו שמשלחה וחוזרת. הכי דרשינן לה ביבמות בפרק "חרש שנשא" (דף קיג.). הלכך, אפילו בקבלת אביה אינה מתגרשת. כל שמשמרת דבר אחר מחמת גיטה. שאם אבדה גיטה — משמרת דבר אחר שאינו דומה לו, וסבורה שהוא גיטה. הא שוטה בעלמא היא. ואין לך משלחת וחוזרת יותר ממנה. דמדלא קתני שמשמרת שטר אחר — מכלל דלאו שטר הוא, אלא מידי דלא דמי ליה. [צרור וזורקו]. קטן שנותנין לו צרור וזורקו, וכשנותנין לו אגוז — נוטלו. זוכה לעצמו ואינו זוכה לאחרים. אם זיכה אדם לחברו דבר ע"י אותו קטן, שמסר בידו החפץ ואמר: זכה בחפץ זה לפלוני — לא זכה, ואם בא הנותן לחזור — חוזר. חפץ ומחזירו לאחר שעה. כשתובעין אותו ממנו. זוכה אף לאחרים. ומדרבנן. דא ודא. שתי תקנות אלו דינן שוה. מאי אחת היא. שניהם לזכות או שניהם שלא לזכות? וורדאן. מאנשי וורדניא, מקום. משתתפין במבוי. להיות כל החצרות מוליכין לתוכו, ויטלטלו בכולן. את החבית. שהיין בתוכה, לשיתוף, דסתם שיתוף ביין. מאי בעיא גביה. הרי היא יוצאת בסימנין! שיתופי מבואות דרבנן. דמדאורייתא אין אסור להכניס ולהוציא אלא מרשות היחיד לרשות הרבים. אישתיק וורדאן. נאלם, שלא השיב תשובה על תירוץ זה.

מערימין

הני מילי לחומרא אבל לקולא לא. ואפי' לרב ששת דאמר בפרק "בכל מערבין" (עירובין דף לב.) דבשל תורה נמי חזקה שליח עושה שליחותו – הני מילי במקום שאם לא יעשה שליחותו יבא המשלח לידי עבירה אם יסמוך על השליח. אבל כאן, אם לא יתן גט או לא יקדש, שלא יבא המשלח לידי עבירה בשביל כך – מודה רב ששת דאין חזקה שליח עושה שליחותו לקולא. וכם הארכתי. **נערה** המאורסה היא ואביה כו'. פירש בקונטרס: דוקא נערה, אבל קטנה – דוקא אביה ולא היא, אם יש לה אב. והא דאמר בגמרא: רבנן סברי יד יתירא זכי לה רחמנא – היינו יד עצמה, שניתוסף לה כשהיא נערה. דכשהיתה קטנה לא היה לה יד, כי אם יד אב. ושוב הגיה רש"י בפ"ב דקידושין (דף מג:) ◦דה"ה קטנה, והא דנקט נערה – להודיעך כח דרבי יהודה. וכן עיקר. והביא ראיה רבינו יצחק ב"ר מאיר: דבפרק שני דקדושין (דף מד:) פריך לרב נחמן דאמר אין נערה עושה שליח לקבל גיטה מיד בעלה, מהא דתנן: קטנה שאמרה "התקבל לי גיטי" – אינו גט עד שיגיע גט לידה. הא נערה – הרי זה גט. ומשני: כשאין לה אב. אבל מעיקרא סלקא דעתן דאיירי כשיש לה אב, ואפילו הכי קתני: עד שיגיע גט לידה – ש"מ דאף אם יש לה אב, אם הגיע גט לידה מגורשת. והא דאמרי' בגמרא: יד יתירא זכי לה רחמנא – היינו יד האב, דיד עצמה עיקר, שיש לה בבגרות, ולא ניתן לה יד האב לבטל כח ידה. ור' יהודה סבר דבטל כח ידה וניתן לה יד האב. **וכל** שאינה יכולה לשמור את גיטה כו'. פי' בקונטרס: אפילו על ידי אביה, דהא שוטה היא. וא"ר (א) יצחק: "ושלחה מביתו" – מי שמשלחה ואינה חוזרת. וכן בפרק "חרש" (יבמות דף קיג:). ור"ת מפרש: דעל ידי אביה מתגרשת, אע"ג שאינה יודעת לשמור את גיטה. והורה כך הלכה למעשה. דהא לר' ינאי דדריש התם מ"ונתן בידה" – מי שיש לה יד לגרש את עצמה, יצתה זו כו' – לפי אותו טעם מגורשת על ידי אביה, דהא אפילו פיקחת אביה מקבל את גיטה. ותנא דבי ר' ישמעאל דמפיק מ"ושלחה" – לא פליג עליה אלא בהא דמפיק מקרא אחרינא, אבל משמע דליכא בינייהו מידי. וטעמא, כיון שיש לה אב – הוא שומרה מלחזור. ועוד דבירושלמי בהדיא קורא אותה שיש לה אב – יכולה לשמור את גיטה. א"כ מתגרשת על ידי אביה לכולי עלמא, דהא לא מצרכי הכא אלא שתהא יכולה לשמור את גיטה. וכן נראה, דאי כשאינה יכולה לשמור את גיטה אינה מתגרשת אפי' ע"י אביה – א"כ לענין קדושין נמי לא תתקדש ד"ויצאה והיתה" כתיב, דאיתקש הויה ליציאה. ולפי זה לא מיתוקמא הך סיפא ד"כל שאינה יודעת" כו' ביש לה אב כר"י אלא כרבנן, דלר"י מאי איריא אינה יודעת לשמור את גיטה דאינה מתגרשת על ידי עצמה? אפילו יודעת לשמור אינה מתגרשת על ידי עצמה! אבל באין לה אב – מיתוקמא שפיר כרבי יהודה(א). **כל** שמבחנת בין גיטה לדבר אחר. היינו כפעוטות. ופעוטות היינו כבר ב)שית וכבר עשר, כל חד לפום חורפיה, כדאמרי' לקמן: וכנגדן בקטנה מתגרשת. והשתא, אי שיעורא דרב יהודה דאמר: חפץ ומחזירו לאחר שעה, קודם לשיעורא דפעוטות – היא סברת רב יהודה אפכא לגמרי מדרב חסדא, דלרב יהודה זוכה לאחרים קודם שיהא מקחו מקח וממכרו ממכר, ולרב חסדא הוה אפכא, דפעוטות מקחן מקח וממכרן ממכר – ואינן זוכים לאחרים עד שיביאו שתי שערות לרב חסדא, מדפריך עליה משפחה שלא הביאה שתי שערות. **אלא** לאו דלא אתיא שתי שערות. וא"ת: מאי שנא שפחה מבנו ובתו הקטנים דאין מזכה על ידם? ואור"ת: דלרבי יוחנן, דאמר בפ"ק דב"מ (דף יב:) גבי מציאה: לא גדול גדול ממש [כו'], אלא, גדול הסמוך על שלחנו של אביו הוא קטן – הוא הדין כאן. אבל שפחה – בשכר טורחה אוכלת. ולשמואל דאמר התם קטן – קטן ממש, ומפרש טעמא התם: בשעה שהוא מוצאה מריצה אצל אביו – צריך לומר דמהאי טעמא לכל דבר ידו כיד אביו. ועל חנם דחק לומר ר"ת דשפחה אוכלת בשכרה, דנראה דלא חשבינן יתום ידו כיד בעל הבית בשביל שהוא סמוך על שלחנו, אלא דוקא בבנו. דכל הסמוכין על שלחן בעל הבית – אין מציאתם שלו. ובתו, נראה דאפי' אין סמוכה על שלחן אביה מציאתה שלו, משום איבה, דלמא מסר לה למנוול ומוכה שחין, כדאיתא בפ' "נערה" (כתובות דף מז.) דטעמא משום איבה שייך אפי' אינה סמוכה על שלחנו, ואף בנערה עד שתיבגר. וצריך ליזהר שלא לזכות ערוב ע"י בנו אפי' גדול אם סמוך על שולחנו, דקיי"ל כר' יוחנן לגבי שמואל, דלאו גדול גדול ממש. ואין לתמוה דהכא אמר שפחה שהיא קטנה זוכה בעירוב, ובפ' "מי שהוציאוהו" (עירובין דף מט:) אמרי' לשמואל דאמר עירוב משום קנין קטן – לא, דהתם דאית ליה בית לקטן קאמר. **שאני** שתופי מבואות דרבנן. משמע דרב יהודה ורב חסדא פליגי אי זוכה לאחרים מדאורייתא או לא. ואע"ג דמציאת חרש שוטה וקטן לא הוי גזל אפילו לרבי יוסי אלא מדבריהם, הכא לדעת אחרת מקנה אותם – שאני. וא"ת: והא זכיה היא מטעם שליחות, ואין שליחות לקטן מ"אתם" גם אתם (קידושין מא:)! וי"ל: דאין למעט קטן משליחות מקרא דתרומה, אלא במילתא דליתיה, כגון תרומה, דליתיה בתרומה דנפשיה. אבל בזכיה, כמו שזוכה לעצמו – זוכה נמי לאחרים. וא"ת: תקשי ליה לרב יהודה הא דאמרי' בריש "האיש מקדש" (שם דף מב.): איש זוכה ואין קטן זוכה! וי"ל: דהתם לא מיירי בדעת אחרת מקנה אותו, אלא לאשמועינן דפסח שלו אינו יכול להמנות אחרים עליו, דסלקא דעתין שיוכל להמנות, משום ד"שה לבית אבות" דאורייתא, והוי לענין פסח כמו גדול. אי נמי: היא גופה קמ"ל ד"שה לבית אבות" לאו דאורייתא, ואין לו כח לזכות בו, לא לאחרים ולא לעצמו.

כעין

א) [וע"ע תוס' יבמות קיג: ד"ה יצתה ותוס' קדושין מג: ד"ה וכל שאינה]. ב) פי' מבר שית עד בר עשר.

כתב ר"י ז"ל וכיון דאמרי' חזקה שליח עושה שליחותו לחומרא אי בעלה כהן היא איתסרא עליה. לעלמא לא שרייה עד דיהיב לה גיטא אחרינא ואי מיית ועדיין לא יהיב גיטא אחרינא אסירא לכהן ואי אית לה יבם חולצת ולא מתיבמא עיין פתרון משנה זו בפ' האיש מקדש: **מתני'** נערה המאורסה היא ואביה מקבלין את גיטה ר' יהודה אומר אין שתי ידים זוכות בא' אלא אביה מקבל גיטה בלבד וכל שאינה יכולה לשמור את גיטה אינה יכולה להתגרש פי' נערה תקרא מבת י"ב שנה ויום אחד אם הביאה שתי שערות אבל קודם י"ב שנה ויום אחד אין חשובין סימנין אלא כשומא בעלמא וקטנה היא ואם לא הביאה שתי שערות אע"פ שיש לה י"ב שנים קטנה היא עד שתביא שתי שערות בתרתי בעי' לשוייה נערה שנים וסימנין ולאחר שבאה לכלל שנים והביאה שתי שערות אזי היא נערה וממתנת ו' חדשים והיא בוגרת שאין בין נערות לבגרות אלא ששה חדשים בלבד ודוקא נקט נערה ולא קטנה ולא בוגרת אלא היא נערה שהיא אשה גדולה ויש לה דעת שאפילו אם לא היה לה אב היתה היא מקדשת עצמה קדושי תורה אז היא רשאית לקבל גיטה אע"פ שיש לה אב אבל קטנה אינה רשאית היא לקבל גיטה במקום אביה דאע"ג דלא בעי' דעת אשה בגט וקטנה נמי ראויה לקבל גיטה כדאמרי' לקמן דוקא אם אין לה אב כגון שמת אביה לאחר שקדשה שאע"פ שהיו קדושיה קדושין גמורים מן התורה היא מקבלת גיטה אע"פ שהיא קטנה אם יודעת להבחין בין אגוז לצרור כדאמרי' לקמן שתהא ידה חשובה יד אבל אם אביה קיים אביה מקבל גיטה ולא היא שאין כח לקטנה לקבל גיטה במקום אביה כ"א הנערה שהיא בת דעת ואם היתה בוגרת כבר יצאה מרשות אב מוכרת ולא מקבלת גיטה ולא אביה ולהכי תני נערה למעוטי בוגרת וקטנה ר' יהודה אומר וכו' במאי קמיפלגי רבנן סברי יד יתירא זכי לה רחמנא ור' יהודה סבר במקום אביה יד דידה ולא כלום היא. פי' מאי דילפי' מבנעוריה בית אביה שהנערה היא ברשות אביה עד שתנשא לא למעשי יד דידה אלא ריבה לה הכתוב גם יד האב וידה כדקיימא קיימא ור' יהודה סבר רחמנא אוקמה לנערה ברשות האב למימרא דידה במקום אביה ולא כלום הוא וקי"ל יחיד ורבים הלכה כרבים: וכל שאינה יכולה לשמור גיטה אינה יכולה להתגרש פי' לאו ארישא קיימא דיש לה אב אלא מילתא באנפה נפשה היא שאע"פ שאין לה אב אם אינה יודעת לשמור גיטה אינה יכולה להתגרש דאע"ג דלא בעי' בגט אשה בגט יד מיהא בעי' ואם אינה יודעת לשמור את גיטה לא חשיבה ידה יד אבל משעה שהיא יודעת לשמור את גיטה שתהא ידה חשובה יד היא מתגרשת בקבלתה אם אין לה אב ואע"פ שקבל אביה קדושיה

שהן

כד א מיי' פ"ד מהל' תרומות הל"ו:
כה ב מיי' פי"ב מהל' גירושין הל"ב ד ופ"ד מהל' אישות הלי"ג סמג עשין מח טוש"ע אה"ע סי' יז סעי' ב:
כו ג מיי' פי"ב מהל' גירושין הל"ה סמג שם טוש"ע שם וסי' קמא סעי' ט וסי' קנב סעי' ב:
כז ד מיי' פ"ב מהל' גירושין הלי"ח סמג שם טוש"ע אה"ע סי' קמא סעי' ב:
כח ה ו מיי' שם הלי"ט טוש"ע שם סעי' ו:
כט ז מיי' פ"ד מהל' זכייה ומתנה הל"ז סמג עשין פב טוש"ע חו"מ סי' רמג סעי' טו:
ל ח מיי' פ"א מהל' עירובין הלי"ז סמג עשין מד"ס א טוש"ע או"ח סי' שסו סעי' ט:
לא ט מיי' שם הל"כ טוש"ע שם סעי' י:

תוספות רי"ד

השמד שאני אבל שלא בשעת השמד לא היה צריך לשנות אלא שנים שיאמרו בפנינו קבל וכיון דקי"ל דהלכה כר' אלעזר אין הלכה כרב חסדא שגם רב חסדא לא אמר אלא אליבא דר' מאיר דאמר עדי חתימה כרתי ולא בעי עדי מסירה. ומהכא מוכח דבעי ר' אלעזר עידי מסירה אע"ג דאיכא עידי חתימה: איתמר בעל אומר לגירושין ושליח אומר לגירושין. פי' שליח להולכה הוא והיא אומרת נתן לי ואבד ממני א"ר יוחנן הוי דבר שבערוה ואין דבר שבערוה פחות משנים ואינה מגורשת ואמאי וניהמניה לשלי' פי' דשליח להולכה נאמן ואינו צריך עידי מסירה כ"א האשה ושליח לקבלה מי קא נפיק גיטא מתותי ידיה דשליח דליהימניה וליהמניה לבעל דאמר ר' חייא בר אבין א"ר יוחנן בעל שאמר גירשתי את אשתי נאמן מי קאמר גירשתי פי' אילו הוה אמר נתתי גט לאשתי הוה נאמן דמה לו לשקר הרי בידו לגרשה אלא הוא אומר שנתנו לשליח להולכה ולא ידעינו אם נתנו השליח לאשה וניחא חזקה שליח עושה שליחותו דאמר רב יצחק בר יוסף א"ר יוחנן האומר לשלוחו צא וקדש לי אשה סתם ומת שלוחו אסור בכל הנשים שבעולם חזקה שליח עושה שליחותו ה"מ לחומרא אבל לקולא לא וליהמניה לדידה מדרב המנונא דאמר רב המנונא האשה שאמרה לבעלה גירשתני נאמנת חזקה אין אשה מעיזה פניה בפני בעלה הני מילי היכא דליכא איניש דמסייע לה אבל הכא דאיכא איניש דמסייע לה מעיזה עיין מילתיה דרב המנונא בפ' האשה שנתאלמנה ולקמן בסוף פ' המגרש

כתובות כב: יבמות קיג. נדרים לז. לקמן עו:

קדושין מג:

[תוספתא פ"ד ע"ש]

הגהות הב"ח

(א) תום' ד"ה וכל שאינה וכו' וא"ר יצחק נ"ל ישמעאל:

עירובין עג: עט: נדרים פח:

ב"מ יב:

[פסחים ל: וש"נ]

גליון הש"ס

גמ' כל דתקון רבנן. פסחים דף לט: ודף קטז: ויומא דף לא. ע"ז דף לד. בכורות דף נד.: **רש"י** ד"ה היא ואביה וכו' היא מהוה את עצמה. לא זכיתי להבין מה דנקט רש"י היא מהוה עצמה דזה לא צריך לראיה, דהתם כיון דהקדושין הוו בקטנות הגירושין בקטנות וכדאמרי' גבי חרש שכנס בפקחות גם בקדשה ונתייתמה א"כ למאי נקט רש"י שפת יתר היא מהוה עצמה. וה' יאיר עיני: **תד"ה** נערה המאורסה כו' דה"ה קטנה. ע' לקמן ד' פה ע"א תד"ה תניתוה:

כְּעֵין דְּאוֹרַיְיתָא תַּקּוּן. וְאִידָךְ? כִּי אָמְרִינַן *כָּל דְּתִקּוּן רַבָּנַן כְּעֵין דְּאוֹרַיְיתָא תַּקּוּן – בְּמִילְּתָא דְּאִית לָהּ עִיקָּר מה"ת, אֲבָל מִילְּתָא דְּלֵית לָהּ עִיקָּר מִן הַתּוֹרָה – לָא. מְתִיב רַב אָוְיָא: *אמַעֲרִימִין עַל מַעֲשֵׂר שֵׁנִי; כֵּיצַד? אוֹמֵר אָדָם לִבְנוֹ וּבִתּוֹ הַגְּדוֹלִים, לְעַבְדּוֹ וְשִׁפְחָתוֹ הָעִבְרִים "הֵא לָכֶם מָעוֹת הַלָּלוּ וּפְדוּ בָּהֶן מַעֲשֵׂר שֵׁנִי זֶה", (וְאוֹכְלוֹ בְּלֹא חוֹמֶשׁ;) הַאי שִׁפְחָה ה"ד? אִי דְּאַתְיָא ב' שְׂעָרוֹת, מַאי בָּעֲיָא גַּבֵּיהּ? אֶלָּא לָאו דְּלָא אַתְיָא ב' שְׂעָרוֹת! הָכָא בְּמַאי עָסְקִינַן – בְּמַעֲשֵׂר בַּזְּמַן הַזֶּה, דְּרַבָּנַן. וְאָמָה הָעִבְרִיָּה בַּזְּמַן הַזֶּה מִי אִיכָּא? וְהָתַנְיָא: *באֵין עֶבֶד עִבְרִי נוֹהֵג אֶלָּא בִּזְמַן שֶׁהַיּוֹבֵל נוֹהֵג! גאֶלָּא בְּעָצִיץ שֶׁאֵינוֹ נָקוּב, דְּרַבָּנַן. אָמַר רָבָא: ג' מִדּוֹת בְּקָטָן: *צְרוֹר וְזוֹרְקוֹ, אֱגוֹז וְנוֹטְלוֹ – זוֹכֶה לְעַצְמוֹ וְאֵין זוֹכֶה דלַאֲחֵרִים, וּכְנֶגְדָּן בִּקְטַנָּה – מִתְקַדֶּשֶׁת לְמֵיאוּן; *הַפָּעוֹטוֹת – מִקָּחָן מִקָּח וּמִמְכָּרָן מִמְכָּר בְּמִטַּלְטְלִין, הוּכְנֶגְדָּן בִּקְטַנָּה – מִתְגָּרֶשֶׁת בְּקִידּוּשֵׁי אָבִיהָ; הִגִּיעוּ לְעוֹנַת נְדָרִים – ינִדְרֵיהֶן נֶדֶר וְהֶקְדֵּשָׁן הֶקְדֵּשׁ, יוּכְנֶגְדָּן בִּקְטַנָּה – חוֹלֶצֶת; וְלִמְכּוֹר בְּנִכְסֵי אָבִיו – חעַד שֶׁיְּהֵא בֶּן עֶשְׂרִים.§

מתני' *טקְטַנָּה שֶׁאָמְרָה "הִתְקַבֵּל לִי גִּיטִּי" – אֵינוֹ גֵּט עַד שֶׁיַּגִּיעַ גֵּט לְיָדָהּ, לְפִיכָךְ אִם רָצָה הַבַּעַל לַחֲזוֹר – יַחֲזוֹר, ישֶׁאֵין קָטָן עוֹשֶׂה שָׁלִיחַ; כוְאִם אָמַר לוֹ אָבִיהָ "צֵא וְהִתְקַבֵּל לְבִתִּי גִּיטָּהּ", אִם רָצָה לַחֲזוֹר – לֹא יַחֲזוֹר. *להָאוֹמֵר *"תֵּן גֵּט זֶה לְאִשְׁתִּי בְּמָקוֹם פְּלוֹנִי", וּנְתָנוֹ לָהּ בְּמָקוֹם אַחֵר – פָּסוּל; מ"הֲרֵי הִיא בְּמָקוֹם פְּלוֹנִי", וּנְתָנוֹ לָהּ בְּמָקוֹם אַחֵר – כָּשֵׁר. *נהָאִשָּׁה שֶׁאָמְרָה "הִתְקַבֵּל לִי גִּיטִּי בְּמָקוֹם פְּלוֹנִי", וְקִיבְּלוֹ לָהּ בְּמָקוֹם אַחֵר – פָּסוּל, ר' *אֶלְעָזָר מַכְשִׁיר; ס"הָבֵא לִי גִּיטִּי מִמָּקוֹם פְּלוֹנִי", וֶהֱבִיאוּ לָהּ מִמָּקוֹם אַחֵר – כָּשֵׁר.§ [נ"ל תן]

גמ' *וְרַבִּי אֶלְעָזָר, מַאי שְׁנָא רֵישָׁא דְּלָא פָּלֵיג, וּמַאי שְׁנָא סֵיפָא דְּפָלֵיג? אִיהוּ דְּמִדַּעְתֵּיהּ מְגָרֵשׁ – קָפֵיד, אִיהִי דִּבְעַל כָּרְחָהּ מִתְגָּרֶשֶׁת – *מַרְאָה מָקוֹם הִיא לוֹ.§

מתני' ע"הָבֵא לִי גִּיטִּי" – אוֹכֶלֶת בִּתְרוּמָה עַד שֶׁיַּגִּיעַ גֵּט לְיָדָהּ, "הִתְקַבֵּל לִי גִּיטִּי" – אֲסוּרָה לֶאֱכוֹל בִּתְרוּמָה מִיָּד. "הִתְקַבֵּל לִי גִּיטִּי בְּמָקוֹם פְּלוֹנִי" – *אוֹכֶלֶת בִּתְרוּמָה עַד שֶׁיַּגִּיעַ גֵּט לְאוֹתוֹ מָקוֹם, ר"א אוֹסֵר מִיָּד.§

גמ' וְגִיטָּא מִיהָא הָוֵי? וְהָאָמַרְתְּ רֵישָׁא: לָא הָוֵי גִּיטָּא! לָא צְרִיכָא, דְּאָמְרָה לֵיהּ: "הִתְקַבֵּל לִי גִּיטָּא בְּמָתָא מַחְסֵיָא וְזִימְנִין דְּמַשְׁכַּחַתְּ לֵיהּ בְּבָבֶל". פוְה"ק לֵיהּ: מִשְׁקַל כָּל הֵיכָא דְּמַשְׁכַּחַתְּ לֵיהּ שְׁקַלֵיהּ מִינֵּיהּ,

גִּיטָּא

רש"י

מַעֲרִימִין. לִפְדּוֹתוֹ בְּלֹא חוֹמֶשׁ. שֶׁאָדָם מוֹסִיף חוֹמֶשׁ כְּשֶׁפּוֹדֶה אֶת מַעֲשֵׂר שֵׁנִי שֶׁלּוֹ וְאֵינוֹ מוֹסִיף חוֹמֶשׁ עַל שֶׁל אֲחֵרִים, אִם קוֹנֵהוּ מֵחֲבֵירוֹ. וּפְדוּ בָּהֶן מַעֲשֵׂר שֵׁנִי. מִמֶּנּוּ, דְּהָווּ לְהוּ אֲחֵרִים לְגַבֵּיהּ, וְהֵם סְמוּכִים עַל שׁוּלְחָנוֹ, וְשֶׁלָּהֶם שֶׁלּוֹ – שֶׁהֵם חוֹזְרִים וְנוֹתְנִים לוֹ. אֶלָּא בִּזְמַן שֶׁהַיּוֹבֵל נוֹהֵג. דִּבְעֵינַן "וְאִישׁ אֶל מִשְׁפַּחְתּוֹ תָּשׁוּבוּ" (ויקרא כה). שָׁלֹשׁ מִדּוֹת. חֲלוּקוֹת בִּזְכִיַּית קָטָן. וּכְנֶגְדָּן בִּקְטַנָּה. חֲשִׁיב לָהּ יוֹדַעַת לִשְׁמוֹר קִידּוּשֶׁיהָ, וּמִתְקַדֶּשֶׁת בְּקִידּוּשֵׁי אִמָּהּ אוֹ אַחֶיהָ לְדַעְתָּהּ, אוֹ בְּקַבָּלַת עַצְמָהּ אִם יְתוֹמָה הִיא. לְמֵיאוּן. שֶׁצְּרִיכָה לְמָאֵן, וְאֵינָהּ יוֹצְאָה בְּלֹא מֵיאוּן. דִּתְנַן בִּיבָמוֹת (דף קז.): כָּל תִּינוֹקֶת שֶׁאֵינָהּ יְכוֹלָה לִשְׁמוֹר קִדּוּשֶׁיהָ – אֵינָהּ צְרִיכָה לְמָאֵן, וְזוֹ יוֹדַעַת לִשְׁמוֹר הִיא. הַפָּעוֹטוֹת. תְּנַן בְּ"הַנִּיזָּקִין" (לעיל דף נט.): דְּמִקָּחָן מִקָּח בְּמִטַּלְטְלִין, וּפָרְשִׁי': כְּבַר שִׁית כְּבַר תַּמְנֵי. וּכְנֶגְדָּן בִּקְטַנָּה. מִשֶּׁהִגִּיעָה לַיָּמִים הַלָּלוּ "מְשַׁלְּחָהּ וְאֵינָהּ חוֹזֶרֶת" קָרֵינָא בָּהּ, וּמִתְגָּרֶשֶׁת בְּקַבָּלַת עַצְמָהּ, אֲפִי' קִיבֵּל בָּהּ אָבִיהָ קִידּוּשִׁין וָמֵת, וְאַע"פ שֶׁקִּידּוּשֶׁיהָ קִידּוּשִׁין מִן הַתּוֹרָה. הִגִּיעוּ לְעוֹנַת נְדָרִים. שָׁנָה אַחַת לִפְנֵי נַעֲרוּתָהּ נְדָרֶיהָ נִבְדָּקִין, כִּדְתְנַן בְּמַסֶּ' נִדָּה (דף מה.): בַּת אַחַת עֶשְׂרֵה שָׁנָה וְיוֹם אֶחָד – נְדָרֶיהָ נִבְדָּקִין, וְאִם יָדְעָה לוֹמַר לְשֵׁם מִי נָדְרָה, לְשֵׁם מִי הִקְדִּישָׁה – נִדְרָהּ נֶדֶר וְהֶקְדֵּישָׁהּ הֶקְדֵּשׁ. חוֹלֶצֶת. אִם הֵבִיאָה סִימָנִין, וְלָא אָמְרִי' שׁוּמָא נִינְהוּ. אֲבָל קוֹדֶם הַזְּמַן הַזֶּה – קְטַנָּה הִיא וְאֵין סִימָנֶיהָ סִימָנִין, וְאֵינָהּ חוֹלֶצֶת, דְּ"אִישׁ" כְּתוּב בַּפָּרָשָׁה, וּמַקְּשִׁינַן אִשָּׁה לְאִישׁ. לִמְכּוֹר בְּנִכְסֵי אָבִיו. קַרְקָעוֹת. עַד שֶׁיְּהֵא בֶּן עֶשְׂרִים. הָוֵי קָטָן.

מתני' אִם רָצָה הַבַּעַל לַחֲזוֹר. קוֹדֶם שֶׁיַּגִּיעַ גֵּט לְיָדָהּ. פָּסוּל. דְּאֵין רְצוֹנוֹ שֶׁיַּעֲלִיזוּ עָלָיו שָׁם, וְקָפֵידָא הִיא. הֲרֵי הִיא בְּמָקוֹם פְּלוֹנִי. אֵינוֹ אֶלָּא כְּמַרְאֶה מָקוֹם, שָׁם תִּמְצָאֶנָּה. וְר' אֶלְעָזָר מַכְשִׁיר. טַעְמָא מְפָרֵשׁ בַּגְּמָ'.

גמ' מַאי שְׁנָא רֵישָׁא דְּלָא פָּלֵיג רַבִּי אֶלְעָזָר. גַּבֵּי "תֵּן גֵּט זֶה לְאִשְׁתִּי בְּמָקוֹם פְּלוֹנִי" וְקָתָנֵי: פָּסוּל. מִדַּעְתֵּיהּ מְגָרֵשׁ. וְהַדָּבָר תָּלוּי בּוֹ, אִיכָּא לְמֵימַר קְפֵידָא הִיא, וְדַוְקָא קָאָמַר לֵיהּ. אֲבָל אִיהִי דִּבְעַל כָּרְחָהּ מִיגַּרְשָׁה – מָנָא יָדְעָה דְּנִיחָא לֵיהּ לַבַּעַל לְמֵיתְבֵי' הָתָם? הִלְכָּךְ אֵינָהּ אֶלָּא כְּמַרְאָה מָקוֹם: שָׁם תִּמְצָאֶנּוּ.

מתני' הָבֵא לִי גִּיטִּי אוֹכֶלֶת בִּתְרוּמָה. אִם אֵשֶׁת כֹּהֵן הִיא, עַד שֶׁיַּגִּיעַ גֵּט לְיָדָהּ. לְאוֹתוֹ מָקוֹם. שֶׁכָּךְ אָמְרָה לוֹ: לֹא תְּהֵא שְׁלוּחִי לְקַבָּלָה אֶלָּא שָׁם. וּבַגְּמָרָא פָּרֵיךְ: וְגִיטָּא הֵיכִי הָוֵי הוֹאִיל וְקִיבְּלוֹ בְּמָקוֹם אַחֵר, וַאֲפִי' כְּשֶׁיַּגִּיעַ שָׁם? וְהָא תְּנַן לְעֵיל פָּסוּל! אוֹסֵר מִיָּד. מִשֶּׁפֵּירַשׁ מֵאֶצְלָהּ. רַבִּי אֶלְעָזָר לְטַעְמֵיהּ, דְּמַכְשִׁיר כְּשֶׁקִּיבְּלוֹ בְּמָקוֹם אַחֵר דְּמַרְאָה מָקוֹם הִיא לוֹ, וּמִשְּׁעַת קַבָּלָה אִיגַּרְשָׁא לָהּ. לְפִיכָךְ מִשָּׁעָה שֶׁפֵּירַשׁ מִלְּפָנֶיהָ – אֲסוּרָה, שֶׁמָּא מְצָאוֹ חוּץ לָעִיר וְקִיבְּלוֹ הֵימֶנּוּ.

גמ' וְזִימְנִין דְּמַשְׁכַּחַתְּ לֵיהּ בְּבָבֶל. כֵּיוָן דַּהֲדַר אָמְרָה לֵיהּ הָכִי – מִכְּלָל דְּלָא קְפֵדָה אִי מְקַבֵּל לֵיהּ בְּדוּכְתָּא אַחֲרִינָא, וְהַאי דְּקָבְעָה לֵיהּ עִיקָּר בְּמָתָא מַחְסֵיָא – הָכִי קָאָמְרָה: לֹא תְּהֵא שְׁלוּחִי לְקַבָּלָה לְהִתְגָּרֵשׁ אֲנִי עַל יָדְךָ עַד דְּמָטֵית הָתָם.

דְּהָא

תוספות

כעין דאורייתא תקון. והא דסגי בהגבהת טפח *גבי חבית של שיתופי מבואות, אפי' לפירוש הקונטרס דלא קניא הגבהה בעלמא אלא בג' טפחים – חשיב ליה כעין דאורייתא, כיון דמגביה בר זכייה, ויש בה הגבהה קצת. **ופדו** בהן מעשר שני. וא"ת: ומאי מהני פדיית קטן? והא אין מעשה קטן כלום! ובת"כ (פרשת בחקותי) ממעט קטן שאינו פודה מעשר שני. ותנן נמי (תרומות פ"א מ"א): חמשה לא יתרומו, וקטן חד מנייהו. ולעיל ב"הניזקין" (דף נג.) תניא: אפוטרופין תורמין ומעשרין – משמע: אבל קטן לא, ומאי שנא פדיית מעשר מתרומה? וי"ל: דאתיא כמ"ד במס' תרומות (פ"א מ"ג) דהגיעו לעונת נדרים, כשם שנדרן נדר – כך תרומתן תרומה, וכשם שהא שם תרומה על פיו ומשתרי טבל באכילה – ה"נ מתחלל מעשר שני על ידו. וא"ת: היאך פודה לאחרים? הא אפי' למ"ד זוכה לאחרים – היינו כשדעת אחרת מקנה אותו לאחרים. ופדיית מעשר, נהי דחשבינן ליה כזוכה לאחרים, מ"מ אין דעת אחרת מקנה אותו לאחרים ע"י זכיית קטן, והוי כמו מציאה, דלא זכי מדאורייתא! וי"ל: כיון דמופלא הסמוך לאיש דאורייתא, ותרומתו תרומה וחילולו חילול – אם לגבי ממון זוכה לאחרים מן התורה כשדעת אחרת מקנה אותו, א"כ לענין חילול מעשר יש לו להועיל אפי' בלא דעת אחרת. אבל לרב חסדא, דאינו זוכה לאחרים, אע"פ שלעצמו זוכה – גם בחילול מעשר לא יזכה לאחרים בחילול, אע"פ שלעצמו מחלל. **ואמה** העבריה בזמן הזה מי איכא. ה"נ *הוה מצי למיפרך: אי בזמן הזה – למה לו להערים? והלא יכול לחלל שוה מנה על שוה פרוטה וחומשה, ולמאן דאמר ב"הזהב" (ב"מ דף נג:) דבעינן [*אף] בחומשה שוה פרוטה – יחלל שוה מנה על חמש פרוטות. **צרור** וזורקו זוכה לעצמו. לעיל וא"ת: והא דתנן ב"מי שמת" (ב"ב דף קנו:): זכין לקטן ואין זכין לגדול, הא קטן גופיה אמר הכא דזכי! י"ל: דהתם בפחות מכאן. אי נמי בקנין חליפין, דאין מבחין. **וכנגדן** בקטנה חולצת. פירש בקונטרס: שנה אחת לפני נערות, כגון בת י"א שנה ויום אחד אם הביאה סימנין – חולצת, ולא אמרי' שומא נינהו. וקשה: דרבא גופיה פסיק בסוף פ' "יוצא דופן" (נדה דף מו.): הלכתא תוך הזמן – כלפני הזמן! ומפרש רבינו שמואל: "כנגדן בקטנה" היינו לא הגיע לעונת נדרים קאמר, אלא בת י"ב שנה ויום אחד. דהא הגעת נדרים של קטן – כנגדן באשה גדולה היא. ואין הלשון משמע כן. ואור"ת: דאליבא דר' יוסי קאמר רבא הכא, דאמרי' בפ' "מצות חליצה" (יבמות דף קה:): מדברי ר' יוסי נלמד דקטנה חולצת בפעוטות, ורבא אמר: עד שתגיע לעונת נדרים. ועוד מפרש, דהא דמסיק התם: והלכתא עד שתביא שתי שערות – כל זה מדברי רבא, כלומר: לר' יוסי עד שתגיע לעונת נדרים, אבל הלכה – עד שתביא שתי שערות. והא דנקט רבא למילתיה כר' יוסי – כדי לעשות כלל שלו, ולומר בכולן "כנגדן בקטנה". ועוד יש לומר: דהכא גרסי' "רבה", דהא מסיק ולמכור בנכסי אביו עד שיהא בן עשרים, ובפרק "מי שמת" (ב"ב דף קנה.) אמר רבא אמר ר"נ: מבן י"ח שנה. וליכא למימר דהתם משמיה דר"נ קאמר וליה לא ס"ל – דהא מסיק התם דמכללא איתמר, ומוכח מעובדא דאתא לקמיה דרבא דפחות מבן עשרים דזבין נכסי כו', דסבר רבא בן י"ח*. **התקבל** לי גיטי אסורה לאכול בתרומה מיד. הוה לן למימר דאוקי אשה בחזקתה שלא נתגרשה, אלא חומרא בעלמא היא שהחמירו חכמים, משום דחזקה שליח עושה שליחותו. ואע"ג דאין ביד השליח לעשות – שמא לא יתן לו את הגט, כמו שאסור בכל הנשים שבעולם *) אע"ג דכל אחת היא לו בחזקת היתר, וגם אין ביד השליח לעשות שליחותו.

*) [לעיל סד.]

גיטא

תוספות רי"ד

שהן קדושי תורה ואע"פ שאין לה דעת דלא בעי' דעת אשה בגט כ"א שתהא ידה חשובה יד שתדע להבחין: ת"ר קטנה שיודעת לשמור גיטה מתגרשת ושאינה יודעת לשמור גיטה אינה מתגרשת ואיזו היא קטנה שיודעת לשמור את גיטה ואסיק רב הונא בר מנוח משמיה דרב אחא בר איקא כל שמבחנת בין גיטה לדבר אחר והיינו נותנים לה אגוז ונוטלתו צרור וזורקתו שיש לה דעת להבחין בין זה לזה פי' אם יודעת לשמור את גיטה מתגרשת בקבלתה ואם לאו אינה מתגרשת בקבלתה עד שיקבלנו אביה ופי' המורה דכתיב ושלחה מביתו והלכה מי שמשלחה ואינה חוזרת יצאת זו שמשלחה וחוזרת הכי דרשי' ליה ביבמות פ' חרש הילכך אפילו בקבלת אביה אינה מתגרשת ואינו נ"ל דדוקא גבי ידה הוא דדרשינן התם הכי דלא מהני לה יד לקבל גיטה ואע"ג דלא בעינן דעת אשה בגט יד מיהא בעינן והא לית לה יד אבל אביה אמאי נמעיט לה שלא יקבל את גיטה: אמר רב יהודה אמר רב אסי צרור וזורקו אגוז ונוטלו זוכה לעצמו ואינו זוכה לאחרים חפץ ומחזירו ומניחו לאחר שעה זוכה בין לעצמו בין לאחרים פי' שיודע להצניעו ואם שואלין אותו ממנו יודע להחזירו להם כי אמריתה קמיה דשמואל אמר לי דא ודא אחת היא מאי דא ודא אחת היא אמר רב חסדא אחד זה ואחד זה זוכה לעצמו ואינו זוכה לאחרים פי' זכיית הקטן היא מדרבנן ומ"ה אינו זוכה לאחרים עד שיביא שתי שערות שתהא זכייתו מן התורה והלכה כשמואל: אמר רבא שלש מדות בקטן צרור וזורקו אגוז ונוטלו זוכה לעצמו ואינו זוכה לאחרים (ובוגרת) [וכנגדן] בקטנה מתגרשת בקדושי אביה פי' יש לה יד להתגרש ואע"פ שקדשה אביה שהן קדושי תורה ואע"פ שאין לה דעת שהיא קטנה עדיין משום דלא בעינן דעת אשה בגט ולא בעינן אלא שתהא ידה חשובה יד וכיון שמבחנת נמי בין אגוז לצרור מבחנת נמי בין גיטה לדבר אחר והילכך מתגרשת בקבלתה. ודוקא אם מת אביה אבל בחייו לא כדפרישית דדוקא נערה ולא קטנה. הפעוטות מקחן מקח וממכרן ממכר במטלטלין (ובוגרת) [וכנגדן] בקטנה מתקדשת למיאון פי' זמן הפעוטות פירשנו כבר שית כבר שבע כבר תמני כבר תשע כבר עשר כל חד וחד לפום חורפיה וכנגדן בקטנה יתומה א) מתקדשת למיאון פי' הכי תנן ביבמות כל תינוקת שאינה יכולה לשמור קדושיה אינה צריכה למאן שאין קדושיה קדושין אפילו מדרבנן ואינה צריכה למאן שלא תקנו חכמים קדושין אלא למי שיכולה לשמור קדושיה וזמנה היא כפעוטות וזו צריכה למאן שאם לא מיאנה בקטנותה עד שלא ביאתה עד שלא הביאה שתי שערות שוב אינה יכולה למאן וצריכה ממנו גט אבל אם היא פחותה מזמן הפעוטות שנתקדשה פחות מבת שש אינה צריכה למאן ואע"פ שהגדילה ולא מיאנה אינה צריכה גט ואי ק' למה שינה רבא זמן מתקדשת למיאון לזמן מתגרשת בקדושי אביה והלא בשניהם שנינו לשון אחד. גבי גירושין תנן הכא וכל שאינה יכולה לשמור את גיטה אינה יכולה להתגרש ודכותה תנן גבי מיאון בפ' בית שמאי כל תינוקת שאינה יכולה לשמור קדושיה אינה צריכה למאן והיכי מצינן לחלק ביניהן. י"ל ששמירת קדושיה היא יותר גדולה משמירת הגט ששמירת הגט אינה אלא לפי שעה שמה צורך לה בשמירתו אינו דבר השוה ממון ואינו אלא לפי שעה כדי שתתגרש בו ואינה צריכה אלא הבחנה בעלמא להכירו ומ"ה פי' בברייתא איזו היא קטנה שיודעת לשמור את גיטה ומסיק רב הונא בר מנוח כל שמבחנת וכו' אבל שמירת הקידושין צריכה להיות בת דעת שתשמרם יפה ולא תאבדם ובקידושין בעי' דעת כפעוטות אבל בגירושין לא בעי' דעת אשה הילכך

א) גי' רבינו הוא כגי' הרי"ף כאן דזמן מתקדשת למיאון הוא משתגיע לעונת הפעוטות וכמו דמוקי רבינו בסמוך.

עין משפט נר מצוה

[עירובין עט:]

לב א מיי' פ"ה מהל' מעשר שני הל"ת:

לג ב מיי' פ"י מהל' שמיטה ויובל הל"ט ופ"א מהל' עבדים הל"י סמג עשין פג טוש"ע יו"ד סי' רסז סעי' יד:

לד ג מיי' פ"ה מהל' מעשר שני הל"ט:

לה ד מיי' פ"ד מהל' אישות הל"ז סמג עשין נ טוש"ע אה"ע סי' מג סעי' ב וסי' קנה סעי' ב:

לו ה מיי' פ"ב מהל' גירושין הלי"ח סמג שם טוש"ע אה"ע סי' קמא סעי' ו:

לז ו מיי' פי"א מהל' נדרים הלכה א ופ"א מהל' ערכין הלט"ו סמג לאוין רמג טוש"ע יו"ד סי' רלג:

לח ז מיי' פ"ב מהל' אישות הלי"ח ופ"א מהל' יבום הלי"ז סמג עשין נ טוש"ע אה"ע סי' קסז סעיף ד וע"ש:

לט ח מיי' פכ"ט מהל' מכירה הלי"ג סמג עשין פב טוש"ע חו"מ סי' רלה סעי' ט:

מ ט מיי' פ"ו מהל' גירושין הל' ט סמג עשין נ טוש"ע אה"ע סי' קמא סעי' ג:

מא י מיי' פ"ב מהל' שלוחין הל"ב סמג עשין פב טוש"ע חו"מ סי' קפח סעי' ב:

מב כ מיי' פ"ב מהל' גירושין הלי"ח סמג עשין נ טוש"ע אה"ע סי' קמא סעי' ג:

מג ל מיי' שם פ"ט הל' לג סמג שם טוש"ע שם סעי' מה:

[וע' תוספות ר"ה לא: ד"ה ובקש ר"א]

[גי' רש"ל. וג"א אין ועי' רש"א]

מד מיי' שם טוש"ע שם סעי' מז:

מה נ ס מיי' שם הל' לד טוש"ע שם סעי' מט:

מו ע מיי' פ"ט מהל' תרומות הל"א סמג לאוין רכח:

מז פ טוש"ע אה"ע סי' קמא סעי' נ:

מסורת הש"ס

[פסחים ל: וש"נ]

מעשר שני פ"ד מ"ד

ס"א ל"ג

[קדושין סט. ערכין כט.]

[סוכה מב:]

כתובות ע. לעיל נט. ב"ב קנה:

קדושין מד: לעיל סג.

קדושין נ.

[תוספת' פ"ז] ב"ב קסה. קדושין מט.

[בכה"מ איתא אליעזר וכן במשנה לקמן]

ס"א מ"ש רישא דל"פ ר"א

[קדושין מח: מט. ב"ב קסה.]

וקבל במקום אחר ס"א מ"ד

[וע"ע תוס' נדה מו. ד"ה אבל וביאור יותר בתוס' ב"ב דף קנה. ד"ה איתמר]

גליון הש"ס

תד"ה ואמה העבריה וכו' הוה מצי למיפרך. ע' כתובות ד' ל ע"א תד"ה בהתראה רי"ד:

מח א ב ג מיי' פ"ו מהל' עירובין הל' כב סמג עשין מד"ס א טוש"ע א"ח סי' תט סעי' ז:
מט ד ה ו ז מיי' פ"ב מהל' גירושין הל"י סמג עשין נ טוש"ע אה"ע סי' קמא סעי' טו:
נ ח ט מיי' שם הל' יב טוש"ע שם סעי' יז:

גִּיטָּא לָא הָוֵי עַד דְּמָטֵית לְמָתָא מְחַסְיָא.§ "וְרַבִּי אֶלְעָזָר אוֹסֵר מִיָּד".§ פְּשִׁיטָא, דְּהָא מַרְאָה מָקוֹם הִיא לוֹ! *לָא צְרִיכָא, דְּאָמְרָה לֵיהּ "זִיל לְמִזְרָח דְּאִיתֵיהּ בַּמִּזְרָח", וְקָא אָזַל לַמַּעֲרָב, מַהוּ דְּתֵימָא בַּמַּעֲרָב הָא לֵיתֵיהּ, קמ"ל, דִּילְמָא בַּהֲדֵי דְּקָאָזֵיל מֵיגַם גָּאֵים בֵּיהּ וְיָהֵב לֵיהּ גִּיטָּא. הָאוֹמֵר לִשְׁלוּחוֹ "עָרֵב לִי בִּתְמָרִים" וְעֵירֵב לוֹ בִּגְרוֹגָרוֹת "בִּגְרוֹגָרוֹת" — וְעֵירֵב לוֹ בִּתְמָרִים, תָּנֵי חֲדָא: עֵירוּבוֹ עֵירוּב, וְתַנְיָא אִידָךְ: אאֵין עֵירוּבוֹ עֵירוּב! באָמַר רַבָּה, ל"ק: הָא רַבָּנַן, הָא רַבִּי אֶלְעָזָר; הָא רַבָּנַן, דְּאָמְרִי: קְפֵידָא; הָא רַבִּי אֶלְעָזָר, דְּאָמַר: *מַרְאָה מָקוֹם הִיא לוֹ. וְרַב יוֹסֵף אָמַר: הָא וְהָא רַבָּנַן, כָּאן בְּשֶׁלּוֹ, כָּאן בְּשֶׁל חֲבֵירוֹ. א"ל אַבַּיֵי, וְאֶלָּא הָא דְּתַנְיָא: הָאוֹמֵר לִשְׁלוּחוֹ "עָרֵב לִי בְּמִגְדָּל" וְעֵירֵב לוֹ בְּשׁוֹבָךְ, "בְּשׁוֹבָךְ" — וְעֵירֵב לוֹ בְּמִגְדָּל, דְּתַנְיָא חֲדָא: עֵירוּבוֹ עֵירוּב, וְתַנְיָא אִידָךְ: גאֵין עֵירוּבוֹ עֵירוּב, הָתָם מַאי שֶׁלּוֹ וְשֶׁל חֲבֵירוֹ אִיכָּא? הָתָם נַמִי אִיכָּא פֵּירֵי דְּמִגְדָּל וּפֵירֵי דְּשׁוֹבָךְ.§ **מתני'** דהָאוֹמֵר "כִּתְבוּ גֵּט וּתְנוּ לְאִשְׁתִּי", "גָּרְשׁוּהָ", "כִּתְבוּ אִיגֶּרֶת וּתְנוּ לָהּ" — הֲרֵי אֵלּוּ יִכְתְּבוּ וְיִתְּנוּ; "פַּטְּרוּהָ", "פַּרְנְסוּהָ" "עֲשׂוּ לָהּ כַּנִּימוּס", "עֲשׂוּ לָהּ כָּרָאוּי" — לֹא אָמַר כְּלוּם.§ **גמ'** ת"ר: "הַשַׁלְּחוּהָ", "שִׁבְקוּהָ", "תַּרְכוּהָ" — הֲרֵי אֵלּוּ יִכְתְּבוּ וְיִתְּנוּ; "פַּטְּרוּהָ", "פַּרְנְסוּהָ", "עֲשׂוּ לָהּ כַּנִּימוּס", "עֲשׂוּ לָהּ כָּרָאוּי" — לֹא אָמַר כְּלוּם. תַּנְיָא, *רַבִּי נָתָן אוֹמֵר: "פַּטְּרוּהָ" — דְּבָרָיו קַיָּימִין, "פִּיטְרוּהָ" — לֹא אָמַר כְּלוּם. *אָמַר רָבָא: רַבִּי נָתָן דְּבַבְלָאָה הוּא, וְדָיֵיק בֵּין "פִּיטְרוּהָ" לְ"פַטְּרוּהָ", תַּנָּא דִּידָן *דְּבַר א"י הוּא, לָא דָּיֵיק. ואִיבַּעְיָא לְהוּ: "הוֹצִיאוּהָ", מַהוּ? "עִזְבוּהָ", מַהוּ? "הַתִּירוּהָ", מַהוּ? "הַנִּיחוּהָ", מַהוּ? "הוֹעִילוּ לָהּ", מַהוּ? "עֲשׂוּ לָהּ כַּדָּת", מַהוּ? פְּשׁוֹט מִיהָא חֲדָא, דְּתַנְיָא: "יעֲשׂוּ לָהּ כַּדָּת", "עֲשׂוּ לָהּ כַּנִּימוּס", "עֲשׂוּ לָהּ כָּרָאוּי" — לֹא אָמַר כְּלוּם.§ **מתני'** *חבָּרִאשׁוֹנָה הָיוּ אוֹמְרִים: הַיּוֹצֵא בְּקוֹלָר, וְאָמַר "כִּתְבוּ גֵּט לְאִשְׁתִּי" — הֲרֵי אֵלּוּ יִכְתְּבוּ וְיִתְּנוּ. חָזְרוּ לוֹמַר: טאַף הַמְפָרֵשׁ, וְהַיּוֹצֵא בְּשַׁיָּירָא; *רַבִּי שִׁמְעוֹן שְׁזוּרִי אוֹמֵר: יאַף הַמְסוּכָּן.§ **גמ'** גְּנֵיבָא יוֹצֵא בְּקוֹלָר הֲוָה, כִּי הֲוָה קָא נָפֵיק, אֲמַר: הֲבוּ אַרְבַּע מְאָה זוּזֵי לְרַבִּי אָבִינָא, מֵחַמְרָא דִּנְהַר פַּנְיָא. אֲמַר רַבִּי זֵירָא: דָּרָא

רש"י

דְּהָא מַרְאָה מָקוֹם הִיא לוֹ. דְּאָמַר רַבִּי אֶלְעָזָר לְעֵיל: אִשָּׁה, כֵּיוָן דְּלָאו בְּדִידָהּ תַּלְיָא קְבִיעוּת מְקוֹמָהּ – לָא הָוְיָא קְפֵידָא אֶלָּא כְּמַרְאָה מָקוֹם. לָא צְרִיכָא. הָא דְּאִיצְטְרִיךְ לְמִיתְנֵי אוֹסֵר מִיָּד, אֶלָּא דְּאִיתֵיהּ לְבַעַל בַּמִּזְרָח, וְהַאי שָׁלִיחַ אָזֵיל לַמַּעֲרָב. מַהוּ דְּתֵימָא. לָא תִּתְסַר מִיָּד, דְּהָא לַמַּעֲרָב לֵיתֵיהּ לְבַעַל דְּנֵיחוּשׁ דִּלְמָא מַשְׁכַּח לֵיהּ בְּאוֹרְחֵיהּ בְּצֵאתוֹ מִן הָעִיר. מֵיגַם גַּיֵּים בֵּיהּ. פּוֹגֵעַ בּוֹ. עָרֵב לִי בִּתְמָרִים. לְסוֹף אַלְפַּיִם שֶׁל תְּחוּם. הָא רַבָּנַן. דְּאָמְרִי לְעֵיל גַּבֵּי דִּידָהּ, אע"ג דְּלָא בְּדִידָהּ תַּלְיָא, וְלָא אִיכְפַּת לָהּ – אָמְרִי': כָּל מַאי *דְּאָמַר אִינִישׁ לִשְׁלוּחֵיהּ, אִי שָׁנֵי – לָאו שְׁלוּחֵיהּ הוּא, ה"נ אֵין עֵירוּבוֹ עֵירוּב. מַרְאָה מָקוֹם הוּא לוֹ. בְּמִידֵּי דְּלֵיכָּא פְּסֵידָא וְלָא אִיכְפַּת לֵיהּ. הָא וְהָא רַבָּנַן. וְאִינְהוּ נַמִי לָא אָמוּר קְפֵידָא אֶלָּא גַּבֵּי אִשָּׁה, דְּהָתָם נִיחָא לֵיהּ דְּתִיתְזַל, וְלָאו בְּדוּכְתָּא אַחֲרִינָא. וְהָנָךְ מַתְנְיָיתָא; כָּאן בְּשֶׁלּוֹ – עֵירוּבוֹ עֵירוּב, דְּלָא אִיכְפַּת לֵיהּ. וְהַאי דְּקָתָנֵי אֵינוֹ עֵירוּב – כְּגוֹן דִּיהַב לֵיהּ חַבְרֵיהּ רְשׁוּת לְעָרוּבֵי מִתְּמָרִים דִּידֵיהּ, וְאָמַר לוֹ הָאֵיךְ לִשְׁלוּחֵיהּ: עָרֵב לִי בִּתְמָרִים דִּפְלוֹנִי, *דְּהָכָא וַדַּאי קְפֵידָא הוּא, דְּבִגְרוֹגָרוֹת דְּחַבְרֵיהּ לֵית לֵיהּ רְשׁוּתָא. בְּמִגְדָּל. קָא סָלְקָא דַּעְתִּין: הַנַּח לִי עֵירוּבִי בַּמִּגְדָּל שֶׁבְּסוֹף אַלְפַּיִם. מַאי שֶׁלּוֹ וּמַאי שֶׁל חֲבֵירוֹ אִיכָּא. דְּמַקְפִּיד? מִי מַקְפִּיד הַהוּא חַבְרֵיהּ אִי מַנַּח לֵיהּ בְּהַאי אוֹ בְּהַאי?! פֵּירֵי דְּמִגְדָּל. בְּמִגְדָּל דְּקָתָנֵי לָאו לְאַתְנוּחֵיהּ הוּא, אֶלָּא: עָרֵב לִי מִפֵּירוֹת פְּלוֹנִי שֶׁיֵּשׁ לוֹ בַּמִּגְדָּל. **מתני'** כִּתְבוּ גֵּט וּתְנוּ לְאִשְׁתִּי. לְשׁוֹן בְּנֵי אָדָם הוּא, כְּבָר הֶחֱזִיקוּ בּוֹ לִקְרוֹת לְסֵפֶר כְּרִיתוּת אִשָּׁה "גֵּט". גָּרְשׁוּהָ. נַמִי כְּבָר נָהֲגוּ לִקְרוֹת גֵּירוּשִׁין. כִּתְבוּ אִיגֶּרֶת וּתְנוּ לָהּ. גַּם זֶה לְשׁוֹן הַגֵּט, שֶׁכּוֹתְבִין בּוֹ "וְדָן דִּיהֱוֵי לִיכִי מִינַּאי סֵפֶר תֵּירוּכִין וְאִיגֶּרֶת שְׁבוּקִין". פַּטְּרוּהָ לֹא אָמַר כְּלוּם. דִּדְלְמָא לְשׁוֹן פְּטוֹר וְחוֹבָה, לְהָקֵל מֵעָלֶיהָ חוֹבוֹת שֶׁחַיֶּיבֶת. פַּרְנְסוּהָ. כָּל לְשׁוֹן פַּרְנָסָה לְשׁוֹן עֲשִׂיַּית צְרָכֶיהָ הוּא, קונדיי"ר בְּלַעַ"ז, כְּמוֹ: לְפַרְנָסָה שָׁמִין בָּאָב (כתובות דף סח.), וּכְמוֹ: מוֹלִיאִין לְפַרְנָסָה וְאֵין מוֹלִיאִין לִמְזוֹנוֹת (שם דף סט.). הִלְכָּךְ לָא יָדְעִינַן אִי צוֹרְכֵי גֵּט הוּא, שֶׁלֹּא תְּהֵא זְקוּקָה לַיָּבָם, אוֹ צוֹרְכֵי מַלְבּוּשׁ וּכְסוּת הוּא. כַּנִּימוּס. כַּחוֹק. לָא יָדְעִינַן אִי חֹק גֵּט, אִי חֹק מָזוֹן וּכְסוּת, וְכֵן כָּרָאוּי. **גמ'** שַׁלְּחוּהָ. לְשׁוֹן "וְשִׁלְּחָהּ מִבֵּיתוֹ" (דברים כד) נָקַט הַאי גַּבְרָא. שִׁבְקוּהָ. לְשׁוֹן אִגֶּרֶת שְׁבוּקִין. תַּרְכוּהָ. לְשׁוֹן תֵּרוּכִין = גֵּירוּשִׁין. ר' נָתָן אוֹמֵר פִּיטְרוּהָ דְּבָרָיו קַיָּימִין. לְשׁוֹן גֵּט פְּטוּרִין, כָּךְ שָׁמַעְתִּי. וְלִי נִרְאֶה הָפוּךְ: "פַּטְּרוּהָ" שֶׁעַל כָּרְחָךְ בִּלְשׁוֹן נוֹטֶה הוּא, כְּמוֹ שַׁלְּחוּהָ וּכְמוֹ דַּבְּרוּ *שַׁבְּרוּ – הוּא לְשׁוֹן גֵּט פְּטוּרִין, שֶׁהוּא דָּגֵשׁ. "פִּיטְרוּהָ" שֶׁבִּלְשׁוֹן נוֹטֶה – הוּא רָפֵי, כְּמוֹ "אִמְרוּ" "שִׁלְחוּ מִכֶּם" (בראשית מב) "שִׁמְעוּ מְלָכִים" (שופטים ה) אַף פִּיטְרוּהָ הוּא לְשׁוֹן פְּטוֹר וְחוֹבָה, דְּאִי לְשׁוֹן פְּטוּרִין – הָיָה לוֹ לְהַדְגִּישׁ פַּטְּרוּהָ. רַבִּי נָתָן דְּבַבְלָאָה הוּא. שֶׁבָּא מִבָּבֶל כִּדְאָמְרִינַן בְּבָבָא בַּתְרָא (דף קלא.): "וְהֶעֱזְתִּי פָּנַי בְּנָתָן הַבַּבְלִי". וְדָיֵיק בֵּין פִּיטְרוּהָ לְפַטְּרוּהָ. שֶׁמְּסַפְּרִין פְּעָמִים בִּלְשׁוֹן אֲרַמִּי וּפְעָמִים בִּלְשׁוֹן עִבְרִי, הִלְכָּךְ כִּי אָמַר "פַּטְּרוּהָ" – לְשׁוֹן גֵּט פְּטוּרִין הוּא, שֶׁהִדְגִּישׁ וְסִיפֵּר בִּלְשׁוֹן אֲרַמִּי. וְכִי אָמַר "פִּיטְרוּהָ" – סִיפֵּר בִּלְשׁוֹן עִבְרִי, וְאָמַר לְשׁוֹן פְּטוֹר וְחוֹבָה. תַּנָּא דִּידָן דְּבַר אַרְעָא דְּיִשְׂרָאֵל הוּא. וְכָל סִיפּוּרוֹ לְשׁוֹן עִבְרִי – לָא דָּיֵיק בֵּין "פַּטְּרוּהָ" וּבֵין "פִּיטְרוּהָ", (א) וְלָאו לְגֵט פִּיטוּרִין אִיכַּוֵּין. דְּפִיטוּרִין לְשׁוֹן אֲרַמִּי הוּא, תַּרְגּוּם שֶׁל שִׁילּוּחַ. הוֹצִיאוּהָ מַהוּ. מִי אָמְרִי' לִישָּׁנָא דִּקְרָא נָקַט: "וְיָצְאָה מִבֵּיתוֹ" (דברים כד), אוֹ דִּילְמָא לָאו לִישָּׁנָא דִּקְרָא הוּא, דְּלָא כְּתִיב "וְהוֹצִיאָהּ מִבֵּיתוֹ" אֶלָּא "וְיָצְאָה" הִיא מֵעַצְמָהּ. עִזְבוּהָ מַהוּ. לְשׁוֹן "אִיגֶּרֶת שִׁיבּוּקִין" הוּא, אוֹ דִּלְמָא כֵּיוָן דְּלָאו לְשׁוֹן עֲזִיבָה כָּתְבִינַן בְּגֵט – לָאו לִישָּׁנָא דְּגִיטָּא הוּא. הַתִּירוּהָ מַהוּ. לְשׁוֹן מוּתֶּרֶת לְכָל אָדָם הוּא, אוֹ לְשׁוֹן הַתָּרַת נְדָרִים, אוֹ הַתָּרַת חֲגוֹרָה? פְּשׁוֹט מִיהָא. מַתְנִיתָא חֲדָא מֵהָנֵי בְּעָיָין: עֲשׂוּ לָהּ כַּדָּת – לֹא אָמַר כְּלוּם. **מתני'** הַיּוֹצֵא בְּקוֹלָר. לֵיהָרֵג לַמַּלְכוּת. וְאָמַר כִּתְבוּ. אע"פ שֶׁלֹּא אָמַר תְּנוּ. יִכְתְּבוּ וְיִתְּנוּ. דַּאֲגַב פַּחְדֵּיהּ טָרִיד וְלָא פָּרֵישׁ. הַמְפָרֵשׁ. לַיָּם. וְהַיּוֹצֵא בְּשַׁיָּירָא. לַמִּדְבָּרוֹת. הַמְסוּכָּן. חוֹלֶה. **גמ'** מֵחַמְרָא. מִיַּיִן שֶׁיֵּשׁ לִי. דָּרָא

תוספות

גיטא לא הוי עד דמטית למתא מחסיא. וא"ת: ואם אינה רוצה שיהא גט עד מתא מחסיא – גם כשיגיע למתא מחסיא לא יהא גט, דהא אינו מקבלו שם מיד הבעל, והוי כמו "טלי גט מעל גבי קרקע"! ואי מיירי כשהבעל עושהו שליח להולכה עד מתא מחסיא, ושם הוי שליח לקבלה – והא לא חזרה שליחות אצל הבעל! וי"ל: דמיירי דא"ל: הוי שליח להולכה עד דמטית התם, וכי מטית התם שוי שליח להולכה, וקבליה, כדאמרי' בפ' שני (לעיל דף כד.). א"נ מבבל ועד מתא מחסיא הוי הכל שליח לקבלה, והוי כאומר לאשה "ה"ז גיטך ולא תתגרשי בו עד לאחר ל' יום". רבינו יצחק ב"ר מאיר. **הא** והא רבנן. פי' בקונטרס: דלרבנן נמי לא הוי קפידא אלא גבי אשה, משום דהתם ניחא ליה דתיתזיל, ולא בדוכתא אחרינא. אבל גבי עירוב בשלו – לא איכפת ליה. והא דקתני אינו עירוב – בשל חבירו, כגון דיהיב ליה חבריה רשותא לערב בתמרים דידיה, דהכא ודאי קפידא הויא, דבגרוגרות דחבריה לית ליה רשותא. וקשה: דלא משמע כלל דפליג רב יוסף אסוגיא דלעיל, דסבר דלרבנן הוי קפידא בעירוב שלו כמו באשה, ולא בא רב יוסף לחדש אלא בשל חבירו. ועוד: דא"כ הל"ל: הא והא ככולי עלמא, דרבי אלעזר נמי מודה בשל חבירו דהויא קפידא, כמו בבעל דמודה ר"א דהוי קפידא! ולכך נראה לפרש: דשלו הוי קפידא, אבל בשל חבירו, דהוי בשל שליח – בכל מה שירצה השליח יערב לו, כיון דמערב לו בפירותיו. וא"ת: השתא משמע דלרבנן בשלו הוי קפידא גם לרב יוסף, כדפירשנו. וכן בפ' ("הנהנה") ["השליח"] (מעילה דף כא.): "הבא לי מן החלון" והביא לו מן הדלוסקמא – שליח מעל, משום דלא עשה שליח שליחותו, דקפידא הוי. ותימה: דבסוף "המפקיד" (ב"מ דף מג:) גבי כשותא משמע דלא הוי קפידא, משום דלא אמר לו מהאי רמי ומהאי לא רמי! ואין נראה לומר דאתיא לרבי אלעזר דהכא א) דהילכתא כוותיה. דקאי רשב"ג בשיטתיה בפ' "גט פשוט" (ב"ב דף קסה.), מדלא מייתי לה התם ב"המפקיד". ונראה דהכא ודאי שהזכיר תמרים וגרוגרות, והזכיר חלון ודלוסקמא – לא היה מזכיר אם לא שהיה מקפיד. אבל ב"המפקיד", דאחוי לפרסיה היכן כשות שלו מונח, והוו התם תרי כריא דכשותא, וגם אין רגילין להקפיד כיון שהכל מין אחד – הא לא הוי ליה לאסוקי אדעתיה שיהא לאחרים כשות בביתו של זה*. **מאי** שלו ושל חבירו איכא. לא בעי לשנויי: הא דתניא עירובו עירוב – בסמוכין זה לזה, והא דתניא אין עירובו עירוב – במרוחקין זה מזה. דא"כ – אפי' שובך ושובך נמי, ועוד, דניחא ליה לשנויי הכל בחד גוונא.

דמי

א) אע"ג ליתא כצ"ל מ"ד. ב) [וע' תוס' ב"מ מב: ד"ה מי אמר]

ל"צ דאיתיה במזרח וא"ל זיל למזרח וקאזיל למערב ס"מ מ"ד

ס"א דאמרה היא לשלוחה

[קדושין מח: מט. ב"ב קסה.]

נ"א ועירב בגרוגרות

הגהות הב"ח

(א) רש"י ד"ה תנא דידן וכו' וכין פיטורין ככל ענין לאו לגט כו':

[כ"ב עג.]

והא אנן תנן פטרוה לא אמר כלום אמר רבא ס"א וכן בר"ן

[שבת עג: וש"נ]

לעיל יג: ב"ב קמו: חולין עה. מנחות לו: [טבול יום פ"ד מ"ה]

[כתובות נה.]

בשרו כצ"ל. מ"ד

תוספות רי"ד

הילכך בכל דהו לבד שהתרן להבחין בין גיטא לדבר אחר מתגרשת ומ"ה לא תניא גבי קידושין איזהו קטנה שיודעת לשמור קידושיה כדתניא גבי גט משום דשמירת הקידושין היא שמירה יפה ולא הבחנה בעלמא הילכך לא הוצרך לפרשה המפורשת ועומדת היא מתחמא אבל שמירת הגט שאינה אלא הבחנה בעלמא הוצרך לפרש והכי גרס' גבי צרור זורקו אגוז ונוטלו מתגרשת בקידושי אביה ובני הפעוטות מתקדשת למיאון והכי גרים ר"ח ור"י ז"ל אבל בעל הה"ג גרים איפכא בהלכות מיאון שחיבר גבי צרור זורקו אגוז ונוטלו מתקדשת למיאון ובני הפעוטות מתגרשת בקידושי אביה והכי גרים גם המורה ואינו נ"ל זו הגירסא הדא היודע דעת צריך בקידושין מבגירושין שהאשה יוצאה לרצונה ושלא לרצונה אבל אינה מתקדשת אלא לרצונה ותו דא"כ ק' ליה דבר זה מן הברייתא דבברייתא מפרש בין שמבחנת בין גיטה לדבר אחר דהיינו צרור זורקו אגוז ונוטלו ורבא אמר בפעוטות: הגיעו לעונת נדרים נדריהן נדר והקדשן הקדש וכנגדן בקטנה חולצת כו' עונת נדרים היא שנה אחת לפני גדלתן דהיינו כל שנת י"ב לנקבה וכל שנת י"ג לזכר כדתנן בנדה שנדריהן נבדקין אם יודעין לשם מי נדרו ולשם מי הקדישו נדריהן נדר והקדשן הקדש והכא מוכח בקטנים מיירי דכל ג' מדות בקטנים מיירי ואמרי' בהו וכנגדן בקטנה והכי נמי בקטנים מיירי דעונת נדרים דידהו בני י"ב שנה ויום א' כל שנת י"ג נדריהן נבדקין וכנגדן בקטנה כשהיא בת י"ב שנים ויום א' היא אשה גמורה וחולצת עיין בערכך נ"ז בס"ה ולמכור בנכסי אביו דהיינו הקרקעות בקטן חשיב עד שיהא בן כ': **מתני'** קטנה שאמרה התקבל לי גיטי אינו גט עד שיגיע גט לידה אם אין לה אב לידה ממש ואם יש לה אב ליד אביה כדפרשי' לעיל שאין יד לקטנה לקבל גיטה בחיי אביה בלא רשותו: האומר תן גט זה לאשתי במקום פלוני ונתנו לה במקום אחר פסול פי' דהוי קפידא כי הוא חפץ לבזותה באותו מקום וכיון ששינה דעתו בטל שליחותו. הרי היא במקום פלוני ונתנו לה במקום אחר כשר פי' דלא הוי קפידא אלא מראה מקום הוא לו: האשה שאמרה התקבל לי גיטי במקום פלוני וקבלו לה במקום אחר פסול פי' דהוי קפידא שלא רצת להתבזות כ"א באותו מקום וכיון ששינה על דעתה בטלה שליחותו ור' אלעזר מכשיר: ור' אלעזר מ"ש רישא דלא פליג ומ"ש סיפא דפליגי איש דמדעתו הוא דמגרש הוי קפידא אבל אשה דבין מדעתה בין בעל כרחה מיגרשה מראה מקום היא לו והלכה כת"ק דיחיד ורבים הלכה כרבים ותו דמילתא דר' אלעזר איתוקמה בשיטה בפ' גט פשוט: הבא לי גיטי ממקום אחר כשר פי' דשליחות להולכה בעל קעביד ליה ולא אשה והילך אע"ג דקאמרה אין בכך כלום שאין זה שליחותה אלא שליחות הבעל: הבא לי גיטי אוכלת בתרומה עד שיגיע גט לידה. פי' שלא עשאתו שליח לקבלה שתהא מתגרשת בקבלתו אלא הזמנה בעלמא עשתה. לך במקום פלוני ואם בעלי רוצה לשלוח לי גיטי הביאוהו לי התקבל לי גיטי אסורה לאכול בתרומה מיד. פי' דשמא משעה שיצא פגע בבעלה ונתנו לו והיא מתגרשת בקבלתו. התקבל לי גיטי במקום פלוני אוכלת בתרומה עד שיגיע לאותו מקום. פי' דכיון דקבעה לו מקום קפידא הוי ואם יקבלנו במקום אחר לא הוי גיטא הילכך אוכלת בתרומה עד שיגיע שליח לאותו מקום ור' אלעזר אוסר ור' אלעזר לטעמיה דאמר מראה מקום היא לו ואם קבלו לה במקום אחר כשר הלכך יש לחוש שמא פגע בבעל וקבלו לה: **מתני'** האומר כתבו גט ותנו לאשתי גרשוה כתבו אגרת ותנו לה הרי אלו יכתבו ויתנו פי' שכל אלו לשון גירושין הן ונהגו העולם לקרוא לגט אגרת מפני שכתוב בו ואגרת שבוקים והלך אחר לשון בני אדם פטרוה פרנסוה עשו לה כנימוס עשו לה כראוי לא אמר כלום. פי' אע"פ שכתוב בגט גט פטורין י"ל לשון פטור חוב הוא להקל מעליה חובו שחייבת. פרנסוה נמי י"ל לשון פרנסה של מזון וכמו הוא. גם כנימוס וכראוי י"ל כחק הנשים וכראוי להם ממזונות וכסות: ת"ר שלחוה שבקוה תרכוה הרי אלו יכתבו ויתנו פטרוה פרנסוה עשו לה כנימוס עשו לה כראוי לא אמר כלום בראשונה היו אומרים היוצא בקולאר ואמר כתבו גט לאשתי הרי אלו יכתבו ויתנו פי' לקמן תנן הבריא שאמר כתבו גט לאשתי רצה לשחק בה מפני שלא אמר כתבו ותנו אבל היוצא בקולאר ליהרג ואמר כתבו מתוך שהוא בהול על מיתתו לא הספיק לגמור כל דבריו ואנן סהדי דכתבו ותנו רצה לומר אלא מתוך פחדו נקצרה לשונו ודוקא היוצא בקולר אבל איניש אחרינא לא עד שיאמר כתבו ותנו חזרו לומר אף המפרש בספינה (בפילגום) לילך לארץ רחוקה והיוצא בשיירא לילך במדבר גם אלה בהולים הם ואינן יכולין לגמור כל דבריהם ובכתבו בלבד שאמרו הרי אלו יכתבו ויתנו ר' שמעון שזורי אומר אף המסוכן פי' אף החולה גם הוא טרוד בחליו וקשה לו להרבות דברים ואנן סהדי כשאמר כתבו גם תנו רצה לומר אלא מחמת חליו נקצרה לשונו והרי אלו יכתבו ויתנו והלכתא כר' שמעון שזורי דאמרינן בהקומץ בתרא הלכה כר' שמעון שזורי במסוכן ובתרומה

דרא רבי אבינא לסילתיה ואזל לגבי דרב הונא רביה, *דאמר רב הונא: גיטו כמתנתו, מה מתנתו אם עמד חוזר – אף גיטו אם עמד חוזר; ומה גיטו אע"ג דלא פריש, כיון דאמר "כתבו" – אע"ג דלא אמר "תנו", אף מתנתו [א]כיון דאמר "תנו" – אע"ג דלא קנו מיניה. מתקיף לה רבי אבא: אי מה מתנה [ב]ישנה לאחר מיתה, אף גט ישנו לאחר מיתה! הכי השתא?! בשלמא מתנה איתה לאחר מיתה, אלא גט לאחר מיתה מי איכא? אלא, רבי אבא הכי קא קשיא ליה: מתנת שכיב מרע במקצת היא, *ומתנת שכ"מ במקצת בעיא קנין! מכלל דרב הונא סבר: לא בעיא קנין? והא קי"ל [ג]דבעיא קנין! שאני הכא, דמצוה מחמת מיתה הוא. מכלל דר' אבא סבר: מצוה מחמת מיתה בעיא קנין? והא קי"ל [ד]דלא בעי קנין! אלא, רבי אבא הכי קא קשיא ליה: "חמרא" לא קאמר, "דמי חמרא" לא קאמר, "מחמרא" קאמר! ואידך? "מחמרא" – כדי לייפות את כחו. שלחו מתם: [ה]"מחמרא", כדי לייפות את כחו.§ **מתני'** *[ו]מי שהיה מושלך לבור, ואמר: כל השומע את קולו יכתוב גט לאשתו – הרי אלו יכתבו ויתנו.§ **גמ'** *וליחוש שמא שד הוא! א"ר יהודה: כשראו לו דמות אדם. אינהו נמי אידמויי אידמו! דחזו ליה בבואה. אינהו נמי אית להו בבואה! [ז]דחזו ליה *בבואה דבבואה. ודלמא אינהו נמי אית להו! א"ר חנינא, לימדני יונתן *בני: בבואה אית להו, בבואה דבבואה לית להו. ודלמא צרה היא! תנא דבי רבי ישמעאל: [ח]בשעת הסכנה, כותבין ונותנין אע"פ שאין מכירין.§ **מתני'** *[ט]הבריא שאמר "כתבו גט לאשתי" – רצה לשחק בה. מעשה בבריא אחד שאמר "כתבו גט לאשתי", ועלה לראש הגג ונפל ומת; אמר רשב"ג: [י]אם מעצמו נפל – הרי זה גט, אם הרוח דחתו – אינו גט.§ **גמ'** מעשה לסתור? חסורי מיחסרא והכי קתני: אם *הוכיח סופו על תחילתו – הרי זה גט; ומעשה נמי בבריא שאמר "כתבו גט לאשתי", ועלה לראש הגג ונפל ומת, ואמר רשב"ג: אם מעצמו נפל – הרי זה גט, אם הרוח דחתו – אינו גט. ההוא גברא דעל לבי כנישתא, אשכח מקרי ינוקא ובריה דיתבי ויתיב איניש אחרינא גבייהו, אמר להו: בי תרי מינייכו נכתבו גיטא לדביתהו, לסוף שכיב מקרי ינוקא, מי משוו אינשי ברא שליחא במקום אבא או לא? רב נחמן אמר: לא משוו אינשי ברא שליחא במקום אבא, ורב פפי אמר: משוו אינשי ברא שליחא במקום אבא. אמר רבא, [כ]הילכת': משוו אינשי ברא שליח' במקום אבא.§ **מתני'** *אמר לשנים "תנו גט לאשתי", או

רש"י

דרא רבי אבינא לסילתיה. יטעון רבי אבינא סלו על כתיפו למזונותיו להוצאת הדרך, וילך לו אצל רב הונא רבו, כי על פיו ושמועותיו יזכה במתנה בלא קנין. **דאמר ר"ה.** בפרק "מי שאחזו" (לקמן דף עב.). **גיטו.** דשכיב מרע. **כמתנתו כו'.** ומינה ילפינן תנן נמי, דמה גיטו אע"ג דלא פריש "תנו" – נותנין, כדתנן במתניתין ביוצא בקולר ובמסוכן – אף מתנתו כו'. **לאחר מיתה מי איכא.** לאחר שמת מי מגרשה? ובשעת מיתה הוזקקה ליבם, ולהא מילתא היכי נדמינהו. **אלא ר' אבא.** לאו הכי מתקיף, אלא הא קשיא ליה אדר' זירא דאמר: קנה רבי אבינא להא מתנה דגניבא. **במקצת.** ששייר לעצמו, שלא נתן כל נכסיו. ובעי קנין, דהכי קיי"ל בב"ב בפרק "מי שמת" (דף קנא.), דכיון ששייר לגרמיה מידי – אינו כמצוה מחמת מיתה, הואיל וחס על פרנסת עצמו, והרי היא כמתנת בריא. ופרכינן מכלל דרב הונא סבר דלא בעי קנין. **דמצוה מחמת מיתה הוא.** שהיה יודע שהיוצא בקולר אינו חוזר. **הכי קשיא ליה.** היכי נקני. **חמרא לא אמר.** "הבו ליה חמרא בארבע מאה זוזי". **דמי חמרא לא קאמר.** "הבו ליה ארבע מאה זוזי מדמי חמרא" דנימא לזבוני חמרא ומיתב ליה. **מחמרא קאמר.** זוזי מחמרא קאמר דניתבו ליה? וכי עושין מעות מיין? **כדי לייפות את כחו.** לכך לא פירש לא זו ולא זו – כדי לייפות את כחו, שיהא לו כל היין שלו אחריות. שאם אמר: תנו לו יין, אם החמיץ מן היין מאה חביות – היו היורשין אומרים לו: שלך החמיץ. ואי אמר דמי חמרא, ומכרו ממנו קצת, ואבדו המעות – אומרים לו: אבדו מעותיך. הלכך אמר "מחמרא", דמשמע יין ודמיו, שהכל אחריות לו. **מתני'** **כל השומע קולו.** ופירש שמו ושם עירו. **גמ'** **אידמויי אידמו.** פעמים שעושין עצמם בדמות אדם. **בבואה.** צל. **צרה היא.** שמתכוונת היא לקלקלה שתנשא בגט זה, ותאסר על בעלה. **בשעת הסכנה.** כגון זה שמסוכן למות, ואם לא עכשיו אימתי. **שאין מכירין.** אם זהו שפירש שמו. **מתני'** **רצה לשחק בה.** הואיל ולא אמר "תנו". **אם מעצמו נפל הרי זה גט.** דדעתו מתחילה היתה לכך, וסופו הוכיח, והוה ליה כמפרש ומסוכן. **גמ'** **מעשה לסתור.** רישא תנא: לא אמר כלום, ואח"כ נתן חילוק בין מעצמו נפל ובין דחתו הרוח! **מי משוי איניש ברא שליח במקום אבא.** דלא מקפיד בהי מינייהו, ומעיקרא להאי ברא נמי שוייה שליח, ועכשיו שמת האב – יתנו לה הבן הזה וחבירו, שהרי הלך הבעל למדינת הים.

מתני' **אמר לשנים תנו גט לאשתי.** אע"ג דלא אמר "כתבו ותנו" – הרי אלו יחתמו בעצמן, ולא יאמרו לעדים אחרים לחתום. דלאו בית דין מנייהו לצוות על אחרים, אלא עדים שווינהו. ובגמרא מפרש על כתב הגט אם יכולין לצוות לסופר אחר לכתוב, או הם עצמם צריכין לכותבו.
או

תוספות

דמי חמרא לא קאמר. וא"ת: כי אמר נמי "דמי חמרא" – הוי דבר שלא בא לעולם, כדאמרינן בפרק "האומר משקלי" (ערכין דף כ:) גבי "דמי שור זה עלי עולה", ומוקי לה באומר: לכשיבואו דמיו – יקדשו, ופריך: והא אין אדם מקדיש דבר שלא בא לעולם! וי"ל: דהתם משום דאמר "לכשיבואו", אבל אמר "דמי שור זה עלי עולה" – משמע התם דלא חשיב זה דבר שלא בא לעולם, אלא הוי כמו דקל לפירותיו, דבעי למימר "יקדש השור לדמיו". וה"נ, כי אמר "דמי חמרא" – בעי למימר שיהא היין קנוי לו לדמיו. אי נמי, כאן היה דמי יין שכבר נמכר ויין שלא נמכר, והכי קאמר: דמי חמרא שכבר נמכר – לא קאמר, וגם חמרא העומד למכור לא קאמר.

כדי ליפות כחו. פירש בקונטרס: שיהא כל היין שלו באחריות; שאם אמר תנו לו יין, אם החמילה חבית אחת מן היין – היו יורשין אומרים לו: שלך החמיץ. ונראה שלא רצה לומר שיהא כל ההפסד שלו, דמן הדין אין לו להפסיד אלא לפי החשבון, והשתא דכולו אחריות – אינו מפסיד כלל. וא"ת: ורב הונא, מה הוצרך להשמיענו כיון דאמר "תנו" ואע"ג דלא קנו מיניה? הא פשיטא דמתנת שכיב מרע בכולה, או מצוה מחמת מיתה דלא בעינן קנין! ואומר ריב"ם: דאיצטריך ליה לאשמועינן, דאפי' יוצא בקולר כמו עובדא דגניבא, דמייתי עלה – יש לו דין שכיב מרע, דכל היכא דמועיל "כתבו" כמו "תנו" – יש לו דין זה.

כל השומע קולו כו'. אע"פ דאמרינן בפרק "אין בין המודר" (נדרים דף לו:) גבי מודר הנאה מחבירו דתורם לו תרומתו לדעתו, ודייק בגמרא: לדעתו דמאן? אי לימא לדעתא דידיה – מאן שוויה שליח? אלא דבעל הכרי – הא קא מהני ליה, דעבד שליחותיה! ומוקי לה באומר "כל הרוצה לתרום יבא ויתרום", לאו משום דכי אמר הכי לאו שליחותיה עביד, דבתרומה בעינן שליחות. אלא לענין מודר הנאה דוקא לא חשיב שליחות, שיחשב בכך כמהנה ליה, כיון שלא צוה לו לעצמו. או שמא יש לחלק: דהכא לא קאמר "כל הרוצה לכתוב" אלא "כל השומע" דייחד יחדיה למי ששומע קולו.

וליחוש שמא שד הוא. דוקא בבור, או אותו שעומד על ראש ההר וראהו, בפרק בתרא דיבמות (דף קכב.), ואסור לאדם שיתן שלום לחבירו בשדה דבמגילה (דף ג.), כעין עובדא דיהושע שראה אותו וחרבו שלופה בידו – כל כי האי גוונא חיישינן שמא שד הוא, אבל בעיר – מותר ליתן שלום לחבירו ומכירו בלילה, או לעדים לומר בלילה "כתבו גט לאשתי" ולא חיישינן. וכן משמע בירושלמי דפירקין, דמייתי עלה" ומשיאין על פי בת קול, ומפרש: והוא דחזו בבואה. ומפרש: הדא דתימא – בשדות, אבל בעיר – אע"פ שלא ראה בבואה של אדם. ופריך מההיא דהיה מושלך בבור כו' – ומשני: מלויין הן בבורות כדרך שמלויין בשדות.

***אמר** לשנים כתבו ותנו גט כו' **ואמרו לסופר וכתב וחתמו הן** מהו. הוה מצי למיבעי באומר לשנים "תנו" בלא כתבו, ד"תנו" לשנים בלא כתבו, כ"כתבו ותנו" דמי. ושמא נקט "כתבו ותנו" לרבותא.
והאמר

עין משפט נר מצוה

נא א מיי' פ"ח מהל' זכייה הל"ג סמג עשין פב טוש"ע חו"מ סי' רנ סעי' ח:
נב ב מיי' שם סמג שם טוש"ע חו"מ סי' רנב סעי' א:
נג ג מיי' שם הלט"ו סמג שם טוש"ע חו"מ סי' רנ סעי' ד:
נד ד מיי' שם הלי"ז טוש"ע שם סעי' ז וסי' רנג סעי' כ:
נה ה מיי' שם פי"א הל' ח סמג עשין פג טוש"ע חו"מ סי' רנג סעי' יג:
נו ו מיי' פ"ב מהל' גירושין הל' יג סמג עשין נ טוש"ע אה"ע סי' קמא סעי' יט:
נז ז טוש"ע שם:
נח ח מיי' שם הלי"ב סמג שם טוש"ע שם וסי' קכ סעיף ג:
נט ט מיי' שם סמג שם טוש"ע אה"ע סי' קמא סעי' טז:
ס י מיי' שם הלי"ג טוש"ע שם סעי' יז:
סא כ מיי' שם פ"ט הל' ל סמג שם טוש"ע שם סעי' כא וסעי' כב:

מסורת הש"ס

לקמן עב:
[ב"ב קנא:]
כתובות ע: יבמות קכב. ע"ש
יבמות קכב.
הוריות יב. כריתות ו.
[ביבמות שם איתא שידא ע"ש ברש"י]
חולין נט: [תוספתא פ"ד ע"ש]
[חולין שם נדרים מח. זבחים ב:]
לעיל כט:
שייך לעמוד ב

גליון הש"ס

תוד"ה וליחוש כו' לחבירו ומכירו. לשון ומכירו אינו מובן לי דכיון דלא חיישינן בעיר בשביל מה צריך להיות מכירו וכי אין נותנין שלום לאדם שאינו מכירו:

תוספות רי"ד

ובתרומת מעשר של דמאי. גניבא יוצא בקולר הוה כי קנפיק אמר להו [הבו] ד' מאה זוזי לרבי אבינא מחמרא דנהר פקוד א"ר זירא דרא ר' אבינא לסלתיה וליזיל לגביה דרב הונא רביה פי' ישים מזונותיו בסלו וילך אצל רב הונא רבו והוא יקיים מתנתו אע"פ שהיתה בדבור בעלמא בלא קנין דאמר רב הונא גיטו כמתנתו מה מתנתו אם עמד חוזר אף גיטו אם עמד חוזר פי' שכיב מרע שנתן גט לאשתו סתם אע"פ שלא אמר אם מתי אם הבריא ועמד מחליו חוזר בו וגיטו בטל דאנן סהדי דלא יהב לה גיטא אלא מחמת פחד מיתה ושלא תהא זקוקה ליבם כדאמרי' במתנתו שאם עמד חוזר בו הכי נמי אמרי' בגיטו: ומה גיטו אע"ג דלא פריש כיון דאמר כתבו אע"ג דלא אמר תנו אף מתנתו כיון דאמר תנו אע"ג דלא קנו מיניה. פי' מצינו בש"מ שכל דבריו ככתובין וכמסורין דמו אבל ביוצא בקולר לא מצינו [גבי מתנה רק גבי] גיטו תנן דסגי ליה באומר כתובו ומהקישא דרב הונא דמקיש להו ילפי' דכל מידי דבגט כשר בכתבו בלחוד במתנה נמי כשר בתנו בלחוד אע"ג דלא קנו מיניה ואע"ג דקי"ל מתנת ש"מ במקצת בעיא קנין האי הוי כמצווה מחמת מיתה דאפילו במקצת לא בעי קנין. **מתני'** מי שהיה מושלך בבור ואמר כל השומע קולו יכתוב גט לאשתו הרי אלו יכתבו ויתנו הבריא שאמר כתבו גט לאשתי רצה לשחק בה ומעשה בבריא שאמר כתבו גט לאשתי ועלה לראש הגג ונפל ומת ואמרו חכמים אם מעצמו נפל הרי זה גט ואם הרוח דחפתו אינו גט. פי' היה מושלך בבור שאין אדם יכול לראותו ולהכירו מי הוא ואמר אני פלוני בן פלוני כל השומע קולי יכתוב גט לאשתי הרי אלו יכתבו ויתנו אע"פ שלא ראוהו: ודלמא שד הוה אי נמי צרה הות ונתכונה לקלקלה ואסיקנא תנא דבי ר' ישמעאל בשעת הסכנה כגון זה שמסוכן למות בבור ואם לא עכשיו אימתי סומכין על הקול וכותבין ונותנין אע"פ שאין מכירין אם הוא זה שפירש שמו: הבריא שאמר כתבו גט לאשתי רצה לשחק בה. כגון שלא אמר כתבו ותנו ומעשה בבריא שאמר כתבו גט לאשתי ועלה לראש הגג ונפל ומת ואמרו חכמים אם מעצמו נפל הרי זה גט שידע בעצמו שהיה חלוש הרבה ואיגלאי מילתא שהרי נפל ומת ואם הרוח דחפתו אינו גט שלא מחמת חליו נפל: מעשה לסתור חסורי מחסרא והכי קתני ואם הוכיח סופו על תחילתו הרי זה גט ומעשה נמי בבריא וכו'. ההוא גברא דעל לבי כנישתא אשכח מקרי ינוקי ובריה דיתבו ויתיב איניש אחרינא גביהו אמר להו בי תרי מניכו ליכתבו גיטא לדביתהו לסוף שכיב מקרי ינוקי מי משוי איניש שליחא ברא במקום אבא אי לא רב נחמן אמר לא משוי איניש שליחא ברא במקום אבא ומעיקרא לא איכון אלא לאבוה ולהאי איניש אחרינא והשתא דמית אבוה בטלה השליחות. ורב פפא אמר משוי איניש שליחא ברא במקום אבא וכל תרי מינייהו כשרין לכותבו והלכתא משוי איניש שליחא

סב א ב מיי' פ"ב מהל' גירושין הל"ו סמג עשין נ טוש"ע אה"ע סי' קכ סעי' ד:
סג ג מיי' פ"ט שם הל' כז סמג שם טוש"ע שם סעי' ח:
סד ד ה מיי' שם טוש"ע שם סעי' ט:

או לשלשה "כתבו גט ותנו לאשתי" — [א]הרי אלו יכתבו ויתנו. אמר לשלשה "תנו גט לאשתי" — הרי אלו יאמרו לאחרים ויכתבו, מפני שעשאן ב"ד, דברי ר"מ; וזו הלכה העלה רבי חנינא איש אונו מבית האסורין: מקובל אני, באומר לשלשה "תנו גט לאשתי" — שיאמרו לאחרים ויכתבו, מפני שעשאן ב"ד. [ב]אמר רבי יוסי, נומינו לשליח: אף אנו מקובלין, שאפי' אמר לב"ד הגדול שבירושלים "תנו גט לאשתי" — שילמדו ויכתבו ויתנו. *[ג]אמר לעשרה "כתבו ותנו גט לאשתי" — אחד כותב ושנים חותמין, [ד]"כולכם כתובו" — אחד כותב וכולם חותמין, לפיכך [ה]אם מת אחד מהן — הרי זה גט בטל. § **גמ'** א"ר ירמיה בר אבא, שלחו ליה מבי רב לשמואל: ילמדנו רבינו, אמר לשנים "כתבו ותנו גט לאשתי", ואמרו לסופר וכתב וחתמו הן, מהו? שלח להו: תצא, והדבר צריך תלמוד. מאי "הדבר צריך תלמוד"? אילימא משום דהוו להו מילי, ומספקא ליה: מילי אי מימסרן לשליח אי לא מימסרן לשליח? והאמר שמואל, אמר רבי: הלכה כר' יוסי, דאמר: *מילי לא מימסרן לשליח! אלא לשמואל הא קא מיבעיא ליה: האי "כתובו", אי כתב ידן אי כתב הגט. ותיפשוט ליה ממתני': אמר לשנים "תנו גט לאשתי", או לשלשה "כתבו גט ותנו לאשתי" — הרי אלו יכתבו ויתנו! היא גופא קא מיבעיא ליה: "כתובו", כתב ידן הוא או כתב הגט הוא? פשיטא דכתב הגט הוא, דקתני סיפא: אמר רבי יוסי, נומינו לשליח: אף אנו מקובלין, שאפי' אמר לב"ד הגדול שבירושלים "תנו גט לאשתי" — שילמדו ויכתבו ויתנו לה; אי אמרת בשלמא כתב הגט הוא — שפיר, אלא אי אמרת כתב ידן הוא, מי איכא בי דינא דלא ידעי מחתם חתימת ידייהו?! אין, איכא בי דינא חדתא. ואי סבירא לן דהאי "כתובו" — כתב ידן הוא, הא כתב הגט כשר? והאמר שמואל, אמר רבי: הלכה כר' יוסי, דאמר: מילי לא מימסרן לשליח! אמרי: אי סבירי לן ד"כתובו" — כתב ידן הוא, כתב הגט נעשה כאומר "אמרו", *ומודה ר' יוסי באומר "אמרו". ומי מודה ר' יוסי באומר "אמרו"? *והתנן: כתב סופר ועד — כשר, *ואמר ר' ירמיה: חתם סופר שנינו, ואמר רב חסדא: מתני' מני? ר' יוסי היא, דאמר: מילי לא מימסרן לשליח; ואי סלקא דעתך מודה רבי יוסי באומר "אמרו", נפיק מינה חורבה, דזימנין דאמר להו לשנים אמרו

רש"י

או לשלשה (נמי) כתבו ותנו גט לאשתי. אע"פ שהן ראויין ליעשות בית דין, כיון דבהדיא אמר להו "כתבו" — לא ב"ד שוינהו, אלא עדים. אמר לשלשה תנו. ולא אמר "כתבו". הרי אלו יאמרו. לעדים אחרים לכתוב ולחתום וליתן, מפני שעשאן ב"ד. מבית האסורין. משמו של רבי עקיבא, שנחבש בבית האסורין. נומינו לשליח. אמרנו לשליח, לחנינא שנעשה שליח בהלכה זו, לאומרה בבית המדרש. ילמדו. אם אינם יודעין לכתוב — ילמדו לכתוב, עד שיכתבוהו בעצמן. **גמ'** הכי גרסינן: אמר לשנים כתבו ותנו גט לאשתי ואמרו לסופר וכתב וחתמו הן מהו. הא דקתני מתניתין לכתבו בעצמן — אחתימה קאי, והכא הרי חתמו הן, או דילמא אכתב הגט קאי. שלח להו תצא. אם ניסת בגט זה תצא מספק, דמספקא לן אי כשר או לא. (לעיל יח:) והדבר צריך תלמוד. כלומר, אין הדבר הזה ברור לנו וצריכין אנו ללמוד מן הגדולים ממנו, אם כשר הוא או לא. מאי הדבר צריך תלמוד. מאי מספקא ליה לשמואל בגווה? אי נימא מילי אי מימסרן לשליח. וכשר, ודברים שנאמר לשליח זה אם יכול למוסרן לשליח אחר. אי לא מימסרן. ופסול, דהכא מילי בעלמא מסר להו, ואינן חוזרין ונמסרין לסופר. ולא דמי למוסר גט לשלוחו, שיכול לחזור ולעשות שליח אחר. הלכה כר' יוסי. דמתני'. [לעיל כט. לקמן עה: עב:] אלא. מספקא ליה אי האי "כתבו" דקאמר להו. אי כתב ידן הוא. חתימתן הוא דקאמר, והרי חתמו הן. או כתב הגט הוא. והרי לא כתבוהו. אין איכא בי דינא חדתא. שלא למדו לחתום עדיין. ופרכינן. ואי סבירא לן כתובו כתב ידן הוא דהוי. הא כתב הגט, אם אמרו לסופר וכתב — כשר? בתמיה. והאמר שמואל כו' הלכה כר' יוסי. דמתני', וכיון דפריש שמואל טעמא דר"י משום דמילי לא מימסרן לשליח הוא — היאך כשר? הא מילי נינהו! ומשני: אי הוה סבירא לן, ופשיטא לן ד"כתובו" דקאמר לא הוי אלא כתב ידן — איכא למימר דכתב הגט, מדלא קפיד עליה, נעשה כאומר "אמרו לסופר ויכתוב", וקס"ד דמודה רבי יוסי באומר "אמרו". ומי מודה. והא אנן תנן: כתב סופר את הגט, וחתם עד אחר — כשר. ואמר ר' ירמיה חתם סופר שנינו. [לקמן עה: עב.] האי "כתב סופר" דקתני — חתם הוא, שאם חתם הסופר בעד ועד אחר עמו — (לקמן עה: פו: פו:) כשר. מתני'. דמכשר חתימת סופר בגט — רבי יוסי היא. [לקמן עה: פח.] דאמר מילי לא מימסרן לשליח. הלכך אין אדם חותם בגט אא"כ שמע מפי עצמו, לפי שאין השליח רשאי לומר לעדים "חתמו בגט פלוני". ומשום הכי ליכא למיחש הכא שמא הבעל לא צוה שיחתום, אלא לשלוחו צוה שיאמר לסופר זה לכתוב, ולאחרים לחתום, והשליח חשש שמא יתבייש הסופר לומר אין מקבלין אותו בעד, ומתוך חששא זו צוה לסופר לחתום. ומהכא שמעינן דבאומר "אמרו" נמי פליג רבי יוסי, דאי סלקא דעתין מודי ביה — היכי מכשר חתימת סופר בגט? נפיק מינה חורבה כו'. כיון

תוספות

והאמר שמואל אמר רבי הלכה כרבי יוסי. והוא הדין דהוה מצי למיפרך מדשמואל דפרק "כל הגט" (לעיל דף כט.), דאמר: מתנה הרי היא כגט, דמילי לא מימסרן לשליח. אבל ממתני' דאפי' רבי מאיר מודה באומר לשנים "תנו" או לשלשה אומר "כתבו ותנו" — לא מצי למיפרך, דה"א דטעמא משום בזיון דבעל, כדאמר אביי בפרק "כל הגט" (גז"ש), והוה אמינא דבכתיבה ליכא בזיון, אלא בחתימה דאיכא פרסום טפי. כתב ידן הוא או כתב הגט הוא. אע"ג דלא נפקא מינה מידי, דאידי ואידי מילי נינהו ולא ממסרן לשליח — הא מסיק דלשמואל אמר "אמרו" כשר, וא"כ חתם סופר ועד — פסול, דהא בהא תליא כדאמרינן בסמוך. וכשאומר לשנים "כתבו ותנו" — הוי כאילו אמר להם בפירוש שישתפו אחר עמהם לכתוב או לחתום, לכך בעי מה רוצה הבעל שיעשו הם. ולקמן דאמר: אי סבירא לן ד"כתבו" כתב ידן הוא — הא כתב הגט כו', הוא הדין דהוה מצי למימר אפכא: אי סבירא לן דכתב הגט הוא — כתב ידן כשר. הא כתב הגט כשר כו'. וא"ת: ומאי קשיא ליה מהא דמילי לא מימסרן לשליח? הא לר"מ א) אפי' מלאו באשפה כשר! וי"ל: דשמואל פוסק הלכה כר' אלעזר, ול"ל דר"מ. ולפ"ז ר' יוסי דמתני' נמי כר"א. א"נ, נהי דמכשר ר"מ כשמלאו הבעל באשפה — היכא שצוה לכתוב מודה ר"מ שצריך לעשות צוויו, ואפילו כתב ידן הוא הוי כאילו צוה להדיא שיאמר לסופר שיכתוב, ולא סגי הכא במלאו באשפה, אפילו לר"מ. חתם סופר שנינו. וא"ת: הא שמואל גופיה קאמר בפרק בתרא (לקמן דף פו:) דכתב סופר ועד שנינו, ואתיא מתניתין אפילו כר"מ, דלא נפיק מיניה שום חורבא, א"כ מאי פריך ליה הכא לשמואל? וי"ל: דנהי דפליג בפירוש דמתניתין דכתב סופר ועד, במילתיה דר' יוסי לא אשכחן דפליג אדרב חסדא ורבי ירמיה אי מודה ר' יוסי באומר "אמרו" אי לאו. ובפרק "מי שאחזו" (לקמן דף עב.) דייקינן מברייתא לאפוקי ממאן דאמר מודה רבי יוסי באומר "אמרו". מתניתין מני רבי יוסי היא דאמר מילי לא מימסרן לשליח. אפילו באומר לשלשה "תנו", הוא הדין באומר "אמרו", ולהכי לא נפקא מינה חורבא. אבל לר"מ דאמר מילי מימסרן לשליח, באומר לשלשה "תנו" — כ"ש באומר "אמרו" — דכשר, ולהכי לדידיה חתם סופר ועד — פסול, דלא ליתי לידי חורבא. ולמאי דמסיק נמי באומר "אמרו" כשר ולא תעשה, ולא שכיחא — מ"מ לא מתוקמא מתניתין דמכשיר חתם סופר ועד כרבי מאיר, דחיישינן לדידיה לתקלה אחריתי, דזימנין דאמר לשלשה "תנו" ונמלכו שלשתן לומר לסופר לכתוב ולפלוני ופלוני לחתום, ואזלי תרתי מינייהו מדעת שלשתן, ואמרו לסופר וכתב, ומשום כיסופא דסופר מחתמי ליה בלא ידיעת שלישי. והא שכיחא, דכשאומר לשלשה "תנו" אומרים לאחרים שיכתבו ויתנו לכתחילה, כדתנן במתני', ולא חיישינן שמא תשכור עדים כי אמר לג' "תנו", דכיון דאומר "אמרו" כשר ולא תעשה — לא יחתום הסופר אם לא שידע בודאי שעשאן הבעל ב"ד. ואם תאמר: כיון דלר"מ חתם סופר ועד פסול, היכי תנן: אמר לשנים

א) [לעיל ג: כג. כו:]

תוספות רי"ד

שליחא בראו במקום אבא: **מתני'** אמר לשנים תנו גט לאשתי או לשלשה כתבו גט ותנו לאשתי הרי אלו יכתבו ויתנו אמר לג' תנו גט לאשתי יאמרו לאחרים כתובו מפני שעשאן ב"ד דברי ר' מאיר וזו הלכה שלח חנניא איש אונו מבית האסורים מקובלני באומר לג' תנו גט לאשתי שיאמרו לאחרים כתובו מפני שעשאן ב"ד א"ר יוסי נומינו לשליח אף אנו מקובלים שאפילו אמר לב"ד הגדול שבירושלים תנו גט לאשתי שילמדו ויכתבו ויתנו לה. אמר לעשרה כתבו גט לאשתי אחד כותב ושנים חותמין. כולכם כתובו אחד כותב וכולן חותמין לפיכך אם מת א' מהן הרי הגט (השני) בטל. פי' אמר לשנים תנו גט לאשתי אע"ג דלא אמר כתבו ותנו הרי אלו יכתבו הן בעצמן ויתנו ולא יאמרו לאחרים לכתוב ולחתום דלאו ב"ד מנינהו שיוכלו לצוות לאחרים אלא עדים שוינהו ומיהו הם כותבים ונותנים אע"ג דלא אמר להו כתבו ותנו דדוקא כתבו בלא תנו אינו מועיל אבל תנו בלא כתבו מועיל שהיאך יכולין ליתן אם לא יכתבו. או אמר לג' כתבו ותנו שהם ראויין להעשות ב"ד כיון דבהדיא אמר להן כתבו לא ב"ד שוינהו אלא עדים. אבל אם אמר לג' (כתבו) [תנו] גט לאשתי ולא אמר להם כתבו הרי אלו יאמרו לאחרים לכתוב ולחתום וליתן מפני שעשאן ב"ד: וזו הלכה שלח חנניא איש אונו מבית האסורים משמו של ר' עקיבא שנחבש בבית האסורים. א"ר יוסי נומינו לשליח אמרנו לר' חנינא שנעשה שליח בהלכה זו שאין הדבר כן ולא קבלנו שליחותו. אלא אפילו אם אמר לב"ד הגדול שבירושלים תנו גט לאשתי שהם ילמדו ויכתבו ויתנו לה ולא יאמרו לאחרים לכתוב: אמר שמואל הלכה כר' יוסי דאמר מילי לא מימסרן לשליח. ולקמן אמרי' בפרקין דאפילו באומר אמרו לסופר ויכתוב לפלוני ולפלוני ויחתמו פוסל ר' יוסי עד שיאמר להם הבעל בפיו. ומיכן יש להוכיח שהאשה שהיא ממנה שליח לקבלה שאין השליח יכול למנות שליח אחר ואע"פ שאמרה לו האשה שיהיה רשאי לימנות שליח משום דמילי נינהו שלא מסרה שום חפץ בידו. ולא דמי לשליח להולכה שיש חפץ בידו ויכול למוסרו לאחר וכיון שהלכה כר' יוסי אפילו באומר אמרו כדאמרינן בפ' מי שאחזו אינו מועיל כלום כל מה שאומרת לו האשה ואינו גט עד שיגיע ליד שליח ראשון. ומ"ה לא אשכחן בשום דוכתא ששליח לקבלה ממנה שליח אחר כי היכי דמשכחינן בשליח להולכה: אמר

"אִמְרוּ לַסּוֹפֵר וְיִכְתּוֹב וְלִפְלוֹנִי וּפְלוֹנִי וְיַחְתְּמוּ", וּמִשּׁוּם כִּיסּוּפָא דְּסוֹפֵר חָיְישִׁי וּמַחְתְּמֵי חַד מֵהָנָךְ סָהֲדֵי וְסוֹפֵר בַּהֲדַיְיהוּ, וּבַעַל לֹא אָמַר הָכִי! כֵּיוָן דְּאָמַר מָר: כָּשֵׁר וְלֹא תֵּעָשֶׂה כֵּן בְּיִשְׂרָאֵל — לָא שְׁכִיחַ. וְלֵיחוּשׁ דִּילְמָא אֲמַר לְהוּ לְבֵי תְּרֵי "אִמְרוּ לַסּוֹפֵר וְיִכְתּוֹב וְאַתֶּם חֲתוֹמוּ", וְאָזְלִי הָנָךְ מִשּׁוּם כִּיסּוּפָא דְּסוֹפֵר וּמַחְתְּמִי לֵיהּ לַסּוֹפֵר בַּהֲדֵי חַד מִינַּיְיהוּ, וּבַעַל לֹא אָמַר הָכִי! אָמְרִי: הָא נַמִי כָּשֵׁר וְלֹא תֵּעָשֶׂה הוּא. הָנִיחָא לְמ"ד: כָּשֵׁר וְלֹא תֵּעָשֶׂה, אֶלָּא לְמ"ד: כָּשֵׁר וְתֵעָשֶׂה מַאי אִיכָּא לְמֵימַר? אֶלָּא רַבִּי יוֹסֵי אתַּרְתֵּי אָמַר, וּשְׁמוּאֵל סָבַר לַהּ כְּוָותֵיהּ בַּחֲדָא וּפָלֵיג עֲלֵיהּ בַּחֲדָא. גּוּפָא: אָמַר שְׁמוּאֵל, אָמַר רַבִּי: הֲלָכָה כְּרַבִּי יוֹסֵי, דְּאָמַר: מִילֵּי לָא מִימְסְרָן לְשָׁלִיחַ. אָמַר לְפָנָיו *ר"ש בְּרַבִּי: מֵאַחַר שֶׁר"מ וַחֲנִינָא אִישׁ אוֹנוֹ חוֹלְקִין עַל רַבִּי יוֹסֵי, מָה רָאָה רַבִּי לוֹמַר הֲלָכָה כְּר' יוֹסֵי? אָמַר לוֹ: שְׁתוֹק, בְּנִי, שְׁתוֹק, לֹא רָאִיתָ אֶת ר' יוֹסֵי, אִילְמָלֵי רְאִיתוֹ נִמּוּקוֹ עִמּוֹ; דְּתַנְיָא, *אִיסִי בֶּן יְהוּדָה הָיָה מוֹנֶה שִׁבְחָן שֶׁל חֲכָמִים: ר"מ — חָכָם וְסוֹפֵר, ר' יְהוּדָה — *חָכָם לִכְשֶׁיִּרְצֶה, ר' טַרְפוֹן — גַּל שֶׁל אֱגוֹזִין, ר' יִשְׁמָעֵאל — *חֲנוּת מְיוּזֶּנֶת, ר"ע — אוֹצָר בָּלוּם, ר' יוֹחָנָן בֶּן נוּרִי — קוּפַּת הָרוֹכְלִים, רַבִּי אֶלְעָזָר בֶּן עֲזַרְיָה — קוּפָּה שֶׁל בְּשָׂמִים, *מִשְׁנַת ר' אֱלִיעֶזֶר בֶּן יַעֲקֹב — קַב וְנָקִי, *ר' יוֹסֵי — נִמּוּקוֹ עִמּוֹ, רַבִּי שִׁמְעוֹן — טוֹחֵן הַרְבֵּה וּמוֹצִיא קִימְעָא; תָּנָא: מְשַׁכֵּחַ קִימְעָא, וּמַה שֶּׁמּוֹצִיא אֵינוֹ מוֹצִיא אֶלָּא סוֹבִּין. וְכֵן אָמַר ר"ש לְתַלְמִידָיו: בָּנַיי, שְׁנוּ מִדּוֹתַי, שֶׁמִּדּוֹתַי תְּרוּמוֹת מִתְּרוּמוֹת מִידּוֹתָיו שֶׁל ר"ע. גּוּפָא: אָמַר לִשְׁנַיִם "אִמְרוּ לַסּוֹפֵר וְיִכְתּוֹב וְלִפְלוֹנִי וּפְלוֹנִי וְיַחְתְּמוּ", אָמַר רַב הוּנָא אָמַר רַב: כָּשֵׁר, בוְלֹא תֵּעָשֶׂה זֹאת בְּיִשְׂרָאֵל. אֲמַר לֵיהּ עוּלָּא לְרַב נַחְמָן, וְאָמְרִי לַהּ רַב נַחְמָן לְעוּלָּא: מֵאַחַר דְּכָשֵׁר, אַמַּאי לֹא תֵּעָשֶׂה זֹאת בְּיִשְׂרָאֵל? א"ל: חָיְישִׁינַן שֶׁמָּא תִּשְׂכּוֹר עֵדִים. וּמִי חָיְישִׁינַן? *וְהָתַנְיָא: עֵדִים הַחֲתוּמִין עַל שְׂדֵה מִקָּח וְעַל גֵּט אִשָּׁה, לֹא חָשׁוּ חֲכָמִים לְדָבָר זֶה! מַעֲשֶׂה לָא עָבְדִי, דִּבּוּרָא קָאָמְרִי. אָמַר לִשְׁנַיִם "אִמְרוּ לַסּוֹפֵר וְיִכְתּוֹב וְאַתֶּם חֲתוֹמוּ", רַב חִסְדָּא אָמַר: כָּשֵׁר גוְלֹא תֵּעָשֶׂה, רַבָּה בַּר בַּר חָנָה אָמַר: כָּשֵׁר וְתֵעָשֶׂה; רַב נַחְמָן אָמַר: כָּשֵׁר וְלֹא תֵּעָשֶׂה, רַב שֵׁשֶׁת אָמַר: כָּשֵׁר וְתֵעָשֶׂה; רַבָּה אָמַר: כָּשֵׁר וְלֹא תֵּעָשֶׂה, רַב יוֹסֵף אָמַר: כָּשֵׁר וְתֵעָשֶׂה.

וְאִיכָּא

כֵּיוָן דְּאָמַר מָר. לְקַמָּן בִּשְׁמַעְתִּין, גַּבֵּי "אִמְרוּ לַסּוֹפֵר וְיִכְתּוֹב וְלִפְלוֹנִי וּפְלוֹנִי וְיַחְתְּמוּ" — כָּשֵׁר הַגֵּט, אֲבָל לֹא תֵּעָשֶׂה. לָא שְׁכִיחָא. הִלְכָּךְ לָא גָּזְרִינַן. וּשְׁמוּאֵל לֵית לֵיהּ דְּרַבִּי יִרְמְיָה, דְּאָמַר: חָתַם סוֹפֵר שֵׁנִי, אֶלָּא כָּתַב סוֹפֵר וְחָתַם עֵד, כִּדְאָמְרִינַן בְּ"הַמְגָרֵשׁ" (לקמן דף פו.) וְלָא מוֹקֵי לָהּ כְּר' יוֹסֵי, וְלָא אַיְירֵי מַתְנִי' בַּחֲתִימַת סוֹפֵר כְּלָל. וּבֵין לְרַבִּי יוֹסֵי וּבֵין לְר' מֵאִיר כְּשֵׁרָה הַחֲתִימָה, וּשְׁמוּאֵל לֵית לֵיהּ דְּרַב חִסְדָּא דְּאָמַר: רַבִּי יוֹסֵי הִיא וְכָתַב סוֹפֵר, וְדִבְרֵי הַכֹּל הִיא. דִּלְמָא אָמַר לְהוּ. "אַתֶּם חֲתוֹמוּ וְאִמְרוּ לִפְלוֹנִי וְיִכְתּוֹב", דְּהָא אָמְרִי' לְקַמָּן: כָּשֵׁר וְתֵעָשֶׂה, וְאִי מַכְשַׁרְתְּ חֲתִימַת סוֹפֵר בְּגֵט — אָזְלִי הָנֵי סָהֲדֵי וּמַחְתְּמִי לַסּוֹפֵר מִשּׁוּם כִּיסּוּפָא. הָנִיחָא לְמ"ד כו'. פְּלוּגְתָּא הִיא לְקַמָּן בִּשְׁמַעְתִּין. אֶלָּא ר' יוֹסֵי תַּרְתֵּי אָמַר כו'. אֶלָּא וַדַּאי רַבִּי יוֹסֵי תַּרְתֵּי אָמַר לִפְסוּלָא, בֵּין שֶׁאָמַר לִשְׁלֹשָׁה "תְּנוּ" בֵּין שֶׁאָמַר "אִמְרוּ לִפְלוֹנִי וְיִכְתּוֹב וּפְלוֹנִי וּפְלוֹנִי וְיַחְתְּמוּ" — פָּסוּל. וְהָנָךְ אֲמוֹרָאֵי דְּאָמְרִי לְקַמָּן תֵּעָשֶׂה וְלֹא תֵּעָשֶׂה — אַלִּיבָּא דְּרַבִּי מֵאִיר פְּלִיגִי, דִּלְרַבִּי יוֹסֵי פָּסוּל לְגַמְרֵי. וְאִיתָא לְדְרַב חִסְדָּא, דְּהָא דְּקָתָנֵי חָתַם סוֹפֵר כָּשֵׁר — רַבִּי יוֹסֵי הִיא, דְּלֵיכָּא לְמֵיחַשׁ שֶׁמָּא שָׁלִיחַ לָוֶה וְלֹא בַּעַל. וּשְׁמוּאֵל. דְּאָמַר לְעֵיל: הַדָּבָר צָרִיךְ תַּלְמוּד, דְּאִי כְּתוּבוּ כְּתַב(א) יָדוֹ, הָא כְּתַב הַגֵּט — נַעֲשָׂה כְּאוֹמֵר "אִמְרוּ" וְכָשֵׁר. סָבַר לָהּ כְּרַבִּי יוֹסֵי בַּחֲדָא. דְּאָמַר שְׁמוּאֵל: הֲלָכָה כְּרַבִּי יוֹסֵי הֵיכָא דְּלֹא אָמַר "אִמְרוּ". וּפָלֵיג עֲלֵיהּ. בְּאוֹמֵר "אִמְרוּ". נִמּוּקוֹ עִמּוֹ. *פֵּירוּשׁוֹ עִמּוֹ, לָתֵת טַעַם לְכָל דְּבָרָיו, שֶׁהָיָה מְיַישֵּׁב אֶת דְּבָרָיו. חָכָם וְסוֹפֵר. כִּדְאָמְרִינַן בְּמַסֶּכֶת סוֹטָה (דף כ.): אָמַרְתִּי לוֹ לַבְלָר אָנִי. חָכָם לִכְשֶׁיִּרְצֶה. כְּשֶׁהָיָה רוֹצֶה לִהְיוֹת מָתוּן וּמִתְיַישֵּׁב בִּדְבָרָיו, הָיָה חָכָם. גַּל שֶׁל אֱגוֹזִים. מְפָרֵשׁ בְּאָבוֹת דְּר' נָתָן (פ' יח): מַה גַּל שֶׁל אֱגוֹזִים אָדָם נוֹטֵל אַחַת מֵהֶן — וְהֵם נִקְבָּצוֹת וְנוֹפְלוֹת זוֹ עַל זוֹ כּוּלָּן, כָּךְ ר' טַרְפוֹן, בָּא תַּלְמִיד וְשָׁאֲלוֹ דָּבָר — הָיָה מֵבִיא לוֹ רְאָיָה מִקְרָא מִדְרָשׁ מִשְׁנָה הֲלָכָה וַאֲגָדָה, הַכֹּל יַחַד. חֲנוּת מְיוּזֶּנֶת. יֵינָהּ מוּכָן בָּהּ תָּמִיד, שֶׁאֵין הַחֶנְוָנִי צָרִיךְ לוֹמַר לַלּוֹקְחִין: הַמְתִּינוּ וְאָבִיא לָכֶם. כָּךְ נִצְרָךְ אָדָם לִלְמֹד מִפִּיו — מְזוּמָּן לוֹ, וְתַלְמוּדוֹ עָרוּךְ בְּפִיו. אוֹצָר בָּלוּם. כָּךְ מְפוֹרָשׁ בְּאָבוֹת דְּרַבִּי נָתָן: לְמָה הָיָה ר' עֲקִיבָא דּוֹמֶה? לְעָנִי שֶׁנָּטַל קוּפָּתוֹ וְיָצָא לַשָּׂדֶה, מָצָא שְׂעוֹרִים — קָצַר וְנָתַן בָּהּ, מָצָא חִטִּין — נָתַן בָּהּ, וְכֵן פּוֹלִים וְכֵן עֲדָשִׁים, וּכְשֶׁבָּא לְבֵיתוֹ בֵּירֵר כָּל מִין וּמִין לְעַצְמוֹ. כָּךְ ר"ע, כְּשֶׁלָּמַד מֵרַבּוֹתָיו שָׁמַע דָּבָר מִקְרָא מֵרַבּוֹתָיו, וְאַחֲרָיו הֲלָכָה, וְאַחֲרָיו מִדְרָשׁ, וְאַחֲרָיו אַגָּדָה — נָתַן לִבּוֹ לַחֲזוֹר עֲלֵיהֶן וּלְגוֹרְסָן עַד שֶׁהָיוּ סְדוּרִין בְּפִיו. וְלֹא אָמַר: אֶלְמוֹד מִקְרָא לְעַצְמוֹ מִדְרָשׁ לְעַצְמוֹ. אֲבָל כְּשֶׁנַּעֲשָׂה חָכָם גָּדוֹל — עָשָׂה כָּל הַתּוֹרָה מַטְבְּעוֹת מַטְבְּעוֹת, סִידֵּר מִדְרָשׁ סִיפְרֵי וְסִיפְרָא לְבַדָּן וְשָׁנָאן לְעַצְמָן לְתַלְמִידָיו, וַהֲלָכוֹת לְעַצְמָן, וַאֲגָדוֹת לְעַצְמָן. וְנִרְאֶה בְּעֵינַי: אוֹצָר בָּלוּם — סָגוּר מַסְגֵּירוֹת לְבַדָּן, מְחִיצּוֹת מְחִיצּוֹת, כְּמוֹ שֶׁעוֹשִׂין בְּתֵיבוֹת גְּדוֹלוֹת לִיתֵּן חִטִּין מִכָּאן, שְׂעוֹרִין מִכָּאן, עֲדָשִׁים מִכָּאן, כְּמוֹ "פִּיו בָּלוּם וְרַגְלָיו מְבוּלָּמוֹת" בִּבְכוֹרוֹת (דף מ.) — קְלוּשֵׁי"א בְּלַעַ"ז. קוּפַּת הָרוֹכְלִים. מְפָרֵשׁ הָתָם: מָה רוֹכֵל זֶה שֶׁבָּא לָעִיר שׁוֹאֲלִין מִמֶּנּוּ: אֲפַרְסְמוֹן עִמְּךָ? אוֹמֵר: הֵן, פְּלַייטוֹן עִמְּךָ? אוֹמֵר: הֵן, קִנָּמוֹן עִמְּךָ? אוֹמֵר: הֵן. כָּךְ נִצְרָךְ אָדָם לִשְׁאוֹל דָּבָר בְּמִקְרָא — מְשִׁיבוֹ, וְכֵן בִּגְמָרָא, וְכֵן בְּמִדְרָשׁ, וְכֵן בַּאֲגָדָה. וְאֵין שֶׁבַח זֶה דּוֹמֶה לְשֶׁל ר"ע שֶׁנָּתַן לִבּוֹ תְּחִילָּה וְלָמַד הַכֹּל מְבוּלְבָּל, וְאַח"כ סִדְּרָן. קוּפָּה שֶׁל בְּשָׂמִים. דּוֹמֶה לְקוּפַּת הָרוֹכְלִין, אֶלָּא שֶׁהָרוֹכֵל, מִתּוֹךְ שֶׁאוּמָּנָתוֹ לְכָךְ, מַרְבֶּה מִינִין יוֹתֵר, וְקוֹשֵׁר כָּל אֶחָד בִּצְרוֹר לְבַדּוֹ לִהְיוֹת מְזוּמָּן לְשׁוֹאֲלוֹ. קַב וְנָקִי. לֹא לִימֵּד הַרְבֵּה כִּשְׁאָר חֲבֵרָיו, אֶלָּא מַה שֶּׁאוֹמֵר בְּבֵית הַמִּדְרָשׁ — נָקִי הוּא, שֶׁהֲלָכָה כְּמוֹתוֹ לְעוֹלָם. טוֹחֵן הַרְבֵּה. שָׁנָה הַרְבֵּה. מוֹצִיא קִימְעָא. מְפָרֵשׁ לֵיהּ. תָּנָא מְשַׁכֵּחַ קִימְעָא. מִתַּלְמוּדוֹ. וּמַה שֶּׁמּוֹצִיא אֵינוֹ מוֹצִיא אֶלָּא סוֹבִּין. מַה שֶּׁשָּׁכַח מִתַּלְמוּדוֹ — לֹא שָׁכַח אֶלָּא דְּבָרִים שֶׁלֹּא נִרְאוּ שֶׁהֲלָכָה כְּמוֹתָן. שְׁנוּ מִדּוֹתַי. לִמְדוּ תּוֹרָתִי. שֶׁמִּדּוֹתַי תְּרוּמוֹת מִתְּרוּמוֹת מִדּוֹתָיו שֶׁל ר"ע. בְּחַרְתִּים וּתְרַמְתִּים מִתּוֹךְ עִקְּרֵי מִשְׁנִיּוֹתָיו שֶׁל ר"ע, וְהַיְינוּ בְּרִירָה אַחַר בְּרִירָה. שֶׁמָּא תִּשְׂכּוֹר עֵדִים. לְכָךְ, שֶׁיֹּאמְרוּ בְּשֵׁם בַּעְלָהּ לַסּוֹפֵר לִכְתּוֹב וְלָעֵדִים לַחְתּוֹם. לֹא חָשְׁשׁוּ חֲכָמִים לְדָבָר זֶה. מֵאַחַר שֶׁמַּכִּירִין חֲתִימָתָן — לֹא חָשׁוּ לוֹמַר: שֶׁקֶר חָתְמוּ. מַעֲשֶׂה לָא עָבְדִי. שֶׁיַּחְתְּמוּ שֶׁקֶר אוֹ יָעִידוּ שֶׁקֶר. דִּיבּוּרָא עָבְדִי. אוֹמֵר לַאֲחֵרִים לַעֲשׂוֹת, וְהָאֲחֵרִים סְבוּרִים שֶׁהַבַּעַל לִיוָּה. וְאַתֶּם חֲתוֹמוּ. דְּלֵיכָּא לְמֵיחַשׁ שֶׁמָּא תִּשְׂכּוֹר, כֵּיוָן דְּאֵין חוֹתְמִין אֶלָּא אִם כֵּן שָׁמְעוּ מִפִּי הַבַּעַל עַצְמוֹ. וְלֹא תֵּעָשֶׂה. גְּזֵירָה הָא אַטּוּ הָא.

וְאִיכָּא

לשנים "תנו" — הרי אלו יכתבו ויתנו, דברי ר' מאיר? ויש לומר: דלר' מאיר, כיון דחתם סופר פסול — הו"ל כאומר "אמרו לסופר ויכתוב ואתם חתמו", ו"הרי אלו יכתבו" — היינו יחתומו. ואם תאמר: אכתי היכי קתני "הרי אלו יכתבו ויתנו" לכתחלה, למאי דאמר בסמוך הא נמי כשר ולא תעשה! ותירץ רבינו תם: דמשום דאמר לשלשה, שהוא לכתחלה — נקט האי לישנא דיכתבו ויתנו. אי נמי, הכי קאמר: אם באו לקיים שליחותם — יכתבו ויתנו בעצמן, דאי אמרי לאחריני ועבדי — אפי' דיעבד לא מהני. אי נמי: דזימנין דתעשה אפי' לכתחלה, כגון בשעת הדחק. **אמרו** לסופר ויכתוב ולפלוני ופלוני ויחתמו. לא דמי לעד מפי עד, דהני מילי כששמעו מפי עדים שפלוני לוה מפלוני מנה, שלא נמסרה עדות לאלו המעידים אלא בפני הראשונים. אבל כאן — עיקר עדות לא נמסרה אלא לאלו, והראשונים הם שלוחי הבעל, שמלוה לאלו לעשות לה גט. **לא** שכיחא. פירש בקונטרס: לשמואל אית ליה בפ' בתרא (לקמן ד' פו:) דכתב סופר ועד שנינו, ואתיא אפי' כרבי מאיר. ומכל מקום צריך לומר נמי אליביה, דלא שכיחא, דמתחילה לא הקשה אלא מכח דלא מסתברא דפליג שמואל אדר' ירמיה ורב חסדא. **חכם** לכשירצה. יותר מר"מ. ודילמא ר' מאיר חריף ומקשה ור' יהודה מתון ומסיק. וכי האי גוונא אמרינן בסוף הוריות (דף יד.). **חנות** מיוזנת. לשון מזון. ואית דגרסי "מזוינת" — לשון זיון. **בלום**. בקונטרס גריס במ"ס, כמו "פיו בלוס ורגליו מבולמות" בבכורות (דף מ:). ואית *דגרסי בסמ"ך, כמו בבראשית רבה (פ' כ"ח): משל למלך שהיו אוצרותיו בלוסים וחתומין ומעורבין*. **דיבורא** אמרי מעשה לא עבדי. והא דאמרינן סוף פרק ב' דיבמות (דף כה:) גבי מיאנה או שחלצה בפניו — ישאנה, מפני שהוא ב"ד. ופריך בגמרא: טעמא — דב"ד, הא בי תרי — לא? והתניא: עדים החתומים על שדה מקח, ועל גט אשה — לא חשו חכמים כו'! ומאי קושיא? לישני: דיבורא אמרי, מעשה — לא עבדי, כדאמר הכא. דהתם לא הוי אלא דיבורא, שאומר שמיאנה או שחלצה! ויש לומר: כיון דהתם על ידי דיבורא נגמר הדבר, שע"י כך ניסת לשוק — מעשה גמור חשיב ליה. אבל הכא — אין נגמר על ידם, ואינו אלא דיבור בעלמא.

הדרן עלך האומר התקבל

סח א ב ג מיי' פ"ב מהל' גירושין הל"ו סמג עשין נ טוש"ע אה"ע סי' קכ סעי' ד וע"ש במ"מ וכס"מ:

ס"א ר' ישמעאל ב"ר יוסי

[אבות דר' נתן פי"ח ע"ש כמה שינויים]

[כשמפתח שפתיו הוא ראש המדברים. ערוך ערך חכם]

[ע' פירוש הערוך ערך חנות]

[בעירובין נד. פרש"י נימוקו דבר ישר כקו המשקולת]

[יבמות מט. ס: בכורות כג: עירובין סב:]

[עירובין נג. בכורות לז.]

[ע' תוספת ב"מ קג: ד"ה בלמא]

[וע' רשב"ם ב"ב נח. ד"ה לאוצר וכו']

יבמות כה:

הגהות הב"ח

(א) רש"י ד"ה ושמואל וכו' דאי כתובו כתב ידו הוא כתב:

גליון הש"ס

תום' ד"ה חכם כו' וכי האי גוונא אמרינן כו'. ע' תשובת רלב"ח סי' לב:

עין משפט נר מצוה

סו א מיי' פ"ט מהל' גירושין הל' כו סמג עשין נ טוש"ע אה"ע סי' קכ סעי' ז וסי' קמא סעי' כא כג:
סז ב מיי' שם הלכ"ז סמג שם טוש"ע אה"ע סי' קכ סעי' ט:
סח ג מיי' שם הלכ"ח טוש"ע שם סעי' יא:
א ד מיי' שם פ"ב הל"ד סמג שם טוש"ע אה"ע סי' קכא סעי' א:
ב ה מיי' שם הלט"ו טוש"ע שם סעיף ה:
ג ו מיי' פ"ד מהל' דעות הל"ב והל' יד טו:

מסורת הש"ס

ואיכא דאפיך להו. לרבה ורב יוסף. ע"י כולן. בשביל כולן. מוליך במעמד כולן. כולן ילכו עמו. מנה מהו. אם לא אמר "כולכם", אבל מנאן: א' ב' ג' ד', ואמר: "כתבו גט לאשתי" מהו? *מדמנינהו לכולהו – הנך מנויין איכוין, או דלמא כיון דלא אמר להו: כולכם המנויין כתבו – לא בעינן כולם? **אמרי לה להאי גיסא.** מנה כולהו – אכולהו קפיד, מנה מקצתייהו – לא קפיד אלא אמנויין; השנים מהני מנויין חתמו, למעוטי השאר שלא נמנו אתא, ולא לכל הני מנויין איכוין שיחתמו כולם. כיון דלא מנה לכולהו – הובכר שטורח הדבר עליו וחדל לו מדעתו הראשונה, ואפי' המנויין אינם צריכין לחתום, אלא מקצתן. **ואמרי לה להאי גיסא.** מנה מקצתן – גלי דעתיה דאהני קפיד, וצריכין כולן המנויין לחתום. מנה כולן, כיון דלא אמר "כולכם" – לא הקפיד, אלא לומר בפני מנין זה, ולא שיחתמו כולם. **אתקין רב יהודה בגיטא דכולכם.** בגט שאדם אומר במעמד רבים, ויש לחוש שמא יאמר: לכולכם איכוין, ולא יחתמו כולם, ונמצא גט בטל. התקין שיהו כותבין בו: כך אמר לנו פלוני: כתבו או כולכון או כל חד מנכון. "כולכון" – אחד כותב במעמד כולם, "או כל חד מנכון" – אפי' אין חביריו עמו. **אובילו.** הוליכו. **ואתי לאיפסולי.** שמא לא יהא אחד מהן במעמד כתיבתו, או לא יחתמו כולן. חתומו כל תרין מנכון. ולא לימא (אינש) כולכם.

הדרן עלך האומר

מי שאחזו קורדייקוס ואמר כתבו גט לאשתי לא אמר כלום. ואפי' אמר "כתבו ותנו".

כרכה בסודריה. משום דאשכח ביה טעמא דמיורא הוא דעבד הכי. והגמרא לא פירשו עד לבסוף. דאמר

ואיכא דאפיך להו.§ "אמר לעשרה כתבו גט".§ ת"ר: [א]אמר לעשרה "כתבו גט ותנו לאשתי" – אחד כותב על ידי כולם, "כולכם כתובו" – אחד כותב במעמד כולם; *"הוליכו גט לאשתי" – אחד מוליך ע"י כולם, "כולכם הוליכו" – אחד מוליך במעמד כולם. איבעיא להו: מנה אותן, מהו? רב הונא אמר: מנה – אינו כ"כולכם", ר' יוחנן משום ר' אלעזר דמן רומה אמר: [ב]מנה – הרי הוא כ"כולכם". אמר רב פפא, ולא פליגי: הא דמנה כולהו, והא דמנה מקצתייהו. [•]אמרי לה להאי גיסא, ואמרי לה להאי גיסא. אתקין רב יהודה בגיטא ד"כולכם": "כתובו או כולכון או כל חד וחד מינכון, חתומו או כולכון או כל תרי מינכון, אובילו או כולכון או כל חד וחד מינכון". אמר רבא: זימנין דגאיז ליה לדיבוריה, ואמר "כולכון" ולא אמר "כל חד מינכון", ואתי לאיפסולי! אלא אמר רבא: [ג]"כתובו כל חד מינכון, חתומו כל תרי מינכון, אובילו כל חד מינכון".§

הדרן עלך האומר

מי [ד]שאחזו קורדייקוס, ואמר "כתבו גט לאשתי" – לא אמר כלום. אמר "כתבו גט לאשתי" ואחזו קורדייקוס, וחזר ואמר "לא תכתבנו" – אין דבריו האחרונים כלום. [ה]נשתתק, ואמרו לו "נכתוב גט לאשתך" והרכין בראשו, *בודקין אותו שלשה פעמים, אם אמר על לאו לאו ועל הן הן – הרי אלו יכתבו ויתנו.§

גמ' מאי קורדייקוס? אמר שמואל: דנכתיה חמרא חדתא דמעצרתא. וליתני: מי שנשכו יין חדש! הא קמ"ל, דהא רוחא קורדייקוס שמה. למאי נפקא מינה? לקמיעא. מאי אסותיה? *בישרא סומקא אגומרי, וחמרא מרקא. אמר אביי, *אמרה לי אם: לשימשא בת יומא – כוזא דמיא; בת תרי יומי – סיכורי; בת תלתא יומי – בשרא סומקא אגומרי, וחמרא מרקא. לשימשא עתיקתא – ליתי תרנגולתא אוכמתי וליקרעה שתי וערב, וליגלחיה למציעתא דרישיה ולותביה עילויה, ונגחיה עילויה עד דמיסרך, ולינחות וליקום במיא עד צואריה עד דחליש עלמא עילויה, ולימוד ולסליק וליתיב. ואי לא, ליכול כרתי, ולינחות וליקום במיא עד צואריה עד דחליש עלמא עילויה, ולימוד ולסליק וליתיב. לשימשא – בישרא סומקא אגומרי, וחמרא מרקא. לתלגא – בישרא שמינא אגומרי, וחמרא חייא. רב עמרם חסידא כי הוה מצערין ליה בי ריש גלותא, הוו מגנו ליה *אתלגא, למחר אמרו ליה: מאי ניחא ליה למר דלייתו ליה? אמר: הני כל דאמינא להו מיפך אפכי, אמר להו: בישרא סומקא אגומרי וחמרא מרקא, אייתו ליה אינהו בישרא שמינא אגומרי וחמרא חייא; שמעה ילתא ומעיילה ליה לבי מסותא, ומוקמי ליה במיא דבי מסותא עד דמהפכי מיא דבי מסותא והוו דמא, וקאי בישריה פשיטי פשיט. רב יוסף איעסק בריחיא. רב ששת איעסק בכשורי, אמר: [ו]גדולה מלאכה שמחממת את בעליה. א"ל ריש גלותא לרב ששת: מ"ט לא סעיד מר גבן? א"ל: דלא מעלו עבדי, דחשידי אאבר מן החי. א"ל: מי יימר? אמר ליה: השתא מחוינא לך. א"ל לשמעיה: זיל גנוב, אייתי לי חדא כרעא מחיותא, אייתי ליה. אמר להו: אהדמו לי הדמי דחיותא, אייתו תלת כרעי אותיבו קמיה. אמר להו: הא בעלת שלש רגלים הואי? פסוק אייתו חדא מעלמא, אותיבו קמיה. אמר ליה לשמעיה: אותביה נמי להך דידך, אותבה. אמר להו: האי בת חמש רגלים הואי? אמר ליה: אי הכי, ליעבדו קמיה (שמעיה) דמר וליכול, א"ל: לחיי. קריבו תכא קמייהו, ואייתו קמיה בישרא ואותיבו קמיה *ריסתנא דחנקא חמתא, גששיה ושקלה כרכה בסודריה. לבתר דאכיל, אמרי ליה: איגניב

מי שאחזו קורדייקוס. שם שידה השולטת כששותה יין הרבה מגיתו. **לא אמר כלום.** שאין דעתו מיושבת. **נשתתק.** לאו שאחזו קורדייקוס קאי, אלא אדם שנעשה אלם מחמת חולי. **הרכין.** הטה, "ויט שמים" מתרגמינן: וארכין שמיא (תהלים יח). **בודקין אותו.** בדברים אחרים, שואלין לו דברים שהוא ראוי להשיב עליהן, (א) אם ראו דעתו מיושבת, שמרמז על תשובת לאו הרכנה שדרך בני אדם להרכין על לאו, ועל הין הרכנת הין, שלשה פעמים לכל אחד – כותבין ונותנין, אם מרכין על הגט הרכנת הין. **גמ' נכתיה.** נשכו, כלומר ששתה הימנו, והרגיש בו. **רוחא.** שד האוחז על ידי כך. **לקמיעא.** שמשביעין בה את הרוח בשמו. **סומקא.** כחוש. **מרקא.** מזוג במים הרבה. **לשמשא בת יומא.** חולי שאחזו מחמת חום בו ביום. **כוזא דמיא.** ישתה. **סיכורי.** הקזת דם בקרן. **סומקא.** כחוש. **עתיקתא.** מימים רבים. **למציעתא דרישיה.** דחולה. **דחליש ליה עלמא.** פג לבו. **ולימוד.** ישוט, כמו נחית בר *אמוראי (ב"ב דף עד.). **לשמשא בשרא סומקא כו'.** כדאמר. **לתלגא.** חולי שאחזו מחמת צינה. **חייא.** בלא מזיגת מים. **הוו מצערי ליה.** העבדים, מפני שהיה חסיד ופרוש, ומחמיר עליהן באיסורין. **ילתא.** אשת רב נחמן, והיא בת הנשיא ואשת אב בית דין, וחשובה, כדאמרי' ב"העור והרוטב" (חולין דף קכד.) דרב נחמן חתנא דבי נשיאה הוה. **מסותא.** מרחץ. **דמתהפכי.** מחמת זיעה אדומה היוצאה ממנו ע"י בשרא שמינא וחמרא חייא. **פשיטי פשיטי.** בהרות עגולות. **רב יוסף איעסק.** לחלגא בריחים, כדי שיתחמם ויזיע. **בכשורי.** לשאת קורות ומשאות. **אהדמו לי הדמי דחיותא.** סדרו לפני נתחי הבהמה לנתחיה. **אהדמו.** הנתיחו, כלומר ערכו הנתחים. א"ל. ריש גלותא. **אי הכי.** דמשום דחשידי הוא. **ליעבדו קמיה שמעיה דמר.** כלומר, קמיה שמעיה דמר יסדרו המאכל בהיתר. **תכא.** שולחן. **ריסתנא דחנקא חמתא.** אמנשטרייסו"ן, עצם קטן שעל כף הירך, שאדם בולעו ונחנק. משום דרב ששת סגי נהור הוה, ולא יראהו, ויאכל ויחנק. **גששיה.** משמשה, והרגיש באותו עצם. **שקל.** כל החתיכה וכרכה בסודריה. איגניב

הדרן עלך האומר

תוספות רי"ד

אמר לעשרה כתבו [ותנו] גט לאשתי א' כותב ושני' חותמין דכך אמר להם כל שנים מכם כתבו ותנו גט לאשתי. אבל אם אמר כולכם כתובו קפידא הוי שרצה לבזותה בפני כולן וא' כותב וכולן חותמין ואם מת אחד מהן הרי הגט בטל שלא נתקיים תנאו: ת"ר אמר לעשרה כתבו גט לאשתי אחד כותב על ידי כולם. פי' לא צוה להם לחותמו אלא לכותבו בלבד כולכם כתבו א' כותב במעמד כולם פי' בהסכמת כולן שכולם ידעו כשיכתוב: הוליכו גט לאשתי אחד מוליך ע"י כולם כולכם הוליכו אחד מוליך במעמד כולם. פי' לא דמיא ברייתא למתני' דבמתני' צוה אותם בין על הכתיבה בין על החתימה משום הכי תנן אחד מהן כותב ושנים חותמין ואם אמר כולכם א' כותב (ושנים) [וכולם] חותמין אבל הברייתא מיירי כגון שלא צוה אותם אלא בכתיבת הגט והוא רוצה אח"כ להחתימו: איבעיא להו מנה אותן מהו רב הונא אמר מנה אותם אינו ככולכם ור' יוחנן משום ר' אלעזר אמר מנה אותם הרי הוא ככולכם אמר רב פפא ולא פליגי הא דמנה כולהו הא דמנה מקצתייהו אמרי לה להאי גיסא ואמרי לה להאי גיסא והילכך עבדינן לחומרא בין מנה כולם בין מנה מקצתם אותם שמנה ככולכם דמי: אתקין רב בגיטא כתובו כל חד מנכון (א) פי' כתובו חתומו כל תרי מנכון אובילו כל חד מנכון פי' כשמצוה הבעל במעמד אנשים כתבו גט לאשתי התקין שיאמר כך כתובו כל חד מנכון חתומו כל תרי מנכון אובילו כל חד מינכון גזירה שמא יאמר כולכם ויתבטל הגט משום הכי מלמדין אותו שיאמר כן:

סליק פירקא

הגהות הב"ח

(א) רש"י ד"ה בודקין וכו' להשיב עליהם אם הן ואם לאו ראו דעתו:

גליון הש"ס

גמ' אמרי לה להאי גיסא. כעין זה ב"ב דף מב ע"ב וש"נ:

מי שאחזו קורדייקוס ואמר כתבו גט לאשתי לא אמר כלום אמר כתבו גט לאשתי ואחזו קורדייקוס וחזר ואמר אל תכתבוהו אין בדבריו האחרונים כלום: נשתתק ואמרו לו נכתוב גט לאשתך והרכין בראשו בודקין אותו ג' פעמים אם אמר על לאו לאו ועל הן הן הרי אלו יכתבו ויתנו. פי' קורדייקוס הוא רוח רעה השורה על האדם ששותה יין מגיתו ומפני זה לא אמר כלום שמשועמם הוא ואינו עומד על דעתו ואם מתחיל גט לאשתי ואח"כ אחזו קורדייקוס וחזר ואמר אל תכתבוהו אין בדבריו האחרונים כלום ולא בטלה שליחותו: נשתתק לאו אמי שאחזו קורדייקוס קאי אלא אדם שנאלם מחמת חולי ועומד על דעתו נכתוב גט לאשתך והוא הרכין והטה להם בראשו סימן [הוא] שמתרצה בדבר בודקין אותו ג' פעמים בדברים אחרים אם משיב על לאו לאו ועל הין הין על דעתו הוא עומד וסומכין בהרכנת ראשו וכותבין גט לאשתו:

א) נראה דל"ל כתובו כל חד מנכון חתומו כל תרין מנכון כו'.

Koren Talmud Bavli

THE NOÉ EDITION

GITTIN

Steinsaltz Center

KOREN

תלמוד בבלי

KOREN TALMUD BAVLI

THE NOÉ EDITION

גיטין

GITTIN

Daf 48b through Daf 67b

COMMENTARY BY

Rabbi Adin Even-Israel Steinsaltz

EDITOR-IN-CHIEF

Rabbi Dr Tzvi Hersh Weinreb

SENIOR CONTENT EDITOR

Rabbi Dr Shalom Z Berger

EXECUTIVE EDITOR

Rabbi Joshua Schreier

•

STEINSALTZ CENTER

KOREN PUBLISHERS JERUSALEM

Supported by the Matanel Foundation

Koren Talmud Bavli, The Noe Edition
Vol. 19c: Tractate Gittin, Daf 48b through Daf 67b
Paperback, ISBN, 978-965-7765-88-3

First Hebrew/English paperback edition, 2021

Koren Publishers Jerusalem Ltd.
PO Box 4044, Jerusalem 91040, ISRAEL
PO Box 8531, New Milford, CT 06776, USA
www.korenpub.com

Steinsaltz Center

Steinsaltz Center is the parent organization of institutions established by Rabbi Adin Even-Israel Steinsaltz

PO Box 45187, Jerusalem 91450 ISRAEL
Telephone: +972 2 646 0900, Fax +972 2 624 9454
www.steinsaltz-center.org

הִנֵּה יָמִים בָּאִים, נְאֻם אֲדֹנָי יֱהוִה, וְהִשְׁלַחְתִּי רָעָב בָּאָרֶץ,
לֹא־רָעָב לַלֶּחֶם וְלֹא־צָמָא לַמַּיִם, כִּי אִם־לִשְׁמֹעַ אֵת דִּבְרֵי יהוה.

Behold, days are coming – says the Lord God – I will send a hunger to the land, not a hunger for bread nor a thirst for water, but to hear the words of the Lord. (AMOS 8:11)

The Noé edition of the Koren Talmud Bavli
with the commentary of Rabbi Adin Even-Israel Steinsaltz
is dedicated to all those who open its covers
to quench their thirst for Jewish Knowledge,
in our generation of Torah renaissance.

This beautiful edition is for the young, the aged,
the novice and the savant alike,
as it unites the depth of Torah knowledge
with the best of academic scholarship.

Within its exquisite and vibrant pages,
words become worlds.

It will claim its place in the library of classics,
in the bookcases of the Beit Midrash,
the classrooms of our schools,
and in the offices of professionals and business people
who carve out precious time to grapple with its timeless wisdom.

For the Student and the Scholar

DEDICATED BY LEO AND SUE NOÉ

Steinsaltz Center

Executive Director, Steinsaltz Center

Rabbi Meni Even-Israel

Managing Editor

Rabbi Jason Rappoport

Senior Content Editor

Rabbi Dr. Shalom Z. Berger

Editors

Rabbi Dr. Joshua Amaru, *Coordinating Editor*
Rabbi Avishai Magence, *Content Curator*
Menucha Chwat
Rabbi Yehoshua Duker
Betzalel Philip Edwards
Rabbi Yonatan Shai Freedman
Nechama Greenberg
Rabbi Adin Krohn
Sholom Licht
Elisha Loewenstern
Sally Mayer
Rafi Miller
Rabbi David Sedley
Shira Shmidman
Avi Steinhart
Rabbi David Strauss

Language Consultants

Dr. Stephanie E. Binder, *Greek & Latin*
Rabbi Yaakov Hoffman, *Arabic*
Dr. Shai Secunda, *Persian*
Shira Shmidman, *Aramaic*

Copy Editors

Aliza Israel, *Coordinator*
Bracha Hermon
Ita Olesker
Debbie Ismailoff
Shira Finson
Ilana Sobel
Deena Nataf
Eliana Kurlantzick Yorav
Erica Hirsch Edvi
Nava Wieder

KOREN

Design & Typesetting

Dena Landowne Bailey, *Typesetting*
Tani Bayer, *Jacket Design*
Raphaël Freeman, *Design & Typography*

Images

Eliahu Misgav, *Illustration & Image Acquisition*
Daniel Gdalevich, *Illustration & Image Acquisition*

Introduction by the Publisher

The Talmud has sustained and inspired Jews for thousands of years. Throughout Jewish history, an elite cadre of scholars has absorbed its learning and passed it on to succeeding generations. The Talmud has been the fundamental text of our people.

Beginning in the 1960s, Rabbi Adin Even-Israel Steinsaltz שליט״א created a revolution in the history of Talmud study. His translation of the Talmud, first into modern Hebrew and then into other languages, as well the practical learning aids he added to the text, have enabled millions of people around the world to access and master the complexity and context of the world of Talmud.

It is thus a privilege to present the *Koren Talmud Bavli*, an English translation of the talmudic text with the brilliant elucidation of Rabbi Steinsaltz. The depth and breadth of his knowledge are unique in our time. His rootedness in the tradition and his reach into the world beyond it are inspirational.

Working with Rabbi Steinsaltz on this remarkable project has been not only an honor, but a great pleasure. Never shy to express an opinion, with wisdom and humor, Rabbi Steinsaltz sparkles in conversation, demonstrating his knowledge (both sacred and worldly), sharing his wide-ranging interests, and, above all, radiating his passion. I am grateful for the unique opportunity to work closely with him, and I wish him many more years of writing and teaching.

Our intentions in publishing this new edition of the Talmud are threefold. First, we seek to fully clarify the talmudic page to the reader – textually, intellectually, and graphically. Second, we seek to utilize today's most sophisticated technologies, both in print and electronic formats, to provide the reader with a comprehensive set of study tools. And third, we seek to help readers advance in their process of Talmud study.

To achieve these goals, the *Koren Talmud Bavli* is unique in a number of ways:

- The classic *tzurat hadaf* of Vilna, used by scholars since the 1800s, has been reset for great clarity, and opens from the Hebrew "front" of the book. Full *nikkud* has been added to both the talmudic text and Rashi's commentary, allowing for a more fluent reading with the correct pronunciation; the commentaries of *Tosafot* have been punctuated. Upon the advice of many English-speaking teachers of Talmud, we have separated these core pages from the translation, thereby enabling the advanced student to approach the text without the distraction of the translation. This also reduces the number of volumes in the set. At the bottom of each *daf*, there is a reference to the corresponding English pages. In addition, the Vilna edition was read against other manuscripts and older print editions, so that texts which had been removed by non-Jewish censors have been restored to their rightful place.
- The English translation, which starts on the English "front" of the book, reproduces the *menukad* Talmud text alongside the English translation (in bold) and commentary and explanation (in a lighter font). The Hebrew and Aramaic text is presented in logical paragraphs. This allows for a fluent reading of the text for the non-Hebrew or non-Aramaic reader. It also allows for the Hebrew reader to refer easily to the text alongside. Where the original text features dialogue or poetry, the English text is laid out in a manner appropriate to the genre. Each page refers to the relevant *daf*.

- Critical contextual tools surround the text and translation: personality notes, providing short biographies of the Sages; language notes, explaining foreign terms borrowed from Greek, Latin, Persian, or Arabic; and background notes, giving information essential to the understanding of the text, including history, geography, botany, archaeology, zoology, astronomy, and aspects of daily life in the talmudic era.
- Halakhic summaries provide references to the authoritative legal decisions made over the centuries by the rabbis. They explain the reasons behind each halakhic decision as well as the ruling's close connection to the Talmud and its various interpreters.
- Photographs, drawings, and other illustrations have been added throughout the text – in full color in the Standard and Electronic editions, and in black and white in the Daf Yomi edition – to visually elucidate the text.

This is not an exhaustive list of features of this edition, it merely presents an overview for the English-speaking reader who may not be familiar with the "total approach" to Talmud pioneered by Rabbi Steinsaltz.

Several professionals have helped bring this vast collaborative project to fruition. My many colleagues are noted on the Acknowledgments page, and the leadership of this project has been exceptional.

RABBI MENACHEM EVEN-ISRAEL, DIRECTOR OF THE STEINSALTZ CENTER, was the driving force behind this enterprise. With enthusiasm and energy, he formed the happy alliance with Koren and established close relationships among all involved in the work.

RABBI DR. TZVI HERSH WEINREB שליט״א, EDITOR-IN-CHIEF, brought to this project his profound knowledge of Torah, intellectual literacy of Talmud, and erudition of Western literature. It is to him that the text owes its very high standard, both in form and content, and the logical manner in which the beauty of the Talmud is presented.

RABBI JOSHUA SCHREIER, EXECUTIVE EDITOR, assembled an outstanding group of scholars, translators, editors, and proofreaders, whose standards and discipline enabled this project to proceed in a timely and highly professional manner.

RABBI MEIR HANEGBI, EDITOR OF THE HEBREW EDITION OF THE STEINSALTZ TALMUD, lent his invaluable assistance throughout the work process, supervising the reproduction of the Vilna pages.

RAPHAËL FREEMAN, EXECUTIVE EDITOR OF KOREN, created this Talmud's unique typographic design which, true to the Koren approach, is both elegant and user friendly.

It has been an enriching experience for all of us at Koren Publishers Jerusalem to work with the Steinsaltz Center to develop and produce the *Koren Talmud Bavli*. We pray that this publication will be a source of great learning and, ultimately, greater *avodat Hashem* for all Jews.

Matthew Miller, Publisher
Koren Publishers Jerusalem
Jerusalem 5772

Contents

For the vocalized Vilna Shas layout, please open as a Hebrew book.

Introduction to **Perek V**

This chapter continues the subject matter of the previous one, addressing various enactments instituted by the Sages. The distinction between them has to do with their purpose. Those discussed in the previous chapter were instituted for the betterment of the world, i.e., to help achieve certain aims in the observance of Torah and mitzvot. Those discussed in this chapter were instituted primarily for the betterment of society, i.e., to establish peaceful relations among members of a society.

Most of the enactments enumerated here are in the sphere of monetary law. This is an area in which the court has tremendous authority, as it can even deprive one of ownership rights to his property in order to grant the property to another. In this chapter, some of the enactments assist in establishing a just civil order, some grant those who were halakhically unable to acquire property the ability to acquire it, and some enumerate sundry penalties and fines.

One topic discussed is the collection of monies one owes to another. Depending on the type of debt, the creditor can collect it from different types of the debtor's property. There is discussion of found items, stolen items, and the responsibilities of a steward. There are several leniencies established with regard to these actions out of concern that if these tasks were too onerous, people would not be willing to perform them.

Other enactments for the benefit of children in general and orphans in particular deal with their ability to participate in financial transactions, as well as with the ability of minors to marry and divorce. Likewise, there are enactments concerning deaf-mutes with regard to all these matters.

Another topic explored in this chapter is damage that is not evident, e.g., damage caused when one lowers the value of another's property by changing its halakhic status, not its physical characteristics.

The Sages instituted enactments concerning the purchase of land from those who seize it unlawfully. Several others were instituted because of the desire to increase peace and avoid enmity. Included in this category are the *halakhot* requiring one to treat sinners, and even gentiles, in the same manner as one would treat a Jew in good standing.

מתני׳ הַנִּיזָּקִין שָׁמִין לָהֶן בְּעִידִּית, וּבַעַל חוֹב – בְּבֵינוֹנִית, וּכְתוּבַּת אִשָּׁה – בְּזִיבּוּרִית. רַבִּי מֵאִיר אוֹמֵר: אַף כְּתוּבַּת אִשָּׁה – בְּבֵינוֹנִית.

MISHNA The court **appraises land of superior quality** [*iddit*][NL] **for payment to injured** parties.[NH] **And a creditor** collects his debt **from** the debtor's **intermediate-quality land.**[H] **And** payment of **a woman's marriage contract** is collected **from** her husband's **inferior-quality land.**[NH] **Rabbi Meir says:** Payment of a woman's **marriage contract** is **also** collected **from intermediate-quality land.**

אֵין נִפְרָעִין מִנְּכָסִים מְשׁוּעְבָּדִים בִּמְקוֹם שֶׁיֵּשׁ נְכָסִים בְּנֵי חוֹרִין, וַאֲפִילּוּ הֵן זִיבּוּרִית.

Payment of a debt or other obligation **is not collected from liened property**[H] that has been sold to a third party **when** the debtor still **has unsold property,**[B] **even** when this unsold property is **inferior-quality land.** The creditor cannot collect his debt from liened property that the debtor has sold to another person as long as the debtor is still in possession of other property, even if the remaining assets are inferior to those to which the creditor would otherwise have been entitled.

אֵין נִפְרָעִין מִנִּכְסֵי יְתוֹמִין אֶלָּא מִן הַזִּיבּוּרִית.

If one who owed money died and his children inherited his property, the father's debt **can be collected from the property of the orphans**[H] **only from inferior-quality land.**

אֵין מוֹצִיאִין לַאֲכִילַת פֵּירוֹת וְלִשְׁבַח קַרְקָעוֹת

The court **does not appropriate** liened property that has been sold to a third party **for the consumption of produce or for the enhanced value of land.**[H] If one appropriated a field and sold it, and the buyer worked the land, enhanced it, and grew produce on it, and then the initial owner from whom the field had been stolen took back the land and the produce from the buyer, compensating him only for his expenses, then the buyer may go back to the seller, i.e., the robber, and collect his losses. He can collect the purchase price of the field even from property that the robber sold to another person. By contrast, the value of the produce and the enhancement in the value of the field, which resulted from his actions, may be collected only from the robber's unsold property.

NOTES

Land of superior quality – עִידִּית: According to the Gemara's conclusion, the value of the payment is the same, regardless of the quality of the land with which it is paid, i.e., the Gemara is referring to a large tract of inferior-quality land or a small tract of superior-quality land that is equivalent in value. Despite the two options being equal in value, people prefer to receive payment with superior-quality land, despite its smaller size, as its cultivation requires less work and expenditures than land of poorer quality, and it yields a greater crop. As a result, superior-quality land can be sold much more easily; the lower the quality of the land, the more difficult it is to sell.

The concepts of superior-quality, intermediate-quality, and inferior-quality land apply only to payments made with land. It would appear that while in all cases the simplest method of payment is with money, if the debtor wishes to pay with movable property, any type of movable property falls into the category of the finest of his property. According to the Gemara's conclusion, even according to the opinion of Rabbi Yishmael, who holds that by Torah law one who causes damage is not required to pay with superior-quality land, requiring him to do so is regarded as a betterment of the world, as it serves as further deterrence against causing damage to another.

Injured parties – נִיזָּקִין: The early commentaries note that most of the issues discussed in this chapter are not relevant to the topic of divorce (see *Tosafot*), but they are discussed here as a continuation of the previous chapter, which dealt with enactments instituted by the Sages for the betterment of the world. The enactments included in this mishna and in the other *mishnayot* in this chapter were also instituted for the betterment of the world, even if no reason is mentioned.

A woman's marriage contract from inferior-quality land – כְּתוּבַּת אִשָּׁה בְּזִיבּוּרִית: *Tosafot* write that even those who maintain that a woman's marriage contract is by Torah law do not say that she collects payment from superior-quality land. For the betterment of the world, it was instituted that she collect from inferior-quality land, lest she instigate a quarrel with her husband to receive superior-quality land in a divorce settlement. According to this, the explanation given in the Gemara, that the reason a woman collects from inferior-quality land is that a woman wishes to be married more than a man, is not a full explanation. Rather, it explains why the Sages did not say that a woman's marriage contract can be collected from intermediate-quality land due to desirability (see 49b).

The Ramban explains differently, that even according to those who say that by Torah law a creditor collects from intermediate-quality land, a woman is not considered like an ordinary creditor with regard to her marriage contract, because the concern of locking the door before potential borrowers does not apply to her (see 49b). Additionally, restricting collection of a marriage contract to inferior-quality land leads to betterment of the world, as men might refrain from marrying if the marriage contract could be collected from intermediate-quality land.

HALAKHA

Appraises land of superior-quality for payment to injured parties – הַנִּיזָּקִין שָׁמִין לָהֶן בְּעִידִּית: When the court collects payment from the property of one who caused damage, it collects it from superior-quality land (Rambam *Sefer Nezikin, Hilkhot Nizkei Mamon* 8:10; *Shulḥan Arukh, Ḥoshen Mishpat* 419:1).

And a creditor from intermediate-quality land – וּבַעַל חוֹב בְּבֵינוֹנִית: When the court collects payment of a debt from the borrower's property, it collects it from the borrower's intermediate-quality land (Rambam *Sefer Mishpatim, Hilkhot Malve VeLoveh* 19:1; *Shulḥan Arukh, Ḥoshen Mishpat* 102:1).

And a woman's marriage contract from inferior-quality land – וּכְתוּבַּת אִשָּׁה בְּזִיבּוּרִית: The Sages instituted that when a woman collects her marriage contract, she can collect it only from her husband's inferior-quality land, in accordance with the mishna. Today, a stipulation is inserted in the marriage contract that allows the woman to collect even from superior-quality land (Rambam *Sefer Nashim, Hilkhot Ishut* 16:3; *Shulḥan Arukh, Even HaEzer* 100:2 and *Beit Shmuel* there).

Is not collected from liened property – אֵין נִפְרָעִין מִנְּכָסִים מְשׁוּעְבָּדִים: One does not collect property for the repayment of a debt from liened property belonging to a third party when the debtor owns property on which there is no lien, even when this unsold property is of inferior quality and the property on which there is a lien is of intermediate or superior quality. This applies whether the debtor sold the liened property or gave it away as a gift (Rambam *Sefer Mishpatim, Hilkhot Malve VeLoveh* 19:2; *Shulḥan Arukh, Ḥoshen Mishpat* 111:8).

Can be collected from the property of the orphans – אֵין נִפְרָעִין מִנִּכְסֵי יְתוֹמִין: When the court collects payment either from a borrower or one who caused damage, and he died and left adult or minor heirs, it can collect only from inferior-quality land (Rambam *Sefer Mishpatim, Hilkhot Malve VeLoveh* 19:1 and *Sefer Nezikin, Hilkhot Nizkei Mamon* 8:11; *Shulḥan Arukh, Ḥoshen Mishpat* 108:18, 419:3).

The court does not appropriate liened property for the consumption of produce or for the enhanced value of land – אֵין מוֹצִיאִין לַאֲכִילַת פֵּירוֹת וְלִשְׁבַח קַרְקָעוֹת: If a person appropriated a field and sold it, and the buyer enhanced the field and grew produce on it, and afterward the initial owner came and reclaimed the land together with the produce from the buyer, the buyer can go to the one who had sold him the land and collect the purchase price from him, even from property on which there is a lien.

The buyer can collect the value of the produce and the enhancement only from the robber's unsold property. Similarly, if one acquired a field on which there is a lien, and the holder of the lien later seized the field from him, the buyer can collect the enhancement only from the borrower's unsold property (Rambam *Sefer Nezikin, Hilkhot Gezeila* 9:6–7 and *Sefer Mishpatim, Hilkhot Malve VeLoveh* 21:1; *Shulḥan Arukh, Ḥoshen Mishpat* 373:1, 115:1).

BACKGROUND

Unsold property – נְכָסִים בְּנֵי חוֹרִין: Unsold property in this context is property that bears no lien, in contrast to liened property. When the Talmud speaks of collecting from liened property, it generally is referring to the creditor collecting payment of his debt by appropriating property that the debtor had sold to a third party after having incurred the debt. The creditor may not appropriate that property from the current owner if the debtor possesses property of his own, even if it is inferior in quality to the liened property.

LANGUAGE

Superior-quality land [*iddit*] – עִידִּית: Some assert that the source of *iddit* is close to the word *adi*, meaning jewelry. It means a good or beautiful land.

וְלִמְזוֹן הָאִשָּׁה וְהַבָּנוֹת מִנְּכָסִים מְשׁוּעְבָּדִין, מִפְּנֵי תִּיקּוּן הָעוֹלָם.

And similarly, payment **for the sustenance of** a man's **wife and daughters**[H] cannot be collected **from his liened property.** One of the stipulations included in a marriage contract is that after the husband dies, his widow and daughters are entitled to sustenance from his estate. This sustenance cannot be collected from husband's liened property that has been sold to another person, but only from his unsold property inherited by his heirs. All of these enactments were made **for the betterment of the world.**

וְהַמּוֹצֵא מְצִיאָה לֹא יִשָּׁבַע, מִפְּנֵי תִּיקּוּן הָעוֹלָם.

And it was further instituted that **one who finds a lost item** and returns it to its rightful owner is **not** required to **take an oath**[H] that he did not keep any part of the lost item for himself. This ordinance was also instituted **for the betterment of the world.**

גמ׳ מִפְּנֵי תִּיקּוּן הָעוֹלָם? דְּאוֹרָיְיתָא הִיא, דִּכְתִיב: ״מֵיטַב שָׂדֵהוּ וּמֵיטַב כַּרְמוֹ יְשַׁלֵּם״!

GEMARA When the mishna says: For the betterment of the world, it seems to be referring to all of the cases in mishna. The Gemara therefore asks: The first clause of the mishna states that compensation for damage is collected from superior-quality land. Is this ordinance also only **for the betterment of the world?** This **is by Torah law, as it is written** with regard to one who damages another person's property: **"Of the best of his own field, and of the best of his own vineyard, shall he pay"** (Exodus 22:4).

אָמַר אַבָּיֵי: לָא צְרִיכָא אֶלָּא לְרַבִּי יִשְׁמָעֵאל, דְּאָמַר: מִדְּאוֹרָיְיתָא בְּנִיזָּק שָׁיְימִינַן, קָא מַשְׁמַע לַן: מִפְּנֵי תִּיקּוּן הָעוֹלָם שָׁיְימִינַן בְּמַזִּיק.

Abaye said: This statement **is necessary only according to Rabbi Yishmael,** who **said** that **by Torah law we appraise** the property **of the injured** party, i.e., the injured party can collect payment only from property equal in quality to the best of his own, even if the one who caused the damage owns property of higher quality. Therefore, the *tanna* of the mishna **teaches us** that **for the betterment of the world we appraise** the property **of the one who caused the damage.**

מַאי רַבִּי יִשְׁמָעֵאל? דְּתַנְיָא: ״מֵיטַב שָׂדֵהוּ וּמֵיטַב כַּרְמוֹ יְשַׁלֵּם״ – מֵיטַב שָׂדֵהוּ שֶׁל נִיזָּק וּמֵיטַב כַּרְמוֹ שֶׁל נִיזָּק, דִּבְרֵי רַבִּי יִשְׁמָעֵאל; רַבִּי עֲקִיבָא אוֹמֵר: לֹא בָּא הַכָּתוּב אֶלָּא לִגְבּוֹת לַנִּיזָּקִין מִן הָעִידִּית, וְקַל וָחוֹמֶר לְהֶקְדֵּשׁ.

The Gemara asks: **What** is this statement of **Rabbi Yishmael** alluded to by Abaye? It is **as it is taught** in a *baraita*: The verse: **"Of the best of his own field, and of the best of his own vineyard, shall he pay,"** teaches that the appraisal is of **the best quality of the field of the injured** party **and of the best quality of the vineyard of the injured** party. This is **the statement of Rabbi Yishmael. Rabbi Akiva says: The verse comes only to** allow **injured** parties **to collect** compensation **from superior-quality land** belonging to the one who caused the damage, in the event that he has no money or movable property. **And** by means of **an *a fortiori*** inference one can derive that the **Temple** treasury collects from superior-quality land.

וּלְרַבִּי יִשְׁמָעֵאל, אָכַל שְׁמֵנָה מְשַׁלֵּם שְׁמֵנָה, אָכַל כְּחוּשָׁה מְשַׁלֵּם שְׁמֵנָה?! אָמַר רַב אִידִי בַּר אָבִין: הָכָא בְּמַאי עָסְקִינַן – כְּגוֹן שֶׁאָכְלָה עֲרוּגָה בֵּין הָעֲרוּגוֹת, וְלָא יָדְעִינַן אִי כְּחוּשָׁה אָכַל אִי שְׁמֵנָה אָכַל, דִּמְשַׁלֵּם לֵיהּ מִמֵּיטָב.

The Gemara asks: **And according to** the opinion of **Rabbi Yishmael,** if one's animal **ate** from **a rich** garden bed, it is understandable that he **must pay** the injured party the value of **a rich** garden bed. But if it **ate** from **a poor** garden bed, is it reasonable that he **pays** the value of **a rich** garden bed?[N] **Rav Idi bar Avin said: With what are we dealing here?** We are dealing with a case **where** the animal that caused the damage **ate** from one **garden bed among** other **garden beds, and we do not know whether it ate** from **a poor** one **or it ate** from **a rich** one. In such a case, the animal's owner **pays** the injured party **the** value of the latter's **best quality** property.

אָמַר רָבָא: אִילּוּ יָדְעִינַן דִּכְחוּשָׁה אָכַל מְשַׁלֵּם כְּחוּשָׁה, הַשְׁתָּא דְּלָא יָדְעִינַן מְשַׁלֵּם שְׁמֵנָה? הַמּוֹצִיא מֵחֲבֵירוֹ עָלָיו הָרְאָיָה! אֶלָּא אָמַר רַב אַחָא בַּר יַעֲקֹב:

Rava raised a question and **said: If we would know that** the animal **ate** from **a poor** garden bed, its owner would have to **pay** only the value of **a poor** garden bed. **Now that we do not know** from which garden bed it ate, is it reasonable that **he** should have to **pay** the value of **a rich** garden bed? There is a principle governing monetary disputes that **the burden of proof falls on the claimant.** Therefore, so long as the injured party cannot prove that the animal ate from the rich garden bed, he should not be entitled to collect the value of such a garden bed. **Rather, Rav Aḥa bar Ya'akov said:**

HALAKHA

And payment for the sustenance of one's wife and daughters – וְלִמְזוֹן הָאִשָּׁה וְהַבָּנוֹת: Sustenance for a man's wife and daughters is collected only from unsold property, by force of a condition in the marriage contract. It is not collected from property the man had sold or given away as a gift (Rambam *Sefer Nashim, Hilkhot Ishut* 18:13; *Shulḥan Arukh, Even HaEzer* 93:21).

One who finds a lost item is not required to take an oath – הַמּוֹצֵא מְצִיאָה לֹא יִשָּׁבַע: For the betterment of the world, if one finds a lost item and returns it to the owner he is not required to take an oath that he did not find more, which he failed to return. The Rambam writes that for this reason, if he spent money on the found item, e.g., feeding a found animal, he can collect the money from the owner without taking an oath that he spent that amount (Rambam *Sefer Nezikin, Hilkhot Gezeila VaAveda* 13:19–20; *Shulḥan Arukh, Ḥoshen Mishpat* 267:26–27).

NOTES

It ate from a poor garden bed and he pays a rich garden bed – אָכַל כְּחוּשָׁה מְשַׁלֵּם שְׁמֵנָה: The Gemara seems to have understood that according to Rabbi Yishmael one who causes damage pays according to the quantity of the produce damaged rather than according to the value of the damage. Consequently, it asks: If one caused damage to a garden bed of lesser value, why should he be obligated to pay more than the value of the damage he caused?

הָכָא בְּמַאי עָסְקִינַן – כְּגוֹן שֶׁהָיְתָה עִידִּית דְּנִיזָּק כְּזִיבּוּרִית דְּמַזִּיק. רַבִּי יִשְׁמָעֵאל סָבַר: בִּדְנִיזָּק שָׁיְימִינַן, וְרַבִּי עֲקִיבָא סָבַר: בִּדְמַזִּיק שָׁיְימִינַן.

With what are we dealing here? We are dealing with a case **where,** after appraising the damage, the court comes to collect from the one who caused the damage, but he does not have money available to pay for the damage he caused. And the *tanna'im* disagree in a case where **the superior-quality land of the injured** party[N] **was equal** in quality **to the inferior-quality land of the one who caused the damage,**[H] and the one who caused the damage also has land of superior quality. With regard to such a case, **Rabbi Yishmael holds: We appraise** the value of the land **of the injured** party, and therefore the one who caused the damage can pay with his inferior-quality fields, which are equal in quality to the best fields owned by the injured party. **And Rabbi Akiva holds: We appraise** the value of the land **of the one who caused the damage** and have him pay with his fields of superior quality.

מַאי טַעְמָא דְּרַבִּי יִשְׁמָעֵאל? נֶאֶמְרָה שָׂדֶה לְמַטָּה וְנֶאֶמְרָה שָׂדֶה לְמַעְלָה, מַה שָּׂדֶה הָאֲמוּרָה לְמַעְלָה דְּנִיזָּק, אַף שָׂדֶה הָאֲמוּרָה לְמַטָּה דְּנִיזָּק.

What is the reason of Rabbi Yishmael? The word **"field" is stated below,** toward the end of the verse: "Of the best of his own field, and of the best of his own vineyard, shall he pay" (Exodus 22:4). **And** the word **"field" is also stated above,** at the beginning of that same verse: "If a man shall cause a field or vineyard to be eaten, and shall put in his beast, and shall feed in another man's field." **Just as the field which is stated above** belongs to **the injured** party, **so too, the field stated below** belongs to **the injured** party.

וְרַבִּי עֲקִיבָא סָבַר: ״מֵיטַב שָׂדֵהוּ יְשַׁלֵּם״ דְּהָאִיךְ דְּקָא מְשַׁלֵּם.

And Rabbi Akiva holds: When the verse says: **"Of the best of his own field** and of the best of his own vineyard **shall he pay,"** it means from the best **of** the one **who is paying,** i.e., from the best fields belonging to the one who caused the damage.

וְרַבִּי יִשְׁמָעֵאל? אַהֲנֵי גְּזֵרָה שָׁוָה וְאַהֲנֵי קְרָא; אַהֲנֵי גְּזֵרָה שָׁוָה, לְכִדְאָמְרַן. אַהֲנֵי קְרָא, דְּאִי אִית לֵיהּ לְמַזִּיק עִידִּית וְזִיבּוּרִית, וְזִיבּוּרִית דִּידֵיהּ לָא שָׁוְיָא כְּעִידִּית דְּנִיזָּק, דִּמְשַׁלֵּם לֵיהּ מִמֵּיטָב.

And how would **Rabbi Yishmael** respond to this? The **verbal analogy** between the two instances of the word "field" **is effective, and the** straightforward meaning of **the verse** itself **is effective. The verbal analogy is effective, as we said.** It serves to teach that when it says that he pays from the best of his field, it means from land equal in quality to the best field owned by the injured party. And the straightforward meaning of **the verse** itself **is effective,** as it serves to teach a different *halakha*, namely, **that if the one who caused the damage has superior-quality land and inferior-quality land, and his inferior-quality land is not as good as the superior-quality land** belonging to **the injured** party, **the one who caused the damage pays** the injured party **from** his **best** land, i.e., from the superior-quality land that he owns.

״רַבִּי עֲקִיבָא אוֹמֵר: לֹא בָּא הַכָּתוּב אֶלָּא לִגְבּוֹת לַנִּיזָּקִין מִן הָעִידִּית, וְקַל וָחוֹמֶר לַהֶקְדֵּשׁ״.

§ The *baraita* teaches that **Rabbi Akiva says: The verse comes only to** allow **injured** parties **to collect** compensation **from superior-quality land** belonging to the one who caused the damage, in the event that he has no money or movable property. **And** by means of **an *a fortiori*** inference one can derive that the **Temple** treasury collects from superior-quality land.

מַאי קַל וָחוֹמֶר לַהֶקְדֵּשׁ? אִילֵימָא דִּנְגָחֵיהּ תּוֹרָא דִּידָן לְתוֹרָא דְּהֶקְדֵּשׁ – ״שׁוֹר רֵעֵהוּ״ אָמַר רַחֲמָנָא, וְלָא שׁוֹר שֶׁל הֶקְדֵּשׁ!

The Gemara asks: **What** is the ***a fortiori*** inference from ordinary damage **to** damage involving the **consecrated** property? To which case does this refer? **If we say** that **our ox,** i.e., an ox belonging to a Jew, **gored an ox that is consecrated** property, there is a difficulty, as **the Merciful One states:** "And if one man's ox hurts **another's ox"** (Exodus 21:35).[H] This teaches that the *halakha* applies only if the ox hurt an ox belonging to another Jew, **but not** if it hurt **an ox that is consecrated** property. In the latter case no damages are collected.

אֶלָּא לָאוֹמֵר ״הֲרֵי עָלַי מָנֶה לְבֶדֶק הַבַּיִת״, דְּאָתֵי גִּזְבָּר וְשָׁקֵיל מֵעִידִּית.

Rather, we say that the *a fortiori* inference is not referring to a case of damage, but rather **to one who says: It is** incumbent **upon me** to donate **one hundred dinars for Temple maintenance,** and the inference teaches that if the one who took the vow has no money, then the Temple **treasurer comes and collects** the hundred dinars **from** his **superior-quality land.**

NOTES

Superior-quality land of the injured party – עִידִּית דְּנִיזָּק: *Tosafot* note that although there could also be the reverse situation, i.e., the inferior-quality land of the injured party is worth the same as the superior-quality land belonging to the one who caused the damage, even Rabbi Yishmael would agree that the one who caused the damage is not obligated to purchase superior-quality land elsewhere in order to pay the injured party. This appears to be based on the phrase "the best of his field," which, even according to Rabbi Yishmael, teaches that one cannot be obligated to pay for damages with land of better quality than the finest of his own fields.

HALAKHA

The superior-quality land of the injured party is equal to the inferior-quality land of the one who caused the damage – עִידִּית דְּנִיזָּק כְּזִיבּוּרִית דְּמַזִּיק: When payment is collected from the property of one who caused damage, it is collected from his superior-quality land. Even if his inferior-quality land was of better quality than superior-quality land of the injured party, it is still collected from his superior-quality land. This is in accordance with the opinion of Rabbi Akiva, as the *halakha* is in accordance with his opinion in his disputes with colleagues (Rambam *Sefer Nezikin*, *Hilkhot Nizkei Mamon* 8:10; *Shulḥan Arukh*, *Ḥoshen Mishpat* 419:1).

The Merciful One states, another's ox – שׁוֹר רֵעֵהוּ אָמַר רַחֲמָנָא: If the ox of a Jew gored a consecrated ox, or if a consecrated ox gored an ox belonging to a Jew, the party whose ox caused the damage is exempt from liability. This is in accordance with the opinion of the first *tanna* in the *baraita* cited in *Bava Kamma* (37b) and contrary to that of Rabbi Shimon ben Menasya (Rambam *Sefer Nezikin*, *Hilkhot Nizkei Mamon* 8:1).

NOTES

An ox that is consecrated property – **שׁוֹר שֶׁל הֶקְדֵּשׁ**: Rashi explains that Rabbi Shimon ben Menasya also derives his position from the expression "another's" (Exodus 21:35). However, he expounds it as serving to include rather than to exclude: It is specifically with regard to the ox of another that there is a distinction between an innocent ox and a forewarned ox, but in the case of a consecrated ox that was gored, full damages are always paid.

לֹא יְהֵא אֶלָּא בַּעַל חוֹב, וּבַעַל חוֹב דִּינוֹ בְּבֵינוֹנִית! וְכִי תֵּימָא, קָסָבַר רַבִּי עֲקִיבָא: בַּעַל חוֹב שָׁקֵיל בְּעִידִית כִּנְזָקִין – אִיכָּא לְמִיפְרַךְ: מַה לְּבַעַל חוֹב שֶׁכֵּן יָפֶה כֹּחוֹ בִּנְזָקִין, תֹּאמַר בְּהֶקְדֵּשׁ שֶׁכֵּן הוּרַע כֹּחוֹ בִּנְזָקִין!

The Gemara challenges this understanding: The Temple treasurer **should not** be treated any better than an ordinary **creditor, and,** as stated in the mishna, the ***halakha* of a creditor is** that he collects only **from intermediate-quality land. And if you would say** that **Rabbi Akiva holds** that even a **creditor** can **collect** the money owed him **from superior-quality land like payment for damages,** there is still a difficulty; the *a fortiori* inference **can** still **be refuted** in the following manner: **If** an ordinary **creditor** can collect the money owed him from superior-quality land, this is **because** the Torah **enhanced his power with regard to payment for damages,** as a common person can collect payment for damages caused him by another's ox. But **can you say** the same about the **Temple** treasury, with regard to which the Torah **weakened its power with regard to payment for damages,** not allowing it to collect such compensation?

לְעוֹלָם דִּנְגָחֵיהּ תּוֹרָא דִּידָן לְתוֹרָא דְּהֶקְדֵּשׁ, וְרַבִּי עֲקִיבָא סָבַר לָהּ כְּרַבִּי שִׁמְעוֹן בֶּן מְנַסְיָא. דְּתַנְיָא, רַבִּי שִׁמְעוֹן בֶּן מְנַסְיָא אוֹמֵר: שׁוֹר שֶׁל הֶקְדֵּשׁ שֶׁנָּגַח לְשׁוֹר שֶׁל הֶדְיוֹט – פָּטוּר, וְשֶׁל הֶדְיוֹט שֶׁנָּגַח לְשׁוֹר שֶׁל הֶקְדֵּשׁ, בֵּין תָּם וּבֵין מוּעָד – מְשַׁלֵּם נֶזֶק שָׁלֵם.

The Gemara rejects this: **Actually,** we can explain that we are dealing here with a case **where our ox gored an ox that is consecrated** property, **and Rabbi Akiva holds in accordance with** the opinion of **Rabbi Shimon ben Menasya** with regard to this issue, **as it is taught** in a *baraita* that **Rabbi Shimon ben Menasya says:** If **an ox that is consecrated** property[N] **gored an ox belonging to a common person,** the Temple treasury is **exempt** from liability. By contrast, if an ox **belonging to a common person gored an ox that is consecrated** property, **whether** the ox that gored the other ox was **an innocuous** ox [*shor tam*],[B] i.e., an ox with no consistent history of causing damage with the intent to injure, **or** it was **a forewarned** ox [*shor muad*], i.e., an ox whose owner was forewarned because his ox had already gored another ox three times, the ox's owner **pays** the **full** cost of the **damage.**

אִי הָכִי, מִמַּאי דִּבְעִידִּית דְּנִיזָּק כְּזִיבּוּרִית דְּמַזִּיק פְּלִיגִי? דִּלְמָא דְּכוּלֵּי עָלְמָא בְּדְנִיזָּק שָׁיְימִינַן, וְהָכָא בִּפְלוּגְתָּא דְּרַבִּי שִׁמְעוֹן בֶּן מְנַסְיָא וְרַבָּנַן קָמִיפַּלְגִי,

The Gemara asks: **If so, from where** do you know to say that Rabbi Akiva and Rabbi Yishmael **disagree about** a case where **the superior-quality land** belonging to **the injured** party **is equal** in quality **to the inferior-quality land** belonging to **the one who caused the damage,** and the one who caused the damage also has land of superior quality, as the dispute was previously interpreted by Rav Aḥa bar Ya'akov? **Perhaps everyone,** including Rabbi Akiva, **agrees** that **we appraise** the value of the land **of the injured** party, **and here they disagree with regard to** the **dispute between Rabbi Shimon ben Menasya and the Rabbis.**

דְּרַבִּי עֲקִיבָא סָבַר לָהּ כְּרַבִּי שִׁמְעוֹן בֶּן מְנַסְיָא, וְרַבִּי יִשְׁמָעֵאל סָבַר לָהּ כְּרַבָּנַן!

The Gemara explains this suggestion: **As Rabbi Akiva holds in accordance with** the opinion of **Rabbi Shimon ben Menasya,** that in the case of damage caused by the ox of a common person to the property of the Temple treasury, compensation is collected from superior-quality land belonging to the one who caused the damage. **And Rabbi Yishmael holds in accordance with** the opinion of **the Rabbis,** that the owner of the ox bears no liability.

אִם כֵּן, מַאי "לֹא בָּא הַכָּתוּב"? וְעוֹד, מַאי קַל וָחוֹמֶר לַהֶקְדֵּשׁ? וְעוֹד, הָא אֲמַר רַב אַשִׁי,

The Gemara rejects this suggestion: **If it is so** that this is the disagreement, then **what** is the meaning of Rabbi Akiva's statement: **The verse comes only** to allow injured parties to collect compensation from superior-quality land? This indicates that Rabbi Akiva disagrees about how to understand this verse. **And furthermore,** if the subject is the Temple treasury, **what** is the meaning of: **And** by means of **an *a fortiori*** inference one can derive that the Temple treasury of **consecrated** property collects from superior-quality land. **And furthermore, didn't Rav Ashi say:**

BACKGROUND

Innocuous ox [*shor tam*] – **שׁוֹר תָּם**: This is an animal that is not known to cause damage intentionally. The first three times an animal causes damage intentionally, its owner is required to pay only half the damage it has caused. Afterward, it assumes the status of a forewarned animal. The owner of a forewarned animal is required to pay in full for the damage it causes (see Exodus 21:35–36). An animal can be considered innocuous with regard to certain kinds of damage and forewarned with regard to others. For example, an ox that has a history of goring other oxen is still considered innocuous with regard to goring humans. Similarly, if it is established that the animal gores only on certain days, e.g., on Shabbat and Festivals, it may be considered forewarned on those days alone and innocuous during the rest of the week. An animal that is forewarned can regain its status as innocuous if, on three separate occasions, animals that it was accustomed to gore passed by and it refrained from goring them.

תַּנְיָא בְּהֶדְיָא: ״מֵיטַב שָׂדֵהוּ וּמֵיטַב כַּרְמוֹ יְשַׁלֵּם״ – מֵיטַב שָׂדֵהוּ שֶׁל נִיזָּק וּמֵיטַב כַּרְמוֹ שֶׁל נִיזָּק, דִּבְרֵי רַבִּי יִשְׁמָעֵאל. רַבִּי עֲקִיבָא אוֹמֵר: מֵיטַב שָׂדֵהוּ שֶׁל מַזִּיק וּמֵיטַב כַּרְמוֹ שֶׁל מַזִּיק!

It is **taught explicitly** in a *baraita*: The verse: **"Of the best of his own field, and of the best of his own vineyard, shall he pay"** (Exodus 22:4), teaches that the appraisal is of **the best of the fields of the injured** party, and of **the best of the vineyards of the injured** party. This is **the statement of Rabbi Yishmael. Rabbi Akiva says:** The appraisal is of **the best of the fields of the one who caused the damage, and of the best of the vineyards of the one who caused the damage.** This clearly indicates that according to Rabbi Akiva compensation is collected from the superior-quality land belonging to the one who caused the damage.

רָבִינָא אָמַר: לְעוֹלָם מַתְנִיתִין רַבִּי עֲקִיבָא הִיא, דְּאָמַר: מִדְּאוֹרַיְיתָא בִּדְמַזִּיק שָׁיְימִינַן, וְרַבִּי שִׁמְעוֹן הִיא, דְּדָרֵישׁ טַעְמָא דִּקְרָא, וּמָה טַעַם קָאָמַר, מָה טַעַם הַנִּיזָּקִין שָׁמִין לָהֶן בְּעִידִּית? מִפְּנֵי תִּיקּוּן הָעוֹלָם.

Ravina said: Actually, the mishna is in accordance with the opinion of **Rabbi Akiva, who said: By Torah law, we appraise** the property **of the one who caused the damage. And it is** also in accordance with the principle of **Rabbi Shimon, who expounds the reason** underlying **the verse**[N] as a basis for drawing halakhic conclusions. **And** the mishna **is saying: What is the reason** for the *halakha* taught in the mishna? The mishna should be understood as follows: **What is the reason** that the court **appraises land of superior-quality for payment to injured** parties? This is **for the betterment of the world.** That is to say, the words: For the betterment of the world, do not indicate a rabbinic enactment. Rather, they provide a reason for the Torah law.

דְּתַנְיָא, אָמַר רַבִּי שִׁמְעוֹן: מִפְּנֵי מָה אָמְרוּ הַנִּיזָּקִין שָׁמִין לָהֶן בְּעִידִּית? מִפְּנֵי הַגַּזְלָנִים וּמִפְּנֵי הַחַמְסָנִין, כְּדֵי שֶׁיֹּאמַר אָדָם: לָמָּה אֲנִי גּוֹזֵל וְלָמָּה אֲנִי חוֹמֵס? לְמָחָר בֵּית דִּין יוֹרְדִין לִנְכָסַי וְנוֹטְלִין שָׂדֶה נָאָה שֶׁלִּי, וְסוֹמְכִים עַל מַה שֶּׁכָּתוּב בַּתּוֹרָה ״מֵיטַב שָׂדֵהוּ וּמֵיטַב כַּרְמוֹ יְשַׁלֵּם״, לְפִיכָךְ אָמְרוּ הַנִּיזָּקִין שָׁמִין לָהֶן בְּעִידִּית.

This is **as it is taught** in a *baraita* (*Tosefta, Ketubot* 12:2) that **Rabbi Shimon said: For what** reason **did** the Sages **say** that the court **appraises land of superior-quality for payment to injured** parties? It is **due to the robbers and due to those who take** that which is not theirs **by force** [*ḥamsanin*].[N] How so? **So that a person will say: Why should I rob and why should I take by force? Tomorrow the court will come down to my property and take my finest field** in order to compensate the victim for what I have robbed or taken by force. **And** the Sages **rely on what is written in the Torah: "Of the best of his own field, and of the best of his own vineyard, shall he pay"** (Exodus 22:4). **Consequently, they said** that the court **appraises land of superior-quality for payment to injured** parties.

מִפְּנֵי מָה אָמְרוּ בַּעַל חוֹב בְּבֵינוֹנִית? כְּדֵי שֶׁלֹּא יִרְאֶה אָדָם לַחֲבֵירוֹ שָׂדֶה נָאָה וְדִירָה נָאָה, וְיֹאמַר: אֶקְפּוֹץ וְאַלְוֶנּוּ כְּדֵי שֶׁאֶגְבֶּנּוּ בְּחוֹבִי, לְפִיכָךְ אָמְרוּ בַּעַל חוֹב בְּבֵינוֹנִית.

The *baraita* continues: **For what** reason **did** the Sages **say that a creditor** collects his debt **from intermediate-quality land?** It is **so that a person should not see another's fine field or fine house and say: I will jump** in **and lend** him money **so that** later **I will collect** the field or house **for my debt,** if the borrower does not have enough money to repay the loan. **Therefore,** the Sages **said** that **a creditor** collects his debt only **from intermediate-quality land,** and he would not receive that fine field that would have prompted him to extend the loan in the first place.

אֶלָּא מֵעַתָּה, יְהֵא בְּזִיבּוּרִית! אִם כֵּן, אַתָּה נוֹעֵל דֶּלֶת בִּפְנֵי לֹוִין.

The Gemara asks: **If it is so** that the objective is that people not be tempted to lend money for the purpose of acquiring the borrower's property should he default on the loan, then the *halakha* governing a creditor **should be** to collect his debt **from inferior-quality land.** The Gemara answers: **If so,** then **you would be locking the door before** potential **borrowers,** as no one would be willing to lend them money.

כְּתוּבַּת אִשָּׁה – בְּזִיבּוּרִית, דִּבְרֵי רַבִּי יְהוּדָה, רַבִּי מֵאִיר אוֹמֵר: בְּבֵינוֹנִית. אָמַר רַבִּי שִׁמְעוֹן: מִפְּנֵי מָה אָמְרוּ כְּתוּבַּת אִשָּׁה בְּזִיבּוּרִית? שֶׁיּוֹתֵר מִמַּה שֶּׁהָאִישׁ רוֹצֶה לִישָּׂא, הָאִשָּׁה רוֹצָה לִינָּשֵׂא.

The *baraita* continues: Payment of **a woman's marriage contract** is collected **from inferior-quality land;** this is **the statement of Rabbi Yehuda. Rabbi Meir says:** It can be collected **from intermediate-quality land. Rabbi Shimon said: For what** reason **did** the Sages **say that a woman's marriage contract** is collected **from inferior-quality land?** It is **because more than a man wants to marry** a woman, **a woman wants to become married** to a man. Consequently, she will agree to marry even if she knows that she will not be able to collect payment of the marriage contract from superior-quality land.

NOTES

Who expounds the reason underlying the verse – **דְּדָרֵישׁ טַעְמָא דִּקְרָא**: As is noted by *Tosafot*, many Sages, even those who disagree with Rabbi Shimon, expound the reasoning underlying biblical verses. Rabbi Shimon is unique in that he relies so strongly on the reasons he expounds that he is willing to decide halakhic issues based on those reasons, even when the matter is not stated explicitly in the verse. *Tosafot* note that here too the words "the best of his field" can be explained in two ways, but Rabbi Shimon rules in accordance with Rabbi Akiva based on the reason that he understands underlies the verse, namely, the betterment of the world.

And due to those who take by force [*ḥamsanin*] – **וּמִפְּנֵי הַחַמְסָנִין**: The halakhic definition of a *ḥamsan* is one who takes property from its owner by force but pays him for it in full. Since a *ḥamsan* pays for what he takes, it does not seem pertinent to mention him here. Due to this difficulty, the early commentaries cite a version of the text that does not mention those who take by force (Rabbeinu Crescas Vidal, citing Ramban). Some of the later commentaries suggest that the reference here is to a situation in which one who took land in this manner and its value decreased. Since he did not properly acquire it, he returns the property and pays the decrease in value from superior-quality land (*Ma'adannei Melekh*). Others propose that this is referring to a *ḥamsan* who took property and promised to pay but did not yet do so (*Naḥalat Moshe*).

HALAKHA

A woman is sent out – אִשָּׁה יוֹצְאָה: A divorce is valid only if it is performed with the husband's consent, but by Torah law a woman can be divorced against her will. Rabbeinu Gershom instituted that, with certain exceptions, a man may divorce his wife only with her consent (Rambam *Sefer Nashim*, *Hilkhot Geirushin* 1:1–2, *Shulḥan Arukh*, *Even HaEzer* 119:6).

דָּבָר אַחֵר: אִשָּׁה יוֹצְאָה לִרְצוֹנָהּ וְשֶׁלֹּא לִרְצוֹנָהּ, וְהָאִישׁ אֵינוֹ מוֹצִיאָהּ אֶלָּא לִרְצוֹנוֹ.

Alternatively, it is because **a woman is sent out**[H] from her husband **with her consent or without her consent, but a man sends** his wife **out** from his house **only with his consent.**

מַאי דָּבָר אַחֵר? וְכִי תֵּימָא: כִּי הֵיכִי דְּכִי מַפֵּיק לַהּ אִיהוּ תַּקִּינוּ לַהּ רַבָּנַן כְּתוּבָּה מִינֵּיהּ, כִּי נָפְקָא אִיהִי נַמִי לִיתַקְּנֵי לֵיהּ רַבָּנַן כְּתוּבָּה מִינַּהּ, תָּא שְׁמַע: אִשָּׁה יוֹצְאָה לִרְצוֹנָהּ וְשֶׁלֹּא לִרְצוֹנָהּ, וְהָאִישׁ אֵינוֹ מוֹצִיא אֶלָּא לִרְצוֹנוֹ, אֶפְשָׁר דִּמְשַׁהֵי לַהּ בְּגִיטָּא.

The Gemara asks: **What** is the reason that he mentions **an alternative** explanation? What problem is there with the first explanation? The Gemara answers: The alternative explanation does not explain why she collects from inferior-quality land, but serves to explain a different matter. Since the Sages instituted a marriage contract in order to strengthen the institution of marriage, it is possible to ask: **And if you would say** that **just as when** a man **divorces** his wife **the Sages instituted a marriage contract for her from him,** so too, **when she leaves him they should similarly institute a marriage contract for him from her;** then **come** and **hear: A woman is sent out** from her husband **with her consent or without her consent, but a man sends** his wife **out** from his house **only with his consent.** Even if she instigates a quarrel with him to bait him into divorcing her, it is nevertheless **possible** for the husband **to keep her waiting for a bill of divorce.** A man gives his wife a bill of divorce only when he wishes to do so, and so in essence the divorce depends solely on him.

״כְּתוּבַּת אִשָּׁה בְּזִיבּוּרִית״. אָמַר מָר זוּטְרָא בְּרֵיהּ דְּרַב נַחְמָן: לָא אֲמָרַן אֶלָּא מִיַּתְמֵי, אֲבָל מִינֵּיהּ דִּידֵיהּ – בְּבֵינוֹנִית.

§ The mishna teaches that payment of **a woman's marriage contract** is collected **from inferior-quality land. Mar Zutra, son of Rav Naḥman, said: We said** that a woman collects her marriage contract from inferior-quality land **only** when her husband died and she collects payment **from** the **orphans** who inherit his estate. **But** if she was divorced and she collects payment **from** the husband **himself,** then she collects it **from intermediate-quality land.**

מִיַּתְמֵי, מַאי אִירְיָא כְּתוּבַּת אִשָּׁה? אֲפִילּוּ כָּל מִילֵּי נַמִי, דְּהָא תְּנַן: אֵין נִפְרָעִים מִנִּכְסֵי יְתוֹמִים אֶלָּא מִן הַזִּיבּוּרִית! אֶלָּא לָאו, מִינֵּיהּ!

The Gemara asks: If the mishna is referring to collecting **from orphans,** then **why** discuss **specifically a woman's marriage contract? Even all matters,** such as payment for damage, should **also** be collected from inferior-quality land when it is collected from orphans, **as didn't we learn** in the mishna: If one who owed money died and his children inherited his property, the father's debt **can be collected from the property of the orphans only from inferior-quality land. Rather, is it not** that the mishna is referring to a case where the woman collects her marriage contract **from** the husband **himself?**

לְעוֹלָם מִיַּתְמֵי, וּכְתוּבַּת אִשָּׁה אִיצְטְרִיכָא לֵיהּ, סָלְקָא דַּעְתָּךְ אָמִינָא מִשּׁוּם חִינָּא אֲקִילוּ רַבָּנַן גַּבַּהּ, קָא מַשְׁמַע לַן.

The Gemara rejects this argument: **Actually,** the mishna is referring to a case where the woman collects her marriage contract **from** the **orphans** who inherit their father's estate. **And it was necessary for** the mishna to teach the *halakha* specifically with regard to **a woman's marriage contract.** As **it could enter your mind to say** that **the Sages were** more **lenient with her for the sake of desirability,** so that she would be a more desirable partner should she want to remarry, and consequently they allowed her to collect payment of her marriage contract from intermediate-quality land even from orphans, the mishna **teaches us** that even payment for a woman's marriage contract is not collected from the intermediate-quality land of orphans, but only from their inferior-quality land.

אָמַר רָבָא: תָּא שְׁמַע, רַבִּי מֵאִיר אוֹמֵר: כְּתוּבַּת אִשָּׁה – בְּבֵינוֹנִית. מִמַּאן? אִילֵימָא מִיַּתְמֵי, לֵית לֵיהּ לְרַבִּי מֵאִיר הָא דִּתְנַן: אֵין נִפְרָעִים מִנִּכְסֵי יְתוֹמִים אֶלָּא מִן הַזִּיבּוּרִית? אֶלָּא לָאו, מִינֵּיהּ, מִכְּלָל דְּרַבָּנַן סָבְרִי: בְּזִיבּוּרִית!

Rava said: Come and **hear** a proof from a *baraita*: **Rabbi Meir says:** Payment for **a woman's marriage contract** is collected **from intermediate-quality land.** The Gemara attempts to clarify the case: **From whom** does she collect payment of her marriage contract in this case? **If we say** that she is collecting **from the orphans,** it is possible to ask: **Does Rabbi Meir not agree with that which we learned** in the mishna: The father's debt **can be collected from the property of the orphans only from inferior-quality land? Rather, is it not** that the woman collects payment of her marriage contract **from** her husband **himself?** And since Rabbi Meir maintains that she collects from intermediate-quality land, one can learn **by inference that the Rabbis hold** that she collects **from inferior-quality land,** contrary to the opinion of Mar Zutra.

לָא, לְעוֹלָם מִיַּתְמֵי, וְשָׁאנֵי כְּתוּבַּת אִשָּׁה, מִשּׁוּם חִינָּא.

The Gemara rejects this argument: **No, actually** it is possible to explain that the *baraita* is referring to a case where the woman collects her marriage contract **from** the **orphans** who inherit their father's estate. **And** payment of **a woman's marriage contract is different** from other debts collected from orphans, which can be collected only from inferior-quality land. The Sages were more lenient with her **for the sake of desirability;** consequently, Rabbi Meir ruled that she may collect her marriage contract from intermediate-quality land even if she is collecting it from orphans.

אֲמַר אַבַּיֵי, תָּא שְׁמַע: הַנִּיזָּקִין שָׁמִין לָהֶן בְּעִידִּית, וּבַעַל חוֹב – בְּבֵינוֹנִית, וּכְתוּבַּת אִשָּׁה – בְּזִיבּוּרִית; מִמַּאן? אִילֵימָא מִיַּתְמֵי, מַאי אִירְיָא כְּתוּבַּת אִשָּׁה? אֲפִילּוּ כָּל הָנֵי נַמִי! אֶלָּא לָאו מִינֵּיהּ!

Abaye said: Come and **hear** a proof from what is taught in the mishna: The court **appraises land of superior-quality for payment to injured** parties. **And a creditor** collects his debt **from** the debtor's **intermediate-quality land. And** payment of **a woman's marriage contract** is collected **from** her husband's **inferior-quality land.** The Gemara attempts to clarify the case: **From whom** is the collection being made? **If we say** that in all of these cases collection is being made **from** the **orphans, why** mention **specifically a woman's marriage contract? Even all of these,** i.e., even injured parties and creditors, should **also** collect only from inferior-quality land when collecting from orphans. **Rather, is it not** that the mishna is referring to a case where the woman collects her marriage contract **from** the husband **himself,** and it rules that she collects from inferior-quality land, contrary to the opinion of Mar Zutra?

אֲמַר רַב אַחָא בַּר יַעֲקֹב: הָכָא בְּמַאי עָסְקִינַן – כְּגוֹן שֶׁנַּעֲשָׂה עָרֵב לְנִזְקֵי בְּנוֹ, לְבַעַל חוֹב בְּנוֹ, וְלִכְתוּבַּת כַּלָּתוֹ,

Rav Aḥa bar Ya'akov said: No proof can be brought from the mishna against the opinion of Mar Zutra, as the mishna can be understood as follows: **With what are we dealing here?** We are dealing with a case **where** one **became a guarantor** for compensation **for his son's damages,** and similarly **for** repayment to **his son's creditor, and** similarly **for** payment of **his daughter-in-law's marriage contract,** and his son died. Since the guarantor stands in place of his son, collection is made from him as if it were being made from his son.

וְהַאי כִּי דִּינֵיהּ וְהַאי כִּי דִּינֵיהּ. נִיזָּקִין וּבַעַל חוֹב דְּמֵחַיִּים גָּבוּ, אִיהוּ נַמִי כִּי מַגְבֵּי – כְּמֵחַיִּים מַגְבֵּי. כְּתוּבַּת אִשָּׁה דִּלְאַחַר מִיתָה גָּבְיָא, וּלְאַחַר מִיתָה מִמַּאן גָּבְיָא? מִיַּתְמֵי, אִיהוּ נַמִי כִּי מַגְבֵּי – כִּלְאַחַר מִיתָה מַגְבֵּי.

And payment is made in **this** case **in accordance with its** ***halakha*** **and** payment is made in **this** case **in accordance with its** ***halakha.*** Since **an injured** party **and a creditor** ordinarily **collect** from those who owe them money **while they are alive, when** the guarantor **pays** the debt, **he too pays** the debt **as though** the one who caused the damage or borrowed the money **were** still **alive.** Therefore, in these cases collection is made from superior-quality or intermediate-quality land. But in this case, where the father serves as a guarantor for his son, payment of **a woman's marriage contract is** only **after** her husband's **death, and after** his **death from whom does she collect? From the orphans.** Consequently, **when** the guarantor **pays** the debt, **he too pays** the debt **as though** it were being paid by the orphans **after** the husband's **death.** Accordingly, payment for her marriage contract is made from inferior-quality land.

וְתֵיפּוֹק לֵיהּ דְּעָרֵב דִּכְתוּבָּה לָא מִשְׁתַּעְבֵּד! בְּקַבְּלָן.

The Gemara asks: **But let him derive** this *halakha* from another *halakha* that states that **the guarantor** of a marriage contract **does not become responsible** for the payment of the marriage contract from his own property. The signature that he adds to the marriage contract serves merely as additional support but does not turn him into a true guarantor. Therefore, even if a collection is made, it is only from inferior-quality land. The Gemara answers: We are dealing here **with an unconditional guarantor,** i.e., one who accepted unconditional responsibility for the obligation, allowing his daughter-in-law to collect payment of her marriage contract either from his son or from him, as she so desires.

הָנִיחָא לְמַאן דְּאָמַר: קַבְּלָן אַף עַל גַּב דְּלֵית לֵיהּ נִכְסֵי לַלֹּוֶה מִשְׁתַּעְבֵּד – שַׁפִּיר, אֶלָּא לְמַאן דְּאָמַר: אִי אִית לֵיהּ מִשְׁתַּעְבֵּד, אִי לֵית לֵיהּ לָא מִשְׁתַּעְבֵּד, מַאי אִיכָּא לְמֵימַר?

The Gemara asks: **This works out well according to the one who says that an unconditional guarantor becomes responsible** for repayment of the loan **even if the borrower does not have property** of his own. Therefore, it works out **well** to explain the case in this manner. **But according to the one who says** that **if** the borrower **has** property of his own at the time of the loan, then the unconditional guarantor **becomes responsible,** but **if** the borrower **does not have** property of his own at the time of the loan, then the unconditional guarantor **does not become responsible, what is there to say** in a case where the son did not have any property at the time of the marriage? In such a case, the father never became responsible for his son's obligations.

אִיבָּעֵית אֵימָא: בִּדְהָווּ לֵיהּ וְאִישְׁתַּדּוּף.

The Gemara answers: **If you wish, say** that it is a case **where** the son **had** property of his own at the outset, **but** afterward **it was blighted.** Since the son had his own property, the father accepted responsibility for the obligation, and now that the property has no value, the daughter-in-law can collect payment for her marriage contract from the father.

וְאִיבָּעֵית אֵימָא: כָּל לְגַבֵּי בְּרֵיהּ שִׁעְבּוּדֵי מְשַׁעְבֵּד נַפְשֵׁיהּ.

And if you wish say: With respect to **anything relating to his son,**[H] it is common for a father to **pledge himself** absolutely, even when the son has no property of his own.

אִיתְּמַר: עָרֵב דִּכְתוּבָּה – דִּבְרֵי הַכֹּל לֹא מִשְׁתַּעְבֵּד,

§ Apropos a guarantor for a marriage contract, the Gemara notes: It **was stated** that **everyone agrees** that **a guarantor** who signs **a marriage contract does not** thereby **become responsible** for the payment of the marriage contract from his own property.

HALAKHA

Anything relating to his son – כָּל לְגַבֵּי בְּרֵיהּ: If one became a guarantor for his son's marriage contract and confirms his commitment with an act of acquisition (Rambam), then he is obligated to pay if his son is unable to. This ruling is in accordance with the second opinion in the Gemara. According to the Ra'avad, this is the *halakha* even if the father does not perform an act of acquisition (Rambam *Sefer Nashim, Hilkhot Ishut* 17:9; *Shulḥan Arukh, Even HaEzer* 102:6, and in the comment of Rema).

Perek **V**
Daf **50** Amud **a**

קַבְּלָן דְּבַעַל חוֹב – דִּבְרֵי הַכֹּל מִשְׁתַּעְבֵּד, עָרֵב דְּבַעַל חוֹב וְקַבְּלָן דִּכְתוּבָּה פְּלִיגִי; אִיכָּא לְמַאן דְּאָמַר: אַף עַל גַּב דְּלֵית לֵיהּ נִכְסֵי לַלֹּוֶה מִשְׁתַּעְבֵּד, וְאִיכָּא לְמַאן דְּאָמַר: אִי אִית לֵיהּ מִשְׁתַּעְבֵּד, אִי לֵית לֵיהּ לָא מִשְׁתַּעְבֵּד.

Everyone also **agrees that an unconditional guarantor for** the repayment of **a creditor becomes responsible** for payment of the borrower's debt. The Sages **disagree** with regard to the following cases: **A guarantor for** the repayment **of a creditor and an unconditional guarantor for** payment of **a marriage contract. There is one** Sage **who says: Although the borrower does not have property** of his own at the time of the loan, the guarantor **becomes responsible** for payment of the obligation. **And there is one** Sage **who says: If** the obligated party **has** property of his own, then the guarantor **becomes responsible;**[N] **if he does not have** property of his own, **he does not become responsible.**

וְהִילְכְתָא: בְּכוּלְּהוּ, אַף עַל גַּב דְּלֵית לֵיהּ – מִשְׁתַּעְבֵּד, בַּר מֵעָרֵב דִּכְתוּבָּה, דְּאַף עַל גַּב דְּאִית לֵיהּ לָא מִשְׁתַּעְבֵּד.

And the ***halakha*** is: **In all of** these cases, **although** the obligated party **does not have**[H] property of his own at the time he assumes the obligation, the guarantor **becomes responsible** for payment of that obligation. This is so **except** in the case of a **guarantor for** payment of **a marriage contract,**[H] as in that case, **even if** the husband **has** property of his own when he gives marriage contract, the guarantor **does not become responsible** for payment of the obligation.

HALAKHA

In all of these cases, although the obligated party does not have – בְּכוּלְּהוּ אַף עַל גַּב דְּלֵית לֵיהּ: If one says to the lender at the time of the loan: Lend him the money, and I am the guarantor, he becomes responsible and is obligated to repay the loan, even if he did not perform an act of acquisition (Rambam *Sefer Mishpatim, Hilkhot Malve VeLoveh* 25:3–4; *Shulḥan Arukh, Ḥoshen Mishpat* 29:2).

Except in the case of a guarantor for a marriage contract – בַּר מֵעָרֵב דִּכְתוּבָּה: If one became a guarantor for a woman's marriage contract, he is not obligated to pay, even if an act of acquisition was performed. By contrast, an unconditional guarantor for payment of a marriage contract is required to pay, even if he did not perform an act of acquisition. The Rema writes that some say that any type of guarantor becomes obligated by performing an act of acquisition (Rambam *Sefer Mishpatim, Hilkhot Malve VeLoveh* 25:6 and *Sefer Nashim, Hilkhot Ishut* 17:9; *Shulḥan Arukh, Even HaEzer* 102:6).

NOTES

If the obligated party has property the guarantor becomes responsible – אִי אִית לֵיהּ מִשְׁתַּעְבֵּד: The Ramah writes that this does not mean, as the Rashbam explains in *Bava Batra*, that in a case where the borrower has property of his own, the guarantor is willing to pledge his property from the outset because he thinks that he will not actually have to repay the debt. It is precisely in a case where the borrower has property that there is concern that the guarantor did not completely accept the obligation upon himself because he thinks that the borrower will repay everything and the obligation will not apply to him at all. Rather, the reason the guarantor becomes responsible only if the borrower has property is as follows: When the borrower has property, and despite this the creditor insists that he will not grant a loan unless the guarantor pledges himself to its repayment, this is a demonstration of honor to the guarantor, as he is being seen as responsible and of means, and his reputation is enhanced. In exchange for this benefit, the guarantor commits himself and obligates himself to repay the loan.

מַאי טַעְמָא? מִצְוָה הוּא דְּעָבֵד, וְלָא מִידֵּי חָסְרָה.

What is the reason for this? The intention of the guarantor **is performing a mitzva** of facilitating a marriage by encouraging the woman to consent to the marriage as a result of his involvement, but he does not truly intend to obligate himself. **And** furthermore, the woman **does not lose** anything in exchange for which the guarantor would accept responsibility, as the husband does not borrow money from the woman. Therefore, the Sages instituted that the guarantor does not become responsible for payment of the marriage contract from his own property.

אֲמַר רָבִינָא, תָּא שְׁמַע מֵעִיקָּרָא דְּתַקַּנְתִּין: יוֹתֵר מִמַּה שֶּׁהָאִישׁ רוֹצֶה לִישָּׂא, אִשָּׁה רוֹצָה לִינָּשֵׂא. וְאִי סָלְקָא דַּעְתָּךְ מִיַּתְמֵי, הַאי מִשּׁוּם דְּיַתְמֵי הוּא. תְּיוּבְתָּא דְּמָר זוּטְרָא! תְּיוּבְתָּא.

Ravina said: Come and **hear** a proof concerning the question of whether the mishna's ruling that payment of a woman's marriage contract is collected from inferior-quality land applies only when the woman collects from orphans or if it applies even when she collects from her husband. The proof is **from the beginning of our ordinance:** Why did the Sages say that a woman's marriage contract is collected from inferior-quality land? It is because **more than a man wants to marry** a woman, **a woman wants to become married** to a man. **And if it enters your mind** that this *halakha* applies only when the woman collects **from orphans,** then the reason given for **this** *halakha* should be that it is **because they are orphans,** not because a woman wants to become married. This indicates that the mishna's ruling applies even when she collects her marriage contract during her husband's lifetime, contrary to the opinion of Mar Zutra. The Gemara affirms: **The refutation** of the opinion **of Mar Zutra is a conclusive refutation.**

אָמַר מָר זוּטְרָא בְּרֵיהּ דְּרַב נַחְמָן מִשְּׁמֵיהּ דְּרַב נַחְמָן: שְׁטַר חוֹב הַיּוֹצֵא עַל הַיְּתוֹמִין, אַף עַל פִּי שֶׁכָּתוּב בּוֹ שֶׁבַח – אֵינוֹ גּוֹבֶה אֶלָּא מִן הַזִּיבּוּרִית.

§ Apropos a statement attributed to Mar Zutra, son of Rav Naḥman, the Gemara cites another *halakha* in his name on a similar topic: **Mar Zutra, son of Rav Naḥman, said in the name of Rav Naḥman:** If **a promissory note is presented to orphans** for repayment of a loan taken by their father, then **although an enhancement** of the creditor's ability to collect, enabling the collection of even superior-value land, **is written in it,**[NH] the creditor **can collect only from inferior-quality land.**

אָמַר אַבָּיֵי: תֵּדַע, דְּבַעַל חוֹב דִּינֵיהּ בְּבֵינוֹנִית, וּמִיַּתְמֵי בְּזִיבּוּרִית.

Abaye said: Know that this is the case, as the *halakha* governing a **creditor** is that he collects **from intermediate-quality land, but from orphans** he collects only **from inferior-quality land.** If one cannot collect even from intermediate-quality land of orphans, all the more so one cannot collect from their superior-quality land.

אֲמַר לֵיהּ רָבָא: הָכִי הָשְׁתָּא?! בַּעַל חוֹב דִּינֵיהּ מִדְּאוֹרָיְיתָא בְּזִיבּוּרִית, כְּדְעוּלָּא, דְּאָמַר עוּלָּא: דְּבַר תּוֹרָה בַּעַל חוֹב בְּזִיבּוּרִית, שֶׁנֶּאֱמַר: "בַּחוּץ תַּעֲמֹד וְהָאִישׁ" וגו', מַה דַּרְכּוֹ שֶׁל אִישׁ לְהוֹצִיא? פְּחוּת שֶׁבְּכֵלִים, וּמָה טַעַם אָמְרוּ בַּעַל חוֹב בְּבֵינוֹנִית? כְּדֵי שֶׁלֹּא תִּנְעוֹל דֶּלֶת בִּפְנֵי לֹוִין, וְגַבֵּי יַתְמֵי אוֹקְמוּהָ רַבָּנַן אַדְּאוֹרָיְיתָא.

Rava said to him: How can these two cases **be compared? By Torah law,** the *halakha* governing **a creditor** is that he collects **from inferior-quality land, in accordance with** the opinion **of Ulla, as Ulla says: By Torah law, a creditor** collects **from inferior-quality land, as it is stated: "You shall stand outside, and the man** to whom you have lent shall bring forth the pledge out to you" (Deuteronomy 24:11). **What would a man ordinarily take out** as a pledge? **The least** valuable **of his vessels.** This demonstrates that the creditor is entitled only to the least valuable of the debtor's vessels. Similarly, when he collects from land, he collects only from inferior-quality land. **And for what reason did** the Sages **say** that a **creditor** collects **from intermediate-quality land? So as not to lock the door before** potential **borrowers,** i.e., so that people do not refrain from extending loans. **And with regard to orphans, the Sages left** the *halakha* **as** it is stated **in the Torah.**

NOTES

Although an enhancement is written in it – אַף עַל פִּי שֶׁכָּתוּב בּוֹ שֶׁבַח: With regard to the *halakha*, the early commentaries disagree whether to follow the principle that the *halakha* is in accordance with Rava against Abaye, or whether this case is different and should be ruled in accordance with Rav Naḥman, especially since Rava's answers are forced. The discussion here is limited to a promissory note stating that the creditor will collect the debt from superior-quality land. If the borrower explicitly stated: In my life and in my death, or: From me and from my heirs, many authorities maintain that even orphans pay from superior-quality land (Ramah; Ramban; Rabbeinu Yona; Rid; see Rif). Rabbeinu Crescas Vidal, citing his teacher, as well as the Meiri, disagree with that opinion and say that in any case payment is collected from orphans only from inferior-quality land, and that what is written in the promissory note is ignored. The Meiri writes that the Rif retracted his position and ruled in accordance with this second opinion.

HALAKHA

Although an enhancement is written in it – אַף עַל פִּי שֶׁכָּתוּב בּוֹ שֶׁבַח: Payment is collected from the property of heirs only from inferior-quality land, even if they are adults. Even if a stipulation was made that the debt could be collected from intermediate-quality or superior-quality land, this condition is not effective, in accordance with the opinion of Rav Naḥman. If it was written in the promissory note that the debt could be collected from intermediate- or superior-quality land of the debtor or his heirs, then the condition is binding (Rambam *Sefer Mishpatim, Hilkhot Malve VeLoveh* 15:7; *Shulḥan Arukh, Ḥoshen Mishpat* 108:18).

אֶלָּא הָכָא, כֵּיוָן דְּדִינֵיהּ מִדְּאוֹרַיְיתָא בְּעִידִּית, אֲפִילּוּ מִיַּתְמֵי נַמִּי בְּעִידִּית.

But here, a stipulation enhancing the creditor's ability to collect was included in the promissory note. Therefore, **since by Torah law the *halakha*** governing this creditor is that he collects **from superior-quality land** as stipulated in the loan agreement, then **he should also** collect **from superior-quality land even** when collecting the debt **from orphans.**

וּלְרָבָא, וְהָתָנֵי אַבְרָם חוֹזָאָה: אֵין נִפְרָעִין מִנִּכְסֵי יְתוֹמִין אֶלָּא מִן הַזִּיבּוּרִית, וַאֲפִילּוּ הֵן נִיזָּקִין, וְהָא נִיזָּקִין דִּינָן מִדְּאוֹרַיְיתָא בְּעִידִּית!

The Gemara asks: **And according to** this explanation of **Rava,** there is a difficulty: **Didn't** the Sage **Avram Ḥoza'a teach** a *baraita* that states: A father's debt **can be collected from the property of the orphans only from inferior-quality land?** The Gemara infers: **And** this ruling applies **even** if the property is collected for payment to **injured** parties.[H] **But isn't** it true that **by Torah law** the ***halakha*** governing **injured** parties is that they collect **from superior-quality land?** This indicates that even when by Torah law collection should be from superior-quality land, the Sages instituted that one may collect from orphans only inferior-quality land.

הָכָא בְּמַאי עָסְקִינַן – כְּגוֹן שֶׁהָיְתָה עִידִּית דְּנִיזָּק כְּזִיבּוּרִית דְּמַזִּיק,

The Gemara answers: **With what** case **are we dealing here** in the *baraita* taught by Avram Ḥoza'a? We are dealing with a case **where superior-quality land of the injured** party **is equal** in quality **to inferior-quality land of the one who caused the damage,** i.e., the orphans, and the one who caused the damage also has land of superior quality.

וְרַבִּי יִשְׁמָעֵאל הִיא, דְּאָמַר: מִדְּאוֹרַיְיתָא בְּדְנִיזָּק שָׁיְימִינַן, וּמִפְּנֵי תִּיקּוּן הָעוֹלָם תַּקִּינוּ רַבָּנַן בְּדְמַזִּיק, וְגַבֵּי יַתְמֵי אוֹקְמוּהָ רַבָּנַן אַדְּאוֹרַיְיתָא.

And the *baraita* is taught in accordance with the opinion of **Rabbi Yishmael, who says: By Torah law we appraise** the property **of the injured** party, and therefore the one who caused the damage can pay with his inferior-quality fields that are equal in quality to the superior-quality land owned by the injured party. **And for the betterment of the world, the Sages instituted** that we appraise the property **of the one who caused the damage,** and he pays with his superior-quality land. **But with regard to orphans, the Sages left** the *halakha* **as** it is stated **in the Torah;** they pay from their inferior-quality land that is equal in quality to superior-quality land belonging to the injured party. By contrast, a creditor who holds a promissory note stipulating that the debt can be collected from superior-quality land can collect superior-quality land even from orphans, as stipulated in the loan agreement.

אִינִי? וְהָתָנֵי רַבִּי אֱלִיעֶזֶר נָיוֹתָאָה: אֵין נִפְרָעִין מִנִּכְסֵי יְתוֹמִים אֶלָּא מִן הַזִּיבּוּרִית, וַאֲפִילּוּ הֵן עִידִּית; מַאי אֲפִילּוּ הֵן עִידִּית? לָאו אַף עַל גַּב דִּכְתִיב עִידִּית בִּשְׁטָרָא?

The Gemara asks: **Is that so? But didn't Rabbi Eliezer Nayota'a**[P] **teach** a *baraita* that states: A father's debt **can be collected from the property of the orphans only from inferior-quality land, even if it is superior-quality land?** The Gemara asks: **What** is the meaning of: **Even if it is superior-quality land? Is it not** the following: **Although superior-quality land is written in the** promissory **note,** the debt can be collected from the orphans only from inferior-quality land.

לָא, מַאי עִידִּית? שְׁפָאֵי עִידִּית, כִּדְרָבָא.

The Gemara rejects this suggestion: **No, what** is the meaning of **superior-quality land?** Orphans can repay the debt even from **strips of superior-quality land**[N] that due to their location cannot be cultivated or guarded and that consequently have a lower market value than inferior-quality land, **as** in the statement **of Rava.**

דְּאָמַר רָבָא: הִזִּיק זִיבּוּרִית – גּוֹבֶה מִן הָעִידִּית, שְׁפָאֵי עִידִּית – גּוֹבֶה מִן הַבֵּינוֹנִית, וְגַבֵּי יַתְמֵי אוֹקְמוּהָ רַבָּנַן אַדְּאוֹרַיְיתָא.

As Rava says: If **one damaged inferior-quality land,** the injured party **collects from superior-quality land.** The one who caused damage is penalized and made to pay from land of much higher quality than that which he damaged. If he damaged **strips of superior-quality land** that cannot be cultivated, the injured party **collects from intermediate-quality land,** as the land that was damaged is inferior in value even to inferior-quality land, and therefore it suffices if compensation is paid from intermediate-quality land. And why did Rabbi Eliezer Nayota'a teach that orphans may pay their father's debt from land of the lowest quality? **With regard to orphans, the Sages left** the *halakha* as it is written **in the Torah,** that a creditor collects from inferior-quality land.

HALAKHA

And even injured parties – וַאֲפִילּוּ הֵן נִיזָּקִין: If one who caused damage died before he paid compensation, the court can collect only from land inherited by his heirs, and only from inferior-quality land (Rambam). The *Shulḥan Arukh* rules that if the heirs are minors, the injured party can collect only from inferior-quality land, but if the heirs are adults, the injured party collects from superior-quality land, as in other cases of damage (Rambam *Sefer Nezikin, Hilkhot Nizkei Mamon* 8:18; *Shulḥan Arukh, Ḥoshen Mishpat* 108:21).

PERSONALITIES

Rabbi Eliezer Nayota'a – רַבִּי אֱלִיעֶזֶר נָיוֹתָאָה: It is reasonable to assume that this Sage, named Elazar in some manuscripts, came from a place called Nava or Naiot and that he is called by this place name to distinguish him from other Sages with the same name. It is possible that he is Rabbi Elazar of Nineveh. If so, he is a contemporary of Rabbi Yoḥanan, a second-generation *amora*.

NOTES

Strips of superior-quality land – שְׁפָאֵי עִידִּית: Rashi understands the word *shefa'ei* as a verb meaning: Jump away, or: Become lost. He explains that this refers to one who stipulated in writing that he would repay his debt from the most superior quality of his superior quality land, but later that land became utterly ruined or was stolen, and now he has only superior-quality land, intermediate-quality land, and inferior-quality land. In such a case, the creditor can collect only from intermediate-quality land and not from the superior-quality land.

Many of the early commentaries challenge Rashi's explanation for various reasons and reject it. Most of the commentaries understand that the reference here is to superior-quality land that is found at the edge of a field. Although the land is of superior quality, in reality its value is very low, perhaps even less than that of inferior-quality land (*Tosafot*). According to this, the orphans can pay from such strips of superior-quality land, despite its low value (Rabbeinu Tam in *Tosafot*; see *Sefer HaYashar*).

"אֵין נִפְרָעִין מִנִּכְסֵי יְתוֹמִין אֶלָּא מִן הַזִּיבּוּרִית". בָּעֵי רַב אַחְדְּבוֹי בַּר אַמֵּי: יְתוֹמִים שֶׁאָמְרוּ, קְטַנִּים אוֹ אֲפִילּוּ גְּדוֹלִים? תַּקַּנְתָּא הִיא דַּעֲבוּד רַבָּנַן גַּבֵּי יַתְמֵי, לִקְטַנִּים עֲבוּד רַבָּנַן, לִגְדוֹלִים לָא עֲבוּד רַבָּנַן.

§ The mishna teaches: If one who owed money died and his children inherited his property, the father's debt **can be collected from the property of the orphans only from inferior-quality land. Rav Aḥadevoi bar Ami raised a dilemma** with regard to the meaning of this statement: Do the **orphans of which they spoke** refer specifically to **minors or even** to **adults?** The Gemara explains the two sides of the dilemma: Is **this an ordinance that the Sages instituted for** the benefit of the **orphans,** in which case it may be argued that **the Sages instituted** it **for minors**[N] but **they did not institute** it **for adults?**

אוֹ דִּלְמָא מִשּׁוּם דְּלָא מַסֵּיק אַדַּעְתָּא דְּמַלְוֶה דְּמָיֵית לֹוֶה וְנָפְלֵי נִכְסֵי קַמֵּי יַתְמֵי, דְּהָוֵה לֵיהּ נוֹעֵל דֶּלֶת, הִלְכָּךְ אֲפִילּוּ גְּדוֹלִים נָמֵי?

Or, perhaps the reason is different. The reason that a creditor collects from intermediate-quality land is so that the door not be locked before potential borrowers. Here, this is not a concern, **since it does not enter the mind of the creditor** that he should not lend money as perhaps **the borrower** will **die and** his **property will fall to the orphans. As** only if he were to consider this possibility, would it be **that this would lock the door** before potential borrowers. Consequently, the ordinance that a creditor collects from intermediate-quality land was instituted only in the standard case, where the creditor collects from the debtor himself, but not where he collects from the heirs. **Therefore,** the ordinance that a debt can be collected from the property of orphans only from inferior-quality land should apply **also** to **adult** orphans.

תָּא שְׁמַע, דְּתָנֵי אַבָּיֵי קַשִּׁישָׁא: יְתוֹמִין שֶׁאָמְרוּ – גְּדוֹלִים, וְאֵין צָרִיךְ לוֹמַר קְטַנִּים.

The Gemara answers: **Come** and **hear what Abaye the Elder**[P] **taught:** With regard to **the orphans of which** the Sages **spoke,** the phrase is referring to **adults, and needless to say** it is referring also to **minors.**

וְדִלְמָא הָנֵי מִילֵּי לְעִנְיַן שְׁבוּעָה, דְּגָדוֹל בְּמִילֵּי דַּאֲבוּהּ כְּקָטָן דָּמֵי, אֲבָל לְעִנְיַן זִיבּוּרִית לָא!

The Gemara rejects this proof: **But perhaps this statement applies only to the matter of an oath.** One who collects a debt from property left by the debtor to his heirs always takes an oath, even if he produces a promissory note. This *halakha* applies even if the heirs are adults. This is **because** even **an adult** son **is considered like a minor with regard to** his father's financial **matters,** since he does not know the details of his father's business dealings and it is possible that his father had actually repaid the debt before dying. **But with regard to** collecting the debt from **inferior-quality land, no,** this *halakha* applies only to minors.

וְהִלְכְתָא:

The Gemara concludes: **And the *halakha*** is:

NOTES

Instituted it for minors – לִקְטַנִּים עֲבוּד: Since the land is of low quality, the minors cannot work it properly, and they do not know how improve the land to make it attractive to buyers (Ritva).

PERSONALITIES

Abaye the Elder – אַבָּיֵי קַשִּׁישָׁא: Abaye the Elder, who transmitted only a few statements in the Talmud, was apparently a second-generation Babylonian *amora*. The title Elder was used to distinguish him from Rava's colleague Abaye, who belonged to the fourth generation of *amora'im*.

Perek **V**
Daf **50** Amud **b**

יְתוֹמִין שֶׁאָמְרוּ – גְּדוֹלִים, וְאֵין צָרִיךְ לוֹמַר קְטַנִּים, בֵּין לִשְׁבוּעָה בֵּין לְזִיבּוּרִית.

With regard to **the orphans of which** the Sages **spoke,** the phrase is referring to **adults, and needless to say** it is referring also to **minors, whether with regard to** the *halakha* that a debt can be collected from the property of orphans only with **an oath,**[H] or **whether with regard to** the *halakha* that a debt can be collected from the property of orphans only from **inferior-quality land.**[H]

"אֵין נִפְרָעִין מִנְּכָסִים מְשׁוּעְבָּדִים בְּמָקוֹם שֶׁיֵּשׁ בְּנֵי חוֹרִין". בָּעֵי רַב אַחְדְּבוֹי בַּר אַמֵּי: בְּמַתָּנָה הֵיאַךְ?

§ The mishna teaches: Payment of a debt or other obligation **is not collected from liened property** that has been sold to a third party **when** the debtor still **has unsold property, even** when this unsold property is inferior-quality land. **Rav Aḥadevoi bar Ami raised a dilemma: What** is the *halakha* **with regard to** liened property that the debtor gave to another person as **a gift?** Is it the *halakha* that the debt is not collected from liened property that has been given as a gift to a third party when the debtor still has property?

HALAKHA

Whether with regard to an oath – בֵּין לִשְׁבוּעָה: One who collects a debt from the debtor's heir, whether he is a minor or an adult, can collect from him only with an oath (Rambam *Sefer Mishpatim*, *Hilkhot Malve VeLoveh* 14:1; *Shulḥan Arukh*, *Ḥoshen Mishpat* 108:17).

Whether with regard to inferior-quality land – בֵּין לְזִיבּוּרִית: One who collects a debt from the debtor's heir, whether he is a minor or an adult, can collect only from inferior-quality land (Rambam *Sefer Mishpatim*, *Hilkhot Malve VeLoveh* 19:1; *Shulḥan Arukh*, *Ḥoshen Mishpat* 108:18).

תַּקַּנְתָּא הוּא דַּעֲבוּד רַבָּנַן מִשּׁוּם פְּסֵידָא דִּלָקוֹחוֹת, אֲבָל מַתָּנָה דְּלֵיכָּא פְּסֵידָא דִּלָקוֹחוֹת – לָא, אוֹ דִּלְמָא מַתָּנָה נַמִּי, אִי לָאו דְּאִית לֵיהּ הֲנָאָה מִינֵּיהּ לָא יָהֵיב לֵיהּ מַתָּנָה, וְהִלְכָּךְ כִּי פְּסֵידָא דִּלָקוֹחוֹת דָּמֵי?

The Gemara presents the two sides to this dilemma: Is the *halakha* that payment is not collected from liened property that has been sold **an ordinance that the Sages instituted due to the loss of the buyers,** who would lose the money that they had paid for the property? **But** in the case of **a gift, where there is no** issue of **loss to the buyers,** i.e., the recipients, as the recipients paid nothing for the property, the *halakha* does **not** apply. **Or perhaps** the *halakha* applies to **a gift as well, as,** were **it not for** some **benefit** that the donor derives **from** the recipient, **he would not have given** him **the gift. And therefore** this loss to the recipient **is considered** to be **like the loss to buyers** and payment of the debt is not collected from the recipient of the gift when the debtor still has property in his possession.

אֲמַר לֵיהּ מָר קַשִׁישָׁא בְּרֵיהּ דְּרַב חִסְדָּא לְרַב אַשִׁי, תָּא שְׁמַע: שְׁכִיב מְרַע שֶׁאָמַר "תְּנוּ מָאתַיִם זוּז לִפְלוֹנִי וּשְׁלֹשׁ מֵאוֹת לִפְלוֹנִי וְאַרְבַּע מֵאוֹת לִפְלוֹנִי" – אֵין אוֹמְרִים: כׇּל הַקּוֹדֵם בַּשְּׁטָר זָכָה. לְפִיכָךְ, יָצָא עָלָיו שְׁטַר חוֹב – גּוֹבֶה מִכּוּלָּן.

Mar Kashisha,[P] **son of Rav Ḥisda, said to Rav Ashi: Come** and **hear** what was taught in a *baraita* (*Tosefta, Bava Batra* 9:6): **If a person on his deathbed**[B] **said:**[H] **Give two hundred dinars to so-and-so, and three hundred to so-and-so, and four hundred to so-and-so,** in this case one **does not say** that **whoever appears first in the deed acquires** his money first. **Therefore, if a promissory note emerged against** the one who gave the gifts, and it becomes clear that the money given was pledged to a creditor, then the creditor **collects from all of them.**

אֲבָל אִם אָמַר "תְּנוּ מָאתַיִם זוּז לִפְלוֹנִי, וְאַחֲרָיו לִפְלוֹנִי, וְאַחֲרָיו לִפְלוֹנִי" – אוֹמְרִים: כׇּל הַקּוֹדֵם בַּשְּׁטָר זָכָה. לְפִיכָךְ, יָצָא עָלָיו שְׁטַר חוֹב – גּוֹבֶה מִן הָאַחֲרוֹן, אֵין לוֹ – גּוֹבֶה מִשֶּׁלְּפָנָיו, אֵין לוֹ – גּוֹבֶה מִשֶּׁלִּפְנֵי פָנָיו.

But if the person on his deathbed **said: Give two hundred dinars to so-and-so, and after him to so-and-so, and after him to so-and-so,** then one **says: Anyone who appears first in the deed acquires** his money first. **Therefore, if a promissory note emerged against him,** the creditor first **collects from the last** one of the recipients. If **he does not have** enough to repay the debt, **he collects from the previous** person. If **he does not have** enough to repay the debt, **he collects from** the person listed **before the previous** person.

וְאַף עַל גַּב דְּקַמָּא בֵּינוֹנִית וּבַתְרָא זִיבּוּרִית – מִזִּיבּוּרִית גָּבֵי, מִבֵּינוֹנִית לָא גָּבֵי, שְׁמַע מִינַּהּ, בְּמַתָּנָה נַמִּי עֲבוּד רַבָּנַן תַּקַּנְתָּא!

The Gemara infers: **And** this is the *halakha* **even if** the property given **to the first** recipient is **intermediate-quality land and** the property given to **the last** recipient is **inferior-quality land.** Although a creditor is entitled to collect his debt from intermediate-quality land, the creditor in this case **collects from inferior-quality land,** as he collects from the last person to receive his gift, and **he does not collect from the intermediate-quality land** given to the first recipient. **Conclude from** the *baraita* that **the Sages also instituted** this **ordinance in** the case of **a gift,**[H] and that payment of a debt is not collected from liened property that has been given as a gift to a third party when the debtor still has property that has not been sold or given away as a gift. The reason is that the second gift is considered to be unsold property in relation to the first gift because, when the first gift was given, the second gift was still in the donor's possession.

הָכָא בְּמַאי עָסְקִינַן – בְּבַעַל חוֹב. וְהָא "תְּנוּ" קָאָמַר! "תְּנוּ בְּחוֹבִי".

The Gemara rejects this proof: **With what are we dealing here?** We are not dealing here with a person on his deathbed who is distributing monetary gifts, but rather **with** a debtor who is dividing his money between his various **creditors.** The Gemara raises an objection: **But didn't** the person on his deathbed **say: Give** the money to so-and-so, a formulation that indicates that he is granting a gift? The Gemara answers that what this means is: **Give** this money as payment **for my debt.**

וְלֵיחֲזֵי שְׁטָרָא דְּמַאן קָדֵים? דְּלֵיכָּא שְׁטָרָא. וְהָא "כׇּל הַקּוֹדֵם בַּשְּׁטָר" קָאָמַר! בִּשְׁטַר פַּקְדְּתָא.

The Gemara asks: If so, why should the recovery of the debts depend upon the wording of the debtor's instructions? **But let us see whose** promissory **note** was written **first,** as it is he who collects first. The Gemara answers: We are dealing with a case **where there is no** promissory **note,** e.g., where the creditors lost their deeds. The Gemara raises an objection: **But didn't it say** in the *baraita*: **Whoever appears first in the deed?** This indicates that there is in fact a deed. The Gemara answers: The reference here is not to the promissory notes but to **the testamentary deed** drawn up by the person on his deathbed.

PERSONALITIES

Mar Kashisha – מָר קַשִׁישָׁא: Rav Ḥisda appears to have had two sons called Mar. In order to avoid any confusion between the two, one was called *kashisha*, the Elder, and the other was called *yenuka*, the younger. According to Rashi, Mar Kashisha was the older of the two and Mar Yenuka the younger. According to the *Tosafot*, Mar Yenuka was born first. He was called the younger because he was born while Rav Ḥisda was still young, whereas Mar Kashisha was born in Rav Ḥisda's later years.

BACKGROUND

A person on his deathbed – שְׁכִיב מְרַע: By rabbinic ordinance, statements of a person on his deathbed differ from those of a healthy person. The gift of a person on his deathbed is valid even if no formal act of acquisition was performed, as the verbal commitment of the dying person is sufficient. Likewise, a terminally ill person may retract his gift as many times as he wishes, provided that he is of sound mind when doing so. All gifts given by a person on his deathbed are invalidated if he recovers.

HALAKHA

A person on his deathbed who said – שְׁכִיב מְרַע שֶׁאָמַר: If a person on his deathbed disposed of all his property, saying: Give two hundred dinars to so-and-so, and three hundred to so-and-so, and four hundred to so-and-so, none of these recipients takes precedence over the others. Therefore, if a promissory note emerged against the person who gave the gifts, all the recipients join together to repay the debt in proportion to the size of their respective gifts. For example, if the promissory note was for the value of half of the estate, each one gives half of what he received.

If the person on his deathbed wrote: Give two-hundred dinars to so-and-so, and after him to so-and-so, and after him to so-and-so, then whoever appears first in the document takes precedence. In this case, if a promissory note emerges against the donor's property, the debt is collected from the last person. If what he was given is not enough, it is collected from the person before him; if this does not suffice, it is collected from the person before him (Rambam *Sefer Kinyan, Hilkhot Zekhiya UMattana* 10:13–14; *Shulḥan Arukh, Ḥoshen Mishpat* 253:9).

The Sages also instituted this ordinance in the case of a gift – בְּמַתָּנָה נַמִּי עֲבוּד רַבָּנַן תַּקַּנְתָּא: A debt is not collected from liened property previously owned by the debtor when property on which there is no lien is available, even if the latter property is of inferior quality. This applies whether the debtor sold the property or gave it as a gift, and whether it is intermediate-quality or superior-quality land. This ruling is in accordance with the resolution offered by Mar Kashisha (Rambam *Sefer Mishpatim, Hilkhot Malve VeLoveh* 19:2; *Shulḥan Arukh, Ḥoshen Mishpat* 111:8).

וְאִיבָּעֵית אֵימָא: אֲפִילּוּ מַתָּנָה נַמִי, וְלָא קַשְׁיָא; מַאי "גּוֹבֶה מִן הָאַחֲרוֹן"? אֵין נִפְסָד אֶלָּא אַחֲרוֹן.

And if you wish, say: The *baraita* is referring **also** to a case of **a gift, and** even if the mishna's ordinance does not apply to liened property that had been given away as a gift, the *halakha* that the creditor collects from the last recipient is **not difficult,** as **what** is the meaning of the words: **He collects from the last** recipient? This means that it is **only the last** recipient who really **loses,** as the creditor can collect from intermediate-quality land wherever it is, even if it is in the possession of the first recipient. But after the creditor collects what is due him, the recipients of the gifts distribute the remaining property, in accordance with the order set down in the donor's testament. Therefore, it will always be the last recipient who loses and no one else.

וְאִיבָּעֵית אֵימָא: דְּשָׁווּ כּוּלְּהוּ לַהֲדָדֵי.

And if you wish, say: The *baraita* is referring to a case **where all** of the properties **are of equal** quality. There is no reason to collect specifically from the first recipient because he has intermediate-quality land as opposed to the last recipient who does not. In such a case, the debt is collected first from the last recipient. Therefore, there is no proof from here that the mishna's ordinance applies even to liened property that had been given away as a gift.

"אֵין מוֹצִיאִין לַאֲכִילַת פֵּירוֹת". מַאי טַעְמָא? אָמַר עוּלָּא אָמַר רֵישׁ לָקִישׁ: לְפִי שֶׁאֵין כְּתוּבִין.

§ The mishna teaches: The court **does not appropriate** liened property that has been sold to a third party **for the consumption of produce.**[H] If one appropriated a field and sold it, and the buyer worked the land, improved it, and grew produce on it, and then the owner came and took back his field together with the produce, the buyer cannot collect the value of the produce from property that the robber sold to another person. The Gemara asks: **What is the reason** for this? **Ulla says** that **Reish Lakish says:** This is **because** the produce **is not written**[N] in the deed of sale. The obligation of a seller to reimburse the buyer if the field he sells him is repossessed by a prior owner or creditor is dependent upon the obligation recorded in the deed of sale. His obligation of reimbursement with regard to the produce is therefore treated like a loan by oral agreement, which is not a matter of public knowledge, and those who subsequently purchased land from the robber are not obligated to pay for debt incurred in a loan by oral agreement, as they had no way to know about it at the time of their purchase.

אֲמַר לֵיהּ רַבִּי אַבָּא לְעוּלָּא: וְהָא מְזוֹן הָאִשָּׁה וְהַבָּנוֹת דִּכְמַאן דִּכְתִיבִי דָּמוּ, וְקָתָנֵי: אֵין מוֹצִיאִין!

Rabbi Abba said to Ulla: But isn't the sustenance of a man's **wife and daughters considered as if it were written,** as even if it is not explicitly recorded in the marriage contract it is one of the fixed stipulations of a marriage contract that are imposed by the court? It is known that a man is obligated to provide for the sustenance of his wife and daughters, **and** yet the mishna **teaches:** Payment for the sustenance of a man's wife and daughters **cannot** be **collected** from the husband's liened property.

אֲמַר לֵיהּ: הָתָם מֵעִיקָּרָא הָכִי אַתְקוּן, כְּתוּבִין הֵן אֵצֶל בְּנֵי חוֹרִין, וְאֵין כְּתוּבִין הֵן אֵצֶל מְשׁוּעְבָּדִין.

Ulla **said to him: There,** with regard to sustenance of a man's wife and daughters, the Sages **instituted** it **like this from the outset:**[N] **It is** considered as if it were **written with regard to unsold** property that is still in the man's possession, so that sustenance can be collected from such property, **but it is not** considered as if it were **written with regard to liened** property that has been sold to another party.

HALAKHA

The court does not appropriate liened property for the consumption of produce – אֵין מוֹצִיאִין לַאֲכִילַת פֵּירוֹת: The Sages instituted that one cannot recover the payment for the consumption of produce and the enhanced value of land from the liened property of the one who had appropriated the land and sold it to him. Nor can payment for the sustenance of a man's wife and his daughters be collected from the husband's liened property. In both cases, this is because these obligations have no fixed amount. This is the opinion of the Rambam, who rules in accordance with the view of Rabbi Ḥanina (*Smag; Sefer HaTerumot*). However, the *Tur*, based on the Rif and the Rosh, explains that the reason is that these obligations are not written, in accordance with the opinions of Ulla, Reish Lakish, and Rabbi Yoḥanan (Rambam *Sefer Mishpatim, Hilkhot Malve VeLoveh* 21:1; *Tur, Ḥoshen Mishpat* 60; see *Shulḥan Arukh, Ḥoshen Mishpat* 60:1–2 and *Shakh* there).

NOTES

Because it is not written – לְפִי שֶׁאֵין כְּתוּבִין: Rashi explains that the words: Is not written, should not be taken literally to mean that this was not written in the deed of sale. According to him, even if it is stated explicitly in the deed that the lien also applies to enhancements, produce, and the like, it would still be considered as if they were not written. According to Rashi, it is not the lack of writing that is critical here, but rather the degree to which the matter is publicized. The matter of land being sold is publicized, but a condition written in the bill of sale concerning produce that has yet to grow does not generate publicity, and a matter that does not become public knowledge cannot obligate the buyers. *Tosafot* explain that according to Rashi anything that does not yet exist and about which there is uncertainty that it will ever exist is considered to be neither written nor publicized. Enhancements and produce fall into this category. The Ramah argues that if the matter is written explicitly, according to Ulla they can collect from property the robber sold to others. This is because anything written in a deed becomes publicized and everyone takes it into consideration (see Rashba).

The Sages instituted it like this from the outset – מֵעִיקָּרָא הָכִי אַתְקוּן: This was instituted because if daughters could collect their sustenance from property on which there is a lien, people would avoid acquiring property, as one does not want to accept upon himself an obligation when he does not know its scope, either in value or in time (Rashi).

NOTES

Because it is not a fixed amount – שֶׁאֵין קְצוּבִין: The simple reason is that the buyer cannot take precautions with regard to a matter that is not of a fixed amount, and he cannot assess the monetary value associated with the risk he is taking when he buys a field that is subject to an undefined lien. Rabbeinu Crescas Vidal adds that any obligation that is not fixed does not become publicized and the buyers cannot be expected to know about it.

Is it necessary that it be a fixed amount and also written – קְצוּבִין וּכְתוּבִין בָּעֵי: The reason that this question is asked specifically according to the opinion of Rabbi Ḥanina is that his words are juxtaposed to the statement of Rabbi Yoḥanan. Therefore, it is reasonable to ask whether Rabbi Ḥanina is adding to Rabbi Yoḥanan's statement, i.e., does he agree that it is necessary that the obligation be written, but he adds to this that it must also be of a fixed amount (Ramban; *Tosefot HaRosh*)? Some explain that the reason for the question is that Rabbi Ḥanina does not state his ruling in the context of the mishna, which includes both cases where the obligation is written and cases where it is not. Therefore, it is not clear if he holds that this is a prerequisite as well (see Ramban and Rabbeinu Crescas Vidal).

וְכֵן אָמַר רַבִּי אַסִי אָמַר רַבִּי יוֹחָנָן: לְפִי שֶׁאֵין כְּתוּבִין. אֲמַר לֵיהּ רַבִּי זֵירָא לְרַב אַסִי: וְהָא מְזוֹן הָאִשָּׁה וְהַבָּנוֹת, דִּכְמַאן דִּכְתִיבִי דָּמוּ, וְקָתָנֵי: אֵין מוֹצִיאִין! אֲמַר לֵיהּ: מֵעִיקָּרָא הָכִי אַתְקוּן, כְּתוּבִין הֵן אֵצֶל בְּנֵי חוֹרִין, וְאֵין כְּתוּבִין הֵן אֵצֶל מְשׁוּעְבָּדִין.

And similarly, Rabbi Asi says that **Rabbi Yoḥanan says** with regard to the mishna: Why can't the payment for the consumption of produce be collected from property that the robber sold to another person? It is **because** the produce **is not written** in the purchaser's deed of sale. **Rabbi Zeira said to Rav Asi: But isn't the sustenance of** a man's **wife and daughters considered as if it were written** in the marriage contract, **and** yet the mishna **teaches:** Payment for the sustenance of a man's wife and daughters **cannot** be **collected** from the husband's liened property? Rav Asi **said to him:** The Sages **instituted** it **like this from the outset:** Sustenance **is** considered as if it were **written with regard to unsold** property that is still in the man's possession, so that sustenance can be collected from such property, **but it is not** considered as if it were **written with regard to liened** property that has been sold to another party. This concludes the discussion of one reason for the *halakha* in the mishna.

רַבִּי חֲנִינָא אָמַר: לְפִי שֶׁאֵין קְצוּבִין.

Rabbi Ḥanina says that it is for a different reason that payment for the consumption of produce cannot be recovered from property that the robber sold to another person: It is **because** the produce **is not** of **a fixed** amount,[N] i.e., it could not be known at the outset how much produce would grow on the field or what its value would be. The Sages instituted that any obligation that is not of a fixed amount cannot be collected from property sold to another person, because the purchaser of the liened property cannot assess the risk he is assuming of having another person come to collect compensation from that property for a loss he has suffered.

אִיבַּעְיָא לְהוּ: לְרַבִּי חֲנִינָא, קְצוּבִין וּכְתוּבִין בָּעֵי

A dilemma was raised before the Sages: **According to** the opinion of **Rabbi Ḥanina,** in order to collect from liened property, is it **necessary** that the obligation be both of **a fixed** amount **and** also **written?**[N] If so, this would indicate that Rabbi Ḥanina adds another requirement in addition to that of Rabbi Yoḥanan.

Perek **V**
Daf **51** Amud **a**

NOTES

Or perhaps it suffices that the obligation be a fixed amount – אוֹ דִּלְמָא קְצוּבִין: Rashi concludes from here that Rabbi Ḥanina holds that one can collect payment from liened property for a loan made by oral agreement, as it too is a fixed obligation that is not written. *Tosafot* and the majority of the early commentaries argue that this contradicts an explicit mishna (see *Bava Batra* 175a). Rather, they explain, citing Rabbeinu Tam, that according to Rabbi Ḥanina it is only other matters, e.g., a sale, or another type of agreement that is publicized, that may be collected even from liened property if they are of a fixed amount. A loan by oral agreement can be collected only from property that is not subject to a lien, because a loan is usually made in private. If the loan is not committed to writing, the buyers know nothing about it.

One-tenth of the estate – עִישּׂוּר נְכָסִים: Although daughters do not inherit when there are sons, it is a condition of the court that a father give each of his daughters one-tenth of his property for the sake of her dowry, to assist her in marrying. Rabbeinu Crescas Vidal asks: Because this one-tenth is a condition of the court, and it has already been said that any condition of the court is considered to be written, why is there a dispute among *amora'im* about this issue? He answers that with regard to a dowry, this is not an absolute condition, because the father can give instructions not to give his daughter a dowry from his property.

אוֹ דִּלְמָא קְצוּבִין וְאַף עַל פִּי שֶׁאֵינָן כְּתוּבִים?

Or perhaps, in order to collect from liened property, it suffices that the obligation be of **a fixed**[N] amount, **even if it is not written?**

תָּא שְׁמַע, דְּאִיתְּמַר: מִי שֶׁמֵּת וְהִנִּיחַ שְׁתֵּי בָּנוֹת וּבֵן, וְקָדְמָה הָרִאשׁוֹנָה וְנָטְלָה עִישּׂוּר נְכָסִים, וְלֹא הִסְפִּיקָה שְׁנִיָּה לִגְבּוֹת עַד שֶׁמֵּת הַבֵּן,

The Gemara suggests: **Come** and **hear** an answer to this question from what **was stated,** that the *amora'im* disagree about the following issue: There is a case of **one who died and left two daughters**[H] **and a son, and the first** daughter **went ahead and took one-tenth of the estate**[N] as her dowry, as sons are obligated to sustain their deceased father's daughters until they reach majority or become betrothed and to give them part of his estate as a dowry, as daughters do not inherit when there are sons; **but the second** daughter **did not manage to collect** her tenth of the estate for her dowry **before the son died.** Therefore, the entire estate fell to the two daughters, who then divide it between themselves, and there is a dispute as to how they divide the estate.

HALAKHA

Left two daughters – הִנִּיחַ שְׁתֵּי בָּנוֹת: If one dies and leaves two daughters and a son, and the first daughter took one-tenth of the property for her dowry, but the second daughter was unable to collect her one-tenth share before the son died, leaving the property to the two of them, then the second daughter does not collect one-tenth of the property. Instead, they divide the estate equally, and the first one takes half of what is left after she already took one-tenth, in accordance with the opinion of Rabbi Yoḥanan. The Rema writes, citing the Rosh, that there are some who rule in accordance with Rabbi Ḥanina that the second daughter first takes her one-tenth and they divide the rest of the property equally (Rambam *Sefer Nashim*, *Hilkhot Ishut* 20:9; *Shulḥan Arukh*, *Even HaEzer* 113:8).

אָמַר רַבִּי יוֹחָנָן: שְׁנִיָּה וִיתְּרָה; וְאָמַר לוֹ רַבִּי חֲנִינָא: גְּדוֹלָה מִזּוֹ אָמְרוּ, מוֹצִיאִין לְפַרְנָסָה וְאֵין מוֹצִיאִין לִמְזוֹנוֹת, וְאַתְּ אָמְרַתְּ שְׁנִיָּה וִיתְּרָה?!

Rabbi Yoḥanan says: The second daughter **forfeited**[N] her one-tenth of the estate, and therefore she cannot demand that she should first receive one-tenth of the estate as her dowry, as did her sister, and that only afterward they divide what remains of the estate equally between themselves. **And Rabbi Ḥanina said to him:** Did **they** not **say** even **more than this,** that if the brother sold off property belonging to his father's estate, payment for the daughter's **dowry can be appropriated**[H] from the buyer, **but** payment for her **sustenance cannot be appropriated**[H] from him? If the father's estate is liened to his daughter's dowry, so that she can collect her dowry even from a third party who bought the property from the son, she should be able to collect it from her father's estate before it is divided up between the daughters. **And you say** that the **second** daughter **forfeited** her one-tenth of the estate?

וְהָא פַּרְנָסָה דְּמִיקַּץ קִיְיצָא, מִיכְתַּב לָא כְּתִיבָא, וְקָא מוֹצִיאָה!

The Gemara tries to draw a conclusion with regard to the question that was raised previously: **But isn't** the **dowry** mentioned by Rabbi Ḥanina, i.e., the dowry to which an orphan daughter is entitled from her father's estate, of **a fixed** amount, i.e., one-tenth of the estate, and **it is not written? And** nevertheless, according to Rabbi Ḥanina, **it can be appropriated** from liened property that has been sold to another party.

שָׁאנֵי פַּרְנָסָה, כֵּיוָן דְּאִית לַהּ קָלָא, כְּמַאן דִּכְתִיבָא דָּמֵי.

The Gemara rejects this argument: **A dowry is different, since it** generates **publicity.** If one dies and is survived by daughters, everyone knows that a portion of his estate is pledged for their dowries. Therefore, the obligation **is considered** to be **as if it were written.** In other situations, it might be necessary according to Rabbi Ḥanina that the obligation be both of a fixed amount and written.

מְתִיב רַב הוּנָא בַּר מָנוֹחַ: מֵתוּ – בְּנוֹתֵיהֶן נִזּוֹנוֹת מִנְּכָסִים בְּנֵי חוֹרִין,

Rav Huna bar Manoaḥ raised an objection from a mishna (*Ketubot* 101b) that addresses the case of a woman who was married to a man with whom she had stipulated that he would sustain her daughter from a previous marriage. After receiving a divorce from him, she married a different man with whom she made the same stipulation, so that the stepdaughter receives sustenance from the two husbands. That mishna states: If the husbands **died,** then **their** own **daughters,** even from that same woman, **are sustained** only **from** the **unsold property** in their estate. This accords with the *halakha* taught in the mishna above (48b).

וְהִיא נִזּוֹנֶת מִנְּכָסִים מְשׁוּעְבָּדִים, מִפְּנֵי שֶׁהִיא כְּבַעֲלַת חוֹב!

The mishna in *Ketubot* continues: **But** the stepdaughter **is sustained** even **from liened property**[N] that had been sold to a third party. This is **due to** the fact **that her** legal status is **like** that of **a creditor,** and therefore she has the right to collect her debt from property formerly owned by her stepfather, her debtor. This is difficult according to both opinions, as the stepdaughter's sustenance is appropriated from liened property that has been sold to another person, despite it being neither a fixed amount nor written.

הָכָא בְּמַאי עָסְקִינַן – בְּשֶׁקָּנוּ מִיָּדוֹ.

The Gemara answers: **With what are we dealing here?** We are dealing with a case **where** the mother **acquired** the right to the daughter's sustenance **from his possession,**[NH] i.e., where they performed an act of acquisition confirming the stipulation. Consequently, it is considered as though the stipulation were been written and publicized, and so the property of the two husbands is liened for the stepdaughter's sustenance.

אִי הָכִי, בָּנוֹת נַמִי! בְּשֶׁקָּנוּ לָזוֹ וְלֹא קָנוּ לָזוֹ.

The Gemara asks: **If that is so,** that mishna is referring to a case where they performed an act acquisition, then the deceased's own **daughters as well** should be entitled to collect their sustenance from liened property that has been sold to a third party. The Gemara rejects this argument: The mishna is referring to a case **where** the mother **acquired** the right to sustenance **on behalf of this** one, the stepdaughter, **but did not acquire** the right to sustenance **on behalf of** the other daughters.

NOTES

Forfeited – וִיתְּרָה: This condition of one-tenth of his property is in place of the dowry a father would ordinarily have given his daughter were he alive. When the daughter inherits the estate, the enactment is automatically canceled, as now she has enough for her dowry. According to Rabbi Ḥanina it is possible to say that since this enactment is so strong that it creates a lien on the father's property, the dowry is not considered to be a gift. Rather, it is like a full-fledged debt, so that even if the daughter does not need it, she does not lose her financial right in the matter.

But she is sustained from liened property – וְהִיא נִזּוֹנֶת מִנְּכָסִים מְשׁוּעְבָּדִים: Rashi explains this to be a challenge to Ulla's statement, as this condition of the daughter's sustenance is not written but it is fixed for a set number of years. Many of the early commentaries object to this, saying that while the number of years is fixed, the sum that he is required to spend is not fixed at all. Many therefore prefer the explanation offered by Rabbeinu Ḥananel, that this difficulty is according to all opinions, as a stepdaughter's sustenance is neither written nor fixed.

Where the mother acquired the right to the sustenance from his possession – בְּשֶׁקָּנוּ מִיָּדוֹ: Rashi explains that since they performed an act of acquisition, the transaction is presumably recorded in writing, as a transaction that was agreed upon and confirmed by an act of acquisition can be written down even if one of the parties protests. Consequently, it is as though the matter is already recorded in writing.

Many of the early commentaries challenge this explanation, arguing that if this explanation were correct, then the Gemara would say: Where they wrote it, rather than: Where they acquired the right to the sustenance from his possession. They explain, in accordance with *Tosafot*, that the performance of an act of acquisition is even more effective than writing. The Ramban explains that since he performs an act of acquisition on his own, it can be assumed that he does this generously, and such an acquisition is therefore more effective than writing an ordinary agreement.

HALAKHA

Dowry can be appropriated – מוֹצִיאִין לְפַרְנָסָה: If brothers sell or mortgage land that they inherited from their father, the daughter collects her dowry from the buyers, like any other creditor would collect the money that is owed him. This ruling is in accordance with Rabbi Ḥanina, as no one disagrees with him with regard to this point (Rambam *Sefer Nashim*, *Hilkhot Ishut* 20:7; *Shulḥan Arukh*, *Even HaEzer* 113:5).

But sustenance cannot be appropriated – וְאֵין מוֹצִיאִין לִמְזוֹנוֹת: A wife and daughter can collect their sustenance only from property that remains in the estate of the deceased husband and father. They cannot collect it from property that he or his heirs sold or gave away (*Shulḥan Arukh*, *Even HaEzer* 112:7).

Where the mother acquired the right to the sustenance from his possession – בְּשֶׁקָּנוּ מִיָּדוֹ: If one stipulated that he would provide sustenance to his wife's daughter from a previous marriage, the daughter can collect from property the husband sold to a third party, like any other creditor. This applies only when they either performed an act of acquisition or he obligated himself in a written document. If there was no act of acquisition, she cannot collect her sustenance from this property (Rambam *Sefer Nashim*, *Hilkhot Ishut* 23:18; *Shulḥan Arukh*, *Even HaEzer* 114:4).

BACKGROUND

Stipulation of the court – **תְּנַאי בֵּית דִּין**: In many areas, e.g., actions, agreements, and dedications to the Temple, the *halakha* assumes that the legal acts were performed in accordance with a condition stipulated by the court. Even if those who wrote the relevant documents or consecrated their property did not state the condition explicitly, they are considered to have done so, because the court so stipulated.

In some cases, these conditions cannot be waived even if one explicitly stipulates their waiver. Stipulations of the court were instituted either to promote the general welfare of society or to solve specific social problems. These stipulations exist in virtually every area of *halakha*. In monetary matters, the ability of the court to force certain conditions upon those conducting a transaction stems from the principle that property declared ownerless by the court is ownerless.

מַאי פָּסְקָא? בַּת אִשְׁתּוֹ דַּהֲוַאי בִּשְׁעַת קִנְיָן – מְהַנֵּי לַהּ קִנְיָן, בִּתּוֹ דְּלָא הֲוַאי בִּשְׁעַת קִנְיָן – לָא מְהַנֵּי לַהּ קִנְיָן.

The Gemara asks: **What** is the reason for **the decision** of the *tanna* to record the *halakha* in a case where the mother acquired the right for this one but not for that one? The Gemara explains: With regard to **his wife's daughter** from her previous marriage, **who was** alive **at the time of the** act of **acquisition,** i.e., when he gave the mother her marriage contract, **the** act of **acquisition is effective for her.** With regard to **his** own **daughter** from this mother, **who was not** alive **at the time of the** act of **acquisition, the** act of **acquisition is not effective for her.**

מִי לָא עָסְקִינַן דְּהָווּ תַּרְוַיְיהוּ בִּשְׁעַת קִנְיָן, וְהֵיכִי דָּמֵי – דְּגֵרְשָׁהּ וְאַהַדְרַהּ?

The Gemara raises an objection: **Are we not dealing** here even with a case **where both of them were** alive **at the time of the** act of **acquisition? And what are the circumstances?** It is a case **where** after she was married to him and had a daughter from him, **he divorced her and** later **remarried her,** at which time an act of acquisition was performed to confirm the stipulation with regard to sustenance. As his own daughter was alive at the time, why is the act of acquisition not effective for his own daughter's sustenance as it is for that of his stepdaughter?

אֶלָּא, בִּתּוֹ דְּבִתְנַאי בֵּית דִּין קָאָכְלָה – לָא מְהַנֵּי לַהּ קִנְיָן, בַּת אִשְׁתּוֹ דְּלָאו בִּתְנַאי בֵּית דִּין קָאָכְלָה – מְהַנֵּי לַהּ קִנְיָן.

Rather, that the difference between them is as follows: With regard to **his** own **daughter, who eats,** i.e., is sustained, from his estate **based on a stipulation of the court,** as the daughter's right to sustenance from her father's estate is an inseparable part of her mother's marriage contract, **the** act of **acquisition** that was performed **is not effective for her,** because her entitlement is derived from a different source, the stipulation of the court. With regard to **his wife's daughter,** who eats from his estate **not** based **on a stipulation of the court,**[B] as her entitlement is based on the explicit stipulation made between the husband and the wife, **the** act of **acquisition is effective for her** and enables her to collect her sustenance even from liened property that has been sold to a third party.

וְכִי מִיגְרַע גָּרְעָה? אֶלָּא, בִּתּוֹ כֵּיוָן דְּבִתְנַאי בֵּית דִּין קָאָכְלָה, אֵימַר צְרַרִי אַתְפְּסַהּ.

The Gemara challenges this explanation: **But is** a right that is rooted in two sources, both a stipulation of the court and an act of acquisition, **inferior** to a right that is rooted in an act of acquisition alone? The act of acquisition is in addition to the stipulation of the court, and should be effective for her as well. **Rather,** this is the difference between them: With regard to **his** own **daughter, since his daughter eats** from his estate **based on a stipulation of the court, say** that perhaps **he** already **gave her money** during his lifetime for her sustenance. Since there is uncertainty, she cannot recover her sustenance from liened property, even if an act of acquisition was performed to confirm the stipulation. With regard to the stepdaughter, there is no concern that perhaps he already gave her the money while he was alive. Therefore, if an act of acquisition was performed, she can collect her sustenance even from liened property that has been sold to another.

תָּא שְׁמַע, אָמַר רַבִּי נָתָן: אֵימָתַי? בִּזְמַן שֶׁקָּדַם מִקָּחוֹ שֶׁל שֵׁנִי לְשִׁבְחוֹ שֶׁל רִאשׁוֹן,

The Gemara continues its discussion with regard to collection from liened property that has been sold to a third party: **Come** and **hear** what **Rabbi Natan said: When** do we say that if one appropriated a field and sold it, and the buyer worked the land and enhanced it, and then the initial owner from whom the field had, been appropriated reclaimed the property the buyer can recover the increase in value of the field resulting from his enhancements only from unsold property in the robber's possession but not from liened property that has been sold to another party? This is said **when the purchase of the second** buyer, i.e., the party who purchased the property that rightfully belonged to the robber, **preceded the enhancements** made **by the first** buyer to the appropriated property he purchased from the robber.

אֲבָל קָדַם שִׁבְחוֹ שֶׁל רִאשׁוֹן לְמִקָּחוֹ שֶׁל שֵׁנִי – גּוֹבֶה מִנְּכָסִים מְשׁוּעְבָּדִים; אַלְמָא מִשּׁוּם דְּלָא קָדֵים הוּא!

But if the enhancements made **by the first** buyer **preceded the acquisition of the second** buyer, then **he can collect** the increase in value of the field resulting from his enhancements even **from liened property** that has been sold to the second buyer. **Apparently,** he cannot collect the increase in value from liened property **because** the enhancements **did not precede** the sale of the other field, not because the increase in value is not of a fixed amount or written in a deed.

תַּנָּאֵי הִיא, דְּתַנְיָא: אֵין מוֹצִיאִין לַאֲכִילַת פֵּירוֹת וּלְשֶׁבַח קַרְקָעוֹת וְלִמְזוֹן אִשָּׁה וְהַבָּנוֹת מִנְּכָסִים מְשׁוּעְבָּדִים, מִפְּנֵי תִּיקּוּן הָעוֹלָם, לְפִי שֶׁאֵין כְּתוּבִין.

The Gemara answers: Proof cannot be brought one way or the other from this *baraita*, since the issue **is** the subject of a dispute between ***tanna'im*****, as it is taught** in another *baraita*: The court **does not appropriate** payment **from liened property** that has been sold to a third party **for the consumption of produce or for the enhanced value of land or for the sustenance of** a man's **wife and daughters.** The reason why one cannot collect these debts from liened property is **for the betterment of the world, because** all these obligations **are not written** in any deed. If purchasers are at risk of losing the land they purchased to pay debts of the seller that had not been written, they will have no way to protect themselves, and no one will purchase land.

אָמַר רַבִּי יוֹסֵי: וְכִי מַה תִּיקּוּן הָעוֹלָם יֵשׁ בְּזוֹ? וַהֲלֹא אֵין קְצוּבִין!

The *baraita* continues: **Rabbi Yosei said: And what betterment of the world is there in this,** in stating that the reason the land is not appropriated is only because the debt was not written? **But isn't** the real reason that these obligations cannot be collected from liened property is that **they are not** of **a fixed** amount? No one would be willing to purchase land if the land were liened to an unlimited debt. It is clear in this *baraita* that the criteria for collection from liened property that has been sold to a third party are subject to a tannaitic dispute.

״וְהַמּוֹצֵא מְצִיאָה לֹא יִשָּׁבַע״. אָמַר רַבִּי יִצְחָק: ״שְׁנֵי כִּיסִין קְשׁוּרִין מָצָאתָ לִי״, וְהַלָּה אוֹמֵר ״לֹא מָצָאתִי אֶלָּא אֶחָד״ – נִשְׁבָּע; ״שְׁנֵי שְׁוָורִים קְשׁוּרִין מָצָאתָ לִי״, וְהַלָּה אוֹמֵר ״לֹא הָיָה אֶלָּא אֶחָד״ – אֵינוֹ נִשְׁבָּע.

§ The mishna teaches: **And** it was further instituted that **one who finds a lost item** and returns it to its rightful owner is **not** required to **take an oath** that he did not keep any part of the lost item for himself. This ordinance was also instituted for the betterment of the world. **Rabbi Yitzḥak says:** If the owner of the lost item brings a claim against the finder, saying: **You found two** money **pouches**[NH] **tied** together that belong **to me, and the other** person **says: I found only one** pouch, then the finder **takes an oath,** similar to anyone who admits to part of a claim. If the owner claims: **You found two oxen tied** together that belong **to me, and the other** person **says: There was only one** ox, the finder is **not** required to **take an oath.**

מַאי טַעְמָא? שְׁוָורִין מִנַּתְּחִי מֵהֲדָדֵי, כִּיסִין לָא מִנַּתְּחִי מֵהֲדָדֵי.

The Gemara explains: **What is the reason** for the difference between the two cases? It is that **oxen become detached from each other.** Consequently, it is possible that when the oxen were lost, there had been two that were tied together, but afterward they became separated and the finder found only one. By contrast, **pouches do not become detached from each other.** Since the finder admits that he found one of them, it stands to reason that he actually found both of them.

״שְׁנֵי שְׁוָורִין קְשׁוּרִין מָצָאתָ״, וְהַלָּה אוֹמֵר ״מָצָאתִי וְהֶחֱזַרְתִּי לְךָ אֶחָד מֵהֶן״ – הֲרֵי זֶה נִשְׁבָּע.

Rabbi Yitzḥak also says: If the owner of the lost item says to the finder: **You found two tied oxen, and the other** person **says: I found** two oxen, **but I** already **returned one of them to you,** then the finder **takes an oath.**

וְרַבִּי יִצְחָק לֵית לֵיהּ הַמּוֹצֵא מְצִיאָה לֹא יִשָּׁבַע מִפְּנֵי תִּיקּוּן הָעוֹלָם?

A question may be raised against these rulings of Rabbi Yitzḥak: **But does Rabbi Yitzḥak not accept** the *halakha* stated in the mishna that **one who finds a lost item is not** required to **take an oath,** this being an enactment instituted **for the betterment of the world?**

NOTES

Two pouches – שְׁנֵי כִּיסִין: The early commentaries ask: What is the significance of the difference between pouches and oxen? If the one who lost the item saw how the other person found it, then he presents his claim with certainty in both cases, and the finder has to take an oath. If he did not see this, then he presents an uncertain claim, and an oath is not required in either case. They answer that here the owner saw from a distance that the man found the lost item, but he could not see exactly what happened. With regard to pouches, it can be assumed that the man found both of them, whereas with regard to oxen, it is possible that one of them fled (*Tosefot HaRosh*).

HALAKHA

Two pouches – שְׁנֵי כִּיסִין: If one claims to have found a single pouch, and the owner of the lost item claims that there were two pouches and that one pouch could not have been found without the other, the finder is not required to take an oath. This ruling is in accordance with the mishna and contrary to the opinion of Rabbi Yitzḥak (*Shulḥan Arukh*, *Ḥoshen Mishpat* 267:27).

הוּא דַּאֲמַר כְּרַבִּי אֱלִיעֶזֶר בֶּן יַעֲקֹב; דְּתַנְיָא, רַבִּי אֱלִיעֶזֶר בֶּן יַעֲקֹב אוֹמֵר: פְּעָמִים שֶׁאָדָם נִשְׁבָּע עַל טַעֲנַת עַצְמוֹ, כֵּיצַד? ״מָנֶה לְאָבִיךָ בְּיָדִי וְהֶאֱכַלְתִּיו פְּרָס״ – הֲרֵי זֶה נִשְׁבָּע, וְזֶה הוּא שֶׁנִּשְׁבָּע עַל טַעֲנַת עַצְמוֹ.

The Gemara answers: Rabbi Yitzḥak **stated** his opinion **in accordance with** the opinion of **Rabbi Eliezer ben Ya'akov, as it is taught** in a *baraita* (*Tosefta*, *Shevuot* 5:10) that **Rabbi Eliezer ben Ya'akov says:** There are **times when a person takes an oath about his own claim. How so?** One says to another: **One hundred dinars of your** deceased **father's was in my possession,** as I had borrowed that sum from him. **And I** already **paid him part** [*peras*][L] of it, but I still owe you fifty dinars. In this case, he is not believed unless **he takes an oath** that he repaid the half, like anyone who admits to part of a claim. **And this is** an example of a case **where** one **takes an oath about his own claim.** Although nobody has claimed anything from him, he still takes an oath on the basis of his own statement.

וַחֲכָמִים אוֹמְרִים: אֵינוֹ אֶלָּא כְּמֵשִׁיב אֲבֵידָה וּפָטוּר.

But the Rabbis say: In such a case, the borrower **is** regarded **only as someone who is returning a lost item,**[HN] **and** therefore **he is exempt** from an oath. Rabbi Yitzḥak's position is similar to that of Rabbi Eliezer ben Ya'akov. Since the finder says that he found only half of what the owner claims was lost, he is treated like someone who admits to part of a claim and therefore takes an oath.

וְרַבִּי אֱלִיעֶזֶר בֶּן יַעֲקֹב לֵית לֵיהּ מֵשִׁיב אֲבֵידָה פָּטוּר? אָמַר רַב: בְּטוֹעֲנוֹ קָטָן.

The Gemara asks: **But does Rabbi Eliezer ben Ya'akov not maintain**[N] that **someone who returns a lost item is exempt** from an oath? **Rav says:** The case in dispute between Rabbi Eliezer ben Ya'akov and the Rabbis is not one where nobody has claimed anything from the borrower, as in such a case all agree that the borrower is exempt from taking an oath. Rather, it is a case **where** the creditor has died, leaving a child as his heir, and this **minor** confronts the borrower and **claims** a hundred dinars **from him,** which he alleges was lent by his late father. The other admits to having borrowed the money but claims that he already repaid half the sum. Since he admits to part of the claim, he takes an oath that he did repay the other part.

קָטָן מִידֵּי מַמָּשָׁא אִית בֵּיהּ? וְהָתְנַן: אֵין נִשְׁבָּעִין עַל טַעֲנַת חֵרֵשׁ, שׁוֹטֶה וְקָטָן!

The Gemara asks: Does the claim of **a minor have any substance? But didn't we learn** in a mishna (*Shevuot* 38b): **One does not take an oath** in response **to the claim of a deaf-mute, an imbecile, or a minor,**[H] as the claim of one who lacks halakhic competence has no significance whatsoever. According to this, if a minor brought a claim against the borrower, it is as though there were no claim at all but only the borrower's admission, and so the borrower should be exempt from taking an oath.

LANGUAGE

Part [*peras*] – פְּרָס: From the root *peh, reish, samekh,* in its principal meaning of breaking. A *peras* is a piece broken off from something. When the word *peras* is used in the context of a size or amount, it usually means half of the amount, which is the simplest fraction of the whole. Here this is not necessarily the case, as the word is used to mean that he borrowed a certain amount and paid back a portion of it.

HALAKHA

Only as someone who is returning a lost item – אֵינוֹ אֶלָּא כְּמֵשִׁיב אֲבֵדָה: If one says to another: I owed your father one hundred dinars and repaid him fifty, he is exempt from taking an oath, and certainly from paying, because he is regarded as someone who is returning a lost item. This ruling is in accordance with the rabbinic ordinance in the mishna and the opinion of the Rabbis. If the son claims: I know with certainty that you owe my father one hundred dinars, and the defendant says either that he paid fifty or that he only owed fifty, he is treated as one who admits to a part of the claim and is required to take an oath (Rambam *Sefer Mishpatim, Hilkhot To'en VeNitan* 4:5; *Shulḥan Arukh, Ḥoshen Mishpat* 75:3).

The claim of a deaf-mute, an imbecile, or a minor – טַעֲנַת חֵרֵשׁ שׁוֹטֶה וְקָטָן: One does not take an oath in response to the claim of a deaf-mute, an imbecile, or a minor, whether he brought the claim on his own or due to his father. This is because one who admits to the part of a claim of any of these people is considered like one who returns a lost item and is consequently exempt from the requirement to take an oath. The Rambam writes, citing his teachers, that in any case an oath of inducement is required due to a minor's claim (Rambam *Sefer Mishpatim, Hilkhot To'en VeNitan* 5:9–10; *Shulḥan Arukh, Ḥoshen Mishpat* 96:1–2).

NOTES

As someone who is returning a lost item – כְּמֵשִׁיב אֲבֵידָה: The Ritva explains that it is learned from here that according to Rabbi Eliezer ben Ya'akov one who returns a lost item is required to take an oath, and all the more so when the return was preceded by some type of claim. Many of the early commentaries hold that a distinction should be made between one who returns a lost item and one who finds a lost item (Ramban; Rashba; Rabbeinu Crescas Vidal). The term: One who returns a lost item, is referring to one who admits on his own that he found a lost item, there being no other proof that he found anything. In their opinion, all agree that this person is exempt from taking an oath. The Sages disagree only in the case of one who finds a lost item, i.e., there is proof that he found the item and he returns it on his own. In the latter case, Rabbi Eliezer ben Ya'akov maintains that since there was a basis for the claim against him, he can still be defined as one who admits to a part of the claim, and he is required to take an oath.

But does Rabbi Eliezer ben Ya'akov not maintain – וְרַבִּי אֱלִיעֶזֶר בֶּן יַעֲקֹב לֵית לֵיהּ: This question is difficult, as certainly the statement of a *tanna* cannot be challenged from a mishna. How, then, can the Gemara ask: But does he not maintain? Rashi resolves this difficulty by saying that the Gemara is not raising an objection but merely inquiring into the logic of his position. Since the rationale of: For the betterment of the world, is a reasonable one, why does Rabbi Eliezer ben Ya'akov not take it into consideration?

Many of the early commentaries challenge Rashi's opinion. While some defend his position (see Rashba), most explain in accordance with *Tosafot* that the Gemara's question should be understood as follows: Does Rabbi Eliezer ben Ya'akov not accept the principle of: Since? That is to say: Since he could have remained silent and said nothing at all about his liability, but he said that he owed a portion of the amount, he should therefore be believed and be exempt from the requirement of taking an oath. The *Penei Yehoshua* says that Rashi follows his own opinion that an argument of: Since, cannot exempt a person from an oath (see Ramban, citing Ri Migash and Rambam).

מַאי קָטָן – גָּדוֹל, וְאַמַּאי קָרֵי לֵיהּ קָטָן – דִּלְגַבֵּי מִילֵּי דְּאָבִיו קָטָן הוּא.

The Gemara answers: To **which** kind of **minor** was Rav referring? It was to **an adult** son of the creditor. **And why does** Rav **call him a minor,** if he is in fact an adult? It is **as with regard to his father's affairs he is** like **a minor.** He does not know with certainty how much money the borrower repaid but merely says that he thinks he owes his father more.

אִי הָכִי, טַעֲנַת עַצְמוֹ? טַעֲנַת אֲחֵרִים הוּא! טַעֲנַת אֲחֵרִים וְהוֹדָאַת עַצְמוֹ.

The Gemara asks: **If that is so,** that we are dealing with a case where the deceased creditor's adult son made a claim against the debtor, how can Rabbi Eliezer ben Ya'akov say about this claim that it is his own claim? Is this an oath taken about **his own claim? It is** an oath taken about **the claim of others,** i.e., the son. The Gemara answers: Rabbi Eliezer ben Ya'akov calls it an oath taken about one's own claim, although it is really **the claim of others,** because it is **his own admission** that obligates him to take the oath.

כּוּלְּהוּ טַעֲנָתָא נַמִי טַעֲנַת אֲחֵרִים וְהוֹדָאַת עַצְמוֹ נִינְהוּ! אֶלָּא בִּדְרַבָּה קָמִיפַּלְגִי, דְּאָמַר רַבָּה: מִפְּנֵי מָה אָמְרָה תּוֹרָה מוֹדֶה מִקְצָת הַטַּעֲנָה יִשָּׁבַע? חֲזָקָה אֵין אָדָם מֵעִיז פָּנָיו בִּפְנֵי בַּעַל חוֹבוֹ,

The Gemara objects: **All claims** that lead to the oath of one who admits to part of the claim **are also** a combination of **the claim of others and** the defendant's **own admission. Rather,** Rabbi Eliezer ben Ya'akov and the Rabbis **disagree with regard to** the following explanation given by **Rabba, as Rabba says: For what reason did the Torah say** that one who **admits to part of the claim**[H] brought against him **takes an oath** with regard to the rest of the claim, which he denies, whereas one who denies the entire claim is not required to take an oath? Rabba answers: The oath of partial admission is based on a **presumption** with regard to the defendant's behavior. There is a presumption **that a person would not be so brazen** as to stand **before his creditor** and deny his debt when his creditor knows that he is lying.

וְהַאי בְּכוּלֵּיהּ בָּעֵי לְמִכְפְּרֵיהּ לֵיהּ, וְהַאי דְּלָא כָּפְרֵיהּ – מִשּׁוּם דְּאֵין אָדָם מֵעִיז פָּנָיו בִּפְנֵי בַּעַל חוֹבוֹ, וּבְכוּלֵּיהּ בָּעֵי דְּלוֹדֵי לֵיהּ, וְהַאי דְּלָא אוֹדֵי לֵיהּ – אִישְׁתַּמּוֹטֵי הוּא דְּקָא מִשְׁתַּמֵּיט לֵיהּ, סָבַר עַד דְּהָווּ לִי זוּזֵי וּפָרַעְנָא לֵיהּ, וְאָמַר רַחֲמָנָא: רְמֵי שְׁבוּעָה עִילָּוֵיהּ כִּי הֵיכִי דְּלוֹדֵי לֵיהּ בְּכוּלֵּיהּ.

Rabba continues: **And this** one who admits to part of the claim would **want to deny all of it, and** the only reason **he does not deny** all of **it is because a person would not be so brazen before his creditor.**[N] **And** in fact, he would **want to admit** to **all** of the claim **to him. And** the reason **that he did not admit** the whole claim **to him** and say that in fact he owes him the entire sum is that **he was evading** his obligation temporarily. The debtor is short of money and **he thinks:** I will pay my creditor as much as I can afford now, and I will evade paying the rest **until I have** enough **money, and** then **I will repay him** the rest, to which I have not yet admitted. Therefore, **the Merciful One states: Impose an oath on** the debtor **in order** to induce him **to admit all** of the debt **to** the creditor.

רַבִּי אֱלִיעֶזֶר בֶּן יַעֲקֹב סָבַר: לָא שְׁנָא בּוֹ וְלָא שְׁנָא בִּבְנוֹ – אֵינוֹ מֵעִיז, וְהִילְכָּךְ לָאו מֵשִׁיב אֲבֵידָה הוּא. וְרַבָּנַן סָבְרִי: בּוֹ הוּא דְּאֵינוֹ מֵעִיז, אֲבָל בִּבְנוֹ מֵעִיז, וּמִדְּלָא מֵעִיז, מֵשִׁיב אֲבֵידָה הוּא.

Following Rabba's reasoning, the difference of opinion between Rabbi Eliezer ben Ya'akov and the Rabbis can be explained as follows: **Rabbi Eliezer ben Ya'akov holds** that **there is no difference between** the creditor **himself and** the creditor's **son,** as in all cases the debtor **would not be so brazen** as to deny his debt. **Therefore,** the debtor **is not** considered like **someone who is returning a lost item.** Rabbi Eliezer ben Ya'akov maintains that Rabba's reasoning applies in this case as well, so he is required to take an oath. **And the Rabbis hold** that **he would not be so brazen** as to deny a debt before the creditor **himself, but** toward **his** creditor's **son he would be brazen** and deny the claim completely. **And since he was not so brazen** as to deny the entire claim, but admitted to part of it, **he is** considered like **someone returning a lost item,** and therefore he is exempt from taking an oath.

HALAKHA

One who admits to part of the claim – מוֹדֶה מִקְצָת הַטַּעֲנָה: If one makes a claim against another with regard to money or movable property and the other admits to part of the claim and denies a portion of it, that person takes an oath by Torah law (Rambam *Sefer Hafla'a*, *Hilkhot Shevuot* 11:5; *Shulḥan Arukh*, *Ḥoshen Mishpat* 87:1).

NOTES

Brazen before his creditor – מֵעִיז פָּנָיו בִּפְנֵי בַּעַל חוֹבוֹ: Rashi in tractate *Bava Kamma* gives a reason for this: Since his creditor did him a favor and lent him money, the debtor would not be so brazen as to totally deny his claim. *Tosafot* and the Ramban dispute this at length, arguing that the *halakha* of one who admits to part of a claim applies also to one who denies a part of a deposit that had been entrusted to him. Consequently, a bailee takes an oath when he denies a part of the deposit, although he did a favor for the owner. Therefore, Rashi's reasoning is difficult. Rather, it must be that the reason one who denies an entire claim is exempt from taking an oath is that one will not act so brazenly as to deny fully a claim before someone who clearly knows that he is lying. According to this, the difference between denying the claim of the creditor himself and denying the claim of his son is understood, as even if the son has a solid basis for his claim, he cannot make this statement with the same degree of certainty as could his father.

LANGUAGE

Steward [*apotropos*] – אַפּוֹטְרוֹפּוֹס: From the Greek ἐπίτροπος, *epitropos*, meaning an appointee. The Sages generally use this term when referring to a steward who is appointed to take responsibility over the affairs of a minor or others who are incapable of taking care of their own affairs.

NOTES

Obligated to tithe their produce – חַיָּיב לְעַשֵּׂר פֵּירוֹתֵיהֶם: This is an enactment instituted for the betterment of the world. Although in principle he would not be permitted to do so, the Sages instituted that the steward may tithe the orphans' produce on their behalf, so that they not partake of untithed produce. The Rashba understands the enactment differently: It was instituted that the steward may tithe only from what the orphans need, so that no one will suspect him of spending their money unnecessarily.

He takes an oath – יִשָּׁבַע: The Sages disagree about which one of these stewards takes an oath. In any event, the requirement was instituted for the sake of the betterment of the world, so that the steward not improperly benefit from the orphan's property, as the steward takes an oath even if no claim was brought against him by the orphans or others (Rashi).

מתני׳ יְתוֹמִין שֶׁסָּמְכוּ אֵצֶל בַּעַל הַבַּיִת, אוֹ שֶׁמִּינָּה לָהֶן אֲבִיהֶן אַפּוֹטְרוֹפּוֹס – חַיָּיב לְעַשֵּׂר פֵּירוֹתֵיהֶם.

MISHNA With regard to **orphans who are living with a homeowner** who takes care of all their needs and affairs, even if neither their father nor the court officially appointed him to this task, **or if their father appointed a steward** [*apotropos*][L] **for them,** this person **is obligated to tithe their produce.**[NH]

אַפּוֹטְרוֹפּוֹס שֶׁמִּינָּהוּ אֲבִי יְתוֹמִים – יִשָּׁבַע, מִינּוּהוּ בֵּית דִּין – לֹא יִשָּׁבַע; אַבָּא שָׁאוּל אוֹמֵר: חִילּוּף הַדְּבָרִים.

With regard to **a steward who was appointed by the orphans' father,** when he returns all of the property to the orphans upon their reaching adulthood, **he takes an oath**[N] that he took nothing of theirs for himself. By contrast, if **the court appointed him** to serve as a steward for them, then **he is not** required to **take** such **an oath. Abba Shaul says: The matters are reversed.**[H] A steward appointed by the court takes an oath, but a steward appointed by the orphans' father is not required to do so.

גמ׳ וּרְמִינְהוּ ״אַתֶּם״ – וְלֹא שׁוּתָּפִין, אַתֶּם – וְלֹא אֲרִיסִין, אַתֶּם – וְלֹא אַפּוֹטְרוֹפִּין וְלֹא הַתּוֹרֵם אֶת שֶׁאֵינוֹ שֶׁלּוֹ!

GEMARA The mishna teaches that a steward is obligated to tithe the produce of the orphans in his charge. The Gemara **raises a contradiction** from a *baraita* that expounds a verse dealing with the *teruma* of the tithe, given by a Levite to a priest: "Thus you, also you, shall offer a gift to the Lord" (Numbers 18:28). The emphasis placed on the word "you" teaches as follows: **"You"** separate *teruma,* **but not partners,** meaning that one partner may not separate *teruma* on behalf of the other. **"You"** separate *teruma,* **but not sharecroppers. "You"** separate *teruma,* **but not stewards,** and "you" separate *teruma,* **but not one who separates** ***teruma*** **from** produce **that is not his.** How, then, can the mishna say that a steward is able to, and is even required to, tithe the produce of the orphans in his charge, when that produce does not belong to him?

אָמַר רַב חִסְדָּא, לָא קַשְׁיָא: כָּאן לְהַאֲכִיל, כָּאן לְהַנִּיחַ.

Rav Ḥisda said that this is **not difficult: Here** the mishna is dealing with a steward who tithes the orphans' produce in order **to feed** it to them. Since he is not permitted to feed them untithed produce, the Sages allowed him to tithe that which he gives them to eat. **There** the *baraita* is referring to produce that is not needed for the orphans' sustenance; rather, the steward wishes **to put** it **aside**[H] in a tithed state. Since he is not the owner of the produce, he lacks the authority to tithe it.

וְהָתַנְיָא: הָאַפּוֹטְרוֹפִּין תּוֹרְמִין וּמְעַשְּׂרִין, לְהַאֲכִיל וְלֹא לְהַנִּיחַ; וּמוֹכְרִין לָהֶן בְּהֵמָה, עֲבָדִים וּשְׁפָחוֹת, בָּתִּים, שָׂדוֹת וּכְרָמִים, לְהַאֲכִיל אֲבָל לֹא לְהַנִּיחַ; וּמוֹכְרִין לָהֶן פֵּירוֹת, יֵינוֹת, שְׁמָנִים וּסְלָתוֹת, לְהַאֲכִיל אֲבָל לֹא לְהַנִּיחַ;

And it is taught in a *baraita* (*Tosefta, Terumot* 1:10) that this distinction is made based on whether the steward intends to feed the produce to the orphans or store it: **Stewards can separate** ***teruma*** **and tithes** from the produce of the orphans in their charge in order **to feed** the produce to them, **but not** with the intention **to put** it **aside. And** stewards **may sell** the orphans' possessions **for them** as follows: **Cattle,**[H] **male and female slaves, houses, fields, and vineyards,** in order **to feed** the orphans, so that they will have something to eat immediately, **but not** with the intention **to put aside** the proceeds for future use. **And they may** also **sell produce, wine, oil, and flour for them** in order **to feed** them, **but not** with the intention **to put aside** the proceeds for a later date.

HALAKHA

Obligated to tithe their produce – חַיָּיב לְעַשֵּׂר פֵּירוֹתֵיהֶם: Stewards separate *teruma* and tithes from the produce of orphans in their charge (Rambam *Sefer Zera'im, Hilkhot Terumot* 4:10; *Shulḥan Arukh, Yoreh De'a* 331:38).

The matters are reversed – חִילּוּף הַדְּבָרִים: The steward gives the orphans their father's money after they reach adulthood, and he takes an oath that he did not steal anything from them. This applies to a steward appointed by the court. If the steward was appointed by the orphan's father then he is not required to take an oath. This ruling is in accordance with Abba Shaul and the conclusion of the Gemara (Rambam *Sefer Mishpatim, Hilkhot Naḥalot* 11:2; *Shulḥan Arukh, Ḥoshen Mishpat* 290:16).

To feed…to put it aside – לְהַאֲכִיל...לְהַנִּיחַ: When a steward separates *teruma* from orphans' produce, he should separate it only from what they need in order to eat, so that the orphans not partake of produce that is forbidden to them. Stewards do not have the authority to separate *teruma* in order to prepare the produce for another person. Rather, they should sell it untithed and the buyer will tithe it. The Ra'avad holds that this is not the accepted *halakha.* Rather, the steward should separate *teruma* from all of the produce, so as not to cause other people to sin (Rambam *Sefer Mishpatim, Hilkhot Naḥalot* 11:2; *Shulḥan Arukh, Yoreh De'a* 248:3, and in the comment of Rema; *Ḥoshen Mishpat* 290:14).

And stewards may sell for them cattle, etc. – וּמוֹכְרִין לָהֶן בְּהֵמָה וכו׳: A steward may sell the orphans' animals, male and female slaves, fields, or vineyards in order to feed them with the proceeds, but he may not execute such a sale in order to put the money aside. The Rema writes, citing the *Tur*, that in general he should sell animals before slaves, and slaves before houses. The actual order of sale depends on what the steward deems best for the orphans (Rambam *Sefer Mishpatim, Hilkhot Naḥalot* 11:6; *Shulḥan Arukh, Ḥoshen Mishpat* 290:11).

וְעוֹשִׂין לָהֶן לוּלָב וַעֲרָבָה וְסוּכָּה וְצִיצִית, וְכׇל דָּבָר שֶׁיֵּשׁ לוֹ קִצְבָה – לְאֵיתוּיֵי שׁוֹפָר; וְלוֹקְחִין לָהֶם סֵפֶר תּוֹרָה, תְּפִילִּין וּמְזוּזוֹת, וְכׇל דָּבָר שֶׁיֵּשׁ לוֹ קִצְבָה – לְאֵתוּיֵי מְגִילָּה;

The *baraita* continues: **And** stewards **make** the following items that are required for the fulfillment of a mitzva **for the** orphans, from their property: **A** *lulav*,[H] **a willow branch, a** *sukka*, **ritual fringes, and any item** used for a mitzva **that involves a fixed** expense. The Gemara notes that the words: Any item used for a mitzva, serve **to include a** *shofar*. **And they may purchase a Torah scroll, phylacteries,** *mezuzot*, **and any** other **item** used for a mitzva **that involves a fixed** expense. The Gemara comments that these last words serve **to include a Megilla,** the Scroll of Esther, read on Purim.

וְאֵין פּוֹסְקִין עֲלֵיהֶם צְדָקָה, וְאֵין פּוֹדִין עֲלֵיהֶן אֶת הַשְּׁבוּיִין, וְלֹא כׇּל דָּבָר שֶׁאֵין לוֹ קִצְבָה – לְאֵתוּיֵי תַּנְחוּמֵי אֲבֵלִים.

The *baraita* continues: **But** stewards **may not undertake** to give **charity on behalf of** orphans,[H] **and they may not redeem captives on their behalf** with their property. **Nor** may they do **anything** with the orphans' property **that does not involve a fixed** expense. The Gemara explains that this last phrase serves **to include** that which is brought to **comfort mourners.** A steward may not use property belonging to the orphans in his charge for this purpose.

וְאֵין אַפּוֹטְרוֹפִּין רַשָּׁאִין לָדוּן לָחוֹב וְלִזְכּוֹת בְּנִכְסֵי יְתוֹמִים. לִזְכּוֹת אַמַּאי לָא? אֶלָּא, לָחוֹב עַל מְנָת לִזְכּוֹת בְּנִכְסֵי יְתוֹמִים.

The *baraita* continues: **And stewards are not permitted to involve** themselves **in litigation,** if the purpose is **to accept an obligation or to secure gain for the property of the orphans.** The Gemara asks: **Why** may they **not** enter into litigation **to secure gain?** The Gemara clarifies: **Rather,** this means that stewards are not permitted **to** involve themselves in litigation in which they will **accept** financial **obligation** upon the orphans' estate, even if they do so **in order to** ultimately **secure gain**[NH] **for the property of the orphan.**

וְאֵין אַפּוֹטְרוֹפִּין רַשָּׁאִין לִמְכּוֹר בְּרָחוֹק וְלִגְאוֹל בְּקָרוֹב, בְּרָעָה – וְלִגְאוֹל בְּיָפָה. מַאי טַעְמָא? דִּלְמָא מִשְׁתַּדְּפִין.

The *baraita* continues: **And stewards are not permitted to sell** a field belonging to the orphans that is located **in a distant** place[H] **and** use the proceeds to **redeem** a field that their father had sold **in a nearby** place, although this is ordinarily considered to be a favorable exchange. Similarly, stewards are not permitted to sell **a bad** field and use the proceeds to **redeem a good** one. The Gemara explains: **What is the reason** for this? The reason is **that perhaps** the bought fields **will become blighted,** and it will turn out that the steward has caused the orphans a loss with his purchase.

וְאֵין אַפּוֹטְרוֹפִּין רַשָּׁאִין לִמְכּוֹר שָׂדוֹת וְלִיקַּח עֲבָדִים, אֲבָל מוֹכְרִין עֲבָדִים וְלוֹקְחִין בָּהֶן שָׂדוֹת. רַבָּן שִׁמְעוֹן בֶּן גַּמְלִיאֵל אוֹמֵר: אַף לֹא לִמְכּוֹר עֲבָדִים וְלִיקַּח שָׂדוֹת. מַאי טַעְמָא? דִּלְמָא לָא מְשַׁפְּיָין.

The *baraita* continues: **And stewards are not permitted to sell fields** belonging to the orphans **and** use the proceeds **to purchase slaves. But they may sell** the orphans' **slaves and** use **their** proceeds **to purchase fields,** as land is considered to be a more stable asset. **Rabban Shimon ben Gamliel says:** Stewards **may not even sell slaves and** use the proceeds **to purchase fields.** The Gemara explains: **What is the reason** for this? **Perhaps** it will turn out that the property **is not secure** [***meshappeyan***],[L] the ownership of the fields being contested by others, and consequently the steward will have made matters more complicated for the orphans as a result of his purchase.

NOTES

To accept obligation in order to secure gain – לָחוֹב עַל מְנָת לִזְכּוֹת: Rashi explains that the stewards may go to court on behalf of the orphans, and they can only secure gain for them but not suffer a loss, because if they lose in court, the orphans are not required to pay.

LANGUAGE

Secure [*meshappeyan*] – מְשַׁפְּיָין: From the root *shin, peh, heh*, meaning to be well or healthy. In its expanded sense, it refers to something without blemish or problems.

HALAKHA

And stewards make for the orphans a *lulav*, etc. – וְעוֹשִׂין לָהֶן לוּלָב וכו׳: A steward must ensure that the orphans have access to a *lulav*, *sukka*, ritual fringes, *shofar*, Torah scroll, phylacteries, *mezuzot*, and a Megilla. The principle is that he is responsible for any item that is necessary for a positive mitzva and has a fixed amount, whether the mitzva is by Torah law or by rabbinic law, despite the fact that the obligation of the minors is only for the sake of educating them to perform mitzvot (Rambam *Sefer Mishpatim*, *Hilkhot Naḥalot* 11:10; *Shulḥan Arukh*, *Ḥoshen Mishpat* 290:15).

Stewards may not undertake to give charity on behalf of orphans – אֵין פּוֹסְקִין עֲלֵיהֶם צְדָקָה: A steward may not undertake to give charity on behalf of orphans, or to donate money for the redemption of captives, because these mitzvot have no fixed amount. If he undertakes to give charity on their behalf so that they have a good reputation, and he is trustworthy and capable, it is permitted (Rambam *Sefer Mishpatim*, *Hilkhot Naḥalot* 11:10; *Shulḥan Arukh*, *Yoreh De'a* 248:3 and *Ḥoshen Mishpat* 290:15).

To accept obligation in order to secure gain – לָחוֹב עַל מְנָת לִזְכּוֹת: If one has a claim against orphans, their steward is not required to go to court, lest he lose the case. If he goes to court on behalf of the orphans and wins, the ruling stands (Rambam *Sefer Mishpatim*, *Hilkhot Naḥalot* 11:7; *Shulḥan Arukh*, *Ḥoshen Mishpat* 290:12).

To sell in a distant place, etc. – לִמְכּוֹר בְּרָחוֹק וכו׳: A steward may not sell orphans' property, even if he sells property in a distant place in order to purchase property in a nearby place or he sells land of lower quality in order to purchase land of higher quality, lest this purchase lead to financial loss. A steward may not sell fields in order to purchase slaves, nor may he sell slaves in order to purchase fields, in accordance with the opinion of Rabban Shimon ben Gamliel. The Rema writes that some say that he is permitted to sell slaves in order to purchase fields (*Tur*, citing Rosh), in accordance with the opinion of the first *tanna* (Rambam *Sefer Mishpatim*, *Hilkhot Naḥalot* 11:6–7; *Shulḥan Arukh*, *Ḥoshen Mishpat* 290:11).

ואין אפוטרופין רשאין להוציא עבדים לחירות, אבל מוכרין אותן לאחרים, ואחרים מוציאין אותן לחירות; רבי אומר, אומר אני: אף הוא נותן דמי עצמו ויוצא, מפני שהוא כמוכרו לו.

The *baraita* continues: **And stewards are not permitted to free slaves**[NH] belonging to the orphans in their charge, even if it is necessary to do so for any reason. **But they may sell them to others, and** then those **others may free them. Rabbi** Yehuda HaNasi **says: I say** that **even he,** the slave himself, **may give his own monetary value** to the steward **and** thereby **go free, due to the fact that it is as if** the steward **sold** the slave **to** the slave himself. It is irrelevant whether it is some other person or the slave himself who pays his purchase price.

וצריך לחשב עמהן באחרונה, רבן שמעון בן גמליאל אומר: אינו צריך. אין עושין אפוטרופין נשים ועבדים וקטנים, ואם מינן אבי יתומין – הרשות בידו.

The *baraita* continues: **And** the steward **must calculate with** the orphans **in the end,**[H] when they reach adulthood and he hands over the property to them. At that time, he calculates of all the expenses and income generated by their property during the period that he served as steward. **Rabban Shimon ben Gamliel says: He is not required** do so, as the court relies on his integrity. The court **does not appoint women, slaves, or minors as stewards,**[H] **but if the father of the orphans appointed** one of **them** as his orphans' steward, **he has permission** to do so.

ההוא אפוטרופוס דהוה בשבבותיה דרבי מאיר, דהוה קא מזבין ארעתא וזבין עבדי, ולא שבקיה רבי מאיר. אחוו ליה בחלמיה "אני להרוס ואתה לבנות", אפילו הכי לא אשגח, אמר: דברי חלומות לא מעלין ולא מורידין.

It is related that there was **a certain steward who was in Rabbi Meir's neighborhood who was selling land** belonging to the orphans **and purchasing slaves** with the proceeds, **and Rabbi Meir**[P] **did not allow him** to do this, as the practice is contrary to *halakha*. **They showed him in his dream** the words: **I wish to destroy and you build?** He understood this as a sign that God wanted the orphans to suffer financial collapse, and therefore it would be preferable to allow the steward to continue his practice. **Even so,** Rabbi Meir **paid no heed** to his dream, and **said: Words** appearing in **dreams**[NB] **do not bring up and do not take down;**[H] they should not be taken into consideration.

הנהו בי תרי דאיגרי בהו שטן, דכל בי שמשי הוו קא מינצו בהדי הדדי, איקלע רבי מאיר להתם, עכבינהו תלתא בי שמשי עד דעבד להו שלמא, שמעיה דקאמר: ווי, דאפקיה רבי מאיר להוא גברא מביתיה.

Apropos an incident involving Rabbi Meir, the Gemara relates another story about him: **There were two** people **who, incited by Satan, would argue with each other every** Friday afternoon **at twilight. Rabbi Meir happened** to come **to** the place where they argued. **He stopped them** from fighting **three** Friday afternoons **at twilight, until** finally **he made peace between them. He** then **heard** Satan **say: Woe, that Rabbi Meir removed that man,** Satan, **from his house.** This indicates that Satan himself lives among those who have discord.

NOTES

To free slaves – להוציא עבדים לחירות: Rashi explains that the stewards do not have the authority to do this because they do not own the slaves themselves. The *Tosefot HaRosh* maintains that if Rashi were correct, a steward would not be permitted to sell a slave to other people who then emancipate him. Rather, the reason they cannot emancipate the orphans' slaves without compensation is so that they will not be suspected of treating the orphans' property lightly. Therefore, a sale is permitted.

Words in dreams – דברי חלומות: In certain cases heed is paid to dreams, e.g., when one is excommunicated in a dream. Here, since the dream came to cancel the rabbinic ordinance to safeguard orphans' property, it is disregarded (Ritva; see *Otzar HaGe'onim*).

HALAKHA

To free slaves – להוציא עבדים לחירות: A steward is not permitted to free slaves belonging to the orphans, or even to take money from a slave so that the latter can secure his own freedom. He is permitted to sell the slave to other people and they may free him, in accordance with the opinion of the first *tanna*. The Ra'avad cites an opinion that is in accordance with Rabbi Yehuda HaNasi (Rambam *Sefer Mishpatim, Hilkhot Naḥalot* 11:8; *Shulḥan Arukh, Ḥoshen Mishpat* 290:13).

And the steward must calculate with the orphans in the end – וצריך לחשב עמהן באחרונה: Upon completing his term, a steward is not obligated to calculate with the orphans with regard to expenses and income from the property. Rather, he takes an oath that he stole nothing from them. If the steward was appointed by the father, he is not required to take an oath, in accordance with the opinion of Rabban Shimon ben Gamliel. Some say (*Sefer HaIttur*; Mordekhai) that a steward who does not take an oath must perform a calculation, and the Rema rules that one should conduct oneself in this manner (Rambam *Sefer Mishpatim, Hilkhot Naḥalot* 11:5; *Shulḥan Arukh, Ḥoshen Mishpat* 290:16).

The court does not appoint women…as stewards – אין עושין אפוטרופין נשים: Women, minors, and slaves are not appointed by the court as stewards. They may be appointed by the orphans' father (Rambam *Sefer Mishpatim, Hilkhot Naḥalot* 10:6; *Shulḥan Arukh, Ḥoshen Mishpat* 290:2).

Words appearing in dreams do not bring up and do not take down – דברי חלומות לא מעלין ולא מורידין: If a one is told in a dream: Such and such an amount of money, which is found in such and such a place, belongs to so-and-so; or: It is second tithe or charity, then even if such an amount of money is found in the place mentioned in the dream, the person who had the dream may keep the money for himself (Rambam *Sefer Zera'im, Hilkhot Ma'aser Sheni* 10:6 and *Sefer Kinyan, Hilkhot Zekhiya UMattana* 10:7; *Shulḥan Arukh, Yoreh De'a* 259:6, and in the comment of Rema; *Ḥoshen Mishpat* 255:9).

BACKGROUND

Dreams – חלומות: The Sages were strongly concerned with the meaning and interpretation of dreams. This is evident from the ninth chapter of tractate *Berakhot*, where the subject is addressed at length. In many places in the Bible, prophetic dreams show people truth, reveal matters that were otherwise unknown, and disclose future events. Nevertheless, the Sages also note that just as there are these meaningful types of dreams, there are also dreams that are totally false, which the Sages describe as: By means of a demon. Some dreams are a kind of continuation of thoughts and fancies entertained during the day, while others reflect personal desires, as is described in Isaiah 29:8. For this reason, a person cannot ascertain the meaning of his dreams or know whether they are true. Since dreams occur at a time when one is not in control of his mind, they contain nonsensical elements, and it is impossible for him to know with certainty which elements are false and to what extent.

With regard to the extent to which *halakha* may be ruled based on dreams and other mystical revelations, see the introduction by Rabbi Reuven Margaliyyot to the book *Shut Min HaShamayim*, literally: Responsa from Heaven.

PERSONALITIES

Rabbi Meir – רבי מאיר: Rabbi Meir was one of the greatest *tanna'im* of the generation that preceded the redaction of the Mishna. There is no clear information available concerning Rabbi Meir's parents, although it is told that he descended from a family of converts from the house of the Roman emperors.

His exceptional brilliance in Torah study was evident from a very early age, and he was a student of the two greatest scholars of the generation, Rabbi Yishmael and Rabbi Akiva. He was also the only Sage who continued to study with Elisha ben Avuya, despite the latter's estrangement from Judaism. His primary teacher was Rabbi Akiva, who ordained him at a very young age, which is the reason that he was ordained a second time by Rabbi Yehuda ben Bava.

In recognition of his outstanding scholarship, Rabbi Meir was officially appointed *Ḥakham*, literally, wise man, which was the third-highest rank, below the *Nasi*, who was the head of the Sanhedrin, and the president of the court. The halakhic discussions between him and his colleagues, Rabbi Yehuda, Rabbi Yosei, Rabbi Shimon, and Rabbi Elazar, form one of the most important foundations of the Mishna.

Rabbi Meir's greatest undertaking appears to have been a structured, oral redaction of the Oral Law, including the establishment of specific formats for the *halakhot*. Apparently, Rabbi Yehuda HaNasi followed in Rabbi Meir's footsteps and incorporated his work in the Mishna. Consequently, it is a well-known principle that the author of an unattributed statement in the Mishna is Rabbi Meir.

Due to his involvement in the attempt to depose Rabban Shimon ben Gamliel, the *Nasi*, Rabbi Meir was punished. For a long period his statements were not cited in his name but were introduced with the words: Others say.

Rabbi Meir's private life was full of suffering. His two sons died during his lifetime, and his extraordinary wife Berurya also died in painful circumstances. It is known that a daughter of his survived. Rabbi Meir was eventually forced into exile in Asia Minor, where he died, with the order that his coffin be transferred to Eretz Yisrael and that he be temporarily interred on the shore of the sea, whose waves reach Eretz Yisrael.

Rabbi Meir was famous in his lifetime, not only for his sharp intellect, which exceeded that of all his peers, but also for his personal attributes, his efforts as a peacemaker, and his willingness to relinquish personal honor for the good of others. He was known as a magnificent public speaker and was also renowned as a miracle worker. Several of his animal parables were repeated for many generations and it is said that following his death, those who composed parables ceased. For many years a charity fund named after him, Rabbi Meir the Miracle Worker [*Ba'al HaNes*], served as the main source of funding for the Jews in Eretz Yisrael.

הַהוּא אַפּוֹטְרוֹפּוֹס דַּהֲוָה בְּשִׁבָבוּתֵיהּ דְּרַבִּי יְהוֹשֻׁעַ בֶּן לֵוִי, דַּהֲוָה קָא מְזַבֵּין אַרְעָא וְזָבֵין תּוֹרֵי, וְלָא אֲמַר לֵיהּ וְלָא מִידֵּי. סָבַר לַהּ כְּרַבִּי יוֹסֵי, דְּתַנְיָא, אָמַר רַבִּי יוֹסֵי: מִיָּמַי לֹא קָרִיתִי לְאִשְׁתִּי ״אִשְׁתִּי״ וּלְשׁוֹרִי ״שׁוֹרִי״, אֶלָּא לְאִשְׁתִּי – ״בֵּיתִי״ וּלְשׁוֹרִי – ״שָׂדִי״.

It is related that there was **a certain steward** of orphans **who was in the neighborhood of Rabbi Yehoshua ben Levi**[P] **who was selling land and buying oxen**[H] on behalf of the orphans, **and he did not say anything to** the steward to the effect that he was acting improperly. The Gemara explains that Rabbi Yehoshua ben Levi **holds in accordance with** the opinion of **Rabbi Yosei, as it is taught** in a *baraita* that **Rabbi Yosei said: In all my days, I did not call my wife: My wife, nor my ox: My ox. Rather,** I called **my wife: My home,** because she is the essence of my home, and I called **my ox: My field,** because the primary force behind enhancements to the field is the ox that plows it. Similarly, Rabbi Yehoshua ben Levi maintains that purchasing oxen to work the land is considered like purchasing land itself and that consequently a protest should not be raised against the steward, who sold land belonging to the orphans in order to purchase oxen with the proceeds.

הָנְהוּ יַתְמֵי דַּהֲווּ סְמִיכִי גַּבֵּי הַהִיא סַבְתָּא, הֲוָה לְהוּ תּוֹרְתָא, שְׁקַלְתָּהּ וְזַבֵּינְתָּהּ נִיהֲלַיְיהוּ. אָתוּ קְרוֹבִים לְקַמֵּיהּ דְּרַב נַחְמָן, אֲמַרוּ לֵיהּ: מַאי עֲבִידְתָּהּ דְּזַבְּנָא? אֲמַר לְהוּ: יְתוֹמִים שֶׁסָּמְכוּ אֵצֶל בַּעַל הַבַּיִת תְּנַן.

It is further related that **certain orphans who lived with an old woman had an ox,** and **she took it and sold it on their behalf. Relatives** of those orphans **came before Rav Naḥman**[P] and **said to him: What is she doing selling** the orphans' property? Who authorized her to do so? Rav Naḥman **said to them: We learned** from the phrase in the mishna: If **orphans are living with a homeowner,** that official appointment as a steward is not necessary. The fact that the orphans lived with the woman and she took care of them sufficed to bestow upon her the authority of a steward.

וְהָא אִיַּיקַר! בִּרְשׁוּתָא דְּלוֹקֵחַ אִיַּיקַר. וְהָא לָא נְקִיטֵי דְּמֵי!

The relatives continued with their objection to the sale: **But didn't** the animal afterward **increase in value,** which is reason to invalidate the transaction? Rav Naḥman answered: The animal **increased in value while in the possession of the buyer,** and this is not considered as a loss suffered by the orphans. The relatives said to him: **But they did not** yet **receive** the **money,** and consequently the sale was incomplete.

אֲמַר לְהוּ: אִם כֵּן, הַיְינוּ דְּרַב חֲנִילָאי בַּר אִידִי אָמַר שְׁמוּאֵל, דְּאָמַר רַב חֲנִילָאי בַּר אִידִי אָמַר שְׁמוּאֵל: נִכְסֵי יְתוֹמִין הֲרֵי הֵן כְּהֶקְדֵּשׁ, וְלָא מִקְנֵי אֶלָּא בְּכַסְפָּא.

Rav Naḥman **said to them: If so, this is** what **Rav Ḥanilai bar Idi** says that **Shmuel** says, **as Rav Ḥanilai bar Idi** says that **Shmuel** says: **Orphans' property is like consecrated** property[H] **and is** fully **acquired only with** the transfer of **money.**[N] Since they did not yet receive the money, they can raise the purchase price or renege on the entire sale.

חַמְרֵיהּ דְּרַבָּנָא עוּקְבָא יַתְמָא, מְשָׁכוּהּ בְּאַרְבָּעָה אַרְבָּעָה וְאִיַּיקַר וְקָם בְּשִׁיתָּא שִׁיתָּא, אָתוּ לְקַמֵּיהּ דְּרַב נַחְמָן, אֲמַר לְהוּ: הַיְינוּ דְּרַב חֲנִילָאי בַּר אִידִי, דְּאָמַר רַב חֲנִילָאי בַּר אִידִי אָמַר שְׁמוּאֵל: נִכְסֵי יְתוֹמִין הֲרֵי הֵן כְּהֶקְדֵּשׁ, וְלָא מִקְנֵי אֶלָּא בְּכַסְפָּא.

Similarly, it is related that those who came to buy **the wine of Rabbana Ukva the orphan pulled it** into their possession after having agreed **on** a purchase price of **four** dinars per barrel. **But** before the buyers actually paid for the wine, **it increased in value and** its price **stood at six** dinars per barrel. The parties **came before Rav Naḥman** for a ruling on the matter. **He said to them: This is** subject to what **Rav Ḥanilai bar Idi** said, **as Rav Ḥanilai bar Idi** says that **Shmuel says: Orphans' property is like consecrated** property, **and is** fully **acquired only with** the transfer of **money.** Consequently, the buyers pay the current, higher price or the sale can be rendered void.

HALAKHA

Selling land and buying oxen – מְזַבֵּין אַרְעָא וְזָבֵין תּוֹרֵי: A steward is permitted to sell land in order to buy oxen for work in other fields, in accordance with the opinion of Rabbi Yehoshua ben Levi (Rambam *Sefer Zera'im, Hilkhot Ma'aser Sheni* 11:6; *Shulḥan Arukh, Ḥoshen Mishpat* 255:9).

Orphans' property is like consecrated property – נִכְסֵי יְתוֹמִין הֲרֵי הֵן כְּהֶקְדֵּשׁ: The property of orphans is treated like consecrated property with respect to a sale when this benefits the orphans: It is acquired only with money and not through pulling. This ruling is in accordance with the opinion of Rav Ḥanilai, citing Shmuel (Rambam *Sefer Kinyan, Hilkhot Mekhira* 9:3; *Shulḥan Arukh, Ḥoshen Mishpat* 199:4).

PERSONALITIES

Rabbi Yehoshua ben Levi – רַבִּי יְהוֹשֻׁעַ בֶּן לֵוִי: One of the greatest first-generation *amora'im* in Eretz Yisrael, Rabbi Yehoshua ben Levi was, according to some opinions, the son of Levi ben Sisi, one of the outstanding students of Rabbi Yehuda HaNasi. Apparently, Rabbi Yehoshua ben Levi himself was one of Rabbi Yehuda HaNasi's younger students. Many halakhic disputes are recorded between him and Rabbi Yoḥanan, who was apparently his younger disciple-colleague. In general, the *halakha* is in accordance with the opinion of Rabbi Yehoshua ben Levi, even when contrary to that of Rabbi Yoḥanan, who was the leading authority at that time.

Rabbi Yehoshua ben Levi was also a renowned teacher of *aggada*. Because of the great esteem in which he was held, aggadic statements in his name are cited at the end of the six orders of the Mishna.

A great deal is told of his piety and sanctity, and he is regarded as one of the most righteous men who ever lived. Among other practices, it is told that he would sit with the most dangerously infected lepers and study Torah. He was famous as a worker of miracles, to whom Elijah the Prophet appeared, and his prayers were always answered. According to tradition, the Angel of Death had no dominion over him, and he entered the Garden of Eden alive.

Rabbi Yehoshua ben Levi had many students. All of the Sages of the succeeding generation were his students to some degree and cite Torah pronouncements in his name. His son, Rabbi Yosef, was also a Torah scholar.

Rav Naḥman – רַב נַחְמָן: Rav Naḥman is Rav Naḥman bar Ya'akov, an *amora* from the second and third generations in Babylonia. His father served as one of the scribes in Shmuel's court. Despite this, it seems that Rav Naḥman was a student neither of Shmuel nor of Rav, but rather of their more prominent students, and his primary teacher was Rabba bar Avuh, a student of Rav.

Rav Naḥman, whose abilities were recognized even in his youth, married Yalta, a forceful and learned woman from the house of the Exilarch. From that point on, Rav Naḥman maintained close ties with the house of the Exilarch and was eventually appointed as one of the judges in the court of the Exilarch in Neharde'a. Due to his standing in the house of the Exilarch and his continual involvement in monetary law, he was considered the leading authority of his day on monetary matters.

Rav Naḥman engaged in halakhic discourse with many Sages, especially Rav Huna, Rav Yehuda, Rav Sheshet, and Rav Ḥisda. It is clear from a story related in tractate *Kiddushin* that Rav Naḥman considered Rav Yehuda to be his intellectual superior. Despite the fact that Rav Naḥman never held a post as the head of a yeshiva, he had many students who consulted and learned from him. In fact, the prominent *amora* Rava considered Rav Naḥman to be his primary teacher.

Although Rav Naḥman was a forceful personality with a sharp tongue, he had a reputation in Babylonia for his great piety. Many stories are related about his good deeds and acts of kindness.

Rav Naḥman appears to have been a wealthy man with significant financial holdings. He was considered one of the most prominent Sages of his generation and was the main halakhic authority in his city. He had several sons who were Torah scholars as well.

NOTES

And is acquired only with money – וְלָא מִקְנֵי אֶלָּא בְּכַסְפָּא: By Torah law, a movable object can be acquired only with money, but the Sages instituted that it can be acquired via pulling it into the buyer's domain. This enactment applies only to the property of ordinary people, but not to that of the Temple treasury. Here too, the Sages instituted for the benefit of orphans that they acquire movable property only after the payment of money.

HALAKHA

If the buyers pulled produce belonging to orphans…the produce decreased in value, etc. – משוך פירי מיתמי...זול וכו׳: If orphans sold produce and the buyer took the produce and pulled it into his domain, but the orphans did not yet receive the money before the produce decreased in value, the buyer cannot retract from the sale. This ruling is in accordance with the opinion of Rav Ḥanilai, citing Shmuel. If orphans purchased produce and pulled it into their domain, but they did not make payment before the produce increased in value, the seller cannot retract from the sale. If orphans purchased produce and pulled it into their domain, but they did not yet pay for it, and the produce decreased in value, the orphans cannot retract from the sale. The Sages did not institute the ordinance in such a case, as it would be bad for the orphans; when they would need to purchase produce no one would sell to them. This ruling is in accordance with the opinion of Rav Sheisha (Rambam *Sefer Kinyan, Hilkhot Mekhira* 9:3, 5).

The orphans gave money for the produce and the produce decreased in value, etc. – יהבי יתמי זוזי אפירי, זול וכו׳: If orphans purchased produce and paid money, but they did not yet pull the produce into their domain, and the produce decreased in value, the orphans can retract the sale. If orphans purchased produce and paid for it but they did not pull it into their domain before it increased in value, and the seller wishes to retract from the sale, he may do so. This ruling is in accordance with the opinion of Rav Sheisha (Rambam *Sefer Kinyan, Hilkhot Mekhira* 9:6).

משוך פירי מיתמי; אייקור – היינו דרב חנילאי בר אידי, זול – לא יהא כח הדיוט חמור מהקדש.

The Gemara records several additional laws relating to this topic: If the buyers **pulled** into their possession **produce belonging to orphans** but did not yet pay for it, and afterward the produce **increased in value, this is** subject to what **Rav Ḥanilai bar Idi** said: Orphans' property is fully acquired only with the transfer of money, and until payment is made the transaction can still be rendered void. But if the produce **decreased in value,**[H] and the buyers wish to renege on the sale, one can argue: Just as it is said that **the power of an ordinary person should not be greater than** that of the **Temple** treasury, so too, the power of orphans should not be less than that of other people. Since the buyers pulled the orphans' property into their possession, thereby performing an act of acquisition, the sale is valid and the buyers cannot retract.

אמשיכו להו פירי ליתמי. אייקר – לא יהא כח הדיוט חמור מהקדש, זול – סבור מינה היינו דרב חנילאי בר אידי,

If the steward **pulled produce** into his possession **on behalf of the orphans,** but did not yet pay for it, and afterward it **increased in value,** then just as **the power of an ordinary person should not be greater than** that of the **Temple** treasury, so too, the power of orphans should not be less than that of other people. Therefore, the orphans acquire the produce based on its price at the time the steward pulled it into their possession. But if **the produce decreased in value,** and now the steward wishes to cancel the sale, the students in the study hall **understood from here** that **this is** included in what **Rav Ḥanilai bar Idi** said, that transactions involving orphans are completed only with the transfer of money, and therefore the steward can renege on the sale and acquire the produce at the lower price.

אמר להו רב שישא בריה דרב אידי: הא רעה היא לדידהו, דזמנין דמצטרכי לפירי, וליכא דיהיב להו עד דיהבי זוזי.

Rav Sheisha, son of Rav Idi, said to them: This would be bad for the orphans were they treated in this manner, as they might at **times need produce and nobody will give** it **to them before they** actually **pay the money.** It is preferable for them to be treated like other buyers, who finalize their acquisition when they pull the produce into their possession.

יהבי יתמי זוזי אפירי; זול – לא יהא כח הדיוט חמור מן הקדש, אייקר – סבור מינה היינו דרב חנילאי בר אידי,

If **the orphans gave money for** the purchase of **produce** but did not yet physically transfer it into their possession, and afterward the produce **decreased in value,**[H] then one applies the principle that **the power of an ordinary person,** the seller, **should not be greater than** the **Temple** treasury. Therefore, the orphans can renege on the purchase, as an act of acquisition has not yet been performed. But if the produce **increased in value,** and the orphans wish to uphold the sale, the students in the study hall **understood from here** that **this is** included in what **Rav Ḥanilai bar Idi** said, that transactions involving orphans are completed with the transfer of money, and therefore the orphans acquire the produce at the lower price.

אמר להו רב שישא בריה דרב אידי: הא רעה היא לדידהו,

Rav Sheisha, son of Rav Idi, said to them: This would be bad for the orphans were they treated this way,

Perek **V**
Daf **52** Amud **b**

HALAKHA

They gave the orphans money for the produce and the produce increased in value – יהבי להו זוזי ליתמי אפירי, אייקר: In a case where one purchased produce from orphans and paid them money but did not pull the produce into his domain, if the produce increased in value, the orphans can cancel the sale, like anyone else (Rambam *Sefer Kinyan, Hilkhot Mekhira* 9:4; *Shulḥan Arukh, Ḥoshen Mishpat* 199:4).

דאתו למימר להו: נשרפו חיטכם בעלייה.

as the sellers **will come to say to them: Your wheat was burned in the upper story** of my house, and you have lost everything. If a fire breaks out, the sellers will not attempt to save the produce because they already received payment for it and it now belongs to the orphans.

יהבי להו זוזי ליתמי אפירי, אייקר – לא יהא כח הדיוט חמור מהקדש, זול – סבור מינה היינו דרב חנילאי בר אידי.

If buyers **gave the orphans money for** the purchase of **produce,** but did not yet physically transfer it into their possession, and afterward the produce **increased in value,**[H] then one applies the principle that **the power of an ordinary person should not be greater than** that of the **Temple** treasury, and therefore the orphans can renege on the sale, as a valid act of acquisition had not yet been performed. If the produce **decreased in value,** and the orphans wish to uphold the sale, the students **understood from here** that **this is** subject to what **Rav Ḥanilai bar Idi** said, that transactions involving orphans are finalized with the transfer of money, and therefore the orphans should acquire the produce at the lower price.

אֲמַר לְהוּ רַב שֵׁישָׁא בְּרֵיהּ דְּרַב אִידִי: הָא רָעָה הוּא לְדִידְהוּ, דִּזְמְנִין דְּמִצְטָרְכִי לְזוּזֵי, וְלֵיכָּא דְּיָהֵיב לְהוּ עַד דְּיָהֲבִי לְהוּ פֵּירֵי.

Rav Sheisha, son of Rav Idi, said to them: This would be bad for the orphans were they treated this way, as there may be times that the orphans **need money and no one will give it to them before they** actually **give them the produce.** Consequently, it is preferable for them to be treated like other sellers, who finalize their sales only once the merchandise is pulled by the buyers.

אֲמַר רַב אַשִׁי: אֲנָא וְרַב כָּהֲנָא חֲתַמִינַן אַשְׁטָרָא דְּאִימֵּיהּ דִּזְעֵירָא יַתְמָא, דְּמִזַּבְּנָא אַרְעָא לְכַרְגָּא בְּלָא אַכְרַזְתָּא, דְּאָמְרִי נְהַרְדְּעֵי: לְכַרְגָּא, וְלִמְזוֹנֵי, וְלִקְבוּרָה – מְזַבְּנִינַן בְּלָא אַכְרַזְתָּא.

§ **Rav Ashi**[P] **said: Rav Kahana and I signed a deed** of sale **for the mother of Ze'eira the orphan, who,** as the child's steward, **sold land without** first making a public **announcement**[N] **in order to** pay the **head tax** [*karga*].[L] It was permitted for her to act in this manner due to **what** the Sages **of Neharde'a said:** When an orphan's property is sold, a public announcement of the sale is first made in order to ensure that the seller will receive the highest price. But when the property is sold to raise money **for** the payment of the **head tax, or** to provide **for sustenance** for orphans, **or** to pay **for burial**[H] of the deceased, the money is needed immediately, so the property **may be sold** even **without** a public **announcement.**

עַמְרָם צַבָּעָא אַפּוֹטְרוֹפָּא דְּיַתְמֵי הֲוָה, אָתוּ קְרוֹבִים לְקַמֵּיהּ דְּרַב נַחְמָן, אָמְרִי לֵיהּ: קָא לָבֵישׁ וּמְכַסֵּי מִיַּתְמֵי! אֲמַר לְהוּ: כִּי הֵיכִי דְּלִישְׁתַּמְעָן מִילֵּיהּ.

The Gemara relates: **Amram the dyer was a steward for orphans,** and the orphans' **relatives** once **came before Rav Naḥman** and **said to him: He dresses and covers** himself with clothing purchased **from** the property of **the orphans.** Rav Naḥman **said to them:** Perhaps he does this **in order that his words be heard,**[H] meaning that he dresses himself in finery at the orphans' expense in order to better manage their property, as he will be ignored if he appears to be a poor person.

קָאָכֵיל וְשָׁתֵי מִדִּידְהוּ, וְלָא אֲמוּד! אֵימוּר מְצִיאָה אַשְׁכַּח. וְהָא קָא מַפְסִיד! אֲמַר לְהוּ: אַיְיתוּ לִי סָהֲדֵי דְּמַפְסִיד וְאִיסַּלְּקִינֵיהּ, דַּאֲמַר רַב הוּנָא חַבְרִין מִשְּׁמֵיהּ דְּרַב: אַפּוֹטְרוֹפּוֹס דְּמַפְסִיד מְסַלְּקִינַן לֵיהּ. דְּאִיתְּמַר: אַפּוֹטְרוֹפָּא דְּמַפְסִיד, רַב הוּנָא אָמַר רַב: מְסַלְּקִינַן לֵיהּ, דְּבֵי רַבִּי שֵׁילָא אָמְרִי: לָא מְסַלְּקִינַן לֵיהּ. וְהִלְכְתָא: מְסַלְּקִינַן לֵיהּ.

They said to him: **He eats and drinks** lavishly **from** the orphan's property **and is not** known to be **rich** enough to be able to afford such large expenditures from his own money. Rav Naḥman said to them: **Say** that perhaps **he found a lost item,**[H] with the help of which he can allow himself to maintain a high standard of living. They said to him: **But he is damaging** the orphans' property and thereby causing them financial loss. Rav Naḥman **said to them: Bring me witnesses that he is damaging** their property[N] **and I will remove him** from his stewardship, **as our colleague Rav Huna said in the name of Rav** that in the case of **a steward who damages** the property of the orphans, the court **removes him. As it was stated:** With regard to **a steward who damages** orphans' property, **Rav Huna** says that **Rav says:** The court removes him. **In the school of Rabbi Sheila they say:** The court **does not remove him.** The Gemara concludes: **And the** ***halakha*** is that the court **removes him.**

״אַפּוֹטְרוֹפּוֹס שֶׁמִּינָּהוּ אֲבִי יְתוֹמִים – יִשָּׁבַע״. מַאי טַעְמָא? אִי לָאו דְּאִית לֵיהּ הֲנָאָה מִינֵּיהּ לָא הֲוָה לֵיהּ אַפּוֹטְרוֹפּוֹס, וּמִשּׁוּם שְׁבוּעָה לָא אָתֵי לְאִמְּנוֹעֵי.

§ The mishna teaches: With regard to **a steward who was appointed by the orphans' father,** when he returns all of the property to the orphans upon their reaching adulthood, **he takes an oath** that he took nothing of theirs for himself. The Gemara explains: **What is the reason** for this? **If** the steward **had not received** some **benefit from** the father during his life, **he would not have** agreed to **become a steward** for his children. **And he will not come to avoid** becoming a steward merely **because of an oath** that the court will impose upon him some time in the future

HALAKHA

For head tax or for sustenance or for burial – לְכַרְגָּא וְלִמְזוֹנֵי וְלִקְבוּרָה: It not necessary to make an announcement before selling land belonging to orphans in the following circumstances: When the land is sold for the sake of burial of the deceased, or to provide sustenance for the orphans, or in order to pay taxes to the king, in accordance with the opinion of the Sages of Neharde'a. The *Tur* notes that the same *halakha* applies if money was borrowed for these purposes and the land is being sold in order to repay these debts (Rambam *Sefer Mishpatim, Hilkhot Malve VeLoveh* 12:11; *Shulḥan Arukh, Even HaEzer* 104:3).

In order that his words be heard – כִּי הֵיכִי דְּלִישְׁתַּמְעָן מִילֵּיהּ: A steward is permitted to dress himself in fine garments, with the cost covered the orphans' property, so that he will appear dignified and be taken seriously. This is the *halakha* only when the orphans will benefit from his being heeded. The *Sma*, citing the *Shulḥan Arukh* (*Ḥoshen Mishpat* 286:2), writes that in any case the orphans can object to this (Rambam *Sefer Mishpatim, Hilkhot Naḥalot* 11:5; *Shulḥan Arukh, Ḥoshen Mishpat* 290:4).

Say he found a lost item – אֵימוּר מְצִיאָה אַשְׁכַּח: If a steward appears to be spending more money than he should, given his financial status, he is not removed unless there is clear proof of impropriety provided by witnesses, as it is possible that he found a lost item that enables him to maintain a higher standard of living. This is in accordance with the opinion of Rav Naḥman. This *halakha* applies when the steward was appointed by the orphan's father, but if he was appointed by the court, such concerns are acted on and he is removed. The Rema, based on the Rif and the Rosh, writes that some authorities disagree and say that Rav Naḥman's ruling applies in all cases, as even if the court appointed the steward, he should not be removed from his position without clear proof (Rambam *Sefer Mishpatim, Hilkhot Naḥalot* 10:7; *Shulḥan Arukh, Ḥoshen Mishpat* 290:5).

PERSONALITIES

Rav Ashi – רַב אַשִׁי: Rav Ashi was a sixth-generation Babylonian Sage whose major work was editing the Babylonian Talmud, together with Ravina. He was born in the year 352 and studied with Rav Kahana. Rav Ashi reestablished the academy in Sura, which had not functioned since the days of Rav Ḥisda, and led that yeshiva for sixty years.

Rav Ashi and Ravina were not the first ones to edit the oral traditions, as there are many discussions in the Talmud whose language and style show that they had been prepared long before Rav Ashi. Rav Ashi arranged the material that he received from previous generations, which emanated from different academies and was written in different styles, to produce an organized and uniform Talmud.

Various factors enabled Rabbi Ashi to undertake this great project, which ultimately was completed over a period of several hundred years. It is likely that he was assisted by a committee of scholars, who gathered in the academy in Sura. Nevertheless, it was only because of the unique political environment and economic conditions at that time that a mission of this scope could be launched. The Persian king Yazdegerd I treated all of his citizens fairly and showed particular interest in the Jewish community, whose Sages he respected. Under his regime, the economic situation of the Jews of Babylonia greatly improved, and they enjoyed relative freedom. These conditions allowed the Babylonian Sages to commit themselves to this vast enterprise of redacting the Gemara.

NOTES

Without a public announcement – בְּלָא אַכְרַזְתָּא: Generally a public announcement is made for thirty days that land is about to be sold, so that anyone who might wish to purchase it will be aware of the sale. This is meant to lead to greater competition, as a result of which the orphans will receive the highest possible price. In the absence of such an announcement, those who come to buy the property will offer a lower price. Rabbeinu Crescas Vidal, citing the Ra'ah, writes that in exigent circumstances, other strictures of the selling of orphans' property are set aside, e.g., it can be sold for less than the market value, and it can be sold even if the orphans have enough money to sustain them for the next six months.

Bring me witnesses that he is damaging their property – אַיְיתוּ לִי סָהֲדֵי דְּמַפְסִיד: Many of the early commentaries write that the Sages said this only with regard to a steward appointed by the orphans' father. He is not removed unless there is clear proof that he is being negligent with the orphans' property, as the father relied on him. If the steward was appointed by the court, he can be removed due to any concern that has some basis, and witnesses are not required to establish the facts of the case (Ramban; Ramah). The Rashba disagrees and says that a steward is not removed based on concerns alone, as it is not assumed that an individual is a thief unless the matter has been proven.

LANGUAGE

Head tax [*karga*] – כַּרְגָּא: From the Middle Persian harg, meaning duty or tribute. In the Talmud this normally refers to a poll tax levied on all the inhabitants of the country.

NOTES

And the *halakha* is in accordance with his statement – וַהֲלָכָה כִּדְבָרָיו: Although this ruling is found in a *baraita*, and despite the principle that Rabbi Eliezer's opinions are measured and immaculate (see 67a), so that in the majority of instances the *halakha* is in accordance with them, most of the halakhic authorities do not accept this as the *halakha*. Rather, they accept the opinion of Shmuel that the *halakha* is in accordance with the opinion of Abba Shaul. They explain that *halakha* is not decided from rulings in a mishna or a *baraita*, because the *tanna* who teaches the mishna or *baraita* also cites a halakhic ruling that is in accordance with his own opinion. The *amora'im*, by contrast, take into account all of the opinions and explanations.

One who renders impure – הַמְטַמֵּא: This mishna is also related to the general topic of the chapter in that it records enactments made for the sake of the betterment of the world, as is subsequently discussed (53a). The *amora'im* disagree whether the enactment made for the sake of the betterment of the world is that the one who acts intentionally is liable, or that the one who acts unintentionally is exempt.

One who mixes – הַמְדַמֵּעַ: This term refers to mixtures in general, but the Sages typically used it in reference to *teruma* that became intermingled with regular produce. If *teruma*, or food that has the sanctity of *teruma*, such as *ḥalla*, became mixed with regular produce, a non-priest may not consume any of the produce in the mixture. Nevertheless, if the mixture does not contain more than one part *teruma* to one hundred parts non-sacred produce, one may separate one-hundredth of the mixture as *teruma*, and it is permitted for the rest to be eaten by non-priests.

"מִינּוּהוּ בֵּית דִּין – לֹא יִשָּׁבַע". מִלְּתָא בְּעָלְמָא הוּא דְּעָבֵיד לְבֵי דִּינָא, וְאִי רָמֵית עֲלֵיהּ שְׁבוּעָה אָתֵי לְאִמְנוּעֵי.

The mishna then teaches: By contrast, if **the court appointed him** to serve as a steward for them, then **he is not** required to **take** such **an oath.** The Gemara explains: The reason for this is that **it is merely a favor that** the steward **does for the court,** as he derives no benefit from accepting the position. **And if you** also **cast** an obligation upon him to take **an oath, he will come to avoid** becoming a steward, and the orphans will suffer a loss, as people will not be willing to administer their affairs.

"אַבָּא שָׁאוּל אוֹמֵר: חִילּוּף הַדְּבָרִים". מַאי טַעְמָא מִינּוּהוּ בֵּית דִּין יִשָּׁבַע? בְּהַהִיא הֲנָאָה דְּקָא נָפֵיק עֲלֵיהּ קָלָא דְּאִינִישׁ מְהֵימְנָא הוּא, דְּהָא סָמֵיךְ עֲלֵיהּ בֵּי דִּינָא, מִשּׁוּם שְׁבוּעָה לָא אָתֵי לְאִמְנוּעֵי.

The mishna then teaches: **Abba Shaul says: The matters are reversed;** it is not a steward appointed by the orphans' father but a steward appointed by the court who takes an oath. The Gemara clarifies Abba Shaul's opinion: **What is the reason** that if **the court appointed** the steward, **he takes an oath? Since** he derives **a certain benefit** from his appointment, **that publicity is generated about him that he is a trustworthy man,** as is demonstrated by the fact that **the court relies upon him** and appoints him to a position of responsibility, **he will not come to avoid** becoming a steward merely **because of an oath** that the court will impose upon him.

מִינָּהוּ אֲבִי יְתוֹמִים לֹא יִשָּׁבַע – מִילְּתָא בְּעָלְמָא הוּא דְּעָבְדִי לַהֲדָדֵי, וְאִי רָמֵית עֲלֵיהּ שְׁבוּעָה אָתֵי לְאִמְנוּעֵי. אָמַר רַב חָנָן בַּר אַמֵּי אָמַר שְׁמוּאֵל: הִלְכְתָא כְּאַבָּא שָׁאוּל.

By contrast, if **the orphans' father appointed him** as a steward, he is **not** required to **take an oath.** Why so? **It is merely a favor that** these people **do for each other. And if you cast** an additional obligation upon the steward to take **an oath, he will come to avoid** accepting the position, and the orphans will suffer a loss, as people will not be willing to administer their affairs. **Rav Ḥanan bar Ami says** that **Shmuel says: The *halakha* is in accordance with** the opinion of **Abba Shaul.**

תַּנְיָא, רַבִּי אֱלִיעֶזֶר בֶּן יַעֲקֹב אוֹמֵר: זֶה וָזֶה יִשָּׁבַע, וַהֲלָכָה כִּדְבָרָיו.

It is taught in a *baraita* that **Rabbi Eliezer ben Ya'akov says:** Both **this** one, a steward appointed by the father, **and that** one, a court-appointed steward, **take an oath, and the *halakha* is in accordance with his statement.**[N]

תָּנֵי רַב תַּחֲלִיפָא בַּר מַעַרְבָא קַמֵּיהּ דְּרַבִּי אַבָּהוּ: אַפּוֹטְרוֹפּוֹס שֶׁמִּינָּהוּ אֲבִי יְתוֹמִים – יִשָּׁבַע, מִפְּנֵי שֶׁהוּא נוֹשֵׂא שָׂכָר. אֲמַר לֵיהּ: אַתְּ אַיְיתַתְּ קַבָּא וְכַיְילַתְּ לֵיהּ? אֶלָּא אֵימָא: מִפְּנֵי שֶׁהוּא כְּנוֹשֵׂא שָׂכָר.

Rav Taḥalifa, from the West, Eretz Yisrael, **taught** a *baraita* **before Rabbi Abbahu:** In the case of **a steward who was appointed** to that position **by the father of the orphans, he takes an oath** when the orphans reach adulthood and he returns the property to them, **because he receives payment,** i.e., he derives a certain benefit from managing the orphans' property. Rabbi Abbahu **said to him: Did you bring a *kav* and measure** how much the steward earns from his efforts? **Rather, say** that he takes an oath **because it is as if he received payment.** Presumably he agreed to serve as the orphans' steward because of a benefit that he derived from their father during his lifetime, and consequently it is as if he received payment for accepting the stewardship.

מתני׳ הַמְטַמֵּא, וְהַמְדַמֵּעַ, וְהַמְנַסֵּךְ, בְּשׁוֹגֵג – פָּטוּר, בְּמֵזִיד – חַיָּיב.

MISHNA With regard to **one who renders** another's food ritually **impure,**[N] **or one who mixes**[NH] *teruma* with another's non-sacred produce, **or one who pours** another's wine as a libation before an idol, in each of these cases causing the other a monetary loss, if he acted **unintentionally,** he is **exempt** from paying for the damage. If he acted **intentionally,** he is **liable** to pay.

HALAKHA

One who renders food impure or one who mixes – הַמְטַמֵּא וְהַמְדַמֵּעַ: If one intentionally causes damage that is not evident, e.g., if he renders another person's food ritually impure, or if he mixes *teruma* with another person's non-sacred produce, of if he pours another's wine as a libation before an idol, the damage is appraised, and the one who caused the damage pays compensation with superior-quality land (Rambam *Sefer Nezikin, Hilkhot Ḥovel UMazik* 7:2–3; *Shulḥan Arukh, Ḥoshen Mishpat* 385:1).

גמ׳ אִיתְּמַר: מְנַסֵּךְ – רַב אָמַר: מְנַסֵּךְ מַמָּשׁ, וּשְׁמוּאֵל אָמַר: מְעָרֵב.

GEMARA It was stated that the *amora'im* disagreed with regard to the meaning of the word **pours** mentioned in the mishna. **Rav says:** It means that **he actually** takes the wine and **pours**[H] it as a libation before an idol. **And Shmuel says:** It means that **he mixes** together kosher wine with wine that had been used in rites of idolatry, so that now it is prohibited to drink or derive any other benefit from the mixture.

מַאן דְּאָמַר מְעָרֵב, מַאי טַעְמָא לָא אָמַר מְנַסֵּךְ? אָמַר לָךְ: מְנַסֵּךְ קָם לֵיהּ בִּדְרַבָּה מִינֵּיהּ.

The Gemara asks: With regard to Shmuel, **the one who says** that it means **mixing, what is the reason** that he **did not say** that it means actually **pouring?** The Gemara answers: **He** could have **said to you:** One who has committed two or more transgressions with a single act is exempt from punishment for the less severe transgression. Consequently, one who committed an act warranting both court-imposed capital punishment and the payment of monetary compensation is put to death but is exempt from the monetary payment. Therefore, **one who pours** another's wine as a libation before an idol **receives the greater** punishment, i.e., the death penalty for transgressing the prohibition against idol worship, but he is exempt from the less severe penalty of monetary payment for the financial loss he caused the other person.

וְאִידָךְ: כִּדְרַבִּי יִרְמְיָה, דְּאָמַר רַבִּי יִרְמְיָה: מִשְּׁעַת הַגְבָּהָה הוּא דְּקָנָה, מִתְחַיֵּיב בְּנַפְשׁוֹ לָא הָוֵי עַד שְׁעַת נִיסּוּךְ.

And the other Sage, Rav, holds **in accordance with** the statement **of Rabbi Yirmeya,**[N] **as Rabbi Yirmeya says:** One who pours another person's wine as a libation **acquires** it as his own **from the time that he lifts** it[H] in order to take it for himself, as does any thief, and at that moment he becomes liable for the payment of monetary compensation. But **he does not become liable to** receive the **death** penalty for violating the prohibition against idol worship **until he** actually **pours** the wine before the idol. Consequently, the monetary penalty takes effect first, and he also becomes liable to receive the death penalty afterward in a separate act.

וּלְמַאן דְּאָמַר מְנַסֵּךְ, מַאי טַעְמָא לָא אֲמַר מְעָרֵב? אָמַר לָךְ: מְעָרֵב

The Gemara asks: **And according to** Rav, **the one who says** that it means actually **pouring, what is the reason** that he **did not say** that it means **mixing?** The Gemara answers: He could have **said to you: Mixing** libation wine with kosher wine

HALAKHA

He actually pours – מְנַסֵּךְ מַמָּשׁ: If one pours another's wine as a libation to an idol, the wine does not become forbidden as a result, because one cannot render forbidden something that does not belong to him. In a case where he had partial ownership over the wine, or he was an apostate, who is treated like a gentile with regard to contact with wine, or he received a warning, he causes the wine to become forbidden and is required to reimburse him, in accordance with the opinion of Rav (Rambam *Sefer Nezikin, Hilkhot Ḥovel UMazik* 7:6; *Shulḥan Arukh, Ḥoshen Mishpat* 385:2).

Acquires it from the time that he lifts it – מִשְּׁעַת הַגְבָּהָה הוּא דְּקָנָה: The reason that one who pours wine as a libation is required to pay for the damage, despite the fact that he is liable to receive the death penalty, is that he becomes liable to pay the owner as soon as he lifts the wine, but he does not become liable to receive the death penalty until he pours the wine. This ruling is in accordance with the opinion of Rav and Rabbi Yirmeya (Rambam *Sefer Nezikin, Hilkhot Ḥovel UMazik* 7:6; *Shulḥan Arukh, Ḥoshen Mishpat* 385:2).

NOTES

In accordance with Rabbi Yirmeya – כִּדְרַבִּי יִרְמְיָה: *Tosafot* explain that this does not mean that Rav and Shmuel actually disagree about Rabbi Yirmeya's statement, but that according to the opinion of Shmuel one says that lifting an item before stealing it is different. Since the lifting here is for the sake of pouring it, and it cannot be poured in any other way, this is therefore seen as one continuous action and not as two acts performed one after the other.

הַיְינוּ מְדַמֵּעַ.

is the same as **mixing** *teruma* with non-sacred produce, as both involve intermingling that which is forbidden with that which is permitted, so that the entire mixture becomes forbidden. There is no difference between these actions, so there would be no need to mention both of them in the mishna.

וְאִידָךְ? קְנָסָא הוּא, וּמִקְּנָסָא לָא יָלְפִינַן.

And the other Sage, Shmuel, holds that one who mixes *teruma* with another person's non-sacred produce **is** liable for **a fine. And we do not derive** a fine in one case **from a fine**[N] stated in another case, even if the two cases are similar. Consequently, liability for the fine must be mentioned separately for each case.

וּלְמַאן דְּיָלֵיף קְנָסָא מִקְּנָסָא, כָּל הָנֵי לָמָּה לִי?

The Gemara asks: **And according to the one who** says that we do **derive a fine** in one case **from a fine** in another case, **why do** I need **all these** cases mentioned in the mishna, i.e., one who renders another person's food ritually impure, one who mixes *teruma* with another's non-sacred produce, and one who pours another person's wine in a rite of idolatry?

NOTES

And we do not derive a fine from a fine – וּמִקְּנָסָא לָא יָלְפִינַן: The reason is that if a specific *halakha* is stated as a matter of principle, it should apply in all similar cases. By contrast, a fine is instituted because of a particular need and is meant to apply in its unique circumstances. The same fine is not necessarily imposed in another case, even if the two cases are similar.

HALAKHA

To cause impurity to non-sacred food – לִגְרוֹם טוּמְאָה לְחוּלִּין: Just as it is permitted to eat ritually impure food and drink, so too, it is permitted render ritually pure produce in Eretz Yisrael impure. Nevertheless, one may not render such produce impure by direct action before it has been tithed, due to the portion that will be separated as *teruma*. Based on the Gemara's conclusion in tractate *Avoda Zara* (56a), it is permitted to render tithed produce impure *ab initio* (Rambam *Sefer Tahara, Hilkhot Tumat Okhalin* 16:9).

NOTES

And according to this version of the *halakha* that the father…taught, etc. – וּלְהָא דְּתָנֵי אֲבוּהּ וכו׳: Although there are two reasons to exempt him, both because he is liable to receive the death penalty and because it is an uncommon matter, they imposed a fine in the case of a libation. Therefore, it is understood that the *halakha* should be applied also to one who mixes *teruma* with another person's non-sacred produce, and the Gemara asks why this is mentioned specifically (Ritva; see Rashi and *Penei Yehoshua*).

צְרִיכָא, דְּאִי תָּנָא מְטַמֵּא, אִי תְּרוּמָה – הֲוָה אָמֵינָא מִשּׁוּם דְּקָא מַפְסִיד לַהּ לְגַמְרֵי, וְאִי מְטַמֵּא חוּלִּין – מִשּׁוּם דְּאָסוּר לִגְרוֹם טוּמְאָה לְחוּלִּין שֶׁבְּאֶרֶץ יִשְׂרָאֵל, אֲבָל מְדַמֵּעַ אֵימָא לָא.

The Gemara answers: All three rulings are **necessary, as, had** the mishna **taught** only the case of one who **renders** another's food **impure,** there are two possibilities: **If** it is referring to one who renders another's *teruma* non-sacred, then **I would say** that they imposed a penalty **because he ruined it entirely,** as it can no longer be consumed by anyone, neither a priest nor an ordinary Israelite. **And if** it is referring to one who **renders** another's **non-sacred** food **impure,** then I would say the fine is imposed **because it is prohibited to cause impurity to non-sacred food**[H] **in Eretz Yisrael. But** in the case of one who **mixes** *teruma* with another's non-sacred produce, since he neither caused a substantial loss, as the mixture can still be sold to a priest, nor spread impurity in Eretz Yisrael, one might **say** that a fine is **not** imposed upon him.

וְאִי אַשְׁמְעִינַן מְדַמֵּעַ, מִשּׁוּם דִּשְׁכִיחַ, אֲבָל מְטַמֵּא דְּלָא שְׁכִיחַ – אֵימָא לָא.

And had the mishna **taught us** only the case of one who **mixes** *teruma* with another person's non-sacred produce, I would say that a fine is imposed in that case, **because** mixing two different items together **is a common** occurrence. **But** concerning one who **renders** another person's food **impure,** which **is uncommon,** one might **say** that a fine is **not** imposed, as the Sages did not impose penalties in uncommon cases.

וְאִי אַשְׁמְעִינַן מְטַמֵּא וּמְדַמֵּעַ, מִשּׁוּם דְּלָא קָים לֵיהּ בִּדְרַבָּה מִינֵּיהּ,

And had the mishna **taught us** both the case of one who **renders** another person's food **impure and** the case of one who **mixes** *teruma* with another person's non-sacred produce, I would say that fines are imposed in both those cases, **because there** is **no** application of the principle that one who has committed two transgressions with a single act, each carrying its own punishment, **receives the greater** punishment of the two. Neither of these actions carries a punishment beyond paying the fine.

אֲבָל מְנַסֵּךְ דְּקָים לֵיהּ בִּדְרַבָּה מִינֵּיהּ – אֵימָא לָא, קָא מַשְׁמַע לַן כְּדְרַבִּי יִרְמְיָה.

But concerning **one who pours** another person's wine as a libation before an idol, **where** one does apply the principle that one who has committed two transgressions with a single act **receives the greater** punishment of the two for which he is liable, as he is liable to receive court imposed capital punishment for having transgressed the prohibition against idolatry, I would **say** that a fine is **not** imposed. Therefore, the mishna **teaches us** that he is in fact liable to pay the fine. And the reason for this is **in accordance with** the statement of **Rabbi Yirmeya,** that since he acquired the wine from the moment he lifted it, he became liable to pay the fine before he became liable to receive court imposed capital punishment, and therefore he is subject to both punishments.

וּלְהָא דְּתָנֵי אֲבוּהּ דְּרַבִּי אָבִין: בָּרִאשׁוֹנָה הָיוּ אוֹמְרִים הַמְטַמֵּא וְהַמְנַסֵּךְ, חָזְרוּ לוֹמַר אַף הַמְדַמֵּעַ, כָּל הָנֵי לָמָּה לִי?

The Gemara asks: **And according to this** version of the *halakha* **that the father**[N] **of Rabbi Avin taught** (*Tosefta* 4:5): **Initially** the Sages **would say** that **one who renders** another person's food **impure and one who pours** another's wine as a libation before an idol are subject to a fine, and later **they returned to say that even one who mixes** *teruma* with another person's non-sacred produce is liable to pay a fine, **why do** I need **all these** cases? In this version, the *halakha* of one who mixes was added later. After the *halakhot* concerning one who renders another person's food impure and one who pours another's wine were taught, why could the *halakha* of one who mixes not be derived from those *halakhot*?

צְרִיכָא, דְּאִי אַשְׁמְעִינַן מְטַמֵּא, מִשּׁוּם דְּלָא קָים לֵיהּ בִּדְרַבָּה מִינֵּיהּ, אֲבָל מְנַסֵּךְ דְּקָים לֵיהּ בִּדְרַבָּה מִינֵּיהּ – אֵימָא לָא.

The Gemara answers: All three rulings are **necessary, as, had** the *baraita* in the *Tosefta* **taught us** only the case of one who **renders** another person's food **impure,** I would say that a fine is imposed, **because there** is **no** application of the principle that one who has committed two transgressions with a single act, each carrying its own punishment, **receives the greater** punishment of the two. **But** with regard to one who **pours** another's wine as a rite in idolatry, **where** one does apply the principle that one who has committed two transgressions with a single act **receives the greater** punishment of the two for which he is liable, one might **say** that a fine is **not** imposed.

וְאִי אַשְׁמְעִינַן מְנַסֵּךְ, מִשּׁוּם דְּקָא מַפְסִיד לֵיהּ לְגַמְרֵי, אֲבָל מְטַמֵּא דְּלָא מַפְסִיד לֵיהּ לְגַמְרֵי – אֵימָא לָא.

And had the *baraita* **taught us** only the case of one who **pours** another's wine as a libation before an idol, I would say that they imposed a penalty **because he ruined it entirely,** as it is now prohibited for one to derive any benefit from it whatsoever. **But** for **one who renders** another person's food **impure,** which **does not ruin it entirely,** as one may derive benefit from it, e.g., by using it as fuel while it is being burned or by feeding it to his animal, one might **say** that a fine is **not** imposed.

וְאִי אַשְׁמְעִינַן הָנֵי תַּרְתֵּי, מִשּׁוּם דְּהֶפְסֵד מְרוּבֶּה, אֲבָל מְדַמֵּעַ דְּהֶפְסֵד מוּעָט – אֵימָא לָא, צְרִיכָא.

And had the *baraita* **taught us** only **these two** cases, I would say that here they imposed fines **because** in each case there is **a substantial loss. But** with regard to one who **mixes** *teruma* with another person's non-sacred produce, **where** the **loss** he causes **is minimal** because the owner can still sell the mixture to priests at the price of *teruma,* one might **say** that a penalty is **not** imposed. Therefore, all three rulings are **necessary.**

אָמַר חִזְקִיָּה: דְּבַר תּוֹרָה אֶחָד שׁוֹגֵג וְאֶחָד מֵזִיד – חַיָּיב; מַאי טַעְמָא? הֶיזֵּק שֶׁאֵינוֹ נִיכָּר שְׁמֵיהּ הֶיזֵּק,

§ The mishna teaches: If one unintentionally committed one of these offenses, either rendering another's food impure, mixing *teruma* with another's produce, or pouring another's wine before an idol, he is exempt from paying for the damage. If he acted intentionally, he is liable to pay. **Ḥizkiyya says: By Torah law,** one who commits one of the offenses listed in the mishna, **whether** he did so **unintentionally or intentionally,** is **liable** to pay for the damage he caused, like any other person who causes damage. **What is the reason** for this? The reason is that even **damage that is not evident**[NH] **is categorized** as **damage.** One is liable for damage not only when the damage is evident, i.e., when he causes a change in the item's physical state, but also when the damage is not evident, i.e., when he causes a reduction in the item's value due to a change in its halakhic status, e.g., when he renders it impure.

וּמַה טַּעַם אָמְרוּ בְּשׁוֹגֵג פָּטוּר? כְּדֵי שֶׁיּוֹדִיעוֹ.

And what is the reason that the Sages **said** that if he committed one of these acts **unintentionally** he is **exempt?** This is **so that** the one who caused the damage **will inform** the injured party about what happened. If a fine were imposed even in a case where the damage is caused unintentionally, there would be a concern that the guilty party might not report the damage so as to avoid the penalty. In such a situation the injured party will not know what happened, as the damage is not evident, and he will inadvertently use that which has become impure, mixed with *teruma,* or poured before an idol.

אִי הָכִי, אֲפִילּוּ בְּמֵזִיד נַמִי! הָשְׁתָּא לְאַזּוֹקֵי קָא מְכַוֵּין, אוֹדוֹעֵי לָא מוֹדַע לֵיהּ?

The Gemara asks: **If** it is **so** that there is a concern about this, then he should be exempt from liability **even** if he committed one of these offenses **intentionally,** so that he will inform the owner of the item. The Gemara answers: **Now,** since **it was his intention to cause** him **damage, will he not inform him?** If he does not tell him, the other person will never know that he suffered damage. Consequently, he will certainly inform him of what he did and that his property is now subject to a prohibition, and there is no concern that the injured party will inadvertently come to transgress the prohibition. This is Ḥizkiyya's opinion.

וְרַבִּי יוֹחָנָן אָמַר: דְּבַר תּוֹרָה אֶחָד שׁוֹגֵג וְאֶחָד מֵזִיד – פָּטוּר; מַאי טַעְמָא? הֶיזֵּק שֶׁאֵינוֹ נִיכָּר לָא שְׁמֵיהּ הֶיזֵּק, וּמַה טַּעַם אָמְרוּ בְּמֵזִיד חַיָּיב? שֶׁלֹּא יְהֵא כָּל אֶחָד וְאֶחָד הוֹלֵךְ וּמְטַמֵּא טָהֳרוֹתָיו שֶׁל חֲבֵירוֹ, וְאוֹמֵר פָּטוּר אֲנִי.

And Rabbi Yoḥanan says: By Torah law, one who commits one of the offenses listed in the mishna, **whether** he did so **unintentionally or intentionally,** is **exempt** from liability for the damage he caused. **What is the reason** for this? The reason is that **damage that is not evident is not categorized** as **damage.**[N] **And what is the reason** that the Sages **said** that if he committed one of these acts **intentionally** he is **liable?** This is so **that each and every person** who has a grievance with his neighbor and wishes to cause him harm **should not go and render impure the other person's pure** foods, **and say: I am exempt** from liability.

NOTES

Damage that is not evident – הֶיזֵּק שֶׁאֵינוֹ נִיכָּר: Since the item underwent no physical change, but only a change in its halakhic status, the one who caused the damage can say to the injured party: Here is your property before you, because the damage is not evident in the item itself. This is not similar to one who sells a promissory note to another and then forgives the loan described therein, or one who emancipates his slave after having made him collateral, as in those cases he cannot say: Behold your property is before you, because he cannot give the items to the owners as they were before the damage was caused (Ramban).

Is not categorized as damage – לָא שְׁמֵיהּ הֶיזֵּק: The Ritva writes that even by Torah law it is prohibited to cause another damage that is not evident, as it is written: "And you shall love your fellow as yourself" (Leviticus 19:18). What is more, it is prohibited even to cause another person distress with words, and all the more so through financial loss. The discussion here relates solely to the issue of liability.

HALAKHA

Damage that is not evident – הֶיזֵּק שֶׁאֵינוֹ נִיכָּר: If one causes damage that it is not visibly recognizable, he is exempt from payment by Torah law, because he does not cause damage to the item's external form. He is penalized by rabbinic law by being required to pay for the damage (Rambam *Sefer Nezikin, Hilkhot Ḥovel UMazik* 7:1; *Shulḥan Arukh, Ḥoshen Mishpat* 385:1).

תְּנַן: הַכֹּהֲנִים שֶׁפִּגְּלוּ בַּמִּקְדָּשׁ, מְזִידִים – חַיָּיבִין, וְתָנֵי עֲלַהּ: מִפְּנֵי תִּיקּוּן הָעוֹלָם.

The Gemara raises an objection to the opinion of Ḥizkiyya from what **we learned** in a mishna (54b): With regard to **priests who disqualified an offering through improper intention**[B] **in the Temple,**[H] by expressing, while sacrificing the offering, the intention of sprinkling the blood of the offering, burning its fats on the altar, or consuming it after its appointed time, if they did so **intentionally, they are liable** to pay the value of the offering to its owner, who must now bring another offering. **And it is taught with regard to** this mishna that the Sages instituted this obligation **for the betterment of the world,** so that priests should not act in this manner toward people to whom they wish to cause harm.

וְאִי אָמְרַתְּ הֶיזֵּק שֶׁאֵינוֹ נִיכָּר שְׁמֵיהּ הֶיזֵּק, הָאִי שׁוֹגְגִין פְּטוּרִין מִפְּנֵי תִּיקּוּן הָעוֹלָם מִיבְּעֵי לֵיהּ!

And if you say that **damage that is not evident is** nevertheless **categorized** as **damage, it should have** said **that** if they acted **unintentionally they are exempt due to the betterment of the world.** This is because according to Ḥizkiyya, if they acted intentionally they should be liable by Torah law for the damage they caused, and not by rabbinic ordinance instituted for the betterment of the world.

הָכִי נַמִי קָאָמַר: מְזִידִין – חַיָּיבִין; הָא שׁוֹגְגִין – פְּטוּרִין, מִפְּנֵי תִּיקּוּן הָעוֹלָם.

The Gemara answers: **That is also what** the *tanna* **is saying,** and the mishna should be understood as follows: If they acted **intentionally, they are liable, but** if they acted **unintentionally,** they are **exempt.** And the reason that they are exempt is **for the betterment of the world.**

מְתִיב רַבִּי אֶלְעָזָר: הָעוֹשֶׂה מְלָאכָה בְּמֵי חַטָּאת וּבְפָרַת חַטָּאת – פָּטוּר מִדִּינֵי אָדָם וְחַיָּיב בְּדִינֵי שָׁמַיִם; וְאִי אָמְרַתְּ הֶיזֵּק שֶׁאֵינוֹ נִיכָּר שְׁמֵיהּ הֶיזֵּק, בְּדִינֵי אָדָם נַמִי לִחַיֵּיב!

Rabbi Elazar raised an objection based on what was taught: With regard to **one who performs a task with the water of purification,**[N] i.e., water that is to be mixed with the ashes of the red heifer, which was used to purify people and objects that had contracted ritual impurity by contact with a corpse, **or** performed labor **with the** red **heifer of purification,** and by doing so he disqualifies it, he is **exempt according to human laws but is liable according to the laws of Heaven.**[N] **And if you say** that **damage that is not evident is** nevertheless **categorized** as **damage,** then **according to human laws he should also be liable.**

הוּא מוֹתִיב לַהּ, וְהוּא מְפָרֵק לַהּ: פָּרָה – שֶׁהִכְנִיסָהּ לְרִבְקָה עַל מְנָת שֶׁתִּינַק וְתָדוּשׁ, מֵי חַטָּאת – שֶׁשָּׁקַל בָּהֶן מִשְׁקָלוֹת.

The Gemara comments that **he,** Rabbi Elazar, **raised the objection and** subsequently **he** himself **resolved it:** That which they said, that he performed labor with the red **heifer,** means **that he placed it in a pen** [*lirvaka*][HL] **so that it would nurse** from its mother **and would** incidentally **thresh,**[N] meaning that his action is not defined as having the heifer perform labor. And that which they said, that he performed a task with the **water of purification,** means **that he weighed weights with** the water, which is not an actual task performed with the water.

וְהָאָמַר רָבָא: מֵי חַטָּאת

The Gemara asks: **But doesn't Rava say: Water of purification**

BACKGROUND

Disqualified an offering through improper intention – פִּגּוּל: Improper intention can render an offering disqualified, whether it is an animal, a bird, or a meal-offering (see Leviticus 7:18). If, while engaged in the four indispensable rites in the sacrifice of an offering, a priest expresses the intention of performing the rites of sprinkling the blood of the offering, burning its fats on the altar, or consuming it, after its appointed time, the offering becomes disqualified due to improper intention. An offering that has assumed that status may not be sacrificed, and the one bringing it has not fulfilled his obligation. Anyone willfully eating from an offering of this kind is liable to receive the punishment of *karet*. The Sages also decreed that this type of offering is ritually impure. It is the intention of the priest sacrificing the offering, rather than the intention of the person bringing it, that determines whether or not the offering becomes disqualified by improper intention.

HALAKHA

Priests who disqualified an offering through improper intention in the Temple – הַכֹּהֲנִים שֶׁפִּיגְּלוּ בַּמִּקְדָּשׁ: If a priest intentionally disqualified an offering through improper intention, he is required to reimburse the owners. But if he did so unintentionally, he is exempt (Rambam *Sefer Nezikin*, *Hilkhot Ḥovel UMazik* 7:4).

Labor with the heifer means that he placed it in a pen – פָּרָה שֶׁהִכְנִיסָהּ לְרִבְקָה: If one places a red heifer in a pen so that it will nurse and thresh, he is exempt from punishment according to human laws, but he is liable according to the laws of Heaven (Rambam *Sefer Nezikin*, *Hilkhot Ḥovel UMazik* 7:5).

LANGUAGE

Pen [*revaka*] – רִבְקָה: Rashi and others explain this word as meaning a team or group of animals bound together. Others explain that it is derived from the word *marbek* in the Bible, meaning fed or fattened (see I Samuel 28:25).

NOTES

One who performs a task with the water of purification – הָעוֹשֶׂה מְלָאכָה בְּמֵי חַטָּאת: The Torah explicitly states that the red heifer becomes disqualified when it performs labor. With regard to the water of purification, the early commentaries cite the *Sifrei*, which says that it is learned from the words: "For the water of sprinkling" (Numbers 19:9), that this water must be set aside for sprinkling alone and may not be used for any other purpose. It is also stated there that having a task performed with it invalidates the water only before the ashes of the red heifer are added to it (see Rashba).

But liable according to the laws of Heaven – וְחַיָּיב בְּדִינֵי שָׁמַיִם: This means that he will be punished at the hand of Heaven for what he did (Rashi). Therefore, although the court cannot seize his money, he will still be concerned about punishment and appease the person to whom he caused the damage. Additionally, he has a moral obligation to pay for what he damaged.

So that it would nurse and would thresh – עַל מְנָת שֶׁתִּינַק וְתָדוּשׁ: Rashi explains that the act that he performed does not involve a transgression on its own, as it is permitted for the heifer to go there and nurse. Consequently, the transgression is solely the result of his thoughts, as he thought at the outset that it would also thresh, and there is no liability for thoughts alone. Some early commentaries ask: One who sacrifices an offering with improper intention also renders it forbidden through thought alone. Why then is a priest who does so liable to receive punishment? They answer that although one who sacrifices an offering with the wrong intention invalidates it with his thoughts, he also performs an act, e.g., slaughter. This is not the case here, where one does not perform any forbidden action at all, as it is permitted to place the heifer in the pen to nurse (Rashba, citing *Tosafot*; Ritva).

שֶׁשָּׁקַל בָּהֶן מִשְׁקָלוֹת – כְּשֵׁרָה! לָא קַשְׁיָא: הָא בְּגוּפָן, הָא בִּכְנֶגְדָּן.

with which he weighed weights is fit? The Gemara answers: It is **not difficult: This** *baraita* is referring to a case where he weighs an object **with** the water **itself,**[NH] and therefore the water is disqualified. And **this** statement of Rava's, that the water is fit, is referring to a case where he weighs an object **against** the water.

בְּגוּפָן – מַעֲשֶׂה קָא עָבֵיד בְּהוּ, וְאִי הֶיזֵּק שֶׁאֵינוֹ נִיכָּר שְׁמֵיהּ הֶיזֵּק, בְּדִינֵי אָדָם נָמֵי לִחַיַּיב. אֶלָּא, אִידֵי וְאִידֵי בִּכְנֶגְדָּן, וְלָא קַשְׁיָא: הָא דְּאַסַּח דַּעְתֵּיהּ, הָא דְּלָא אַסַּח דַּעְתֵּיהּ.

The Gemara asks: If he weighs an object **with** the water **itself,** then **he performs** a real **task with it, and if damage that is not evident is** nevertheless **categorized** as **damage,** then **he should also be liable according to human laws**[H] to pay for performing a task with the water. **Rather,** it is necessary to say that both **this and that** refer to a case where he weighed an object **against** the water, **and** still it is **not difficult: This** *baraita* is referring to a case **where** in the course of the weighing the object **his attention was diverted** from guarding the water,[NH] and owing to this lapse in attention the water became disqualified. And **that** statement of Rava's is referring to a case **where his attention was not diverted,** and therefore the water did not become disqualified.

מְתִיב רַב פָּפָּא: גָּזַל מַטְבֵּעַ וְנִפְסַל, תְּרוּמָה – וְנִטְמֵאת, חָמֵץ – וְעָבַר עָלָיו הַפֶּסַח, אוֹמֵר לוֹ ״הֲרֵי שֶׁלְּךָ לְפָנֶיךָ״.

Rav Pappa raises an objection against Ḥizkiyya's opinion from that which is taught in a *baraita*: If **one robbed** another **of a coin and** afterward the coin **was rendered invalid**[H] by the government, or if he robbed another of ***teruma* and it became** ritually **impure,** or if he robbed another of **leavened bread and Passover** then **elapsed over it,** rendering it forbidden, in each of these cases the robber **can** return the item and **say to** the robbery victim: **That which is yours is before you.** Since the robber returned the stolen item, he is not required to compensate the victim of the robbery for his monetary loss, although the stolen items are currently of minimal or no value.

וְאִי אָמְרַתְּ הֶיזֵּק שֶׁאֵינוֹ נִיכָּר שְׁמֵיהּ הֶיזֵּק, הַאי גַּזְלָן הוּא, מָמוֹנָא מַעַלְיָא בָּעֵי שַׁלּוֹמֵי! תְּיוּבְתָּא.

And if you say that **damage that is not evident is categorized** as **damage,** then **this** man **is a robber,**[N] and **he should be required to pay full compensation** for the damage he caused. The Gemara concludes: This is **a conclusive refutation,** and the opinion of Ḥizkiyya is rejected.

לֵימָא כְּתַנָּאֵי: הַמְטַמֵּא, וְהַמְדַמֵּעַ, וְהַמְנַסֵּךְ, אֶחָד שׁוֹגֵג וְאֶחָד מֵזִיד – חַיָּיב, דִּבְרֵי רַבִּי מֵאִיר; רַבִּי יְהוּדָה אוֹמֵר: בְּשׁוֹגֵג – פָּטוּר, בְּמֵזִיד – חַיָּיב;

The Gemara suggests: **Let us say** that this amoraic dispute is **parallel** to a dispute between ***tanna'im***, as it was taught in a *baraita*: With regard to **one who renders** another's food ritually **impure, or one who mixes** *teruma* with another's non-sacred produce, **or one who pours** another's wine as a libation before an idol,[H] **whether** he did so **unintentionally or intentionally,** he is **liable** to pay for the damage he caused; this is **the statement of Rabbi Meir. Rabbi Yehuda says:** If he acted **unintentionally,** he is **exempt;** if he acted **intentionally,** he is **liable** to pay.

NOTES

This is with the water itself – הָא בְּגוּפָן: Rashi explains that the term: With the water itself, means that he places the water into a utensil with scale markings, and then puts an object into the water. Based on the amount of water that is displaced, he can calculate the weight of the object. The term: Against the water, means that the water of purification is placed on one side of a scale, and the object to be weighed is placed on the other side. Rabbeinu Crescas Vidal, cites the explanation of his teacher, the Ra'ah, that the primary deficiency in weighing an object with the water itself, according to Rashi's explanation, is that moisture exuding from the object being weighed, e.g., the liquid in meat, mixes with the water, and this mixture disqualifies the water. Others explain, citing the *ge'onim*, that the term: With the water itself, means that he performs a task with the water itself, e.g., he washes an item with the water.

Many early commentaries bring Rabbeinu Ḥananel's explanation that the term: With the water itself, means that he weighs an item against the water of purification, i.e., that the water of purification is on one side of the scale and the object that is being weighed is on the other side. And the term: Against the water, means that he first places a stone on the other side of the scale unawares, which is not considered performing a task with the water. Afterward, he weighs another object against this stone, whose weight was determined by weighing it against the water, so that he indirectly weighs this object with the water of purification.

Where his attention was diverted from guarding the water – הָא דְּאַסַּח דַּעְתֵּיהּ: By Torah Law, a diversion of attention disqualifies the water of purification, as it is stated: "It shall be kept for the congregation of the children of Israel for the water of sprinkling" (Numbers 19:9), meaning that the water must be guarded at all times. By rabbinic law there are other items that become invalid through a diversion of attention.

This man is a robber – הַאי גַּזְלָן הוּא: *Tosafot* ask: How is this case comparable to the *halakhot* being discussed? In the case of damage that is not evident, the one who causes the damage performs some action. Here, by contrast, the damage occurs independently of the one in possession of the item. They answer that if you say that damage that is not evident is categorized as damage, then the damage that occurs to the deposited item is considered a change that takes place while the stolen item is in the possession of the robber. Through this change he acquires the item itself, and he becomes obligated to return the value of the stolen item according to the time of the robbery.

HALAKHA

This is with the water itself – הָא בְּגוּפָן: If one weighs water of purification without diverting his attention from it, it does not become disqualified. If his attention is diverted from it, or he weighs something else against it, meaning that he uses it as a weight, it is disqualified (Rambam *Sefer Tahara, Hilkhot Para Aduma* 10:5).

He should also be liable according to human laws – בְּדִינֵי אָדָם נָמֵי לִחַיַּיב: If one intentionally performs labor with a red heifer or with water of purification, he is obligated to pay. If he does so unintentionally, he is exempt. The Ra'avad holds that this is the *halakha* only according to the opinion of Ḥizkiyya, who says that damage that is not evident is categorized as damage. Therefore, since according to the *halakha* it is not categorized as damage, he is in any event exempt according to human laws (Rambam *Sefer Nezikin, Hilkhot Ḥovel UMazik* 7:4).

Where his attention was diverted from guarding the water – הָא דְּאַסַּח דַּעְתֵּיהּ: If one was guarding water of purification and his attention was diverted, so that the water became disqualified, he is exempt according to human laws but liable according to the laws of Heaven (Rambam *Sefer Nezikin, Hilkhot Ḥovel UMazik* 7:5).

If one robbed another of a coin and it was rendered invalid – גָּזַל מַטְבֵּעַ וְנִפְסַל: If one robbed another of a coin and it became invalid in that country but could still be used elsewhere, or if he robbed another of *teruma* and it was rendered impure, or if he robbed another of leavened bread and then Passover elapsed, he may return the stolen item itself, and is exempt from further payment. The Rema writes, citing the Rosh, that even if the coin was made invalid by the king the robber can say to the victim of the robbery: Here is your property before you. This is in accordance with the opinion of Rav Huna in tractate *Bava Kamma* and contrary to the opinion of Rav Yehuda (Rambam *Sefer Nezikin, Hilkhot Gezeila VaAveda* 3:3; *Shulḥan Arukh, Ḥoshen Mishpat* 262:1).

One who renders food impure…or one who pours – הַמְטַמֵּא...וְהַמְנַסֵּךְ: If one caused damage that is not evident and he did so unintentionally or due to circumstances beyond his control, he is exempt, because the Sages imposed a penalty only on one who intended to cause damage, in accordance with the opinion of Rabbi Yehuda (Rambam *Sefer Nezikin, Hilkhot Ḥovel UMazik* 7:3).

מַאי לָאו בְּהָא קָמִיפַּלְגִי, דְּמָר סָבַר: הֶיזֵּק שֶׁאֵינוֹ נִיכָּר שְׁמֵיהּ הֶיזֵּק, וּמָר סָבַר: לָא שְׁמֵיהּ הֶיזֵּק!

The Gemara suggests: **What, is it not** that **they disagree about this** very issue? **As one Sage,** Rabbi Meir, **holds** that **damage that is not evident** is nevertheless **categorized** as **damage.**[N] Consequently, one is liable to pay even if he caused the damage unintentionally. **And** one **Sage,** Rabbi Yehuda, **holds** that such damage **is not categorized** as **damage,** and consequently one is liable to pay only if he caused the damage intentionally, as this is a rabbinically instituted fine.

אֲמַר רַב נַחְמָן בַּר יִצְחָק: דְּכוּלֵּי עָלְמָא – הֶיזֵּק שֶׁאֵינוֹ נִיכָּר לָא שְׁמֵיהּ הֶיזֵּק, וְהָכָא בְּקָנְסוּ שׁוֹגֵג אַטּוּ מֵזִיד קָא מִיפַּלְגִי, דְּמָר סָבַר: קָנְסוּ שׁוֹגֵג אַטּוּ מֵזִיד, וּמָר סָבַר: לֹא קָנְסוּ שׁוֹגֵג אַטּוּ מֵזִיד.

Rav Naḥman bar Yitzḥak said that it is possible to say that **everyone,** including Rabbi Meir, **agrees that damage that is not evident is not categorized** as **damage. And here, they disagree with regard to** this question: Did the Sages **penalize an unintentional** offender **due to an intentional** offender? **As** one **Sage,** Rabbi Meir, who states that the one who caused the damage is liable even if he acted unintentionally, **holds** that the Sages **penalized an unintentional** offender **due to an intentional** offender. **And one Sage,** Rabbi Yehuda, who states that one is liable only if he acted intentionally, **holds** that **they did not penalize an unintentional** offender **due to an intentional** offender.

וְרָמֵי דְּרַבִּי מֵאִיר אַדְּרַבִּי מֵאִיר, וְרָמֵי דְּרַבִּי יְהוּדָה אַדְּרַבִּי יְהוּדָה; דְּתַנְיָא: הַמְבַשֵּׁל בְּשַׁבָּת, בְּשׁוֹגֵג – יֹאכַל, בְּמֵזִיד – לֹא יֹאכַל, דִּבְרֵי רַבִּי מֵאִיר; רַבִּי יְהוּדָה אוֹמֵר: בְּשׁוֹגֵג – יֹאכַל לְמוֹצָאֵי שַׁבָּת, בְּמֵזִיד – לֹא יֹאכַל עוֹלָמִית;

The Gemara comments: **But** then it is possible to **raise a contradiction between** this statement **of Rabbi Meir and** another statement **of Rabbi Meir;** and it is also possible to **raise a contradiction between** this statement **of Rabbi Yehuda and** another statement **of Rabbi Yehuda.** The other statements are **as it is taught** in a *baraita* (*Tosefta, Shabbat* 2:5): With regard to **one who cooks on Shabbat,**[H] if he did so **unintentionally, he may eat** what he cooked. If he acted **intentionally, he may not eat**[N] what he cooked; this is **the statement of Rabbi Meir. Rabbi Yehuda says:** If he cooked the food **unintentionally, he may eat** what he cooked, but only **at the conclusion of Shabbat.** If he cooked it **intentionally, he may never eat** what he cooked.

רַבִּי יוֹחָנָן הַסַּנְדְּלָר אוֹמֵר: בְּשׁוֹגֵג – יֵאָכֵל לְמוֹצָאֵי שַׁבָּת לַאֲחֵרִים וְלֹא לוֹ, בְּמֵזִיד – לֹא יֵאָכֵל עוֹלָמִית לֹא לוֹ וְלֹא לַאֲחֵרִים; קַשְׁיָא דְּרַבִּי מֵאִיר אַדְּרַבִּי מֵאִיר, קַשְׁיָא דְּרַבִּי יְהוּדָה אַדְּרַבִּי יְהוּדָה!

The *baraita* continues: **Rabbi Yoḥanan HaSandlar says:** If he acted **unintentionally,** what he cooked **may be eaten at the conclusion of Shabbat by others, but not by him,** as the food is forbidden to him forever. If he cooked the food **intentionally,** what he cooked **may never be eaten, neither by him nor by others.** Consequently, there is **a contradiction between** one statement **of Rabbi Meir and** the other statement **of Rabbi Meir,** and there is also **a contradiction between** one statement **of Rabbi Yehuda and** the other statement **of Rabbi Yehuda.**

דְּרַבִּי מֵאִיר אַדְּרַבִּי מֵאִיר לָא קַשְׁיָא, כִּי קָנֵיס – בִּדְרַבָּנַן, בִּדְאוֹרַיְיתָא – לָא קָנֵיס.

The Gemara answers: There is no contradiction **between** one statement **of Rabbi Meir and** the other statement **of Rabbi Meir,** because one can draw a distinction between them. **When** Rabbi Meir **penalizes** an offender for even an unintentional offense, it is where the offender violated **a rabbinic law,**[N] e.g., he rendered food impure. But where he violated **a Torah law,** e.g., he cooked on Shabbat, **he does not penalize** him. The reason for this distinction is that people treat Torah prohibitions more seriously, and consequently there is no need to impose a fine for unintentional transgression in order to distance people from the transgression.

וְהָא מְנַסֵּךְ דְּאוֹרַיְיתָא הוּא, וְקָא קָנֵיס! מִשּׁוּם חוּמְרָא דַּעֲבוֹדָה זָרָה קְנַס לֵיהּ.

The Gemara asks: **But isn't pouring** wine as a libation before an idol prohibited **by Torah law,**[N] **and** even so Rabbi Meir **penalizes** the offender, even if his transgression is unintentional? The Gemara answers: This is an exception to the principle. **Due to the severity** of the prohibition against **idol worship,** Rabbi Meir **penalizes** the offender even if he acts unintentionally.

NOTES

As one Sage holds…categorized as damage – דְּמָר סָבַר...שְׁמֵיהּ הֶיזֵּק: Rashi explains that if damage that it is not evident is categorized as damage by Torah law, then it is included in the principle that when a person damages an item, it is irrelevant whether or not he did so intentionally (see *Bava Kamma* 26b).

If he acted intentionally he may not eat – בְּמֵזִיד לֹא יֹאכַל: Most of the early commentaries explain that the statements of Rabbi Yehuda and Rabbi Meir should be read as follows: Intentionally he may not eat, meaning that the prohibition applies only to him and not to others. This is because one who acts intentionally is treated, according to the opinion of Rabbi Meir, the same way as one who acts unintentionally is treated according to the opinion of Rabbi Yehuda. And one who acts intentionally is treated, according to the opinion of Rabbi Yehuda, the same way as one who acts unintentionally is treated according to the opinion of Rabbi Yoḥanan HaSandlar (Rashi; *Tosafot*).

When he penalizes for a rabbinic law – כִּי קָנֵיס בִּדְרַבָּנַן: Rashi explains that since damage that is not evident is not categorized as damage by Torah law, the offense here is by rabbinic law. The Ramah disagrees and says that even by Torah law one is certainly prohibited from causing damage that is not evident, and that the discussion here is limited to the results of the prohibited act. The discussion is referring to one who renders non-sacred produce impure, which is prohibited by rabbinic law. With regard to one who mixes *teruma* with non-sacred produce, some explain that the entire issue is relevant only with regard to rabbinic law, as it was the Sages who decreed that *teruma* is nullified only in a mixture of one hundred to one; by Torah law any forbidden item is nullified in a majority, so that there is no forbidden mixture whatsoever (Ritva).

But isn't pouring prohibited by Torah law – וְהָא מְנַסֵּךְ דְּאוֹרַיְיתָא הוּא: Clearly this question is valid only according to the opinion of Rav, that this refers to one who actually pours. Since the *halakha* is in accordance with Rav with regard to prohibitions, the matter is explained in accordance with his understanding (*Migdal David*). The Ramah writes that the question stands even according to the opinion that the reference here is to one who mixes libation wine together with kosher wine, as by Torah law anything used as an offering to an idol cannot be nullified, and the entire mixture is forbidden forever.

HALAKHA

One who cooks on Shabbat – הַמְבַשֵּׁל בְּשַׁבָּת: If a Jew intentionally performs a prohibited labor on Shabbat, he is prohibited from benefiting from it forever, but another person may benefit from it after Shabbat. If he did so unintentionally, everyone is prohibited from benefiting from it until after Shabbat, in accordance with the opinion of Rabbi Yehuda and contrary to the opinion of Rabbi Meir. Some (Gra, based on *Tosafot*) say that the ruling here is in accordance with the opinion of Rabbi Meir, that if he performed a prohibited labor unintentionally, it is permitted even to him immediately. Some rely on this lenient opinion in pressing circumstances (Rambam *Sefer Zemanim*, *Hilkhot Shabbat* 6:23; *Shulḥan Arukh*, *Oraḥ Ḥayyim* 318:1, and see *Mishna Berura* there).

דְּרַבִּי יְהוּדָה אַדְּרַבִּי יְהוּדָה לָא קַשְׁיָא, כִּי לָא קָנֵיס – בִּדְרַבָּנַן, בִּדְאוֹרַיְיתָא – קָנֵיס. וְהָא מְנַסֵּךְ דְּאוֹרַיְיתָא, וְלָא קָנֵיס! מִשּׁוּם חוּמְרָא דַּעֲבוֹדָה זָרָה מִיבְדַּל בְּדִילִי מִינֵּיהּ.

The Gemara continues: And there is also **no contradiction** between one statement **of Rabbi Yehuda and** the other statement **of Rabbi Yehuda. When** Rabbi Yehuda **does not penalize** an offender for an unintentional offense, it is where he violated **a rabbinic law.** But where he violated **a Torah law,** he **penalizes** him even if he transgressed unintentionally, owing to the severity of the transgression. The Gemara asks: **But isn't pouring** wine as a libation before an idol prohibited **by Torah law, and** even so Rabbi Yehuda **does not penalize** the offender if he acted unintentionally? The Gemara answers: The argument raised previously can be reversed: **Due to the** exceptional **severity** of the prohibition against **idol worship** people **avoid it** on their own, and so there is no need to impose a fine for unintentional transgression in order to distance people from it.

וְרָמֵי דְּרַבִּי מֵאִיר אַדְּרַבִּי מֵאִיר בִּדְאוֹרַיְיתָא; דְּתַנְיָא: הַנּוֹטֵעַ בְּשַׁבָּת, בְּשׁוֹגֵג – יְקַיֵּים, בְּמֵזִיד – יְעָקֵר, וּבַשְּׁבִיעִית, בֵּין בְּשׁוֹגֵג בֵּין בְּמֵזִיד – יְעָקֵר, דִּבְרֵי רַבִּי מֵאִיר;

The Gemara comments: **But** then it is possible to **raise a contradiction between** one statement of **Rabbi Meir and** another statement of **Rabbi Meir** even with respect to matters that are prohibited **by Torah law, as it is taught** in a *baraita* (*Tosefta, Shabbat* 2:11): With regard to **one who plants** a tree **on Shabbat,** if he does so **unintentionally, he may keep** the tree. If he acted **intentionally, it must be uprooted. And** if he planted the tree **during the Sabbatical** Year, then **whether** he did so **unintentionally or intentionally,**[H] **it must be uprooted;** this is **the statement of Rabbi Meir.**

רַבִּי יְהוּדָה אוֹמֵר: בַּשְּׁבִיעִית, בְּשׁוֹגֵג – יְקַיֵּים, בְּמֵזִיד – יְעָקֵר, וּבְשַׁבָּת, בֵּין בְּשׁוֹגֵג בֵּין בְּמֵזִיד – יְעָקֵר!

Rabbi Yehuda says: With regard to planting a tree **in the Sabbatical** Year, if one does so **unintentionally, he may keep** the tree. If he acted **intentionally, it must be uprooted. And** if he planted the tree **on Shabbat,** then **whether** he did so **unintentionally or intentionally, it must be uprooted.** Although it is prohibited by Torah law to plant a tree in the Sabbatical Year, Rabbi Meir penalizes the offender and requires that the tree be uprooted, even if he acted unintentionally. This seems to contradict Rabbi Meir's ruling in the previously mentioned *baraita*, that one who unintentionally cooked on Shabbat is not penalized.

וּלְטַעֲמִיךְ, תִּקְשֶׁה לָךְ הִיא גּוּפַהּ, מִכְּדִי הָא דְּאוֹרַיְיתָא וְהָא דְּאוֹרַיְיתָא, מַאי שְׁנָא שַׁבָּת וּמַאי שְׁנָא שְׁבִיעִית?

The Gemara asks: **And according to your reasoning,** that you raise such a contradiction, **raise a contradiction** in **this** *baraita* **itself. Since this** prohibition of planting on Shabbat **is by Torah law and this** prohibition of planting in the Sabbatical Year **is by Torah law, what is different about Shabbat and what is different about the Sabbatical** Year, that both Sages distinguish between the two *halakhot*.

אֶלָּא הָתָם כִּדְקָתָנֵי טַעְמָא: אָמַר רַבִּי מֵאִיר, מִפְּנֵי מָה אֲנִי אוֹמֵר: בְּשַׁבָּת בְּשׁוֹגֵג – יְקַיֵּים, בְּמֵזִיד – יְעָקֵר, וּבַשְּׁבִיעִית בֵּין בְּשׁוֹגֵג בֵּין בְּמֵזִיד – יְעָקֵר? מִפְּנֵי שֶׁיִּשְׂרָאֵל מוֹנִין לַשְּׁבִיעִית,

Rather, there the reason is **as is taught** explicitly: **Rabbi Meir said: For what** reason **do I say:** If one planted a tree **on Shabbat unintentionally, he may keep** the tree, but if he did so **intentionally, it must be uprooted; but in the Sabbatical** Year, **whether** the tree was planted **unintentionally or intentionally, it must be uprooted?** It is **because Jews count** the years of the tree, with regard to the prohibition against eating the fruit of a tree during the first three years after its planting [*orla*] and with regard to the *halakha* of fourth-year produce, **from the Sabbatical** Year.[B] Therefore, if the tree was planted in the Sabbatical Year, people will remember, and they might come to think planting a tree in the Sabbatical Year is permitted. For this reason, Rabbi Meir imposed a fine and required that the tree be uprooted.

HALAKHA

During the Sabbatical Year whether unintentionally or intentionally – בַּשְּׁבִיעִית בֵּין בְּשׁוֹגֵג בֵּין בְּמֵזִיד: If one planted during the Sabbatical Year, whether he did so intentionally or unintentionally, he must uproot what he planted, in accordance with the opinion of Rabbi Meir (Rambam *Sefer Zera'im, Hilkhot Shemitta VeYovel* 1:12).

BACKGROUND

Sabbatical Year – שְׁבִיעִית: The seventh year, the Sabbatical Year, is the last year in the seven-year Sabbatical cycle. The first such cycle began after the conquest of Eretz Yisrael by Joshua. The *halakhot* governing the Sabbatical Year are based on Torah law (Leviticus 25:1–7). Most authorities maintain that the conditions enabling performance of the mitzva by Torah law do not currently exist, and therefore present-day observance is based on rabbinic decree.

The Hebrew term for the Sabbatical Year, *shemitta*, means abandonment or release. During the Sabbatical Year, all agricultural land must lie fallow. It is prohibited to work the land, except for activities necessary to keep existing crops alive.

Fruit growing on a tree during the first three years after it was planted is called *orla*. *Orla* may not be eaten, nor may any other benefit be derived from it (see Leviticus 19:23). Fruit that grows during the following year, the fourth year after the tree was planted, has the same status as second tithe. It must be taken to Jerusalem and eaten there. If it cannot be taken to Jerusalem, it is redeemed, and the redemption money is taken to Jerusalem, where it must be spent on food and drink. Today fourth-year produce must still be redeemed, although for a nominal sum rather than its real value, since the redemption money is no longer taken to Jerusalem.

LANGUAGE

Convert [*dayyar*] – דַּיָּיר: The *Targum Onkelos* renders the word *ger*, meaning a convert or stranger, as *dayyar*. Accordingly, *dayyar bar dayyarta* means convert, son of a female convert. This is meant as a derogatory term, as it indicates blemished lineage.

HALAKHA

If one partook of *teruma* and it was impure – אָכַל תְּרוּמָה טְמֵאָה: If one partook of another's impure *teruma*, he pays restitution with non-sacred produce, pure or impure. If he partook of pure *teruma* he pays restitution with pure *teruma*. If he paid restitution with impure non-sacred produce, whether intentionally or unintentionally, his payment is valid, but he must return and pay restitution a second time with pure non-sacred produce. This is in accordance with Rava's explanation of the opinion of the Rabbis (Rambam *Sefer Zera'im*, *Hilkhot Terumot* 10:20).

NOTES

His payment is valid – תַּשְׁלוּמָיו תַּשְׁלוּמִין: This has two ramifications: First, the food with which he pays for the *teruma* he consumed becomes *teruma* once it is given to the priest, and second, it becomes the property of the priest, so that he can sell it or betroth a woman with it.

וְאֵין מוֹנִין לְשַׁבָּתוֹת.

But they do not count from Shabbat, as there is no significance to the day of the week on which the tree was planted, and consequently no one remembers that the tree was planted on Shabbat.

דָּבָר אַחֵר: נֶחְשְׁדוּ יִשְׂרָאֵל עַל הַשְּׁבִיעִית, וְלֹא נֶחְשְׁדוּ עַל הַשַּׁבָּתוֹת.

Alternatively, the difference between Shabbat and the Sabbatical Year can be explained as follows: **Jews are suspected of** desecrating **the Sabbatical** Year, **but they are not suspected of** desecrating **Shabbat.** Therefore, Rabbi Meir imposes a penalty for the unintentional desecration of the Sabbatical Year, but he imposes no such penalty for the unintentional desecration of Shabbat.

מַאי "דָּבָר אַחֵר"? הָכִי קָאָמַר: וְכִי תֵּימָא: שַׁבָּת נַמִי זִימְנִין דְּמִיקְלַע יוֹם שְׁלֹשִׁים בְּשַׁבָּת, דְּאִי נָטַע הַהוּא יוֹמָא – הוּא דְּסָלְקָא לֵיהּ שַׁתָּא, וְאִי לָא – לָא סָלְקָא לֵיהּ שַׁתָּא,

The Gemara asks: **What** is the point of Rabbi Meir adding the second reason, introduced with the term **alternatively?** The Gemara answers: **This is what** Rabbi Meir **is saying: And if you would say** to contest the first reason: Jews **also** count from **Shabbat,** and unless the tree is uprooted, people will remember that it was planted on Shabbat, as at **times the thirtieth day** before Rosh HaShana **falls on Shabbat. As, if he planted** the tree **on that day,** the time from when he planted it **counts for him as** a full **year** with regard to the prohibition of fruit that grows during the first three years after the tree was planted. **And if** he did **not** plant it on that Shabbat, but rather on the next day, the twenty-ninth day before Rosh HaShana, **it does not count for him as** a full **year.** In such a case people will remember that the tree was planted on Shabbat, and they might come to think that planting a tree on Shabbat is permitted.

תָּא שְׁמַע: דָּבָר אַחֵר, נֶחְשְׁדוּ יִשְׂרָאֵל עַל הַשְּׁבִיעִית, וְלֹא נֶחְשְׁדוּ עַל הַשַּׁבָּתוֹת.

Consequently, Rabbi Meir adds: **Come** and **hear** that **alternatively,** the difference between Shabbat and the Sabbatical Year can be explained as follows: **Jews are suspected of** desecrating **the Sabbatical** Year, **but they are not suspected of** desecrating **Shabbat.** Therefore, Rabbi Meir imposes a penalty for the unintentional desecration of the Sabbatical Year, but not for the unintentional desecration of Shabbat.

דְּרַבִּי יְהוּדָה אַדְּרַבִּי יְהוּדָה לָא קַשְׁיָא, בְּאַתְרֵיהּ דְּרַבִּי יְהוּדָה חֲמִירָא לְהוּ שְׁבִיעִית.

The Gemara continues: And there is also **no contradiction** between one statement **of Rabbi Yehuda** with regard to the Sabbatical Year **and** the other statement **of Rabbi Yehuda** with regard to Shabbat. This is because **in Rabbi Yehuda's place** the prohibition against desecrating **the Sabbatical** Year **was** regarded **by them** as a most **serious** one, and therefore there was no need to impose a penalty for its unintentional desecration, although it is a Torah law.

דְּהַהוּא דַּאֲמַר לֵיהּ לְחַבְרֵיהּ: "דַּיָּיר בַּר דַּיָּירְתָּא"! אֲמַר לֵיהּ: אֲנָא לָא אֲכַלִי פֵּירֵי דִּשְׁבִיעִית כְּוָותָךְ.

The Gemara adduces proof that this is true: It once happened **that** there was **a certain** person **who said to another** to insult him: **Convert** [*dayyar*],[L] **son of a convert.** In anger the second person **said to** the first in response: At least **I don't eat produce of the Sabbatical Year as you** do. This indicates that the Sabbatical Year was treated in that place as a very serious prohibition; therefore, Rabbi Yehuda deemed it unnecessary to impose a penalty for its unintentional desecration.

תָּא שְׁמַע: אָכַל תְּרוּמָה טְמֵאָה – מְשַׁלֵּם חוּלִּין טְהוֹרִין. שִׁילֵּם חוּלִּין טְמֵאִים, מַהוּ? אָמַר סוּמָכוֹס מִשּׁוּם רַבִּי מֵאִיר: בְּשׁוֹגֵג – תַּשְׁלוּמָיו תַּשְׁלוּמִין, בְּמֵזִיד – אֵין תַּשְׁלוּמָיו תַּשְׁלוּמִין, וַחֲכָמִים אוֹמְרִים: אֶחָד זֶה וְאֶחָד זֶה – תַּשְׁלוּמָיו תַּשְׁלוּמִין, וְחוֹזֵר וּמְשַׁלֵּם חוּלִּין טְהוֹרִים.

The Gemara proceeds to discuss another apparent contradiction between rulings of Rabbi Meir with regard to penalties imposed for the unintentional transgression of a rabbinic law: **Come** and **hear** what was taught in a *baraita* (*Tosefta, Terumot* 7:7): **If one partook of *teruma*,** which is the property of a priest, and it was ritually **impure,**[H] **he pays** restitution with ritually **pure, non-sacred** produce. **What is** the *halakha* **if he paid** restitution with ritually **impure, non-sacred** produce? **Sumakhos said in the name of Rabbi Meir:** If he paid restitution with ritually impure, non-sacred produce **unintentionally, his payment is valid.**[N] But if he did so **intentionally, his payment is not valid. And the Rabbis say:** Although **both** in **this** case **and** in **that** case **his payment is valid,** the Sages imposed a penalty and said that **he returns and pays** restitution a second time with ritually **pure, non-sacred** produce.

וְהָוֵינַן בָּהּ: בְּמֵזִיד אַמַּאי אֵין תַּשְׁלוּמָיו תַּשְׁלוּמִין? תָּבֹא עָלָיו בְּרָכָה, דְּאָכֵיל מִינֵּיהּ מִידֵּי דְּלָא חֲזֵי לֵיהּ בִּימֵי טוּמְאָתוֹ, וְקָא מְשַׁלֵּם לֵיהּ מִידֵּי דַּחֲזֵי לֵיהּ בִּימֵי טוּמְאָתוֹ!

And we discussed the following question concerning the opinion of Rabbi Meir: In the case where he paid restitution with ritually impure, non-sacred produce **intentionally, why is his payment not valid?** On the contrary, **blessing should come upon him, as he partook of something that is not fit for** the priest to partake of even **during the days of his impurity,** since it is prohibited for a priest to partake of impure *teruma,* whether he himself is pure or impure, **and he pays** restitution **to him with something,** i.e., impure, non-sacred produce, **which is** at least **fit for him** to partake of **during the days of his impurity.**

וְאָמַר רָבָא, וְאָמְרִי לַהּ כְּדִי: חִסּוּרֵי מִחַסְּרָא וְהָכִי קָתָנֵי: אָכַל תְּרוּמָה טְמֵאָה – מְשַׁלֵּם כׇּל דְּהוּ, אָכַל תְּרוּמָה טְהוֹרָה – מְשַׁלֵּם חוּלִּין טְהוֹרִים. שִׁילֵּם חוּלִּין טְמֵאִין, מַהוּ? סוּמְכוֹס אוֹמֵר מִשּׁוּם רַבִּי מֵאִיר: בְּשׁוֹגֵג – תַּשְׁלוּמָיו תַּשְׁלוּמִין, בְּמֵזִיד – אֵין תַּשְׁלוּמָיו תַּשְׁלוּמִין, וַחֲכָמִים אוֹמְרִים: אֶחָד זֶה וְאֶחָד זֶה – תַּשְׁלוּמָיו תַּשְׁלוּמִין, וְחוֹזֵר וּמְשַׁלֵּם חוּלִּין טְהוֹרִין.

And Rava said, and some say it is unattributed: The *baraita* **is incomplete and this is what it is teaching: If one partook of** ritually impure *teruma,* **he can pay** restitution with **anything,** even impure, non-sacred produce. If **he partook of** ritually **pure** *teruma,* **he pays** restitution with ritually **pure, non-sacred** produce. The *baraita* continues: **What is** the *halakha* if **he paid** restitution for ritually pure *teruma* with ritually **impure, non-sacred** produce? There is a tannaitic dispute about this. **Sumakhos said in the name of Rabbi Meir:** If he paid restitution with ritually impure, non-sacred produce **unintentionally, his payment is valid.** But if he did so **intentionally, his payment is not valid. And the Rabbis say: Both** in **this** case **and** in **that** case, **his payment is valid,** but the Sages imposed a penalty and said that **he returns and pays** restitution a second time with ritually **pure, non-sacred** produce.

וְאָמַר רַב אַחָא בְּרֵיהּ דְּרַב אִיקָא: הָכָא בְּקָנְסוּ שׁוֹגֵג אַטּוּ מֵזִיד אִיכָּא בֵּינַיְיהוּ, (דְּרַבִּי מֵאִיר סָבַר: לֹא קָנְסוּ שׁוֹגֵג אַטּוּ מֵזִיד, וַחֲכָמִים אוֹמְרִים: קָנְסוּ!)

And Rav Aḥa, son of Rav Ika, said: Here, the practical difference **between** Rabbi Meir and the Rabbis relates to the question of whether or not the Sages **penalized an unintentional** offender **due to an intentional** offender. **Rabbi Meir holds** that **they did not penalize an unintentional** offender **due to an intentional** offender, **and the Rabbis say** that **they penalized him.** Consequently, Rabbi Meir does not impose a penalty for an unintentional transgression of a rabbinic law, as by Torah law one can pay restitution to a priest with anything if he partakes of *teruma.* This contradicts what was stated previously, that in the case of a violation of rabbinic law, Rabbi Meir imposes a penalty even for an unintentional offense.

הָכִי הָשְׁתָּא?! הָתָם גַּבְרָא לְשַׁלּוֹמֵי קָא מִיכַּוֵּין, אֲנַן נֵיקוּם וְלִיקְנְסֵיהּ?

The Gemara answers: **How can** these cases **be compared? There, the man intends to pay; should we arise and penalize him?** It is specifically with regard to this case that Rabbi Meir holds that no penalty is imposed, as his mistake was made in the course of performing a laudatory action. By contrast, in cases where one rendered another's produce impure and the like, there is a penalty, as the mistake was made while performing an action he should not have been performing.

תָּא שְׁמַע: דָּם שֶׁנִּטְמָא וּזְרָקוֹ, בְּשׁוֹגֵג – הוּרְצָה, בְּמֵזִיד – לֹא הוּרְצָה!

The Gemara tries to bring proof concerning the previously stated opinion of Rabbi Meir that a penalty is imposed in a case of an unintentional transgression of a rabbinical law: **Come and hear** what was taught in a *baraita:* In the case of **blood** of an offering **that became impure**[N] **and** a priest **sprinkled it** on the altar, if he did so **unintentionally,** the offering **is accepted** and achieves atonement for the owner of the offering. If he sprinkled the blood **intentionally,** the offering **is not accepted.** In any event, the *tanna* of this *baraita* did not penalize the unintentional offender due to an intentional offender, and this sprinkling of blood is prohibited by rabbinic law.

אָמַר לָךְ רַבִּי מֵאִיר: הָכִי הָשְׁתָּא?! הָתָם גַּבְרָא לְכַפּוּרֵי קָא מִכַּוֵּין, אֲנַן נֵיקוּם וְנִקְנְסֵיהּ?

The Gemara answers: **Rabbi Meir** could have **said to you: How can** these cases **be compared? There, the person intends to** do a mitzva and **atone; should we arise and penalize him?** Here too, the mistake was made while performing a laudatory act. In such a case, even Rabbi Meir agrees that that an unintentional offender is not penalized due to an intentional offender.

NOTES

Blood that became impure – דָּם שֶׁנִּטְמָא: Fundamentally, the frontplate on the head of the High Priest atones for impurity, and the blood atones for the owner of the offering, and so it is permitted to eat the meat of the offering. Despite this, the Sages prohibited the sprinkling of blood that became impure and instituted that the meat may not be eaten if the sprinkling was done intentionally, but they did not impose a penalty if it was done unintentionally.

תָּא שְׁמַע: הַמְעַשֵּׂר בְּשַׁבָּת, בְּשׁוֹגֵג – יֹאכַל, בְּמֵזִיד – לֹא יֹאכַל! הָכִי הָשְׁתָּא?! הָתָם גַּבְרָא לְתַקּוּנֵי קָא מִיכַּוֵּין, אֲנַן נֵיקוּם וְלִיקְנְסֵיהּ?

The Gemara attempts to adduce further proof: **Come and hear** what was taught in a mishna (*Terumot* 2:3): With regard to **one who tithes** produce **on Shabbat,**[H] which is prohibited by rabbinic law because it appears as though he were repairing an article that requires repair, if he did this **unintentionally, he may consume** the produce, as it has been tithed and rendered fit for consumption. But if he did this **intentionally, he may not consume** it. Apparently, the Sages did not penalize the unintentional offender due to an intentional offender, although tithing produce on Shabbat is prohibited by rabbinic law. The Gemara answers: **How can** these cases **be compared? There, the man intends to** do a worthy deed and **repair** the produce by tithing it; **should we arise and penalize him?** As above, Rabbi Meir would agree that in such a case the unintentional offender is not penalized.

תָּא שְׁמַע: הַמַּטְבִּיל כֵּלִים בְּשַׁבָּת, בְּשׁוֹגֵג – יִשְׁתַּמֵּשׁ בָּהֶן, בְּמֵזִיד – לֹא יִשְׁתַּמֵּשׁ בָּהֶן! הָכִי הָשְׁתָּא?! הָתָם גַּבְרָא לְטַהוֹרֵי מָאנֵי קָא מִיכַּוֵּין, אֲנַן נֵיקוּם וְלִיקְנְסֵיהּ?

The Gemara brings yet another proof: **Come** and **hear** what was taught in that same mishna (*Terumot* 2:3): With regard to **one who immerses utensils** in a ritual bath **on Shabbat,**[H] which is also prohibited by the Sages because it appears as if he were repairing an article that requires repair, if he immerses them **unintentionally, he may use them.** But if he immerses them **intentionally, he may not use them.** Here too the Sages did not penalize the unintentional offender due to an intentional offender. The Gemara answers as before: **How can** these cases **be compared? There, the man intends to** do a praiseworthy act and **purify the utensils; should we arise and penalize him?** The same distinction stated previously applies in this mishna as well.

וְרָמֵי דְּרַבִּי יְהוּדָה אַדְּרַבִּי יְהוּדָה בִּדְרַבָּנַן; דְּתַנְיָא:

The Gemara discusses the opinion of Rabbi Yehuda: **And they raised a contradiction between** one statement **of Rabbi Yehuda and** another statement **of Rabbi Yehuda** with regard to matters that are prohibited only **by rabbinic law. As it is taught** in a *baraita*:

HALAKHA

One who tithes on Shabbat – הַמְעַשֵּׂר בְּשַׁבָּת: If one unintentionally separated *terumot* and tithes on Shabbat, he is permitted to consume from the produce that he tithed. If he did this intentionally, he may not consume it until after Shabbat. In either case, the produce is considered to be tithed (Rambam *Sefer Zemanim*, *Hilkhot Shabbat* 23:9; see *Shulḥan Arukh*, *Oraḥ Ḥayyim* 318:3 and *Mishna Berura* there).

One who immerses utensils on Shabbat – הַמַּטְבִּיל כֵּלִים בְּשַׁבָּת: If one unintentionally immersed impure utensils on Shabbat, he may use them. If, however, he immersed them intentionally, he may not use them until after Shabbat (Rambam *Sefer Zemanim*, *Hilkhot Shabbat* 23:8; see *Shulḥan Arukh*, *Oraḥ Ḥayyim* 323:7 and *Beur Halakha* there).

Perek **V**
Daf **54** Amud **b**

נָפְלוּ וְנִתְפַּצְּעוּ, אֶחָד שׁוֹגֵג וְאֶחָד מֵזִיד – לֹא יַעֲלוּ, דִּבְרֵי רַבִּי מֵאִיר וְרַבִּי יְהוּדָה; רַבִּי יוֹסֵי וְרַבִּי שִׁמְעוֹן אוֹמְרִים: בְּשׁוֹגֵג – יַעֲלוּ, בְּמֵזִיד – לֹא יַעֲלוּ.

If there are nuts from Perekh that are *orla*, and **they fell** into other nuts and became intermingled with them, the entire mixture is forbidden, even if the nuts that are *orla* are few in number. This is because they are deemed significant when they are whole and they are not nullified in a mixture. If the nuts **were broken**[H] afterward, **whether** they were broken **unintentionally or** they were broken **intentionally, they are not nullified** in the mixture, despite the fact that they are no longer regarded as significant and should therefore be subject to nullification; this is **the statement of Rabbi Meir and Rabbi Yehuda. Rabbi Yosei and Rabbi Shimon** disagree and **say:** If they were broken **unintentionally, they are nullified,** but if they were broken **intentionally, they are not nullified.**

וְהָא הָכָא דְּמִדְּאוֹרַיְיתָא חַד בִּתְרֵי בָּטֵל, וְרַבָּנַן הוּא דִּגְזוּר, וְקָא קָנֵיס רַבִּי יְהוּדָה! הָתָם הַיְינוּ טַעְמָא דְּרַבִּי יְהוּדָה – מִשּׁוּם דְּאָתֵי לְאִיעֲרוּמֵי.

The Gemara asks: **But here, by Torah law** the forbidden substance **is nullified** if its ratio in the mixture is not more than **one in two,**[N] i.e., when the majority of the mixture is permitted, **and** it was **the Sages who decreed** that significant items are not subject to nullification. **And** nevertheless, **Rabbi Yehuda penalizes** an unintentional offender due to an intentional offender. This seems to contradict what was stated previously, that Rabbi Yehuda does not impose a penalty for an unintentional offense if the transgression involves the violation of a rabbinic law. The Gemara answers: **There, this is the reasoning of Rabbi Yehuda,** that a penalty was imposed in the case where he unintentionally broke the nuts **due to** the concern **that** without a penalty **he will come to employ artifice**[N] and intentionally break the nuts in order to effect nullification of the Perekh nuts.

HALAKHA

Fell and were broken – נָפְלוּ וְנִתְפַּצְּעוּ: It is prohibited to intentionally render a forbidden item nullified. If one unintentionally mixed a forbidden item into permitted ones, or added permitted items to the forbidden one, the mixture is permitted. If he nullified the forbidden item intentionally, the mixture is forbidden to the person who nullified it as well as to the person on whose behalf it was nullified. The mixture is permitted to everyone else, in accordance with the opinions of Rabbi Yosei and Rabbi Shimon (Rambam *Sefer Kedusha*, *Hilkhot Ma'akhalot Assurot* 15:25, 16:12; *Shulḥan Arukh*, *Yoreh De'a* 99:5).

NOTES

Nullified if not more than one in two – חַד בִּתְרֵי בָּטֵל: Rashi writes that this is derived from the verse: "You shall incline toward the majority" (Exodus 23:2), which teaches that just as in a court ruling, the ruling follows the opinion of the majority of judges, so too, in all situations, the minority is nullified by the majority by Torah law.

He will come to employ artifice – אָתֵי לְאִיעֲרוּמֵי: In a case where there is concern about deception the matter is more serious, and the Sages introduced stricter measures than those applying in a case where one has clearly acted intentionally (Ritva). This does not mean that he will act intentionally and say that he acted unintentionally, as if so this should apply to any case where he acts unintentionally. Rather, the concern is specific to this case, where he can say that the nuts were broken not for the sake of nullification, but for the sake of eating (*Ḥatam Sofer*; see Rashba on 53a).

וְרָמֵי דְּרַבִּי יוֹסֵי אַדְּרַבִּי יוֹסֵי; דִּתְנַן: נְטִיעָה שֶׁל עָרְלָה וְשֶׁל כִּלְאֵי הַכֶּרֶם שֶׁנִּתְעָרְבוּ בִּנְטִיעוֹת אֲחֵרוֹת – הֲרֵי זֶה לֹא יְלַקֵּט, וְאִם לִיקֵּט – יַעֲלוּ בְּאֶחָד וּמָאתַיִם, וּבִלְבַד שֶׁלֹּא יִתְכַּוֵּין לְלַקֵּט;

The Gemara discusses the previous *baraita*: **And they raised a contradiction between** one statement **of Rabbi Yosei and** another statement **of Rabbi Yosei, as we learned** in a mishna (*Orla* 1:6): **If a sapling** that has the status **of *orla***[H] **or** a grapevine sapling has the status **of diverse kinds in a vineyard,**[B] e.g., one vine in a vineyard had grain planted near it and become prohibited, and the grain was then uprooted, **became intermingled with other** saplings, and one does not know which is the forbidden sapling, **he may not gather** the produce of any of the saplings. **And if he gathered** the produce, the forbidden produce **is nullified** if its ratio in the mixture is not more than **one** part forbidden produce **in two hundred**[N] parts permitted produce, **provided that he did not intend to gather** the produce in order that the forbidden produce will become nullified.

רַבִּי יוֹסֵי אוֹמֵר: אַף הַמִּתְכַּוֵּין לְלַקֵּט – יַעֲלוּ בְּאֶחָד וּמָאתַיִם!

Rabbi Yosei says: Even if he intentionally gathered the produce in order that the forbidden produce would become nullified, the forbidden produce **is nullified** if its ratio in the mixture is not more than **one** part forbidden produce **in two hundred** parts permitted produce. This seems to contradict what Rabbi Yosei said in the *baraita* cited previously with regard to nuts, that if the nuts were broken intentionally, they are not nullified.

הָא אִתְּמַר עֲלַהּ, אָמַר רָבָא: חֲזָקָה אֵין אָדָם אוֹסֵר אֶת כַּרְמוֹ בִּנְטִיעָה אַחַת. וְכֵן כִּי אֲתָא רָבִין אָמַר רַבִּי יוֹחָנָן: חֲזָקָה אֵין אָדָם אוֹסֵר אֶת כַּרְמוֹ בִּנְטִיעָה אַחַת.

The Gemara answers: **Wasn't it** already **stated with regard to** that mishna in explanation of Rabbi Yosei's opinion that **Rava says:** There is **a presumption** that **a person does not render his entire vineyard forbidden for the sake of one sapling.** Therefore, it can be assumed that one does not intentionally plant a sapling that has the status of *orla* or of diverse kinds in a vineyard among other saplings without properly marking it. If he did so, it is uncommon, and the Sages did not impose a penalty in an uncommon case. **And similarly, when Ravin came** from Eretz Yisrael to Babylonia, he said that **Rabbi Yoḥanan says:** There is **a presumption** that **a person does not render his vineyard forbidden for the sake of one sapling,** and therefore the Sages did not impose a penalty.

מתני׳ הַכֹּהֲנִים שֶׁפִּגְּלוּ בַּמִּקְדָּשׁ, מְזִידִין – חַיָּיבִין.

MISHNA **If priests disqualified an offering with improper intention in the Temple,**[N] by expressing, while sacrificing the offering, the intention of sprinkling the blood of the offering, burning its fats on the altar, or consuming it, after its appointed time, and they did so **intentionally, they are liable** to pay the value of the offering to its owner, who must now bring another offering.

גמ׳ תָּנוּ רַבָּנַן: הָיָה עוֹשֶׂה עִמּוֹ בְּטָהֳרוֹת, וְאָמַר לוֹ: טָהֳרוֹת שֶׁעָשִׂיתִי עִמְּךָ נִטְמְאוּ, הָיָה עוֹשֶׂה עִמּוֹ בִּזְבָחִים, וְאָמַר לוֹ: זְבָחִים שֶׁעָשִׂיתִי עִמְּךָ נִתְפַּגְּלוּ – נֶאֱמָן; אֲבָל אָמַר לוֹ: טָהֳרוֹת שֶׁעָשִׂיתִי עִמְּךָ בְּיוֹם פְּלוֹנִי נִטְמְאוּ, וּזְבָחִים שֶׁעָשִׂיתִי עִמְּךָ בְּיוֹם פְּלוֹנִי נִתְפַּגְּלוּ – אֵינוֹ נֶאֱמָן.

GEMARA **The Sages taught** in a *baraita* (*Tosefta*, *Terumot* 2:2): If one **was preparing ritually pure** food **with another, and he said to him: The ritually pure** food **that I prepared with you became ritually impure,**[H] or **if he was preparing sacrifices with** another person, **and he said to him: The sacrifices that I prepared with you became disqualified due to improper intention,** he is **deemed credible** with regard to these claims. **But if he said to** the other: **The ritually pure** food **that I prepared with you on such and such a day became ritually impure,** or **the sacrifices that I prepared with you on such and such a day became disqualified due to improper intention, he is not deemed credible.**

BACKGROUND

Diverse kinds in a vineyard – כִּלְאֵי הַכֶּרֶם: It is prohibited to plant or maintain other crops in a vineyard (Deuteronomy 22:9). The forbidden crop grown in a vineyard may not be eaten or used. It renders the entire vineyard forbidden, and all the produce must be burned.

NOTES

One in two hundred – אֶחָד וּמָאתַיִם: This *halakha* is derived in the *Sifrei* (Numbers 18:30) from a similar *halakha* governing *teruma*, which is forbidden for consumption by non-priests and which is nullified in a ratio of one to one hundred. With regard to diverse kinds and *orla*, since it is prohibited for one not only to consume them but also to derive any benefit from them, they are nullified only in a mixture of one in two hundred. In tractate *Pesaḥim* support is brought for this stringency from the verse: "And one lamb of the flock, out of two hundred" (Ezekiel 45:15). Nevertheless, according to almost all opinions, this *halakha* is by rabbinic law, as by Torah law all forbidden items are nullified in a mere majority (see Rambam *Sefer Kedusha*, *Hilkhot Ma'akhalot Assurot* 15:14–16 and *Or Same'aḥ* there).

If priests disqualified an offering with improper intention [*shepiggelu*] in the Temple – הַכֹּהֲנִים שֶׁפִּגְּלוּ בַּמִּקְדָּשׁ: The *halakha* of improper intention is alluded to in the Torah, which states: "And if any of the flesh of the sacrifice of his peace-offering be at all eaten on the third day, it shall not be accepted, neither shall it be imputed to him who sacrificed it; it shall be an abomination" (Leviticus 7:18). The Sages learn from here that if one sacrifices an offering with the intention of eating it after its appointed time, even if he does not do this in practice, "it shall not be accepted," i.e., his intention alone disqualifies the sacrifice. The *halakhot* of improper intention are discussed at length in tractate *Zevaḥim*. See the *Melekhet Shlomo*, where it is written that this *halakha* is not limited to a case where the priests rendered the offering *piggul*; rather, the same applies in any situation where they disqualified the offering, e.g., where they intended to partake of the offering outside of its appointed place, in which case the offering is disqualified but not *piggul*.

The *Tosefot HaRosh* holds that *piggul* applies only when improper intention is expressed verbally, while according to other early commentaries, improper intention alone suffices. Some maintain that *piggul* in thought invalidates only in the case of a priest sacrificing his own offering, but if a priest is sacrificing the offering of another, it is invalidated as *piggul* only when he verbalizes his intention (see Ritva).

HALAKHA

A sapling with the status of *orla* – נְטִיעָה שֶׁל עָרְלָה: If a sapling with the status of *orla* or of diverse kinds in a vineyard became intermingled with other saplings, one is permitted to gather the produce *ab initio*. If the ratio of the permitted to the forbidden is two hundred to one, then everything gathered is permitted. If the ratio of permitted produce is less than this, then all the produce that is picked is prohibited. It is permitted to gather the produce *ab initio*, as it is assumed that one would not make all of his vineyard or field forbidden due to one sapling, and therefore if he recognized the forbidden sapling, he would uproot it, in accordance with the opinion of Rabbi Yosei (Rambam *Sefer Kedusha*, *Hilkhot Ma'akhalot Assurot* 16:25).

The ritually pure food that I prepared with you became ritually impure – טָהֳרוֹת שֶׁעָשִׂיתִי עִמְּךָ נִטְמְאוּ: If one was preparing offerings with another person and told him that he had not had the proper intention, or if they were preparing ritually pure food together and he told him that it had become impure, he is deemed credible. Similarly, if he says to him when he subsequently meets him that those offerings were disqualified or the food was impure, he is deemed credible. But if he met him and said nothing and then met him again and said that the offerings were disqualified or the food was impure, he is not deemed credible. Nevertheless, one who wishes to be stringent and accept his word is praiseworthy.

The *Shulḥan Arukh* rules that if one tells another that his wine has become forbidden due to being poured as a libation before an idol, and the wine was in the speaker's possession, he is deemed credible. He is similarly deemed credible if it was not in his possession but he told him this the first time that he met him. If he did not say this the first time, he is not deemed credible, provided that the owner of the wine denies it or questions his words. The *halakha* is in accordance with the opinions of Abaye and Rava, based on the understanding that they disagree only with regard to how to understand the *baraita* and not with regard to the *halakha* itself (Rambam *Sefer Avoda*, *Hilkhot Pesulei HaMukdashin* 19:1 and *Sefer Tahara*, *Hilkhot Metamei Mishkav UMoshav* 13:8; *Shulḥan Arukh*, *Yoreh De'a* 127:1).

מַאי שְׁנָא רֵישָׁא, וּמַאי שְׁנָא סֵיפָא? אָמַר אַבַּיֵי: כׇּל שֶׁבְּיָדוֹ נֶאֱמָן.

The Gemara asks: **What is different** in **the first clause** of the *baraita* **and what is different** in **the latter clause,** that in the first clause he is deemed credible, whereas in the latter clause he is not? **Abaye says** that the principle is as follows: **As long as it is** still **in his power** to do what he said he had done, he is **deemed credible.** Therefore, while he is involved in the preparation of the ritually pure food or the sacrifices, and consequently he is still able to disqualify them, he is deemed credible when he says that they already became disqualified. But once he makes a statement about actions he performed in the past and he is no longer able to disqualify the objects of those actions, he is not deemed credible.

רָבָא אֲמַר: כְּגוֹן דְּאַשְׁכְּחֵיהּ וְלָא אֲמַר לֵיהּ וְלָא מִידֵּי, וּלְבָתַר הָכִי אַשְׁכְּחֵיהּ וַאֲמַר לֵיהּ.

Rava said: Both the first clause and the latter clause deal with testimony about the past. The difference is that the latter clause is referring to a case **where he found him** a first time **and told him nothing** about disqualification, **and** then **afterward he found him** a second time **and told him** what had purportedly happened. In such a case he is suspected of lying, as, if it were true that the pure food had become impure or the offering had become disqualified, he would have imparted that information earlier. Since he had said nothing at the time, and he spoke up only later, it is assumed that he was lying and that his intention was merely to annoy the other.

הַהוּא דַּאֲמַר לֵיהּ לְחַבְרֵיהּ: טָהֳרוֹת שֶׁעָשִׂיתִי עִמְּךָ בְּיוֹם פְּלוֹנִי נִטְמְאוּ, אֲתָא לְקַמֵּיהּ דְּרַבִּי אַמִי, אֲמַר לֵיהּ: שׁוּרַת הַדִּין אֵינוֹ נֶאֱמָן. אֲמַר לְפָנָיו רַבִּי אַסִי: רַבִּי, אַתָּה אוֹמֵר כֵּן? הָכִי אֲמַר רַבִּי יוֹחָנָן מִשּׁוּם רַבִּי יוֹסֵי: מָה אֶעֱשֶׂה שֶׁהַתּוֹרָה הֶאֱמִינַתּוּ.

§ It is related that there was **a certain** person **who said to another: The ritually pure** food **that I prepared with you on such and such a day became ritually impure.** The owner of the food **came before Rabbi Ami,** asking him what to do. Rabbi Ami **said to him:** You may continue to treat the food as ritually pure, as **in principle,** the other person **is not deemed credible. Rabbi Asi said before him: My teacher, do you say this? So said Rabbi Yoḥanan in the name of Rabbi Yosei: What can I do** when I see **that the Torah deemed him credible** in such a case?

הֵיכָן הֶאֱמִינַתּוּ? אָמַר רַבִּי יִצְחָק בַּר בִּיסְנָא: כֹּהֵן גָּדוֹל בְּיוֹם הַכִּפּוּרִים יוֹכִיחַ, דְּכִי אָמַר פִּגּוּל – מְהֵימַן; וּמְנָא יָדְעִינַן? וְהָכְתִיב: "וְכׇל אָדָם לֹא יִהְיֶה בְּאֹהֶל מוֹעֵד"! אֶלָּא לָאו מִשּׁוּם דִּמְהֵימַן.

The Gemara asks: **Where** does it **deem him credible? Rabbi Yitzḥak bar Bisna says: The High Priest on Yom Kippur will prove** this point, **as when** he **says** that he had **improper intent,** he is **deemed credible. And from where do we know** that he had improper intent? **But isn't it written: "And no man shall be in the Tent of Meeting** when he goes in to make atonement for the holy place" (Leviticus 16:17)? **Rather, is it not because** he is **deemed credible** in his testimony even after he performed the service, and it is no longer in his power to disqualify the offering?

וְדִלְמָא דִּשְׁמַעְנֵיהּ דְּפַגֵּיל! אִי לָאו דִּמְהֵימַן, אַף עַל גַּב דִּשְׁמַעְנֵיהּ נַמִי לָא מְהֵימַן, דְּדִלְמָא לְבָתַר הָכִי קָאָמַר.

The Gemara rejects this argument: **But perhaps we heard that he disqualified** the offering **with improper intention,** i.e., maybe he stated his intention out loud while performing the service and it was heard outside. The Gemara answers: **Were** he **not deemed credible** about the matter, then **even if we heard him** voice his intention, he **would also not be deemed credible.** Why? The reason is **that perhaps** he actually sprinkled the blood with the proper intention, and it was only **afterward** that **he said** what he said, and at that time he could no longer disqualify the offering. Rather, he is certainly deemed credible when he says that he disqualified the offering with improper intention.

וְדִלְמָא דַּחֲזֵינֵיהּ בְּפִישְׁפָּשׁ! קַשְׁיָא.

The Gemara raises another objection: **But perhaps we saw** what the High Priest was doing **through a small door,** through which it was possible to monitor his actions, and we saw that he sprinkled the blood with improper intention. The Gemara says: This is **difficult** for Rabbi Yitzḥak bar Bisna, as his proof can be refuted.

הַהוּא דַּאֲתָא לְקַמֵּיהּ דְּרַבִּי אַמִי, אֲמַר לֵיהּ: סֵפֶר תּוֹרָה שֶׁכָּתַבְתִּי לִפְלוֹנִי, אַזְכָּרוֹת שֶׁלּוֹ לֹא כְּתַבְתִּים לִשְׁמָן, אֲמַר לֵיהּ: סֵפֶר תּוֹרָה בְּיַד מִי? אֲמַר לֵיהּ: בְּיַד לוֹקֵחַ, אֲמַר לֵיהּ: נֶאֱמָן אַתָּה לְהַפְסִיד שְׂכָרְךָ, וְאִי אַתָּה נֶאֱמָן לְהַפְסִיד סֵפֶר תּוֹרָה.

§ It is similarly related that there was **a certain** person **who came before Rabbi Ami** and **said to him:** In **the Torah scroll that I wrote for so-and-so, I did not write the mentions** of God's name **with the proper intention** that is required when writing a holy name, and therefore the scroll is not valid. Rabbi Ami **said to him:** This **Torah scroll** is currently **in whose possession?** The scribe **said to him:** It is now **in the buyer's possession.** Rabbi Ami **said to him: You are deemed credible to cause the loss of your wage,**[H] as you admit that you wrote the Torah scroll in a faulty manner, and therefore the buyer can refuse to pay you. **But you are not deemed credible to cause a loss** to, i.e., to invalidate, **the Torah scroll.**

HALAKHA

You are deemed credible to cause the loss of your wage – **נֶאֱמָן אַתָּה לְהַפְסִיד שְׂכָרְךָ**: If a scribe says to someone who purchased a Torah scroll from him: In the scroll I wrote for you, I did not write God's name with the proper intention, he is not deemed credible to invalidate the scroll, but he is deemed credible for the purpose of causing the loss of his wage. The Rema writes that in any case the purchaser pays the scribe as one pays a scribe to write the text of the Torah for private study, as it can still be used in that way. The *Taz* disagrees (Rambam *Sefer Ahava, Hilkhot Tefillin UMezuza VeSefer Torah* 1:18; *Shulḥan Arukh, Yoreh De'a* 281:5).

אֲמַר לֵיהּ רַבִּי יִרְמְיָה: נְהִי דְּהִפְסִיד שְׂכַר אַזְכָּרוֹת, שְׂכָר דְּסֵפֶר תּוֹרָה כּוּלֵּיהּ מִי הִפְסִיד? אֲמַר לֵיהּ: אִין, שֶׁכָּל סֵפֶר תּוֹרָה שֶׁאֵין אַזְכָּרוֹת שֶׁלּוֹ כְּתוּבוֹת לִשְׁמָן – אֵינוֹ שָׁוֶה כְּלוּם.

Rabbi Yirmeya said to him: Although he lost his wage with regard to the mentions of God's name that he wrote in a faulty manner, did he lose his wage with regard to the entire Torah scroll, which he wrote correctly? Rabbi Ami said to him: Yes, he lost his wage for the entire Torah scroll, as any Torah scroll in which the mentions of God's name have not been written with the proper intention is not worth anything.

וְלִיעֲבַר עֲלַיְיהוּ קוּלְמוֹס וְלִיקַדְּשֵׁיהּ! כְּמַאן? נֵימָא דְּלָא כְּרַבִּי יְהוּדָה.

The Gemara asks: But let the scribe pass a reed pen [*kulemos*][L] with additional ink over instances of God's name and sanctify them, going over the names with the proper intention. And since there is no option to correct the Torah scroll in this manner, in accordance with whose opinion was this ruling issued? Shall we say that it is not in accordance with the opinion of Rabbi Yehuda?

דִּתְנַן: הֲרֵי שֶׁהָיָה צָרִיךְ לִכְתּוֹב אֶת הַשֵּׁם, וְנִתְכַּוֵּין לִכְתּוֹב "יְהוּדָה" וְטָעָה וְלֹא הִטִּיל בּוֹ דָּלֶת – מַעֲבִיר עָלָיו קוּלְמוֹס וּמְקַדְּשׁוֹ, דִּבְרֵי רַבִּי יְהוּדָה; וַחֲכָמִים אוֹמְרִים: אֵין הַשֵּׁם מִן הַמּוּבְחָר!

This is as we learned in a *baraita*: If a scribe writing a Torah scroll was at a point in the text that he needed to write the name of God, spelled *yod, heh, vav, heh*; and he erred and intended to write Yehuda, spelled *yod, heh, vav, dalet, heh*, but he made a mistake when writing Yehuda and did not place a *dalet* in the word, thereby unintentionally writing the name of God in the correct place, then he should pass over it with a reed pen. He writes over what was written and sanctifies it with the intention that he is writing the name of God. This is the statement of Rabbi Yehuda. And the Rabbis say: Even if he adds a second layer of ink, the name has not been written in the optimal manner.[H] The fact that Rabbi Ami did not offer the option to rewrite the mentions of God's name to correct the scroll indicates that the *halakha* is in accordance with the opinion of the Rabbis, and not in accordance with that of Rabbi Yehuda.

אֲפִילּוּ תֵּימָא רַבִּי יְהוּדָה, עַד כָּאן לָא קָאָמַר רַבִּי יְהוּדָה – אֶלָּא בַּחֲדָא אַזְכָּרָה, אֲבָל דְּכוּלֵּי סֵפֶר תּוֹרָה לָא, מִשּׁוּם דְּמִיחֱזֵי כִּמְנוּמָּר.

The Gemara rejects this argument: You can even say that in general the *halakha* is in accordance with the opinion of Rabbi Yehuda, but there is a distinction between the cases. Rabbi Yehuda states his opinion only with regard to a single mention of God's name that was initially written without the proper intention. In such a case, it is possible to pass over the name with additional ink and thereby sanctify it. But passing over all of the holy names found in an entire Torah scroll is not possible. Why not? Because if the scribe would pass his pen over all the names of God found in a Torah scroll, it would look speckled, as the instances of Divine Name would be written with a thicker layer of ink and stand out.

הַהוּא דַּאֲתָא לְקַמֵּיהּ דְּרַבִּי אַבָּהוּ, אֲמַר לֵיהּ: סֵפֶר תּוֹרָה שֶׁכָּתַבְתִּי לִפְלוֹנִי, גְּוִילִין שֶׁלּוֹ לֹא עִיבַּדְתִּים לִשְׁמָן, אֲמַר לֵיהּ: סֵפֶר תּוֹרָה בְּיַד מִי? אֲמַר לֵיהּ: בְּיַד לוֹקֵחַ, אֲמַר לוֹ: מִתּוֹךְ שֶׁאַתָּה נֶאֱמָן לְהַפְסִיד שְׂכָרְךָ, אַתָּה נֶאֱמָן לְהַפְסִיד סֵפֶר תּוֹרָה.

It is further related that there was a certain person who came before Rabbi Abbahu and said to him: With regard to the Torah scroll that I wrote for so-and-so, I did not process its parchment with the proper intention. Rabbi Abbahu said to him: The Torah scroll is currently in whose possession? The scribe said to him: It is in the possession of the buyer. Rabbi Abbahu said to him: Since you are deemed credible to cause the loss of your wage,[H] as you have admitted that the parchment upon which the Torah scroll was written is invalid, you are deemed credible to cause a loss to, i.e., disqualify, the Torah scroll.

LANGUAGE

Reed pen [*kulemos*] – קוּלְמוֹס: From the Greek κάλαμος, *kalamos*, meaning reed.

HALAKHA

The name has not been written in the optimal manner – אֵין הַשֵּׁם מִן הַמּוּבְחָר: If one writes the name of God without the proper intention in a Torah scroll, in phylacteries, or on a *mezuza*, the name is invalid. It cannot be corrected by returning and writing the name with the proper intention (Rambam *Sefer Ahava, Hilkhot Tefillin UMezuza VeSefer Torah* 1:15; *Shulḥan Arukh, Yoreh De'a* 276:2).

Since you are deemed credible to cause the loss of your wage – מִתּוֹךְ שֶׁאַתָּה נֶאֱמָן לְהַפְסִיד שְׂכָרְךָ: If one says to another: With regard to the Torah scroll that you purchased from me, I did not process its parchment with the proper intention, he is deemed credible to invalidate the scroll, since he is deemed credible to forfeit his wage. The Rema writes that in any case the purchaser pays the scribe as one pays a scribe to write the text of the Torah for private study, as it can still be used in that way. The *Taz* disagrees and says that he pays him nothing (Rambam *Sefer Ahava, Hilkhot Tefillin UMezuza VeSefer Torah* 1:18; *Shulḥan Arukh, Yoreh De'a* 281:5).

וּמַאי שְׁנָא מִדְּרַבִּי אַמִי? הָתָם אִיכָּא לְמֵימַר טָעֵי בִּדְרַבִּי יִרְמְיָה, הָכָא כֵּיוָן דְּקָא מַפְסִיד כּוּלֵּיהּ אַגְרֵיהּ וְאָתָא וְאָמַר, אֵימוֹר קוּשְׁטָא קָאָמַר.

The Gemara asks: **And in what way is** this case **different from** the case in which **Rabbi Ami** said that the scribe is not deemed credible to disqualify the Torah scroll? The Gemara answers: **There it can be said** that the scribe was lying and merely wished to distress the purchaser of the Torah scroll. He claimed that he had written God's names without the proper intention because **he made the mistake of Rabbi Yirmeya.**[N] He thought, as Rabbi Yirmeya did, that as a result of his purported admission he would lose only his wage for writing the holy names, but he would still receive payment for the rest of the scroll. **Here,** by contrast, **since** the scribe knows **that** by claiming that he did not process the parchment with the proper intention, **he causes the loss of his entire wage, and he** nevertheless **comes and says** this, you should **say** that **he speaks** the **truth**[N] and should be deemed credible. Since he is deemed credible and there is no concern that he merely wished to distress the purchaser, the Torah scroll is disqualified.

מתני׳ הֵעִיד רַבִּי יוֹחָנָן בֶּן גּוּדְגְּדָא: עַל הַחֵרֶשֶׁת שֶׁהִשִּׂיאָהּ אָבִיהָ – שֶׁהִיא יוֹצְאָה בְּגֵט.

MISHNA **Rabbi Yoḥanan ben Gudgeda**[P] **testified** before the Sages **about** the case of **a deaf-mute woman**[H] **who was married off by her father** when she was a minor, so that her marriage took effect by Torah law. He said **that she can be released** from her marriage **through a bill of divorce,**[N] whether as a minor or after she reaches adulthood. Although as a deaf-mute woman she is not legally competent to give her consent, the divorce is effective because divorce does not require the woman's consent.

וְעַל קְטַנָּה בַּת יִשְׂרָאֵל שֶׁנִּשֵּׂאת לְכֹהֵן – שֶׁאוֹכֶלֶת בִּתְרוּמָה, וְאִם מֵתָה – בַּעְלָהּ יוֹרְשָׁהּ.

And similarly, he testified **about** the case of the **minor daughter of a non-priest**[H] who was orphaned from her father and then **married** off to **a priest** by her mother or brother, so that her marriage took effect by rabbinic law. He said **that** nevertheless **she may partake of *teruma*,**[N] although by Torah law it is prohibited for one who is not in a priestly household to partake of *teruma*. **And** furthermore **if** this girl **dies,** then **her husband inherits her** estate.[H] It is not said that because the validity of the marriage is by rabbinic law and not Torah law he is not entitled to inherit from her.

PERSONALITIES

Rabbi Yoḥanan ben Gudgeda – רַבִּי יוֹחָנָן בֶּן גּוּדְגְּדָא: Rabbi Yoḥanan ben Gudgeda was a Levite who served in the Temple as the supervisor of the Levites who would lock the gates of the Temple. The Talmud tells of his great piety, e.g., he would eat only in a state of purity.

After the destruction of the Temple, he was active in the academy in Yavne and testified to the Sages there about several customs from earlier generations, as recorded in tractates *Eduyyot* and *Ḥullin*.

It is told that he had children and grandchildren who were born mute due to a hereditary condition. When they were cured it was discovered that they had absorbed much Torah knowledge from sitting in the study hall and were great Torah scholars. He also had descendants who were appointed to be in charge of matters of ritual purity in Jerusalem.

HALAKHA

About a deaf-mute woman – עַל חֵרֶשֶׁת: If a woman is a deaf-mute, her husband can still divorce her, and she is considered to be a divorced woman, in accordance with the opinion of Rabbi Yoḥanan ben Gudgeda (Rambam *Sefer Nashim, Hilkhot Geirushin* 10:23; *Shulḥan Arukh, Even HaEzer* 119:6).

The minor daughter of a non-priest – קְטַנָּה בַּת יִשְׂרָאֵל: If the daughter of an ordinary Israelite was married to a priest, she may partake of *teruma* (Rambam *Sefer Zera'im, Hilkhot Terumot* 6:3).

And if this girl dies then her husband inherits her estate – וְאִם מֵתָה בַּעְלָהּ יוֹרְשָׁהּ: If a man married a minor, even if her betrothal is not a complete betrothal, i.e., if she was married off by her mother or her brother, and she dies while is still a minor, he inherits from her (Rambam *Sefer Nashim, Hilkhot Ishut* 22:4; *Shulḥan Arukh, Even HaEzer* 90:3).

NOTES

He made the mistake of Rabbi Yirmeya – טָעֵי בִּדְרַבִּי יִרְמְיָה: Rashi explains that the scribe made the mistake of Rabbi Yirmeya, that he would lose payment only for writing the holy names and was willing to accept a small financial loss in order to cause a much larger loss to the other person.

The Ramban challenges this explanation, stating that no distinction is found between a large and a small loss with regard to assessing the credibility of one stating such a claim. He explains in accordance with the opinion of Rabbeinu Ḥananel, that he made the mistake of accepting the opinion of Rabbi Yirmeya, whose question was based on the assumption that the *halakha* is in accordance with the opinion of Rabbi Yehuda, and that Rabbi Yehuda would hold that even with regard to an entire Torah scroll, he can still correct the writing of God's names. Therefore, he is not concerned about his own trouble as long as he can cause the other person a loss.

Say he speaks the truth – אֵימוֹר קוּשְׁטָא קָאָמַר: The Rid raises a fundamental question: Why isn't the scribe deemed credible like anyone else, as one witness is generally deemed credible with regard to ritual law? One answer given is that according to *Tosafot* on 54b, a single witness is deemed credible only when the owner of the object in question is silent, as his silence is regarded as an admission.

The Rid argues that while one witness is generally believed with regard to ritual law, here the scribe admits that he had acted improperly. Therefore, the principle that one is not deemed credible to assign himself the status of one who is wicked is in effect.

She can be released through a bill of divorce – הִיא יוֹצְאָה בְּגֵט: She is not similar to an imbecile, who cannot be divorced. An imbecile or a very young girl does not know how to safeguard her bill of divorce, and consequently there is no substance to her divorce. With regard to a deaf-mute woman, although she is lacking in legal competence and cannot give full-fledged consent, she is able to properly safeguard her bill of divorce (see Rid).

She may partake of *teruma* – אוֹכֶלֶת בִּתְרוּמָה: Most of the early commentaries explain, based on *Yevamot* 90b, that her permission to partake of *teruma* is by rabbinic law, as her marriage, arranged by her mother and brother, is by rabbinic law. The Jerusalem Talmud explains that the Sages instituted that she may partake of *teruma* and that her husband inherits from her in order that she find favor in the eyes of her husband. If a man knows that he will have to trouble himself to find standard produce for his wife to eat, and that he will not benefit from her inheritance should she die, he will not want to marry her.

Tosafot explain that her permission to partake of *teruma* applies specifically to produce that is *teruma* by rabbinic law, because the Sages do not have the ability to uproot a Torah law. Although there are those who say that the court is not commanded to prevent a minor from eating forbidden food, this matter was not clearly decided in the Gemara. Additionally, there is a concern that her husband will actively provide this food to her, or that she will reach adulthood and partake of the *teruma* before he engages in sexual intercourse with her, and she will be eating something that is forbidden to her. The Rashba disagrees and says that she may partake even of produce that is *teruma* by Torah law, because the court is not commanded to prevent a minor from eating forbidden foods, and there is no room for a special decree here.

Rabbeinu Crescas Vidal says that this mishna was written in general terms, with the words: Who was married, but without explaining how she married. If she was married off to a priest by her father, her marriage is valid by Torah law and she may even partake of produce that is *teruma* by Torah law. If she was married by her mother or brother, she may partake only of produce that is *teruma* by rabbinic law.

וְעַל הַמֵּרִישׁ הַגָּזוּל שֶׁבְּנָאוֹ בַּבִּירָה – שֶׁיִּטּוֹל אֶת דָּמָיו, מִפְּנֵי תַּקָּנַת הַשָּׁבִים.

And Rabbi Yoḥanan ben Gudgeda further testified **about a stolen beam that was** already **built into a large building** [*bira*],[HL] that the victim of the robbery **receives** only **the value** of the beam but not the beam itself, **due to an ordinance** instituted **for the penitent.** By Torah law, a robber is obligated to return any stolen item in his possession, provided that its form has not been altered. If one stole a beam and incorporated it into a building, then by Torah law he would have to destroy the building and return the beam. In order to encourage repentance, the Sages were lenient and allowed a robber to return the value of the beam.

וְעַל חַטָּאת הַגְּזוּלָה שֶׁלֹּא נוֹדְעָה לָרַבִּים – שֶׁהִיא מְכַפֶּרֶת, מִפְּנֵי תִּיקּוּן הַמִּזְבֵּחַ.

And lastly, Rabbi Yoḥanan ben Gudgeda testified **about a sin-offering that** was obtained **through robbery**[H] but **that was not publicly known** to have been obtained in that manner. He said **that it effects atonement** for the robber who sacrifices it, **for the benefit of the altar,** as will be explained in the Gemara.

גמ׳ אָמַר רָבָא: מֵעֵדוּתוֹ שֶׁל רַבִּי יוֹחָנָן בֶּן גּוּדְגְּדָא, אָמַר לְעֵדִים "רְאוּ גֵּט זֶה שֶׁאֲנִי נוֹתֵן לָהּ", וְחָזַר וְאָמַר לָהּ "כְּנְסִי שְׁטַר חוֹב זֶה" – הֲרֵי זוֹ מְגוֹרֶשֶׁת. מִי לָא אֲמַר רַבִּי יוֹחָנָן בֶּן גּוּדְגְּדָא לָא בָּעֵינַן דַּעְתָּהּ? הָכָא נַמִי לָא בָּעֵינַן דַּעְתָּהּ.

GEMARA **Rava says:** Learn **from the testimony of Rabbi Yoḥanan ben Gudgeda** in the mishna that if the husband secretly **says to witnesses: See this bill of divorce that I** am about to **give**[H] **to** my wife, **and then he** says to his wife: **Take this promissory note,** then **she is divorced** even when she herself does not know that the document in her hand is a bill of divorce. **Didn't Rabbi Yoḥanan ben Gudgeda say** that **we do not require** the woman's **consent** for a bill of divorce, as the divorce takes effect even when she is a deaf-mute, who is not legally competent to give her consent? **Here too,** one should say that **we do not require** the woman's **consent.**

פְּשִׁיטָא! מַהוּ דְּתֵימָא, כֵּיוָן דַּאֲמַר "כְּנְסִי שְׁטַר חוֹב זֶה" בַּטּוּלֵי בַּטְלֵיהּ, קָא מַשְׁמַע לָן, אִם אִיתָא דְּבַטְלֵיהּ – לְעֵדִים הֲוָה אֲמַר לְהוּ, וְהַאי דְּקָאָמַר הָכִי – מִשּׁוּם כִּיסּוּפָא.

The Gemara asks: **Isn't** this **obvious?** Why would the divorce not be valid? The Gemara explains: **Lest you say: Since he said** to his wife: **Take this promissory note,** after talking to the witnesses, he meant to **cancel** the bill of divorce with these words, Rava therefore **teaches us: If it is so that** he meant to **cancel** the bill of divorce, **he would have told** the **witnesses** that this was his intention. The fact that he did not do so indicates that he had no intention of canceling it. **And the reason he said** to his wife that he was handing her a promissory note is **due to embarrassment,** as he was ashamed to tell her that he was giving her a bill of divorce. Consequently, he gave it to her in such a way that she did not immediately know that it was a bill of divorce that she received.

"וְעַל קְטַנָּה בַּת יִשְׂרָאֵל". וְאִילּוּ חֵרֶשֶׁת לָא אָכְלָה. מַאי טַעְמָא? גְּזֵירָה שֶׁמָּא יַאֲכִיל חֵרֵשׁ בְּחֵרֶשֶׁת.

§ The mishna teaches that Rabbi Yoḥanan ben Gudgeda testified **about the** case of **a minor daughter of a non-priest** who was married to a priest, and said that she may partake of *teruma*. The Gemara comments: This indicates that only the minor daughter can partake of *teruma*, **while** one can infer from this that **a deaf-mute woman**[N] who was married to a priest **may not partake**[H] of *teruma*. The Gemara explains: **What is the reason** for this? The Sages **decreed** that a deaf-mute woman married to a priest may not partake of *teruma* **lest a deaf-mute** priest come to **feed** *teruma* to his **deaf-mute** wife,[N] as it is common for deaf-mute men to marry deaf-mute women, but their marriage is not effective by Torah law.

NOTES

A deaf-mute woman – חֵרֶשֶׁת: The early commentaries write that this deduction is based not only on the fact that the *halakha* is not stated with regard to a deaf-mute woman, but also from the fact that the mishna first discusses a different *halakha* with regard to a deaf-mute woman, and then it moves on to discuss a minor partaking of *teruma*, indicating that the *halakha* of partaking of *teruma* does not apply to a deaf-mute woman (Rashi).

A deaf-mute priest…to his deaf-mute wife – חֵרֵשׁ בְּחֵרֶשֶׁת: Although a deaf-mute, imbecile, and minor are of equal status with regard to their obligation in mitzvot, the Sages instituted different ordinances with regard to their marriages. They instituted that a female minor can be married off by her mother and brother, as they wanted to ensure that she marry and have someone to protect her. Additionally, this marriage will become a full-fledged marriage once she reaches adulthood. As for a male minor, they did not institute marriage at all, though some say that a minor male can marry under certain circumstances. With regard to imbeciles, the Sages did not institute marriage at all. Deaf-mutes, by contrast, have the mental competence required to function in a marriage, and therefore the Sages instituted marriage for them by rabbinic law.

HALAKHA

A stolen beam that was built into a large building – הַמֵּרִישׁ הַגָּזוּל שֶׁבְּנָאוֹ בַּבִּירָה: If one robbed another of a beam and incorporated it into a building, then by Torah law he is required to return the beam as it is, even if he must destroy the building in order to do so. Nevertheless, the Sages instituted for the sake of the penitent that he is required only to pay the beam's value. The same *halakha* applies in analogous cases (Rambam *Sefer Nezikin, Hilkhot Gezeila VaAveda* 1:5; *Shulḥan Arukh, Ḥoshen Mishpat* 360:1).

A sin-offering that was obtained through robbery, etc. – חַטָּאת הַגְּזוּלָה וכו׳: If one robbed another of an animal and then sacrificed it as an offering, the offering is not valid. If the owner despaired of ever retrieving the animal, the offering is valid. For the benefit of the altar the Sages said that if it was publicly known that the animal was stolen, then even if the owner despaired of retrieving it, it does not effect atonement, so that people will not say that the altar consumes stolen animals. This is in accordance with the opinion of Rav Yehuda in the Gemara. The Jerusalem Talmud specifies that the term: Publicly known, refers to three people (Rambam *Sefer Avoda, Hilkhot Issurei Mizbe'aḥ* 5:7 and *Kesef Mishne* there).

See this bill of divorce that I give – רְאוּ גֵּט זֶה שֶׁאֲנִי נוֹתֵן: If a man said to witnesses: See this bill of divorce that I am about to give to my wife, and then he said to his wife: Take this promissory note, she is divorced. He told the witnesses that he is giving the document to her for the sake of divorce, and he said to her that it was a promissory note only because he was embarrassed to tell her the truth. This *halakha* is in accordance with the opinion of Rava. The Rema, citing *Tosafot*, writes that this applies only when the woman knows that it is actually a bill of divorce or the witnesses inform her that it is a bill of divorce (Rambam *Sefer Nashim, Hilkhot Geirushin* 1:10; *Shulḥan Arukh, Even HaEzer* 136:5).

A deaf-mute woman may not partake – חֵרֶשֶׁת לָא אָכְלָה: If a woman who is a deaf-mute or an imbecile marries a priest, e.g., if her father married her to him when she was a minor, she may not partake of *teruma* (Rambam *Sefer Zera'im, Hilkhot Terumot* 6:4).

LANGUAGE

Large building [*bira*] – בִּירָה: A similar word in Syriac means fortified city. The term has various interconnected meanings in biblical and rabbinic Hebrew. Here it refers to a large building.

וְלֵיכוּל, קָטָן אוֹכֵל נְבֵלוֹת הוּא!

The Gemara asks: Why does this matter? **And let him feed** her *teruma*. Isn't she like **a minor** who **eats** forbidden **animal carcasses?** Since the deaf-mute woman is not considered to be legally competent, she is not subject to the prohibition against partaking of *teruma*. As in the case of a minor who is eating forbidden food, there is no requirement to prevent her from doing so.

גְּזֵרָה שֶׁמָּא יַאֲכִיל חֵרֵשׁ בְּפִיקַּחַת.

The Gemara answers: Rather, the Sages **decreed** that a deaf-mute woman married to a priest may not partake of *teruma* **lest a deaf-mute** priest come to **feed *teruma* to** his halakhically **competent** wife. Since the validity of their marriage is by rabbinic law, it is therefore prohibited for the woman to partake of *teruma*, as by Torah law, she is not the wife of a priest. There is a concern that a distinction will not be made between the marriage of a halakhically competent man and deaf-mute woman, in which case the woman is permitted to partake of *teruma*, and the marriage of a deaf-mute man and a halakhically competent woman, in which case the woman is prohibited from partaking of *teruma*. Owing to this error, a deaf-mute man might come to feed his wife something that is forbidden to her.

וְלֶאֱכוֹל בִּתְרוּמָה דְּרַבָּנַן! גְּזֵירָה שֶׁמָּא אָתֵי לַאֲכוּלֵי בִּתְרוּמָה דְּאוֹרַיְיתָא.

The Gemara asks: **But let her partake of *teruma*** that is defined as such **by rabbinic law,** as marriage that is valid by rabbinic law should suffice to permit partaking of such *teruma*. The Gemara answers: The Sages **decreed** that he may even not feed her *teruma* by rabbinic law, **lest he come to feed her *teruma* by Torah law.**

״וְעַל הַמֵּרִישׁ הַגָּזוּל שֶׁבְּנָאוֹ״. תָּנוּ רַבָּנַן: גָּזַל מֵרִישׁ וּבְנָאוֹ בַּבִּירָה, בֵּית שַׁמַּאי אוֹמְרִים: מְקַעְקֵעַ כָּל הַבִּירָה כּוּלָּהּ וּמַחֲזִיר מֵרִישׁ לִבְעָלָיו, וּבֵית הִלֵּל אוֹמְרִים: אֵין לוֹ אֶלָּא דְּמֵי מֵרִישׁ בִּלְבַד, מִשּׁוּם תַּקָּנַת הַשָּׁבִין.

§ The mishna teaches that Rabbi Yoḥanan ben Gudgeda further testified **about a stolen beam that was** already **built** into a building and said that the injured party receives the value of the beam but not the beam itself. With regard to this, **the Sages taught** in a *baraita* (*Tosefta, Bava Kamma* 10:5): If **one robbed** another of **a beam and built it into a building, Beit Shammai say:** He must **destroy the entire building and return the beam to its owners. And Beit Hillel say:** The injured party receives **only the value of the beam** but not the beam itself, **due to an ordinance instituted for the sake of the penitent.** In order to encourage repentance, the Sages were lenient and required the robber to return only the value of the beam. The mishna was taught in accordance with the opinion of Beit Hillel.

״וְעַל חַטָּאת הַגְּזוּלָה״ כו׳. אָמַר עוּלָּא: דְּבַר תּוֹרָה בֵּין נוֹדְעָה וּבֵין לֹא נוֹדְעָה – אֵינָהּ מְכַפֶּרֶת,

§ The mishna teaches that Rabbi Yoḥanan ben Gudgeda testified **about a sin-offering** that was obtained **through robbery,** and said that provided that it was not publicly known to have been obtained in that manner, it effects atonement for the robber. **Ulla says: By Torah law,** the *halakha* is as follows: **Whether it is known or** whether **it is not known** that the sin-offering was obtained through robbery, **it does not effect atonement** for the robber who sacrifices it.

מַאי טַעֲמָא? יֵאוּשׁ כְּדִי לָא קָנֵי, וּמָה טַעַם אָמְרוּ לֹא נוֹדְעָה מְכַפֶּרֶת? שֶׁלֹּא יְהוּ כֹּהֲנִים עֲצֵבִין.

What is the reason for this? The owner's **despair**[B] of recovering an article that was stolen from him **does not by itself** enable the robber to **acquire**[NH] the stolen item. Since the stolen animal was not altered in any way, it does not belong to the robber, and he cannot sacrifice it as an offering and achieve atonement through it. **And what is the reason** that the Sages **said** that if **it was not** publicly **known** that the sin-offering was obtained through robbery **it effects atonement?** It is **so that the priests not be distraught** about having sacrificed an animal unfit for the altar.

NOTES

Despair does not by itself enable the robber to acquire – יֵאוּשׁ כְּדִי לָא קָנֵי: Rabbeinu Tam says that according to Ulla despair generally enables the robber to acquire the stolen item, and it is only in the case of an offering that it does not do so. This also appears to be the opinion of Rashi, who asserts that the difference is due to the fact that the verse explicitly refers to "his offering" (see Leviticus 1:3; *Bava Kamma* 66b). In his *Sefer HaYashar*, Rabbeinu Tam brings another reason: The fact that the prophet disparages Israel, saying: "And you have brought stolen offerings" (Malachi 1:13), indicates that with regard to offerings, the *halakha* about rightful ownership is especially stringent.

Rabbeinu Yitzḥak disagrees and says that, according to Ulla, despair never enables the robber to acquire the stolen item (see Meiri). Others say that with regard to an offering there is not only despair but also a change in possession of the item, as it becomes consecrated, and a change in its name, as it is now called an offering (see Bava Kamma 66b). The primary reason that a stolen offering does not effect atonement is that this is an instance of a mitzva that comes to be fulfilled though a transgression (Rabbeinu Ḥananel in *Tosafot*; Ramban; Ritva).

HALAKHA

Despair by itself does not enable the robber to acquire – יֵאוּשׁ כְּדִי לָא קָנֵי: Despair does not by itself enable a robber or thief to acquire a stolen item, in accordance with the opinion of Ulla (Rambam *Sefer Nezikin, Hilkhot Gezeila VaAveda* 5:1–2 and *Hilkhot Geneiva* 5:3; *Shulḥan Arukh, Ḥoshen Mishpat* 361:1).

BACKGROUND

Despair – יֵאוּשׁ: This refers to the owner's despair of recovering an article that was lost or stolen. A lost article whose owner has despaired of recovering it is considered ownerless and can be acquired by the finder. If an article is lost in a natural disaster, e.g., a flood, it is immediately considered as if the owner despaired of its recovery.

With regard to stolen property, some hold that the owner's despair of regaining possession of the stolen item enables the robber to acquire it. Accordingly, there is no requirement to return the stolen item to the owner, but the robber must compensate the owner for its value. The question of whether despair alone effects the acquisition is the subject of talmudic dispute.

אָמְרִי לֵיהּ רַבָּנַן לְעוּלָּא: וְהָאֲנַן "מִפְּנֵי תִּיקּוּן הַמִּזְבֵּחַ" תְּנַן! אָמַר לָהֶם: כֵּיוָן דְּכֹהֲנִים עֲצֵבִין, נִמְצָא מִזְבֵּחַ בָּטֵל.

The Rabbis said to Ulla: How can you explain the issue in this manner? **But didn't we learn** in the mishna: It effects atonement **for the benefit of the altar,**[N] which indicates that the *halakha* was enacted for the benefit of the altar, not for the benefit of the priests? Ulla **said to them: When the priests are distraught, the altar is found idle.** The priests will not sacrifice all of the offerings when they are distraught.

וְרַב יְהוּדָה אָמַר: דְּבַר תּוֹרָה בֵּין נוֹדְעָה בֵּין לֹא נוֹדְעָה – מְכַפֶּרֶת, מַאי טַעְמָא? יֵאוּשׁ כְּדִי קָנֵי,

This is one explanation, **but Rav Yehuda says: By Torah law, whether it is known or it is not known** that the sin-offering was obtained through robbery, **it effects atonement** for the robber who sacrifices it. **What is the reason** for this? The owner's **despair** of recovering an article that was stolen from him **by itself** enables the robber to **acquire** the stolen item. Once the owner despairs of regaining possession, the stolen item becomes the robber's property and he can consecrate it. Therefore, the offering was sacrificed in a fitting manner, and it effects atonement for the robber.

NOTES

For the benefit of the altar – מִפְּנֵי תִּיקּוּן הַמִּזְבֵּחַ: Rashi explains that although the allowance for a robber to achieve atonement with an offering that is not his own uproots a Torah law, it does so only passively, meaning that the robber is not required to bring another offering. In such a manner, the Sages can uproot a Torah law (see Rid).

Some early commentaries note that this is not just a passive uprooting of a mitzva, because if the robber in fact did not achieve atonement and he then enters the Temple, he violates a prohibition (*Tosefot HaRosh*). Additionally, there is an active violation of the prohibition against bringing sacrificial portions on the altar when they are not consecrated and an active violation of the prohibition against consuming the meat of a non-consecrated animal that was slaughtered in the Temple courtyard (Rashba). Therefore, they explain that this allowance is based on the court's authority to declare property ownerless, i.e., they declared the stolen property ownerless in order to give it entirely to the robber for this matter.

וּמַה טַּעַם אָמְרוּ נוֹדְעָה אֵינָהּ מְכַפֶּרֶת? שֶׁלֹּא יֹאמְרוּ מִזְבֵּחַ אוֹכֵל גְּזֵילוֹת.

And what is the reason that the Sages **said** that if **it is known** that the sin-offering was obtained through robbery, **it does not effect atonement?** It is so that people **not say** that **the altar consumes stolen property.**

בִּשְׁלָמָא לְעוּלָּא הַיְינוּ דְּקָתָנֵי חַטָּאת, אֶלָּא לְרַב יְהוּדָה, מַאי אִירְיָא חַטָּאת? אֲפִילּוּ עוֹלָה נַמִי!

The Gemara attempts to clarify the two explanations. **Granted,** according to the opinion of **Ulla,** that the concern stems from the fact that the priests will be distraught, **this is the reason that** the *tanna* **teaches** the *halakha* with regard to **a sin-offering:** The priests partake of the meat of a sin-offering. If they find out that they ate an animal that was forbidden to them, i.e., an offering slaughtered counter to *halakha,* they are likely to become distraught. **But according to** the opinion of **Rav Yehuda,** that the concern is about the honor of the altar, **why** does the mishna mention **specifically** the case of **a sin-offering;** shouldn't the same concern apply to **a burnt-offering, as well,** as it too is burned on the alter?

לָא מִיבַּעְיָא קָאָמַר, לָא מִיבַּעְיָא עוֹלָה דְּכָלִיל הִיא, אֶלָּא אֲפִילּוּ חַטָּאת נַמִי, דְּחֵלֶב וְדָם הוּא דְּסָלֵיק לְגַבֵּי מִזְבֵּחַ וְאִידָּךְ כֹּהֲנִים אָכְלִי לֵיהּ, אֲפִילּוּ הָכִי גְּזוּר, שֶׁלֹּא יֹאמְרוּ מִזְבֵּחַ אוֹכֵל גְּזֵילוֹת.

The Gemara answers: The mishna **is speaking** utilizing the style of: **It is not necessary,** and the mishna should be understood as follows: **It is not necessary** to teach the *halakha* in the case of **a burnt-offering, which is entirely** consumed on the altar. In that case, people will certainly say that the altar consumes stolen property. **But even** in the case of **a sin-offering, where** only **the fat and the blood go up** to be consumed **on the altar and the rest is consumed by the priests, even so they issued a decree** and said that the stolen sin-offering does not effect atonement, **so** that people **should not say** that **the altar consumes stolen property.**

תְּנַן: עַל חַטָּאת הַגְּזוּלָה שֶׁלֹּא נוֹדְעָה לָרַבִּים שֶׁהִיא מְכַפֶּרֶת מִפְּנֵי תִּיקּוּן הַמִּזְבֵּחַ; בִּשְׁלָמָא לְעוּלָּא נִיחָא, אֶלָּא לְרַב יְהוּדָה אִיפְּכָא מִיבָּעֵי לֵיהּ!

The Gemara further clarifies the two understandings: **We learned** in the mishna: Rabbi Yoḥanan ben Gudgeda testified **about a sin-offering that** had been obtained **through robbery** but **that is not publicly known** to have been obtained in that manner, and said **that it effects atonement** for the robber who sacrifices it, **for the benefit of the altar. Granted, according to** the opinion of **Ulla,** it **works out well,** as he understands that the Sages instituted that if it was not publicly known that the sin-offering was obtained through robbery, it does effect atonement. **But according to** the opinion of **Rav Yehuda, it should have** stated just **the opposite,** namely, that if it was publicly known that the sin-offering was obtained through robbery, it does not effect atonement.

הָכִי נַמִי קָאָמַר: לֹא נוֹדְעָה – מְכַפֶּרֶת, נוֹדְעָה – אֵינָהּ מְכַפֶּרֶת, מִפְּנֵי תִּיקּוּן הַמִּזְבֵּחַ.

The Gemara answers: **That is also what** the mishna **is saying:** If **it is not known** that the sin-offering was obtained through robbery, **it effects atonement,** but if this **is known, it does not effect atonement, for the benefit of the altar.**

מְתִיב רָבָא: גָּנַב וְהִקְדִּישׁ וְאַחַר כָּךְ טָבַח וּמָכַר – מְשַׁלֵּם תַּשְׁלוּמֵי כֶפֶל, וְאֵינוֹ מְשַׁלֵּם תַּשְׁלוּמֵי אַרְבָּעָה וַחֲמִשָּׁה, וְתָנֵי עֲלָהּ: בַּחוּץ כִּי הַאי גַּוְונָא עָנוּשׁ כָּרֵת. וְאִי אָמְרַתְּ יֵאוּשׁ כְּדִי לָא קָנֵי, כָּרֵת מַאי עֲבִידְתֵּיהּ?

Rava raises an objection from what was learned in a mishna (*Bava Kamma* 74a): If **one stole** an animal **and consecrated**[H] it, **and afterward he slaughtered or sold it, he pays double payment** like a thief (see Exodus 22:3), **but he does not pay fourfold or fivefold payment,** as one must ordinarily pay when he slaughters or sells an ox or a sheep that he stole from another person (Exodus 21:37). **And it is taught** in a *baraita* **with regard to** this mishna: If one slaughtered an animal **outside** the Temple **in a case like this,**[HN] he is **punishable by** ***karet*** for having sacrificed an offering outside the Temple. **And if you say** that the owner's **despair** of recovering an item that was stolen from him **does not by itself** enable the thief to **acquire** the stolen item, **what is the relevance of** mentioning ***karet?*** The punishment of *karet* should not apply, as the thief cannot consecrate an animal that does not belong to him.

אֲמַר רַב שֵׁיזְבִי: כָּרֵת מִדִּבְרֵיהֶם. אַחִיכוּ עֲלֵיהּ: כָּרֵת מִדִּבְרֵיהֶם מִי אִיכָּא? אֲמַר לְהוּ רָבָא: גַּבְרָא רַבָּה אֲמַר מִילְּתָא לָא תְּחוּכוּ עֲלָהּ, כָּרֵת שֶׁעַל יְדֵי דִּבְרֵיהֶן בָּאתָה לוֹ, אוֹקְמוּהָ רַבָּנַן בִּרְשׁוּתֵיהּ כִּי הֵיכִי דְּלִיחַיֵּיב עֲלָהּ.

Rav Sheizevi said: This means that he is liable to receive ***karet*** by **rabbinic law.** Those who heard this **laughed at him. Is there** such a thing as ***karet*** **by rabbinic law?**[N] **Rava said to them: A great man has spoken, do not laugh at him.** What Rav Sheizevi means is ***karet*** **that comes to him through the words** of the Sages, who declared that the thief's consecration is valid. It is **the Sages** who **placed** the animal **in his possession,**[N] **so that he would become liable for it.**

אֲמַר רָבָא: הָא וַדַּאי קָא מִיבַּעְיָא לִי: כִּי אוֹקְמוּהָ רַבָּנַן בִּרְשׁוּתֵיהּ, מִשְּׁעַת גְּנֵיבָה אוֹ מִשְּׁעַת הֶקְדֵּישָׁהּ? לְמַאי נָפְקָא מִינָּהּ – לְגִיזּוֹתֶיהָ וּוְלָדוֹתֶיהָ. מַאי? הֲדַר אֲמַר רָבָא: מִסְתַּבְּרָא, מִשְּׁעַת הֶקְדֵּישָׁהּ, שֶׁלֹּא יְהֵא חוֹטֵא נִשְׂכָּר.

Rava said: Although I agree with Rav Sheizevi, **this** matter **is certainly a dilemma for me. When the Sages placed** the animal **in his possession,** did they do so **from the time of the theft or from the time of the consecration? What is the difference** between these possibilities? There is a difference **with regard to its wool and with regard to its offspring.** If the animal was placed in his possession from the time of the theft, the wool that it grows and the offspring that it births are his, and he is not required to return them to the animal's owner. But if the animal becomes his only when he consecrates it, he is required to return them. **What is** the *halakha*? **Rava then said,** in answer to his own question: **It stands to reason** that the Sages placed the animal in his possession **from the time of the consecration.**[H] This is **so that the sinner not profit** from his crime. Otherwise, the thief would benefit from the rabbinic decree that was instituted to increase his liability.

HALAKHA

If one stole and consecrated – גָּנַב וְהִקְדִּישׁ: If one stole an ox or a sheep and consecrated it, and afterward he slaughtered or sold it, he pays double payment but he does not pay four or five times the payment. This *halakha* applies when one consecrated the animal after its owner despaired, but if he consecrated it before he despaired it is not consecrated. Consequently, if he slaughtered or sold it, he pays four or five times payment. The Ra'avad adds that if he consecrated the animal for the sake of the Temple's upkeep, he pays four or five times its value; it is as though he sold it to an ordinary person (Rambam *Sefer Nezikin, Hilkhot Geneiva* 5:6).

Outside the Temple in a case like this – בַּחוּץ כִּי הַאי גַּוְונָא: If one stole, consecrated, and later slaughtered an animal outside the Temple, he is liable to receive *karet*. This applies only if one slaughtered the animal after the owner despaired of retrieving the animal. If he slaughtered it before the owner despaired of retrieving it, it is not consecrated and he is exempt from punishment (Rambam *Sefer Avoda, Hilkhot Ma'aseh HaKorbanot* 18:14).

It stands to reason from the time of the consecration – מִסְתַּבְּרָא מִשְּׁעַת הֶקְדֵּישָׁהּ: From when is the animal placed in the thief's domain in order to make him liable to receive *karet*? From the time he consecrates it (Rambam *Sefer Avoda, Hilkhot Ma'aseh HaKorbanot* 18:14).

NOTES

Outside the Temple in a case like this – בַּחוּץ כִּי הַאי גַּוְונָא: Since this animal was consecrated as an offering, it is subject to the Torah law, according to which anyone who sacrifices an offering outside the Temple is liable to receive *karet*, as it is stated: "Any man from the house of Israel or of the strangers that live among them that sacrifices a burnt-offering or sacrifice but does not bring it to the door of the tent of meeting to sacrifice it to the Lord, even that man shall be cut off from his people" (Leviticus 17:8–9). This punishment applies only when one sacrifices as an offering outside the Temple an animal that would have been fit to sacrifice in the Temple.

Is there *karet* by rabbinic law – כָּרֵת מִדִּבְרֵיהֶם מִי אִיכָּא: Although there are certainly many punishments instituted by the Sages, e.g., monetary punishments, corporal punishments, and even capital punishments, these are all punishments administered by the court, which can impose them as necessary. Because the punishment of *karet* is administered by God, it would be impossible for the Sages to assign such a punishment.

The Sages placed it in his possession – אוֹקְמוּהָ רַבָּנַן בִּרְשׁוּתֵיהּ: Rashi explains that this punishment was applied to the thief so that he would also become liable to receive *karet* as one who slaughters an offering outside the Temple. Many of the early commentaries challenge this understanding, saying that the wording of the *baraita* indicates that it is the one who slaughters this animal, even if he is a different person than the thief, who is liable for slaughtering it outside the Temple. They explain that the Sages placed the animal in the thief's possession, according to Ulla, so as not to cause the priests to become distraught. Once they established it in his possession, it is considered to be his with regard to all matters. If it is slaughtered outside the Temple, then the one who slaughtered it is liable to receive *karet* (*Tosafot*).

מתני׳ לֹא הָיָה סִיקָרִיקוֹן בִּיהוּדָה בַּהֲרוּגֵי מִלְחָמָה, מֵהֲרוּגֵי הַמִּלְחָמָה וְאֵילָךְ יֵשׁ בָּהּ סִיקָרִיקוֹן. כֵּיצַד? לָקַח מִסִּיקָרִיקוֹן וְחָזַר וְלָקַח מִבַּעַל הַבַּיִת - מִקָּחוֹ בָּטֵל, מִבַּעַל הַבַּיִת וְחָזַר וְלָקַח מִסִּיקָרִיקוֹן - מִקָּחוֹ קַיָּים.

MISHNA The law of **Sicarii** [*Sikarikon*][L] **did not** apply **in Judea in the** time that **people were being killed in the war. From** the time that **people were being killed in the war and onward,** the law of **Sicarii did** apply **there. What** is this law of Sicarii? If **one** first **purchased** land **from a Sicarius,**[N] who extorted the field from its prior owners with threats, **and** afterward the buyer **returned and purchased** the same field a second time **from the** prior **landowner, his purchase is void.** The prior owner of the field can say that he did not actually mean to sell him the field. By contrast, if he first acquired the field **from the** prior **owner and** afterward **he returned and purchased** the same field **from a Sicarius, his purchase stands.**

לָקַח מִן הָאִישׁ וְחָזַר וְלָקַח מִן הָאִשָּׁה - מִקָּחוֹ בָּטֵל, מִן הָאִשָּׁה וְחָזַר וְלָקַח מִן הָאִישׁ - מִקָּחוֹ קַיָּים. זוֹ מִשְׁנָה רִאשׁוֹנָה.

Similarly, if **one** first **purchased from the husband**[H] the rights to use a field belonging to his wife, **and** afterward **he returned and purchased** the same field **from the wife,** so that if the husband were to predecease or divorce her, the purchaser would then own it fully, **his purchase is void.**[N] The woman can claim that she did not wish to quarrel with her husband and to object to the transaction but that in truth she did not agree to the sale. By contrast, if he first acquired the field **from the wife, and** afterward **he returned and purchased** the same field **from the husband, his purchase stands. This** is the **initial** version of this **mishna.**

בֵּית דִּין שֶׁל אַחֲרֵיהֶם אָמְרוּ: הַלּוֹקֵחַ מִסִּיקָרִיקוֹן נוֹתֵן לַבְּעָלִים רְבִיעַ. אֵימָתַי? בִּזְמַן שֶׁאֵין בְּיָדָן לִיקַּח, אֲבָל יֵשׁ בְּיָדָן לִיקַּח - הֵן קוֹדְמִין לְכׇל אָדָם.

Later, **the court of those** who came **after** the Sages who composed that mishna[N] **said:** With regard to **one who purchased** a field **from a Sicarius, he must give the** prior owner **one-fourth** of the field's value. **When** does this apply? **At a time when** the prior owner **is unable to purchase** the field himself. **But if he is able to purchase** it himself, **he precedes anyone** else.

רַבִּי הוֹשִׁיב בֵּית דִּין וְנִמְנוּ, שֶׁאִם שָׁהֲתָה בִּפְנֵי סִיקָרִיקוֹן שְׁנֵים עָשָׂר חֹדֶשׁ - כׇּל הַקּוֹדֵם לִיקַּח זָכָה, אֲבָל נוֹתֵן לַבְּעָלִים רְבִיעַ.

Rabbi Yehuda HaNasi later **convened a court,**[H] **and they counted** their votes and determined **that if** the field **remained before,** i.e., in the possession of, **the Sicarius for twelve months,**[N] **whoever first purchases** the field **acquires possession** of it, **but he must give the** prior **owner one-fourth** of the field's value.

גמ׳ הַשְׁתָּא בַּהֲרוּגֵי הַמִּלְחָמָה לֹא הָיָה בָּהּ סִיקָרִיקוֹן, מֵהֲרוּגֵי מִלְחָמָה וְאֵילָךְ יֵשׁ בָּהּ סִיקָרִיקוֹן?

GEMARA The Gemara challenges the mishna's assertion that the law of Sicarii did not apply in Judea in the time that people were being killed in the war: **Now** if **in the** time that **people were being killed in the war, there were no Sicarii** stealing land, is it possible that **from the** time that **people were being killed in the war and onward there were Sicarii?**

NOTES

One first purchased land from a Sicarius – לָקַח מִסִּיקָרִיקוֹן: The early commentaries write that the entire discussion is based on the opinion of Rav Huna, who says that even if one was forced to make such a sale, the sale is still valid. This was said only with regard to a sale in which the seller received an appropriate payment for his property although the sale was forced upon him. However, in the case of a Sicarius, there is no sale, as the owner received a minimal amount or nothing at all in exchange for his property (see Ritva).

If one purchased from the husband…his purchase is void – לָקַח מִן הָאִישׁ...מִקָּחוֹ בָּטֵל: In tractate *Bava Batra* (49b), this mishna is interpreted as referring to a field to which the woman has a unique attachment, e.g., the field designated by her husband for the payment of her marriage contract or a field from her own property that she owned prior to the marriage, which took on the status of property guaranteed for the payment of her marriage contract. The early commentaries disagree whether the sale is void immediately or it remains in the hands of the buyer until the time arrives when she must be paid the value of her marriage contract. Some distinguish between different types of fields (see Rashba).

The court of those after them – בֵּית דִּין שֶׁל אַחֲרֵיהֶם: The primary reason for this is to encourage the settlement of Eretz Yisrael, as had they not instituted this ordinance, and had they consequently relied on the Torah law, then Jews would not buy from Sicarii, and the land would remain in the hands of gentiles. The Sages instituted this ordinance so that Jews would purchase the land, so that it would remain in Jewish hands. Some say that since these *halakhot* are related to Eretz Yisrael, they do not apply to similar cases outside of Eretz Yisrael. However, from the Gemara later (58a) and in the Responsa of the *Ge'onim*, it would seem that these *halakhot* were applied to all land owned by Jews.

Twelve months – שְׁנֵים עָשָׂר חֹדֶשׁ: If one waited this amount of time and did not repurchase the land from the Sicarius, this shows that he accepted the matter and fully transferred possession of the field. Alternatively, this is a punishment imposed by the Sages for one's lack of diligence in redeeming his field and his leaving it in the hands of a gentile (Ritva).

LANGUAGE

Sicarii [*Sikarikon*] – סִיקָרִיקוֹן: Borrowed from the Latin *sicarii*, meaning assassins or murderers, which is derived from the Latin *sica*, meaning dagger, their weapon of choice.

The Sicarii included different types of people, among them soldiers discharged from the Roman army, other gentiles who acted as the occupying force, and various Jewish collaborators. Through threats and extortion they bought properties or received them as gifts. The properties were acquired by ostensibly legal means, such as deeds of sale and the like.

Most of the Sicarii were not interested in maintaining these properties but rather sought to make a profit from them. For this reason, after they seized the properties they would sell them to the locals, both Jews and gentiles. Since the Sicarii secured these properties for almost nothing and had no interest in maintaining them, they would sell them at rates far below their market value.

HALAKHA

If one purchased from the husband – לָקַח מִן הָאִישׁ: If a man sold his wife's property and afterward the wife wrote to the buyer: I do not have any claim to your property, then even if the buyer performed an act of acquisition with her, she can seize this property from him. The assumption is that she wrote this only to please her husband. Even if she wrote him that she would not be able to claim that she wrote this only to please her husband, such a document has no value. If he acquired it first from the woman, so that she has no lien on the land, and afterward the husband sold the right to use it to him, the purchase stands (Rambam *Sefer Kinyan, Hilkhot Mekhira* 30:3 and *Sefer Nashim, Hilkhot Ishut* 22:17–18; *Shulḥan Arukh, Even HaEzer* 90:17).

Rabbi Yehuda HaNasi convened a court – רַבִּי הוֹשִׁיב בֵּית דִּין: If a gentile was harassing a Jew and threatened to kill him, and he redeemed himself with his field or his house, if that gentile harasser wishes to sell the land, the prior owner who wishes to buy it back takes precedence over any other person. If the owner is unable to buy it, or if the land remained in the hands of the gentile for twelve months, whoever comes first to buy it is given precedence. This is the *halakha* as long as the purchaser gives the prior owner one-fourth of the land or one-third of its value. But if he does not do this, it is considered as if he stole that portion of the property, in accordance with the ruling of Rabbi Yehuda HaNasi's court (Rambam *Sefer Nezikin, Hilkhot Gezeila VaAveda* 10:3; *Shulḥan Arukh, Ḥoshen Mishpat* 236:1).

אֲמַר רַב יְהוּדָה: לֹא דָּנוּ בָּהּ דִּין סִיקָרִיקוֹן קָאָמַר; דַּאֲמַר רַבִּי אַסִי, שָׁלֹשׁ גְּזֵירוֹת גָּזְרוּ: גְּזֵרְתָא קַמַּיְיתָא – כָּל דְּלָא קָטֵיל לִיקַטְלוּהוּ, מְצִיעָתָא – כָּל דְּקָטֵיל לַיְיתֵי אַרְבַּע זוּזֵי, בַּתְרַיְיתָא – כָּל דְּקָטֵיל לִיקַטְלוּהוּ. הִלְכָּךְ, קַמַּיְיתָא וּמְצִיעֲתָא, כֵּיוָן דְּקָטְלֵי – אַגַּב אוּנְסֵיהּ גָּמַר וּמַקְנֵי,

Rav Yehuda said: The mishna **is saying** that in the time that people were being killed in the war **they did not apply the law of Sicarii,** but rather they would confirm the purchases of land made from the Sicarii. The reason for this is in accordance with what **Rabbi Asi said:** The gentile authorities **issued three decrees**[B] during and in the aftermath of the war that ended in the destruction of the Temple. The **first decree** was that **anyone who does not kill** a Jew **should** himself **be killed.** The **second** decree was that **anyone who kills** a Jew **should pay four dinars** as a fine. The **last** decree was that **anyone who kills** a Jew **should** himself **be killed. Therefore,** during the time of the **first and second** decrees, the time when people were being killed in the war, **since** the gentile **would kill** Jews, then the owner of the field, **owing to the danger** posed to his life, **would fully transfer ownership**[N] of his field to the Sicarius.

בַּתְרַיְיתָא, אָמְרִי: הָאִידָּנָא לִישְׁקוֹל, לְמָחָר תַּבַעֲנָא לֵיהּ בְּדִינָא.

Then, during the time of **the last** decree, after the time when people were being killed in the war, anybody whose field was stolen by a Sicarius would **say** to himself: **Now let him take** the field; **tomorrow I will claim it from him in court.** Although the gentile had the advantage and could force the owner to give him the field, the assumption is that the owner did not fully transfer possession of the field to him, as he thought that he would still be able to recover it in court.

אֲמַר רַבִּי יוֹחָנָן, מַאי דִּכְתִיב: ״אַשְׁרֵי אָדָם מְפַחֵד תָּמִיד וּמַקְשֶׁה לִבּוֹ יִפּוֹל בְּרָעָה״? אַקַּמְצָא וּבַר קַמְצָא חֲרוּב יְרוּשָׁלַיִם, אַתַּרְנְגוֹלָא וְתַרְנְגוֹלְתָא חֲרוּב טוּר מַלְכָּא, אַשָּׁקָא דְּרִיסְפַּק חֲרוּב בֵּיתָר.

§ Apropos the war that led to the destruction of the Second Temple, the Gemara examines several aspects of the destruction of that Temple in greater detail: **Rabbi Yoḥanan said: What** is the meaning of that **which is written: "Happy is the man who fears always, but he who hardens his heart shall fall into mischief"** (Proverbs 28:14)? **Jerusalem was destroyed on account of Kamtza**[L] **and bar Kamtza.**[N] The place known as **the King's Mountain was destroyed on account of a rooster and a hen.** The city of **Beitar was destroyed on account of a shaft from a chariot** [*rispak*].[L]

אַקַּמְצָא וּבַר קַמְצָא חֲרוּב יְרוּשָׁלַיִם; דְּהַהוּא גַּבְרָא, דְּרַחֲמֵיהּ קַמְצָא וּבַעַל דְּבָבֵיהּ בַּר קַמְצָא, עֲבַד סְעוּדְתָא, אֲמַר לֵיהּ לְשַׁמָּעֵיהּ: זִיל אַיְיתִי לִי קַמְצָא, אֲזַל אַיְיתֵי לֵיהּ בַּר קַמְצָא.

The Gemara explains: **Jerusalem was destroyed on account of Kamtza and bar Kamtza.** This is as there was **a certain man whose friend** was named **Kamtza and whose enemy** was named **bar Kamtza. He** once **made** a large **feast** and **said to his servant: Go bring me** my friend **Kamtza.** The servant **went** and mistakenly **brought him** his enemy **bar Kamtza.**

אֲתָא אַשְׁכְּחֵיהּ דַּהֲוָה יָתֵיב, אֲמַר לֵיהּ: מִכְּדִי הַהוּא גַּבְרָא בַּעַל דְּבָבָא דְּהַהוּא גַּבְרָא הוּא מַאי בָּעֵית הָכָא? קוּם פּוּק! אֲמַר לֵיהּ: הוֹאִיל וַאֲתַאי שַׁבְקַן, וְיָהֵיבְנָא לָךְ דְּמֵי מַה דְּאָכֵילְנָא וְשָׁתֵינָא.

The man who was hosting the feast **came and found** bar Kamtza **sitting** at the feast. The host **said to** bar Kamtza. **That man is the enemy** [*ba'al devava*][L] **of that man,** that is, you are my enemy. **What** then **do you want here? Arise** and **leave.** Bar Kamtza **said to him: Since I have** already **come, let me stay and I will give you money** for **whatever I eat and drink.** Just do not embarrass me by sending me out.

BACKGROUND

Three decrees – שָׁלֹשׁ גְּזֵירוֹת: It would appear that these were not actual governmental decrees, but rather descriptions of various situations in Eretz Yisrael during and in the aftermath of the war against the Romans. Josephus provides a similar account. This war, which lasted for several years, created strong feelings of hostility. With its conclusion, there was no adherence to military or any other law but rather widespread slaughter of the Jews, many being subjected to cruel torture. It was only later that some semblance of order returned and the public killing of the Jews came to an end. Still, most of the land was confiscated from its owners and considered property of the Roman authorities, with its owners regarded as tenant farmers.

LANGUAGE

Kamtza – קַמְצָא: Some say that this is a reference to the family known as Κομψός, Kompsos. Josephus writes that they were an important family in Tiberias and supporters of the Romans. The name Kompsos means graceful and wise, yet it also carries the negative connotation of crafty and deceitful.

Chariot [*rispak*] – רִיסְפַּק: The *Arukh* and some manuscripts read *dispak*, which is apparently derived from the Middle Iranian dēspak, meaning a chariot drawn by horses.

Enemy [*ba'al devava*] – בַּעַל דְּבָבָא: The root *dalet, beit, beit* seems to be connected to *dovev*, speaking. However, in Aramaic, and as it is used when borrowed into Hebrew, it denotes hostile speech. In Syriac it also carries the meaning of enemy or foe.

NOTES

Owing to the danger would fully transfer ownership – אַגַּב אוּנְסֵיהּ גָּמַר וּמַקְנֵי: It is not enough to transfer ownership through an act of acquisition. Rather, there must be full acceptance of the transfer from the seller to the buyer. When the owner's life is in danger, the assumption is that in order to save his life he wholeheartedly agrees to transfer the ownership of his property.

On account of Kamtza and bar Kamtza – אַקַּמְצָא וּבַר קַמְצָא: Many commentaries ask: Since it was bar Kamtza and the party's host who caused the calamity, why is Kamtza's name mentioned here? The simple answer is that these places were destroyed over trivial matters, such as a slight difference between the names Kamtza and bar Kamtza. The Maharal suggests a more profound explanation: As is mentioned in many places, Jerusalem was destroyed because of baseless hatred. Not only does baseless hatred cause fights between people, such as the host of the meal and bar Kamtza, but it also leads to the formation of factions and of bonds that only intensify the contention. Presumably, Kamtza played a role in the development of the discord between bar Kamtza and the party's host.

אֲמַר לֵיהּ: לָא. אֲמַר לֵיהּ: יָהֵיבְנָא לָךְ דְּמֵי פַּלְגָּא דִּסְעוּדָּתֵיךְ! אֲמַר לֵיהּ: לָא. אֲמַר לֵיהּ: יָהֵיבְנָא לָךְ דְּמֵי כּוּלָּהּ סְעוּדָּתֵיךְ! אֲמַר לֵיהּ: לָא. נַקְטֵיהּ בִּידֵיהּ וְאוֹקְמֵיהּ וְאַפְּקֵיהּ.

The host **said to him: No,** you must leave. Bar Kamtza **said to him: I will give you money for half of the feast;** just do not send me away. The host **said to him: No,** you must leave. Bar Kamtza then **said to him: I will give you money for the entire feast;** just let me stay. The host **said to him: No,** you must leave. Finally, the host **took** bar Kamtza **by his hand, stood him up, and took him out.**

אֲמַר: הוֹאִיל וְהָווּ יָתְבִי רַבָּנַן וְלָא מָחוּ בֵּיהּ, שְׁמַע מִינָּהּ קָא נִיחָא לְהוּ, אֵיזִיל אֵיכוּל בְּהוּ קוּרְצָא בֵּי מַלְכָּא. אֲזַל אֲמַר לֵיהּ לְקֵיסָר: מְרַדוּ בָּךְ יְהוּדָאֵי! אֲמַר לֵיהּ: מִי יֵימַר? אֲמַר לֵיהּ: שְׁדַר לְהוּ קוּרְבָּנָא, חָזֵית אִי מְקָרְבִין לֵיהּ.

After having been cast out from the feast, bar Kamtza **said** to himself: **Since the Sages were sitting** there **and did not protest** the actions of the host, although they saw how he humiliated me, **learn from it that they were content** with what he did. **I will** therefore **go and inform** [*eikhul kurtza*][L] **against them to the king. He went** and **said to the emperor: The Jews have rebelled against you.** The emperor **said to him: Who says** that this is the case? Bar Kamtza **said to him:** Go and test them; **send them an offering** to be brought in honor of the government, and **see whether they** will **sacrifice it.**

אֲזַל שְׁדַר בִּידֵיהּ עֶגְלָא תִּלְתָּא. בַּהֲדֵי דְּקָאָתֵי שְׁדָא בֵּיהּ מוּמָא בְּנִיב שְׂפָתַיִם, וְאָמְרִי לַהּ בְּדוּקִּין שֶׁבָּעַיִן, דּוּכְתָּא דִּלְדִידַן הָוֵה מוּמָא וּלְדִידְהוּ לָאו מוּמָא הוּא.

The emperor **went and sent with him** a choice **three-year-old calf. While** bar Kamtza **was coming** with the calf to the Temple, **he made a blemish on the** calf's **upper lip.**[H] **And some say** he made the blemish **on its eyelids, a place where according to us,** i.e., *halakha*, it **is a blemish, but according to them,** gentile rules for their offerings, it **is not a blemish.** Therefore, when bar Kamtza brought the animal to the Temple, the priests would not sacrifice it on the altar since it was blemished, but they also could not explain this satisfactorily to the gentile authorities, who did not consider it to be blemished.

סְבוּר רַבָּנַן לְקָרוּבֵיהּ מִשּׁוּם שְׁלוֹם מַלְכוּת, אֲמַר לְהוּ רַבִּי זְכַרְיָה בֶּן אַבְקוֹלָס, יֹאמְרוּ: בַּעֲלֵי מוּמִין קְרֵיבִין לְגַבֵּי מִזְבֵּחַ! סְבוּר לְמִיקְטְלֵיהּ, דְּלָא לֵיזִיל וְלֵימָא, אֲמַר לְהוּ רַבִּי זְכַרְיָה, יֹאמְרוּ: מַטִּיל מוּם בְּקָדָשִׁים יֵהָרֵג!

The blemish notwithstanding, **the Sages thought to sacrifice** the animal as an offering **due to** the imperative to maintain **peace** with the **government. Rabbi Zekharya ben Avkolas**[LP] **said to them:** If the priests do that, people **will say** that **blemished** animals **may be sacrificed** as offerings **on the altar.** The Sages said: If we do not sacrifice it, then we must prevent bar Kamtza from reporting this to the emperor. The Sages **thought to kill him**[H] **so that he would not go and speak** against them. **Rabbi Zekharya said to them:** If you kill him, people **will say** that **one who makes a blemish on sacrificial** animals **is to be killed.** As a result, they did nothing, bar Kamtza's slander was accepted by the authorities, and consequently the war between the Jews and the Romans began.

אָמַר רַבִּי יוֹחָנָן: עַנְוְותָנוּתוֹ שֶׁל רַבִּי זְכַרְיָה בֶּן אַבְקוֹלָס הֶחֱרִיבָה אֶת בֵּיתֵנוּ, וְשָׂרְפָה אֶת הֵיכָלֵנוּ, וְהִגְלִיתָנוּ מֵאַרְצֵנוּ.

Rabbi Yoḥanan says: The excessive **humility of Rabbi Zekharya ben Avkolas**[N] **destroyed our Temple, burned our Sanctuary, and exiled us from our land.**

שְׁדַר עִלָּוַויְהוּ לְנֵירוֹן קֵיסָר. כִּי קָאָתֵי, שְׁדָא גִּירָא לְמִזְרָח – אֲתָא נָפַל בִּירוּשָׁלַיִם, לְמַעֲרָב – אֲתָא נָפַל בִּירוּשָׁלַיִם, לְאַרְבַּע רוּחוֹת הַשָּׁמַיִם – אֲתָא נָפַל בִּירוּשָׁלַיִם.

The Roman authorities then **sent Nero Caesar**[P] **against** the Jews. **When he came** to Jerusalem, he wished to test his fate. **He shot an arrow to the east** and the arrow **came** and **fell in Jerusalem.** He then shot another arrow **to the west** and it also **fell in Jerusalem.** He shot an arrow **in all four directions of the heavens,** and each time the arrow **fell in Jerusalem.**

אֲמַר לֵיהּ לְיָנוֹקָא: פְּסוֹק לִי פְּסוּקָיךְ, אֲמַר לֵיהּ: ״וְנָתַתִּי אֶת נִקְמָתִי בֶּאֱדוֹם בְּיַד עַמִּי יִשְׂרָאֵל״ וגו׳ אֲמַר: קוּדְשָׁא בְּרִיךְ הוּא בָּעֵי לַחֲרוּבֵי בֵּיתֵיהּ, וּבָעֵי לְכַפּוּרֵי יְדֵיהּ בְּהַהוּא גַּבְרָא! עֲרַק וַאֲזַל וְאִיגַּיַּיר, וּנְפַק מִינֵּיהּ רַבִּי מֵאִיר.

Nero then conducted another test: **He said to a child: Tell me a verse** that you learned today. **He said to him** as follows: **"And I will lay My vengeance upon Edom by the hand of My people Israel"** (Ezekiel 25:14). Nero **said: The Holy One, Blessed be He, wishes to destroy His Temple, and He wishes to wipe his hands with that man,** i.e., with me. The Romans are associated with Edom, the descendants of Esau. If I continue on this mission, I will eventually be punished for having served as God's agent to bring about the destruction. So **he fled and became a convert, and** ultimately **Rabbi Meir descended from him.**

LANGUAGE

Inform [*eikhul kurtza*] – אֵיכוּל קוּרְצָא: This Aramaic expression is found in the Bible, where it says: "*Va'akhalu kartzeihon*" (Daniel 3:8), as well as in Aramaic translations of other verses, as the word for talebearing, informing, or denouncing.

Avkolas – אַבְקוֹלָס: Apparently from the Greek εὔκολος, *eukolos*, meaning good-natured, easily satisfied, self-sufficient, or admired.

HALAKHA

On the calf's upper lip – בְּנִיב שְׂפָתַיִם: If the lip of an animal is damaged or cracked, it is considered to be blemished and may not be sacrificed as an offering. The same applies to an animal that has a white dot in the middle of its pupil, referred to as *dak* in the Torah (Rambam *Sefer Avoda, Hilkhot Biat HaMikdash* 7:5, 7).

The Sages thought to kill him – סְבוּר לְמִיקְטְלֵיהּ: With regard to those who slander Jews to the government, it is a mitzva to eradicate them and to cause them to descend to the pit of destruction (Rambam *Sefer HaMadda, Hilkhot Avoda Zara*, 11:1).

PERSONALITIES

Rabbi Zekharya ben Avkolas – רַבִּי זְכַרְיָה בֶּן אַבְקוֹלָס: Very little is known about this Sage, and only one *halakha*, in tractate *Shabbat*, is recorded in his name. Yet, based on what is written here and in collections of *midrashim*, he appears to have been one of most prominent Sages of his generation. Some identify him with Zekharya ben Amfadolas, who is mentioned by Josephus as one of the Sages close to the leaders of the rebellion.

Nero Caesar – נֵירוֹן קֵיסָר: The Roman emperor Nero was killed under strange circumstances and after his death, rumors circulated that he was not actually killed but had taken refuge elsewhere.

It should be noted that the name Caesar is fundamentally a family name, and many members of this family, both those born into it and those who were adopted, were called Nero either as a first or middle name, such as Tiberius, Claudius' father Drusus, and others. It therefore appears that this story refers to a member of the Caesar family who was appointed as an officer in the Roman army in the campaign against the Judean revolt. It is also known that there were several figures in the Caesar family who had a high regard for Judaism, and it is reasonable to assume that this officer eventually converted.

NOTES

His humility, etc. – עַנְוְותָנוּתוֹ וכו׳: Rabbi Zekharya's actions here are an expression of his humility in that he did not wish to rely on his own opinion and rule one way or the other, as he was concerned about what people would say if he issued a ruling with regard to this matter. Rabbi Yoḥanan criticizes him for this, as there are times when a Sage must rule decisively, and not be concerned with the reaction of the masses (Maharatz Ḥayyut). *Midrash Eikha* explains that Rabbi Zekharya ben Avkolas was one of the Sages at the feast that bar Kamtza was mistakenly invited to, and due to his humility he did not protest the host's conduct.

שְׁדַרֵיהּ עִילָּוָויְיהוּ לְאַסְפַּסְיָינוּס קֵיסָר. אֲתָא, צַר עֲלַהּ תְּלָת שְׁנֵי. הָווּ בָּהּ הָנְהוּ תְּלָתָא עַתִּירֵי: נַקְדִּימוֹן בֶּן גּוּרְיוֹן, וּבֶן כַּלְבָּא שָׂבוּעַ, וּבֶן צִיצִית הַכֶּסֶת; נַקְדִּימוֹן בֶּן גּוּרְיוֹן – שֶׁנָּקְדָה לוֹ חַמָּה בַּעֲבוּרוֹ; בֶּן כַּלְבָּא שָׂבוּעַ – שֶׁכׇּל הַנִּכְנָס לְבֵיתוֹ כְּשֶׁהוּא רָעֵב כְּכֶלֶב, יוֹצֵא כְּשֶׁהוּא שָׂבֵעַ; בֶּן צִיצִית הַכֶּסֶת – שֶׁהָיְתָה צִיצִיתוֹ נִגְרֶרֶת עַל גַּבֵּי כְּסָתוֹת. אִיכָּא דְּאָמְרִי: שֶׁהָיְתָה כִּסְאוֹ מוּטֶּלֶת בֵּין גְּדוֹלֵי רוֹמִי.

The Roman authorities then sent **Vespasian Caesar**[P] **against** the Jews. **He came and** laid **siege to** Jerusalem for **three years. There were** at that time **in** Jerusalem **these three wealthy people: Nakdimon ben Guryon,**[P] **ben Kalba Savua,**[P] **and ben Tzitzit HaKesat.**[P] The Gemara explains their names: **Nakdimon ben Guryon** was called by that name **because the sun shined** [*nakad*] **on his behalf,** as it is related elsewhere (see *Ta'anit* 19b) that the sun once continued to shine in order to prevent him from suffering a substantial loss. **Ben Kalba Savua** was called this **because anyone who entered his house when he was hungry as a dog** [*kelev*] **would leave satiated** [*save'a*]. **Ben Tzitzit HaKesat** was referred to by that name because **his ritual fringes** [*tzitzit*] **dragged** along **on blankets** [*keset*], meaning that he would not walk in the street with his feet on the ground, but rather they would place blankets beneath him. **There are** those **who say that his seat** [*kiseh*] **was found among the nobles of Rome,** meaning that he would sit among them.

חַד אֲמַר לְהוּ: אֲנָא זָיְינָא לְהוּ בְּחִיטֵּי וְשַׂעֲרֵי, וְחַד אֲמַר לְהוּ: בְּדַחֲמָרָא וּבְדְמִלְחָא וּמִשְׁחָא, וְחַד אֲמַר לְהוּ: בְּדִצִיבֵי, וְשַׁבְּחוּ רַבָּנַן לְדִצִיבֵי; דְּרַב חִסְדָּא כׇּל אַקְלִידֵי הֲוָה מָסַר לְשַׁמָּעֵיהּ בַּר מִדְּצִיבֵי, דַּאֲמַר רַב חִסְדָּא: אַכַלְבָּא דְּחִיטֵּי בָּעֵי שִׁיתִּין אַכַלְבֵּי דְּצִיבֵי. הֲוָה לְהוּ לְמֵיזַן עֶשְׂרִים וְחַד שַׁתָּא.

These three wealthy people offered their assistance. **One** of them **said to** the leaders of the city: **I will feed** the residents **with wheat and barley. And one** of them **said to** leaders of the city: I will provide the residents **with wine, salt, and oil. And one** of them **said to** the leaders of the city: I will supply the residents **with wood.** The Gemara comments: **And the Sages gave** special **praise to he** who gave the **wood,** since this was an especially expensive gift. **As Rav Ḥisda would give all of the keys** [*aklidei*][L] **to his servant, except** for the key **to** his shed **for** storing **wood,** which he deemed the most important of them all. **As Rav Ḥisda said: One storehouse** [*akhleva*][L] **of wheat requires sixty storehouses of wood** for cooking and baking fuel. These three wealthy men **had** between them enough commodities **to sustain** the besieged **for twenty-one years.**

הָווּ בְּהוּ הָנְהוּ בִּרְיוֹנֵי, אֲמַרוּ לְהוּ רַבָּנַן: נֵיפּוֹק וְנַעֲבֵיד שְׁלָמָא בַּהֲדַיְיהוּ, לָא שַׁבְקִינְהוּ. אֲמַרוּ לְהוּ: נֵיפּוֹק וְנַעֲבֵיד קְרָבָא בַּהֲדַיְיהוּ, אֲמַרוּ לְהוּ רַבָּנַן: לָא מִסְתַּיְּיעָא מִילְּתָא. קָמוּ קְלַנְהוּ לְהָנְהוּ אַמְבָּרֵי דְּחִיטֵּי וְשַׂעֲרֵי, וַהֲוָה כַּפְנָא.

There were certain zealots among the people of Jerusalem. **The Sages said to them: Let us go out and make peace with** the Romans. But the zealots **did not allow them** to do this. The zealots **said to** the Sages: **Let us go out and engage in battle against** the Romans. But **the Sages said to them: You will not be successful.** It would be better for you to wait until the siege is broken. In order to force the residents of the city to engage in battle, the zealots **arose and burned** down **these storehouses** [*ambarei*][L] **of wheat and barley, and there was** a general **famine.**

מָרְתָא בַּת בַּיְתוֹס עֲתִירְתָּא דִּירוּשָׁלַיִם הֲוַיָא, שְׁדַרְתָּהּ לִשְׁלוּחָהּ וְאָמְרָה לֵיהּ: זִיל אַיְיתִי לִי סְמִידָא. אַדַּאֲזַל אִיזְדַּבַּן, אֲתָא אֲמַר לַהּ: סְמִידָא לֵיכָּא, חִיוָּרְתָּא אִיכָּא, אָמְרָה לֵיהּ: זִיל אַיְיתִי לִי. אַדַּאֲזַל אִיזְדַּבַּן, אֲתָא וַאֲמַר לַהּ: חִיוָּרְתָּא לֵיכָּא, גּוּשְׁקְרָא אִיכָּא, אָמְרָה לֵיהּ: זִיל אַיְיתִי לִי. אַדַּאֲזַל אִיזְדַּבַּן, אֲתָא וַאֲמַר לַהּ: גּוּשְׁקְרָא לֵיכָּא, קִימְחָא דְּשַׂעֲרֵי אִיכָּא, אָמְרָה לֵיהּ: זִיל אַיְיתִי לִי. אַדַּאֲזַל אִיזְדַּבַּן,

With regard to this famine it is related that **Marta bat Baitos**[P] **was** one of the **wealthy women of Jerusalem. She sent out her agent and said to him: Go bring me fine flour** [*semida*].[L] **By the time he went,** the fine flour **was** already **sold. He came and said to her: There is no fine flour,** but **there is** ordinary **flour. She said to him: Go** then and **bring me** ordinary flour. **By the time he went,** the ordinary flour **was** also **sold. He came and said to her: There is no** ordinary **flour,** but **there is coarse flour** [*gushkera*].[L] **She said to him: Go** then and **bring me** coarse flour. **By the time he went,** the coarse flour **was** already **sold. He came and said to her: There is no coarse flour,** but **there is barley flour. She said to him: Go** then and **bring me** barley flour. But once again, **by the time he went,** the barley flour **was** also **sold.**

LANGUAGE

Keys [*aklidei*] – אַקְלִידֵי: From either the Greek κλείς, *kleis*, meaning key, bolt, or hook, or from κλειδίον, *kleidion*, meaning small key.

Key from the mishnaic period

Storehouse [*akhleva*] – אַכַלְבָּא: This word is a misspelling of *akhlekha*, which is derived from the Akkadian kalakku, meaning storehouse.

Storehouses [*ambarei*] – אַמְבָּרֵי: From the Middle Persian ambār, meaning storehouse.

Fine flour [*semida*] – סְמִידָא: Related to the Greek σεμίδαλις, *semidalis*, meaning fine wheat flour.

Coarse flour [*gushkera*] – גּוּשְׁקְרָא: Apparently from the Middle Iranian ḫuskar, meaning coarse flour.

PERSONALITIES

Vespasian Caesar – אַסְפַּסְיָינוּס קֵיסָר: Vespasian served as the Roman emperor from 69–79 CE. He founded the Flavian dynasty and was responsible for the destruction of the Temple and the accompanying devastation of Judea. Vespasian's family was part of the Roman equestrian order, and he distinguished himself in battle and rose in the ranks of the Roman army, eventually being appointed to suppress the Great Revolt of the Jews in Judea. While his military operations were successful, he had yet to conquer Jerusalem when he left Judea after being declared emperor in the summer of 69 CE. He entrusted the siege and ultimate conquest of Jerusalem to his son, Titus, who later became emperor as well.

Nakdimon ben Guryon – נַקְדִּימוֹן בֶּן גּוּרְיוֹן: Nakdimon ben Guryon, whose Hebrew name appears to have been Boni, was one of the wealthiest men living in Jerusalem at the time of the destruction of the Second Temple. Tractate *Ta'anit* tells of the great sums of charity that he donated to the community and the miracle of the sun that was performed for him as a result.

Ben Kalba Savua – בֶּן כַּלְבָּא שָׂבוּעַ: The family of ben Kalba Savua was one of the wealthiest and most powerful at the time of the destruction of the Second Temple and in the period following, as is known from the story of Rabbi Akiva marrying one of the daughters of this family. It is said to trace its descent back to Caleb, the son of Jephunneh. The name Kalba seems to be based on this lineage rather than the explanation given in the Gemara here.

Ben Tzitzit HaKesat – בֶּן צִיצִית הַכֶּסֶת: Ben Tzitzit HaKesat was one of the wealthiest Jews at the time of the destruction of the Second Temple. The midrash in *Bereshit Rabba* notes that a genealogical scroll was found in Jerusalem listing the house of Tzitzit HaKesat as descending from King Saul's general, Abner, the son of Ner.

Marta bat Baitos – מָרְתָא בַּת בַּיְתוֹס: Marta bat Baitos is mentioned in several places in the Talmud. Due to her great wealth, she has served throughout the ages as the archetype of a very wealthy woman. The house of Baitos was one of the most powerful and wealthy families of priests in Jerusalem, and many members of this household served as High Priest or in other important positions in the Temple. According to the Jerusalem Talmud, Marta married Yehoshua ben Gamla as a result of trickery on his part. After becoming betrothed to him, she sought to secure him the position as High Priest.

הֲוָה שְׁלִיפָא מְסָאנָא, אֲמַרָה: אֵיפּוֹק וְאֶחֱזֵי אִי מַשְׁכַּחְנָא מִידֵּי לְמֵיכַל, אִיתִיב לָהּ פַּרְתָּא בְּכַרְעָא וּמֵתָה.

She had just **removed her shoes, but she said: I will go out** myself **and see if I can find something to eat.** She stepped on some **dung,** which **stuck to her foot, and,** overcome by disgust, **she died.**

קָרֵי עֲלַהּ רַבָּן יוֹחָנָן בֶּן זַכַּאי: "הָרַכָּה בְךָ וְהָעֲנֻגָּה אֲשֶׁר לֹא נִסְּתָה כַף רַגְלָהּ". אִיכָּא דְּאָמְרִי: גְּרוֹגָרוֹת דְּרַבִּי צָדוֹק אֲכַלָה, וְאִיתְנִיסָא וּמֵתָה. דְּרַבִּי צָדוֹק יָתֵיב אַרְבְּעִין שְׁנִין בְּתַעֲנִיתָא דְּלָא לֵיחְרַב יְרוּשָׁלַיִם, כִּי הֲוָה אָכֵיל מִידֵּי הֲוָה מִיתְחֲזֵי מֵאַבַּרַאי, וְכִי הֲוָה בָּרֵיא, מַיְיתִי לֵיהּ גְּרוֹגָרוֹת, מָיֵיץ מַיַּיהוּ וְשָׁדֵי לְהוּ.

Rabban Yoḥanan ben Zakkai read concerning her a verse found in the section of the Torah listing the curses that will befall Israel: **"The tender and delicate woman among you who would not adventure to set the sole of her foot** upon the ground" (Deuteronomy 28:56). **There are those who say** that she did not step on dung, but rather **she ate a fig of Rabbi Tzadok, and became disgusted and died.** What are these figs? **Rabbi Tzadok observed fasts for forty years,** praying **that Jerusalem would not be destroyed.** He became so emaciated from fasting **that when he would eat something it was visible from the outside** of his body. **And when he would eat** after a fast **they would bring him figs** and **he would suck out their liquid and cast** the rest **away.** It was one such fig that Marta bat Baitos found and that caused her death.

כִּי הֲוָה קָא נָיְחָא נַפְשַׁהּ, אַפִּיקְתָּה לְכׇל דַּהֲבָא וְכַסְפָּא שַׁדְיָתֵיהּ בְּשׁוּקָא, אֲמַרָה: הַאי לְמַאי מִיבְּעֵי לִי! וְהַיְינוּ דִּכְתִיב: "כַּסְפָּם בַּחוּצוֹת יַשְׁלִיכוּ".

It is further related that **as she was dying, she took out all of** her **gold and silver** and **threw it in the marketplace. She said: Why do I need this? And this is as it is written: "They shall cast their silver in the streets** and their gold shall be as an impure thing; their silver and their gold shall not be able to deliver them in the day of the wrath of the Lord; they shall not satisfy their souls, neither fill their bowels" (Ezekiel 7:19).

אַבָּא סִקְרָא רֵישׁ בִּרְיוֹנֵי דִּירוּשָׁלַיִם בַּר אַחְתֵּיהּ דְּרַבָּן יוֹחָנָן בֶּן זַכַּאי הֲוָה, שְׁלַח לֵיהּ: תָּא בְּצִינְעָא לְגַבַּאי. אֲתָא, אֲמַר לֵיהּ: עַד אֵימַת עָבְדִיתוּ הָכִי, וְקָטְלִיתוּ לֵיהּ לְעָלְמָא בְּכַפְנָא? אֲמַר לֵיהּ: מַאי אֶיעֱבִיד, דְּאִי אָמֵינָא לְהוּ מִידֵּי קָטְלוּ לִי! אֲמַר לֵיהּ: חֲזִי לִי תַּקַּנְתָּא לְדִידִי דְּאֵיפּוֹק, אֶפְשָׁר דְּהָוֵי הַצָּלָה פּוּרְתָּא.

§ The Gemara relates: **Abba Sikkara**[P] **was the leader of the zealots** [*biryonei*][L] **of Jerusalem and the son of the sister of Rabban Yoḥanan ben Zakkai.** Rabban Yoḥanan ben Zakkai **sent** a message **to him: Come to me in secret. He came,** and Rabban Yoḥanan ben Zakkai **said to him: Until when will you do this and kill everyone through starvation?** Abba Sikkara **said to him: What can I do, for if I say something to them they will kill me.** Rabban Yoḥanan ben Zakkai **said to him: Show me a method** so that **I will** be able to **leave** the city, and it is **possible that** through this **there will be** some **small salvation.**

אֲמַר לֵיהּ: נְקוֹט נַפְשָׁךְ בְּקָצִירֵי, וְלֵיתֵי כּוּלֵּי עָלְמָא וְלִישַׁיְּילוּ בָּךְ, וְאַיְיתִי מִידֵּי סַרְיָא וְאַגְנִי גַּבָּךְ, וְלֵימְרוּ דְּנָח נַפְשָׁךְ, וְלִיעַיְּילוּ בָּךְ תַּלְמִידָךְ וְלָא לֵיעוּל בָּךְ אִינִישׁ אַחֲרִינָא, דְּלָא לַרְגְּשָׁן בָּךְ דְּקַלִּיל אַתְּ, דְּאִינְהוּ יָדְעִי דְּחַיָּיא קַלִּיל מִמִּיתָא.

Abba Sikkara **said to him:** This is what you should do: **Pretend to be sick, and have everyone come and ask** about your welfare, so that word will spread about your ailing condition. Afterward **bring something putrid and place it near you, so that** people **will say that you have died** and are decomposing. **And** then, **have your students enter** to bring you to burial, **and let no one else come in so that** the zealots **not notice that you are** still **light.** As the zealots **know that a living** person **is lighter than a dead** person.

עֲבִיד הָכִי, נִכְנַס בּוֹ רַבִּי אֱלִיעֶזֶר מִצַּד אֶחָד וְרַבִּי יְהוֹשֻׁעַ מִצַּד אַחֵר, כִּי מְטוֹ לְפִיתְחָא בְּעוֹ לְמִדְקְרֵיהּ, אֲמַר לְהוּ: יֹאמְרוּ "רַבָּן דָּקְרוּ"! בְּעוֹ לְמִדְחְפֵיהּ, אֲמַר לְהוּ: יֹאמְרוּ "רַבָּן דָּחֲפוּ"! פָּתְחוּ לֵיהּ בָּבָא, נְפַק.

Rabban Yoḥanan ben Zakkai **did this. Rabbi Eliezer entered from one side and Rabbi Yehoshua from the other side** to take him out. **When they arrived at the entrance** of the city on the inside, the guards, who were of the faction of the zealots, **wanted to pierce him** with their swords in order to ascertain that he was actually dead, as was the common practice. Abba Sikkara **said to them:** The Romans **will say** that **they pierce** even **their teacher.** The guards then **wanted** at least **to push him** to see whether he was still alive, in which case he would cry out on account of the pushing. Abba Sikkara **said to them: They will say** that **they push** even **their teacher.** The guards then **opened the gate** and **he was taken out.**

כִּי מְטָא לְהָתָם, אֲמַר: שְׁלָמָא עֲלָךְ מַלְכָּא, שְׁלָמָא עֲלָךְ מַלְכָּא! אֲמַר לֵיהּ: מִיחַיְּיבַתְּ תְּרֵי קְטָלָא, חֲדָא, דְּלָאו מַלְכָּא אֲנָא וְקָא קָרֵית לִי מַלְכָּא! וְתוּ, אִי מַלְכָּא אֲנָא, עַד הָאִידָּנָא אַמַּאי לָא אָתֵית לְגַבַּאי? אֲמַר לֵיהּ: דְּקָאָמְרַתְּ לָאו מַלְכָּא אֲנָא,

When Rabban Yoḥanan ben Zakkai **reached there,** i.e., the Roman camp, **he said: Greetings to you, the king; greetings to you, the king.** Vespasian **said to him: You are liable for two death penalties, one** because **I am not a king and** yet **you call me king, and furthermore, if I am a king, why didn't you come to me until now?** Rabban Yoḥanan ben Zakkai **said to him:** As for **what you said** about yourself: **I am not a king,**

PERSONALITIES

Abba Sikkara – אַבָּא סִקְרָא: Apparently Abba Sikkara was not his actual name but rather a nickname, *sikkara* being the Aramaic form of the word *sicarius* or murderer (55b). In *midrashim* he is called ben Batiaḥ, similar to ben Avatiaḥ, meaning son of a watermelon, as he is called in tractate *Kelim* (17:12). These appear to be nicknames given to him due to his great size. The present passage identifies him as one of the leaders of the Great Revolt.

LANGUAGE

Zealots [*biryonim*] – בִּרְיוֹנִים: The source of this word has not been found. Some propose that it may be a shortened and altered form of *praetoriani*, the term for Caesar's guard, and was borrowed to mean menacing figures who show no obedience to authority.

איברא מלכא את, דאי לאו מלכא את לא מימסרא ירושלים בידך, דכתיב: "והלבנון באדיר יפול", ואין "אדיר" אלא מלך, דכתיב: "והיה אדירו ממנו" וגו׳, ואין "לבנון" אלא בית המקדש, שנאמר: "ההר הטוב הזה והלבנון"; ודקאמרת אי מלכא אנא אמאי לא קאתית לגבאי עד האידנא – בריוני דאית בן לא שבקינן.

in truth, you are a king,[B] if not now, then in the future. **As if you are not a king, Jerusalem will not be handed over into your hand, as it is written: "And the Lebanon shall fall by a mighty one"** (Isaiah 10:34). **And "mighty one"** means **only a king, as it is written: "And their mighty one shall be of themselves,** and their ruler shall proceed from the midst of them" (Jeremiah 30:21), indicating that "mighty one" parallels "ruler." **And "Lebanon"** means **only the Temple, as it is stated: "That good mountain and the Lebanon"** (Deuteronomy 3:25).[N] **And** as for **what you said** with your second comment: **If I am a king why didn't you come to me until now, there are zealots among us who** did **not allow us** to do this.

אמר ליה: אילו חבית של דבש ודרקון כרוך עליה, לא היו שוברין את החבית בשביל דרקון? אישתיק. קרי עליה רב יוסף, ואיתימא רבי עקיבא: "משיב חכמים אחור ודעתם יסכל", איבעי ליה למימר ליה: שקלינן צבתא ושקלינן ליה לדרקון וקטלינן ליה, וחביתא שבקינן לה.

Understanding that Rabban Yoḥanan ben Zakkai was prepared to ask him not to destroy the Temple, Vespasian **said to him: If** there **is a barrel of honey and a snake** [*derakon*][L] **is wrapped around it, wouldn't they break the barrel in order to** kill **the snake?** In similar fashion, I am forced to destroy the city of Jerusalem in order to kill the zealots barricaded within it. Rabban Yoḥanan ben Zakkai **was silent** and did not answer. In light of this, **Rav Yosef** later **read** the following verse **about him, and some say** that it was **Rabbi Akiva** who applied the verse to Rabban Yoḥanan ben Zakkai: "I am the Lord… **Who turns wise men backward and makes their knowledge foolish"** (Isaiah 44:25). As Rabban Yoḥanan ben Zakkai **should have said** the following **to** Vespasian in response: In such a case, **we take tongs, remove the snake, and kill it, and** in this way **we leave the barrel** intact. So too, you should kill the rebels and leave the city as it is.

אדהכי אתי פריסתקא עליה מרומי, אמר ליה: קום, דמית ליה קיסר, ואמרי הנהו חשיבי דרומי לאותיבך ברישא. הוה סיים חד מסאני, בעא למסיימא לאחרינא לא עייל, בעא למשלפא לאידך לא נפק, אמר: מאי האי?

In the meantime, as they were talking, **a messenger** [*feristaka*][L] **arrived**[B] **from Rome,** and **said to him: Rise, for the emperor has died, and the noblemen of Rome plan to appoint you as** their **leader** and make you the next emperor. At that time Vespasian **was wearing** only **one shoe,** and when **he tried to put on the other one, it would not go on** his foot. **He** then **tried to remove the other** shoe that he was already wearing, but **it would not come off. He said: What is this?**

אמר ליה: לא תצטער, שמועה טובה אתיא לך, דכתיב: "שמועה טובה תדשן עצם". אלא מאי תקנתיה? ליתי איניש דלא מיתבא דעתך מיניה ולחליף קמך, דכתיב: "ורוח נכאה תיבש גרם", עבד הכי, עייל. אמר ליה: ומאחר דחכמיתו כולי האי, עד האידנא אמאי לא אתיתו לגבאי? אמר ליה: ולא אמרי לך? אמר ליה: אנא נמי אמרי לך!

Rabban Yoḥanan ben Zakkai **said to him: Be not distressed** or troubled, for **good tidings have reached you, as it is written: "Good tidings make the bone fat"** (Proverbs 15:30), and your feet have grown fatter out of joy and satisfaction. Vespasian said to him: **But what is the remedy?** What must I do in order to put on my shoe? Rabban Yoḥanan ben Zakkai **said to him: Have someone with whom you are displeased come and pass before you, as it is written: "A broken spirit dries the bones"** (Proverbs 17:22). **He did this, and** his shoe **went on** his foot. Vespasian **said to him: Since you are so wise, why didn't you come to see me until now?** Rabban Yoḥanan ben Zakkai **said to him: But didn't I** already **tell you?** Vespasian **said to him: I also told you** what I had to say.

אמר ליה: מיזל אזילנא ואינש אחרינא משדרנא, אלא בעי מינאי מידי דאתן לך. אמר ליה: תן לי יבנה וחכמיה, ושושילתא דרבן גמליאל, ואסוותא דמסיין ליה לרבי צדוק. קרי עליה רב יוסף, ואיתימא רבי עקיבא: "משיב חכמים אחור ודעתם יסכל", איבעי למימר ליה לשבקינהו הדא זימנא.

Vespasian then **said to** Rabban Yoḥanan ben Zakkai: **I will be going** to Rome to accept my new position, **and I will send someone else** in my place to continue besieging the city and waging war against it. **But** before I leave, **ask something of me that I can give you.** Rabban Yoḥanan ben Zakkai **said to him: Give me Yavne**[B] **and its Sages** and do not destroy it, **and** spare **the dynasty of Rabban Gamliel**[B] and do not kill them as if they were rebels, and lastly give me **doctors to heal Rabbi Tzadok.**[B] **Rav Yosef read** the following verse **about him, and some say** that it was **Rabbi Akiva** who applied the verse to Rabban Yoḥanan ben Zakkai: "I am the Lord… **Who turns wise men backward and makes their knowledge foolish"** (Isaiah 44:25), as **he should have said to him to leave** the Jews alone **this time.**

BACKGROUND

In truth you are a king – איברא מלכא את: A similar account is relayed in Roman history books. According to these writings, the Sages, among whom the Romans included Josephus, predicted that Vespasian would eventually become emperor of Rome.

A messenger arrived – אתי פריסתקא: During the year that Vespasian became emperor, known as the year of the four Caesars, a revolt erupted in the empire in the course of which the emperor Nero was killed and a dispute commenced over the issue of who was to succeed him. The legions stationed in the Balkans, Syria, and Judea chose Vespasian as emperor and the Egyptian governor gave him his immediate support. After a period of time Vespasian was informed from Rome that his followers in the Roman army had killed the reigning emperor Vitalius, and he was then recognized by all as the ruler of the empire.

Yavne – יבנה: Yavne is an ancient city mentioned in the Bible. Apparently, it is Yavne'el, located in the tribal territory of Judah. It was a Philistine city for many years, and it is listed as one of the places whose walls were breached by King Uzziah of Judea.

Yavne is located slightly more than a kilometer from the Mediterranean coast, due west of Jerusalem. It was conquered by Vespasian during the campaign to quash the Great Revolt, which culminated in the destruction of the Second Temple. It seems that several Sages who did not support the revolt settled there. When Rabban Yoḥanan ben Zakkai joined them, Yavne became the spiritual center of Eretz Yisrael and the seat of the Sanhedrin for many years, apparently until the bar Kokheva rebellion. The main yeshiva there was called the vineyard in Yavne, as the students would sit in rows, evoking the rows of grapevines in a vineyard.

The dynasty of Rabban Gamliel – שושילתא דרבן גמליאל: Although the *Nesi'im* from the house of Hillel were moderate in their political views, they still joined the Great Revolt. Since Rabban Shimon ben Gamliel was considered the leader of the people and as such was responsible for what happened in Eretz Yisrael, he was sentenced to death. Rabban Yoḥanan ben Zakkai made a unique request, that despite Rabban Shimon ben Gamliel's execution, his family should not be held responsible and killed or exiled.

Doctors to heal Rabbi Tzadok – אסוותא דמסיין ליה לרבי צדוק: As with all cases of malnutrition, Rabbi Tzadok's many years of fasting exacted a heavy toll on his physiology, manifested not only in extreme weight loss from the depletion of fat cells, but also in the shrinkage of his stomach and an inability to adequately digest food. A person in this condition who tries to eat normally will become sick and possibly die. For this reason doctors had to monitor his gradual transition to a normal diet.

NOTES

Lebanon – לבנון: It was understood that Moses wished to see the Temple Mount, referred to as "that good mountain," and the Temple itself. The Temple is referred to as "Lebanon" because it achieves atonement for and thereby whitens [*malbin*] Israel's sins, which are depicted in the Bible as being scarlet red. In addition, the Temple was built from the cedars of Lebanon, as is mentioned in the book of Kings.

LANGUAGE

Snake [*derakon*] – דרקון: From the Greek δράκων, *drakon*, meaning snake. The word also means dragon.

Messenger [*peristaka*] – פריסתקא: From the Middle Iranian frēstak, meaning envoy or messenger.

וְהוּא סָבַר, דִּלְמָא כּוּלֵּי הַאי לָא עָבֵיד, וְהַצָּלָה פּוּרְתָּא נַמִי לָא הָוֵי.

And why didn't Rabban Yoḥanan ben Zakkai make this request? **He maintained** that Vespasian **might not do that much** for him, **and there would not be even a small** amount **of salvation.** Therefore, he made only a modest request, in the hope that he would receive at least that much.

אַסְוָותָא דְּמַסְיָין לֵיהּ לְרַבִּי צָדוֹק מַאי הִיא? יוֹמָא קַמָּא אַשְׁקְיוּהּ מַיָּא דְּפָארֵי, לְמָחָר מַיָּא דְּסִיפּוּקָא, לְמָחָר מַיָּא דְּקִימְחָא, עַד דְּרָוַוח מֵיעֵיהּ פּוּרְתָּא פּוּרְתָּא.

The Gemara asks: **What** was he requesting when he asked for **doctors to heal Rabbi Tzadok?** How did they heal him? **The first day they gave him water to drink** that contained **bran** [***parei***]. **The next** day they gave him **water** containing **flour mixed with bran** [***sipuka***].[L] **The following day** they gave him **water** containing **flour.** In this way they slowly restored his ability to eat, allowing **his stomach to broaden little by little.**

אֲזַל שְׁדַרֵיהּ לְטִיטוּס. "וְאָמַר אֵי אֱלֹהֵימוֹ צוּר חָסָיוּ בוֹ" – זֶה טִיטוּס הָרָשָׁע שֶׁחֵירֵף וְגִידֵּף כְּלַפֵּי מַעְלָה.

§ Vespasian **went** back to Rome and **sent Titus** in his place. The Gemara cites a verse that was expounded as referring to Titus: **"And he shall say: Where is their God, their rock in whom they trusted?"** (Deuteronomy 32:37). **This is the wicked Titus,**[B] **who insulted and blasphemed God on High.**

מֶה עָשָׂה? תָּפַשׂ זוֹנָה בְּיָדוֹ וְנִכְנַס לְבֵית קָדְשֵׁי הַקֳּדָשִׁים, וְהִצִּיעַ סֵפֶר תּוֹרָה וְעָבַר עָלֶיהָ עֲבֵירָה, וְנָטַל סַיִיף וְגִידֵּר אֶת הַפָּרוֹכֶת, וְנַעֲשָׂה נֵס וְהָיָה דָּם מְבַצְבֵּץ וְיוֹצֵא, וּכְסָבוּר הָרַג אֶת עַצְמוֹ, שֶׁנֶּאֱמַר "שָׁאֲגוּ צוֹרְרֶיךָ בְּקֶרֶב מוֹעֲדֶיךָ שָׂמוּ אוֹתוֹתָם אוֹתוֹת".

What did Titus **do** when he conquered the Temple? **He took a prostitute with his hand, and entered the Holy of Holies** with her. **He** then **spread out a Torah scroll** underneath him **and committed a sin,** i.e., engaged in sexual intercourse, **on it.** Afterward **he took a sword and cut into the curtain** separating between the Sanctuary and the Holy of Holies. **And a miracle was performed and blood spurted forth.** Seeing the blood, **he** mistakenly **thought** that **he had killed himself.** Here, the term himself is a euphemism for God. Titus saw blood issuing forth from the curtain in God's meeting place, the Temple, and he took it as a sign that he had succeeded in killing God Himself. **As it is stated: "Your enemies roar in the midst of Your meeting place; they have set up their own signs for signs"** (Psalms 74:4).

אַבָּא חָנָן אוֹמֵר: "מִי כָמוֹךָ חֲסִין יָהּ" – מִי כָּמוֹךָ חֲסִין וְקָשֶׁה, שֶׁאַתָּה שׁוֹמֵעַ נֵיאוּצוֹ וְגִידּוּפוֹ שֶׁל אוֹתוֹ רָשָׁע וְשׁוֹתֵק. דְּבֵי רַבִּי יִשְׁמָעֵאל תָּנָא: "מִי כָמֹכָה בָּאֵלִים ה׳" – מִי כָּמוֹכָה בָּאִלְּמִים.

Abba Ḥanan says: The verse states: **"Who is strong like You, O Lord?"** (Psalms 89:9). **Who is strong and indurate like You, as You hear the abuse and the blasphemy of that wicked man and remain silent.** Similarly, **the school of Rabbi Yishmael taught** that the verse: **"Who is like You,**[N] **O Lord, among the gods** [***elim***]" (Exodus 15:11), should be read as: **Who is like You among the mute** [***ilmim***], for You conduct Yourself like a mute and remain silent in the face of Your blasphemers.

מֶה עָשָׂה? נָטַל אֶת הַפָּרוֹכֶת וַעֲשָׂאוֹ כְּמִין גַּרְגּוּתְנִי, וְהֵבִיא כָּל כֵּלִים שֶׁבַּמִּקְדָּשׁ וְהִנִּיחָן בָּהֶן, וְהוֹשִׁיבָן בִּסְפִינָה לֵילֵךְ לְהִשְׁתַּבֵּחַ בְּעִירוֹ, שֶׁנֶּאֱמַר: "וּבְכֵן רָאִיתִי רְשָׁעִים קְבוּרִים וָבָאוּ וּמִמְּקוֹם קָדוֹשׁ יְהַלֵּכוּ וְיִשְׁתַּכְּחוּ בָעִיר אֲשֶׁר כֵּן עָשׂוּ", אַל תִּיקְרֵי "קְבוּרִים" אֶלָּא "קְבוּצִים", אַל תִּיקְרֵי "וְיִשְׁתַּכְּחוּ" אֶלָּא "וְיִשְׁתַּבְּחוּ".

What else did Titus **do? He took the curtain and formed it like a large basket, and brought all of the** sacred **vessels of the Temple and placed them in it. And he put them on a ship to go and be praised in his city** that he had conquered Jerusalem, **as it is stated: "And so I saw the wicked buried, and come to their rest; but those that had done right were gone from the holy place, and were forgotten in the city; this also is vanity"** (Ecclesiastes 8:10). **Do not read** the word **as "buried** [***kevurim***]." **Rather,** read it as **collected** [***kevutzim***]. And **do not read** the word **as "and were forgotten** [***veyishtakeḥu***]." **Rather,** read it **as: And they were praised** [***veyishtabeḥu***]. According to this interpretation, the verse speaks of those who will gather and collect items "from the holy place," the Temple, and be praised in their city about what they had done.

אִיכָּא דְּאָמְרִי: קְבוּרִים מַמָּשׁ, דַּאֲפִילּוּ מִילֵּי דְּמִטַּמְרָן אִיגַּלְיָיא לְהוֹן.

There are those **who say** that the verse is to be read as written, as it is referring to items that were **actually buried.** This is because **even items that had been buried were revealed to them,** i.e., Titus and his soldiers, as they found all of the sacred vessels.

LANGUAGE

Flour mixed with bran [*sipuka*] – סִיפּוּקָא: The *Arukh* and others have a version that reads *siposka*, which apparently is derived from the Middle Iranian sapōsak, meaning bran.

NOTES

Who is like You – מִי כָמֹכָה: This exposition is based upon the spelling of the word "gods [*elim*]" without a *yod*, so that it can be read as *ilem*, mute. Therefore, the Sages expound the verse to mean: Who is like You, Who remains silent among the mute (Maharsha).

BACKGROUND

The wicked Titus – טִיטוּס הָרָשָׁע: Titus was the eldest son of Vespasian, replacing him as Caesar after his death for a short reign of approximately two years. Although Roman sources praise him for his positive attributes, prior to his rise to power he displayed great cruelty and was steeped in promiscuity. The many negative references to him in the Talmud are due to his having ordered the destruction of the Second Temple. The destruction of the Temple after Jerusalem had been captured was not necessary from a military standpoint, and it even contradicted the prevailing Roman policy of respecting the sacred sites of conquered countries.

עָמַד עָלָיו נַחְשׁוֹל שֶׁבַּיָּם לְטוֹבְעוֹ, אָמַר: כִּמְדוּמֶּה אֲנִי שֶׁאֱלֹהֵיהֶם שֶׁל אֵלּוּ אֵין גְּבוּרָתוֹ אֶלָּא בַּמַּיִם, בָּא פַּרְעֹה טִבְּעוֹ בַּמַּיִם, בָּא סִיסְרָא טִבְּעוֹ בַּמַּיִם, אַף הוּא עוֹמֵד עָלַי לְטוֹבְעֵנִי בַּמַּיִם, אִם גִּבּוֹר הוּא יַעֲלֶה לַיַּבָּשָׁה וְיַעֲשֶׂה עִמִּי מִלְחָמָה! יָצְתָה בַּת קוֹל וְאָמְרָה לוֹ: רָשָׁע בֶּן רָשָׁע בֶּן בְּנוֹ שֶׁל עֵשָׂו הָרָשָׁע, בְּרִיָּה קַלָּה יֵשׁ לִי בְּעוֹלָמִי וְיַתּוּשׁ שְׁמָהּ.

It is further related about Titus that he was once traveling **at sea and a wave rose up against him** and threatened **to drown him. Titus said: It seems to me that their God,** the God of Israel, **has power only in water. Pharaoh rose** against them and **He drowned him in water. Sisera rose** against them and **He drowned him in water.**[N] **Here too, He has risen up against me to drown me in water. If He is** really **mighty, let Him go up on dry land and** there **wage war against me. A Divine Voice**[B] **issued forth and said to him: Wicked one, son of a wicked one, grandson of Esau the wicked,** for you are among his descendants and act just like him, **I have a lowly creature in My world and it is called a gnat.**

אַמַּאי קָרֵי לָהּ בְּרִיָּה קַלָּה? דְּמַעַלְנָא אִית לָהּ וּמַפַּקְנָא לֵית לָהּ.

The Gemara interjects: **Why is it called a lowly creature?** It is called this **because it has an entrance** for taking in food, **but it does not have an exit** for excretion.

עֲלֵה לַיַּבָּשָׁה וְתַעֲשֶׂה עִמָּהּ מִלְחָמָה. עָלָה לַיַּבָּשָׁה, בָּא יַתּוּשׁ וְנִכְנַס בְּחוֹטְמוֹ, וְנִקֵּר בְּמוֹחוֹ שֶׁבַע שָׁנִים. יוֹמָא חַד הֲוָה קָא חָלֵיף אַבָּבָא דְּבֵי נַפָּחָא, שָׁמַע קַל אַרְזַפְתָּא אִישְׁתִּיק, אֲמַר: אִיכָּא תַּקַּנְתָּא. כָּל יוֹמָא מַיְיתוּ נַפָּחָא וּמָחוּ קַמֵּיהּ, לְגוֹי יָהֵיב לֵיהּ אַרְבַּע זוּזֵי, יִשְׂרָאֵל אֲמַר לֵיהּ: מִיסְתַּיְיךְ דְּקָא חָזֵית בְּסַנְאָךְ. עַד תְּלָתִין יוֹמִין עֲבַד הָכִי, מִכָּאן וְאֵילָךְ כֵּיוָן דְּדָשׁ דָּשׁ.

The Gemara resumes its story about Titus. The Divine Voice continued: **Go up on dry land and make war with it. He went up on dry land,** and **a gnat came,**[B] **entered his nostril, and picked at his brain for seven years.** Titus suffered greatly from this until **one day he passed by the gate of a blacksmith's shop.** The gnat **heard the sound of a hammer**[B] and **was silent** and still. Titus **said:** I see that **there is a remedy** for my pain. **Every day they would bring a blacksmith who hammered before him. He would give four dinars** as payment **to a gentile** blacksmith, and **to a Jew he would** simply **say: It is enough for you that you see your enemy** in so much pain. **He did this for thirty days** and it was effective until then. **From that** point **forward, since** the gnat **became accustomed** to the hammering, **it became accustomed** to it, and once again it began to pick away at Titus's brain.

תַּנְיָא, אָמַר רַבִּי פִּנְחָס בֶּן עָרוֹבָא: אֲנִי הָיִיתִי בֵּין גְּדוֹלֵי רוֹמִי, וּכְשֶׁמֵּת פָּצְעוּ אֶת מוֹחוֹ, וּמָצְאוּ בּוֹ כְּצִפּוֹר דְּרוֹר מִשְׁקַל שְׁנֵי סְלָעִים. בְּמַתְנִיתָא תָּנָא: כְּגוֹזָל בֶּן שָׁנָה מִשְׁקַל שְׁנֵי לִיטְרִין.

It is taught in a *baraita* that **Rabbi Pineḥas ben Arova said: I was** at that time **among the noblemen of Rome, and when** Titus **died they split open his head and found** that the gnat had grown to **the size of a sparrow**[B] **weighing two** ***sela*****. It was taught in another** ***baraita***: It was **like a one-year-old pigeon weighing two** ***litra***.[L]

אָמַר אַבָּיֵי, נָקְטִינַן: פִּיו שֶׁל נְחוֹשֶׁת וְצִפּוֹרְנָיו שֶׁל בַּרְזֶל. כִּי הֲוָה קָא מָיֵית, אֲמַר לְהוּ: לִיקְלְיוּהּ לְהַהוּא גַּבְרָא וּלְבַדְּרִי לְקִיטְמֵיהּ אַשַּׁב יַמֵּי, דְּלָא לַשְׁכְּחֵיהּ אֱלָהָא דִּיהוּדָאֵי וְלוֹקְמֵיהּ בְּדִינָא.

Abaye said: We have a tradition that its mouth was made **of copper and its claws were** fashioned **of iron. When** Titus **was dying, he said to** his attendants: **Burn**[B] **that man,** i.e., me, **and scatter his ashes across the seven seas, so that the God of the Jews should not find me and stand me for judgment.**

NOTES

Sisera rose and He drowned him in water – בָּא סִיסְרָא טִבְּעוֹ בַּמַּיִם: Although Sisera himself was killed by Yael (Judges 4:21), this statement is based upon the verse: "The brook Kishon swept them away" (Judges 5:21). A midrash explains that Sisera's men were swept away by the mighty waters of the Kishon, a river whose waters were normally quite shallow. Miraculously, at the moment Sisera and his men entered the river, the water level rose, drowning them all, with the exception of Sisera himself.

BACKGROUND

Divine Voice [*bat kol*] – בַּת קוֹל: This term has been explained in various ways. Some explain that a Divine Voice is a subcategory of prophecy; although prophecy had ceased before this time, the Holy Spirit remained (see *Ge'onim*; *Tosafot*). Others suggest that a Divine Voice is a type of echo or sound whose source cannot be placed, e.g., when people have a conversation and happen to be overheard saying something that resolves another's difficulty. Such cases are found in the Jerusalem Talmud (Maharatz Ḥayyut). Another possibility is that the word *bat* refers here to a measure, as a *bat* is a biblical measure of liquid volume. Therefore, the meaning of this phrase is a voice for those who measure up, i.e., a voice heard only by those who are worthy (Rosh; see *Sefer HaNitzaḥon*).

A gnat came – בָּא יַתּוּשׁ: Some, including the Maharal, interpret this figuratively: Titus suffered from an illness of the brain that tormented and eventually killed him. It is known that Titus died at the young age of forty-two from a painful affliction that remained undiagnosed in Roman sources.

It should be noted that various parasites can enter the body through the skin or the orifices, grow there, and cause serious damage. One example is a parasite called the *Larva migrans*, which moves to different internal organs and is capable of reaching the brain, causing blindness and other damage.

Hammer – אַרְזַפְתָּא:

Relief of blacksmith with hammer, first century

Sparrow – צִפּוֹר דְּרוֹר: The house sparrow, *Passer domesticus*, is one of the most common varieties of birds. It is found in populated areas. The house sparrow is brown-gray in color and reaches approximately 14 cm in length. Adult males have a black patch on their necks.

Male house sparrows

Burn – לִיקְלְיוּהּ: Although the Roman custom was to bury the dead, the funerary ritual of the Caesar involved the public burning of his body down to ash.

LANGUAGE

Litra – לִיטְרִין: From the Greek λίτρα, *litra*, which has several meanings in Greek, among them a measure of volume, a measure of weight, and the name of a coin. A Greek *litra* equals 327 g.

אונקלוס בר קלוניקוס בר אחתיה דטיטוס הוה, בעי לאיגיורי, אזל אסקיה לטיטוס בנגידא, אמר ליה: מאן חשיב בההוא עלמא? אמר ליה: ישראל. מהו לאידבוקי בהו? אמר ליה: מיליהו נפישין ולא מצית לקיומינהו, זיל איגרי בהו בההוא עלמא והוית רישא, דכתיב: "היו צריה לראש" וגו׳, כל המיצר לישראל נעשה ראש. אמר ליה: דיניה דההוא גברא במאי? אמר ליה:

§ The Gemara relates: **Onkelos**[LP] **bar Kalonikos,**[L] **the son of Titus's sister, wanted to convert** to Judaism. **He went and raised Titus** from the grave **through necromancy,** and **said to him: Who is most important in that world** where you are now? Titus **said to him: The Jewish people.** Onkelos asked him: **Should** I then **attach** myself **to them** here in this world? Titus **said to him: Their commandments are numerous, and you will not be able to fulfill them.** It is best that you do as follows: **Go out** and **battle against them in that world, and you will become the chief, as it is written: "Her adversaries** [*tzareha*] **have become the chief"** (Lamentations 1:5), which means: **Anyone who distresses** [*meitzer*] **Israel will become the chief.** Onkelos **said to him: What is the punishment of that man,** a euphemism for Titus himself, in the next world? Titus **said to him:**

LANGUAGE

Onkelos – אונקלוס: This name appears to derive either from the Latin Aquila or from the Greek Ακύλας, *Akulas*. Both mean eagle.

Kalonikos – קלוניקוס: Based on this version of the text, this is apparently the Greek name Καλονίκος, Kalonikos, which is close in meaning to: A good victory. Some read Kalonumos, which is the Greek equivalent of the Hebrew name Shemtov, meaning a good name.

PERSONALITIES

Onkelos – אונקלוס: Opinions are divided as to the identity of Onkelos the convert. Some identify him with Aquila of Sinope, who translated the Bible into Greek.

It is related that Onkelos came from the Caesar's family and eventually converted, becoming a disciple of Rabbi Eliezer and Rabbi Yehoshua. Much has been said of his path to conversion and his ability to influence others. According to those who claim that Onkelos was Aquila, his translation of the Bible into Greek was translated into Aramaic. Onkelos's translation is considered precise and in accordance with Jewish tradition and *halakha*. His translation is usually literal, except for verses that he considers to be understood allegorically.

The Sages had a high regard for Onkelos's translation, called *Targum Onkelos*, and were accustomed to read it together with the Torah portion in the synagogue, a custom that is still practiced today in Yemenite communities, or at least to follow the practice of privately reading each verse of the weekly portion twice followed by Onkelos's translation. Commentaries have been written to elucidate the meaning of *Targum Onkelos*, the most detailed one called *Netina LaGer*.

Perek **V**
Daf **57** Amud **a**

במאי דפסיק אנפשיה; כל יומא מכנשי ליה לקיטמיה ודייני ליה, וקלו ליה ומבדרו אשב ימי.

That which he decreed against himself, as he undergoes the following: **Every day his ashes are gathered, and they judge him, and they burn him, and they scatter him over the seven seas.**

אזל אסקיה לבלעם בנגידא, אמר ליה: מאן חשיב בההוא עלמא? אמר ליה: ישראל. מהו לאידבוקי בהו? אמר ליה: "לא תדרוש שלומם וטובתם כל הימים". אמר ליה: דיניה דההוא גברא במאי? אמר ליה: בשכבת זרע רותחת.

Onkelos then **went and raised Balaam** from the grave **through necromancy. He said to him: Who is most important in that world** where you are now? Balaam **said to him: The Jewish people.** Onkelos asked him: **Should I** then **attach** myself **to them** here in this world? Balaam **said to him: You shall not seek their peace or their welfare all the days** (see Deuteronomy 23:7). Onkelos **said to him: What is the punishment of that man,** a euphemism for Balaam himself, in the next world? Balaam **said to him:** He is cooked **in boiling semen,** as he caused Israel to engage in licentious behavior with the daughters of Moab.

אזל אסקיה בנגידא לישו הנוצרי, אמר ליה: מאן חשיב בההוא עלמא? אמר ליה: ישראל. מהו לאדבוקי בהו? אמר ליה: טובתם דרוש, רעתם לא תדרוש, כל הנוגע בהן כאילו נוגע בבבת עינו.

Onkelos then **went** and **raised Jesus the Nazarene**[N] from the grave **through necromancy.** Onkelos **said to him: Who is most important in that world** where you are now? Jesus **said to him: The Jewish people.** Onkelos asked him: **Should I** then **attach** myself **to them** in this world? Jesus **said to him: Their welfare you shall seek, their misfortune you shall not seek,** for **anyone who touches them is** regarded **as if he were touching the apple of his eye** (see Zechariah 2:12).

NOTES

Jesus the Nazarene – ישו הנוצרי: In standard versions of the Talmud, this story appears without the name Jesus the Nazarene, as the name was removed by internal censors.

In tractate *Sota* (47a), Rabbi Yehoshua ben Peraḥya is depicted as having pushed Jesus the Nazarene away with both hands. The Gemara relates that Rabbi Yehoshua ben Peraḥya was returning to Jerusalem following his flight to Alexandria in Egypt, together with his student, Jesus the Nazarene. After stopping at an inn and receiving reverential treatment, Yehoshua ben Peraḥya mentioned to Jesus that the inn was beautiful. Jesus responded that the innkeeper's wife was unattractive. This response led Rabbi Yehoshua ben Peraḥya to excommunicate Jesus. Rabbi Yehoshua ben Peraḥya was unable to bring himself to revoke the decree of excommunication until it was too late and Jesus turned away from traditional Judaism.

It should be noted that the story of Rabbi Yehoshua ben Peraḥya, who was driven from Jerusalem by the Hasmonean king Yannai, could not have taken place any later than 76 BCE. Consequently, the Jesus the Nazarene referred to in this story cannot be the individual around whom the Christian faith was established. Many commentaries suggest that some or all talmudic references to Jesus refer to another person.

אֲמַר לֵיהּ: דִּינֵיהּ דְּהַהוּא גַּבְרָא בְּמַאי? אֲמַר לֵיהּ: בְּצוֹאָה רוֹתַחַת; דְּאָמַר מָר: כָּל הַמַּלְעִיג עַל דִּבְרֵי חֲכָמִים נִידּוֹן בְּצוֹאָה רוֹתַחַת. תָּא חֲזֵי, מַה בֵּין פּוֹשְׁעֵי יִשְׂרָאֵל לִנְבִיאֵי אוּמּוֹת הָעוֹלָם.

Onkelos **said to him: What is the punishment of that man,** a euphemism for Jesus himself, in the next world? Jesus **said to him:** He is punished **with boiling excrement. As the Master said: Anyone who mocks the words of the Sages**[H] **will be sentenced to boiling excrement.** And this was his sin, as he mocked the words of the Sages. The Gemara comments: **Come** and **see the difference between the sinners of Israel and the prophets of the nations of the world.** As Balaam, who was a prophet, wished Israel harm, whereas Jesus the Nazarene, who was a Jewish sinner, sought their well-being.

תַּנְיָא, אָמַר רַבִּי אֶלְעָזָר: בֹּא וּרְאֵה כַּמָּה גְּדוֹלָה כֹּחָהּ שֶׁל בּוּשָׁה, שֶׁהֲרֵי סִיֵּיעַ הַקָּדוֹשׁ בָּרוּךְ הוּא אֶת בַּר קַמְצָא, וְהֶחֱרִיב אֶת בֵּיתוֹ וְשָׂרַף אֶת הֵיכָלוֹ.

To conclude the story of Kamtza and bar Kamtza and the destruction of Jerusalem, the Gemara cites a *baraita*. It **is taught: Rabbi Elazar says: Come and see how great is the power of shame, for the Holy One, Blessed be He, assisted bar Kamtza,** who had been humiliated, **and** due to this humiliation and shame **He destroyed His Temple and burned His Sanctuary.**

אַתַּרְנְגוֹלָא וְאַתַּרְנְגוֹלְתָּא חָרֵיב טוּר מַלְכָּא. דְּהָווּ נְהִיגִי כִּי הָווּ מַפְּקִי חֲתָנָא וְכַלְּתָא, מַפְּקִי קַמַּיְיהוּ תַּרְנְגוֹלָא וְתַרְנְגוֹלְתָּא, כְּלוֹמַר, פְּרוּ וּרְבוּ כְּתַרְנְגוֹלִים.

§ It was previously mentioned (55b) that the place known as **the King's Mountain** [*Tur Malka*][L] **was destroyed on account of a rooster and a hen.** The details of what happened are as follows: **It was customary** in that place **that when they would lead a bride and groom** to their wedding, **they would take out a rooster and a hen before them,** as if **to say** in the manner of a good omen: **Be fruitful and multiply like chickens.**

יוֹמָא חַד הֲוָה קָא חָלֵיף גּוּנְדָּא דְּרוֹמָאֵי, שָׁקְלִינְהוּ מִינַּיְיהוּ, נָפְלוּ עֲלַיְיהוּ מַחוּנְהוּ, אָתוּ אָמְרוּ לֵיהּ לְקֵיסָר: מָרְדוּ בָּךְ יְהוּדָאֵי! אֲתָא עֲלַיְיהוּ. הֲוָה בְּהוּ הַהוּא בַּר דְּרוֹמָא דַּהֲוָה קָפֵיץ מִילָא וְקָטֵיל בְּהוּ, שְׁקַלֵיהּ קֵיסָר לְתָאגֵיהּ וְאוֹתְבֵיהּ אַאַרְעָא, אֲמַר: רִיבּוֹנֵיהּ דְּעָלְמָא כּוּלֵּיהּ, אִי נִיחָא לָךְ, לָא תִּמְסְרֵיהּ לְהַהוּא גַּבְרָא לְדִידֵיהּ וּלְמַלְכוּתֵיהּ בִּידֵיהּ דְּחַד גַּבְרָא!

One day a troop [*gunda*][L] **of Roman** soldiers **passed by** there while a wedding was taking place **and took** the rooster and hen **from them.** The residents of the city **fell upon them and beat them.** The soldiers **came and said to the emperor: The Jews have rebelled against you.** The emperor then **came against them** in war. Among the residents of the King's Mountain **there was a certain man** named **bar Deroma**[L] **who could jump** the distance of a *mil*, **and he killed** many of the Romans, who were powerless to stand up against him. **The emperor** then **took his crown and set it on the ground** as a sign of mourning. **He said: Master of the Universe, if it is pleasing to You, do not give over that man,** a euphemism for himself, **and his kingdom into the hands of** only **one man.**

אַכְשְׁלֵיהּ פּוּמֵיהּ לְבַר דְּרוֹמָא, וַאֲמַר: ״הֲלֹא אַתָּה אֱלֹהִים זְנַחְתָּנוּ וְלֹא תֵצֵא אֱלֹהִים בְּצִבְאוֹתֵינוּ״. דָּוִד נַמִי אֲמַר הָכִי! דָּוִד אִתַּמּוּהֵי קָא מְתַמַּהּ.

In the end it was the words issuing from **his own mouth** that **caused bar Deroma to stumble, as he uttered** this verse in complaint against God: **"Have You not rejected us, O God, so that You go not forth, O God, with our hosts?"** (Psalms 60:12). The Gemara asks: But did not **David also say this?** The Gemara answers: **David uttered** these words **as a question,**[N] wondering whether they were true, whereas bar Deroma pronounced them as a statement of fact.

עַל לְבֵית הַכִּסֵּא, אֲתָא דְּרָקוֹנָא שַׁמְטֵיהּ לְכַרְכַּשֵּׁיהּ וְנָח נַפְשֵׁיהּ. אֲמַר: הוֹאִיל וְאִיתְרְחִישׁ לִי נִיסָּא, הָא זִימְנָא אִישְׁבְּקִינְהוּ, שְׁבַקִינְהוּ וַאֲזַל. אִיזְדַּקּוּר וְאָכְלוּ וְשָׁתוּ, וְאַדְלִיקוּ שְׁרָגֵי עַד דְּאִיתְחֲזֵי בִּלְיוֹנָא דְּגוּשְׁפַּנְקָא בְּרִחוּק מִילָא. אֲמַר: מִיחְדָּא קָא חָדוּ בִּי יְהוּדָאֵי! הֲדַר אֲתָא עֲלַיְיהוּ.

The Gemara recounts what happened to bar Deroma: **He entered an outhouse, a snake came and eviscerated him, and he died.** The emperor **said: Since a miracle was performed for me,** as I had no part in bar Deroma's death, **I will let** the rest of the people **be this time** and take no further action against them. **He let them be and went** on his way. **They leapt about, ate, drank, and lit** so many **candles** in celebration **that the image** [*bilyona*][L] imprinted **on a seal** [*gushpanka*][L] **was visible from a distance of a *mil*.** The emperor then **said: The Jews are rejoicing over me. So he went back and came against them.**

LANGUAGE

The King's Mountain [*Tur Malka*] – טוּר מַלְכָּא: This term is sometimes used in reference to the mountainous region of Judea as a whole and sometimes in reference to the southern portion of Judea. The southern mountains of Judea may have included private estates of the Hasmonean kings, and for this reason the region was called the King's Mountain.

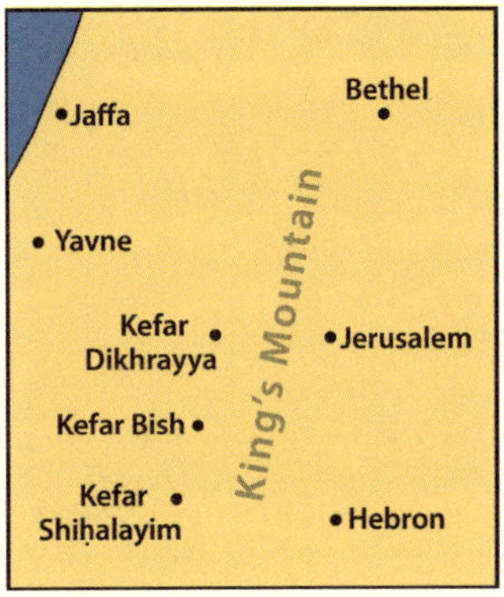

Location of the King's Mountain

Troop [*gunda*] – גּוּנְדָּא: From the Middle Persian gund, meaning troop.

Bar Deroma – בַּר דְּרוֹמָא: This name means: Of the south. Many claim that bar Deroma is another name for bar Kokheva, who lived in the south of Eretz Yisrael. The same stories told here about bar Deroma are reported in other sources in connection with bar Kokheva.

Image [*bilyona*] – בִּלְיוֹנָא: There are various opinions with regard to the source of this term and its precise meaning. Some assert that it is a new form that is based on the Greek word βολή, *bolē*, which means, among other things, radiance or light. Others hold that the word evolved from the Greek ἔμβλημα, *emblēma*, meaning a front portion or an engraving. Others say that it comes from the Latin bulla, meaning a charm or a protuberance on an object.

Seal [*gushpanka*] – גּוּשְׁפַּנְקָא: This word apparently derives from the Middle Iranian compound angušt-pānak, meaning signet ring, as angušt means finger and pānak means protector.

HALAKHA

Anyone who mocks the words of the Sages – כָּל הַמַּלְעִיג עַל דִּבְרֵי חֲכָמִים: It is a great sin to disgrace Torah scholars, and anyone who does so has no portion in the World-to-Come (Rambam *Sefer HaMadda*, *Hilkhot Talmud Torah* 6:11).

NOTES

David uttered these words as a question – דָּוִד אִתַּמּוּהֵי קָא מְתַמַּהּ: The Maharsha writes that this interpretation of David's words as a question follows from the verse's context, as they come after a series of praises for Israel's victories in the time of David. Bar Deroma's words, on the other hand, stand on their own, and therefore are understood as a statement of fact.

אָמַר רַבִּי אַסִי: תְּלָת מְאָה אַלְפֵי שְׁלִיפֵי סַיְיפָא עַיְילוּ לְטוּר מַלְכָּא, וְקַטְלוּ בָּהּ תְּלָתָא יוֹמֵי וּתְלָתָא לֵילָוָותָא, וּבְהַךְ גִּיסָא הִלּוּלֵי וְחִנְּגֵי, וְלָא הָווּ יָדְעִי הָנֵי בְּהָנֵי.

Rav Asi says: Three hundred thousand men with drawn swords entered the King's Mountain and massacred its inhabitants **for three days and three nights. And** at the same time **on** the other **side** of the mountain, **weddings and** other **festivities** continued to be celebrated, **and they did not know about each other**, owing to the enormous size of the place.

״בִּלַּע ה׳ וְלֹא חָמַל אֵת כָּל נְאוֹת יַעֲקֹב״ – כִּי אֲתָא רָבִין אָמַר רַבִּי יוֹחָנָן: אֵלּוּ שִׁשִּׁים רִבּוֹא עֲיָירוֹת שֶׁהָיוּ לוֹ לְיַנַּאי הַמֶּלֶךְ בְּהַר הַמֶּלֶךְ; דְּאָמַר רַב יְהוּדָה אָמַר רַב אַסִי: שִׁשִּׁים רִבּוֹא עֲיָירוֹת הָיוּ לוֹ לְיַנַּאי הַמֶּלֶךְ בְּהַר הַמֶּלֶךְ, וְכׇל אַחַת וְאַחַת הָיוּ בָּהּ כְּיוֹצְאֵי מִצְרַיִם, חוּץ מִשָּׁלֹשׁ שֶׁהָיוּ בָּהֶן כִּפְלַיִם כְּיוֹצְאֵי מִצְרַיִם,

§ Concerning the verse: **"The Lord has swallowed up without pity all the habitations of Jacob"** (Lamentations 2:2), it is related that **when Ravin came** from Eretz Yisrael to Babylonia he said that **Rabbi Yoḥanan says: This** is referring **to the six hundred thousand cities** that **King Yannai had in the King's Mountain.** As **Rav Yehuda says** that **Rav Asi says: King Yannai had six hundred thousand cities in the King's Mountain, and each of them** had a population as great **as** the number of **those who left Egypt, except for three** of those cities, the population of which **was double** the number of **those who left Egypt.**

אֵלּוּ הֵן: כְּפַר בִּישׁ, כְּפַר שִׁיחֲלַיִים, כְּפַר דִּכְרַיָּא. כְּפַר בִּישׁ – דְּלָא יָהֲבִי בֵּיתָא לְאוּשְׁפִּיזָא; כְּפַר שִׁיחֲלַיִים – שֶׁהָיְתָה פַּרְנָסָתָן מִן שַׁחֲלַיִים; כְּפַר דִּכְרַיָּא – אָמַר רַבִּי יוֹחָנָן: שֶׁהָיוּ נְשׁוֹתֵיהֶן יוֹלְדוֹת זְכָרִים תְּחִלָּה, וְיוֹלְדוֹת נְקֵבָה בָּאַחֲרוֹנָה וּפוֹסְקוֹת.

These are those three cities: **Kefar Bish, Kefar Shiḥalayim, and Kefar Dikhrayya.** The Gemara explains the meaning of these place-names. **Kefar Bish,** Evil Town, was called by that name because its inhabitants **would not open** their **houses to guests. Kefar Shiḥalayim** was referred to by that name because **their livelihood was** derived **from** the cultivation of cress [*shaḥalayim*]. As for **Kefar Dikhrayya,** Town of Males, **Rabbi Yoḥanan says: Their women would first give birth to boys, and afterward give birth to girls, and** then **they would stop** having children.

אָמַר עוּלָּא: לְדִידִי חֲזֵי לִי הַהוּא אַתְרָא, וַאֲפִילּוּ שִׁיתִּין רִיבְוָותָא קָנֵי לָא מַחֲזִיק. אֲמַר לֵיהּ הַהוּא מִינָא לְרַבִּי חֲנִינָא: שַׁקּוֹרֵי מְשַׁקְּרִיתוּ! אֲמַר לֵיהּ: ״אֶרֶץ צְבִי״ כְּתִיב בָּהּ, מָה צְבִי זֶה אֵין עוֹרוֹ מַחֲזִיק אֶת בְּשָׂרוֹ, אַף אֶרֶץ יִשְׂרָאֵל, בִּזְמַן שֶׁיּוֹשְׁבִין עָלֶיהָ רַוְוחָא, וּבִזְמַן שֶׁאֵין יוֹשְׁבִין עָלֶיהָ גָּמְדָא.

Ulla[P] **said: I myself saw that place, and it could not hold** even **six hundred thousand reeds,** all the more so that number of people. **A certain heretic said to Rabbi Ḥanina: You lie** with your exorbitant exaggerations. Rabbi Ḥanina **said to him: With regard to** Eretz Yisrael **it is written: Land of the deer** (see Jeremiah 3:19). **Just as the skin of a deer**[B] **cannot hold its flesh,** for after the animal is skinned, its hide shrinks, **so too,** with regard to **Eretz Yisrael, when it is settled,**[B] **it expands, but when it is not settled, it contracts.** This explains how a place that is so small today could have been so highly populated prior to the Temple's destruction.

רַב מִנְיוֹמֵי בַּר חִלְקִיָּה וְרַב חִלְקִיָּה בַּר טוֹבִיָּה וְרַב הוּנָא בַּר חִיָּיא הָווּ יָתְבִי גַּבֵּי הֲדָדֵי, אָמְרִי: אִי אִיכָּא דִּשְׁמִיעַ לֵיהּ מִילְּתָא מִכְּפַר סִכְנַיָּא שֶׁל מִצְרַיִם לֵימָא.

§ The Gemara relates that **Rav Minyumi bar Ḥilkiya, Rav Ḥilkiya bar Toviya, and Rav Huna bar Ḥiyya were** once **sitting together. They said: If there is someone who has heard anything about Kefar Sekhanya of Egypt,**[B] which was in that region, **let him relate** it.

פְּתַח חַד מִינַּיְיהוּ וְאָמַר: מַעֲשֶׂה בְּאָרוּס וַאֲרוּסָתוֹ שֶׁנִּשְׁבּוּ לְבֵין הַגּוֹיִם וְהִשִּׂיאוּם זֶה לָזֶה, אָמְרָה לוֹ: בְּבַקָּשָׁה מִמְּךָ, אַל תִּגַּע בִּי, שֶׁאֵין לִי כְּתוּבָּה מִמְּךָ, וְלֹא נָגַע בָּהּ עַד יוֹם מוֹתוֹ.

One of them began the discussion **and said:** There was **an incident involving a betrothed man and woman** from there **who were taken captive by gentiles and** the latter **married them off to each other.** The woman **said to** the man: **Please do not touch me, as I do not have a marriage contract from you,**[H] and it is prohibited for us to live together without one. **And until** the day of **his death** the man **did not touch** the woman.

PERSONALITIES

Ulla – עוּלָּא: Ulla bar Yishmael was one of the most prominent emissaries from Eretz Yisrael to Babylonia. He was one of Rabbi Yoḥanan's students and frequently traveled from place to place to teach Torah; for this reason Yalta, the wife of Rav Naḥman, called him an itinerant peddler. During these trips he regularly brought the Torah of Eretz Yisrael to the second-generation Babylonian *amora'im*. When he would return to Eretz Yisrael he would transmit the innovations of the Babylonian Sages to the Sages there.

The Babylonian Sages held Ulla in high regard and treated him with great respect. Rav Ḥisda referred to him as: Our teacher who comes from Eretz Yisrael, and Rav Yehuda sent him his son to learn practical *halakha*. In the Jerusalem Talmud, he is normally referred to as Ulla bar Yishmael or Ulla the descender, as one who leaves Eretz Yisrael is considered to have descended to another country. Many *halakhot* are cited in his name, and numerous Sages of the succeeding generation were his students.

Nothing is known about his personal life, although the *amora* Rabba bar Ulla may have been his son. Ulla died during one of his journeys to Babylonia and was returned to Eretz Yisrael for burial.

HALAKHA

As I do not have a marriage contract from you – שֶׁאֵין לִי כְּתוּבָּה מִמְּךָ: It is prohibited for a man to seclude himself with his wife before writing her a marriage contract (Rambam *Sefer Nashim, Hilkhot Ishut* 10:7; *Shulḥan Arukh, Even HaEzer* 66:1).

BACKGROUND

Just as…a deer – מָה צְבִי: When an animal is skinned and its hide is left to dry, the hide loses some of its moisture and shrinks to a certain degree. The thicker and tougher the skin is at the outset, the less it shrinks. A deer's skin, which is thin and tender, shrinks considerably after it is removed, and it becomes quickly evident that it can no longer cover the animal's flesh.

When it is settled – בִּזְמַן שֶׁיּוֹשְׁבִין עָלֶיהָ: Aside from esoteric explanations of this passage, there is also a more tangible one. According to several historians, Eretz Yisrael during the Second Temple period had a large population. It was able to maintain a large rural population because its inhabitants worked the land intensively, making use of every tract of land and every water source available. This required an extensive infrastructure with carefully maintained terrace-farmed hills, reservoirs, and the like. As the population began to decrease it became impossible to maintain the land and water, and over the course of time, the area was able to support only a small fraction of its former population.

Kefar Sekhanya of Egypt – כְּפַר סִכְנַיָּא שֶׁל מִצְרַיִם: Based on the context, this village appears to have been one of the villages of *Tur Malka*, the King's Mountain. There is a city in the Galilee called Sakhnei or Sekhanya that is mentioned in various sources. The village of Sekhanya mentioned here was called for the sake of clarity Sekhanya of Egypt, that is to say, Sekhanya of the south, in order to distinguish it from the village with the same name in the north.

LANGUAGE

Conquered [*pitpet*] – פִּטְפֵּט: Although the word *pitpet* clearly means overcame or conquered when used in the expression *pitpet beyitzro*, there are still several opinions with regard to its precise meaning. Rashi indicates that it is close in meaning to the expression *pitput devarim*, baseless nonsense or idle chatter. Consequently, *pitpet beyitzro* would mean to exhibit disregard or scorn for the evil inclination. Some claim that *pitpet* here means trotting or stamping with the foot, and similarly the Sages use the word *pitput* for the base or foot of an object.

Se'a [*modeya*] – מוֹדְיָא: This word derives from the Greek μόδιος, *modios*, which is the name of a dry measure of volume.

HALAKHA

Who set his eyes upon his wife to divorce her – שֶׁנָּתַן עֵינָיו בְּאִשְׁתּוֹ לְגָרְשָׁהּ: A woman who committed adultery, or was divorced because of a rumor, investigated and deemed credible by the court, concerning her immoral behavior, is not entitled to payment of her marriage contract, neither the main portion nor the additional portion (Rambam *Sefer Nashim*, *Hilkhot Ishut* 24:10; *Shulḥan Arukh*, *Even HaEzer* 115:5).

וּכְשֶׁמֵּת, אָמְרָה לָהֶן: סִיפְדוּ לְזֶה שֶׁפִּטְפֵּט בְּיִצְרוֹ יוֹתֵר מִיּוֹסֵף, דְּאִילּוּ בְּיוֹסֵף לָא הֲוָה אֶלָּא חֲדָא שַׁעְתָּא, וְהַאי כָּל יוֹמָא וְיוֹמָא; וְאִילּוּ יוֹסֵף לָאו בַּחֲדָא מִטָּה, וְהַאי בַּחֲדָא מִטָּה; וְאִילּוּ יוֹסֵף לָאו אִשְׁתּוֹ, וְהָא אִשְׁתּוֹ.

And when he died without having touched her, **the woman said** to the Sages: **Eulogize this** man **who conquered** [*shepitpet*][L] **his passion** [*beyitzro*] **more than Joseph. As** in the case of **Joseph it was only for a short time** that he had to overpower his inclination and resist Potiphar's wife (see Genesis, chapter 39), **whereas this** man struggled with his passion **each and every day.** Furthermore, **Joseph** was **not in one bed** with Potiphar's wife, **whereas this** man was **in one bed** with his wife. In addition, with **Joseph** the woman was **not his wife, whereas** with **this** man she was **his wife,** as she was already betrothed to him.

פְּתַח אִידָךְ וַאֲמַר: מַעֲשֶׂה וְעָמְדוּ אַרְבָּעִים מוֹדְיוֹת בְּדִינָר, נֶחְסַר הַשַּׁעַר מוֹדְיָא אַחַת, וּבָדְקוּ וּמָצְאוּ אָב וּבְנוֹ שֶׁבָּאוּ עַל נַעֲרָה מְאוֹרָסָה בְּיוֹם הַכִּפּוּרִים, וֶהֱבִיאוּם לְבֵית דִּין וּסְקָלוּם, וְחָזַר הַשַּׁעַר לִמְקוֹמוֹ.

Another Sage **began** his remarks **and said: It once happened that** the market price of **forty *se'a*** of grain **stood at one dinar.** And then **the rate went down one *se'a*** [*modeya*],[L] so that only thirty-nine *se'a* were sold for a dinar. **And they checked** to see what sin had caused this, **and they found a father and son who had engaged in sexual intercourse with a betrothed young woman on Yom Kippur. They brought** the offenders **to court and stoned them, and the rate returned to its** former **level.**

פְּתַח אִידָךְ וַאֲמַר: מַעֲשֶׂה בְּאָדָם אֶחָד שֶׁנָּתַן עֵינָיו בְּאִשְׁתּוֹ לְגָרְשָׁהּ, וְהָיְתָה כְּתוּבָּתָהּ מְרוּבָּה. מֶה עָשָׂה? הָלַךְ וְזִימֵּן אֶת שׁוֹשְׁבִינָיו וְהֶאֱכִילָן וְהִשְׁקָן, שִׁיכְּרָן וְהִשְׁכִּיבָן עַל מִיטָּה אַחַת, וְהֵבִיא לוֹבֶן בֵּיצָה וְהִטִּיל בֵּינֵיהֶן, וְהֶעֱמִיד לָהֶן עֵדִים וּבָא לְבֵית דִּין.

Yet **another** Sage **began** his remarks **and said:** There was **an incident** there **involving a man who set his eyes upon his wife to divorce her,**[H] **but her marriage contract was large** and he wished to avoid having to pay it. **What did he do? He went and invited his friends, gave them food and drink, made them drunk, and lay** his friends and his wife **in one bed. He** then **brought the white of an egg,** which has the appearance of semen, **and placed it** on the sheet **between them. He** then **stood witnesses over them** so that they could offer testimony, **and went to court** claiming that his wife had committed adultery.

הָיָה שָׁם זָקֵן אֶחָד מִתַּלְמִידֵי שַׁמַּאי הַזָּקֵן וּבָבָא בֶּן בּוּטָא שְׁמוֹ, אָמַר לָהֶן, כָּךְ מְקוּבְּלַנִי מִשַּׁמַּאי הַזָּקֵן: לוֹבֶן בֵּיצָה סוֹלֵד מִן הָאוּר, וְשִׁכְבַת זֶרַע דּוֹחָה מִן הָאוּר. בָּדְקוּ וּמָצְאוּ כִּדְבָרָיו, וֶהֱבִיאוּהוּ לְבֵית דִּין וְהִלְקוּהוּ וְהִגְבּוּהוּ כְּתוּבָּתָהּ מִמֶּנּוּ.

A certain Elder of the disciples of Shammai the Elder was there, and Bava ben Buta was his name. He said to them: This is the tradition that I received from Shammai the Elder: Egg white on a bedsheet **contracts**[B] and hardens when heated **by fire, whereas semen is absorbed** into the sheet **by the fire. They checked** the matter **and found in accordance with his statement** that the substance on the sheet was not semen but egg white. **They** then **brought** the husband **to court, administered lashes to him, and made him pay** his wife's **marriage contract** in full.

אֲמַר לֵיהּ אַבָּיֵי לְרַב יוֹסֵף: וּמֵאַחַר דַּהֲווֹ צַדִּיקִים כּוּלֵּי הַאי, מַאי טַעְמָא אִיעֲנוּשׁ? אֲמַר לֵיהּ: מִשּׁוּם דְּלָא אִיאַבּוּל עַל יְרוּשָׁלַיִם, דִּכְתִיב: "שִׂמְחוּ אֶת יְרוּשָׁלַ‍ִם וְגִילוּ בָהּ כָּל אוֹהֲבֶיהָ שִׂישׂוּ אִתָּהּ מָשׂוֹשׂ כָּל הַמִּתְאַבְּלִים עָלֶיהָ".

Abaye said to Rav Yosef: But since those in the city **were so righteous,**[N] **what is the reason that they were punished** and destroyed? Rav Yosef **said to him:** It is **because they did not mourn for Jerusalem, as it is written: "Rejoice with Jerusalem, and be glad with her, all you that love her, rejoice with joy with her, all you that did mourn for her"** (Isaiah 66:10). The verse teaches that one who mourns for Jerusalem will rejoice in its rebuilding, and one who fails to mourn for Jerusalem is destroyed.

BACKGROUND

Egg white on a bedsheet contracts – לוֹבֶן בֵּיצָה סוֹלֵד: Though the liquid form of albumen is somewhat similar in appearance to semen and can make a similar stain, the two substances react differently when heated. When the proteins in albumen are heated they become solid and white. Although semen also contains some protein, it is comprised mostly of other fluids. These fluids are absorbed into fabric and only remnants remain on the surface.

NOTES

But since those in the city were so righteous – וּמֵאַחַר דַּהֲווֹ צַדִּיקִים כּוּלֵּי הַאי: Although only the first story can be said to be discussing a righteous person, in fact all the stories give indication that the residents of the city were righteous. In the second story, it is apparent that the only significant sin of the residents was that of the man and woman who engaged in sexual intercourse, and in the third story, the residents did not commit adultery with the woman despite having the opportunity to do so.

אַשְּׁקָא דְּרִיסְפַּק חָרֵיב בֵּיתָר. דְּהָווּ נְהִיגִי כִּי הֲוָה מִתְיְלִיד יָנוּקָא שָׁתְלִי אַרְזָא, יְנוּקְתָּא – שָׁתְלִי תּוֹרְנִיתָא, וְכִי הָווּ מִינַּסְבִי, קַיְיצִי לְהוּ וַעֲבַדוּ גְּנָנָא. יוֹמָא חַד הֲוָה קָא חָלְפָא בְּרַתֵּיהּ דְּקֵיסָר, אִתַּבַּר שַׁקָּא דְּרִיסְפַּק, קַצּוּ אַרְזָא וְעַיְילוּ לָהּ. אָתוּ נְפוּל עֲלַיְיהוּ, מַחוּנְהוּ. אָתוּ אֲמַרוּ לֵיהּ לְקֵיסָר: מָרְדוּ בָּךְ יְהוּדָאֵי! אֲתָא עֲלַיְיהוּ.

§ It was stated earlier that the city of **Beitar was destroyed on account of a shaft from a carriage.** The Gemara explains that **it was customary** in Beitar that **when a boy was born they would plant a cedar** tree and when **a girl** was born they **would plant a cypress** [*tornita*].[B] **And when they would** later **marry** each other **they would cut** down these trees **and construct** a wedding **canopy** for them with their branches. **One day the emperor's daughter passed by** there and **the shaft of the carriage** in which she was riding **broke.** Her attendants **chopped down a cedar** from among those trees **and brought it to her.** Owing to the importance that they attached to their custom, the residents of Beitar **came** and **fell upon them and beat them.** The attendants **came** and **said to the emperor: The Jews have rebelled against you.** The emperor then **came against them** in war.

"גָּדַע בָּחֳרִי אַף כֹּל קֶרֶן יִשְׂרָאֵל" – אָמַר רַבִּי זֵירָא אָמַר רַבִּי אַבָּהוּ אָמַר רַבִּי יוֹחָנָן: אֵלּוּ שְׁמוֹנִים [אֶלֶף] קַרְנֵי מִלְחָמָה שֶׁנִּכְנְסוּ לִכְרַךְ בֵּיתָר בְּשָׁעָה שֶׁלְּכָדוּהָ, וְהָרְגוּ בָּהּ אֲנָשִׁים וְנָשִׁים וְטַף, עַד שֶׁהָלַךְ דָּמָן וְנָפַל לַיָּם הַגָּדוֹל; שֶׁמָּא תֹּאמַר קְרוֹבָה הָיְתָה – רְחוֹקָה הָיְתָה מִיל.

It was in connection with the war that ensued that the Sages expounded the following verse: **"He has cut off in His fierce anger all the horn of Israel"** (Lamentations 2:3). **Rabbi Zeira** says that **Rabbi Abbahu says** that **Rabbi Yoḥanan says: These are the eighty thousand** officers bearing **battle trumpets**[B] in their hands, **who entered the city of Beitar when** the enemy **took it and killed men, women, and children until their blood flowed into the Great Sea. Lest you say** that the city **was close** to the sea, know that **it was a *mil* away.**[B]

תַּנְיָא, רַבִּי אֱלִיעֶזֶר הַגָּדוֹל אוֹמֵר: שְׁנֵי נְחָלִים יֵשׁ בְּבִקְעַת יָדַיִם, אֶחָד מוֹשֵׁךְ אֵילָךְ וְאֶחָד מוֹשֵׁךְ אֵילָךְ, וְשִׁיעֲרוּ חֲכָמִים: שְׁנֵי חֲלָקִים מַיִם וְאֶחָד דָּם. בְּמַתְנִיתָא תָּנָא: שֶׁבַע שָׁנִים בָּצְרוּ גּוֹיִם אֶת כַּרְמֵיהֶן מִדָּמָן שֶׁל יִשְׂרָאֵל בְּלֹא זֶבֶל.

It is similarly **taught** in a *baraita* that **Rabbi Eliezer the Great says: There are two rivers in the Yadayim Valley** in that region, **one flowing one way and one flowing the other way. And the Sages estimated** that in the aftermath of this war these rivers were filled with **two parts water to one part blood.** Likewise, **it was taught in a *baraita*: For seven years the gentiles harvested their vineyards** that had been soaked **with the blood of Israel without** requiring any additional **fertilizer.**

BACKGROUND

Cypress [*tornita*] – תּוֹרְנִיתָא: There are several opinions as to the identity of this tree. Some identify it with the cypress, others with the pine, and still others with the acacia.

Battle trumpets – קַרְנֵי מִלְחָמָה: Special battle trumpets, known as cornua, were used in every large unit of the Roman army to enable commanders to communicate with their troops about how to conduct the battle. A large number of cornua in a military apparatus indicates a similarly large number of troops fighting in the battle.

Reenactment of Roman cornicen blowing a cornu

A *mil* away – רְחוֹקָה הָיְתָה מִיל: If the identification of Beitar with the city of Beit Ter and the ruins of El Yehudiya is correct, then this city is miles away from the Mediterranean Sea. It would therefore appear that the reference here is to the distance to the nearest stream, either Naḥal Perat or Naḥal Sorek, whose waters eventually reach the Mediterranean. A certain portion of this stream flowed through the Yadayim Valley.

Perek **V**
Daf **57** Amud **b**

אָמַר רַבִּי חִיָּיא בַּר אָבִין אָמַר רַבִּי יְהוֹשֻׁעַ בֶּן קָרְחָה: סָח לִי זָקֵן אֶחָד מֵאַנְשֵׁי יְרוּשָׁלַיִם: בְּבִקְעָה זוֹ הָרַג נְבוּזַרְאֲדָן רַב טַבָּחִים מָאתַיִם וְאַחַת עֶשְׂרֵה רִבּוֹא, וּבִירוּשָׁלַיִם הָרַג תִּשְׁעִים וְאַרְבַּע רִבּוֹא עַל אֶבֶן אַחַת, עַד שֶׁהָלַךְ דָּמָן וְנָגַע בְּדָמוֹ שֶׁל זְכַרְיָה, לְקַיֵּים מַה שֶּׁנֶּאֱמַר: "וְדָמִים בְּדָמִים נָגָעוּ".

§ With regard to the Babylonian exile following the destruction of the First Temple, **Rabbi Ḥiyya bar Avin says** that **Rabbi Yehoshua ben Korḥa says: An old man from** among **the inhabitants of Jerusalem related to me: In this valley** that lies before you, **Nebuzaradan, captain of the guard** of the Babylonian king Nebuchadnezzar, **killed 2,110,000** people. **And in Jerusalem** itself **he killed 940,000** people **on one stone, until the blood** of his victims **flowed and touched the blood of Zechariah to fulfill what is stated: "And blood touches blood"** (Hosea 4:2).

אַשְׁכְּחֵיהּ לְדָמֵיהּ דִּזְכַרְיָה דַּהֲוָה קָא מַרְתַּח וְסָלֵיק, אֲמַר: מַאי הַאי? אֲמַרוּ לֵיהּ: דַּם זְבָחִים דְּאִשְׁתַּפּוּךְ. אַיְיתִי דְּמֵי וְלָא אִידַּמּוּ,

The Gemara clarifies the details of what happened: Nebuzaradan **found the blood of Zechariah,** the son of Jehoiada the priest, and saw **that it was bubbling up** from the ground, and **he said: What is this?** Those in the Temple **said to him:** It is **sacrificial blood that had been poured** there. **He brought** animal **blood,** compared it to the blood bubbling up from the ground, **and** saw that **it was not similar**[B] to it.

BACKGROUND

He brought animal blood and it was not similar – אַיְיתִי דְּמֵי וְלָא אִידַּמּוּ: Although the blood of warm-blooded animals is basically similar in color to that of human beings, there are disparities between the various kinds of blood, which are evident when they are compared to one another. The disparities are due to the difference in the size and number of red blood cells and the difference in the percentage of the elements they are composed of.

BACKGROUND

Iron combs – **מַסְרְקֵי דְּפַרְזְלֵי**: Such metal combs and hooks, known as harpagos, were used in Roman times as torture devices that tore the flesh of the accused.

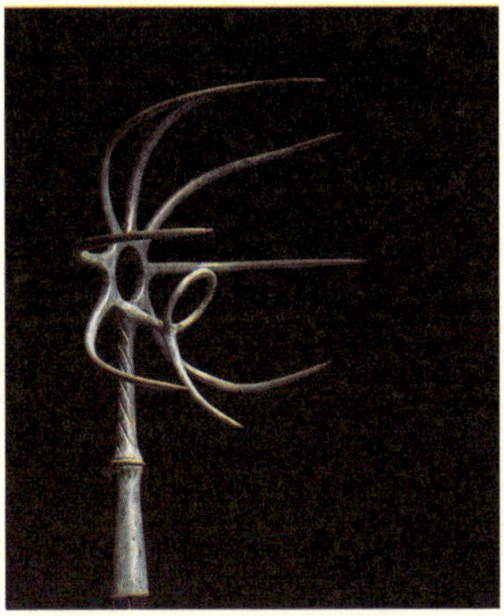

Roman harpago

Hadrian…Vespasian – **אַדְרִיָינוּס...אַסְפַּסְיָינוּס**: Based on the chronology, it appears that the great slaughter of Jews in Alexandria was associated with Vespasian, where his main supporter, the apostate Tiberius Alexander, slaughtered the Jews of Egypt during the period of the Great Revolt. It was under Hadrian that the city of Beitar was captured and destroyed.

Bust of Hadrian

Bust of Vespasian

אֲמַר לְהוּ: אִי אָמְרִיתוּ לִי – מוּטָב, וְאִי לָאו – מְסָרֵיקְנָא לִבְשָׂרַיְיכוּ בְּמַסְרְקֵי דְּפַרְזְלֵי. אָמְרִי לֵיהּ: מַאי נֵימָא לָךְ, נְבִיָּיא הֲוָה בָּן דַּהֲוָה קָא מוֹכַח לָן בְּמִילֵּי דִשְׁמַיָּא, קָמֵינַן עִילָּוֵיהּ וְקָטְלִינַן לֵיהּ, וְהָא כַּמָּה שְׁנִין דְּלָא קָא נָיֵיח דְּמֵיהּ.

Nebuzaradan **said to** them: **If you tell me** whose blood this is, it will be **well** for you. **But if not, I will comb your flesh with iron combs.**[B] **They said to him: What shall we say to you? He was a prophet among us, who used to rebuke us about heavenly matters,** and **we rose up against him, and killed him** (II Chronicles 24:20–22), **and for many years** now **his blood has not settled.**

אֲמַר לְהוּ: אֲנָא מְפַיֵּיסְנָא לֵיהּ. אַיְיתֵי סַנְהֶדְרִי גְּדוֹלָה וְסַנְהֶדְרִי קְטַנָּה קָטַל עִילָּוֵיהּ וְלָא נָח, בַּחוּרִים וּבְתוּלוֹת קָטַל עִילָּוֵיהּ וְלָא נָח, אַיְיתֵי תִּינוֹקוֹת שֶׁל בֵּית רַבָּן קָטַל עִילָּוֵיהּ וְלָא נָח, אֲמַר לֵיהּ: זְכַרְיָה, זְכַרְיָה, טוֹבִים שֶׁבָּהֶן אִיבַּדְתִּים, נִיחָא לָךְ דְּאַבְדִּינְהוּ לְכוּלְּהוּ? כִּדְאָמַר לֵיהּ הָכִי, נָח.

Nebuzaradan **said to them: I will appease** Zechariah. **He brought** the members of **the Great Sanhedrin and of a lesser** Sanhedrin and **killed them alongside** the bubbling blood, **but** it still **did not settle.** He then brought **young men and virgins and killed them alongside it, but** it still **did not settle. He** then **brought schoolchildren and killed them alongside it, but** it still **did not settle.** Finally Nebuzaradan **said to him: Zechariah, Zechariah, I have killed the best of them.** Would it **please you if I destroyed them all? When he said this,** the blood at last **settled.**

בְּהַהִיא שַׁעְתָּא הִרְהֵר תְּשׁוּבָה בְּדַעְתֵּיהּ, אֲמַר: וּמָה אִם עַל נֶפֶשׁ אַחַת – כָּךְ, הַהוּא גַּבְרָא דִּקְטַל כָּל הָנֵי נִשְׁמָתָא – עַל אַחַת כַּמָּה וְכַמָּה! עֲרַק אֲזַל שְׁדַר שְׁטַר פַּרְטְתָא בְּבֵיתֵיהּ וְאִיגַּיַּיר.

At that moment Nebuzaradan **contemplated** the idea of **repentance** and **said** to himself: **If, for** the death of **one soul,** that of Zechariah, God punishes the Jewish people in **this** manner, then **that man,** that is to say, I, **who has killed all of those souls, all the more so** will be I be subject to great punishment from God. **He fled, sent to his house a document detailing** what was to be done with his property, **and converted** to Judaism.

תָּנָא: נַעֲמָן גֵּר תּוֹשָׁב הָיָה; נְבוּזַרְאֲדָן גֵּר צֶדֶק הָיָה.

A Sage **taught** a *baraita* relating to this matter: **Naaman,** commander of the army of the king of Aram (see II Kings, chapter 5), was not a convert, as he did not accept all of the mitzvot, but rather he **was a *ger toshav*, a gentile who resides in Eretz Israel and observes the seven Noahide mitzvot. Nebuzaradan,** by contrast, **was a convert,** as explained previously.

מִבְּנֵי בָנָיו שֶׁל הָמָן לָמְדוּ תּוֹרָה בִּבְנֵי בְרַק; מִבְּנֵי בָנָיו שֶׁל סִיסְרָא לִמְּדוּ תִּינוֹקוֹת בִּירוּשָׁלַיִם; מִבְּנֵי בָנָיו שֶׁל סַנְחֵרִיב לִמְּדוּ תוֹרָה בָּרַבִּים. מַאן אִינּוּן? שְׁמַעְיָה וְאַבְטַלְיוֹן.

The Gemara adds that some **of Haman's descendants studied Torah in Bnei Brak,** and some **of Sisera's descendants taught children** Torah **in Jerusalem,** and some **of Sennacherib's descendants taught Torah in public. Who are they?** They are **Shemaya and Avtalyon,** the teachers of Hillel the Elder.

הַיְינוּ דִּכְתִיב: ״נָתַתִּי אֶת דָּמָהּ עַל צְחִיחַ סָלַע לְבִלְתִּי הִכָּסוֹת״.

As for the incident involving the blood of Zechariah, **this** is alluded to by **that which is written: "I have set her blood upon the bare rock that it should not be covered"** (Ezekiel 24:8).

״הַקּוֹל קוֹל יַעֲקֹב וְהַיָּדַיִם יְדֵי עֵשָׂו״, ״הַקּוֹל״ – זֶה אַדְרִיָינוּס קֵיסָר, שֶׁהָרַג בְּאֲלֶכְּסַנְדְּרִיָּא שֶׁל מִצְרַיִם שִׁשִּׁים רִבּוֹא עַל שִׁשִּׁים רִבּוֹא כִּפְלַיִם כְּיוֹצְאֵי מִצְרַיִם; ״קוֹל יַעֲקֹב״ – זֶה אַסְפַּסְיָינוּס קֵיסָר, שֶׁהָרַג בִּכְרַךְ בֵּיתָר אַרְבַּע מֵאוֹת רִבּוֹא, וְאָמְרִי לָהּ אַרְבַּעַת אֲלָפִים רִבּוֹא; ״וְהַיָּדַיִם יְדֵי עֵשָׂו״ – זוֹ מַלְכוּת הָרְשָׁעָה, שֶׁהֶחֱרִיבָה אֶת בֵּיתֵנוּ, וְשָׂרְפָה אֶת הֵיכָלֵנוּ, וְהִגְלִיתָנוּ מֵאַרְצֵנוּ.

§ Apropos its discussion of the destruction of the Temple and the calamities that befell Israel, the Gemara cites the verse: **"The voice is the voice of Jacob, but the hands are the hands of Esau"** (Genesis 27:22), which the Sages expounded as follows: **"The voice"; this** is the cry stirred up by **the emperor Hadrian, who** caused the Jewish people to cry out when he **killed six hundred thousand on six hundred thousand in Alexandria of Egypt, twice** the number of men **who left Egypt. "The voice of Jacob"; this** is the cry aroused by **the emperor Vespasian,**[B] **who killed four million** people **in the city of Beitar. And some say:** He killed **forty million** people. **"And the hands are the hands of Esau"; this is the wicked kingdom** of Rome **that destroyed our Temple, burned our Sanctuary, and exiled us from our land.**

דָּבָר אַחֵר: ״הַקּוֹל קוֹל יַעֲקֹב״ – אֵין לְךָ תְּפִלָּה שֶׁמּוֹעֶלֶת שֶׁאֵין בָּהּ מִזַּרְעוֹ שֶׁל יַעֲקֹב; ״וְהַיָּדַיִם יְדֵי עֵשָׂו״ – אֵין לְךָ מִלְחָמָה שֶׁנּוֹצַחַת שֶׁאֵין בָּהּ מִזַּרְעוֹ שֶׁל עֵשָׂו.

Alternatively, "the voice is the voice of Jacob" means that **no prayer is effective** in the world **unless** some member of **the seed of Jacob has** a part **in it.** The second clause in the verse, **"and the hands are the hands of Esau,"** means that **no war grants victory unless** some member of **the seed of Esau has** a part **in it.**

וְהַיְינוּ דְּאָמַר רַבִּי אֶלְעָזָר: ״בְּשׁוֹט לָשׁוֹן תֵּחָבֵא״ – בְּחִירְחוּרֵי לָשׁוֹן תֵּחָבֵא. אָמַר רַב יְהוּדָה אָמַר רַב, מַאי דִּכְתִיב: ״עַל נַהֲרוֹת בָּבֶל שָׁם יָשַׁבְנוּ גַּם בָּכִינוּ בְּזָכְרֵנוּ אֶת צִיּוֹן״? מְלַמֵּד, שֶׁהֶרְאָהוּ הַקָּדוֹשׁ בָּרוּךְ הוּא לְדָוִד חוּרְבַּן בַּיִת רִאשׁוֹן וְחוּרְבַּן בַּיִת שֵׁנִי; חוּרְבַּן בַּיִת רִאשׁוֹן, שֶׁנֶּאֱמַר: ״עַל נַהֲרוֹת בָּבֶל שָׁם יָשַׁבְנוּ גַּם בָּכִינוּ״; בַּיִת שֵׁנִי, דִּכְתִיב: ״זְכוֹר ה׳ לִבְנֵי אֱדוֹם אֵת יוֹם יְרוּשָׁלָיִם הָאוֹמְרִים עָרוּ עָרוּ עַד הַיְסוֹד בָּהּ״.

And this is what Rabbi Elazar says: The verse that says: **"You shall be hid from the scourge of the tongue"** (Job 5:21), means: **You shall** need to **hide on account of quarrels** provoked **by the tongue.**[N] **Rav Yehuda says** that **Rav says: What** is the meaning of that **which is written: "By the rivers of Babylonia, there we sat down and wept, when we remembered Zion"** (Psalms 137:1)? This **teaches that the Holy One, Blessed be He, showed David the destruction of the First Temple and the destruction of the Second Temple.** He saw the destruction of **the First Temple, as it is stated: "By the rivers of Babylon, there we sat down and wept."** He saw the destruction of the **Second Temple, as it is written** later in that same psalm: **"Remember, O Lord, against the children of Edom the day of Jerusalem, when they said: Raze it, raze it, to its very foundation"** (Psalms 137:7), as the Second Temple was destroyed by the Romans, "the children of Edom."

אָמַר רַב יְהוּדָה אָמַר שְׁמוּאֵל, וְאִיתֵּימָא רַבִּי אַמִי, וְאָמְרִי לַהּ בְּמַתְנִיתָא תָּנָא: מַעֲשֶׂה בְּאַרְבַּע מֵאוֹת יְלָדִים וִילָדוֹת שֶׁנִּשְׁבּוּ לְקָלוֹן, הִרְגִּישׁוּ בְּעַצְמָן לְמָה הֵן מִתְבַּקְּשִׁים, אָמְרוּ: אִם אָנוּ טוֹבְעִין בַּיָּם אָנוּ בָּאִין לְחַיֵּי הָעוֹלָם הַבָּא? דָּרַשׁ לָהֶן הַגָּדוֹל שֶׁבָּהֶן: ״אָמַר ה׳ מִבָּשָׁן אָשִׁיב אָשִׁיב מִמְּצוּלוֹת יָם״, ״מִבָּשָׁן אָשִׁיב״ – מִבֵּין שִׁינֵּי אַרְיֵה, ״אָשִׁיב מִמְּצוּלוֹת יָם״ – אֵלּוּ שֶׁטּוֹבְעִין בַּיָּם.

Rav Yehuda says that **Shmuel says, and some say** that it was **Rabbi Ami** who says this, **and some say** that **it was taught in a** ***baraita***: There was **an incident involving four hundred boys and girls who were taken as captives for** the purpose of **prostitution.**[B] These children **sensed on their own what they were expected** to do, **and they said: If we** commit suicide and **drown in the sea,** will **we come to** eternal **life in the World-to-Come?**[N] **The oldest** child **among them expounded** the verse: **"The Lord said, I will bring back from Bashan, I will bring them back from the depths of the sea"** (Psalms 68:23). **"I will bring back from Bashan,"** i.e., **from between the teeth** [*bein shen*] **of the lion,** and **"I will bring them back from the depths of the sea"** is referring to **those who drown in the sea** for the sake of Heaven.

כֵּיוָן שֶׁשָּׁמְעוּ יְלָדוֹת כָּךְ, קָפְצוּ כּוּלָּן וְנָפְלוּ לְתוֹךְ הַיָּם. נָשְׂאוּ יְלָדִים קַל וָחוֹמֶר בְּעַצְמָן וְאָמְרוּ: מָה הַלָּלוּ שֶׁדַּרְכָּן לְכָךְ – כָּךְ, אָנוּ שֶׁאֵין דַּרְכֵּנוּ לְכָךְ – עַל אַחַת כַּמָּה וְכַמָּה! אַף הֵם קָפְצוּ לְתוֹךְ הַיָּם. וַעֲלֵיהֶם הַכָּתוּב אוֹמֵר: ״כִּי עָלֶיךָ הֹרַגְנוּ כָל הַיּוֹם נֶחְשַׁבְנוּ כְּצֹאן טִבְחָה״.

When the girls heard this, they all leapt and fell into the sea. The boys then **drew an** ***a fortiori*** **inference with regard to themselves and said: If these** girls, **for whom** sexual intercourse with men **is their natural way,** act in **such** a manner, then **we, for whom** sexual intercourse with men **is not our natural way,** should **all the more so** conduct ourselves likewise. **They too leapt into the sea.**[H] **Concerning them** and others like them **the verse states: "As For Your sake we are killed all the day long; we are reckoned as sheep for the slaughter"** (Psalms 44:23).

וְרַב יְהוּדָה אָמַר: זוֹ אִשָּׁה וְשִׁבְעָה בָּנֶיהָ; אַתְיוּהוּ קַמָּא לְקַמֵּיהּ דְּקֵיסָר, אֲמַרוּ לֵיהּ: פְּלַח לַעֲבוֹדָה זָרָה! אֲמַר לְהוּ, כָּתוּב בַּתּוֹרָה: ״אָנֹכִי ה׳ אֱלֹהֶיךָ״, אַפְּקוּהוּ וְקַטְלוּהוּ.

And Rav Yehuda said: This verse applies to the **woman and her seven sons**[B] who died as martyrs for the sake of the sanctification of God's name. The incident occurred as follows: **They brought** in **the first** of the woman's sons **before the emperor** and **said to him: Worship the idol. He said to them:** I cannot do so, as **it is written in the Torah: "I am the Lord your God"** (Exodus 20:2). **They** immediately **took him out and killed him.**

וְאַתְיוּהוּ לְאִידָךְ לְקַמֵּיהּ דְּקֵיסָר, אֲמַרוּ לֵיהּ: פְּלַח לַעֲבוֹדָה זָרָה! אֲמַר לְהוּ, כָּתוּב בַּתּוֹרָה: ״לֹא יִהְיֶה לְךָ אֱלֹהִים אֲחֵרִים עַל פָּנָי״, אַפְּקוּהוּ וְקַטְלוּהוּ. אַתְיוּהוּ לְאִידָךְ, אֲמַרוּ לֵיהּ: פְּלַח לַעֲבוֹדָה זָרָה! אֲמַר לְהוּ, כָּתוּב בַּתּוֹרָה: ״זוֹבֵחַ לָאֱלֹהִים יָחֳרָם״, אַפְּקוּהוּ וְקַטְלוּהוּ.

And they then **brought** in **another** son **before the emperor,** and **said to him: Worship the idol. He said to them:** I cannot do so, as **it is written in the Torah: "You shall have no other gods beside Me"** (Exodus 20:3). And so **they took him out and killed him. They** then **brought in** yet **another** son before the emperor, and **said to him: Worship the idol. He said to them:** I cannot do so, as **it is written in the Torah: "He that sacrifices to any god,** save to the Lord only, **he shall be utterly destroyed"** (Exodus 22:19). And so **they took him out and killed him.**

אַתְיוּהוּ לְאִידָךְ, אֲמַרוּ לֵיהּ: פְּלַח לַעֲבוֹדָה זָרָה! אֲמַר לְהוּ, כָּתוּב בַּתּוֹרָה: ״לֹא תִשְׁתַּחֲוֶה לְאֵל אַחֵר״, אַפְּקוּהוּ וְקַטְלוּהוּ. אַתְיוּהוּ לְאִידָךְ, אֲמַרוּ לֵיהּ: פְּלַח לַעֲבוֹדָה זָרָה! אֲמַר לְהוּ, כָּתוּב בַּתּוֹרָה: ״שְׁמַע יִשְׂרָאֵל ה׳ אֱלֹהֵינוּ ה׳ אֶחָד״, אַפְּקוּהוּ וְקַטְלוּהוּ.

They then **brought** in **another** son, **and said to him: Worship the idol. He said to them:** I cannot do so, as **it is written in the Torah: "You shall not bow down to any other god"** (Exodus 34:14). And so **they took him out and killed him. They** then **brought** in yet **another** son, **and said to him: Worship the idol. He said to them:** I cannot do so, as **it is written in the Torah: "Hear, O Israel, the Lord is our God, the Lord is One"** (Deuteronomy 6:4). And so **they took him out and killed him.**

NOTES

On account of quarrels by the tongue [*hirhurei lashon*] – בְּחִירְחוּרֵי לָשׁוֹן: Rashi explains that *hirhurei lashon* means quarrels provoked by the tongue, i.e., by the spreading of slander, and consequently the discussion relates to the story cited above about Kamtza and bar Kamtza, according to which the destruction of the Second Temple was caused by the spreading of slander. Others explain that the term refers to words sounded by the tongue in a positive sense, of speaking words of prayer that hide the Jewish people from danger. According to this understanding, Rabbi Elazar's statement relates to what was stated immediately before this, that a prayer is heard only when it is the voice of Jacob (Maharsha; *Iyyun Ya'akov*).

Will we come to life in the World-to-Come – אָנוּ בָּאִין לְחַיֵּי הָעוֹלָם הַבָּא: The essence of the question is whether or not in such a situation one is permitted to commit suicide, as it is stated elsewhere that one who commits suicide has no portion in the World-to-Come. That which the oldest child taught is true, that anyone who commits suicide to save himself from a sin that is classified as one for which one must allow himself to be killed rather than transgress, is not considered to have committed suicide, but rather to have fulfilled a mitzva. Many Jews have acted in this manner over the course of the generations (see Meiri).

BACKGROUND

Taken as captives for prostitution – שֶׁנִּשְׁבּוּ לְקָלוֹן: It was common for slaves to be raped, although most were taken and sold in the market. Here it appears that a large number of slaves were bought together by someone who intended to use them for prostitution.

The woman and her seven sons – אִשָּׁה וְשִׁבְעָה בָּנֶיהָ: No exact date is given here for this event, nor is mention made of the name of the emperor who issued the decree, although the context indicates that it was Hadrian. This story is brought in the ancient sources in different versions. It is told in the Second Book of Hasmoneans (chapter 7) and in greater detail in the Fourth Book of Hasmoneans (chapters 8–17). There it is reported that the incident took place in Antioch during the reign of Antiochus Epiphanes.

HALAKHA

They…leapt into the sea – הֵם קָפְצוּ לְתוֹךְ הַיָּם: If a person commits suicide, one does not occupy himself with the deceased at all, neither mourning him nor eulogizing him. But if he commits suicide due to circumstances beyond his control, as in the case of King Saul (see I Samuel 31:1–4), one does not deny him honor (*Shulḥan Arukh, Yoreh De'a* 345:1, 3).

LANGUAGE

Authority [*harmana*] – הַרְמָנָא: This word apparently derives from the Middle Persian hramān, meaning an order.

Woe [*ḥaval*] – חֲבָל: This is an exclamation that derives from the root *ḥet*, *beit*, *lamed*, in the sense of destruction, principally from its Aramaic usage as an expression of loss. There are similar expressions in other languages. The context indicates that it is being used here as an insult and invective.

HALAKHA

But I bound seven altars – וַאֲנִי עָקַדְתִּי שִׁבְעָה מִזְבְּחוֹת: In a situation where one must sacrifice his life rather than transgress, and a person accordingly sacrifices his life and does not transgress, he has sanctified God's name. If he does so in the presence of ten Jews, he has sanctified God's name in public. The Talmud (*Pesaḥim* 50a) notes that such people are accorded a special place in the World-To-Come (Rambam *Sefer HaMadda*, *Hilkhot Yesodei HaTorah* 5:4).

The words of the Torah endure only – אֵין דִּבְרֵי תּוֹרָה מִתְקַיְּימִין אֶלָּא: The words of the Torah endure only for one who makes himself weak over them, and not for one who studies them in comfort and with an abundance of food and drink. Rather, he must give up his life for them, causing himself distress and withholding sleep from his eyes and slumber from his eyelids (Rambam *Sefer HaMadda*, *Hilkhot Talmud Torah* 3:12; *Shulḥan Arukh*, *Yoreh De'a* 246:21).

NOTES

She too went up to the roof – אַף הִיא עָלְתָה לַגַּג: There are those who ask why it was permitted for this woman to kill herself, and they present different answers to the question. According to the Meiri, she sensed that she too would be commanded to engage in idol worship, and so she killed herself first.

This is circumcision – זוֹ מִילָה: Rashi writes that because children occasionally die as a result of circumcision, the words "we are killed" apply to it. In similar fashion, the Maharsha writes that since the child is circumcised when he is a newborn infant, his circumcision involves mortal danger. It is also possible to say that owing to the blood that is spilled during the procedure, circumcision can be compared to killing.

Except for slaughter – בַּר מִשְּׁחִיטָה: The Maharsha explains that one must not use himself to demonstrate slaughter, not because of the concern that he will cut himself with the knife, but rather so that he not create an opening for the Satan, which may lead to his own death, as Rashi explains with regard to leprosy.

And another matter – וְדָבָר אַחֵר: Rashi explains that this refers to leprosy. One should not mark signs of leprosy or other afflictions on himself, lest the spiritual repercussions of this act cause him to become develop leprosy. Others explain that from the context here, the term: Another matter, appears to be referring to sexual intercourse, that although one may explain such matters he should certainly not demonstrate them himself.

אַתְיוּהוּ לְאִידָךְ, אֲמַרוּ לֵיהּ: פְּלַח לַעֲבוֹדָה זָרָה! אֲמַר לְהוּ, כָּתוּב בַּתּוֹרָה: ״וְיָדַעְתָּ הַיּוֹם וַהֲשֵׁבֹתָ אֶל לְבָבֶךָ כִּי ה׳ הוּא הָאֱלֹהִים בַּשָּׁמַיִם מִמַּעַל וְעַל הָאָרֶץ מִתָּחַת אֵין עוֹד״, אַפְּקוּהוּ וְקָטְלוּהוּ.

They then brought in another son, **and said to him: Worship the idol. He said to them:** I cannot do so, as **it is written in the Torah: "Know therefore this today, and consider it in your heart, that the Lord, He is God in heaven above and upon the earth beneath; there is no other"** (Deuteronomy 4:39). And so **they took him out and killed him.**

אַתְיוּהוּ לְאִידָךְ, אֲמַרוּ לֵיהּ: פְּלַח לַעֲבוֹדָה זָרָה! אֲמַר לְהוּ, כָּתוּב בַּתּוֹרָה: ״אֶת ה׳ הֶאֱמַרְתָּ וגו׳ וַה׳ הֶאֱמִירְךָ הַיּוֹם״, כְּבָר נִשְׁבַּעְנוּ לְהַקָּדוֹשׁ בָּרוּךְ הוּא שֶׁאֵין אָנוּ מַעֲבִירִין אוֹתוֹ בְּאֵל אַחֵר, וְאַף הוּא נִשְׁבַּע לָנוּ שֶׁאֵין מַעֲבִיר אוֹתָנוּ בְּאוּמָּה אַחֶרֶת.

They then **brought** in yet **another** son, and **said to him: Worship the idol. He said to them:** I cannot do so, as **it is written in the Torah:** "**You have avouched the Lord** this day to be your God… **and the Lord has avouched you this day** to be a people for His own possession" (Deuteronomy 26:17–18). **We already took an oath to the Holy One, Blessed be He, that we will not exchange Him for a different god, and He too has taken an oath to us that He will not exchange us for another nation.**

אֲמַר לֵיהּ קֵיסָר: אֶישְׁדֵּי לָךְ גּוּשְׁפַּנְקָא וּגְחֵין וּשְׁקַלֵיהּ, כִּי הֵיכִי דְּלֵימְרוּ קַבֵּיל עֲלֵיהּ הַרְמָנָא דְּמַלְכָּא, אֲמַר לֵיהּ: חֲבָל עֲלָךְ קֵיסָר, חֲבָל עֲלָךְ קֵיסָר, עַל כְּבוֹד עַצְמְךָ כָּךְ, עַל כְּבוֹד הַקָּדוֹשׁ בָּרוּךְ הוּא עַל אַחַת כַּמָּה וְכַמָּה!

It was the youngest brother who had said this, and the emperor pitied him. Seeking a way to spare the boy's life, **the emperor said to him: I will throw down my seal before you; bend over and pick it up, so that** people **will say** that **he has accepted the king's** authority [***harmana***].[L] The boy **said to him: Woe** [***ḥaval***][L] **to you, Caesar, woe to you, Caesar.** If you think that **for the sake of your honor** I should fulfill your command and do **this,** then **for the sake of the honor of the Holy One, Blessed be He, all the more so** should I fulfill His command.

אַפְּקוּהוּ לְמִיקְטְלֵיהּ, אָמְרָה לְהוּ אִימֵּיהּ: יְהַבוּהוּ נִיהֲלִי וְאֶינַשְּׁקֵיהּ פּוּרְתָּא, אָמְרָה לוֹ: בָּנַיי, לְכוּ וְאִמְרוּ לְאַבְרָהָם אֲבִיכֶם: אַתָּה עָקַדְתָּ מִזְבֵּחַ אֶחָד וַאֲנִי עָקַדְתִּי שִׁבְעָה מִזְבְּחוֹת! אַף הִיא עָלְתָה לַגַּג וְנָפְלָה וּמֵתָה. יָצְתָה בַּת קוֹל וְאָמְרָה: ״אֵם הַבָּנִים שְׂמֵחָה״.

As **they were taking him out to be killed, his mother said to them: Give him to me so that I may give him a small kiss. She said to him: My son, go and say to your father Abraham, You bound one** son to the **altar, but I bound seven altars.**[H] **She too** in the end **went up to the roof,**[N] **fell, and died. A Divine Voice emerged and said: "A joyful mother of children"** (Psalms 113:9), as she raised her children to be devoted in their service of God.

רַבִּי יְהוֹשֻׁעַ בֶּן לֵוִי אָמַר: זוֹ מִילָה שֶׁנִּיתְּנָה בַּשְּׁמִינִי. רַבִּי שִׁמְעוֹן בֶּן לָקִישׁ אָמַר: אֵלּוּ תַּלְמִידֵי חֲכָמִים שֶׁמַּרְאִין הִלְכוֹת שְׁחִיטָה בְּעַצְמָן; דְּאָמַר רָבָא: כָּל מִילֵּי לֵיחֲזֵי אִינִישׁ בְּנַפְשֵׁיהּ, בַּר מִשְּׁחִיטָה וְדָבָר אַחֵר.

Rabbi Yehoshua ben Levi says concerning the verse: "For Your sake we are killed all the day long" (Psalms 44:23), that **this** is referring to **circumcision,**[N] **which was given for the eighth** day, as the blood of our newborn sons is spilled for the sake of the covenant with God. **Rabbi Shimon ben Lakish says:** This verse was stated in reference to **Torah scholars who demonstrate the *halakhot* of slaughter on themselves,** meaning that they demonstrate on their own bodies how ritual slaughter should be performed and occasionally injure themselves in the process. This is **as Rava says: A person may demonstrate anything using himself** to illustrate the act **except for slaughter**[N] **and another matter,**[N] a euphemism for sexual intercourse.

רַב נַחְמָן בַּר יִצְחָק אָמַר: אֵלּוּ תַּלְמִידֵי חֲכָמִים שֶׁמְּמִיתִין עַצְמָן עַל דִּבְרֵי תּוֹרָה; כִּדְרַבִּי שִׁמְעוֹן בֶּן לָקִישׁ, דְּאָמַר רַבִּי שִׁמְעוֹן בֶּן לָקִישׁ: אֵין דִּבְרֵי תּוֹרָה מִתְקַיְּימִין אֶלָּא בְּמִי שֶׁמֵּמִית עַצְמוֹ עֲלֵיהֶם, שֶׁנֶּאֱמַר: ״זֹאת הַתּוֹרָה אָדָם כִּי יָמוּת בְּאֹהֶל״ וגו׳. אָמַר רַבָּה בַּר בַּר חָנָה אָמַר רַבִּי יוֹחָנָן: אַרְבָּעִים סְאָה

Rav Naḥman bar Yitzḥak says: These people in the verse **are Torah scholars who kill themselves over the words of Torah, in accordance with** the statement of **Rabbi Shimon ben Lakish. As Rabbi Shimon ben Lakish says: The words of the Torah endure only**[H] **for one who kills himself over them, as it is stated: "This is the Torah, when a man dies in a tent"** (Numbers 19:14). **Rabba bar bar Ḥana says that Rabbi Yoḥanan says: Forty *se'a***[B]

BACKGROUND

Forty *se'a* – אַרְבָּעִים סְאָה: A *se'a*, or one-thirtieth of a *kor*, is the equivalent of 144 egg-bulks. Forty *se'a* are the equivalent of 5,760 egg-bulks. The reference here to forty *se'a* is significant, as that is the minimum amount of water required for a ritual bath. A container large enough to hold at least forty *se'a* is no longer considered to be a utensil but a building of sorts. This has ramifications in various areas of *halakha*, such as ritual impurity and prohibited labor on Shabbat. The measure of forty *se'a* is the basis of halakhic calculations concerning volume. The Talmud explains that a ritual bath must be at least three cubits by one cubit, and that its volume must be at least forty *se'a*. According to the calculations of Rabbi Ḥayyim Na'e, this is 332 liters, and, according to the Ḥazon Ish, it is 573 liters.

קְצוּצֵי תְּפִילִּין נִמְצְאוּ בְּרָאשֵׁי הֲרוּגֵי בֵּיתָר. רַבִּי יַנַּאי בְּרַבִּי יִשְׁמָעֵאל אָמַר: שָׁלֹשׁ קוּפּוֹת שֶׁל אַרְבָּעִים אַרְבָּעִים סְאָה. בְּמַתְנִיתָא תָּנָא: אַרְבָּעִים קוּפּוֹת שֶׁל שָׁלֹשׁ שָׁלֹשׁ סְאִין.

of phylactery boxes were found on the heads of those killed in Beitar. Rabbi Yannai, son of Rabbi Yishmael, says: There were found **three large baskets** each holding **forty** ***se'a*** of phylactery boxes. **And it was taught in a** ***baraita***: There were **forty large baskets** each holding **three** ***se'a***.

וְלָא פְּלִיגִי: הָא דְּרֵישָׁא, הָא דִּדְרָעָא.

The Gemara notes: **And** these Sages **do not disagree: This** Sage is referring to phylacteries **of the head,**[N] whereas **this** Sage is referring to phylacteries **of the arm,** for owing to the different manners in which they are fashioned, they are also different in size.

אָמַר רַבִּי אַסִי: אַרְבָּעָה קַבִּין מוֹחַ נִמְצְאוּ עַל אֶבֶן אַחַת. עוּלָּא אָמַר: תִּשְׁעַת קַבִּין. אָמַר רַב כָּהֲנָא, וְאִיתֵּימָא שֵׁילָא בַּר מָרִי: מַאי קְרָאָה? ״בַּת בָּבֶל הַשְּׁדוּדָה אַשְׁרֵי שֶׁיְּשַׁלֶּם לָךְ וגו׳ אַשְׁרֵי שֶׁיֹּאחֵז וְנִפֵּץ אֶת עוֹלָלַיִךְ אֶל הַסָּלַע״.

Rabbi Asi says: Four ***kav***[B] **of brains** from children whose skulls were smashed **were found on one stone. Ulla says: Nine** ***kav***. **Rav Kahana said, and some say** that it was **Sheila bar Mari** who said: **What is the verse** from which it is derived? **"O daughter of Babylon, marked for devastation; happy is he who shall repay you** your recompense for what you have done to us. **Happy is he who shall seize and dash your little ones against the rock"** (Psalms 137:8–9).

״בְּנֵי צִיּוֹן הַיְקָרִים הַמְסוּלָּאִים בַּפָּז״ – מַאי ״מְסוּלָּאִים בַּפָּז״? אִילֵימָא דַּהֲווּ מְחַפֵּי בְּפִיזָא – וְהָאָמְרִי דְּבֵי רַבִּי שֵׁילָא: תַּרְתֵּי מַתְקְלֵי אִיסְתֵּירֵי פִּיזָא נְחוּת בְּעָלְמָא, חֲדָא בְּרוֹמִי וַחֲדָא בְּכוּלֵּי עָלְמָא! אֶלָּא שֶׁהָיוּ מְגַנִּין אֶת הַפָּז בְּיוֹפְיָין.

§ The verse states: **"The precious sons of Zion, comparable to fine gold"** (Lamentations 4:2). **What** is the meaning of the expression **"comparable to fine gold"? If we say that** it means **they were covered in fine gold [*piza*],**[L] this is difficult; **but didn't the school of Rabbi Sheila say: Two** ***istira*** **weights of fine gold came down into the world, one in Rome and one in all** the rest of **the world.** If so, it is certainly impossible to cover the inhabitants of Jerusalem with fine gold, as there is not enough of it in the entire world to do so. **Rather,** this means that they would be so attractive **that they would disgrace fine gold because of their beauty.**

מֵעִיקָּרָא, חֲשִׁיבֵי דְּרוֹמָאֵי הָווּ נָקְטִי בִּלְיוֹנָא דְּגוּשְׁפַּנְקָא וּמְשַׁמְּשֵׁי עַרְסַיְיהוּ, מִכָּאן וְאֵילָךְ מַיְיתוּ בְּנֵי יִשְׂרָאֵל וְאָסְרִי בְּכַרְעֵי דְּפוּרְיַיהוּ וּמְשַׁמְּשִׁי.

The Gemara relates that **initially the noblemen of Rome would keep an image** imprinted **on a seal** by their beds **and engage in sexual intercourse** opposite that image, so that they would beget children of similar beauty. **From this** point **forward,** from the time of the Great Revolt, **they would bring Jewish children, tie them to the foot of their beds, and engage in sexual intercourse** across from them, because they were so handsome.

אֲמַר לֵיהּ חַד לְחַבְרֵיהּ: הָא הֵיכָא כְּתִיבָא? אֲמַר לֵיהּ: ״גַּם כָּל חֳלִי וְכָל מַכָּה אֲשֶׁר לֹא כָתוּב בְּסֵפֶר הַתּוֹרָה הַזֹּאת״. אָמַר: כַּמָּה מַרְחֵיקְנָא מִדּוּכְתָּא פְּלָן? אֲמַר לֵיהּ: אִינְגַּד פּוּסְתָּא וּפַלְגָּא, אֲמַר לֵיהּ: אִי מְטַאי לְגַבֵּיהּ לָא אִיצְטְרִיכִי לָךְ.

It is related that it once happened that they did this to two children, and **one** of them **said to the other: Where is this** affliction **written** in the Torah? The other **said to him:** As it is written: **"Also every sickness, and every plague, which is not written in the book of this Torah"** (Deuteronomy 28:61). The first one **said: How far am I** in my studies **from this,** i.e., how much more would I have had to learn in order to reach this verse? The other **said: Had you gone on one and a half columns [*pusta*],**[L] you would have reached this. The first child **said to** the other: **Had I reached this** verse, **I would not have needed you,** as I would have known on my own that the verse was speaking about this.

אָמַר רַב יְהוּדָה אָמַר שְׁמוּאֵל מִשּׁוּם רַבָּן שִׁמְעוֹן בֶּן גַּמְלִיאֵל, מַאי דִּכְתִיב: ״עֵינִי עוֹלְלָה לְנַפְשִׁי מִכֹּל בְּנוֹת עִירִי״? אַרְבַּע מֵאוֹת בָּתֵּי כְנֵסִיּוֹת הָיוּ בִּכְרַךְ בֵּיתָר, וּבְכָל אַחַת וְאַחַת הָיוּ בָּהּ אַרְבַּע מֵאוֹת מְלַמְּדֵי תִינוֹקוֹת, וְכָל אֶחָד וְאֶחָד הָיוּ לְפָנָיו אַרְבַּע מֵאוֹת תִּינוֹקוֹת שֶׁל בֵּית רַבָּן,

Rav Yehuda says that Shmuel says in the name of Rabban Shimon ben Gamliel: What is the meaning of that **which is written: "My eye affects my soul because of all the daughters of my city"** (Lamentations 3:51)? **There were four hundred synagogues in the city of Beitar, and in each and every one of them there were four hundred schoolteachers, and each and every one** of these teachers **had four hundred schoolchildren.**

וּכְשֶׁהָיָה אוֹיֵב נִכְנַס לְשָׁם הָיוּ דּוֹקְרִין אוֹתָן בְּחוֹטְרֵיהֶן, וּכְשֶׁגָּבַר אוֹיֵב וּלְכָדוּם, כְּרָכוּם בְּסִפְרֵיהֶם וְהִצִּיתוּם בָּאֵשׁ.

And when the enemy entered there, these schoolchildren **stabbed them with their pens [*beḥotreihen*].**[L] **And when the enemy prevailed and caught them, they wrapped** the children **in their scrolls and lit them on fire.**

NOTES

This of the head – הָא דְּרֵישָׁא: Rashi explains that the phylacteries of the head are larger than those of the arm, since they have four compartments, adding to their size.

BACKGROUND

Four *kav* – אַרְבָּעָה קַבִּין: A *kav* is a measure of volume equivalent to one-sixth of a *se'a*, or twenty-four egg-bulks.

LANGUAGE

Fine gold [*piza*] – פִּיזָה: *Piza*, or *paz* in Hebrew, is one name for a variety of fine gold, although the precise type that the Sages are referring to is unknown. It is possible that this was a type of gold different from other varieties due to its low admixture of other metals and its unique color and quality.

Column [*pusta*] – פּוּסְתָּא: Apparently from the Middle Persian pōst, meaning skin or hide, including those used for writing. Here it refers to the parchment sheets of a Torah scroll.

Their pens [*ḥotreihen*] – חוֹטְרֵיהֶן: The primary meaning of this word is branch, as in Isaiah 11:1, or staff. The reference here seems to be to thin, sharpened sticks with which children wrote their exercises on wax writing tablets.

תָּנוּ רַבָּנַן: מַעֲשֶׂה בְּרַבִּי יְהוֹשֻׁעַ בֶּן חֲנַנְיָה שֶׁהָלַךְ לִכְרַךְ גָּדוֹל שֶׁבְּרוֹמִי, אָמְרוּ לוֹ: תִּינוֹק אֶחָד יֵשׁ בְּבֵית הָאֲסוּרִים, יְפֵה עֵינַיִם וְטוֹב רוֹאִי וּקְווּצּוֹתָיו סְדוּרוֹת לוֹ תַּלְתַּלִּים. הָלַךְ וְעָמַד עַל פֶּתַח בֵּית הָאֲסוּרִים, אָמַר: ״מִי נָתַן לִמְשִׁיסָּה יַעֲקֹב וְיִשְׂרָאֵל לְבוֹזְזִים״? עָנָה אוֹתוֹ תִּינוֹק וְאָמַר: ״הֲלֹא ה׳ זוּ חָטָאנוּ לוֹ וְלֹא אָבוּ בִדְרָכָיו הָלוֹךְ וְלֹא שָׁמְעוּ בְּתוֹרָתוֹ״.

The Sages taught another *baraita* (*Tosefta, Horayot* 2:5) relating to the fate of the Jewish children: There was **an incident involving Rabbi Yehoshua ben Ḥananya**[P] **who once went to the great city of Rome, where they said to him: There is a child in prison with beautiful eyes** and **an attractive appearance, and his curly hair is arranged in locks.** Rabbi Yehoshua **went and stood by the entrance to the prison. He said,** as if speaking to himself: **"Who gave Jacob for a spoil, and Israel to the robbers?"** (Isaiah 42:24). **That child answered by reciting** the continuation of the verse: **"Did not the Lord, He against Whom we have sinned, and in Whose ways they would not walk, neither were they obedient to His law?"**

אָמַר: מוּבְטְחַנִי בּוֹ שֶׁמּוֹרֶה הוֹרָאָה בְּיִשְׂרָאֵל, הָעֲבוֹדָה! שֶׁאֵינִי זָז מִכָּאן עַד שֶׁאֶפְדֶּנּוּ בְּכָל מָמוֹן שֶׁפּוֹסְקִין עָלָיו. אָמְרוּ: לֹא זָז מִשָּׁם עַד שֶׁפְּדָאוֹ בְּמָמוֹן הַרְבֵּה, וְלֹא הָיוּ יָמִים מוּעָטִין עַד שֶׁהוֹרָה הוֹרָאָה בְּיִשְׂרָאֵל. וּמַנּוּ? רַבִּי יִשְׁמָעֵאל בֶּן אֱלִישָׁע.

Rabbi Yehoshua **said: I am certain that,** if given the opportunity, **this** child will **issue** halakhic **rulings in Israel,** as he is already exceedingly wise. He said: I take an oath **by the Temple service that I will not move from here until I ransom him for whatever** sum of **money**[H] **they set for him. They said** that **he did not move from there until he ransomed him for a great** sum of **money, and not** even **a few days** had passed when this child then **issued** halakhic **rulings in Israel. And who was** this child? This was **Rabbi Yishmael ben Elisha.**[P]

אָמַר רַב יְהוּדָה אָמַר רַב: מַעֲשֶׂה בִּבְנוֹ וּבְבִתּוֹ שֶׁל רַבִּי יִשְׁמָעֵאל בֶּן אֱלִישָׁע שֶׁנִּשְׁבּוּ לִשְׁנֵי אֲדוֹנִים. לְיָמִים נִזְדַּוְּוגוּ שְׁנֵיהֶם בְּמָקוֹם אֶחָד, זֶה אוֹמֵר: יֵשׁ לִי עֶבֶד שֶׁאֵין כְּיוֹפְיוֹ בְּכָל הָעוֹלָם, וְזֶה אוֹמֵר: יֵשׁ לִי שִׁפְחָה שֶׁאֵין בְּכָל הָעוֹלָם כּוּלּוֹ כְּיוֹפְיָהּ.

Rav Yehuda says that **Rav says:** There was **an incident involving the son and the daughter of Rabbi Yishmael ben Elisha** the High Priest, **who were taken captive** and sold into slavery **to two** different **masters. After some time** the two masters **met in a certain place. This** master **said: I have a male slave whose beauty is unmatched in all of the world, and that master said: I have a female slave whose beauty is unmatched in all of the world.**

אָמְרוּ: בּוֹא וְנַשִּׂיאֵם זֶה לָזֶה וְנַחֲלֵק בַּוְּולָדוֹת. הִכְנִיסוּם לְחֶדֶר, זֶה יָשַׁב בְּקֶרֶן זָוִית זֶה וְזוֹ יָשְׁבָה בְּקֶרֶן זָוִית זֶה, זֶה אוֹמֵר: אֲנִי כֹּהֵן בֶּן כֹּהֲנִים גְּדוֹלִים אֶשָּׂא שִׁפְחָה? וְזֹאת אוֹמֶרֶת: אֲנִי כֹּהֶנֶת בַּת כֹּהֲנִים גְּדוֹלִים אֶנָּשֵׂא לְעֶבֶד? וּבָכוּ כָּל הַלַּיְלָה.

The two masters **said: Come, let us marry** these two slaves **to one another and divide the children** born to them between us, as they will certainly be very beautiful. They secluded them in a room. **This** one, the son, **sat in one corner, and that** one, the daughter, **sat in the other corner. He said: I am a priest** and **the descendant of High Priests. Shall I marry a female slave? And she said: I am the daughter of a priest** and **the descendant of High Priests. Shall I be married to a male slave? And they wept all** through the **night.**

כֵּיוָן שֶׁעָלָה עַמּוּד הַשַּׁחַר, הִכִּירוּ זֶה אֶת זֶה, וְנָפְלוּ זֶה עַל זֶה וְגָעוּ בִּבְכִיָּה עַד שֶׁיָּצְאָה נִשְׁמָתָן. וַעֲלֵיהֶן קוֹנֵן יִרְמְיָה: ״עַל אֵלֶּה אֲנִי בוֹכִיָּה עֵינִי עֵינִי יוֹרְדָה מַּיִם״.

When dawn arrived they recognized each other and saw that they were brother and sister. **They fell on each other and burst into tears until their souls departed** due to their great distress. **And with regard to them** and others like them, **Jeremiah lamented: "For these things I weep; my eye, my eye runs down with water"** (Lamentations 1:16).

HALAKHA

Until I ransom him for whatever sum of money – עַד שֶׁאֶפְדֶּנּוּ בְּכָל מָמוֹן: The Sages instituted that captives may not be ransomed for more than their market value. Nevertheless, if an especially bright student is taken captive, it is permitted to redeem him for a large sum of money, in accordance with the actions of Rabbi Yehoshua (*Shulḥan Arukh, Yoreh De'a* 252:4).

PERSONALITIES

Rabbi Yehoshua ben Ḥananya – רַבִּי יְהוֹשֻׁעַ בֶּן חֲנַנְיָה: This *tanna*, often referred to simply as Rabbi Yehoshua, lived in the generation following the destruction of the Temple. He was one of the singers in the Temple and he married the daughter of a priest. While in Jerusalem he studied under Rabban Yoḥanan ben Zakkai, and even aided the latter's famed escape from the siege. After the Sanhedrin was reestablished in Yavne, Rabbi Yehoshua was one of its most prominent members and after Rabban Gamliel died he was appointed in his place. Later, he moved to Peki'in, where he established his own academy. Rabbi Yehoshua was well known for his sharp mind as well as for his great modesty. Many stories are told of his encounters with the Roman Caesar, apparently Hadrian, as well as with the sages of other nations.

Rabbi Yishmael ben Elisha – רַבִּי יִשְׁמָעֵאל בֶּן אֱלִישָׁע: The two people with this name in the discussion were apparently two different people, a grandfather and his grandson.

The earlier Rabbi Yishmael ben Elisha, whose son and daughter were taken captive, was called Rabbi Yishmael ben Elisha the High Priest, as he served as High Priest at the end of the Second Temple period. He was known for his great righteousness. The Talmud (*Berakhot* 7a) tells of a vision that he had inside the Holy of Holies in the Temple, and one of the earliest books of kabbalah, *Pirkei Heikhalot*, is ascribed to him. In the aftermath of the destruction of Jerusalem, he was taken together with his close friend Rabban Shimon ben Gamliel, and then suffered torture and a martyr's death. The story of his martyrdom is told in the liturgical poem *Eleh Ezkera*, which is recited in many communities on Yom Kippur.

His grandson Rabbi Yishmael ben Elisha II is the one taken captive and ransomed at a great price by Rabbi Yehoshua. He later became a disciple of Rabbi Yehoshua and one of the members of the Sanhedrin at Yavne. Like his colleague Rabbi Akiva, he developed important methods of *halakha* and exegesis. Rabbi Yishmael's thirteen hermeneutical principles constitute one of the foundations of halakhic midrash. The Mishna records many of his statements in his name, and a great many are found in the Talmud transmitted by his students under the general heading: It was taught in the school of Rabbi Yishmael. The Sages of the next generation studied from him directly, especially his outstanding students Rabbi Yoshiya and Rabbi Yonatan.

Rabbi Yishmael apparently died before the outbreak of the bar Kokheva revolt. The Talmud mentions his sons and daughters, and it is possible that the *tanna* Rabbi Eliezer, son of Rabbi Yishmael, was his son.

אָמַר רֵישׁ לָקִישׁ: מַעֲשֶׂה בְּאִשָּׁה אַחַת וְצָפְנַת בַּת פְּנִיאֵל שְׁמָהּ, צָפְנַת – שֶׁהַכֹּל צוֹפִין בְּיוֹפְיָהּ, בַּת פְּנִיאֵל – בִּתּוֹ שֶׁל כֹּהֵן גָּדוֹל שֶׁשִּׁימֵּשׁ לִפְנַי וְלִפְנִים,

Reish Lakish says: There was **an incident involving a certain woman named Tzafenat bat Peniel.** And why was she called this? She was called **Tzafenat** because **they would all gaze** [*tzofin*] **at her beauty,** and she was called **bat Peniel** because she was **the daughter** [*bat*] **of the High Priest who served in the innermost sanctum** [*lifnai velefnim*] of the Temple.

שֶׁנִּתְעַלֵּל בָּהּ שַׁבַּאי כׇּל הַלַּיְלָה. לְמָחָר הִלְבִּישָׁהּ שִׁבְעָה חֲלוּקִים וְהוֹצִיאָהּ לְמוֹכְרָהּ. בָּא אָדָם אֶחָד שֶׁהָיָה מְכוֹעָר בְּיוֹתֵר, אָמַר לוֹ: הַרְאֵנִי אֶת יוֹפְיָהּ, אָמַר לוֹ: רֵיקָא! אִם אַתָּה רוֹצֶה לִיקַּח – קַח, שֶׁאֵין כְּיוֹפְיָהּ בְּכׇל הָעוֹלָם כּוּלּוֹ.

And it happened that she was taken captive and **her captor abused** and raped **her all night. The next day he dressed her in seven garments and took her out to sell her. A certain man who was especially ugly came and said to** the man who was selling her: **Show me her beauty. He said to him: Good-for-nothing, if you wish to buy** her then **buy** her, **for there is no beauty like hers in all of the world.**

אָמַר לוֹ: אַף עַל פִּי כֵן. הִפְשִׁיטָהּ שִׁשָּׁה חֲלוּקִים, וּשְׁבִיעִי קְרָעַתָּה וְנִתְפַּלְּשָׁה בָּאֵפֶר, אָמְרָה לְפָנָיו: רִבּוֹנוֹ שֶׁל עוֹלָם, אִם עָלֵינוּ לֹא חַסְתָּ, עַל קְדוּשַּׁת שִׁמְךָ הַגִּבּוֹר לָמָּה לֹא תָּחוּס?

The potential buyer **said to** the seller: **Even so,** I wish to see for myself. **He removed the six** outermost **garments, and she** herself **tore the seventh, and rolled in ashes. She said before** God: **Master of the Universe,** even **if You have shown no pity to us,** and have allowed us to be disgraced in this way, **why have You not shown pity to the sanctity of Your mighty name** by which we are called?

וְעָלֶיהָ קוֹנֵן יִרְמְיָה: ״בַּת עַמִּי חִגְרִי שָׂק וְהִתְפַּלְּשִׁי בָאֵפֶר אֵבֶל יָחִיד עֲשִׂי לָךְ מִסְפַּד תַּמְרוּרִים כִּי פִתְאֹם יָבֹא הַשֹּׁדֵד עָלֵינוּ״. ״עָלַיִךְ״ לֹא נֶאֱמַר אֶלָּא ״עָלֵינוּ״, כִּבְיָכוֹל, עָלַי וְעָלַיִךְ בָּא שׁוֹדֵד.

And with regard to her and others like her, **Jeremiah lamented: "O daughter of My people, gird yourself with sackcloth and roll in ashes; make you mourning as for an only son, most bitter lamentation, for the spoiler shall suddenly come upon us"** (Jeremiah 6:26). **It is not stated: Upon you, but** rather **"upon us,"** for **the spoiler shall come, as it were,** both **over Me and over you.** God Himself shares this pain and His name is also disgraced.

אָמַר רַב יְהוּדָה אָמַר רַב, מַאי דִּכְתִיב: ״וְעָשְׁקוּ גֶּבֶר וּבֵיתוֹ וְאִישׁ וְנַחֲלָתוֹ״? מַעֲשֶׂה בְּאָדָם אֶחָד שֶׁנָּתַן עֵינָיו בְּאֵשֶׁת רַבּוֹ, וְשׁוּלְיָא דְּנַגָּרֵי הֲוָה.

§ **Rav Yehuda says** that **Rav says: What** is the meaning of that **which is written:** "And they covet fields, and take them by violence; and houses, and take them away; **so they oppress a man and his house, even a man and his heritage"** (Micah 2:2)? There was **an incident involving a certain man who set his eyes on his master's wife, and he was a carpenter's apprentice** [*shulya*].[L]

פַּעַם אַחַת הוּצְרַךְ (רַבּוֹ) לִלְווֹת, אָמַר לוֹ: שַׁגֵּר אִשְׁתְּךָ אֶצְלִי וְאַלְוֶנָּה, שִׁיגֵּר אִשְׁתּוֹ אֶצְלוֹ, שָׁהָה עִמָּהּ שְׁלֹשָׁה יָמִים. קָדַם וּבָא אֶצְלוֹ, אָמַר לוֹ: אִשְׁתִּי שֶׁשִּׁיגַּרְתִּי לְךָ הֵיכָן הִיא? אָמַר לוֹ: אֲנִי פְּטַרְתִּיהָ לְאַלְתַּר, וְשָׁמַעְתִּי שֶׁהַתִּינוֹקוֹת נִתְעַלְּלוּ בָּהּ בַּדֶּרֶךְ.

One time his master needed to borrow some money, and his apprentice **said to him: Send your wife to me and I will lend her** the money. **He sent his wife to him,** and the apprentice **stayed with her for three days. He** then **went back to** his master **before** she did, and the master **said to him: Where is my wife whom I sent to you?** The apprentice **said to him: I sent her** back **immediately, but I heard that the youth abused** and raped **her on the way.**

אָמַר לוֹ: מָה אֶעֱשֶׂה? אָמַר לוֹ: אִם אַתָּה שׁוֹמֵעַ לַעֲצָתִי גָּרְשָׁהּ. אָמַר לוֹ: כְּתוּבָּתָהּ מְרוּבָּה, אָמַר לוֹ: אֲנִי אַלְוְוךָ וְתֵן לָהּ כְּתוּבָּתָהּ. עָמַד זֶה וְגֵירְשָׁהּ, הָלַךְ הוּא וּנְשָׂאָהּ.

The master **said to** his apprentice: **What shall I do?** The apprentice **said to him: If you listen to my advice, divorce her. He said to him:** But **her marriage contract is large** and I do not have the money to pay it. The apprentice **said to him: I will lend you** the money, and **you will give her** payment of **her marriage contract.** The master **arose and divorced her,** and the apprentice **went and married her.**

כֵּיוָן שֶׁהִגִּיעַ זְמַנּוֹ וְלֹא הָיָה לוֹ לְפוֹרְעוֹ, אָמַר לוֹ: בּוֹא וַעֲשֵׂה עִמִּי בְּחוֹבְךָ. וְהָיוּ הֵם יוֹשְׁבִים וְאוֹכְלִים וְשׁוֹתִין וְהוּא הָיָה עוֹמֵד וּמַשְׁקֶה עֲלֵיהֶן, וְהָיוּ דְּמָעוֹת נוֹשְׁרוֹת מֵעֵינָיו וְנוֹפְלוֹת בְּכוֹסֵיהֶן, וְעַל אוֹתָהּ שָׁעָה נִתְחַתֵּם גְּזַר דִּין. וְאָמְרִי לַהּ: עַל שְׁתֵּי פְּתִילוֹת בְּנֵר אֶחָד.

When the time came that the debt was due, **and he did not have** the means with which **to repay it,** the apprentice **said to** his master: **Come and work off your debt with me. And they,** the apprentice and his wife, **would sit and eat and drink, while he,** the woman's first husband, **would stand** over them **and serve** them their drinks. **And tears would drop from his eyes and fall into their cups, and at that time** the Jewish people's **sentence was sealed,** for remaining silent in the face of this injustice. **And some say** that the Jewish people were punished **for two wicks**[N] **in one lamp,** a euphemism for the sin of adultery committed by this couple while the master was still married to the woman.

LANGUAGE

Apprentice [*shulya*] – **שׁוּלְיָא**: This word is also found in Mandaic, meaning a student or an apprentice to a craftsman. There is also a version that reads *shevalya*, with an additional *vav*, meaning one who is led, which is perhaps close to *shevalya* spelled with a *veit*, meaning path.

NOTES

And some say for two wicks – **וְאָמְרִי לַהּ עַל שְׁתֵּי פְּתִילוֹת**: Many of the commentaries explain that this refers to the same incident, but they disagree whether the apprentice was guilty only of injustice and abuse, or whether he was also guilty of adultery and had already sinned with her when she was in his house. They also note that while the incident described here involved the sin of a single individual, nevertheless, the matter was not a secret, as it had public ramifications that were visible to the community. As no objection was raised to the sinful behavior, the sin was attributed to the entire generation (Maharsha). The Ya'avetz writes that this incident demonstrates that in addition to sins that fall into distinct halakhic categories, there are sins of deceit, abuse, and the causing of human suffering, which, although they are not explicitly mentioned in the Torah, carry much more severe punishment.

"לָקַח מִן הַסִּיקָרִיקוֹן" וכו׳. אָמַר רַב: לֹא שָׁנוּ אֶלָּא דְּאָמַר לוֹ "לֵךְ חֲזַק וּקְנֵי", אֲבָל בִּשְׁטָר – קָנָה; וּשְׁמוּאֵל אָמַר: אַף בִּשְׁטָר נַמִי לֹא קָנָה, עַד שֶׁיִּכְתּוֹב לוֹ אַחֲרָיוּת.

The Gemara returns to the mishna, which states: If **one** first **purchased** land **from a Sicarius,** and afterward returned and purchased the same field from the prior landowner, so that he will be considered the legal owner of the field, his purchase is void. **Rav says: They taught** that the purchase is void **only** in a case where the prior owner **says to** the buyer when he came to acquire the field from him: **Go, take possession** of the field **and** thereby **acquire** it, as in such a case the prior owner can say that he did not actually mean to sell him the field. **But** if he sold it to him **with a bill** of sale, the buyer **acquires** the field. **And Shmuel says: Even** if he sold it to him **with a bill** of sale, the buyer **does not acquire** it **unless** the prior owner **writes him a guarantee**[N] that if the field is repossessed by a creditor of the prior owner, the prior owner, who sold him the field, will compensate him for his loss, as by writing this guarantee he demonstrates that this is a true sale.

NOTES

Unless the prior owner writes him a guarantee – עַד שֶׁיִּכְתּוֹב לוֹ אַחֲרָיוּת: Some early commentaries, including Rav Hai Gaon, hold that this dispute is related to a broader dispute between Rav and Shmuel concerning whether or not the omission of a guarantee from a bill of sale is a scribal error. Rav maintains that the omission of a guarantee from such a document is a scribal error, as all bills of sale carry a guarantee unless they explicitly state that the sale is not guaranteed. Therefore, Rav holds here that the writing of a bill of sale is tantamount to writing a guarantee. Shmuel rules consistently that the omission of a guarantee is not considered a scribal error, and consequently, unless the guarantee is included in the document in writing, there is no guarantee (see *Tosafot*).

The Ramban and the Rashba explain that the dispute here is unrelated to the broader dispute, and consequently rule here in accordance with the opinion of Shmuel, although they maintain in general that the omission of a guarantee is a scribal error. They make a distinction between a standard sale and this one, where the prior owner is participating only out of fear of the Sicarius.

תַּנְיָא כְּוָותֵיהּ דִּשְׁמוּאֵל, רַבִּי שִׁמְעוֹן בֶּן אֶלְעָזָר אוֹמֵר: לָקַח מִן הָאִשָּׁה וְחָזַר וְלָקַח מִן הָאִישׁ – מִקָּחוֹ קַיָּים, מִן הָאִישׁ וְחָזַר וְלָקַח מִן הָאִשָּׁה – מִקָּחוֹ בָּטֵל, עַד שֶׁתִּכְתּוֹב לוֹ אַחֲרָיוּת.

It is taught in a *baraita* (*Tosefta* 5:2) **in accordance with** the opinion of **Shmuel** that **Rabbi Shimon ben Elazar says:** If **one** first **purchased** a field belonging to a married woman **from the wife,**[H] so that if her husband were to predecease or divorce her, the purchaser would then own it fully, **and** afterward **he returned and purchased** the same field **from the husband,** so that he will have the right to use it in the interim, **his purchase stands.** If he first acquired the field **from the husband, and** afterward **he returned and purchased** the same field **from the wife, his purchase is void, unless** the woman **writes him a guarantee.** This supports Shmuel's opinion that only when the prior owner writes the buyer a guarantee is it assumed that he sold him the field wholeheartedly.

נֵימָא תֶּיהֱוֵי תְּיוּבְתָּא דְּרַב! אָמַר לָךְ רַב: מַאי אַחֲרָיוּת? נַמִי שְׁטָר.

The Gemara asks: **Let us say that this** *baraita* **is a conclusive refutation** of the opinion **of Rav,** who said that a written bill of sale suffices and a guarantee is not required. The Gemara answers: **Rav** could have **said to you: What** is the **guarantee** mentioned here? It **too** is referring to a **bill** of sale, as it suffices that she sell him the field with a bill of sale, and it is not necessary for her to write him a guarantee in addition.

תָּנוּ רַבָּנַן: לָקַח מִן הַסִּיקָרִיקוֹן, וַאֲכָלָהּ שָׁלֹשׁ שָׁנִים בִּפְנֵי בְעָלִים, וְחָזַר וּמְכָרָהּ לְאַחֵר – אֵין לַבְּעָלִים עַל לוֹקֵחַ שֵׁנִי כְּלוּם.

The Sages taught in a *baraita*: If **one purchased** land **from a Sicarius**[H] **and consumed its** produce **for three years**[N] **in the presence of the** prior **owner, and** then the one who purchased it from the Sicarius **returned and sold it to another** person, **the** prior **owner has no** claim **against the second buyer.**

הֵיכִי דָּמֵי? אִי דְּקָא טָעֵין וְאָמַר "מִינָּךְ זַבְנָהּ", אֲפִילּוּ רִאשׁוֹן נַמִי! אִי דְּלָא קָא טָעֵין וְאָמַר "מִינָּךְ זַבְנָהּ", אֲפִילּוּ שֵׁנִי נַמִי לָא!

The Gemara clarifies: **What are the circumstances** of the case? If the second buyer **claims and says** to the prior owner: After buying the property from the Sicarius, the first buyer returned and **purchased it from you,** providing you with proper reimbursement, then **even the first** buyer should be deemed credible if he claims that he purchased the property from the prior owner. This is because he has been physically in possession of the property for three years, and this can serve as proof that he is in fact the legal owner. And **if** the second buyer **does not claim and say** to the prior owner: **He purchased** the property **from you,** then **even the second** buyer should **also not** retain possession of the property. This is in accordance with the principle that physical possession of property that is not accompanied by a claim that the property was legally acquired cannot serve as proof of ownership.

HALAKHA

If one purchased from the wife – לָקַח מִן הָאִשָּׁה: If a husband sold the usage rights and future ownership of property belonging to his wife, and then his wife wrote to the buyer that she has no claim to it, then even if the buyer performed an act of acquisition with her, she can still seize the property from him upon her divorce or widowhood, as she can claim that she merely wished to please her husband. By contrast, if the buyer first acquired it from the woman so that she has no further lien on the property, and afterward he bought the usage rights and future ownership from the husband, she can no longer seize it. Similarly, if she explicitly accepts responsibility for the husband's sale, so that if creditors come and seize the property she will reimburse the buyer, she cannot seize it. The Rema writes that some say that if the woman herself receives the money, she can still seize it (Rambam *Sefer Nashim*, *Hilkhot Ishut* 17:11; *Shulḥan Arukh*, *Even HaEzer* 90:17).

If one purchased from a Sicarius – לָקַח מִן הַסִּיקָרִיקוֹן: If one acquired property from a Sicarius and the field was in his possession for three years, and afterward the first buyer sold it to someone else, the prior owner has no claim against the second buyer. This is also the *halakha* if the field was in the possession of the first buyer for only a short time, and in the possession of the second buyer for three years. The Rema writes that some say that this *halakha* applies only if the first buyer was Jewish, but if the first buyer was a gentile and he sold it to a Jew, then it is as if the second buyer purchased the property from the violent gentile himself (*Shulḥan Arukh*, *Ḥoshen Mishpat* 236:5).

NOTES

Consumed its produce for three years – אֲכָלָהּ שָׁלֹשׁ שָׁנִים: With regard to legal claims, this refers to maintaining possession of property. If one was physically in possession of real estate for three years, this serves as proof that he is in fact, as he claims, the legal owner. One who is able to prove uninterrupted possession for the necessary period is no longer required to produce documentary evidence of his legal title.

אָמַר רַב שֵׁשֶׁת: לְעוֹלָם דְּלָא קָא טָעֵין לֵיהּ, וּכְגוֹן זֶה טוֹעֲנִין לְיוֹרֵשׁ וְטוֹעֲנִין לְלוֹקֵחַ,

Rav Sheshet says: Actually, it is referring to a case **where** the second buyer **does not claim** that the first buyer purchased the property from the prior owner. **And** although in general, physical possession of property that is not accompanied by a claim that the property was legally acquired cannot serve as proof of ownership, in a case **such as this** the court **makes a claim on behalf of an heir**[H] **and** the court **makes a claim on behalf of a buyer.** Since heirs and buyers are generally unaware of the circumstances in which their predecessor obtained possession of the property, the court advances the claim on their behalf that it had been acquired legally.

וְאִידָךְ אִי טָעֵין – אִין, וְאִי לָא טָעֵין – לָא.

And as to **the other** party, the first buyer, **if** he **claims** that he purchased the property from the prior owner, **yes,** he retains possession of the property, as his physical possession of the property is accompanied by a proper claim. **But if he does not make** such **a claim,** he does **not** retain possession, because the court does not make the claim on his behalf.

תָּנוּ רַבָּנַן: הַבָּא מֵחֲמַת חוֹב וּמֵחֲמַת אַנְפָּרוֹת – אֵין בּוֹ מִשּׁוּם סִיקָרִיקוֹן, וְאַנְפָּרוֹת עַצְמָהּ – צְרִיכָה שֶׁתִּשְׁהֶה שְׁנֵים עָשָׂר חֹדֶשׁ.

§ **The Sages taught** in a *baraita* (*Tosefta* 5:2): If property comes into one's possession **due to** payment **of a debt**[H] **or due to unjust seizure** [*anparot*][LN] of the land by a gentile, the previously mentioned laws **of Sicarii do not** apply.[N] **And** the **unjustly seized land itself must remain** in the possession of the gentile who seized it **for** at least **twelve months** before another buyer can take possession of it.

וְהָאָמְרַתְּ אֵין בָּהּ מִשּׁוּם סִיקָרִיקוֹן! הָכִי קָאָמַר: סִיקָרִיקוֹן עַצְמָהּ – צְרִיכָה שֶׁתִּשְׁהֶה שְׁנֵים עָשָׂר חֹדֶשׁ.

The Gemara raises an objection based on the fact that the twelve-month waiting period is relevant to the laws of Sicarii: **But didn't you say** that **the laws of Sicarii do not apply** in this case? The Gemara answers: **This is what** the *baraita* **is saying:** Property purchased from **the Sicarius himself must remain** in his possession for at least **twelve months.**

אָמַר רַב יוֹסֵף, נָקְטִינַן: אֵין אַנְפָּרוֹת בְּבָבֶל. וְהָא קָחָזֵינַן דְּאִיכָּא! אֶלָּא אֵימָא: אֵין דִּין אַנְפָּרוֹת בְּבָבֶל. מַאי טַעֲמָא? כֵּיוָן דְּאִיכָּא בֵּי דַּוָואר וְלָא אָזֵיל קָבֵיל, אֵימָא אַחוּלֵי אַחֵיל.

Rav Yosef says that **we have a tradition** that **there is no unjust seizure of land in Babylonia.** The Gemara objects: **But don't we see that there is** unjust seizure of land in Babylonia? **Rather, say** that **there is no law of unjust seizure in Babylonia,** meaning that this law is not applied in Babylonia. **What is the reason** for this? **Since there is a regional seat of government** [*bei davar*],[L] **and** yet the owner **does not go and complain** before it that his property had been seized, **say that he waived** his rights to the property and consequently is unable to bring a claim about it.

גִּידֵּל בַּר רְעִילַאי קַבֵּיל אַרְעָא בְּטַסְקָא מִבְּנֵי בָּאגָא, אַקְדֵּים וְיָהֵיב זוּזֵי דִּתְלָת שְׁנִין. לַסּוֹף אֲתָא מָרְוָותָא קַמָּאֵי, אֲמַרוּ לֵיהּ: שַׁתָּא קַמַּיְיתָא דִּיהַבְתְּ אֲכַלְתְּ, הַשְׁתָּא אֲנַן יָהֲבִינַן אֲנַן אָכְלִינַן.

It is related that **Giddel bar Re'ilai received land from the residents of** a certain **valley** in exchange **for** payment of the **land tax** [*taska*].[L] All of the residents of the valley would jointly pay the land tax. After some of the residents had gone away, those who remained authorized Giddel bar Re'ilai to use the land of the absentee owners, on condition that Giddel would pay the land tax on their behalf. Giddel **gave the money for three years in advance,** although the tax was ordinarily paid annually. **Eventually,** after the first year, **the prior owners came and said to** Giddel: With regard to **the first year for which you paid** the tax, **you have** already **consumed** the produce. **Now we will pay** the taxes and **we will consume** the produce, and you shall have no further rights to it.

HALAKHA

In a case such as this the court makes a claim on behalf of an heir – כְּגוֹן זֶה טוֹעֲנִין לְיוֹרֵשׁ: If one bought a field from a gentile who had taken it by force, and the field was in the buyer's possession for three years before he died and left it to his heir, the court makes a claim on behalf of the heir (*Shulḥan Arukh, Ḥoshen Mishpat* 236:6).

If property comes due to payment a debt – הַבָּא מֵחֲמַת חוֹב: If a violent gentile took land from a Jew by force and seized his field on account of a debt or because he had caused him a loss, and afterward he sold it to a Jew, the prior owner cannot take it from the buyer. The Rambam maintains that this *halakha* applies when the buyer agrees that the gentile's claim is true, or there are witnesses with regard to the matter, or the local government can recover property that had been illegally seized and the prior owner did not make a claim, in accordance with the opinion of Rav Yosef. The Rosh, citing Rabbeinu Gershom Meor HaGola, and the *Tur* write that the prior owner can take the property from the buyer even if he acquired it only after it had remained in the hands of the gentile for twelve months, and he gives the buyer what he paid for the field. The Maharshal rules likewise (Rambam *Sefer Nezikin, Hilkhot Gezeila VaAveda* 10:1–2; *Shulḥan Arukh, Ḥoshen Mishpat* 236:7).

LANGUAGE

Unjust seizure [*anparot*] – אַנְפָּרוֹת: This is apparently a Hebrew form of the Greek ἀναφορά, *anaphora*, meaning repairing a fault, defeat, or offering. Based on context, it means unjust seizure of property.

Regional seat of government [*bei davar*] – בֵּי דַּוָואר: Possibly from the Middle Persian dādwār, meaning judge.

Land tax [*taska*] – טַסְקָא: When it appears in the Talmud *taska* usually refers to a land tax, similar to the Arabic طسق, *ṭasq*, although some claim the word is derived from the Late Latin taxare, meaning the imposition of taxes. Here it refers a farmer's set annual payment to the government, which remains fixed regardless of the farmer's profits, similar to a land tax.

NOTES

Unjust seizure – אַנְפָּרוֹת: Rashi explains here and elsewhere that the reference here is to full-fledged theft, where the gentile took the Jew's property without justification. The difference between this situation and that of a Sicarius is that in the case of the Sicarius, there is the presumption that the prior owner had consented to the transfer of the land, albeit under duress, whereas here the land was taken without consent. The Ramah explains that unjust seizure occurs in particular circumstances, e.g., where the Jewish owner of the land caused the gentile damage, and the gentile seized the field as compensation. The Rambam appears to have had a similar understanding. Rabbeinu Crescas Vidal seems to have understood: Debt and unjust seizure, as a single issue, i.e., that the gentile seized the field as compensation for a debt he was owed, but not in a proper legal manner.

The laws of Sicarii do not apply – אֵין בּוֹ מִשּׁוּם סִיקָרִיקוֹן: There are two opposing opinions with regard to how to understand this issue. Some explain that this gentile is not considered to be a Sicarius, and that no special measure was instituted for the benefit of the buyer. Rather, although he purchased the property at a fair price from the gentile, and then purchased it again from the prior owner, since it came to the gentile through theft and he did not acquire it legally, the prior owner can seize the property from the buyer without compensation (Rashi; Ra'avad).

Somewhat similarly, the Ramah writes that the measure instituted by Rabbi Yehuda HaNasi and his court, that after twelve months the prior owner can no longer take the field from the buyer, stems from the fact that it would have been possible to recover the field from the robber based on gentile law, and since he did not do this he no longer has any claim with regard to the field. Here, since the gentile had a claim against the owner of the field, the owner of the field could not have recovered his field from the gentile based on gentile law. Therefore, his silence cannot be interpreted as a waiver of his right to the property, and even after twelve months he can still take the field from the buyer in exchange for money.

According to the other opinion, one who bought property from a gentile who had seized it from the prior owner is treated like someone who purchased a field that had been properly sold; he is not required to return the field to the prior owner or to reimburse him (*Sefer HaIttur*; Rambam; Rid). The early and later commentaries raise difficulties according to both understandings and note that different commentaries appear to have had different versions of the text.

אָתוּ לְקַמֵּיהּ דְּרַב פַּפָּא, סָבַר מִיכְתַּב לֵיהּ טִירְפָּא אַבְּנֵי בָּאגָא, אֲמַר לֵיהּ רַב הוּנָא בְּרֵיהּ דְּרַב יְהוֹשֻׁעַ לְרַב פַּפָּא: אִם כֵּן, עָשִׂיתָ סִיקָרִיקוֹן! אֶלָּא אָמַר רַב הוּנָא בְּרֵיהּ דְּרַב יְהוֹשֻׁעַ: הִנִּיחַ מָעוֹתָיו עַל קֶרֶן הַצְּבִי.

The parties **came before Rav Pappa** to decide the case. At first he **thought** of **writing for** Giddel a document of **authorization to repossess** the property **against the residents of the valley** [*baga*],[L] allowing Giddel to hold the land for two more years in compensation for the money that he had advanced for the taxes. **Rav Huna, son of Rav Yehoshua, said to Rav Pappa: If so, you made** this law like that applying to **a Sicarius,**[N] and it has already been established that the law of Sicarii does not apply in Babylonia. **Rather, Rav Huna, son of Rav Yehoshua, said:** In this case Giddel **placed his money on the horn of a deer,** meaning that he himself put his money in jeopardy. The money he had advanced is regarded as a gift, and he has no right to demand that he be reimbursed.

״זוֹ מִשְׁנָה רִאשׁוֹנָה. בֵּית דִּין שֶׁל אַחֲרֵיהֶן אָמְרוּ: הַלּוֹקֵחַ מִן הַסִּיקָרִיקוֹן נוֹתֵן לַבְּעָלִים רְבִיעַ״. אָמַר רַב: רְבִיעַ בְּקַרְקַע אוֹ רְבִיעַ בְּמָעוֹת, וּשְׁמוּאֵל אָמַר: רְבִיעַ בְּקַרְקַע שֶׁהֵן שְׁלִישׁ בְּמָעוֹת.

§ The mishna teaches: **This is the initial** version of the **mishna.** Later, **the court of those** who came **after** the Sages who composed that mishna **said:** With regard to **one who purchased** a field **from a Sicarius, he must give the** prior owner **one-fourth** of the field's value. **Rav says:** He gives him **one-fourth** of what he paid by giving him a portion **of the land, or** else **one-fourth in money,** whichever he prefers. **And Shmuel says:** He gives him **one-fourth of** the **land,**[H] **which is one-third of the money** that he paid.

בְּמַאי קָמִיפַּלְגִי? מָר סָבַר: נְכִי רְבִיעַ זְבֵין, וּמָר סָבַר: נְכִי חוּמְשָׁא זְבֵין.

The Gemara explains: **With regard to what do** these *amora'im* **disagree?** One **Sage,** Shmuel, **holds** that the Sicarius **sold** the field to the buyer **for one-fourth less** than its actual value. Consequently, the buyer must return to the prior owner the amount by which he profited when he bought the property from the Sicarius, which is one-third of the money that he actually paid. **And** one **Sage,** Rav, **holds** that the Sicarius **sold** the field to the buyer **for one-fifth less** than its actual value. Consequently, the buyer is required to return to the prior owner only one-fifth of the actual value, which is one-fourth of what he actually paid.

מֵיתִיבִי: זוֹ מִשְׁנָה רִאשׁוֹנָה. בֵּית דִּין שֶׁל אַחֲרֵיהֶן אָמְרוּ: הַלּוֹקֵחַ מִן הַסִּיקָרִיקוֹן נוֹתֵן לַבְּעָלִים רְבִיעַ, וְיַד בְּעָלִים עַל הָעֶלְיוֹנָה, רָצוּ בְּקַרְקַע נוֹטְלִין, רָצוּ בְּמָעוֹת נוֹטְלִין; אֵימָתַי? בִּזְמַן שֶׁאֵין בְּיָדָן לִיקַּח, אֲבָל יֵשׁ בְּיָדָן לִיקַּח – הֵן קוֹדְמִין לְכָל אָדָם.

The Gemara **raises an objection** from what is taught in a *baraita*: **This is the initial** version of the **mishna.** Later, **the court of those** who came **after** the Sages who composed that mishna **said:** With regard to **one who purchased** a field **from a Sicarius, he must give the** prior **owner one-fourth** of the field's value, **and the** prior **owner has the advantage. If he wants land, he takes** what is due him in land, and if **he wants money, he takes** what is due him in money. **When** does this apply? **At a time when** the prior owner **is unable to purchase** the field himself; **but if he is able to purchase** it himself, **he precedes anyone** else.

רַבִּי הוֹשִׁיב בֵּית דִּין וְנִמְנוּ, שֶׁאִם שָׁהֲתָה בִּפְנֵי סִיקָרִיקוֹן שְׁנֵים עָשָׂר חוֹדֶשׁ – כָּל הַקּוֹדֵם לִיקַּח זָכָה, אֲבָל נוֹתֵן לַבְּעָלִים רְבִיעַ בְּקַרְקַע אוֹ רְבִיעַ בְּמָעוֹת.

Rabbi Yehuda HaNasi[P] later **convened a court, and they counted** their votes and determined **that if** the field **remained before,** i.e., in the possession of, **the Sicarius** for **twelve months, whoever first purchases** the field **acquires possession** of it, **but he must give the** prior **owner one-fourth** of its value by giving him a portion **of the land or one-fourth in money.** This is in accordance with the statement of Rav, but it is difficult for Shmuel.

אֲמַר רַב אַשִׁי: כִּי תַּנְיָא הַהִיא – לְאַחַר שֶׁבָּאוּ מָעוֹת לְיָדוֹ. אָמַר רַב:

Rav Ashi said: When that *baraita* **is taught,** it is referring to one-fourth of the total amount **after the money reached** the prior owner's **possession.** In other words, it does not refer to one-fourth of the money that the buyer paid the Sicarius, but one-fourth of the field's actual value, which is one-third of what the buyer paid the Sicarius. **Rav says:**

אֲנָא הֲוַאי בְּמִנְיָינָא דְּבֵי רַבִּי, וּמִינַּאי דִּידִי מָנוּ בְּרֵישָׁא.

I was present **for the counting** of the vote in the court set up **in the school of Rabbi** Yehuda HaNasi when they established this ordinance, **and they would start with me first,** asking for my opinion on the matter, although I was the youngest member of the court.

LANGUAGE

Valley [*baga*] – בָּאגָא: Derived from the Persian bāy, meaning garden.

NOTES

You made a Sicarius – עָשִׂיתָ סִיקָרִיקוֹן: Rashi explains this to mean that Rav Pappa related to these fields that were leased to Giddel to be like a field taken by a Sicarius, in that one who purchases such a field has a right to what he acquired, in accordance with the mishna. This case is not at all similar to one in which a Sicarius took a field by force, where the landowner's life is in danger. Rather, it is like a case where one pays another's debt, for which the *halakha* is that he cannot collect the money from him. The Meiri writes that the reference here to a Sicarius is hyperbole: You ruled as though the residents of the valley were Sicarii, meaning thieves who took property in an unlawful manner, when in truth they acted correctly. It was of his own volition that Giddel paid the taxes in advance, and it is not their fault that he incurred a loss.

HALAKHA

One-fourth of land – רְבִיעַ בְּקַרְקַע: If the owner cannot buy the field from the one who had taken it by force, or the field had remained in the possession of the Sicarius for twelve months, then anyone who purchases it first from the Sicarius acquires it. Nevertheless, he is required to give the prior owner one quarter of the land or one-third of the money that he paid. This is in accordance with the opinion of Shmuel, as the *halakha* is ruled in accordance with his opinion in his disputes with Rav with regard to monetary law (Rambam *Sefer Nezikin*, *Hilkhot Gezeila VaAveda* 10:3; *Shulḥan Arukh*, *Ḥoshen Mishpat* 236:1).

PERSONALITIES

Rabbi Yehuda HaNasi – רַבִּי יְהוּדָה הַנָּשִׂיא: The period of the *tanna'im* concluded with Rabbi Yehuda HaNasi's redaction of the Mishna. The son of Rabban Shimon ben Gamliel II, he lived from 135 until 220 CE. When he was thirty years old he was appointed *Nasi*, or prince, but due to his great scholarship he is referred to in the Talmud simply as Rabbi. Rabbi Yehuda HaNasi spoke Greek, the language spoken by the elite in Eretz Yisrael, and was friendly with the Roman emperor, Antoninus. His knowledge of Hebrew was legendary, to the extent that the Sages learned the meaning of difficult words from servants who worked in his house.

The Gemara (59a) states that from the time of Moses no other individual reached the level that Rabbi Yehuda HaNasi achieved in terms of both Torah scholarship and prominent leadership. His lifework was the collection of oral traditions and opinions that he wove together to form the Mishna, which serves as the basis of the Talmud.

Rabbi Yehuda HaNasi's students were the Sages of the first generation of *amora'im*, including Rabbi Yoḥanan, Rabbi Ḥiyya, bar Kappara, and Rav.

וְהָאֲנַן תְּנַן: דִּינֵי מָמוֹנוֹת וְהַטְּהָרוֹת וְהַטּוּמְאוֹת מַתְחִילִין מִן הַגָּדוֹל, וְדִינֵי נְפָשׁוֹת מַתְחִילִין מִן הַצַּד!

The Gemara asks: **But didn't we learn** in the mishna (*Sanhedrin* 32a): In cases of **monetary law and** in cases involving **ritual purities and impurities,** the judges **begin** their deliberations with the opinion of **the most learned** member sitting on the bench, as a demonstration of honor to him. **But in** cases of **capital law,** they **begin** their deliberations with the opinion of the youngest member who sits **on** one of **the side**[H] benches of the court, lest the junior members be unduly influenced by the opinion of their elders, and people come to be wrongfully executed as a result. The matter involving Rav was not a capital case. Why did they begin their deliberations with Rav, who was certainly not the most learned member of the court, as that designation clearly belonged to Rabbi Yehuda HaNasi?

וְאָמַר רַבָּה בְּרֵיהּ דְּרָבָא, וְאִיתֵּימָא רַבִּי הִילֵּל בְּרֵיהּ דְּרַבִּי וּולָס: שָׁאנֵי מִנְיָנָא דְּבֵי רַבִּי, דְּכוּלְּהוּ מִנְיָינַיְיהוּ מִן הַצַּד הָווּ מַתְחִילִין.

And Rabba, son of Rava, says, and some say that it was **Rabbi Hillel, son of Rabbi Volas,**[L] who says: **The counting** of the vote in the court **in the school of Rabbi** Yehuda HaNasi **was different, as all of their** deliberations and **countings** of the vote **would begin** with the junior members sitting **on the side.** This was because Rabbi Yehuda HaNasi was held in such high esteem that once he expressed his opinion, nobody would be so brazen as to contradict him.

וְאָמַר רַבָּה בְּרֵיהּ דְּרָבָא, וְאִיתֵּימָא רַבִּי הִילֵּל בְּרֵיהּ דְּרַבִּי וּולָס: מִימוֹת מֹשֶׁה וְעַד רַבִּי לֹא מָצִינוּ תּוֹרָה וּגְדוּלָּה בְּמָקוֹם אֶחָד.

And apropos of the greatness of Rabbi Yehuda HaNasi, **Rabba, son of Rava, says, and some say** that it was **Rabbi Hillel, son of Rabbi Volas,** who says: **From the days of Moses and until** the days of **Rabbi** Yehuda HaNasi **we do not find** unparalleled greatness in **Torah** knowledge **and** unparalleled **greatness** in secular matters, including wealth and high political office, combined **in one place,** i.e., in a single individual.

וְלָא? הָא הֲוָה יְהוֹשֻׁעַ! הֲוָה אֶלְעָזָר. הָא הֲוָה אֶלְעָזָר! הֲוָה פִּנְחָס. וְהָא הֲוָה פִּנְחָס! הָווּ זְקֵנִים.

The Gemara asks: **But** was there **not** such a person? **Wasn't there Joshua,** who was unparalleled in both domains? The Gemara answers: During his day **there was Elazar,** who was Joshua's equal in Torah knowledge. The Gemara asks: **Wasn't there Elazar,** who outlived Joshua? The Gemara answers: During his day, **there was Pinehas,** who was Elazar's equal in Torah knowledge. The Gemara objects: **Wasn't there Pinehas,** who outlived Elazar? The Gemara answers: **There were the Elders,** who were equal to Pinehas in Torah knowledge.

הָא הֲוָה שָׁאוּל! הֲוָה שְׁמוּאֵל. וְהָא נָח נַפְשֵׁיהּ! כּוּלְּהוּ שְׁנֵי קָאָמְרִינַן. וְהָא הֲוָה דָּוִד! הֲוָה עִירָא הַיָּאִירִי.

The Gemara further objects: **Wasn't there Saul,** who was unparalleled in both domains? The Gemara answers: **There was Samuel,** who was Saul's equal in Torah knowledge. The Gemara asks: **But didn't** Samuel **pass away** in Saul's lifetime, leaving Saul the leading figure in both domains? The Gemara answers: **We** meant to **say** that from the days of Moses to the days of Rabbi Yehuda HaNasi there was no other single individual who reigned supreme in Torah and greatness for **all the years** that he was the leader of the Jewish people. The Gemara asks: **But wasn't there David,** who was both the greatest Torah authority and the most powerful temporal authority of his day? The Gemara answers: **There was Ira the Jairite,** who was David's equal in Torah knowledge.

וְהָא נָח נַפְשֵׁיהּ! כּוּלְּהוּ שְׁנֵי בָּעֵינַן. הָא הֲוָה שְׁלֹמֹה! הֲוָה שִׁמְעִי בֶּן גֵּרָא. וְהָא קַטְלֵיהּ! כּוּלְּהוּ שְׁנֵי קָאָמְרִינַן.

The Gemara objects: **But didn't** Ira the Jairite **pass away** in David's lifetime? The Gemara answers: In order to qualify for this designation, **we require** that he be the leading figure in both Torah and high office for **all the years** that he is the leader of the Jewish people. The Gemara asks: **Wasn't there Solomon,** who was unparalleled in both domains? The Gemara answers: During his day **there was Shimi ben Gera,** who was Solomon's master in Torah knowledge. The Gemara objects: **But didn't** Solomon **kill him** at the beginning of his reign (see 1 Kings, chapter 2)? The Gemara answers: **We** meant to **say** that from the days of Moses to the days of Rabbi Yehuda HaNasi there was no other single individual who reigned supreme in Torah and greatness **all** of his **years.**

HALAKHA

They begin on the side – מַתְחִילִין מִן הַצַּד: In monetary cases and in cases involving ritual purity and impurity, the judges begin their deliberations with the opinion of the most learned member. But in capital cases they begin from the side, and hear the opinion of the most learned member only at the end. If he were to speak first, others might rely on his opinion and not view themselves as fit to disagree with him (Rambam *Sefer Shofetim, Hilkhot Sanhedrin* 10:6, 11:6).

LANGUAGE

Volas – וּולָס: The source of this name is not clear. Some assert that it is the Greek name **Οὐάλης**, *Ouales*, which is the transliteration of the Latin valens, meaning strong, vigorous.

הָא הֲוָה חִזְקִיָּה! הֲוָה שֶׁבְנָא. הָא אִיקְּטִיל! כּוּלְּהוּ שְׁנֵי קָאָמְרִינַן. וְהָא הֲוָה עֶזְרָא! הֲוָה נְחֶמְיָה בֶּן חֲכַלְיָה.

The Gemara further objects: **Wasn't there Hezekiah,** who was both the leading Torah scholar of his age and also the king of his people? The Gemara answers: **There was Shebnah** in that generation, who was Hezekiah's equal in Torah knowledge. The Gemara asks: **Wasn't he killed** in the war against Sennacherib? The Gemara answers: **We** meant to **say** that there was no similar individual who reigned supreme in both Torah and high office **all** of his **years.** The Gemara asks: **But wasn't there Ezra,** who was the greatest Torah sage of his day and the leader of the Jewish people? The Gemara answers: **There was Nehemiah ben Hacaliah** who was his equal.

אָמַר רַב אַחָא בְּרֵיהּ דְּרָבָא, אַף אֲנִי אוֹמֵר: מִימוֹת רַבִּי וְעַד רַב אַשִׁי לֹא מָצִינוּ תּוֹרָה וּגְדוּלָּה בְּמָקוֹם אֶחָד. וְלָא? וְהָא הֲוָה הוּנָא בַּר נָתָן! שָׁאנֵי הוּנָא בַּר נָתָן, דְּמֵיכַף הֲוָה כָּיֵיף לֵיהּ לְרַב אַשִׁי.

Rav Aḥa, son of Rava, says: I also say something similar, that **from the days of Rabbi** Yehuda HaNasi **and until** the days of **Rav Ashi, we do not find** unparalleled greatness in **Torah** knowledge **and** unparalleled **greatness** in secular matters, including wealth and high political office, combined **in one place,** i.e., in a single individual. The Gemara asks: **But** was there **not** such a person? **But wasn't there Huna bar Natan,**[P] who enjoyed both great Torah scholarship and great wealth, who lived during the time of Rav Ashi? The Gemara answers: **Huna bar Natan is different, as he** himself **was subordinate to Rav Ashi,** who was his superior in both domains.

מתני׳ חֵרֵשׁ רוֹמֵז וְנִרְמָז, וּבֶן בְּתֵירָא אוֹמֵר: קוֹפֵץ וְנִקְפָּץ, בְּמִטַּלְטְלִין. הַפָּעוֹטוֹת – מִקָּחָן מִקָּח וּמִמְכָּרָן מִמְכָּר בְּמִטַּלְטְלִין.

MISHNA The following enactments were also made for the betterment of the world: **A deaf-mute may express** his wishes **through gestures** [*romez*]; that is to say, he can signal that he wishes to buy or sell a certain item, and the purchase or sale is valid. **And** similarly **he may respond** to others **through gestures;**[H] that is to say, he can signal that he agrees to a transaction initiated by another party, and the transaction is valid. **And ben Beteira says:** Signals are not necessary, as even if **he expresses** his wishes to buy or sell **through lip movements** [*kofetz*] **or responds** to others **through lip movements,**[N] the transaction is valid. These *halakhot* apply **to** transactions involving **movable property.** It was similarly enacted that **a purchase** made **by young children** [*paotot*][L] is a valid **purchase,**[H] **and a sale** made by them is a valid **sale.** These *halakhot* apply **to** transactions involving **movable property.**

גמ׳ אָמַר רַבִּי נַחְמָן: מַחֲלוֹקֶת – בְּמִטַּלְטְלִין, אֲבָל בְּגִיטִּין – דִּבְרֵי הַכֹּל בִּרְמִיזָה.

GEMARA **Rav Naḥman says** in clarification of the scope of the dispute between the first *tanna* and ben Beteira: The **dispute** is only **with regard to** the purchase or sale of **movable property. But with regard to bills of divorce, all agree,** even ben Beteira, that a deaf-mute can communicate only **through gestures**[H] and not through lip movements.

פְּשִׁיטָא, "בְּמִטַּלְטְלִין" תְּנַן! מַהוּ דְּתֵימָא אַף בְּמִטַּלְטְלִין, קָא מַשְׁמַע לַן.

The Gemara asks: It **is obvious** that this is the case, as **didn't we learn** in the mishna: These *halakhot* apply **to** transactions involving **movable property?** The Gemara answers: Rav Naḥman's statement is necessary, **lest you say** that the mishna means that these *halakhot* apply **even** to transactions involving **movable property,** and they similarly apply to other matters, such as bills of divorce. Therefore, Rav Naḥman **teaches us** that ben Beteira's validation of lip movements applies only to transactions involving movable property, but not to bills of divorce.

HALAKHA

A deaf-mute may express through gestures and he may respond through gestures – חֵרֵשׁ רוֹמֵז וְנִרְמָז: By Torah law the business transactions of a deaf-mute are void, but the Sages instituted that a deaf-mute can conduct business transactions so that he can earn a livelihood. A deaf-mute can buy and sell movable property through gestures, but he cannot do so for land. Even with regard to movable objects, before confirming his transactions the court must carefully examine the matter many times and ascertain the extent to which he understands what he is doing (Rambam *Sefer Kinyan, Hilkhot Mekhira* 29:1–2; *Shulḥan Arukh, Ḥoshen Mishpat* 235:17).

The purchase made by young children is a valid purchase, etc. – הַפָּעוֹטוֹת מִקָּחָן מִקָּח וכו׳: The transactions of a child younger than six years old are void. From the age of six and onward, if the child understands the nature of business, his transactions are valid and his gifts stand in the case of movable property, but not for land. The Rema writes, citing the Ramah and the Rosh, that once a child is ten years old, it is assumed that he understands the nature of business, unless he is an imbecile. The Rambam and the *Shulḥan Arukh* disagree with this (see *Sma*). These *halakhot* apply only when the minor does not have a steward; when he has a steward, his business transactions and gifts are valid only with the steward's consent (Rambam *Sefer Kinyan, Hilkhot Mekhira* 29:6–7; *Shulḥan Arukh, Ḥoshen Mishpat* 235:1–2).

With regard to bills of divorce all agree he can communicate through gestures – בְּגִיטִּין דִּבְרֵי הַכֹּל בִּרְמִיזָה: If a man betrothed a woman when he was a deaf-mute, so that his betrothal is not valid by Torah law, then just as he can betroth her with gestures, so too, he can divorce her with gestures, in accordance with Rav Naḥman. Some write that if he betrothed her with a document that he wrote in his own hand, he can also divorce her in that way (Rambam *Sefer Nashim, Hilkhot Geirushin* 2:17; *Shulḥan Arukh, Even HaEzer* 121:6 and *Beit Shmuel* there).

NOTES

He expresses through lip movements [*kofetz*] or responds through lip movements – קוֹפֵץ וְנִקְפָּץ: There are two opinions, which disagree not only about how to understand the word *kofetz*, but also about whether ben Beteira introduces a leniency or a stringency. According to Rashi, the word *romez* means that he signals with his hands or eyes, while the word *kofetz* means that he moves his lips in order to show his agreement, which is a less clear form of communication. Other early commentaries maintain that *kofetz* means that he holds the object that he acquired in his hand and transfers it into his domain, which is clearer than hand signals (Rambam's Commentary on the Mishna; Ra'avad; Ramah; Rabbeinu Crescas Vidal).

LANGUAGE

Young children [*paotot*] – פָּעוֹטוֹת: Some suggest that *pe'at* has a Hebrew root similar to that of *me'at*, meaning small or young. Most, however, say that the term derives from the Greek παῖδες, *paides*, meaning small children, but was Hebraized, like many foreign terms incorporated into Hebrew. This follows from the way the word appears in the Jerusalem Talmud, as *piyotot*.

PERSONALITIES

Huna bar Natan – הוּנָא בַּר נָתָן: Huna bar Natan was a Babylonian *amora* of the fifth to sixth generation. He was the Exilarch during the period of Rav Ashi, and a disciple of Rava, Rav Naḥman bar Yitzḥak, Ameimar, and Rav Pappa, as well as a close colleague of Rav Ashi.

Huna bar Rav Natan was one of the outstanding Torah scholars of his generation, and his statements are mentioned in many places throughout the Talmud. Since he was also the Exilarch and the political leader of Babylonian Jewry, it was said about him that he manifested Torah and greatness in one place. The Talmud relates that he was greatly admired by the Persian emperor of his day. Despite his greatness, Huna bar Natan would humble himself before Rav Ashi, who was the head of the yeshiva, showing the public that he accepted his authority.

Some argue that following Rav Ashi's death, Huna bar Natan replaced him for a short term as head of the yeshiva, yet this is by no means clear. It is possible that Mareimar, who, according to the epistle of Rav Sherira Gaon, was Rav Ashi's deputy, was a relative, perhaps the brother, of Huna bar Natan.

אִיכָּא דְּאָמְרִי, אָמַר רַב נַחְמָן: כְּמַחְלוֹקֶת בְּמִטַּלְטְלִין כָּךְ מַחְלוֹקֶת בְּגִיטִּין. וְהָאֲנַן "בְּמִטַּלְטְלִין" תְּנַן! אֵימָא: אַף בְּמִטַּלְטְלִין.

There are those who say an alternative version of the previous passage, that **Rav Naḥman says** as follows: **Just as** there **is a dispute** between the first *tanna* and ben Beteira **with regard to** transactions involving **movable property, so too,** there **is a dispute with regard to bills of divorce.** The Gemara objects: **But didn't we learn** in the mishna: These *halakhot* apply **to** transactions involving **movable property?** The Gemara answers: **Say** that the mishna means as follows: These *halakhot* apply **even to** transactions involving **movable property,** and similarly they apply to other matters, such as bills of divorce.

"הַפָּעוֹטוֹת – מִקָּחָן מִקָּח וּמִמְכָּרָן מִמְכָּר בְּמִטַּלְטְלִין". וְעַד כַּמָּה? מַחְוֵי רַב יְהוּדָה לְרַב יִצְחָק בְּרֵיהּ: כְּבַר שִׁית, כְּבַר שַׁב. רַב כָּהֲנָא אָמַר: כְּבַר שַׁב, כְּבַר תְּמָנֵי. בְּמַתְנִיתָא תָּנָא: כְּבַר תֵּשַׁע, כְּבַר עֶשֶׂר.

§ The mishna teaches that **a purchase** made **by young children** is a valid **purchase, and a sale** made by them is a valid **sale.** These *halakhot* apply **to** transactions involving **movable property.** The Gemara asks: **And from what** age are children included in this enactment? **Rav Yehuda pointed to Rav Yitzḥak, his son:** From the age of **about six or seven. Rav Kahana said:** From the age of **about seven or eight. It was taught in a *baraita*:** From the age of **about nine or ten.**

וְלָא פְּלִיגִי, כָּל חַד וְחַד לְפִי חוּרְפֵּיהּ. וְטַעְמָא מַאי? אָמַר רַבִּי אַבָּא בַּר יַעֲקֹב אָמַר רַבִּי יוֹחָנָן: מִשּׁוּם כְּדֵי חַיָּיו.

The Gemara comments: **And they do not disagree** about the issue itself; rather, **each** child is evaluated **according to his sharpness.** Some children are gifted and understand the nature of business transactions from an earlier age, while others are slower and do not reach the requisite understanding until they are older. The Gemara asks: **What is the reason** that the Sages instituted this enactment for young children? **Rabbi Abba bar Ya'akov says** that **Rabbi Yoḥanan says: In order to provide for** the child's **livelihood,**[H] as there may be times a child will have no other way to support himself but to engage in some type of business. If his transactions are not valid, he will go hungry.

"וַיֹּאמֶר לַאֲשֶׁר עַל הַמֶּלְתָּחָה הוֹצֵא לְבוּשׁ לְכֹל עוֹבְדֵי הַבַּעַל" – מַאי מֶלְתָּחָה? אָמַר רַבִּי אַבָּא בַּר יַעֲקֹב אָמַר רַבִּי יוֹחָנָן: דָּבָר הַנִּמְלָל וְנִמְתָּח.

Having cited a tradition reported by Rabbi Abba bar Ya'akov, the Gemara cites another such statement with regard to a different matter: The verse states: **"And he said to him who was over the wardrobe** [*meltaḥa*]**: Bring forth garments for all the worshippers of the Ba'al"** (II Kings 10:22). **What** is the meaning of the word **"*meltaḥa*"? Rabbi Abba bar Ya'akov says that Rabbi Yoḥanan says:** It is **something that can be compressed**[N] **and** then **stretched** [*nimlal venimtaḥ*] back to its former size; i.e., a certain type of garment that can be folded up so that it is very small, and afterward unfolded so that it is very large.

כִּי אֲתָא רַב דִּימִי אָמַר רַבִּי יוֹחָנָן: שִׁיגֵּר לוֹ בּוֹנְיָים בֶּן נוּנְיָים לְרַבִּי, סִיבְנִי וְחוּמֵס סַלְסְלָה וּמַלְמְלָא, סִיבְנִי וְחוּמֵס – כְּאַמְגוּזָא וּפַלְגֵיהּ דְּאַמְגוּזָא, סַלְסְלָה וּמַלְמְלָא – כְּפִיסְתְּקָא וּפַלְגֵי דְּפִיסְתְּקָא. מַאי מַלְמְלָא? דָּבָר הַנִּמְלָל וְנִמְתָּח.

When Rav Dimi came from Eretz Yisrael to Babylonia, he said that **Rabbi Yoḥanan says:** A wealthy man named **Bonyam**[L] **ben Nunyam** once **sent Rabbi** Yehuda HaNasi a gift comprised of the following items: ***Sivni***[L] **and *ḥoms*,**[NL] ***salsela* and *malmala*,**[L] which were all special types of linen. The Gemara explains what was unique about each of these fabrics: When folded, the ***sivni* and *ḥoms*** could be compressed to the size, respectively, **of a nut**[NB] **and half a nut.** When the ***salsela* and *malmala*** were folded, they could be compressed to the size, respectively, **of a pistachio nut and half a pistachio nut.** These fabrics were so thin that they could be compressed to a small size, but when they were unfolded they were large enough to cover Rabbi Yehuda HaNasi's body. The Gemara explains further: **What is the meaning** of the term ***malmala*?**[B] It is **something that can be compressed and stretched.**

וְטָעוּתָן עַד כַּמָּה? אָמַר רַבִּי יוֹנָה אָמַר רַבִּי זֵירָא: עַד שְׁתוּת, כְּגָדוֹל.

The Gemara returns to examine the matter of the transactions of young children and asks: **And up to how much is their mistake?**[H] What is the maximum amount a child can underpay or overcharge without the mistake canceling the sale? **Rabbi Yona says** that **Rabbi Zeira says: Up to one-sixth**[B] of the article's value, **like** the mistake of **an adult.** If the buyer or seller underpaid or overcharged up to one-sixth of the article's true value, the wronged party can demand reimbursement. If the error in price was greater than one-sixth, the transaction is annulled.

HALAKHA

For the child's livelihood – מִשּׁוּם כְּדֵי חַיָּיו: According to Rav Hai Gaon, a minor is permitted to engage in business transactions only in order to provide for his livelihood. The Ramban and other authorities disagree, saying that when the Sages established that a minor may conduct business, they made no distinctions with regard to the amount (*Tur, Ḥoshen Mishpat* 235; see *Shulḥan Arukh, Ḥoshen Mishpat* 235:1 and *Sma* and *Beur HaGra* there).

Up to how much is their mistake – טָעוּתָן עַד כַּמָּה: If a minor who does not have a steward understands the nature of business transactions, and he bought or sold movable property and erred with the price, he is treated like an adult. If the mistake amounts to less than one-sixth of the item's value, it is disregarded; if it is more than one-sixth, the transaction is void; and if it is one-sixth, the amount that was overcharged is returned (Rambam *Sefer Kinyan, Hilkhot Mekhira*, 29:7; *Shulḥan Arukh, Ḥoshen Mishpat* 235:3).

NOTES

Something that can be compressed – דָּבָר הַנִּמְלָל: Rashi explains that this refers to fabric that can stretch because it was compressed when it was woven. Rabbeinu Ḥananel understands that the reference here is to something that can be folded and rolled up until it is very small, and afterward it can be stretched out so that it is very large.

***Sivni* and *ḥoms* – סִיבְנִי וְחוּמֵס:** The commentaries disagree with regard to the meaning of these words. Some explain that *sivni* and *ḥoms* are types of fabrics (Rabbeinu Ḥananel); the *Arukh*, citing one of the *ge'onim*, understands that the word *sivni* refers to a nut and *ḥoms* means a half.

The size of a nut – כְּאַמְגוּזָא: Some explain that this refers to Indian nuts, i.e., coconuts, which are significantly larger than ordinary nuts (*Ge'onim*).

LANGUAGE

Bonyam – בּוֹנְיָים: Some propose that the source of this name is the Greek βουνιάς, *bounias*, which means turnip. Others say that it comes from the Latin bonus, meaning good, noble, successful, or rich.

***Sivni* – סִיבְנִי:** Apparently this word derives from the Greek σάβανον, *sabanon*, meaning linen towel.

***Ḥoms* – חוּמֵס:** The *Arukh* and others interpret this term to mean half, deriving it from the Greek word for half, ἥμισυ, *hemisou*.

***Salsela* and *malmala* – סַלְסְלָה וּמַלְמְלָא:** It appears that these words come from the Semitic term *salsela*, which is something that is rolled, and *malmala*, meaning something that is crushed or folded. Both refer to very thin fabrics.

BACKGROUND

The size of a nut – כְּאַמְגוּזָא: Some understand that this does not refer to a walnut but to the coconut.

***Malmala* – מַלְמְלָא:** The Gemara is describing cloth produced by a special method of weaving threads made of single or even split linen fibers. Clearly, such garments were scarce. Other talmudic sources (see *Yoma* 35b) describe the unique craftsmanship involved in making especially expensive linen garments that were translucent.

One-sixth – שְׁתוּת: In civil law, the prohibition against fraud refers to deceiving or taking unfair advantage of another person in a business transaction (see Leviticus 25:14). If either the buyer or the seller takes unfair advantage of the other, the wronged party has the right to be reimbursed according to the true value of the article. According to rabbinic law this right may be exercised if the buyer was overcharged or he underpaid to the extent of one-sixth of the article's true value (see *Bava Metzia* 49a). If the fraud is greater than one-sixth of the article's true value, the sale is nullified.

בָּעֵי אַבַּיֵי: מַתְּנָתוֹ, מַאי? רַב יֵימַר אָמַר: אֵין מַתְּנָתוֹ מַתָּנָה, מָר בַּר רַב אַשִׁי אָמַר: מַתְּנָתוֹ מַתָּנָה.

Abaye raises a dilemma: What is the *halakha* with regard to a young child's **gift? Rav Yeimar says: His gift is not** a valid **gift. Mar bar Rav Ashi says: His gift is** a valid **gift.**[H]

אַפְכוּהָ וּשְׁדַרוּהָ לְקַמֵּיהּ דְּרַב מָרְדְּכַי, אֲמַר לֵיהּ, זִילוּ אִמְרוּ לְבַר מָר: לָאו הָכִי הֲוָה עוּבְדָא? כִּי הֲוָה קָאֵי מָר חַד כַּרְעֵיהּ אַאַרְעָא וְחַד כַּרְעֵיהּ אַדַּרְגָּא, וַאֲמַרְנָא לֵיהּ: מַתְּנָתוֹ מַאי? וַאֲמַר לָן: מַתְּנָתוֹ מַתָּנָה, אַחַת מַתְּנַת שְׁכִיב מְרַע וְאַחַת מַתְּנַת בָּרִיא, אַחַת מַתָּנָה מְרוּבָּה וְאַחַת מַתָּנָה מוּעֶטֶת.

The Sages **reversed** the attributions of these two statements **and sent**[N] word of this dispute **to Rav Mordekhai,** leading him to understand that it was Mar bar Rav Ashi who said that the child's gift is not valid. Rav Mordekhai **said to them: Go say to Mar son of my Master,** Rav Ashi: **Wasn't the incident as follows? When the Master,** Rav Ashi, **was standing** with **one foot on the ground and one foot on the step, we said to him:** What is the *halakha* with regard to a young child's **gift? And he said to us: His gift is** a valid **gift, whether** it is the **gift of a person on his deathbed,** who gives instructions before his death concerning the disposal of his property, **or** it is **the gift of a healthy person, whether** it is **a large gift or** it is **a small gift.** In all cases the gift is valid.

מתני׳ אֵלּוּ דְּבָרִים אָמְרוּ מִפְּנֵי דַּרְכֵי שָׁלוֹם: כֹּהֵן קוֹרֵא רִאשׁוֹן וְאַחֲרָיו לֵוִי וְאַחֲרָיו יִשְׂרָאֵל, מִפְּנֵי דַּרְכֵי שָׁלוֹם; מְעָרְבִין בְּבַיִת יָשָׁן, מִפְּנֵי דַּרְכֵי שָׁלוֹם.

MISHNA Having mentioned a series of enactments instituted by the Sages for the sake of the betterment of the world, the Gemara continues: **These are the matters** that the Sages **instituted on account of the ways of peace,** i.e., to foster peace and prevent strife and controversy: At public readings of the Torah, **a priest reads first,**[H] **and after him a Levite, and after him an Israelite.** The Sages instituted this order **on account of the ways of peace,** so that people should not quarrel about who is the most distinguished member of the community. Similarly, the Sages enacted that **a joining** of courtyards **is placed**[B] **in an old house**[H] where it had regularly been placed **on account of the ways of peace,** as will be explained in the Gemara.

BACKGROUND

Joining of courtyards is placed – מְעָרְבִין: The Sages forbade carrying on Shabbat on property that is owned or rented by more than one individual. If two or more houses share a common courtyard, then in principle, none of the inhabitants are allowed to carry between the houses that share it. The Sages enacted that if the inhabitants of all these homes put food in one communal place before Shabbat, they are considered as one extended household and may carry within the courtyard. This placing of food in one shared place is called a joining of courtyards, an *eiruv ḥatzerot*.

HALAKHA

His gift is a valid gift – מַתְּנָתוֹ מַתָּנָה: If a minor understands the nature of business transactions, his gift is a valid gift, regardless of whether it is small or large, or whether he is well or on his deathbed, in accordance with the opinion of Rav Ashi (Rambam *Sefer Kinyan, Hilkhot Mekhira* 29:6; *Shulḥan Arukh, Ḥoshen Mishpat* 235:1).

A priest reads first – כֹּהֵן קוֹרֵא רִאשׁוֹן: In all public Torah readings, a priest reads first, and after him a Levite, and after him an Israelite (Rambam *Sefer Ahava, Hilkhot Tefilla UVirkat Kohanim* 12:18; *Shulḥan Arukh, Oraḥ Ḥayyim* 135:3).

A joining of courtyards is placed in an old house – מְעָרְבִין בְּבַיִת יָשָׁן: If a joining of courtyards had regularly been placed in a particular house, it should not be moved to another house, on account of the ways of peace. A change may be made only when there is an important reason to do so (Rambam *Sefer Zemanim, Hilkhot Eiruvin* 1:16; *Shulḥan Arukh, Oraḥ Ḥayyim* 366:3, and see *Mishna Berura* there).

NOTES

The Sages reversed and sent – אַפְכוּהָ וּשְׁדַרוּהָ: Rashi and the Ritva explain that the Sages in the academy made a mistake, as they misremembered which Sage stated which opinion, and with this mistake they sent word of the dispute to Rav Mordekhai to ask his opinion. By contrast, it would appear from Rashi in *Kiddushin* (44b) that they intentionally reversed the attributions of the two opinions so that no one would say that Rav Mordekhai shows favoritism to Mar bar Rav Ashi because he was the son of his revered teacher.

בּוֹר שֶׁהוּא קָרוֹב לָאַמָּה מִתְמַלֵּא רִאשׁוֹן, מִפְּנֵי דַּרְכֵי שָׁלוֹם.

The Sages enacted that **the pit that is nearest to the irrigation channel**[H] that supplies water to several pits or fields **is filled first on account of the ways of peace.** They established a fixed order for the irrigation of fields, so that people would not quarrel over who is given precedence.

מְצוּדוֹת חַיָּה וְעוֹפוֹת וְדָגִים יֵשׁ בָּהֶן מִשּׁוּם גָּזֵל, מִפְּנֵי דַּרְכֵי שָׁלוֹם, רַבִּי יוֹסֵי אוֹמֵר: גָּזֵל גָּמוּר.

Animals, birds, or fish that were caught in **traps**[H] are not acquired by the one who set the traps until he actually takes possession of them. Nevertheless, if another person comes and takes them, it **is considered robbery on account of the ways of peace. Rabbi Yosei says:** This is **full-fledged robbery.**

מְצִיאַת חֵרֵשׁ שׁוֹטֶה וְקָטָן יֵשׁ בָּהֶן מִשּׁוּם גָּזֵל, מִפְּנֵי דַּרְכֵי שָׁלוֹם, רַבִּי יוֹסֵי אוֹמֵר: גָּזֵל גָּמוּר.

Similarly, **a lost item** found by **a deaf-mute,**[H] **an imbecile, or a minor** is not acquired by him, since he lacks the legal competence to effect acquisition. Nevertheless, taking such an item from him **is considered robbery on account of the ways of peace. Rabbi Yosei says:** This is **full-fledged robbery.**

HALAKHA

The pit that is nearest to the irrigation channel – בּוֹר שֶׁהוּא קָרוֹב לָאַמָּה: The pit that is closest to an irrigation channel is filled first on account of the ways of peace (Rambam *Sefer Kinyan, Hilkhot Shekhenim* 3:10; *Shulḥan Arukh, Ḥoshen Mishpat* 170:2).

Animals…caught in traps – מְצוּדוֹת חַיָּה: If one set traps for animals, birds, or fish, and the animals were caught but another person took them, this is considered robbery by rabbinic law (Rambam *Sefer Nezikin, Hilkhot Gezeila VaAveda* 6:12; *Shulḥan Arukh, Ḥoshen Mishpat* 273:13, 370:4).

A lost item found by a deaf-mute – מְצִיאַת חֵרֵשׁ: It is prohibited to take a lost item found by a deaf-mute, imbecile, or minor, on account of the ways of peace (Rambam *Sefer Nezikin, Hilkhot Gezeila VaAveda* 17:12; *Shulḥan Arukh, Ḥoshen Mishpat* 270:1).

עָנִי הַמְנַקֵּף בְּרֹאשׁ הַזַּיִת – מַה שֶּׁתַּחְתָּיו גָּזֵל, מִפְּנֵי דַּרְכֵי שָׁלוֹם, רַבִּי יוֹסֵי אוֹמֵר: גָּזֵל גָּמוּר.

If a **poor person gleans** olives **at the top of an olive tree**[H] and olives fall to the ground under the tree, then taking those olives **that are beneath it is** considered **robbery on account of the ways of peace. Rabbi Yosei says:** This is **full-fledged robbery.**

אֵין מְמַחִין בְּיַד עֲנִיֵּי גּוֹיִם בְּלֶקֶט שִׁכְחָה וּפֵאָה, מִפְּנֵי דַּרְכֵי שָׁלוֹם.

One does not protest against poor gentiles[H] who come to take **gleanings, forgotten** sheaves, **and the produce in the corner of the field, which is given to the poor** [***pe'a***], although they are meant exclusively for the Jewish poor, **on account of the ways of peace.**

גמ׳ מְנָא הָנֵי מִילֵּי? אֲמַר רַב מַתָּנָה, דְּאָמַר קְרָא ״וַיִּכְתּוֹב מֹשֶׁה אֶת הַתּוֹרָה הַזֹּאת וַיִּתְּנָהּ אֶל הַכֹּהֲנִים בְּנֵי לֵוִי״, אַטּוּ אֲנָא לָא יָדַעְנָא דְּכֹהֲנִים בְּנֵי לֵוִי נִינְהוּ? אֶלָּא כֹּהֵן בְּרֵישָׁא וַהֲדַר לֵוִי.

GEMARA The mishna teaches that at public readings of the Torah, a priest reads first, and after him a Levite. The Gemara asks: **From where are these matters** derived? What is the source of this *halakha* in the Torah? **Rav Mattana said: As the verse states: "And Moses wrote this Torah, and delivered it to the priests, the sons of Levi"** (Deuteronomy 31:9). The Gemara explains the inference: **Is that to say I do not know that the priests are the sons of Levi?** Why is it necessary for the verse to say this? **Rather,** the Torah was first delivered to the priests and afterward to the other Levites, and this serves as the source for the enactment that first **a priest** reads from the Torah, **and after him a Levite.**

רַבִּי יִצְחָק נַפָּחָא אֲמַר, מֵהָכָא: ״וְנִגְּשׁוּ הַכֹּהֲנִים בְּנֵי לֵוִי״, אַטּוּ אֲנַן לָא יָדְעִינַן דְּכֹהֲנִים בְּנֵי לֵוִי נִינְהוּ? אֶלָּא כֹּהֵן בְּרֵישָׁא וַהֲדַר לֵוִי.

Rabbi Yitzḥak Nappaḥa said that this *halakha* is derived **from here,** as it is written: **"And the priests, the sons of Levi, shall come near"** (Deuteronomy 21:5). The Gemara asks: **Is that to say I do not know that the priests are the sons of Levi? Rather,** the Torah was first given to the priests and afterward to the other Levites, and from this we learn that **first a priest** reads from the Torah, **and after** him **a Levite.**

רַב אַשִׁי אֲמַר, מֵהָכָא: ״בְּנֵי עַמְרָם אַהֲרֹן וּמֹשֶׁה וַיִּבָּדֵל אַהֲרֹן לְהַקְדִּישׁוֹ קֹדֶשׁ קָדָשִׁים״.

Rav Ashi said that this *halakha* is derived **from here: "The sons of Amram, Aaron and Moses; and Aaron was separated, that he should be sanctified as most holy"** (I Chronicles 23:13). This indicates that Aaron and his descendants, the priests, are considered to be holier than the rest of the tribe of Levi. Consequently, they are given precedence in public Torah readings.

רַבִּי חִיָּיא בַּר אַבָּא אֲמַר, מֵהָכָא: ״וְקִדַּשְׁתּוֹ״ – לְכָל דָּבָר שֶׁבִּקְדוּשָּׁה. תָּנָא דְּבֵי רַבִּי יִשְׁמָעֵאל: ״וְקִדַּשְׁתּוֹ״ – לְכָל דָּבָר שֶׁבִּקְדוּשָּׁה, לִפְתּוֹחַ רִאשׁוֹן, וּלְבָרֵךְ רִאשׁוֹן, וְלִיטּוֹל מָנָה יָפָה רִאשׁוֹן.

Rabbi Ḥiyya bar Abba said that this *halakha* is derived **from here,** as it is stated with regard to a priest: **"And you shall sanctify him"** (Leviticus 21:8), giving a priest priority **for every matter of sanctity.** And with regard to this verse, a Sage from **the school of Rabbi Yishmael taught: "And you shall sanctify him,"**[H] giving a priest priority **for every matter of sanctity: To open** the discussion in the study hall **first, to recite the blessing** of Grace after Meals **first, and to take a fine portion** at a meal **first,** meaning that he can choose any portion at a meal for himself.

אֲמַר לֵיהּ אַבַּיֵּי לְרַב יוֹסֵף: מִפְּנֵי דַּרְכֵי שָׁלוֹם? דְּאוֹרַיְיתָא הִיא! אֲמַר לֵיהּ: דְּאוֹרַיְיתָא, וּמִפְּנֵי דַּרְכֵי שָׁלוֹם.

Abaye said to Rav Yosef: According to this, why does the mishna teach that the priest reads first from the Torah **on account of the ways of peace,** indicating that this is a rabbinic enactment? Is it not **by Torah law** that he reads first? Rav Yosef **said to** Abaye: Indeed, it is **by Torah law, but** the reason that the priest reads first is **on account of the ways of peace.**

HALAKHA

If a poor person gleans at the top of an olive tree – עָנִי הַמְנַקֵּף בְּרֹאשׁ הַזַּיִת: If a poor person was gleaning olives at the top of a tree, and another came and took the olives that fell to the ground, this is robbery by rabbinic law (Rambam *Sefer Nezikin, Hilkhot Gezeila VaAveda* 6:13; *Shulḥan Arukh, Ḥoshen Mishpat* 273:16).

One does not protest against poor gentiles – אֵין מְמַחִין בְּיַד עֲנִיֵּי גּוֹיִם: Poor gentiles are not prevented from taking gleanings, forgotten sheaves, and *pe'a*, on account of the ways of peace (Rambam *Sefer HaMadda, Hilkhot Avoda Zara* 10:5 and *Sefer Zera'im, Hilkhot Mattenot Aniyyim* 1:9; *Shulḥan Arukh, Yoreh De'a* 151:13).

And you shall sanctify him – וְקִדַּשְׁתּוֹ: Every Jew must show respect to a priest, and allow him to be first in every matter of sanctity, e.g., reading from the Torah first, reciting the blessing of Grace after Meals first, and taking a fine portion at a meal first (Rambam *Sefer Avoda, Hilkhot Kelei HaMikdash* 4:2; see *Shulḥan Arukh, Oraḥ Ḥayyim* 201:4).

כָּל הַתּוֹרָה כּוּלָּהּ נַמִי מִפְּנֵי דַּרְכֵי שָׁלוֹם הִיא, דִּכְתִיב: ״דְּרָכֶיהָ דַרְכֵי נוֹעַם וְכָל נְתִיבוֹתֶיהָ שָׁלוֹם״!

Abaye objected: Aren't the *halakhot* of **the entire Torah also** given **on account of the ways of peace, as it is written: "Her ways are ways of pleasantness, and all her paths are peace"** (Proverbs 3:17)? Consequently, this *halakha* is no different from the other *halakhot* in the Torah, all of which were given to increase pleasantness and tranquility in the world.

אֶלָּא אֲמַר אַבַּיֵי: לְכִדְמָר; דְּתַנְיָא: שְׁנַיִם – מַמְתִּינִין זֶה לָזֶה בִּקְעָרָה, שְׁלֹשָׁה – אֵין מַמְתִּינִין; הַבּוֹצֵעַ הוּא פּוֹשֵׁט יָדוֹ תְּחִלָּה, וְאִם בָּא לַחֲלוֹק כָּבוֹד לְרַבּוֹ אוֹ לְמִי שֶׁגָּדוֹל מִמֶּנּוּ – הָרְשׁוּת בְּיָדוֹ;

Rather, Abaye said: The mishna's statement that a priest reads first from the Torah on account of the ways of peace **is in accordance with** what was said by **my master,** Rabba. **As it is taught** in a *baraita* (*Tosefta, Berakhot* 5:3): When **two people** are eating together **from a single dish,** they must **wait**[N] **for each other,**[H] but if there are **three,** each eats when he wishes and they do **not** need to **wait** for each other. Generally, **the one who breaks bread extends his hand**[H] to take food **first, but if he wishes to show respect to his teacher or to one who is greater** than he and allow him to take first, **he has permission** to do so.

וַאֲמַר מָר עֲלָהּ: לֹא שָׁנוּ אֶלָּא בִּסְעוּדָה, אֲבָל בְּבֵית הַכְּנֶסֶת לָא, דְּאָתוּ לְאִינְצוּיֵי.

And the Master, Rabba, **said with regard to** this *baraita*: **They taught** this **with regard to a meal,** that one may show honor to a person of greater stature and allow him to take food first. **But in the synagogue,** one may **not**[N] show another honor, because the congregants are liable to **come to quarrel** about who is the most distinguished among them. Accordingly, the ruling of the mishna is that to prevent strife and controversy, it is not permitted for a priest to honor an Israelite and allow him to read first from the Torah in his place.

אֲמַר רַב מַתָּנָה: הָא דְּאָמְרַתְּ: בְּבֵית הַכְּנֶסֶת לָא, לָא אֲמָרַן אֶלָּא בְּשַׁבָּתוֹת וְיָמִים טוֹבִים דִּשְׁכִיחִי רַבִּים, אֲבָל בְּשֵׁנִי וּבַחֲמִישִׁי לָא.

Rav Mattana said: With regard to **this** matter **that you stated,** that **in the synagogue** a priest is **not** permitted to honor an Israelite and allow him to read first, **we said** this **only concerning *Shabbatot* and Festivals, when many people are present** for the services, **but not on Mondays and Thursdays,** when only a small number of people are there. On those days it is permitted for one to honor his superior, and there is no concern that this will lead to a quarrel.

אִינִי? וְהָא רַב הוּנָא קָרֵי בְּכָהֲנֵי בְּשַׁבָּתוֹת וְיוֹם טוֹב! שָׁאנֵי רַב הוּנָא, דַּאֲפִילּוּ רַבִּי אַמִי וְרַבִּי אַסִי כָּהֲנֵי חֲשִׁיבֵי דְּאֶרֶץ יִשְׂרָאֵל מֵיכָף הָווּ כָּיְיפִי לֵיהּ.

The Gemara asks: **Is that so?** Is it actually prohibited for a priest to honor his teacher and allow him to read first in his place? **But didn't Rav Huna,**[P] who was not a priest, **read** the Torah section ordinarily reserved **for priests,** even **on *Shabbatot* and Festivals?** The Gemara answers: **Rav Huna is different, as even Rabbi Ami and Rabbi Asi, the most important priests in Eretz Yisrael, were subject to his** jurisdiction. Therefore, there was no concern about a quarrel, because everyone agreed that he was the leading authority of the generation and it was fitting that he should read from the Torah first.

NOTES

Two…must wait – שְׁנַיִם מַמְתִּינִין: The early commentaries explain this in different ways. Some understand that if two people were eating together and one of them stops eating, then the other one must wait and refrain from eating, as, if he eats while the other does not, it is as if he were stealing from the partnership. In the case of three or more people, since it is difficult to measure how much each one is eating, it may be presumed that they all waive their rights. Moreover, requiring each to wait for the others would be an excessive burden. The Ritva explains that two people must wait for each other if one of them leaves the room, but if there are three or more and one of them leaves the room, the others may continue eating.

But in the synagogue not – אֲבָל בְּבֵית הַכְּנֶסֶת לָא: The *ge'onim* write that a priest is given precedence over everyone else, even if the priest is ignorant and a Torah scholar is present in the synagogue. This is the practice today in all Jewish communities. In his Commentary on the Mishna, the Rambam writes that this custom, which was already widespread in his time, does not accord with the Gemara and must not be observed, as it involves a display of disrespect for the Torah. The Gemara says that a priest reads first only when there is no Torah scholar present, or when the priest is himself a Torah scholar. It was never said that an ignoramus should be given precedence over a Torah scholar. He adduces proof from the Gemara (*Horayot* 13a) that even a Torah scholar who is a *mamzer* takes precedence over a High Priest who is an ignoramus (see Meiri). The ruling of the Rambam is not followed in common practice.

HALAKHA

Two people…wait for each other – שְׁנַיִם מַמְתִּינִין זֶה לָזֶה: If two people were eating from a single dish, and one stopped eating in order to drink or for some similar reason, the other may not continue eating, but rather he must wait for his fellow to finish drinking. If there were three people eating, the other two are not required to wait for the person who stopped (Rambam *Sefer Ahava, Hilkhot Berakhot* 7:6; *Shulḥan Arukh, Oraḥ Ḥayyim* 170:2).

The one who breaks bread extends his hand – הַבּוֹצֵעַ הוּא פּוֹשֵׁט יָדוֹ: The one who breaks bread extends his hand to take food first, but if he wishes to show respect to another person and allow him to take first, it is permitted for him to do so (Rambam *Sefer Ahava, Hilkhot Berakhot* 7:5; *Shulḥan Arukh, Oraḥ Ḥayyim* 167:17).

PERSONALITIES

Rav Huna – רַב הוּנָא: Rav Huna was one of the great Babylonian *amora'im* of the second generation. He served as deputy to his principal teacher, Rav, the head of the yeshiva in Sura. Following the death of Shmuel, he was considered by all to be the greatest Sage of his generation. Almost all of the Sages of the next generation are counted among his disciples. This includes Rav Ami and Rav Asi, who, even after they emigrated to Eretz Yisrael and were considered there as the leading Sages of the generation, saw themselves as subordinate to him. According to the tradition of the *ge'onim*, Rav Huna belonged to the family of the Exilarch, and though in his early years he was exceedingly poor and studied Torah in great hardship, he later became wealthy. Much is told in the Talmud of his piety (see *Ta'anit* 20b), and he served as the model of wisdom for generations to follow.

Rav Huna lived a very long life, over eighty years, and after his demise he was brought with great honor to be buried in Eretz Yisrael alongside Rav Ḥiyya and his sons. His son, Rabba bar Rav Huna, was one of the important *amora'im* of the next generation.

אָמַר אַבָּיֵי, נָקְטִינַן: אֵין שָׁם כֹּהֵן – נִתְפָּרְדָה חֲבִילָה. וְאָמַר אַבָּיֵי, נָקְטִינַן: אֵין שָׁם לֵוִי – קוֹרֵא כֹּהֵן.

§ **Abaye said** that **we have a tradition** that if **there is no priest there**[H] in the synagogue at the time of the Torah reading, **the bundle is separated,** i.e., a Levite is not shown precedence over Israelites. **And Abaye said** that **we have a tradition** that if **there is no Levite there** in the synagogue, **a priest reads** in his place.

אִינִי? וְהָאָמַר רַבִּי יוֹחָנָן: כֹּהֵן אַחַר כֹּהֵן לֹא יִקְרָא מִשּׁוּם פְּגָמוֹ שֶׁל רִאשׁוֹן, לֵוִי אַחַר לֵוִי לֹא יִקְרָא מִשּׁוּם פְּגַם שְׁנֵיהֶם! כִּי קָאָמְרִינַן – בְּאוֹתוֹ כֹּהֵן.

The Gemara asks: **Is that so? But didn't Rabbi Yoḥanan say:** One **priest should not read after** another **priest, because** people might mistakenly think that the second priest was called to read due to **a flaw** that was found **in** the status of **the first** one, i.e., that he was found not to be a priest. And one **Levite should not read after** another **Levite,**[H] **because** people might mistakenly think that there is **a flaw in both of them.** If two Levites read one after the other, people might say that the second is not a Levite but an Israelite, or else that the first was not a Levite, and therefore a real Levite was called to read in his place. The Gemara answers: **When we said** that when there is no Levite present a priest reads in his place, we were speaking **of the same priest**[H] who had already read from the Torah, for in that case there is no concern that people will think that a flaw had been found in his status.

מַאי שְׁנָא לֵוִי אַחַר לֵוִי – דְּאִיכָּא פְּגַם שְׁנֵיהֶם, דְּאָמְרִי: חַד מִינַּיְיהוּ לָאו לֵוִי הוּא. כֹּהֵן אַחַר כֹּהֵן נָמֵי אָמְרִי: חַד מִינַּיְיהוּ לָאו כֹּהֵן הוּא! כְּגוֹן דְּמוּחְזַק לָן בַּאֲבוּהּ דְּהַאי שֵׁנִי דְּכֹהֵן הוּא.

The Gemara raises a question with regard to Rabbi Yoḥanan's statement: **What is different** that in the case where one **Levite** reads from the Torah **after** another **Levite,** Rabbi Yoḥanan says **that there is** concern that people might mistakenly think that there is **a flaw in both of them?** It must be that he is concerned that people might **say** that **one of them,** either the first or the second, **is** certainly **not a Levite.** If so, in the case where one **priest** reads from the Torah **after** another **priest,** he should **also** be concerned that people might **say** that **one of them,** either the first or the second, **is** certainly **not a priest.** Why, then, was Rabbi Yoḥanan concerned only about suspicions that might be raised about the first priest? The Gemara answers: He speaks about a case **where we have a presumption concerning the father of the second** one, **that he is a priest.**

הָכָא נָמֵי דְּמוּחְזַק לָן בַּאֲבוּהּ דְּהַאי שֵׁנִי דְּלֵוִי הוּא! אֶלָּא, אָמְרִי: מַמְזֶרֶת אוֹ נְתִינָה נְסֵיב וּפַסְלֵיהּ לְזַרְעֵיהּ. הָכָא נָמֵי אָמְרִי: גְּרוּשָׁה אוֹ חֲלוּצָה נְסֵיב וְאַחְלֵיהּ לְזַרְעֵיהּ!

The Gemara asks: If so, **here too,** in the case of the Levites let us say that **we have a presumption concerning the father of the second** one, **that he is a Levite. Rather,** the concern here is that even if it is known that he is the son of a Levite, people might **say** that perhaps the father **married a** ***mamzeret,***[B] a daughter born from an incestuous or adulterous relationship, **or a Gibeonite woman,**[B] **and** thereby **disqualified his children,** so that they are considered Israelites rather than Levites. If so, then **here too,** in the case of the priests, there is concern that people might **say** that perhaps the priest's father **married a divorced woman or a** ***yevama*** **who underwent** ***ḥalitza*** **[*ḥalutza*] and** thereby **disqualified his children** from the priesthood (see Leviticus 21:7).

סוֹף סוֹף לֵוִי מִי קָא הָוֵי?

The Gemara answers: **Ultimately, is he a Levite?** If the priest is disqualified from the priesthood owing to his blemished lineage, he has the status of an Israelite, not a Levite. Therefore, if he reads from the Torah after another priest, and it is known that his father is a priest, then it must be that he too is a qualified priest. Therefore, the only reason for concern is that people might say that there is a flaw in the status of the first priest.

וּלְמַאן? אִי לְיוֹשְׁבִין, הָא קָא חָזוּ לֵיהּ! אֶלָּא לַיּוֹצְאִין.

With regard to the concern itself, the Gemara asks: **And about whom** is there a concern? Who might mistakenly think that the first priest's status is blemished? **If** you say that the concern is **for those sitting** in the synagogue until the end of the Torah reading, that is not a valid concern, as **they see** that he is counted as one of the seven who must read from the Torah, and therefore he must certainly be a qualified priest. **Rather,** the concern is **for those who leave** before the conclusion of the reading, and do not know that he was counted among the seven readers.

שָׁלְחוּ לֵיהּ בְּנֵי גְּלִילָא לְרַבִּי חֶלְבּוֹ: אַחֲרֵיהֶן

The people of the Galilee sent a question **to Rabbi Ḥelbo: After them,** the priest and the Levite,

HALAKHA

There is no priest there – אֵין שָׁם כֹּהֵן: If there is no priest in the synagogue, an Israelite reads instead of a priest, and a Levite should not be called up after him. The Rema writes, citing the Rosh, that in this situation a Levite can read first, and we must inform those present that he is reading instead of a priest so that they will not mistakenly regard him as a priest, and this is the accepted custom. The authorities disagree about whether or not a Levite may be called up as the third or fourth reader after an Israelite had been called up as the first reader (Rambam *Sefer Ahava, Hilkhot Tefilla UVirkat Kohanim* 12:19; *Shulḥan Arukh, Oraḥ Ḥayyim* 131:6 and *Mishna Berura* there).

One Levite…after a Levite – לֵוִי אַחַר לֵוִי: One Levite should not read from the Torah after another Levite, lest people come to say that there is a flaw in one of them (Rambam *Sefer Ahava, Hilkhot Tefilla UVirkat Kohanim* 12:19; *Shulḥan Arukh, Oraḥ Ḥayyim* 135:9).

Of the same priest – בְּאוֹתוֹ כֹּהֵן: If there is no Levite in the synagogue, the priest who read first should read a second time instead of a Levite, but a second priest should not read after the first one, lest people come to say that a flaw was found in the first one (Rambam *Sefer Ahava, Hilkhot Tefilla UVirkat Kohanim* 12:19; *Shulḥan Arukh, Oraḥ Ḥayyim* 135:5).

BACKGROUND

***Mamzer* – מַמְזֵר:** This refers to a child born from an adulterous or incestuous relationship, i.e., from sexual intercourse between a married woman and a man other than her husband, or from sexual intercourse between relatives who are prohibited from marrying by Torah law, where the participants in such a relationship are subject to the punishment of *karet*. An exception to these criteria is the offspring conceived from sexual intercourse with a menstruating woman, which is prohibited under penalty of *karet* but does not produce a *mamzer*. The child of an unmarried couple is not a *mamzer*. A *mamzer* inherits from his natural father and is halakhically considered his parent's child in all respects. A *mamzer* may marry only a *mamzeret* or a convert to Judaism. Likewise, a *mamzeret* may marry only a *mamzer* or a convert. The offspring of such a union is a *mamzer*.

A Gibeonite woman – נְתִינָה: This refers to a descendant of the Gibeonites, one of the ten categories of lineage within the Jewish people who returned from Babylonia. According to most authorities, by Torah law, the Gibeonites could have been treated as ordinary converts; but first Joshua (see Joshua, chapter 9) and then King David issued decrees that accorded them the status of *mamzerim* and thereby rendered it prohibited for Jews to marry them. The Gibeonites disappeared following the talmudic period.

מִי קוֹרְאִין? לָא הֲוָה בִּידֵיהּ. אֲתָא וְשַׁיְּילֵיהּ לְרַבִּי יִצְחָק נַפָּחָא, אֲמַר לֵיהּ: אַחֲרֵיהֶן קוֹרְאִין תַּלְמִידֵי חֲכָמִים הַמְּמוּנִין פַּרְנָסִים עַל הַצִּבּוּר, וְאַחֲרֵיהֶן תַּלְמִידֵי חֲכָמִים הָרְאוּיִין לְמַנּוֹתָם פַּרְנָסִים עַל הַצִּיבּוּר, וְאַחֲרֵיהֶן בְּנֵי תַלְמִידֵי חֲכָמִים שֶׁאֲבוֹתֵיהֶן מְמוּנִים פַּרְנָסִים עַל הַצִּבּוּר, וְאַחֲרֵיהֶן רָאשֵׁי כְנֵסִיּוֹת וְכָל אָדָם.

who reads from the Torah? An answer **was not** readily **available to him. He came and asked Rabbi Yitzḥak Nappaḥa,** who **said to him: After them read**[H] **the Torah scholars who are appointed as leaders** [*parnasim*][L] **of the community. And after them** read **Torah scholars who are fit to be appointed as leaders of the community,** even if in practice they received no such appointment. The Sages said that a Torah scholar who knows how to answer any question asked of him is fit to be appointed as leader of the community. **And after them** read **the sons of Torah scholars whose fathers were appointed as leaders of the community. And after them** read **the heads of synagogues,** and after them **any person.**

שָׁלְחוּ לֵיהּ בְּנֵי גָּלִיל לְרַבִּי חֶלְבּוֹ: מַהוּ לִקְרוֹת בְּחוּמָּשִׁים בְּבֵית הַכְּנֶסֶת בְּצִיבּוּר? לָא הֲוָה בִּידֵיהּ. אֲתָא שַׁיְילֵיהּ לְרַבִּי יִצְחָק נַפָּחָא, לָא הֲוָה בִּידֵיהּ. אֲתָא שָׁאֵיל בֵּי מִדְרָשָׁא, וּפַשְׁטוּהָ מֵהָא דְּאָמַר רַבִּי שְׁמוּאֵל בַּר נַחְמָנִי אָמַר רַבִּי יוֹחָנָן: סֵפֶר תּוֹרָה שֶׁחָסֵר יְרִיעָה אַחַת – אֵין קוֹרִין בּוֹ.

The people of the Galilee sent a question **to Rabbi Ḥelbo: What is the** *halakha* with regard **to reading from** *ḥumashim*, i.e., scrolls containing only one of the five books of the Torah, **in the synagogue in public?** Is this permitted, or is it necessary to read from a complete Torah scroll? An answer **was not** readily **available to him. He came and asked Rabbi Yitzḥak Nappaḥa,** but an answer **was not** readily **available to him** either. Rabbi Yitzḥak Nappaḥa **came and asked** this question **in the study hall, and they resolved** the difficulty **from that which Rabbi Shmuel bar Naḥmani says** that **Rabbi Yoḥanan says:** With regard to **a Torah scroll that is missing** even **one sheet**[N] of parchment,[HB] **one may not read from it** in public. This indicates that an incomplete Torah scroll may not be used for a public Torah reading.

וְלָא הִיא, הָתָם מְחַסַּר בְּמִילְּתֵיהּ, הָכָא לָא מְחַסַּר בְּמִילְּתֵיהּ. רַבָּה וְרַב יוֹסֵף דְּאָמְרִי תַּרְוַיְיהוּ: אֵין קוֹרְאִין בְּחוּמָּשִׁין בְּבֵית הַכְּנֶסֶת מִשּׁוּם כְּבוֹד צִבּוּר.

The Gemara rejects this argument: **But that is not so,** i.e., this cannot serve as a proof to the matter at hand. **There,** it is **lacking** part **of the matter** it is addressing, as a sheet of parchment is missing, whereas **here, it is not lacking** part **of the matter** it is addressing, as it contains a complete book. **Rabba and Rav Yosef both say: One does not read from** *ḥumashim*[H] **in the synagogue out of respect for the community.**[N]

וְרַבָּה וְרַב יוֹסֵף דְּאָמְרִי תַּרְוַיְיהוּ: הַאי סֵפֶר אַפְטַרְתָּא – אָסוּר לְמִקְרֵי בֵּיהּ בְּשַׁבָּת; מַאי טַעְמָא? דְּלָא נִיתָּן לִיכָּתֵב.

And Rabba and Rav Yosef both say: It is prohibited to publicly **read** the *haftara*, the portion from the Prophets that is read after the weekly Torah portion, **on Shabbat, from a scroll** containing only **the** *haftarot*. **What is the reason** for this? It is **because** this type of scroll **may not be written,** as the words of the Prophets must also be written as complete books.

מָר בַּר רַב אַשִׁי אֲמַר: לְטַלְטוּלֵי נַמִי אָסוּר; מַאי טַעֲמָא? דְּהָא לָא חֲזֵי לְמִיקְרֵי בֵּיהּ. וְלָא הִיא, שָׁרֵי לְטַלְטוּלֵי וְשָׁרֵי לְמִיקְרֵי בֵּיהּ.

Mar bar Rav Ashi said: To handle such a scroll on Shabbat **is also prohibited. What is the reason** for this? It is **because it is not fit to be read.** Consequently, it is treated as set-aside [*muktze*] on Shabbat. The Gemara rejects this argument: **But that is not so;** rather, **it is permitted to handle** such a scroll **and it is permitted to read from it.**

HALAKHA

After them read – אַחֲרֵיהֶן קוֹרְאִין: After a priest and a Levite read from the Torah, whoever is greater than his colleagues in wisdom is given precedence. Therefore, after the Levite, Torah scholars appointed as leaders of the community are called to read, and after them Torah scholars who are fit to be appointed as leaders of the community are called. After them the sons of Torah scholars whose fathers were appointed as community leaders are called up, and after them the heads of synagogues, followed by everyone else. In practice there are many customs with regard to the matter, for there are places that attach greater importance to a certain reading, such as the third, sixth, or final reading, and this reading is given to the leader of the community or a person of similar status (Rambam *Sefer Ahava, Hilkhot Tefilla UVirkat Kohanim* 12:18; *Shulḥan Arukh, Oraḥ Ḥayyim* 136:1).

A Torah scroll that is missing one sheet of parchment, etc. – סֵפֶר תּוֹרָה שֶׁחָסֵר יְרִיעָה אַחַת וכו׳: If one sheet of parchment is not properly sewn to the Torah scroll, one may not read from the scroll in public. The Rosh notes that this is the *halakha* even if that sheet of parchment lies right next to the scroll (*Shulḥan Arukh, Yoreh De'a* 278:4).

One does not read from ***ḥumashim*** – אֵין קוֹרְאִין בְּחוּמָּשִׁין: If each book of the Torah was written separately, even if it was written like a Torah scroll and made to be rolled like such a scroll, one does not read from it in public until all five books have been attached to one another, in accordance with the opinion of Rav Yosef. The Rema writes that with regard to printed *ḥumashim*, even if all five books are attached to one another, a blessing is not recited over them (Rambam *Sefer Ahava, Hilkhot Tefilla UVirkat Kohanim* 12:23; *Shulḥan Arukh, Oraḥ Ḥayyim* 143:2).

LANGUAGE

Leader [*parnas*] – פַּרְנָס: The derivation of this word is not clear. Some understand it as an expansion of the root *peh, reish, samekh*, in the sense of dividing, allocating, and giving. Others propose that its source is the Greek **πρόνοος**, *pronoos*, meaning cautious, seeing things in advance. This root is also the source of the Greek word **προνοητής**, *pronoētēs*, meaning overseer or manager, which is close in meaning to the way *parnas* is used in talmudic sources.

BACKGROUND

Sheet of parchment – יְרִיעָה: A Torah scroll is made up of many panels of parchment. The parchment must come from the hide of a kosher animal, usually a calf. The panels are then sewn together, using the sinew of a kosher animal. Today, most Torah scrolls have forty-two lines of text on each panel.

NOTES

That is missing one sheet – שֶׁחָסֵר יְרִיעָה אַחַת: The Rashba writes that this *halakha* is not limited to a missing sheet of parchment, as even if a Torah scroll is missing only a single letter, it may not be used for a public Torah reading. He explains that mention is made here of a missing sheet of parchment because the discussion had started with *ḥumashim*, which do not include entire books of the Bible.

From ***ḥumashim*****…out of respect for the community** – בְּחוּמָּשִׁין...מִשּׁוּם כְּבוֹד צִבּוּר: Many of the early commentaries write that these *ḥumashim* were written like a Torah scroll in every way, except that they were written as separate books and not as a complete Torah scroll. The early commentaries disagree about the following matter: The Rambam in his Responsa permits reading from and reciting a blessing over an invalid Torah scroll when no other Torah scroll is available. In his opinion *ḥumashim* are inferior to an invalid Torah scroll, and yet it is only out of respect for the community that one does not read from them in the synagogue, and not because they are invalid even after the fact. Most of the early commentaries disagree. They argue that the reason of respect for the community was necessary only in the case of *ḥumashim*, which contain a complete book, but an invalid Torah scroll may certainly not be used for public Torah reading according to all opinions. The Rashba permits reading in public from a Torah scroll if the particular book being read is complete, even if the scroll is not valid due to a mistake or missing text in another book.

דְּרַבִּי יוֹחָנָן וְרַבִּי שִׁמְעוֹן בֶּן לָקִישׁ מְעַיְּינֵי בְּסִפְרָא דְאַגַּדְתָּא בְּשַׁבְּתָא, וְהָא לָא נִיתַּן לִיכָּתֵב! אֶלָּא כֵּיוָן דְּלָא אֶפְשָׁר – "עֵת לַעֲשׂוֹת לַה׳ הֵפֵרוּ תּוֹרָתֶךָ", הָכָא נַמִי, כֵּיוָן דְּלָא אֶפְשָׁר – "עֵת לַעֲשׂוֹת לַה׳ הֵפֵרוּ תּוֹרָתֶךָ".

And a proof for this is that **Rabbi Yoḥanan and Rabbi Shimon ben Lakish used to read from a scroll of *aggada*[B]** containing the words of the Sages **on Shabbat. But** such a scroll **may not be written,** for in principle, the statements of the Oral Law may not be committed to writing. **Rather, since it is not possible** to remember the Oral Law without writing it down, it is permitted to violate the *halakha*, as indicated by the verse: **"It is time to act for the Lord; they have nullified your Torah"** (Psalms 119:126). **Here too,** in the case of a *haftara* scroll, **since it is not** always **possible**[N] to write complete books of the Bible, due to the expense, it is permitted to apply the reasoning of **"It is time to act for the Lord; they have nullified your Torah."**

בְּעָא מִינֵּיהּ אַבָּיֵי מֵרַבָּה: מַהוּ לִכְתּוֹב מְגִילָּה לְתִינוֹק לְהִתְלַמֵּד בָּהּ? תִּיבְּעֵי לְמַאן דְּאָמַר תּוֹרָה מְגִילָּה מְגִילָּה נִיתְּנָה, תִּיבְּעֵי לְמַאן דְּאָמַר תּוֹרָה חֲתוּמָה נִיתְּנָה.

Abaye raised a dilemma before Rabba: What is the *halakha* with regard to whether it is permitted **to write a scroll** containing only one portion of the Torah **for** the purpose of enabling **a child to study it?** The Gemara notes: **Let the dilemma be raised according to the one who says** that **the Torah was given** from the outset **scroll by scroll,** meaning that Moses would teach the Jewish people one portion of the Torah, and then write it down, and then teach them the next portion of the Torah, and then write that down, and continue in this way until he committed the entire Torah to writing. And **let the dilemma** also **be raised according to the one who says** that **the Torah was given** as **a complete** book, meaning that the Torah was not written down incrementally, but rather, after teaching the Jewish people the entire Torah, Moses committed it to writing all at once.

תִּיבְּעֵי לְמַאן דְּאָמַר תּוֹרָה מְגִילָּה מְגִילָּה נִיתְּנָה, כֵּיוָן דִּמְגִילָּה מְגִילָּה נִיתְּנָה – כּוֹתְבִין, אוֹ דִּילְמָא כֵּיוָן דְּאִידַּבַּק אִידַּבַּק?

The Gemara explains the two sides of the dilemma according to each opinion: **Let the dilemma be raised according to the one who says** that **the Torah was given scroll by scroll.** On the one hand it is possible to say that **since** the Torah **was** originally **given scroll by scroll,** today as well **one may write** the Torah in separate scrolls. **Or** on the other hand, **perhaps** one should say that **since it was** ultimately **joined** together to form a single scroll, **it was joined** together and can no longer be written in separate scrolls.

תִּיבְּעֵי לְמַאן דְּאָמַר תּוֹרָה חֲתוּמָה נִיתְּנָה, כֵּיוָן דַּחֲתוּמָה נִיתְּנָה אֵין כּוֹתְבִין, אוֹ דִּילְמָא כֵּיוָן דְּלָא אֶפְשָׁר כָּתְבִינַן? אֲמַר לֵיהּ: אֵין כּוֹתְבִין, וּמַה טַּעַם? לְפִי שֶׁאֵין כּוֹתְבִין.

And **let the dilemma** also **be raised according to the one who says** that **the Torah was given** as **a complete** book. On the one hand it is possible to say that **since it was given** from the outset as **a complete** book, **one may not write** it today in separate scrolls. **Or** on the other hand, **perhaps** one could say that **since it is not** always **possible** to write a complete Torah, **one may write** it in separate scrolls. Rabba **said to him: One may not write** the Torah in separate scrolls. **And what is the reason? Because one may not write**[H] a scroll that is only part of the Torah.

אֵיתִיבֵיהּ: אַף הִיא עָשְׂתָה טַבְלָא שֶׁל זָהָב שֶׁפָּרָשַׁת סוֹטָה כְּתוּבָה עָלֶיהָ! אָמַר רַבִּי שִׁמְעוֹן בֶּן לָקִישׁ מִשּׁוּם רַבִּי יַנַּאי: בְּאָלֶף בֵּית.

Abaye **raised an objection to his** opinion from a mishna (*Yoma* 37b) where it was taught: Queen Helene **also fashioned a golden tablet** as a gift for the Temple **on which the** Torah **portion** discussing **a *sota* was written.** When the priest would write the scroll of a *sota* in the Temple, he would copy this Torah portion from the tablet, so that a Torah scroll need not be taken out for that purpose. This indicates that it is permitted for one to write a single portion of the Torah. **Rabbi Shimon ben Lakish says in the name of Rabbi Yannai:** There is no proof from this mishna, as the tablet prepared by Queen Helene was not written in an ordinary manner, but rather it consisted of the letters **of the *alef-beit*,**[N] i.e., only the first letter of each word was written on the tablet, and by looking at it the priest writing the *sota* scroll would remember what to write.

אֵיתִיבֵיהּ: כְּשֶׁהוּא כּוֹתֵב, רוֹאֶה וְכוֹתֵב מַה שֶּׁכָּתוּב בַּטַּבְלָא! אֵימָא: כְּמַה שֶּׁכָּתוּב בַּטַּבְלָא.

The Gemara **raised an objection** from a *baraita* that teaches: **When** the priest **writes** the *sota* scroll, **he looks at and writes that which is written on the tablet,** which indicates that the full text of the passage was written on the tablet. The Gemara rejects this argument: Emend the *baraita* and **say** that it should read as follows: He looks at and writes **like that which is written on the tablet.** The tablet aids the priest in remembering the text that must actually be written.

BACKGROUND

A scroll of *aggada* – סִפְרָא דְאַגַּדְתָּא: It may be derived from here and other places that although in general the oral tradition was not written down in books that were copied and distributed, there were those who wrote things down so that they would be remembered, either as personal notes or as books. The book referred to here was also a set of notes on aggadic expositions, which may later have served as the basis for the aggadic *midrashim*, such as *Midrash Rabba* and other such works.

NOTES

Here too since it is not possible – הָכָא נַמִי כֵּיוָן דְּלָא אֶפְשָׁר: It is difficult, and therefore considered not possible, to require every community to obtain all of the books of the Prophets in their entirety (Rashi).

Of the *alef-beit* – בְּאָלֶף בֵּית: Rashi explains that the *sota* text on the tablet was not written in the ordinary manner but as acronyms, using only the first letters of each word (see *Arukh*). Others propose that the letters were spread out on the tablet, so that they did not appear as whole words, but merely like the letters of the *alef-beit* (Rabbeinu Crescas Vidal; Meiri; Maharsha).

HALAKHA

Because one may not write – לְפִי שֶׁאֵין כּוֹתְבִין: One may not write a scroll for a child so that he can learn from it, but if he writes a scroll and intends to complete all five scrolls, he may write such a scroll, in accordance with the opinion of Rabba and the unattributed opinion of the *baraita*. The *Baḥ*, *Shakh*, and *Taz* rule in accordance with the Rif that one may write a scroll for a child so that he can learn from it (Rambam *Sefer Ahava*, *Hilkhot Sefer Torah* 7:14; *Shulḥan Arukh*, *Yoreh De'a* 283:2).

אֵיתִיבֵיהּ: כְּשֶׁהוּא כּוֹתֵב, רוֹאֶה בַּטַּבְלָא וְכוֹתֵב מַה שֶּׁכָּתוּב בַּטַּבְלָא, מַה הוּא כָּתוּב בַּטַּבְלָא? ״אִם שָׁכַב...אִם לֹא שָׁכַב״! הָכָא בְּמַאי עָסְקִינַן – בְּסֵירוּגִין.

The Gemara **raised an objection** from a different *baraita*: **When he writes, he looks at the tablet and writes that which is written on the tablet.** And **what is written on the tablet? "If a man lay**[N] with you… and **if he did not lay** with you" (see Numbers 5:19). Apparently, the full text of the passage was written on the tablet. The Gemara answers: **With what are we dealing here?** The tablet fashioned by Queen Helene was written **by alternating**[NH] complete words and initials. The first words of each verse were written there, but the rest of the words in the verse were represented by initials. Therefore, this contribution of Queen Helene does not resolve the question of whether writing a scroll for a child is permitted.

כְּתַנָּאֵי: אֵין כּוֹתְבִין מְגִילָּה לְתִינוֹק לְהִתְלַמֵּד בָּהּ, וְאִם דַּעְתּוֹ לְהַשְׁלִים – מוּתָּר; רַבִּי יְהוּדָה אוֹמֵר: בִּבְרֵאשִׁית – עַד דּוֹר הַמַּבּוּל, בְּתוֹרַת כֹּהֲנִים – עַד ״וַיְהִי בַּיּוֹם הַשְּׁמִינִי״.

The Gemara comments: The question of whether or not writing a scroll for a child is permitted is **subject to** a dispute between *tanna'im*, as it is taught in the following *baraita*: **One may not write a scroll** containing only one portion of the Torah **for** the purpose of enabling **a child to study, but if** the writer's **intention is to complete**[N] the scroll, **it is permitted. Rabbi Yehuda says: In** the book of **Genesis** he may write a scroll from the beginning **until the generation of the flood. In** ***Torat Kohanim***,[B] the book of Leviticus, he may write a scroll from the beginning **until "And it came to pass on the eighth day"** (Leviticus 9:1).

אָמַר רַבִּי יוֹחָנָן מִשּׁוּם רַבִּי בְּנָאָה: תּוֹרָה – מְגִילָּה מְגִילָּה נִיתְּנָה, שֶׁנֶּאֱמַר: ״אָז אָמַרְתִּי הִנֵּה בָאתִי בִּמְגִילַּת סֵפֶר כָּתוּב עָלָי״; רַבִּי שִׁמְעוֹן בֶּן לָקִישׁ אוֹמֵר: תּוֹרָה – חֲתוּמָה נִיתְּנָה, שֶׁנֶּאֱמַר: ״לָקוֹחַ אֵת סֵפֶר הַתּוֹרָה הַזֹּאת״.

The Gemara returns to discuss the previously mentioned dispute. **Rabbi Yoḥanan says in the name of Rabbi Bana'a: The Torah was given** from the outset **scroll by scroll,**[N] **as it is stated: "Then I said, behold, I come with the scroll of the book that is written for me"** (Psalms 40:8). King David is saying about himself that there is a section of the Torah, "the scroll of the book," that alludes to him, i.e., "that is written for me." This indicates that each portion of the Torah constitutes a separate scroll. **Rabbi Shimon ben Lakish says: The Torah was given** as **a complete** book, **as it is stated: "Take this scroll of the Torah"** (Deuteronomy 31:26), which teaches that from the outset the Torah was given as a complete unit.

וְאִידָּךְ נַמִי, הָכְתִיב ״לָקוֹחַ״! הַהוּא לְבָתַר דְּאִידַּבַּק.

The Gemara asks: **And** according to **the other** Sage, Rabbi Yoḥanan, **as well, isn't it written "take,"** indicating that the Torah scroll was given whole? How does he explain this verse? The Gemara answers: **That** verse is speaking about the Torah **after it was joined** together to form a single unit.

וְאִידָּךְ נַמִי, הָכְתִיב ״בִּמְגִילַּת סֵפֶר כָּתוּב עָלָי״! הַהוּא, דְּכָל הַתּוֹרָה כּוּלָּהּ אִיקְּרֵי מְגִילָּה, דִּכְתִיב: ״וַיֹּאמֶר אֵלַי מָה אַתָּה רוֹאֶה וָאוֹמַר אֲנִי רוֹאֶה מְגִילָּה עָפָה״.

The Gemara asks: **And** according to **the other** Sage, Reish Lakish, **as well, isn't it written: "With the scroll of the book that is written for me,"** indicating that the Torah was given scroll by scroll? How does he explain this verse? The Gemara answers: **That** verse teaches that **the entire Torah is called a scroll.** This is indicated in another verse as well, **as it is written: "And He said to me: What do you see? And I said: I see a flying scroll"** (Zechariah 5:2).

אִי נַמִי, לְכִדְרַבִּי לֵוִי, דְּאָמַר רַבִּי לֵוִי: שְׁמֹנֶה פָּרָשִׁיּוֹת נֶאֶמְרוּ בַּיּוֹם שֶׁהוּקַם בּוֹ הַמִּשְׁכָּן, אֵלּוּ הֵן: פָּרָשַׁת כֹּהֲנִים, וּפָרָשַׁת לְוִיִּם, וּפָרָשַׁת טְמֵאִים, וּפָרָשַׁת שִׁילּוּחַ טְמֵאִים, וּפָרָשַׁת ״אַחֲרֵי מוֹת״,

Alternatively, this verse serves to allude **to** the sections of the Torah discussed in **that** statement **of Rabbi Levi, as Rabbi Levi says: Eight sections were said on the day that the Tabernacle was erected,** on the first of Nisan. **They are: The section of the priests**[N] (Leviticus 21:1–22:26); **the section of the Levites** (Numbers 8:5–26); **the section of the impure** (Leviticus 13:1–14:57); **the section of the sending away of the impure** (Numbers 5:1–4); **the section** beginning with the words **"After the death"** (Leviticus, chapter 16);

NOTES

If a man lay – אִם שָׁכַב: *Tosafot* note that this precise expression does not appear in the verse. They explain that the *baraita* is presumably referring to the following verse: "But if you have gone aside, being under your husband" (Numbers 5:20).

By alternating – בְּסֵירוּגִין: Rashi explains that the first word of each verse was written in full, and the rest of the words were written as acronyms, and according to the Maharsha, the rest of the letters were spread out. The Rambam explains that the tablet was not written as one continuous text, but rather with three words on each line, which is not considered to be a written text. The Meiri explains that the words themselves were separated so that they did appear to constitute a single text.

But if the writer's intention is to complete – וְאִם דַּעְתּוֹ לְהַשְׁלִים: Most of the commentaries explain this to mean: If he intends to write a complete Torah scroll. The Meiri understands that it means he intends to continue writing until the end of the matter, as Rabbi Yehuda said that if he completes the matter, it is permitted.

The Torah was given scroll by scroll – תּוֹרָה מְגִילָּה מְגִילָּה נִיתְּנָה: According to this opinion, Moses wrote each section as a separate scroll, and he then arranged these scrolls in the order dictated by God and joined them together to form a single work (Rashi). Others explain that after he completed the writing of the individual scrolls, Moses copied from these scrolls and wrote a complete Torah scroll (Ritva, citing Rabbeinu Yitzḥak).

The section of the priests – פָּרָשַׁת כֹּהֲנִים: Rashi explains that this refers to the passage beginning: "Speak to the priests." The *Tosefot HaRosh* challenges this: Why was this passage alone said? Aren't there other *halakhot* in the Torah, such as the passage describing the meal-offerings and the meal-offering of the High Priest, that relate to the fixed service in the Tabernacle? He answers that perhaps Rabbi Levi did not say this due to an interpretive necessity; rather he had a tradition that it was these specific passages that were said on that day.

HALAKHA

By alternating – בְּסֵירוּגִין: It is permitted to write a portion of the Torah in a scroll with three words on each line, in accordance with the Gemara and many of the early commentaries (Rambam *Sefer Ahava, Hilkhot Tefillin UMezuza VeSefer Torah* 7:14; *Shulḥan Arukh, Yoreh De'a* 283:3).

BACKGROUND

Torat Kohanim – תּוֹרַת כֹּהֲנִים: It appears from the sources that there was no uniform way to introduce small children to the study of Torah. Some sources indicate that they would begin teaching children from Genesis, while other sources say they would begin from the book of Leviticus, based on the reasoning that pure ones, i.e., small children, should deal with pure subjects, i.e., the Temple offerings. Rabbi Yehuda's words suggest that both of these approaches were used side by side even in his days.

Perek **V**
Daf **60** Amud **b**

וּפָרָשַׁת שְׁתוּיֵי יַיִן, וּפָרָשַׁת נֵרוֹת, וּפָרָשַׁת פָּרָה אֲדוּמָּה.

the section dealing with priests who have become **intoxicated with wine** (Leviticus 10:8–11); **the section of the lamps** (Numbers 8:1–7); **and the section of the red heifer** (Numbers, chapter 19), as all of these sections are necessary for service in the Tabernacle.

אָמַר רַבִּי אֶלְעָזָר: תּוֹרָה – רוֹב בִּכְתָב וּמִיעוּט עַל פֶּה, שֶׁנֶּאֱמַר: ״אֶכְתּוֹב לוֹ רוּבֵּי תּוֹרָתִי כְּמוֹ זָר נֶחְשָׁבוּ״; וְרַבִּי יוֹחָנָן אָמַר: רוֹב עַל פֶּה וּמִיעוּט בִּכְתָב, שֶׁנֶּאֱמַר: ״כִּי עַל פִּי הַדְּבָרִים הָאֵלֶּה״.

§ The Gemara continues its discussion concerning the writing of the Torah: **Rabbi Elazar says: The majority of the Torah** was transmitted **in writing,**[N] **while the minority** was transmitted **orally, as it is stated: "I wrote for him the greater part of My Torah; they were reckoned a strange thing"** (Hosea 8:12),[N] meaning that the majority of the Torah was transmitted in written form. **And Rabbi Yoḥanan says: The majority** of the Torah was transmitted **orally** [*al peh*], **while the minority** was transmitted **in writing, as it is stated** with regard to the giving of the Torah to Moses on Mount Sinai: **"For on the basis of** [*al pi*] **these matters** I have made a covenant with you and with Israel" (Exodus 34:27), which indicates that the greater part of the Sinaitic covenant was taught orally.

וְאִידָךְ נַמִי, הָכְתִיב ״אֶכְתּוֹב לוֹ רוּבֵּי תּוֹרָתִי״! הַהוּא אִתְּמוֹהֵי קָא מְתַמַּהּ: אֶכְתּוֹב לוֹ רוּבֵּי תּוֹרָתִי? הֲלֹא כְּמוֹ זָר נֶחְשָׁבוּ!

The Gemara asks: **And** according to **the other** Sage, Rabbi Yoḥanan, **as well, isn't it written: "I wrote for him the greater part of My Torah"**? How does he understand this verse? The Gemara answers: **This** verse **is** not a statement, but rather a rhetorical question expressing **bewilderment:** For did **I write for him the greater part of My Torah?** In that case **they,** the Jewish people, **would be reckoned as strangers,** meaning that there would be no difference between them and the nations of the world if everything was written down. Rather, the majority of the Torah must remain an oral tradition.

וְאִידָךְ נַמִי, הָכְתִיב ״כִּי עַל פִּי הַדְּבָרִים הָאֵלֶּה״! הַהוּא מִשּׁוּם דִּתְקִיפֵי לְמִיגְמְרִינְהוּ.

The Gemara asks: **And** according to **the other** Sage, Rabbi Elazar, **as well, isn't it written: "For on the basis of these matters** I have made a covenant with you and with Israel"? How does he understand this verse? The Gemara answers: **That** verse, which indicates that the covenant was based on that which was taught by oral tradition, is stated **due to** the fact that **it is** more **difficult to learn** matters transmitted orally, but not because these matters are more numerous than those committed to writing.

דָּרַשׁ רַבִּי יְהוּדָה בַּר נַחְמָנִי מְתוּרְגְּמָנֵיהּ דְּרַבִּי שִׁמְעוֹן בֶּן לָקִישׁ, כְּתִיב: ״כְּתוֹב לְךָ אֶת הַדְּבָרִים הָאֵלֶּה״, וּכְתִיב: ״כִּי עַל פִּי הַדְּבָרִים הָאֵלֶּה״, הָא כֵּיצַד? דְּבָרִים שֶׁבִּכְתָב אִי אַתָּה רַשַּׁאי לְאוֹמְרָן עַל פֶּה, דְּבָרִים שֶׁבְּעַל פֶּה אִי אַתָּה רַשַּׁאי לְאוֹמְרָן בִּכְתָב. דְּבֵי רַבִּי יִשְׁמָעֵאל תָּנָא: ״אֵלֶּה״ – אֵלֶּה אַתָּה כּוֹתֵב, וְאִי אַתָּה כּוֹתֵב הֲלָכוֹת.

Rabbi Yehuda bar Naḥmani, the disseminator for Rabbi Shimon ben Lakish,[B] **expounded** as follows: **It is written: "Write you these matters"** (Exodus 34:27), **and it is written** later in that same verse: **"For on the basis of** [*al pi*] **these matters."** How can these texts be reconciled? They mean to teach: **Matters that were written you may not express them orally** [*al peh*], and **matters that were** taught **orally you may not express them in writing.**[N] **The school of Rabbi Yishmael taught:** The word **"these"** in the mitzva recorded in the verse "Write you these matters" is used here in an emphatic sense: **These** matters, i.e., those recorded in the Written Law, **you may write, but you may not write *halakhot*,** i.e., the *mishnayot* and the rest of the Oral Law.

אָמַר רַבִּי יוֹחָנָן: לֹא כָּרַת הַקָּדוֹשׁ בָּרוּךְ הוּא בְּרִית עִם יִשְׂרָאֵל אֶלָּא בִּשְׁבִיל דְּבָרִים שֶׁבְּעַל פֶּה, שֶׁנֶּאֱמַר: ״כִּי עַל פִּי הַדְּבָרִים הָאֵלֶּה כָּרַתִּי אִתְּךָ בְּרִית וְאֶת יִשְׂרָאֵל״.

Rabbi Yoḥanan says: The Holy One, Blessed be He, made a covenant with the Jewish people only for the sake of the matters that were transmitted **orally** [*be'al peh*], **as it is stated: "For on the basis of** [*al pi*] **these matters I have made a covenant with you and with Israel"** (Exodus 34:27).

״מְעָרְבִין בְּבַיִת יָשָׁן מִפְּנֵי דַּרְכֵי שָׁלוֹם״. מַאי טַעְמָא? אִילֵימָא מִשּׁוּם כָּבוֹד, וְהָא הַהוּא שִׁיפּוּרָא דַּהֲוָה מֵעִיקָּרָא בֵּי רַב יְהוּדָה, וּלְבַסּוֹף בֵּי רַבָּה, וּלְבַסּוֹף בֵּי רַב יוֹסֵף, וּלְבַסּוֹף בֵּי אַבַּיֵי, וּלְבַסּוֹף בֵּי רָבָא!

§ The mishna teaches that the Sages enacted that **a joining** of courtyards [*eiruv*] **is placed in an old house** where it had regularly been placed **on account of the ways of peace.** The Gemara asks: **What is the reason** for this? **If we say** that it is **to** show **respect** to the owner of that house, **but wasn't** it related about **a certain charity box,** which was fashioned for the benefit of the community and brought honor to the person in whose house it was placed, **that initially it was** placed **in Rav Yehuda's house, and afterward** it was moved to **Rabba's house, and afterward** it was transferred to **Rav Yosef's house, and afterward** it was moved to **Abaye's house, and afterward** it was moved to **Rava's house.** This teaches that there is no issue here of respect, and that such items would ordinarily be moved from place to place.

NOTES

The majority…in writing – **רוֹב בִּכְתָב**: This is accurate, although the Oral Torah contains much more information than the Written Torah. Rashi explains that the Written Torah includes not only what is actually written, but also all matters that are derived from the Written Torah by way of midrashic exposition. The Oral Torah includes only those matters that were transmitted exclusively through tradition and have no biblical foundation. The Ritva explains that originally the Oral Torah was not as broad; but it grew as a result of the rabbinic ordinances that were added to it and due to the many differing opinions and disputes.

They were reckoned a strange thing – **כְּמוֹ זָר נֶחְשָׁבוּ**: Rashi explains: Why add and commit the Oral Torah to writing, when even the Written Torah is reckoned as a strange thing and not properly studied? *Tosafot* explain, citing the midrash, that if the entire Torah were written down, then even gentiles would use it and translate it as they did the Written Torah, in which case Jews would be no different from gentiles.

You may not express them in writing – **אִי אַתָּה רַשַּׁאי לְאוֹמְרָן בִּכְתָב**: This prohibition appears to have been derived from the word "these," which is a limiting expression meaning: These words and not others. Rabbeinu Crescas Vidal explains that written words have a superior status, as one can derive *halakhot* from the way in which they are written, e.g., deficient, plene, or with unique forms of letters. By contrast, the writer's intention is not always clear from the written word, whereas verbal expression lends itself to greater clarity. The Maharal writes that it was for this reason that Rabbi Yehuda HaNasi wrote the Mishna in a concise and sometimes unclear manner, so that not everything would be spelled out, and an oral tradition would still be necessary.

BACKGROUND

The disseminator for Rabbi Shimon ben Lakish – **מְתוּרְגְּמָנֵיהּ דְּרַבִּי שִׁמְעוֹן בֶּן לָקִישׁ**: In talmudic times, it was customary for the Sage who was lecturing to speak softly, sometimes in Hebrew. The disseminator, who was also known as an *amora*, would repeat what was said more loudly, translate, and even explain the Sage's words in Aramaic so that the audience could hear and understand.

אֶלָּא מִשּׁוּם חֲשָׁדָא.

Rather, say instead that the Sages instituted this enactment **to** avoid arousing **suspicion.** Since the *eiruv* had regularly been placed in a particular house, were it to be moved, people might think that the residents of the alleyway suspected that the owner of the house was stealing from them, and therefore they put it somewhere else.

"בּוֹר שֶׁהוּא קָרוֹב לָאַמָּה" וכו׳. אִיתְּמַר: בְּנֵי נַהֲרָא – רַב אָמַר: תַּתָּאֵי שָׁתוּ מַיָּא בְּרֵישָׁא, וּשְׁמוּאֵל אָמַר: עִילָּאֵי שָׁתוּ מַיָּא בְּרֵישָׁא.

§ The mishna teaches that the Sages enacted that **the pit that is nearest to the irrigation channel** that supplies water to several pits or fields is filled first on account of the ways of peace. **It was stated** that the *amora'im* disagree about the following issue: When **people** own fields **along a river** and they irrigate their fields with water that is redirected from it, who among them enjoys first rights to irrigate his field? **Rav said:** The owners of **the lowermost** fields **drink the water,** i.e., irrigate their fields, **first. And Shmuel said:** The owners of **the uppermost** fields **drink the water first.**

בְּדְמֵיזַל כּוּלֵּי עָלְמָא לָא פְּלִיגִי, כִּי פְּלִיגִי – בְּמִיסְכַּר וְאַשְׁקוּיֵי, שְׁמוּאֵל אָמַר: עִילָּאֵי שָׁתוּ מַיָּא בְּרֵישָׁא, דְּאָמְרִי: אֲנַן מְקָרְבִינַן טְפֵי; וְרַב אָמַר: תַּתָּאֵי שָׁתוּ מַיָּא בְּרֵישָׁא, דְּאָמְרִי: נַהֲרָא כְּפַשְׁטֵיהּ לֵיזִיל.

The Gemara explains: **With** regard to a case where the water **flows** on its own, **everyone**[H] **agrees** that whoever wishes to irrigate may do so as he wishes. **When they disagree,** it is **with** regard to a case **where they** need to **dam** the river **and irrigate** through channels. **Shmuel said:** The owners of **the uppermost** fields **drink the water first because** they can **say: We are nearer** to the river's headwaters. **And Rav said:** The owners of **the lowermost** fields **drink the water first because** they can **say: Let the river go its** natural **way** and after we take what we need, dam it as you please.

תְּנַן: בּוֹר הַקָּרוֹב לָאַמָּה מִתְמַלֵּא רִאשׁוֹן, מִפְּנֵי דַּרְכֵי שָׁלוֹם! תַּרְגְּמָהּ שְׁמוּאֵל אַלִּיבָּא דְּרַב: בְּאַמָּה הַמְהַלֶּכֶת עַל פִּי בוֹרוֹ.

We learned in the mishna that the Sages enacted that **the pit that is nearest to the irrigation channel** that supplies water to several pits or fields **is filled first on account of the ways of peace.** This teaches that the party who is nearest to the water's source enjoys first rights, and it supports Shmuel's opinion and is difficult for Rav. **Shmuel interpreted** the mishna **in accordance with** the opinion **of Rav:** The mishna refers here to **an irrigation channel that passes the mouth of the pit,**[HB] so that the pit fills with water on its own, even without damming.

אִי הָכִי, מַאי לְמֵימְרָא? מַהוּ דְּתֵימָא, מָצֵי אָמְרִי לֵיהּ: סְכַר מִיסְכָּר וְאַשְׁקֵי בְּהִינְדְּזָא, קָא מַשְׁמַע לַן.

The Gemara asks: **If so, what** is the purpose **of stating** this? It is obvious. The Gemara answers: **Lest you say** that the owners of the other fields **can say to** the owner of the pit: **Dam** your pit as well so that water not enter it, **and irrigate** your fields **in proportion** [***hindeza***],[NL] just like the rest of us. The mishna therefore **teaches us** that the owner of the pit is not required to do this, and consequently his pit is filled first.

אָמַר רַב הוּנָא בַּר תַּחֲלִיפָא: הָשְׁתָּא דְּלָא אִיתְּמַר הִלְכְתָא לָא כְּמָר וְלָא כְּמָר, כָּל דַּאֲלִים גָּבַר.

Rav Huna bar Taḥalifa said: Now that the *halakha* was stated neither in accordance with the opinion of **this Sage,** Rav, **nor in accordance with** the opinion of **that Sage,** Shmuel, **whoever is stronger prevails.**[H] Since the *halakha* has not been decided, the court refuses to judge the case and leaves the claimants to settle the matter themselves, in the hope that the rightful party will exert himself and prevail.

HALAKHA

When the water flows everyone, etc. – בְּדְמֵיזַל כּוּלֵּי עָלְמָא וכו׳: People with fields adjacent to a river who irrigate them with the river's water should do so in the order in which their fields are situated, i.e., the owner of the field that is farthest upstream irrigates his field first (Rambam *Sefer Kinyan*, *Hilkhot Shekhenim* 3:10; *Shulḥan Arukh*, *Ḥoshen Mishpat* 170:2).

An irrigation channel that passes the mouth of the pit – בְּאַמָּה הַמְהַלֶּכֶת עַל פִּי בוֹרוֹ: If an irrigation channel passes the mouth of a pit, that pit is allowed to be filled with water first, on account of the ways of peace, in accordance with Shmuel's explanation of Rav's opinion. The *Sma* holds that the *Shulḥan Arukh* disagrees with this, and in his opinion even if the river passed on the side of the pit, the owner of the pit can draw water from it. The Rashba and *Maggid Mishne* indicate that this applies if the pit existed before the channel, but not if the channel's existence preceded that of the pit (*Shulḥan Arukh*, *Ḥoshen Mishpat* 170:2, and in the comment of Rema).

Whoever is stronger prevails – כָּל דַּאֲלִים גָּבַר: If one person wishes to dam a water channel in order to irrigate his portion first, and another person wants to irrigate his portion first, since the *halakha* has not been decided, whoever is stronger prevails, in accordance with the Gemara's conclusion (Rambam *Sefer Kinyan*, *Hilkhot Shekhenim* 3:10; *Shulḥan Arukh*, *Ḥoshen Mishpat* 170:2).

NOTES

In proportion – בְּהִינְדְּזָא: Some explain that this means based on opportunity, in light of the circumstances and what is possible (Rashi; Rid). Others explain that it means equally (*Arukh*). Yet others suggest that it means by drawing the water (Rabbeinu Crescas Vidal).

LANGUAGE

In proportion [*hindeza*] – הִינְדְּזָא: From the Persian handāzag, meaning a measure, geometry, or engineering. The Hebrew *mehandes*, geometer or engineer, is derived from this word as well. According to this it means they should each irrigate according to their respective shares of the water.

BACKGROUND

An irrigation channel that passes the mouth of the pit – בְּאַמָּה הַמְהַלֶּכֶת עַל פִּי בוֹרוֹ: Shmuel explains that even according to Rav, a pit of this type is governed by a special *halakha*, as it is sustained directly from the water channel, and as such all agree that it precedes the others.

Irrigation channel passing the mouth of a pit

רַב שִׁימִי בַּר אַשִׁי אֲתָא לְקַמֵּיהּ דְּאַבַּיֵי, אֲמַר לֵיהּ: לוֹתְבָן מָר בְּעִידָּנָא! אֲמַר לֵיהּ: אִית לִי עִידָּנָא לְדִידִי. וְלוֹתְבָן מָר בְּלֵילְיָא! אֲמַר לֵיהּ: אִית לִי מַיָּא לְאַשְׁקוּיֵי. אֲמַר לֵיהּ: אֲנָא מַשְׁקֵינָא לֵיהּ לְמָר מַיָּא בִּימָמָא, וְלוֹתְבָן מָר בְּלֵילְיָא! אֲמַר לֵיהּ: לְחַיֵּי.

Rav Shimi bar Ashi came before Abaye and said to him: Master, set a time for me to study with you. Abaye said to him: I have a set time for myself, and I cannot devote it to you. Rav Shimi bar Ashi said to him: Master, set a time for me at night, and we can study then. Abaye said to him: I have to bring water at night with which to irrigate my fields. Rav Shimi bar Ashi said to him: I will irrigate for Master during the day, and then Master can set a time for me at night to study with him. Abaye said to him: Very well; this is an acceptable arrangement.

אֲזַל לְעִילָּאֵי, אֲמַר לְהוּ: תַּתָּאֵי שָׁתוּ מַיָּא בְּרֵישָׁא. אֲזַל לְתַתָּאֵי, אֲמַר לְהוּ: עִילָּאֵי שָׁתוּ מַיָּא בְּרֵישָׁא. אַדְּהָכִי סְכַר מִיסְכַּר וְאַשְׁקֵי. כִּי אֲתָא לְקַמֵּיהּ דְּאַבַּיֵי, אֲמַר לֵיהּ: כְּבֵי תְּרֵי עֲבַדְתְּ לִי! וְלָא טַעֲמִינְהוּ אַבַּיֵי לְפֵירֵי דְּהַהִיא שַׁתָּא.

What did Rav Shimi bar Ashi do? He first went to the owners of the uppermost fields, and said to them: The owners of the lowermost fields drink the water first, in accordance with the opinion of Rav. He then went to the owners of the lowermost fields, and said to them: The owners of the uppermost fields drink the water first, in accordance with the opinion of Shmuel. In the meantime, while the owners of the upper fields and the lower fields were arguing over who has first rights to the water, Rav Shimi bar Ashi dammed the river and irrigated Abaye's fields. When he came before Abaye, the latter said to him: You have acted for me in accordance with two opposing opinions. And Abaye would not even taste the produce of that year because he thought that the water had reached his field in an unlawful manner.

הָנְהוּ בְּנֵי בֵּי חַרְמָךְ דַּאֲזוּל כָּרוּ בְּרֵישָׁא דִּשְׁנַוָותָא וְאַהַדְרוּהּ וְשַׁדְיוּהּ בְּשִׁילְהֵי נַהֲרָא, אָתוּ עִילָּאֵי לְקַמֵּיהּ דְּאַבַּיֵי, אֲמַרוּ לֵיהּ: קָא מִתְקִיל לְנַהֲרִין! אֲמַר לְהוּ: כְּרוּ בַּהֲדַיְיהוּ טְפֵי פּוּרְתָּא. אֲמַרוּ לֵיהּ: קָא יָבְשֵׁי פֵּירִין! אֲמַר לְהוּ: זִילוּ סַלִּיקוּ נַפְשַׁיְיכוּ מֵהָתָם.

It is related that there were certain residents of a place called Bei Ḥarmakh[B] who went and dug a channel at the head of the Shanvata[B] River in order to divert the water and allow it to circle their fields, and then they returned the water to the river further downstream. Those who owned fields further upstream came before Abaye, and said to him: This damages our river,[N] as the water is not flowing as it once had. Abaye said to them: Dig a little deeper with them, and that should solve the problem. They said to him: If we do that, our pits will become dry. Once Abaye heard this he said to the residents of Bei Ḥarmakh: Go remove yourselves[N] from there, and dam the diversion that you made for the river.

״מְצוּדוֹת חַיָּה וְעוֹפוֹת וְדָגִים יֵשׁ בָּהֶן״ וכו׳. בְּאוּזְלֵי וְאוֹהֲרֵי

§ The mishna teaches: Taking **animals, birds, or fish** that were caught in **traps** belonging to another person is considered robbery on account of the ways of peace. And Rabbi Yosei says that this is full-fledged robbery. The Gemara comments: **With regard to nets** [*uzlei*][L] **and woven traps** [*oharei*],[LH]

NOTES

This damages our river – קָא מִתְקִיל לְנַהֲרִין: Rashi and most of the early commentaries explain that the diversion of the river caused the current to slow down, and as a result the river rose and flooded the upstream fields. Therefore, Abaye suggested that the people upstream should deepen the water channel together with the residents of Bei Ḥarmakh so that the water would flow with greater force and not flood their fields. They responded that if they deepen the river, its water level may remain beneath the channels used to water their irrigation pits.

Go remove yourselves – סַלִּיקוּ נַפְשַׁיְיכוּ: The early commentaries disagree about the meaning of these words. According to Rashi, Abaye said this to the residents of Bei Ḥarmakh (see *Tosafot*). He meant that since they are causing damage to other people's fields, they should remove themselves from the channel they created and dam the diversion. Rabbeinu Ḥananel and many other early commentaries understand that Abaye said this to the owners of the fields who came to complain, and he meant that they should stop working in their fields, and move elsewhere, as he cannot force the residents of Bei Ḥarmakh to remedy the matter. Several factors support this understanding. First, it was the claimants, i.e., the owners of the fields upstream, who came before Abaye, and he was speaking with them. In addition, in light of the principle: Whoever is stronger prevails, it stands to reason that Abaye could not force the residents of Bei Ḥarmakh to make a change.

LANGUAGE

Nets [*uzlei*] – אוּזְלֵי: From the Aramaic root *azal*, meaning to weave. The nets mentioned here are similar to fishermen's nets used today.

Woven trap [*ohara*] – אוֹהֲרָא: Some read *oḥarei*. The reference is to baskets woven in such a way that fish entering them will be caught there and will be unable to escape.

Traditional fish trap

HALAKHA

Nets and woven traps – בְּאוּזְלֵי וְאוֹהֲרֵי: If one spreads a trap that lacks a receptacle, and an animal, bird, or fish is caught with it, whoever takes what is caught is considered to be a robber by rabbinic law. The Rema adds that if the animal is caught with a trap that has a receptacle, the trap's owner immediately takes possession of the animal, and anyone else who takes the animal is a robber by Torah law (Rambam *Sefer Kinyan, Hilkhot Zekhiya UMattana* 1:3; *Shulḥan Arukh, Ḥoshen Mishpat* 273:13, 370:4).

BACKGROUND

Bei Ḥarmakh – בֵּי חַרְמָךְ: This city, also called Ḥarmakh, or, according to other readings, Harman or Bei Harman, was located on the Shanvata River.

Dug at the head of the Shanvata – כָּרוּ בְּרֵישָׁא דִּשְׁנַוָותָא: The Shanvata River branched off from the Euphrates near the place that is now called Al Fallujah, and it continued for a great distance. In order to increase the amount of water reaching them, the residents of Bei Ḥarmakh dug an additional canal from the Shanvata that brought much more water to their fields. This reduced the force and speed of the stream of water flowing in the Shanvata, and led to an overspill of the water upstream, as it was unable to pass their fields as quickly. When the people living upstream from Bei Ḥarmakh complained about this, Abaye suggested deepening the Shanvata River in order to increase the volume of its waters and the speed of its current. However, this suggestion was not accepted by the inhabitants of these locations, as they claimed that if the Shanvata were deeper it would no longer flood and irrigate their fields.

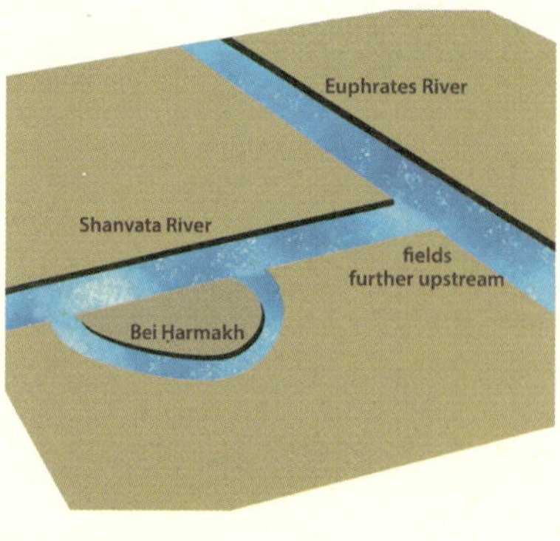

Shanvata River and Bei Ḥarmakh

כּוּלֵּי עָלְמָא לָא פְּלִיגִי, כִּי פְּלִיגִי – בִּלְחִי וְקוֹקְרֵי.

everyone agrees that since they are receptacles that hold the fish or animal entering them, by right the trapped animals belong to the owner of the trap. **When they disagree,** it is **with regard to a fishhook or** other **traps** [***kokrei***][L] that merely catch the fish or animal but are not receptacles that hold it. In such cases, there is reason to say that the owner of the trap does not take possession of the trapped animal, and therefore another person who takes it is guilty only of robbery on account of the ways of peace.

"מְצִיאַת חֵרֵשׁ שׁוֹטֶה וכו׳ רַבִּי יוֹסֵי אוֹמֵר: גָּזֵל גָּמוּר". אָמַר רַב חִסְדָּא: גָּזֵל גָּמוּר מִדִּבְרֵיהֶם. לְמַאי נָפְקָא מִינַּהּ? לְהוֹצִיאוֹ בְּדַיָּינִין.

§ The mishna teaches: Taking **a lost item** found by **a deaf-mute, an imbecile,** or a minor is considered robbery on account of the ways of peace. **Rabbi Yosei says:** It is **full-fledged robbery. Rav Ḥisda says:** Rabbi Yosei means that it is **full-fledged robbery by rabbinic law** but not by Torah law. The Gemara asks: **What difference is there** between full-fledged robbery by rabbinic law and robbery on account of the ways of peace? The Gemara answers: If it is full-fledged robbery by rabbinic law, the victim of robbery can **recover** the property from the robber **by** appealing to **judges,**[H] i.e., the court can expropriate it from him by force.

"עָנִי הַמְנַקֵּף בְּרֹאשׁ הַזַּיִת – מַה שֶּׁתַּחְתָּיו" וכו׳. תָּנָא: אִם לִיקֵּט וְנָתַן בַּיָּד – הֲרֵי זֶה גָּזֵל גָּמוּר.

§ The mishna teaches that if **a poor person gleans** olives **at the top of an olive tree** and olives fall to the ground under the tree, then taking those olives **that are beneath it** is considered robbery on account of the ways of peace. According to Rabbi Yosei, it is full-fledged robbery. A Sage **taught: If** the poor person **gathered** the olives **and placed** them **in his hand**[H] before they fell to the ground, **this is full-fledged robbery,** because the poor person had already acquired legal ownership of the olives when they were in his hand.

רַב כָּהֲנָא הֲוָה קָאָזֵיל לְהוּצָל, חַזְיֵיהּ לְהַהוּא גַּבְרָא דַּהֲוָה שָׁדֵי אוּפְיֵי וְקָא נָתְרָן תַּמְרֵי, אֲזַל קָא מְנַקֵּיט וְאָכֵיל. אֲמַר לֵיהּ: חֲזִי מָר דְּבִידַאי שְׁדִיתִינְהוּ, אֲמַר לֵיהּ: מֵאַתְרֵיהּ דְּרַבִּי יֹאשִׁיָּה אַתָּה, קְרֵי עֲלֵיהּ: "וְצַדִּיק יְסוֹד עוֹלָם".

The Gemara relates that **Rav Kahana was** once **walking to** the city **of Huzal when he saw a certain man who was throwing sticks**[N] at a palm tree **and dates were falling** to the ground. Rav Kahana **went, gathered** up some of the dates, **and ate** them. That man **said to** Rav Kahana: **See, Master, that I threw them** down **with my hand,** i.e., the dates were already in my hand, and therefore they are legally mine. Rav Kahana **said to him: You are from the place of Rabbi Yoshiya,** who was a great Sage in the city of Huzal. For that reason, you are knowledgeable in *halakha*. Rav Kahana **read** the verse **about** Rabbi Yoshiya: **"And a righteous man is the foundation of the world"** (Proverbs 10:25). Even after his death, Rabbi Yoshiya left a foundation for the world, as his city continued to be a center of Torah study.

"אֵין מְמַחִין בְּיַד עֲנִיֵּי גוֹיִם בְּלֶקֶט בְּשִׁכְחָה וּבְפֵאָה, מִפְּנֵי דַּרְכֵי שָׁלוֹם". תָּנוּ רַבָּנַן: מְפַרְנְסִים עֲנִיֵּי גוֹיִם עִם עֲנִיֵּי יִשְׂרָאֵל, וּמְבַקְּרִין חוֹלֵי גוֹיִם עִם חוֹלֵי יִשְׂרָאֵל, וְקוֹבְרִין מֵתֵי גוֹיִם עִם מֵתֵי יִשְׂרָאֵל, מִפְּנֵי דַּרְכֵי שָׁלוֹם.

§ The mishna teaches: **One does not protest against poor gentiles** who come to take **gleanings, forgotten** sheaves, **and the produce in the corner of the field, which is given to the poor** [***pe'a***], although they are meant exclusively for the Jewish poor, **on account of the ways of peace.** Similarly, **the Sages taught** in a *baraita* (*Tosefta* 5:4): **One sustains poor gentiles**[H] along **with poor Jews, and one visits sick gentiles** along **with sick Jews, and one buries dead gentiles**[N] along **with dead Jews.** All this is done **on account of the ways of peace,** to foster peaceful relations between Jews and gentiles.

LANGUAGE

Traps [*kokrei*] – קוֹקְרֵי: The derivation of this word is not clear, but it seems to be taken from the Greek κούκουρον, *kukuron*, meaning a quiver of arrows. According to the *ge'onim*, it is a slab of stone propped up by pieces of wood or bait. When the animals take the bait, the slab falls on them, trapping them.

HALAKHA

Recover the property by appealing to judges – לְהוֹצִיאוֹ בְּדַיָּינִין: If one takes for himself a lost item that had been found by a deaf-mute, an imbecile, or a minor, this is considered robbery on account of the ways of peace. Therefore, if one took such an item from them, it cannot be recovered by appealing to judges as it can in any other case of robbery by rabbinic law. Similarly, if one denied a claim with regard to such a matter and took a false oath about it, he does not add one-fifth of its value, in accordance with the opinion of the first *tanna* (Rambam *Sefer Nezikin, Hilkhot Gezeila VaAveda* 17:12; *Shulḥan Arukh, Ḥoshen Mishpat* 270:1).

Gathered and placed them in his hand – לִקֵּט וְנָתַן בַּיָּד: If a poor person was collecting gleanings, forgotten sheaves, and *pe'a* from the top of a tree and placed them in his hand, then even if he threw to the ground what he had collected, it would be full-fledged robbery for someone else to take it, and that which was taken could be recovered by appealing to judges (Rambam *Sefer Nezikin, Hilkhot Gezeila VaAveda* 6:13; *Shulḥan Arukh, Ḥoshen Mishpat* 273:16).

One sustains poor gentiles – מְפַרְנְסִים עֲנִיֵּי גוֹיִם: The Sages instituted ordinances to sustain the gentile poor along with the Jewish poor, to visit their sick, and to bury their dead, on account of the ways of peace (Rambam *Sefer Shofetim, Hilkhot Melakhim UMilḥemoteihem* 10:12; *Shulḥan Arukh, Yoreh De'a* 151:12).

NOTES

Who was throwing sticks – דַּהֲוָה שָׁדֵי אוּפְיֵי: Rashi understands that the man was throwing sticks at the tree so that the clusters of dates would fall to the ground. *Tosafot* reject this explanation and propose instead that the man was removing branches from the tree, together with the clusters of dates that were attached to them. He then threw the branches on the ground, so that the individual dates would separate from the clusters.

And one buries dead gentiles, etc. – וְקוֹבְרִין מֵתֵי גוֹיִם וכו׳: This does not mean that Jews and gentiles are buried together in the same burial grounds, as one may not bury Jews and gentiles in the same place. Rather, if there is a group of corpses of both Jews and gentiles, one buries all of them (Rashi; Rid). The Rashba deduced from Rashi's wording that this *halakha* applies only when one is already burying a Jew. One is not required to bury the corpse of a gentile that was not found together with a corpse of a Jew. In the latter case, a Jew has the right to say that he does not wish to tend to the deceased. By contrast, the Rashba proves from the Jerusalem Talmud, and in a stronger fashion from the *Tosefta*, that when charity collectors and community functionaries act on behalf of the community, they should treat gentiles like Jews, even to attend to the gentiles independently.

מתני׳ מַשְׁאֶלֶת אִשָּׁה לַחֲבֶירְתָּהּ הַחֲשׁוּדָה עַל הַשְּׁבִיעִית, נָפָה וּכְבָרָה וְרֵיחַיִם וְתַנּוּר, אֲבָל לֹא תָּבוֹר וְלֹא תִּטְחַן עִמָּהּ.

MISHNA **A woman may lend** utensils **to her friend**[H] **who is suspect with regard to** eating produce that grew in **the Sabbatical** Year after the time that such produce must be removed from the house and may no longer be eaten. The utensils that she may lend her include: **A winnow, a sieve,**[N] **a mill, and an oven.** Lending her such utensils is not considered aiding in the commission of a transgression. **But she may not select** the grain from the chaff **or grind** wheat **with her,** i.e., she may not actively assist her in the performance of a sin.

אֵשֶׁת חָבֵר מַשְׁאֶלֶת לְאֵשֶׁת עַם הָאָרֶץ נָפָה וּכְבָרָה, וּבוֹרֶרֶת וְטוֹחֶנֶת וּמְרַקֶּדֶת עִמָּהּ, אֲבָל מִשֶּׁתַּטִּיל אֶת הַמַּיִם לֹא תִגַּע עִמָּהּ, לְפִי שֶׁאֵין מַחֲזִיקִין יְדֵי עוֹבְרֵי עֲבֵירָה. וְכוּלָּן לֹא אָמְרוּ – אֶלָּא מִפְּנֵי דַּרְכֵי שָׁלוֹם.

The wife of a *ḥaver*, one who is devoted to the meticulous observance of mitzvot, especially the *halakhot* of ritual purity, *teruma*, and tithes, **may lend**[H] **the wife of an *am ha'aretz*,** one who is not scrupulous in these areas, **a winnow and a sieve, and she may** even **select, grind, and sift with her. But once** the wife of the *am ha'aretz* **pours water**[NB] into the flour, thereby rendering it susceptible to ritual impurity, the wife of the *ḥaver* **may not touch** anything **with her, because one may not assist those who commit transgressions.**[N] **And all of** the allowances mentioned in the mishna **were stated only on account of the ways of peace.**

וּמַחֲזִיקִין יְדֵי גוֹיִם בַּשְּׁבִיעִית, אֲבָל לֹא יְדֵי יִשְׂרָאֵל, וְשׁוֹאֲלִין בִּשְׁלוֹמָן, מִפְּנֵי דַּרְכֵי שָׁלוֹם.

And one may assist gentiles who work the land **during the Sabbatical Year,**[H] **but** one may **not** assist **Jews**[H] who do this. Similarly, **one may extend greetings** to gentiles **on account of the ways of peace.**

גמ׳ מַאי שְׁנָא רֵישָׁא וּמַאי שְׁנָא סֵיפָא? אָמַר אַבָּיֵי: רוֹב עַמֵּי הָאָרֶץ מְעַשְּׂרִין הֵן.

GEMARA The Gemara asks with regard to the *halakhot* taught in the mishna: **What is different** in **the first clause** of the mishna that teaches that a woman may not select and grind grain with a woman who is suspected of eating produce of the Sabbatical Year after it is forbidden, **and what is different** in **the latter clause** that teaches that it is permitted for the wife of a *ḥaver* to assist the wife of an *am ha'aretz* in her selecting and grinding? **Abaye said: Most *amei ha'aretz* tithe** their produce, and therefore there is no reason to render it prohibited to assist the wife of an *am ha'aretz* in her work, as she is probably preparing a permitted food. Although there may be concern that the food was not tithed due to the minority of *amei ha'aretz* who do not separate tithes, this concern is ignored on account of the ways of peace.

רָבָא אָמַר: הָכָא בְּעַם הָאָרֶץ דְּרַבִּי מֵאִיר, וְטוּמְאָה וְטָהֳרָה דְּרַבָּנַן; דְּתַנְיָא: אֵיזֶהוּ עַם הָאָרֶץ? כָּל שֶׁאֵינוֹ אוֹכֵל חוּלָּיו בְּטָהֳרָה, דִּבְרֵי רַבִּי מֵאִיר, וַחֲכָמִים אוֹמְרִים: כָּל שֶׁאֵינוֹ מְעַשֵּׂר פֵּירוֹתָיו.

Rava said: Here the mishna speaks **about the *am ha'aretz*** as defined **by Rabbi Meir and** the issue of **ritual impurity and purity by rabbinic law.** It does not speak about the matter of separating *teruma* and tithes. **As it is taught** in a *baraita* (*Tosefta, Avoda Zara* 3:10): **Who is an *am ha'aretz*? Anyone who does not eat his non-sacred produce in** a state of **ritual purity;** this is **the statement of Rabbi Meir. And the Rabbis say:** An *am ha'aretz* is **anyone who does not tithe his produce.** Since the mishna is referring to the type of *am ha'aretz* about whom there is an assumption that he tithes his produce but does not eat his non-sacred produce in a state of ritual purity, and in light of the fact that eating non-sacred produce in a state of ritual purity is stipulated by rabbinic law, on account of the ways of peace, the Sages did not prohibit the wife of a *ḥaver* from assisting the wife of an *am ha'aretz*.

HALAKHA

A woman may lend to her friend – מַשְׁאֶלֶת אִשָּׁה לַחֲבֶירְתָּהּ: A woman may lend a winnow, a sieve, a mill, or an oven to a friend who is suspected of eating produce grown during the Sabbatical Year, but she may not select or grind with her (Rambam *Sefer Zera'im, Hilkhot Shemitta VeYovel* 8:7).

The wife of a *ḥaver* may lend, etc. – אֵשֶׁת חָבֵר מַשְׁאֶלֶת וכו׳: The wife of a *ḥaver* may lend the wife of an *am ha'aretz* a winnow or a sieve, and she may even sift and select with her. Once the wife of an *am ha'aretz* adds water to the dough she should not assist her, because she kneads her dough in a state of ritual impurity (Rambam *Sefer Zera'im, Hilkhot Bikkurim* 8:13).

One may assist gentiles during the Sabbatical Year – מַחֲזִיקִין יְדֵי גוֹיִם בַּשְּׁבִיעִית: If a Jew sees a gentile plowing during the Sabbatical Year, he may offer him verbal support, as is explained in the Gemara (Rambam *Sefer Zera'im, Hilkhot Shemitta VeYovel* 8:8).

But not Jews – אֲבָל לֹא יְדֵי יִשְׂרָאֵל: Just as it is prohibited to work the land during the Sabbatical Year, it is prohibited to assist a Jew who does such work (Rambam *Sefer Zera'im, Hilkhot Shemitta VeYovel* 8:1).

NOTES

Winnow and sieve – נָפָה וּכְבָרָה: In the Jerusalem Talmud it is explained that although the woman's friend may use these utensils for the preparation of dishes made from forbidden produce, the woman is permitted to lend them to her as long as the borrower does not explicitly say that she will use the utensils for that purpose. Each of these utensils could be used for purposes unrelated to the preparation of food, e.g., a mill may be used for the preparation of dyes and an oven for processing flax.

Once the wife pours water – מִשֶּׁתַּטִּיל אֶת הַמַּיִם: The straightforward reason for this is the concern for impurity. Produce becomes susceptible to contracting impurity only once it comes in contact with liquid. Since *amei ha'aretz* are not careful about impurity, she will presumably render the dough impure when she adds water to it. Similarly, in the Jerusalem Talmud a distinction is drawn between one who soaked her wheat and thereby rendered the wheat susceptible to impurity before grinding, in which case it is prohibited to aid in the grinding, and one who did not soak it, in which case the woman may assist until the water is added.

Those who commit transgressions – יְדֵי עוֹבְרֵי עֲבֵירָה: Since the woman is not careful about ritual impurity, she will impart impurity to the dough, which includes a portion of *ḥalla*, although it has not yet been separated. It is a sin to impart impurity to *ḥalla*, as it has the sanctity of *teruma*. Some add that even if the wheat had been rendered susceptible to ritual impurity before this, so that it had already become impure when it was ground, in any case there is a concern about *ḥalla*, as it is prohibited to impart impurity to *ḥalla*, even if it is already impure (Rabbeinu Crescas Vidal; Rashba).

BACKGROUND

Once the wife pours water – מִשֶּׁתַּטִּיל אֶת הַמַּיִם: The Torah states: "Of all food that may be eaten, that upon which water comes shall be unclean" (Leviticus 11:34). Food that has not yet come into contact with water is not susceptible to contracting ritual impurity. Therefore, even if it comes into contact with an item that is ritually impure at any level of ritual impurity, it does not become impure. The Sages had a tradition that "water" in this verse also includes the following liquids as well: Dew, wine, oil, blood, honey, and milk. Contact with any one of these liquids renders food susceptible to contracting ritual impurity. Despite this, dough kneaded with the liquids of fruits other than olives or grapes is not rendered susceptible to contracting ritual impurity.

NOTES

About impurity of non-sacred produce – בְּטוּמְאַת חוּלִּין: Although *ḥaverim* were meticulous about ritual purity, to the extent that they would eat even ordinary produce in a state of ritual purity, this is not mandated by Torah law but is an act of piety. This is not the case with regard to the impurity of *ḥalla*, as it is prohibited by Torah law for one to render *ḥalla* ritually impure or to eat it in a state of ritual impurity.

וְהָא מִדְּקָתָנֵי סֵיפָא: מִשֶּׁתַּטִּיל אֶת הַמַּיִם לֹא תִגַּע עִמָּהּ, מִכְּלָל דְּרֵישָׁא לָאו בְּטוּמְאָה וְטָהֳרָה עָסְקִינַן!

The Gemara raises an objection: **But from** the fact **that the latter clause** of the mishna **teaches: Once** the wife of the *am ha'aretz* **pours water** into the flour, the wife of the *ḥaver* **may not touch** anything **with her** because the water has rendered the dough susceptible to ritual impurity, **it may be inferred that** in **the first clause** in the mishna **we are not dealing with** concern about the *halakhot* of **impurity and purity.** Rather, the concern pertains to tithes.

רֵישָׁא וְסֵיפָא בְּטוּמְאָה וְטָהֳרָה, וְרֵישָׁא בְּטוּמְאַת חוּלִּין, וְסֵיפָא בְּטוּמְאַת חַלָּה.

The Gemara answers: Both in **the first clause and** in **the latter clause** the concern relates to **impurity and purity.** The difference is that in **the first clause,** even if the grain was already rendered susceptible to impurity, the concern is only **about impurity of non-sacred produce.**[N] Rendering non-sacred produce impure is not prohibited by Torah law; it is a matter about which *ḥaverim* were meticulous. **But** in **the latter clause,** the concern is **the impurity of** *ḥalla*, the portion that must be separated from the dough and given to a priest. It is at the time that water is added to the flour that the obligation to separate *ḥalla* from the dough takes effect. Due to the *ḥalla* that will be separated from the dough, it is prohibited by Torah law for one to render the dough impure.

וּרְמִינְהוּ:

And the Gemara **raises a contradiction** from another *baraita* (*Tosefta, Demai* 4:29):

Perek **V**
Daf **61** Amud **b**

HALAKHA

One may deposit *teruma* – מַפְקִידִין תְּרוּמָה: One may not deposit *teruma* with a priest who is an *am ha'aretz* because he is accustomed to having *teruma*, and therefore he might consume it while in a state of ritual impurity. Nevertheless, as long as the produce has not been rendered susceptible to contracting ritual impurity, it is permitted for one to deposit such *teruma* with an Israelite who is an *am ha'aretz*, provided that it is contained in an earthenware vessel with a tightly bound cover, lest the menstruating wife of the *am ha'aretz* move the vessel. This ruling seems to be based on a variant version of the text of the Gemara (Rambam *Sefer Zera'im*, *Hilkhot Terumot* 12:8).

טוֹחֲנִין וּמַפְקִידִין אֵצֶל אוֹכְלֵי שְׁבִיעִית וְאֵצֶל אוֹכְלֵי פֵּירוֹתֵיהֶן בְּטוּמְאָה, אֲבָל לֹא לְאוֹכְלֵי שְׁבִיעִית וְלֹא לְאוֹכְלֵי פֵּירוֹתֵיהֶן בְּטוּמְאָה!

One may grind one's tithed produce **and deposit** it **with those who eat Sabbatical**-Year produce **and those who eat their own produce in** a state of **impurity,** because there is no concern that they will exchange this produce with Sabbatical-Year produce or with impure produce, or that they will touch the produce. **But** one may **not** grind **for those who eat Sabbatical**-Year produce **or for those who eat their own produce in** a state of **impurity,** so as not to assist them in committing a transgression. This is difficult according to Rava's explanation of the mishna, that the wife of a *ḥaver* may grind non-sacred produce with the wife of an *am ha'aretz*, who eats his own produce in a state of ritual impurity.

אָמַר אַבָּיֵי: הָתָם בְּכֹהֵן הֶחָשׁוּד לֶאֱכוֹל תְּרוּמָה בְּטוּמְאָה עָסְקִינַן, דַּהֲוָה לֵיהּ טוּמְאָה דְּאוֹרָיְיתָא.

Abaye said: There, in that *baraita*, **we are dealing with a priest who is suspected with regard to partaking of** *teruma* **in** a state of **ritual impurity, which** involves a prohibition of **impurity by Torah law.**

אִי הָכִי מַפְקִידִין? וּרְמִינְהוּ: מַפְקִידִין תְּרוּמָה אֵצֶל יִשְׂרָאֵל עַם הָאָרֶץ וְלֹא אֵצֶל כֹּהֵן עַם הָאָרֶץ, מִפְּנֵי שֶׁלִּבּוֹ גַּס בָּהּ!

The Gemara asks: **If so,** if the *baraita* is referring to a priest, how then may one **deposit** tithed produce with him? The Gemara **raises a contradiction** from that which was taught in a *baraita* (*Tosefta, Demai* 4:28): **One may deposit** *teruma*[H] **with an Israelite** who is **an** *am ha'aretz*.[N] Although he is not meticulous about the *halakhot* of purity, there is no concern that he will defile the *teruma*. **But** one may **not** deposit *teruma* **with a priest** who is **an** *am ha'aretz* **because he is accustomed** to having *teruma*, and therefore he might not treat it properly and will touch and defile it.

NOTES

With an Israelite who is an *am ha'aretz* – אֵצֶל יִשְׂרָאֵל עַם הָאָרֶץ: Although an Israelite *am ha'aretz* is not ordinarily careful about contracting ritual impurity, and he generally sees himself as ritually pure, when given ritually pure *teruma*, he will be careful not to touch it out of respect for the *teruma*. This is not true about a priest who is an *am ha'aretz*. Since he is a priest, he regularly handles *teruma*. As he is an *am ha'aretz*, he will not be careful to distinguish between when he is pure and when he is impure, and he will touch the *teruma* thinking that he is ritually pure.

With a tightly bound cover – הַמּוּקָף צָמִיד פָּתִיל: In such a case, there is no concern that perhaps the contents became impure, as the outer surface of an earthenware vessel does not contract ritual impurity. An earthenware vessel can contract ritual impurity only from within. If such a vessel has an airtight lid, it cannot contract ritual impurity, even when found in a tent or building containing a corpse.

אָמַר רַבִּי אִילְעָא: הָכָא בְּמַאי עָסְקִינַן – בִּכְלִי חֶרֶשׂ הַמּוּקָף צָמִיד פָּתִיל.

Rabbi Ile'a says: With what are we dealing here, in the previously mentioned *baraita*, which teaches that one may deposit his tithed produce with one who eats his own produce in a state of ritual purity? This is referring to a case where one deposited the produce **in an earthenware vessel with a tightly bound cover.**[N] In such a case, there is no concern that the priest who is suspected of partaking of *teruma* in a state of ritual impurity will touch the produce and render it impure.

וְלֵיחוּשׁ שֶׁמָּא תְּסִיטֶנּוּ אִשְׁתּוֹ נִדָּה!

The Gemara asks: **And let** there nevertheless **be a concern lest** the priest's **menstruating wife move** the vessel and impart ritual impurity to the produce inside it. A menstruating woman imparts impurity to the produce inside the vessel through moving it, even if the contents are tightly sealed in the vessel, and she does not come into direct contact with the contents.

אֶלָּא אָמַר רַבִּי יִרְמְיָה, לָא קַשְׁיָא: כָּאן בְּפֵירוֹת שֶׁהוּכְשְׁרוּ, כָּאן בְּפֵירוֹת שֶׁלֹּא הוּכְשְׁרוּ.

Rather, Rabbi Yirmeya says that this is **not difficult. Here,** where it is prohibited to deposit produce with a priest who is suspected with regard to partaking of *teruma* in a state of ritual impurity, we are dealing with **produce that** came into contact with a liquid and **became susceptible** to contracting ritual impurity. Consequently, there is concern that the priest may impart impurity to it. **There,** where it is permitted to deposit produce with such a priest, we are dealing with **produce that has not** yet **become susceptible** to contracting ritual impurity, in which case there is no concern that the priest will impart impurity to it.

וּרְמִינְהוּ: הַמּוֹלִיךְ חִטִּין לְטוֹחֵן כּוּתִי אוֹ לְטוֹחֵן עַם הָאָרֶץ – הֲרֵי אֵלּוּ בְּחֶזְקָתָן לְמַעֲשֵׂר וְלַשְּׁבִיעִית, אֲבָל לֹא לְטוּמְאָה!

And the Gemara **raises a contradiction** from what is taught in a mishna (*Demai* 3:4): With regard to **one who takes** tithed **wheat**[H] **to a Samaritan grinder or to a grinder who is an *am ha'aretz*,** the wheat retains **its presumptive status with regard to tithes and Sabbatical**-Year produce, as there is no concern that the grinder switched the grain. **But** the wheat does **not** retain its presumptive status **with regard to impurity,** as there is concern that perhaps the grinder touched it and rendered it impure.

הַאי מַאי רוּמְיָא? לָאו אוֹקִימְנָא בְּפֵירוֹת שֶׁלֹּא הוּכְשְׁרוּ?

The Gemara asks: **What contradiction is** there here? **Did we not establish** that the *baraita* that permits depositing produce is dealing with **produce that has not** yet **become susceptible** to contracting ritual impurity, and so it does not become impure when touched by an impure person? Here, the mishna in tractate *Demai* is dealing with produce that already became susceptible to contracting ritual impurity, and therefore there is concern that the produce will be rendered impure.

וּדְקָאָרֵי לָהּ מַאי קָאָרֵי לָהּ? מִשּׁוּם דְּקָא בָּעֵי לְמִירְמֵי אַחֲרִיתִי עֲלָהּ: הֲרֵי אֵלּוּ בְּחֶזְקָתָן לְמַעֲשֵׂר וְלַשְּׁבִיעִית, וּלְחַלּוֹפֵי לָא חָיְישִׁינַן.

The Gemara asks: **And he who asked** the question, **why did he ask it?** Wasn't this answer already stated earlier? The Gemara answers: The one who asked the question cited this mishna only **because he wished to raise a contradiction to it from another** mishna, as according to this mishna the wheat that was brought to the suspect grinder retains **its presumptive status with regard to tithes and Sabbatical**-Year produce, **and we are not concerned that** perhaps the grinder **exchanged** the grain he had received with grain of his own that was forbidden in some way.

וּרְמִינְהוּ: הַנּוֹתֵן לַחֲמוֹתוֹ, מְעַשֵּׂר אֶת שֶׁהוּא נוֹתֵן לָהּ וְאֶת שֶׁהוּא נוֹטֵל הֵימֶנָּה, מִפְּנֵי שֶׁחֲשׁוּדָה מַחְלֶפֶת הַמִּתְקַלְקֵל!

And the Gemara **raises a contradiction** to this from what was taught in a mishna (*Demai* 3:6): With regard to **one who gives** food **to his mother-in-law,**[H] who is the wife of an *am ha'aretz*, so that she may prepare it for him, **he must tithe** everything **that he gives her and** everything **that he takes from her.** This is **because she is suspected of exchanging** any food received from him **that was spoiled** with her own food that was not spoiled. Perhaps, then, she did not return the food that he had given her but rather food that was not yet tithed. In this mishna, there is concern that an *am ha'aretz* may exchange produce that he received with produce of his own.

HALAKHA

One who takes tithed wheat – הַמּוֹלִיךְ חִטִּין: If one takes tithed wheat to a grinder who is an *am ha'aretz*, the wheat retains its presumptive status with regard to tithes and Sabbatical-Year produce, as the *am ha'aretz* is not suspected of switching the grain. Similarly, if one deposits his produce with an *am ha'aretz*, it retains its presumptive status (Rambam *Sefer Zera'im*, *Hilkhot Ma'aser* 11:13).

One who gives food to his mother-in-law – הַנּוֹתֵן לַחֲמוֹתוֹ: If one gives bread to be baked or a dish to be cooked to his mother-in-law or to his neighbor who are *amei ha'aretz*, he need not be concerned that what he receives in return may contain tithe or Sabbatical-Year produce. This applies only if he gave her everything required for cooking or baking, including yeast and spices. If he did not give her everything, he must be concerned about tithes and Sabbatical-Year produce (Rambam *Sefer Zera'im*, *Hilkhot Ma'aser* 11:12).

HALAKHA

If one gives food to an innkeeper – **הַנּוֹתֵן לְפוּנְדָּקִית**: If one gives food to an innkeeper so that she will cook or bake it for him, he must tithe what he gives her so that he will not cause other people to sin. He must also tithe what he receives from her, because there is concern that she may have exchanged the food he gave her with other food (Rambam *Sefer Zera'im*, *Hilkhot Ma'aser* 11:12).

LANGUAGE

Innkeeper [*pundakit*] – **פּוּנְדָּקִית**: From the Greek πανδοκεῖον, *pandokeion*, meaning hotel. This is also the source for the word for a hotel owner, *pundaki*.

NOTES

Should this student of Torah eat hot, etc. – **בַּר בֵּי רַב לֵיכוּל חֲמִימָא**: According to Rashi, the innkeeper's words should be read as a declarative statement, as: This student of Torah should eat hot food, as her intentions are good. Since she had his bread for several days and it became stale, she exchanges it with her own fresh bread. Since she thinks that she is doing something good, she is not particular to give him what she had received from him (*Arukh*).

Tosafot offer the reverse explanation, reading the sentence as a question. The innkeeper rules leniently for herself, that she should be permitted to give the student her stale bread, while she takes his fresh bread. She thinks that he does not deserve to eat food of higher quality than the food she eats. This is the straightforward understanding of the wording of the mishna in *Demai*.

The wife of a *ḥaver* may grind – **אֵשֶׁת חָבֵר טוֹחֶנֶת**: Several explanations are given for this statement. Rashi explains that the wife of a *ḥaver* helps the wife of an *am ha'aretz* grind her own wheat. Others understand that the wife of a *ḥaver* grinds her own wheat with the wife of the *am ha'aretz* (*Arukh*). Others explain that each one grinds her own wheat, but they work together alongside each other (Meiri).

הָתָם כִּדְקָתָנֵי טַעְמָא, אָמַר רַבִּי יְהוּדָה: רוֹצָה הִיא בְּתַקָּנַת בִּתָּהּ וּבוֹשָׁה מֵחֲתָנָהּ.

The Gemara answers that **there** the concern is for **the reason that** was explicitly **taught** in that mishna: **Rabbi Yehuda said:** His mother-in-law **wants** what is **good for her daughter,** that she not eat anything that is spoiled, **and she is ashamed before her son-in-law** to tell him that he had given her something that was spoiled. For this reason, she does not tell him that she exchanged the food.

וּלְעָלְמָא לָא חָיְישִׁינַן? וְהָתְנַן: הַנּוֹתֵן לְפוּנְדָּקִית, מְעַשֵּׂר אֶת שֶׁהוּא נוֹתֵן לָהּ וְאֶת שֶׁהוּא נוֹטֵל הֵימֶנָּה, מִפְּנֵי שֶׁמַּחֲלֶפֶת! הָתָם מוֹרְיָא וְאָמְרָה: בַּר בֵּי רַב לֵיכוּל חֲמִימָא, וַאֲנָא אֵיכוּל קְרִירָא?

The Gemara asks: **And** is this to say that in the case of **ordinary** people **we are not concerned** that food will be exchanged in a similar situation? **But didn't we learn** in a mishna (*Demai* 3:5): If **one gives** food **to an innkeeper** [***pundakit***][HL] so that she can prepare it for him, **he must tithe** everything **that he gives her and** everything **that he takes from her, because she exchanges** the food received from him with food of her own? This indicates that the concern is not limited to the case of a mother-in-law. The Gemara answers: **There,** the innkeeper **rules** for herself that it is permitted for her to do this **and says:** Why **should** this **student** of Torah **eat hot**[N] food **while I will eat cold** food? In other words, the innkeeper may justify her behavior to herself and exchange his food for hers.

וְאַכַּתִּי לְעָלְמָא לָא חָיְישִׁינַן? וְהָתַנְיָא: אֵשֶׁת חָבֵר טוֹחֶנֶת עִם אֵשֶׁת עַם הָאָרֶץ בִּזְמַן שֶׁהִיא טְמֵאָה, אֲבָל לֹא בִּזְמַן שֶׁהִיא טְהוֹרָה. רַבִּי שִׁמְעוֹן בֶּן אֶלְעָזָר אוֹמֵר: אַף בִּזְמַן שֶׁהִיא טְמֵאָה לֹא תִּטְחוֹן, מִפְּנֵי שֶׁחֲבֶרְתָּהּ

The Gemara asks: **And still,** in the case of **ordinary** people, **are we not concerned** about food being switched? **But isn't it taught** in a *baraita* (*Tosefta*, *Teharot* 8:4): **The wife of a *ḥaver***[B] **may grind**[N] **with the wife of an *am ha'aretz* when she,** the wife of the *ḥaver*, **is impure,** e.g., when she is menstruating and therefore careful not to touch food. And there is no concern that she will come to eat untithed produce. **But** she may **not** do this **when she is pure. Rabbi Shimon ben Elazar says: She may not grind even when she is impure, because the other** woman, the wife of the *am ha'aretz*,

BACKGROUND

Ḥaver – **חָבֵר**: A *ḥaver* was a member of a group or class of people that was meticulous in its observance of several mitzvot that most *amei ha'aretz*, commoners, were not meticulous in observing. The difference was most pronounced in both the practice of *ḥaverim* to eat even non-sacred food in a state of ritual purity and in their behaviors concerning the separation of tithes. Torah scholars were typically *ḥaverim*, but not all *ḥaverim* were necessarily Torah scholars. There was a special ceremony for acceptance into this group, which was performed in the presence of *ḥaverim* who served as a kind of court for this purpose.

Perek **V**
Daf **62** Amud **a**

נוֹתֶנֶת לָהּ וְאוֹכֶלֶת. הָשְׁתָּא מִיגְנַב גָּנְבָא, חֲלוּפֵי לָא מִיחַלְפָא?

may give her food **and she may eat** it, and there is concern that she will feed others her produce that was not tithed. **Now,** if there is concern that the wife of the *am ha'aretz* might **steal** from her husband and give the other woman food without his permission, should there not be concern that **she might exchange** her own food with that of the other woman? Can she be relied upon not to make the exchange? She certainly cannot be trusted, and there is concern about this possibility. Consequently, it is not only in the cases of a man's mother-in-law and an innkeeper that there is concern that food may be exchanged.

אָמַר רַב יוֹסֵף: הָתָם נַמִּי מוֹרְיָא וְאָמְרָה: תּוֹרָא מִדִּישֵׁיהּ קָאָכֵיל.

Rav Yosef said: There too, the wife of the *am ha'aretz* **rules** for herself that she is permitted to do this, **and she says: The ox may eat from its threshing.** She thinks that while she is engaged in preparing food, it is permitted for her to take from the food and it is not considered stealing. Consequently, it cannot be learned from here that every *am ha'aretz* is suspected of exchanging his own food with that of another.

הֵעִיד רַבִּי יוֹסֵי בֶּן הַמְשׁוּלָּם מִשּׁוּם רַבִּי יוֹחָנָן אָחִיו שֶׁאָמַר מִשּׁוּם רַבִּי אֶלְעָזָר בֶּן חַסְמָא: אֵין עוֹשִׂין חַלַּת עַם הָאָרֶץ בְּטָהֳרָה, אֲבָל עוֹשִׂין עִיסַּת חוּלָּיו בְּטָהֳרָה, וְנוֹטֵל הֵימֶנָּה כְּדֵי חַלָּה וּמַנִּיחָהּ בִּכְפִישָׁא אוֹ בְּאַנְחוּתָא, וּכְשֶׁבָּא עַם הָאָרֶץ לִיטּוֹל – נוֹטֵל אֶת שְׁתֵּיהֶן וְאֵינוֹ חוֹשֵׁשׁ.

§ The Gemara cites a *baraita* (*Tosefta, Demai* 3:1) dealing with produce deposited with an *am ha'aretz*: **Rabbi Yosei ben HaMeshullam testified in the name of Rabbi Yoḥanan, his brother, who said in the name of Rabbi Elazar ben Ḥasma:** A dough kneader who is a *ḥaver* **may not prepare**[N] a loaf to serve as **ḥalla for an *am ha'aretz***[H] while keeping the *ḥalla* dough **in** a state of **ritual purity. But he may prepare** all of **his ordinary dough** while keeping the dough **in** a state of **purity, and** then **take** the amount required **for *ḥalla* from it, and place it in a** basket [*kefisha*][B] **or vessel** [*anḥuta*],[LN] which do not contract ritual impurity. **And when the *am ha'aretz* comes to take** what was prepared for him, **he can take both** the dough and the *ḥalla*, **and** the one who prepared the dough **does not** need to be **concerned** that the *am ha'aretz* will impart impurity to the *ḥalla*.

וְאֵין עוֹשִׂין תְּרוּמַת זֵיתָיו בְּטָהֳרָה, אֲבָל עוֹשִׂין זֵיתִים חוּלָּיו בְּטָהֳרָה, וְנוֹטֵל הֵימֶנָּה כְּדֵי תְּרוּמָה וּמַנִּיחָהּ בְּכֵלָיו שֶׁל חָבֵר, וּכְשֶׁבָּא עַם הָאָרֶץ לִיטּוֹל – נוֹטֵל אֶת שְׁתֵּיהֶן וְאֵינוֹ חוֹשֵׁשׁ.

And similarly, an olive presser who is a *ḥaver* **may not prepare** oil **from the olives** of an *am ha'aretz* that are ***teruma*** while keeping the oil **in** a state of **ritual impurity.**[H] **But he may prepare** all of **his ordinary olives** while keeping the oil **in** a state of **purity, and** then **take** the amounted required **for *teruma* from** all of the oil, **and place it in** ritually pure **vessels belonging to the *ḥaver*. And when the *am ha'aretz* comes to take** what was prepared for him, **he takes both** the ordinary oil and the *teruma*, **and** the olive presser **does not** need to be **concerned** that the *am ha'aretz* will impart impurity to the *teruma*.

וְטַעְמָא מַאי? אָמַר רַבִּי יוֹחָנָן: מִשּׁוּם כְּדֵי חַיָּיו דְּגַבָּל, וּמִשּׁוּם כְּדֵי חַיָּיו דְּבַדָּד.

The Gemara asks: **And what is the reason** that such leniency was granted? **Rabbi Yoḥanan said: For the sake of the kneader's livelihood**[N] **and for the sake of the** olive **presser's livelihood.**

וּצְרִיכָא; דְּאִי אַשְׁמוּעִינַן גַּבָּל, מִשּׁוּם דְּלָא נָפֵישׁ אַגְרֵיהּ, אֲבָל בַּדָּד דְּנָפֵישׁ אַגְרֵיהּ – אֵימָא לָא. וְאִי אַשְׁמוּעִינַן בַּדָּד, מִשּׁוּם דְּלָא שְׁכִיחַ לֵיהּ, אֲבָל גַּבָּל דִּשְׁכִיחַ לֵיהּ – אֵימָא לָא, צְרִיכָא.

The Gemara comments: **And** it is **necessary** for the *baraita* to state this *halakha* in both cases, **as had** the *baraita* **taught** it to **us** only in the case of **a kneader,** one might have said the following: The Sages were lenient with the kneader **because his payment is not great,** and therefore he is poor and in need of help, **but** with regard to an olive **presser, whose payment is great, say** that the Sages were **not** lenient with him. **And had** the *baraita* **taught us** the *halakha* only in the case of an olive **presser,** one might have said: The Sages were lenient with the olive presser **because** this type of work **is not common.** It is performed only during the olive harvest, and therefore there is great concern about his livelihood. **But** with regard to **a kneader,** whose work **is common** and performed year-round, **say** that the Sages were **not** lenient with him. Consequently, it is **necessary** to state the *halakha* in both cases.

HALAKHA

The dough of an *am ha'aretz* – עִיסַּת עַם הָאָרֶץ: One should not prepare the *ḥalla* of an *am ha'aretz* in a state of ritual purity, but he may prepare all of his ordinary dough in purity, in the following manner: The kneader who is a *ḥaver* separates the amount required for *ḥalla* and places it in a stone vessel, or some other type of vessel that does not become impure. Afterward, the kneader warns the *am ha'aretz* that if he touches the *ḥalla*, it will return to its untithed state. The Sages permitted this for the sake of the kneader's livelihood, in accordance with the opinion of Rabbi Yosei ben HaMeshullam (Rambam *Sefer Zera'im, Hilkhot Bikkurim* 8:12).

Oil from the olives of an *am ha'aretz* that are *teruma* in a state of ritual impurity – תְּרוּמַת זֵיתָיו בְּטָהֳרָה: One should not separate *teruma* from the olives of an *am ha'aretz* in a state of ritual impurity. One may prepare ordinary olives for him in a state of ritual purity, in the following manner: The presser who is a *ḥaver* separates what is required for *teruma* and places it in a vessel that cannot contract ritual impurity. Afterward, he warns the *am ha'aretz* that if he touches the *teruma*, it will return to its untithed state. The Sages permitted this for the sake of the presser's livelihood (Rambam *Sefer Zera'im, Hilkhot Terumot* 12:9).

BACKGROUND

Basket [*kefisha*] – כְּפִישָׁא: It appears that a *kefisha* is a large, coarse basket, sometimes woven from palm leaves, with a wide bottom. It is used to hold items that do not need to be protected or kept clean. Owing to its simplicity, this vessel symbolizes anything simple and coarse.

LANGUAGE

Vessel [*anḥuta*] – אַנְחוּתָא: The *ge'onim* explained that this is a simple wooden board, an unfinished slat of wood on which objects were sometimes placed. Some explain that the source of the word is *alḥuta*, with the letter *nun* replacing the letter *lamed*, from the word *luaḥ*, meaning a slate or board.

NOTES

May not prepare – אֵין עוֹשִׂין: Rashi explains that the kneader, who is a *ḥaver*, may not separate *ḥalla* on behalf of the *am ha'aretz* because the dough of the *am ha'aretz* was already impure, due to the rabbinic ordinance that all *amei ha'aretz* are considered to be impure. *Tosafot* comment that the kneader could certainly prepare the dough in a complete state of purity, but the Sages were concerned that the *am ha'aretz* would later render it ritually impure. Most of the early commentaries explain the entire issue differently: The Sages instituted their ordinance not out of concern for ritual impurity but for the sake of the kneader's livelihood.

In a basket or vessel – בִּכְפִישָׁא אוֹ בְּאַנְחוּתָא: Rashi explains that these are vessels made from rags, which do not contract ritual impurity. Others suggest that these are simple wooden vessels that do not have a receptacle, which do not contract impurity (*Tosafot*; Rabbeinu Crescas Vidal). The *ge'onim* explain that they are two types of large baskets. The Ritva writes that that these vessels were immersed in order to place the *ḥalla* in them. Rashi, based on what this Gemara subsequently says, writes that since they are not vessels in which dough is ordinarily placed, the *am ha'aretz* will remember not to touch the *ḥalla*.

For the sake of the kneader's livelihood – מִשּׁוּם כְּדֵי חַיָּיו דְּגַבָּל: According to Rashi, this rationale is given in order to explain why the Sages permitted the kneader to prepare an entire loaf, despite the concern that the *am ha'aretz* will touch it and its *ḥalla* and render it impure. If this too were prohibited, the kneader would have no way to earn a livelihood. Although they were stringent with regard to a small amount, i.e., the preparation of *ḥalla* alone, they were not stringent with regard to a large amount.

By contrast, most of the early commentaries understand the passage in accordance with Rabbeinu Ḥananel's explanation, in which the question: And what is the reason, does not refer to the allowance. On the contrary, the question is why the Sages rendered it prohibited for the kneader to knead only the *ḥalla*. The answer is that they wished to help the kneader earn a livelihood. Since the *am ha'aretz* requires the assistance of the *ḥaver* only to prepare the *ḥalla* in a state of purity, the Sages did not allow the kneader to prepare the *ḥalla* of the *am ha'aretz*, so that the *am ha'aretz* will have to give the kneader all of his dough. The kneader will certainly be paid more for preparing the entire quantity of dough (Ramban; Rashba; Ritva). The Sages were concerned about the livelihood of the kneader, reasoning that if he does not find a way to earn a living, he will abandon his profession, and it will be impossible to find a kneader who can prepare dough in a state of ritual purity (Rabbeinu Crescas Vidal).

אָמַר מָר: נוֹטֵל הֵימֶנָּה כְּדֵי חַלָּה וּמַנִּיחָהּ בִּכְפִישָׁא אוֹ בְּאַנְחוּתָא, וּכְשֶׁבָּא עַם הָאָרֶץ לִיטּוֹל, נוֹטֵל אֶת שְׁתֵּיהֶן וְאֵינוֹ חוֹשֵׁשׁ. וְלֵיחוּשׁ דִּילְמָא נָגַע בָּהּ! דְּאָמְרִינַן לֵיהּ: חֲזֵי, אִי נָגְעַתְּ בָּהּ הָדְרָא לְטִיבְלָא.

The Gemara proceeds to clarify several points in the aforementioned *baraita*, in which **the Master said:** He may **take** the amount required **for *ḥalla* from it, and place it in a basket or vessel,** which do not contract ritual impurity. **And when the *am ha'aretz* comes to take** what was prepared for him, **he can take both** the dough and the *ḥalla*, **and** the one who prepared the dough **does not** need to be **concerned** that the *am ha'aretz* will impart impurity to the *ḥalla*. The Gemara questions this ruling: **But let** there be **a concern lest** the *am ha'aretz* **touch** the *ḥalla* and thereby impart impurity to it. The Gemara explains: This is not a concern, **because we say to him: See** that you do not touch the *ḥalla*, because **if you touch it** the dough **will** once **again be** considered like **untithed produce.**

וְלֵיחוּשׁ דִּילְמָא לָא אִיכְפַּת לֵיהּ! הָשְׁתָּא לְתַקּוֹנֵי קָא מִיכַּוֵּין, מִיכְפַּת לָא אִיכְפַּת לֵיהּ?

The Gemara questions this explanation: **But let** there be **a concern lest he does not care** that the dough will once again be considered untithed. The Gemara explains: **Now** that it is evident **that his intention was to do** things in the **right** manner, and for this reason he employed a kneader who works in a state of ritual purity, can one say that **he does not care** whether or not his dough is properly prepared?

אָמַר מָר: נוֹטֵל הֵימֶנָּה כְּדֵי תְּרוּמָה וּמַנִּיחָהּ בְּכֵלָיו שֶׁל חָבֵר, וּכְשֶׁבָּא עַם הָאָרֶץ לִיטּוֹל, נוֹטֵל אֶת שְׁתֵּיהֶן וְאֵינוֹ חוֹשֵׁשׁ. וְלֵיחוּשׁ דִּילְמָא נָגַע בָּהּ! בִּשְׁלָמָא הָתָם אִית לֵיהּ הֶיכֵּרָא, הָכָא מַאי הֶיכֵּרָא אִית לֵיהּ? דְּמַנַּח לֵיהּ בִּכְלֵי גְלָלִים, בִּכְלֵי אֲבָנִים, בִּכְלֵי אֲדָמָה.

The Master said with regard to oil, further in that *baraita*: He may **take** the amounted required **for *teruma* from** all of the oil, **and place it in** ritually pure **vessels belonging to the *ḥaver*. And when the *am ha'aretz* comes to take** what was prepared for him, **he takes both** the ordinary oil and the *teruma*, **and** the olive presser **does not** need to be **concerned** that the *am ha'aretz* will impart impurity to the *teruma*. The Gemara questions this ruling: **But let** there be **a concern lest** the *am ha'aretz* **touch** the *teruma* oil and impart impurity to it. **Granted, there,** in the case of *ḥalla*, **there is a conspicuous marker,** as one places the *ḥalla* in a special vessel that is not usually used for dough. But **here, what conspicuous marker is there?** The Gemara answers: **He places** the *teruma* oil **in dung vessels, in stone vessels,** or **in clay vessels,** which do not contract ritual impurity.

אִי הָכִי, מַאי אִירְיָא דְּחָבֵר? אֲפִילּוּ דְּעַם הָאָרֶץ נַמִי! הָכִי נַמִי קָאָמַר: בְּכֵלִים שֶׁל עַם הָאָרֶץ הָרְאוּיִין לְהִשְׁתַּמֵּשׁ בָּהֶן חָבֵר.

The Gemara raises a difficulty: **If so, why** mention **specifically** the vessels **of a *ḥaver*?** The same would hold true **even** for the vessels **of an *am ha'aretz*,** as they do not contract ritual impurity either. The Gemara answers: **That is also what** the ***tanna* is saying,** i.e., the olive presser takes the amount required for *teruma* and places it **in vessels belonging to the *am ha'aretz*** that cannot contract ritual impurity and are therefore **fit to be used by a *ḥaver*.**

״מַחֲזִיקִין יְדֵי גוֹיִם בַּשְּׁבִיעִית״. מַחֲזִיקִין?! וְהָאָמַר רַב דִּימִי בַּר שִׁישְׁנָא מִשְּׁמֵיהּ דְּרַב: אֵין עוֹדְרִין עִם הַגּוֹי בַּשְּׁבִיעִית, וְאֵין כּוֹפְלִין שָׁלוֹם לְגוֹי! לָא צְרִיכָא, לְמֵימְרָא לְהוּ ״אַחֲזוּקוּ״ בְּעָלְמָא, כִּי הָא דְּרַב יְהוּדָה אָמַר לְהוּ ״אַחֲזוּקוּ״, רַב שֵׁשֶׁת אָמַר לְהוּ ״אַשַּׁרְתָּא״.

§ The mishna teaches that **one may assist gentiles** who work the land **during the Sabbatical** Year.[H] The Gemara asks: May **one** really **assist** them? **But didn't Rav Dimi bar Shishna say in the name of Rav: One may not hoe with a gentile during the Sabbatical** Year, **and one may not double the greeting**[NH] extended **to a gentile,** saying: *Shalom, shalom*? The Gemara answers: **No,** one may not actually help a gentile in his work, but **it is necessary** to state that one may **merely say to them: Be strong, as** in **that** incident **where Rav Yehuda said to** gentiles in such a situation: **Be strong,** and **Rav Sheshet said to them: Well done.** Statements of this kind are certainly permitted.

NOTES

And one may not double the greeting – **וְאֵין כּוֹפְלִין שָׁלוֹם**: Although the Sages permitted extending greetings to gentiles, they did not permit excessive conviviality beyond the necessary display of courtesy. The Meiri explains at length that doubling should not be understood literally, i.e., that it is prohibited to say the word *shalom* twice. If etiquette requires that one does so, it is permitted for him to make such a statement. Rather, this means that one should not add additional greetings beyond what is expected by the standards of local etiquette. One who speaks excessively with gentiles may develop close relationships with them as a result, and perhaps this will eventually lead to them exerting a negative influence over him.

HALAKHA

One may assist gentiles during the Sabbatical Year – **מַחֲזִיקִין יְדֵי גוֹיִם בַּשְּׁבִיעִית**: When one sees a gentile working the land during the Sabbatical Year in Eretz Yisrael, it is permitted for him to extend verbal support to him. He may say to him: Be strong, or: Be successful. However, he should not actively help him (Rambam *Sefer Zera'im, Hilkhot Shemitta VeYovel* 8:8).

And one may not double the greeting – **וְאֵין כּוֹפְלִין שָׁלוֹם**: One may not double the greeting extended to a gentile. Therefore, it is preferable to greet a gentile first, so that one will not have to double his greeting in response, in accordance with the opinion of Rav Ḥisda. The *Taz*, citing the *Smak*, writes that this applies only to the word *shalom* because it is God's name. When a greeting does not include God's name, it may be doubled (Rambam *Sefer HaMadda, Hilkhot Avoda Zara* 10:5; *Shulḥan Arukh, Yoreh De'a* 148:10).

״וְאֵין כּוֹפְלִין שָׁלוֹם לְגוֹי״. רַב חִסְדָּא מַקְדִּים וְיָהֵיב לְהוּ שְׁלָמָא. רַב כָּהֲנָא אֲמַר לְהוּ ״שְׁלָמָא לְמָר״.

It was stated above in the name of Rav that **one may not double the greeting of** *shalom* extended **to a gentile.** The Gemara relates that **Rav Ḥisda** would **greet** gentiles **first** so that he would not have to respond to the greeting extended to him with a twofold *shalom.* **Rav Kahana,** by contrast, would wait for their greeting, and then **say to them: Peace to my master,**[N] thereby freeing himself from having to say *shalom* twice.

״וְשׁוֹאֲלִין בִּשְׁלוֹמָן״. הָשְׁתָּא אַחְזוּקֵי מַחְזְקִינַן, שׁוֹאֲלִין בִּשְׁלוֹמָן מִיבַּעְיָא? אֲמַר רַב יֵיבָא: לָא נִצְרְכָא אֶלָּא לְיוֹם חַגָּם; דְּתַנְיָא: לֹא יִכָּנֵס אָדָם לְבֵיתוֹ שֶׁל גּוֹי בְּיוֹם חַגּוֹ וְיִתֵּן לוֹ שָׁלוֹם. מְצָאוֹ בַּשּׁוּק, נוֹתֵן לוֹ בְּשָׂפָה רָפָה וּבְכוֹבֶד רֹאשׁ.

The mishna teaches that **one may extend greetings** to gentiles on account of the ways of peace. The Gemara asks: **Now** that it is taught that **one may assist them, is it necessary** to say that **one may extend greetings to them? Rav Yeiva said:** This *halakha* **is necessary only on their holidays, as it is taught** in a *baraita*: **A person may not enter the home of a gentile**[H] **on his holiday and extend greetings to him,** as it appears that he is blessing him in honor of his holiday. If **he encounters him in the market, he may greet him in an undertone and in a solemn manner,** so that he does not appear to be rejoicing with him.

רַב הוּנָא וְרַב חִסְדָּא הָווּ יָתְבִי, חָלֵיף וְאָזֵיל גְּנֵיבָא. אֲמַר לֵיהּ חַד לְחַבְרֵיהּ: נֵיקוּם מִקַּמֵּיהּ, דְּבַר אוֹרְיָין הוּא, אֲמַר לוֹ: וּמִקַּמֵּי פַּלְגָּאָה נֵיקוּם? אַדְּהָכִי אֲתָא אִיהוּ לְגַבַּייהוּ, אֲמַר לְהוּ: שְׁלָמָא עֲלַייכוּ מַלְכֵי, שְׁלָמָא עֲלַייכוּ מַלְכֵי! אֲמַרוּ לֵיהּ: מְנָא לָךְ דְּרַבָּנַן אִיקְּרוּ מְלָכִים? אֲמַר לְהוּ, דִּכְתִיב: ״בִּי מְלָכִים יִמְלוֹכוּ״ וגו׳.

§ With regard to the matter of doubling one's greeting, the Gemara relates that **Rav Huna and Rav Ḥisda were** once **sitting** when the Sage **Geneiva**[P] **passed by** alongside them. **One of them said to the other: We should stand before him,** in his honor, **for he is a son of Torah.** The other one **said to him: But should we stand before an argumentative person? In the meantime,** Geneiva **approached them** and **said to them: Peace be upon you, kings, peace be upon you, kings. They said to him: From where do you know that the Sages are called kings? He said to them: As it is written** with regard to the Torah in the book of Proverbs: **"Through me kings rule"** (Proverbs 8:15).

אֲמַרוּ לֵיהּ: וּמְנָא לָךְ דְּכָפְלִינַן שְׁלָמָא לְמַלְכֵי? אֲמַר לְהוּ, דְּאָמַר רַב יְהוּדָה אָמַר רַב: מִנַּיִן שֶׁכּוֹפְלִין שָׁלוֹם לַמֶּלֶךְ? שֶׁנֶּאֱמַר: ״וְרוּחַ לָבְשָׁה אֶת עֲמָשַׂי רֹאשׁ הַשָּׁלִישִׁים״ וגו׳.

Rav Huna and Rav Ḥisda **said to him** further: **And from where do you know that we must double the greeting** of *shalom* extended **to kings?**[N] **He said to them: As Rav Yehuda says** that **Rav says: From where** is it derived **that one must double the greeting** of *shalom* extended **to a king? As it is stated: "And the spirit clothed Amasai, who was chief of the captains,** and he said: We are yours, David, and on your side, you son of Yishai; peace, peace be to you" (I Chronicles 12:19), indicating that a king is greeted with a doubled *shalom.*

אָמְרִי לֵיהּ: לִיטְעוֹם מָר מִידֵּי, אֲמַר לְהוּ: הָכִי אָמַר רַב יְהוּדָה אָמַר רַב: אָסוּר לוֹ לְאָדָם שֶׁיִּטְעוֹם כְּלוּם עַד שֶׁיִּתֵּן מַאֲכָל לִבְהֶמְתּוֹ, שֶׁנֶּאֱמַר: ״וְנָתַתִּי עֵשֶׂב בְּשָׂדְךָ לִבְהֶמְתֶּךָ״, וַהֲדַר ״וְאָכַלְתָּ וְשָׂבָעְתָּ״.

Rav Huna and Rav Ḥisda **said to** Geneiva: **Does the Master wish to taste something?** Geneiva **said to them: So says Rav Yehuda** that **Rav says: It is prohibited for a person to taste anything until he gives food to his animal, as it is stated** in the verse: **"And I will give grass in the field for your animals"** (Deuteronomy 11:15), and only **afterward** is it written in that verse: **"And you shall eat and be satisfied."** I have yet to feed my animal, so I may not eat.

הדרן עלך הניזקין

NOTES

Peace to my master – **שְׁלָמָא לְמָר:** Rashi explains that he said this with his lips, but in his heart he had his own master in mind. *Tosafot* and other early commentaries say that it is not necessary to suggest such a forced explanation, as it is only doubling the greeting that is prohibited. Perhaps Rashi had a reading in which the word *shalom* appears twice.

That we must double the greeting to kings – **דְּכָפְלִינַן שְׁלָמָא לְמַלְכֵי:** In the case of an ordinary person, the word *shalom* is repeated only when answering a greeting, but when one extends a greeting, he says *shalom* just one time. By contrast, in the case of a king, one is obligated to extend a double greeting. Some suggest that since it is the king's duty to make peace in the world, it is fitting to double the greeting of *shalom* extended to him. This is also the reason that *shalom* is said twice to Torah scholars, as it is also their job to spread peace in the world (see Maharsha).

HALAKHA

A person may not enter the home of a gentile – **לֹא יִכָּנֵס אָדָם לְבֵיתוֹ שֶׁל גּוֹי:** It is prohibited to enter the house of an idol worshipper on his holiday and extend greetings to him. If one finds a gentile outside, greeting him is permitted, but he should do so in a feeble voice. Some say that this applies only when one says the word *shalom* (*Bedek HaBayit*), and the matter requires further clarification (*Shakh*). The halakhic authorities discuss the status of gentiles who believe in other monotheistic religions with regard to this issue (Rambam *Sefer HaMadda, Hilkhot Avoda Zara* 9:5; see *Shulḥan Arukh, Oraḥ Ḥayyim* 167:6).

PERSONALITIES

Geneiva – **גְּנֵיבָא:** A member of the first and second generations of *amora'im* in Babylonia, Geneiva was one of the more colorful characters of that era. A Sage of great stature, he was often visited in his home by the *amora* Rav, in whose name he cites many of his Torah statements. The second generation of *amora'im* quoted his statements with respect. While Geneiva was a wealthy and powerful man, he was also quarrelsome and contentious. Although the details of the incident are unclear, it is known that he had a serious dispute with the Exilarch Mar Ukva, and it was only by virtue of Mar Ukva's moderation and judiciousness that the affair did not come before the Persian authorities. Ultimately, Geneiva was charged with another offense, perhaps plotting against the crown, and he was sentenced to death by the authorities. The Sages of the third generation cite his statements, always showing appreciation for his Torah while disapproving of his conduct.

Summary of **Perek V**

Among the enactments instituted by the Sages are those concerning the collection of debts. It was established that payment for damage is collected from superior-quality land, while a debt resulting from a loan is collected from intermediate-quality land, and the payment of a marriage contract is collected from inferior-quality land. This is the *halakha* only if these properties currently belong to the debtor. If these properties were sold to another, even if they are liened to the creditor, collection is first performed from whatever property the debtor currently owns, regardless of its quality.

The court appoints a steward to administer the estate of orphans and to care for their needs. The court does not subject the decisions of a steward to excessive scrutiny, so as to not create a disincentive against people agreeing to serve as stewards. Debts of a deceased person can be collected only from inferior-quality land that his beneficiaries received as an inheritance.

The Sages instituted that in order to enable orphans to function better in society, they have the ability to conduct financial transactions from the age that they are able to comprehend the consequence of these transactions. Additionally, they have the right to retract their agreement to a transaction, provided that it has not been finalized.

The Sages enacted that other people of limited halakhic competence, e.g., deaf-mutes, have the ability to marry and divorce, and to acquire lost items they find.

In order to further the interests of justice, the Sages penalized those who damage the property of others, even in cases where by Torah law one would be exempt, e.g., in the case of one who causes damage that is not evident. If one who did this type of damage then dies, his inheritors are not required to pay for the damage caused.

To encourage robbers to repent, the Sages instituted that they do not need to return the actual stolen item if doing so entails significant financial loss. Rather, they can return its value. For example, if one stole a beam and built it into a house, he is not required to dismantle the house.

A transaction performed under duress is of no significance. For example, if a married woman agrees to sell her property to another when pressured to do so by her husband, the sale is not effective. Nevertheless, the Sages instituted that if a gentile acquired land in Eretz Yisrael from its Jewish owner following the war with the Romans, where it is assumed that the Jew did not transfer the land to him willingly, one can purchase it from the gentile, in order to establish Jewish possession of Eretz Yisrael. In this case, some degree of compensation must be paid to the prior owner.

The Sages instituted that a priest is the first to read from the Torah in public Torah readings, followed by a Levite. This order is relevant with regard to other public

matters as well. The Sages also instituted the method by which different communities sharing a water source should apportion the water.

In order to increase peace, the Sages established that in certain circumstances, sinners should be treated as others are, provided that one does not assist them in sinning. Charity and other forms of assistance are given to gentiles for the same reason.

Having mentioned the land seized following the war with the Romans, the Gemara engages in a lengthy discussion of the events surrounding the destruction of the Second Temple.

Introduction to **Perek VI**

This chapter continues the treatment of the *halakhot* of agency with regard to a bill of divorce, primarily in two areas: The different forms of agency to facilitate transfer of the bill of divorce from husband to wife and the halakhic ramifications of those methods, and the various methods through which one designates representatives to write and deliver a bill of divorce to the wife.

There are two primary forms of agency to facilitate transfer of the bill of divorce. The first is agency for delivery, in which the husband designates the agent and the divorce takes effect only when the bill of divorce reaches the woman. The second is agency for receipt, in which the agent is a representative of the woman, and the divorce takes effect at the moment the bill of divorce reaches the agent, before the woman receives it.

Due to the fundamental differences between these two forms of agency, there are numerous halakhic ramifications with regard to the choice of the form of agency. In this chapter, several related dilemmas are explored, e.g., whether the woman can designate an agent for delivery; what the *halakha* is in a case where the agent, knowingly or unwittingly, characterizes his agency in a manner that differs from his designation; and how one designates an agent for receipt.

There are additional differences that stem from the time that the bill of divorce takes effect. For example, in what case and until when can the husband void the bill of divorce? And from when is there concern that the divorce took effect? The latter has ramifications with regard to an Israelite woman married to a priest, as she may no longer partake of *teruma* once the divorce takes effect.

When appointing agents to deliver the bill of divorce, the husband is required to tell them to write the bill of divorce and deliver it to his wife, *ab initio*. The Sages ask what the *halakha* is if the husband deviates from that formula in designating the agent. They also analyze a case where the husband says only: Write a bill of divorce for my wife. Although in this statement he does not explicitly state that he wants the bill of divorce to be given, in exigent circumstances the court assumes that he intended for the bill of divorce to be given, not only written. It is necessary to determine in which cases one may presume that it was the husband's intent to write and deliver the bill of divorce and in which cases one may presume that his intent was to write the bill of divorce but not to deliver it.

Other dilemmas raised in this chapter relate to the nature of the agent's obligation. Is he required to write and deliver the bill of divorce himself, or may he designate others to perform those actions in his place?

Resolution of these dilemmas is the primary focus of this chapter.

מתני׳ הָאוֹמֵר ״הִתְקַבֵּל גֵּט זֶה לְאִשְׁתִּי״ אוֹ ״הוֹלֵךְ גֵּט זֶה לְאִשְׁתִּי״, אִם רָצָה לַחֲזוֹר – יַחֲזוֹר. הָאִשָּׁה שֶׁאָמְרָה ״הִתְקַבֵּל לִי גִּיטִּי״, אִם רָצָה לַחֲזוֹר – לֹא יַחֲזוֹר.

MISHNA With regard to **one who says** to another: **Receive**[H] **this bill of divorce for my wife, or: Deliver this bill of divorce to my wife** as my agent, **if** the husband **seeks to retract** his designation and cancel the agency, **he can retract** it until the document reaches his wife's possession. However, in the case of **a woman who said** to an agent: **Receive**[H] **my bill of divorce for me,** and the husband handed the bill of divorce to her agent, **if** the husband **seeks to retract** his decision to divorce his wife upon receipt of the bill of divorce by the agent, **he cannot retract** it. Once the bill of divorce is transferred to her agent, its legal status is like that of a bill of divorce that was handed directly to her, and the divorce takes effect immediately.

לְפִיכָךְ, אִם אָמַר לוֹ הַבַּעַל: ״אִי אִיפְשִׁי שֶׁתְּקַבֵּל לָהּ, אֶלָּא הוֹלֵךְ וְתֵן לָהּ״, אִם רָצָה לַחֲזוֹר – יַחֲזוֹר;

Therefore, if the husband **said to** the agent whom the woman designated to receive the bill of divorce: **I do not want** [*ee ifshi*][L] **for you to receive** the bill of divorce **for her;**[H] **rather, deliver** it **and give** it **to her,** then **if** the husband **seeks to retract** his designation and cancel the agency, **he can retract** it until it reaches his wife's possession. Since the husband does not agree to have the divorce take effect upon receipt by his wife's agent, he changes the designation of the agent and designates him as his own agent for delivery. Therefore, the divorce takes effect only when the bill of divorce reaches his wife's possession.

רַבָּן שִׁמְעוֹן בֶּן גַּמְלִיאֵל אוֹמֵר: אַף הָאוֹמֶרֶת ״טוֹל לִי גִּיטִּי״, אִם רָצָה לַחֲזוֹר – לֹא יַחֲזוֹר.

Rabban Shimon ben Gamliel says: Even a woman **who** did not instruct the agent: Receive my bill of divorce for me but **says: Take my bill of divorce for me,**[H] thereby designates the agent as an agent of receipt on her behalf. Therefore, **if** after handing the bill of divorce to the agent the husband **seeks to retract** his decision and cancel the agency, **he cannot retract** it.

גמ׳ אֲמַר לֵיהּ רַב אַחָא בְּרֵיהּ דְּרַב אַוְיָא לְרַב אָשֵׁי: טַעְמָא דְּלָא שַׁוְּיתֵיהּ אִיהִי שָׁלִיחַ לְקַבָּלָה, הָא שַׁוְּיתֵיהּ אִיהִי שָׁלִיחַ לְקַבָּלָה, רָצָה לַחֲזוֹר – לֹא יַחֲזוֹר; שְׁמַע מִינַּהּ: ״הוֹלֵךְ״ כְּ״זְכִי״ דָּמֵי!

GEMARA The mishna stated that a husband who designates an agent, saying: Receive a bill of divorce for my wife, or: Deliver a bill of divorce to my wife, can retract that designation. **Rav Aḥa, son of Rav Avya, said to Rav Ashi** that one may infer: **The reason** that he may retract the designation is **that** the woman **did not designate** the agent as **an agent for receipt.**[N] **However,** in a case where **she designated him** as **an agent for receipt,** then even if the husband said to that agent for receipt: Deliver this bill of divorce to my wife, **if** the husband **seeks to retract** his statement, **he cannot retract** it. Rav Aḥa suggests: **Learn from** the mishna that saying: **Deliver, is like** saying: **Acquire.** Therefore, even though the husband said to the agent: Deliver the bill of divorce to my wife, the agent acquires it on behalf of the wife and the divorce takes effect immediately.

לָא, לְעוֹלָם אֵימָא לָךְ: ״הוֹלֵךְ״ לָאו כִּ״זְכִי״ דָּמֵי, וְ״הִתְקַבֵּל גֵּט לְאִשְׁתִּי״ אִיצְטְרִיכָא לֵיהּ;

The Gemara rejects this conclusion: **No,** there is no proof, as **actually I** could **say to you that** saying: **Deliver, is not like** saying: **Acquire,** and in a case where the wife appointed an agent for receipt and the husband instructed him: Deliver the bill of divorce, the husband can retract the designation. Rather, the mishna is referring to a case where the woman did not appoint an agent for receipt, **and** it is the case where the husband said: **Receive this bill of divorce** on behalf of **my wife,** that **was necessary for** the *tanna* to teach, as there is a novel element in that case.

HALAKHA

One who says to another, receive – הָאוֹמֵר הִתְקַבֵּל: If a man appoints an agent to deliver a bill of divorce to his wife, the agent is an agent for delivery, and the divorce takes effect only when it reaches the woman. Therefore, the husband can retract his decision to divorce his wife until the bill of divorce reaches her possession (Rambam *Sefer Nashim, Hilkhot Geirushin* 6:3–5; *Shulḥan Arukh, Even HaEzer* 140:1).

A woman who said to an agent, receive – הָאִשָּׁה שֶׁאָמְרָה הִתְקַבֵּל: If a woman appoints an agent to receive her bill of divorce on her behalf, the agent is an agent for receipt. Once the bill of divorce is handed to her agent, the divorce takes effect, and at that point, the husband can no longer retract his decision to divorce his wife (Rambam *Sefer Nashim, Hilkhot Geirushin* 6:1; *Shulḥan Arukh, Even HaEzer* 140:3).

I do not want you to receive the bill of divorce for her – אִי אִיפְשִׁי שֶׁתְּקַבֵּל לָהּ: There is a situation where a woman designated an agent for receipt and the husband said to him: I do not want you to receive the bill of divorce on her behalf; deliver it to her. In this case the husband has the right to alter the agent's designation and transform him into his agent for delivery (Rambam *Sefer Nashim, Hilkhot Geirushin* 6:10; *Shulḥan Arukh, Even HaEzer* 140:6).

A woman who says, take my bill of divorce for me – הָאוֹמֶרֶת טוֹל לִי גִּיטִּי: If a woman says to an agent: Receive my bill of divorce on my behalf, or: Take my bill of divorce on my behalf, or: Let it be in your possession on my behalf, she thereby designates him as an agent for receipt, in accordance with the opinion of Rabban Shimon ben Gamliel (Rambam *Sefer Nashim, Hilkhot Geirushin* 6:9; *Shulḥan Arukh, Even HaEzer* 140:4).

LANGUAGE

I do not want [*ee ifshi*] – אִי אִיפְשִׁי: The source of this term is unclear, yet it appears to have the same meaning as the ancient Aramaic *efesh*, meaning want or will. Some suggest that the source is from the Greek ἐφεσίς, *efesis*, meaning want or desire. Others see it is a variation of the Hebrew *ein nafshi*, meaning: It is not my will.

NOTES

The reason is that the woman did not designate the agent as an agent for receipt – טַעְמָא דְּלָא שַׁוְּיתֵיהּ אִיהִי שָׁלִיחַ לְקַבָּלָה: Rashi explains that since receipt of a bill of divorce is not considered to be in the woman's interest, an agent for receipt may be designated only with her consent. Others maintain that there is a more fundamental reason that the husband cannot designate an agent for receipt: It is due to the fact that the essence of divorce is the handing of the bill of divorce from the man to the woman. If the agent for receipt was designated by the husband, the bill of divorce was not handed to the wife at all; as the husband's agent, he is an extension of the husband, and the document never left the husband's possession (*Imrei Bina*).

דִּסְלְקָא דַּעְתָּךְ אָמֵינָא הוֹאִיל וּבַעַל לָאו בַּר שַׁוּוֹיֵה שָׁלִיחַ לְקַבָּלָה הוּא, אַף עַל גַּב דְּמָטָא גִּיטָּא לְיָדָהּ – לָא לֶיהֱוֵי גִּיטָּא, קָא מַשְׁמַע לַן דְּ"הִתְקַבֵּל וְהוֹלֵךְ" קָאָמַר.

This is **as it might enter your mind to say** that **since the husband is not eligible to designate an agent for receipt,** but only an agent for delivery, when he says to the agent: Receive this bill of divorce on behalf of my wife, **even though the bill of divorce reached her possession,** it **is not** a valid **bill of divorce.** Since the husband designated the agent with language appropriate for an agent of receipt, which he is not eligible to designate, one might conclude that the husband did not designate an agent at all. In addition, the woman, who is eligible to designate an agent of receipt, did not do so. Consequently, there is no mechanism in place to facilitate the divorce. Therefore, the *tanna* **teaches us** that when the husband instructed the agent: Receive this bill of divorce on behalf of my wife, it is **as** though **he said: Receive and deliver** the bill of divorce. He designated an agent for delivery, and the divorce takes effect when the bill of divorce reaches the woman.

תְּנַן: הָאִשָּׁה שֶׁאָמְרָה "הִתְקַבֵּל לִי גִּיטִּי", אִם רָצָה לַחֲזוֹר – לֹא יַחֲזוֹר; מַאי לָאו לָא שְׁנָא אַקַּבָּלָה, לָא שְׁנָא אַהוֹלָכָה?

The Gemara cites an additional proof that the legal status of one who instructs another: Deliver, is like one who instructs another: Acquire. **We learned** in the mishna that in the case of **a woman who said** to an agent: **Receive my bill of divorce for me, if** the husband **seeks to retract** his decision to divorce his wife upon receipt of the bill of divorce by the agent, **he cannot retract** it. **What, is it not** that when the husband handed the bill of divorce to the agent, **it is no different** whether he employed an expression **of receipt** and **it is no different** whether he employed an expression **of delivery,** and in both cases he cannot retract his decision? Apparently, saying: Deliver, is like saying: Acquire.

לָא, אַקַּבָּלָה.

The Gemara rejects this conclusion: **No,** this ruling that he cannot retract his decision applies only in the case **of receipt,** i.e., if the husband said to the agent: Receive this bill of divorce on behalf of my wife. However, if he said: Deliver this bill of divorce to my wife, he can retract his decision.

תָּא שְׁמַע: לְפִיכָךְ, אִם אָמַר לוֹ הַבַּעַל "אִי אִיפְשִׁי שֶׁתְּקַבֵּל לָהּ, אֶלָּא הוֹלֵךְ וְתֵן לָהּ", אִם רָצָה לַחֲזוֹר – יַחֲזוֹר; טַעְמָא דַּאֲמַר "אִי אִיפְשִׁי", הָא לָא אֲמַר "אִי אִיפְשִׁי", אִם רָצָה לַחֲזוֹר – לֹא יַחֲזוֹר; שְׁמַע מִינַּהּ: "הוֹלֵךְ" כְּ"זְכִי" דָּמֵי!

The Gemara states: **Come** and **hear** an additional proof from the mishna. **Therefore,** if the husband **said to** the woman's agent of receipt: **I do not want you to receive** the bill of divorce **on her** behalf; **rather, deliver** it **and give** it **to her, if** the husband **seeks to retract** his designation, **he can retract** it until it reaches his wife's possession. The Gemara infers: **The reason** he can retract his designation **is** due to the fact **that he said: I do not want,** thereby canceling the agent's status as an agent of receipt. **However, if he did not say: I do not want,** but he said: Deliver this bill of divorce, **if** the husband **seeks to retract** his decision **he cannot retract** it. The Gemara suggests: **Learn from** the mishna that saying: **Deliver, is like** saying: **Acquire.**

דִּילְמָא בְּ"הֵילָךְ".

The Gemara rejects that suggestion. **Perhaps** the mishna is not referring to a case where the husband said: Deliver [*holekh*]; rather, the mishna is referring to a case **where** the husband said: **Here you are** [***heilakh***].[H] The husband is thereby saying: Here you are and it is yours, which is certainly an expression of acquisition.

פְּשִׁיטָא, אִישׁ הָוֵי שָׁלִיחַ לְהוֹלָכָה – שֶׁכֵּן בַּעַל מוֹלִיךְ גֵּט אִשְׁתּוֹ, וְאִשָּׁה הָוְיָא שָׁלִיחַ לְקַבָּלָה – שֶׁכֵּן אִשָּׁה מְקַבֶּלֶת גִּיטָּהּ מִיַּד בַּעְלָהּ. אִישׁ לְקַבָּלָה וְהָאִשָּׁה לְהוֹלָכָה, מַאי?

§ The Gemara proceeds to discuss the fundamental *halakha* of agency with regard to a bill of divorce. It is **obvious** that **a man can be** designated **an agent for delivery, as a husband delivers his wife's bill of divorce. And** similarly, it is obvious that **a woman can be** designated **an agent for receipt, as a woman receives her bill of divorce from the hand of her husband.** However, with regard to designating **a man** as an agent **for receipt and** designating **a woman** as an agent **for delivery, what** is the *halakha*?

HALAKHA

Where the husband said, here you are – בְּהֵילָךְ: If the woman designated an agent for receipt of a bill of divorce and her husband said to him: Receive the bill of divorce on her behalf, or: Here you are, or: Acquire the bill of divorce on her behalf, the agent remains an agent for receipt (Rambam *Sefer Nashim, Hilkhot Geirushin* 6:9; *Shulḥan Arukh, Even HaEzer* 140:4).

תָּא שְׁמַע: הָאוֹמֵר ״הִתְקַבֵּל גֵּט זֶה לְאִשְׁתִּי״ אוֹ ״הוֹלֵךְ גֵּט זֶה לְאִשְׁתִּי״, אִם רָצָה לַחֲזוֹר – יַחֲזוֹר; הָאִשָּׁה שֶׁאָמְרָה ״הִתְקַבֵּל לִי גִּיטִּי״, אִם רָצָה לַחֲזוֹר – לֹא יַחֲזוֹר; מַאי לָאו בְּחַד שָׁלִיחַ, וּשְׁמַע מִינָּהּ: כָּשֵׁר לְקַבָּלָה כָּשֵׁר לְהוֹלָכָה! לָא, בִּשְׁנֵי שְׁלוּחִין.

The Gemara states: **Come and hear** a proof from the mishna. With regard to **one who says** to another: **Receive this bill of divorce for my wife, or: Deliver this bill of divorce to my wife** as my agent, if the husband **seeks to retract** his designation, **he can retract** it. However, in the case of **a woman who said** to an agent: **Receive my bill of divorce for me,** if the husband gives that agent the bill of divorce and then **seeks to retract** his decision **he cannot retract** it. **What, is it not** referring to **one** and the same **agent** in both cases, **and conclude from it** that the agent who is **valid for receipt is valid for delivery** as well? The Gemara rejects this: **No,** it is possible to explain that the reference in the mishna is **to two** different **agents,** an agent for delivery who is a man and an agent for receipt who is a woman.

תָּא שְׁמַע: לְפִיכָךְ, אִם אָמַר לוֹ הַבַּעַל ״אִי אִיפְשִׁי שֶׁתְּקַבֵּל לָהּ, אֶלָּא הוֹלֵךְ וְתֵן לָהּ״, אִם רָצָה לַחֲזוֹר – יַחֲזוֹר; וְהָא הָכָא דְּחַד שָׁלִיחַ הוּא, וּשְׁמַע מִינָּהּ: כָּשֵׁר לְקַבָּלָה כָּשֵׁר לְהוֹלָכָה.

The Gemara states: **Come and hear** an additional proof from the mishna: **Therefore,** if the husband **said to** the woman's agent of receipt: **I do not want you to receive** the bill of divorce **on her** behalf; **rather, deliver** it **and give it to her,** if the husband **seeks to retract** his designation, **he can retract** it. **And isn't** the case **here** one where **it is one agent** whose designation the husband changes from an agent of receipt to an agent of delivery, **and conclude from** the mishna that an agent who is **valid for receipt is valid for delivery** as well?

פְּשׁוֹט מִינָּהּ: אִישׁ הָוֵי שָׁלִיחַ לְקַבָּלָה – שֶׁכֵּן אָב מְקַבֵּל גֵּט לְבִתּוֹ קְטַנָּה. אִשָּׁה לְהוֹלָכָה תִּיבָּעֵי לָךְ, מַאי? אֲמַר רַב מָרִי, תָּא שְׁמַע: אַף הַנָּשִׁים שֶׁאֵין נֶאֱמָנוֹת לוֹמַר ״מֵת בַּעְלָהּ״ – נֶאֱמָנוֹת לְהָבִיא אֶת גִּיטָּהּ; וְהָתָם הוֹלָכָה הִיא.

The Gemara concedes that this proof is partially effective: **Resolve from** the mishna that **a man can be an agent for receipt,**[H] and that is reasonable, **as a father receives a bill of divorce on** behalf **of his daughter** who is **a minor**[B] because she lacks the halakhic competence to receive it herself. However, with regard to whether **a woman** can be an agent **for delivery, raise the dilemma: What** is the *halakha*? **Rav Mari said: Come and hear** a resolution based on the mishna (23b): **Even the women who are not deemed credible**[H] **to say** that a woman's **husband died,** because they are suspected of seeking to harm her, **are deemed credible to bring her bill of divorce** to her. **And there,** in the case in that mishna, the woman **is** an agent for **delivery.**

אֲמַר רַב אַשִׁי: מִסֵּיפָא נַמִי שְׁמַע מִינָּהּ, דְּקָתָנֵי סֵיפָא: הָאִשָּׁה עַצְמָהּ מְבִיאָה אֶת גִּיטָּהּ, וּבִלְבַד שֶׁהִיא צְרִיכָה לוֹמַר ״בְּפָנַי נִכְתַּב וּבְפָנַי נֶחְתַּם״, וְאוֹקִימְנָא בְּהוֹלָכָה, שְׁמַע מִינָּהּ.

Rav Ashi said: Learn a resolution to that dilemma **from the latter clause** of that mishna **as well, as the latter clause** of that mishna **teaches: The woman herself may bring her** own **bill of divorce,**[H] **provided that she is required** by the court **to state** in its presence: **It was written in my presence and it was signed in my presence, and we established** that the woman acts as an agent **for delivery.** The Gemara concludes: **Learn from** the latter clause of that mishna that a woman can be designated as an agent for delivery.

אִיתְּמַר: ״הָבֵא לִי גִּיטִּי״, וְ״אִשְׁתְּךָ אָמְרָה הִתְקַבֵּל לִי גִּיטִּי״, וְהוּא אָמַר: ״הֵילָךְ כְּמָה שֶׁאָמְרָה״,

§ It **was stated** that if a woman says to an agent: **Bring my bill of divorce to me,**[H] and the agent then says to her husband: **Your wife said receive my bill of divorce for me, and** the husband hands him the bill of divorce and **says: Here you are, as she said;** that the *amora'im* engage in a dispute as to the *halakha*. Is the *halakha* determined by what his wife said, in which case the divorce takes effect only when the bill of divorce reaches the woman's possession, or is it determined by what the agent said, in which case the divorce takes effect when the bill of divorce is handed to the agent?

אָמַר רַב נַחְמָן אָמַר רַבָּה בַּר אֲבוּהּ אָמַר רַב: אֲפִילּוּ הִגִּיעַ גֵּט לְיָדָהּ – אֵינָהּ מְגוֹרֶשֶׁת. שְׁמַע מִינָּהּ, אַדִּיבּוּרָא דִּידֵיהּ קָא סָמֵיךְ, דְּאִי אַדִּיבּוּרָא דִּידָהּ קָא סָמֵיךְ, מִכִּי מָטֵי גִּיטָּא לְיָדָהּ מִיהָא תִּיגָּרֵשׁ!

Rav Nahman says that **Rabba bar Avuh says** that **Rav says:** In that case, **even if the bill of divorce reached her possession, she is not divorced.** The Gemara concludes: **Learn from** this statement that the husband **relies on** the agent's **statement** as to what his status is, and hands him the bill of divorce as an agent for receipt. However, since the woman did not designate him as an agent for receipt and the husband lacks the authority to designate him as an agent of receipt, there is no agency and the divorce does not take effect. As, if the contrary were the case, that when he hands the bill of divorce to the agent the husband **relies on** his wife's **statement** as to what the agent's status is, then **at least when the bill of divorce reaches her possession let her be divorced,** as she designated the agent as an agent of delivery for her husband.

אֲמַר רַב אַשִׁי: הָכִי הָשְׁתָּא?!

Rav Ashi said: How can these cases **be compared?**

HALAKHA

A man can be an agent for receipt – **אִישׁ הָוֵי שָׁלִיחַ לְקַבָּלָה**: Both a man and a woman are eligible to serve as an agent for delivery and as an agent for receipt of a bill of divorce. However, neither a gentile, nor a slave, nor a deaf-mute, nor an imbecile, nor a minor can serve as an agent. The Rashba maintains that the status of a slave with regard to serving as an agent for delivery is uncertain, and the ruling is to be stringent (Rambam *Sefer Nashim, Hilkhot Geirushin* 6:6; *Shulhan Arukh, Even HaEzer* 141:31).

The women who are not deemed credible – **הַנָּשִׁים שֶׁאֵין נֶאֱמָנוֹת**: Even women who are not deemed credible to say that a woman's husband died are deemed credible to bring her bill of divorce to her and say: It was written in my presence and it was signed in my presence. The *Beit Shmuel* says that some maintain that women who are known to hate each other are ineligible to serve as agents for bills of divorce and to testify with regard to the documents (*Shulhan Arukh, Even HaEzer* 142:1).

The woman herself may bring her bill of divorce – **הָאִשָּׁה עַצְמָהּ מְבִיאָה אֶת גִּיטָּהּ**: If a man gave a bill of divorce to his wife and said to her: Be my agent for delivery to such and such a court and it will designate an agent and he will give it to you, she is deemed credible to say: In my presence it was written and in my presence it was signed (Rambam *Sefer Nashim, Hilkhot Geirushin* 7:23; *Shulhan Arukh, Even HaEzer* 141:31).

Bring my bill of divorce to me – **הָבֵא לִי גִּיטִּי**: A woman's agent came to receive a bill of divorce from her husband and he said to him: I am an agent for receipt, and the husband said to him: Deliver it to her as she said to you, and when the agent delivered the bill of divorce to her, the woman said that she designated him only as an agent for delivery. In such a case, even when the bill of divorce reaches her possession she is not divorced, in accordance with the opinion of Rav Nahman (Rambam *Sefer Nashim, Hilkhot Geirushin* 6:11; *Shulhan Arukh, Even HaEzer* 140:8).

BACKGROUND

A minor – **קְטַנָּה**: There are three distinct halakhic stages in the development of a woman from childhood to adulthood.

A female minor is a girl who has not yet reached puberty, which is typically reached at the age of twelve. As long as she is a minor, her father may sell her as a Hebrew maidservant. He may also betroth her to a man, and that is a full-fledged betrothal in every sense. The father is entitled to receive his betrothed minor daughter's bill of divorce and the payment of her marriage contract on her behalf.

Once a girl reaches puberty, her legal status is that of a young woman. She has reached majority and is no longer a minor. However, in certain respects she is not yet completely independent; her father retains certain rights in her regard, e.g., with regard to the nullification of her vows.

Six months later, her legal status is that of a grown woman. She is considered an independent adult, and her father no longer makes any unilateral decisions on her behalf.

בִּשְׁלָמָא אִי אִיתְּמַר אִיפְּכָא: ״הִתְקַבֵּל לִי גִּיטִּי״, וְ״אִשְׁתְּךָ אָמְרָה הָבֵא לִי גִּיטִּי״, וְהוּא אָמַר ״הֵילָךְ כְּמָה שֶׁאָמְרָה״, וְאָמַר רַב נַחְמָן אָמַר רַבָּה בַּר אֲבוּהּ אָמַר רַב: כֵּיוָן שֶׁהִגִּיעַ גֵּט לְיָדוֹ מְגוֹרֶשֶׁת, אַלְמָא אַדִּיבּוּרָא דִּידָהּ הוּא דְּקָא סָמֵיךְ,

Granted, if the opposite was stated, i.e., a case where the woman said: **Receive my bill of divorce for me,**[H] and the agent said to the husband: **Your wife said: Bring me my bill of divorce, and** the husband **said: Here you are, as she said, and Rav Naḥman says** that **Rabba bar Avuh says** that **Rav says: Once the bill of divorce reaches** the agent's **possession, she is divorced,** it would be understandable. **Apparently,** the husband **relies upon her statement** that the agent is an agent of receipt, and he intended to give the agent the status the wife assigned, not the one the agent says she assigned.

אִי נַמִי לְיָדָהּ – אַדִּיבּוּרָא דִּידֵיהּ קָא סָמֵיךְ. אֶלָּא הָכָא מִשּׁוּם דְּעָקְרֵיהּ שָׁלִיחַ לִשְׁלִיחוּתֵיהּ לְגַמְרֵי הוּא, דַּאֲמַר: שָׁלִיחַ לְקַבָּלָה הֲוֵינָא, לְהוֹלָכָה לָא הֲוֵינָא.

Alternatively, if Rav Naḥman ruled: Once the bill of divorce reaches **her possession,** she is divorced, one could conclude that the husband **relies on** the agent's **statement,** and based on that statement, the agent is designated as an agent for delivery. **However, here,** in the case cited, where Rav Naḥman rules that she is not divorced, it is not because the husband relies on one statement or the other. Rather, it is **due to** the fact **that** by means of his statement **the agent negates**[N] **his agency entirely,**[H] **as he said: I am an agent for receipt,** meaning: **I am not to be an agent for delivery.** He is essentially saying that he is not prepared to go to the trouble of delivering the bill of divorce to her. Therefore, even if he does ultimately deliver the bill of divorce to her, he is an agent neither for the woman nor for her husband. No conclusion can be drawn with regard to the question of which statement the husband relies upon.

אָמַר רַב הוּנָא בַּר חִיָּיא, תָּא שְׁמַע: הָאוֹמֵר ״הִתְקַבֵּל גֵּט זֶה לְאִשְׁתִּי״ אוֹ ״הוֹלֵךְ גֵּט זֶה לְאִשְׁתִּי״, רָצָה לַחֲזוֹר – יַחֲזוֹר; טַעְמָא דְּרָצָה, הָא לֹא רָצָה – הָוֵי גֵּט,

Rav Huna bar Ḥiyya says: Come and **hear** an objection to the statement of Rav Naḥman from the mishna: With regard to **one who says** to another: **Receive this bill of divorce for my wife, or: Deliver this bill of divorce to my wife** as my agent, **if** the husband **seeks to retract** his designation **he may retract** it. Rav Huna bar Ḥiyya infers: **The reason** she is not divorced is that **he seeks** to retract his designation. **However,** if he **did not seek** to retract it, **it is a valid bill of divorce.**

וְאַמַּאי? הָא בַּעַל לָאו בַּר שַׁוְיָא שָׁלִיחַ לְקַבָּלָה הוּא! אֶלָּא אָמְרִינַן: כֵּיוָן שֶׁנָּתַן עֵינָיו לְגָרְשָׁהּ, מֵימַר אָמַר: תִּיגָּרֵשׁ כָּל הֵיכִי דְּמִגָּרְשָׁה, הָכָא נַמִי כֵּיוָן שֶׁנָּתַן עֵינָיו לְגָרְשָׁהּ, מֵימַר אָמַר: תִּיגָּרֵשׁ כָּל הֵיכִי דְּמִגָּרְשָׁה!

He asks: **But why** is she divorced when the husband says: Receive this bill of divorce for my wife? **Isn't the husband ineligible to designate an agent for receipt? Rather, we say: Once he decided to divorce her, he said** to himself: **Let her be divorced any way that she is divorced.** His statement: Receive this bill of divorce for my wife, does not prevent the divorce from taking effect. **Here too,** in the case mentioned by Rav Naḥman, **once he decided to divorce her, he says: Let her be divorced any way that she is divorced.**

הָכִי הָשְׁתָּא?! הָתָם אָדָם יוֹדֵעַ שֶׁאֵין שְׁלִיחוּת לְקַבָּלָה, וְגָמַר וְנָתַן לְשֵׁם הוֹלָכָה, הָכָא – טָעֵי.

The Gemara rejects this: **How can** these cases **be compared? There,** in the case where one says: Receive this bill of divorce for my wife, the principle that **a person knows that agency for receipt cannot** be designated by the husband[H] is in effect, **and he decided to give** the bill of divorce to the agent **for the sake of delivery.** When he told the agent to receive the document, his intent was that the agent should receive the document in order to deliver it to his wife, not that the act of divorce should take effect when the agent receives it. However **here,** in the case where the agent misrepresented what the woman said, the husband **errs** and relies upon the statement of the agent, who said that he is the woman's agent for receipt.

HALAKHA

Receive my bill of divorce for me – הִתְקַבֵּל לִי גִּיטִּי: If the agent says to the husband: I am an agent for delivery, and the husband says to the agent: Deliver it to her as she said, and when he delivers the bill of divorce to the woman she says: I designated you as an agent for receipt, she is divorced once the bill of divorce reaches her possession, in accordance with the statement of Rav Ashi. If the bill of divorce was burned before it reached her possession, there is uncertainty as to whether or not she is divorced, as the Gemara did not resolve the dilemma of whether the husband relies on the statement of the agent or on that of the wife, who sent him (Rambam *Sefer Nashim, Hilkhot Geirushin* 6:12; *Shulḥan Arukh, Even HaEzer* 140:9).

The agent negates his agency entirely – עָקְרֵיהּ שָׁלִיחַ לִשְׁלִיחוּתֵיהּ לְגַמְרֵי הוּא: In a case where an agent said to the husband: I am an agent for receipt, and the husband gave him the bill of divorce and said: Here you are, as she said, the *halakha* is as follows: If the wife said to the agent from the outset that she appointed him as an agent for delivery, then even when the bill of divorce reaches the possession of the woman she is not divorced, because the agent negated the original agency (Rambam *Sefer Nashim, Hilkhot Geirushin* 6:11; *Shulḥan Arukh, Even HaEzer* 140:8).

Knows that agency for receipt cannot be designated by the husband, etc. – יוֹדֵעַ שֶׁאֵין שְׁלִיחוּת לְקַבָּלָה וכו׳: If an agent was designated by the wife as an agent of delivery and the husband said to him: Receive her bill of divorce for her, the divorce takes effect once the bill of divorce reaches her possession, as everyone knows that a husband cannot designate an agent for receipt, and his intent is that the agent deliver the bill of divorce to her (Rambam *Sefer Nashim, Hilkhot Geirushin* 6:10; *Shulḥan Arukh, Even HaEzer* 140:7).

NOTES

Due to the fact that the agent negates – מִשּׁוּם דְּעָקְרֵיהּ שָׁלִיחַ: Since the woman designated him as an agent for delivery, and he did not wish to exert himself and take the bill of divorce to her, he said that he is an agent for receipt. This negated his agency entirely. Even if he ultimately delivered the bill of divorce to her, the divorce does not take effect and it is as though he was never designated as an agent at all. However, if the woman said: Receive the bill of divorce, and the agent said to the husband that she said: Deliver it, the agent is merely adding to his agency and not negating it, as he is also willing to assume the added exertion of delivering the document to her (Rashi).

Others explain this matter in a slightly different manner: When the agent says that the woman designated him as an agent for delivery, he limits his agency and does not negate it. She enabled him to receive it on her behalf and have the divorce take effect immediately, and he limited his capability and preferred to deliver it to the woman and have the divorce take effect only once it would enter her possession (Rif; Rashba).

אֲמַר רָבָא, תָּא שְׁמַע: קְטַנָּה שֶׁאָמְרָה "הִתְקַבֵּל לִי גִּיטִּי" – אֵינוֹ גֵּט עַד שֶׁיַּגִּיעַ גֵּט לְיָדָהּ; כִּי מָטֵי גִּיטָּא לְיָדָהּ מִיהָא מְגָרְשָׁה, וְאַמַּאי? וְהָא לָאו שָׁלִיחַ לְהוֹלָכָה שַׁוְּיֵהּ! אֶלָּא אָמְרִינַן: כֵּיוָן שֶׁנָּתַן עֵינָיו לְגָרְשָׁהּ, מֵימַר אָמַר: תִּיגָּרֵשׁ כׇּל הֵיכִי דְּמִגָּרְשָׁה, הָכָא נַמִי כֵּיוָן שֶׁנָּתַן עֵינָיו לְגָרְשָׁהּ, מֵימַר אָמַר: תִּיגָּרֵשׁ כׇּל הֵיכִי דְּמִגָּרְשָׁה!

Rava said: Come and **hear** an objection to the statement of Rav Naḥman from a mishna (65a). In the case of **a minor girl who said** to an agent: **Receive my bill of divorce for me, it is not a bill of divorce** that takes effect **until it reaches her possession,** as a minor is incapable of designating an agent. Rava infers: **In any event, once the bill of divorce reaches her possession she is divorced.** He asks: **But why** is that the case? The husband **did not designate him an agent for delivery. Rather, we say: Once he decided to divorce her,** he said to himself: **Let her be divorced any way that she is divorced,** and the agent is designated as his agent for delivery. **Here too,** in the case mentioned by Rav Naḥman, **once he decided to divorce her, he says: Let her be divorced any way that she is divorced.**

הָכִי הַשְׁתָּא?! הָתָם אָדָם יוֹדֵעַ שֶׁאֵין שְׁלִיחוּת לְקָטָן, וְגָמַר וְנָתַן לָהּ לְשׁוּם הוֹלָכָה דִּידֵיהּ, הָכָא – טָעֵי.

The Gemara rejects this: **How can** these cases **be compared? There,** in the case where the minor girl designated the agent, the principle that **a person knows that there is no agency for a minor** applies, **and he decided to give** the bill of divorce to the agent as an agent **for delivery.** However, **here,** in the case where the agent misrepresented what the woman said, the husband **errs** and relies upon the statement of the agent, who said that he is the woman's agent for receipt.

תָּא שְׁמַע: "הָבֵא לִי גִּיטִּי" וְ"אִשְׁתְּךָ אָמְרָה הִתְקַבֵּל לִי גִּיטִּי", "הִתְקַבֵּל לִי גִּיטִּי" וְ"אִשְׁתְּךָ אָמְרָה הָבֵא לִי גִּיטִּי", וְהוּא אָמַר "הוֹלֵךְ וְתֵן לָהּ", "זְכֵי לָהּ", וְ"הִתְקַבֵּל לָהּ", רָצָה לַחֲזוֹר – יַחֲזוֹר, מִשֶּׁהִגִּיעַ גֵּט לְיָדָהּ – מְגוֹרֶשֶׁת;

The Gemara states: **Come** and **hear** an objection to the statement of Rav Naḥman from a *baraita* (*Tosefta* 6:2). With regard to a woman who said to an agent: **Bring me my bill of divorce, and** the agent said to her husband: **Your wife said: Receive my bill of divorce for me;** or a woman who said: **Receive my bill of divorce for me, and** the agent said to her husband: **Your wife said: Bring me my bill of divorce, and** the husband **said** to the agent: **Deliver and give** it **to her,** or: **Acquire** it **for her, or: Receive** it **for her, if** the husband **seeks to retract** his designation **he may retract** it. However, **once the bill of divorce reaches her possession,** she is **divorced.**

מַאי לָאו קַבָּלָה אַקַּבָּלָה, וְהוֹלָכָה אַהוֹלָכָה?

What, is it not that the reference in the *baraita* is to a case where the husband responded with an expression of **receipt,** i.e., acquire it for her, or receive it for her, **to** the agent's assertions of **receipt,** i.e., your wife said: Receive my bill of divorce for me, **and** where the husband responded with expressions of **delivery,** i.e., deliver and give it to her, **to** assertions of **delivery,** i.e., your wife said: Bring me my bill of divorce? The ruling in the *baraita* is that the bill of divorce takes effect once it reaches her possession. The case of an assertion of receipt and a response of receipt contradicts Rav Naḥman's statement, as in a case where the woman spoke of delivery and the agent said to her husband that his wife spoke of receipt, the woman is not divorced even when the bill of divorce reaches her possession.

לָא, קַבָּלָה אַהוֹלָכָה, וְהוֹלָכָה אַקַּבָּלָה.

The Gemara rejects this: **No,** the reference in the *baraita* is to a case where the husband responded with expressions of **receipt,** corresponding to the statement of his wife, **to** the agent's assertions of **delivery, and** where the husband responded with expressions of **delivery,** corresponding to the statement of his wife, **to** the agent's assertions of **receipt.** That is why the woman is divorced when the bill of divorce reaches her possession.

אִי קַבָּלָה אַהוֹלָכָה, מִכִּי מָטֵי גִּיטָּא לִידֵיהּ לְאַלְתַּר לֶיהֱוֵי גִּיטָּא. שְׁמַעְתְּ מִינַּהּ דְּאַדִּיבּוּרָא דִּידֵיהּ קָא סָמֵיךְ!

The Gemara asks: **If** it is a case where the husband responded with expressions of **receipt,** corresponding to the statement of his wife, **to** the agent's assertions of **delivery,** then **from** the moment **that the bill of divorce reaches** the agent's **possession let it be a bill of divorce** that takes effect **immediately** [***le'altar***],[L] as the woman's designation of the agent as an agent of receipt remains in effect. Similar to the conclusion that the Gemara sought to draw from the statement of Rav Naḥman mentioned earlier, the Gemara says: **Conclude from** the fact that the ruling in the *baraita* is that the divorce takes effect only once it reaches the woman's possession, **that** the husband **relies on** the agent's **statement** and therefore designates the agent as an agent for delivery.

LANGUAGE

Immediately [*le'altar*] – לְאַלְתַּר: A contraction of the Aramaic *al attar*, literally, at the place, i.e., immediately. It is used in the Jerusalem Talmud and in modern Hebrew in the same way.

NOTES

Deliver and give it to her – הוֹלֵךְ וְתֵן לָהּ: Rabbeinu Crescas Vidal writes that this is not one instruction. Rather, it means that he said either: Deliver it to her, or: Give it to her. That is the indication in the Jerusalem Talmud where this matter is cited explicitly in that manner.

הָכִי הָשְׁתָּא?! הָתָם קָאָמַר לֵיהּ ״הֵילָךְ כְּמָה שֶׁאָמְרָה״, הָכָא מִי קָאָמַר לֵיהּ ״הֵילָךְ כְּמָה שֶׁאָמְרָה״?

The Gemara rejects this: **How can these cases be compared? There,** in the case discussed by Rav Naḥman, the husband **said to** the agent: **Here you are, as she said,** explicitly tying the designation of the agent to the woman's statement. **Here does** the husband **say to** the agent: **Here you are, as she said?** Instead he merely hands the bill of divorce to the agent, relying upon the agent's statement.

תָּנוּ רַבָּנַן: ״הִתְקַבֵּל לִי גִּיטִּי״, וְ״אִשְׁתְּךָ אָמְרָה הִתְקַבֵּל לִי גִּיטִּי״, וְהוּא אוֹמֵר ״הוֹלֵךְ וְתֵן לָהּ״, ״זְכֵי לָהּ״, וְ״הִתְקַבֵּל לָהּ״, רָצָה לַחֲזוֹר – לֹא יַחֲזוֹר; רַבִּי נָתָן אוֹמֵר: ״הוֹלֵךְ וְתֵן לָהּ״ רָצָה לַחֲזוֹר – יַחֲזוֹר, ״זְכֵי לָהּ״, וְ״הִתְקַבֵּל לָהּ״ רָצָה לַחֲזוֹר – לֹא יַחֲזוֹר;

The Sages taught in a *baraita* (*Tosefta* 6:1) that if the woman says to an agent: **Receive my bill of divorce for me, and** the agent says to her husband: **Your wife said: Receive my bill of divorce for me, and** the husband **says: Deliver and give** it **to her,** or: **Acquire** it **for her, or: Receive** it **for her,** once the husband hands the bill of divorce to the agent for receipt, if **he seeks to retract** his decision **he cannot retract** it, because the divorce has already taken effect. **Rabbi Natan says:** If the husband said: **Deliver and give** it **to her,**[N] and **he seeks to retract** his designation, then as long as it has not yet reached the woman's possession **he can retract** it, because the husband designated him an agent for delivery. However, if the husband said: **Acquire** it **for her, or: Receive** it **for her,** and he **seeks to retract** his decision **he cannot retract** it.

רַבִּי אוֹמֵר: בְּכוּלָּן אִם רָצָה לַחֲזוֹר – לֹא יַחֲזוֹר, אֲבָל אִם אָמַר לוֹ ״אִי אִיפְּשִׁי שֶׁתְּקַבֵּל לָהּ אֶלָּא הוֹלֵךְ וְתֵן לָהּ״ רָצָה לַחֲזוֹר – יַחֲזוֹר.

Rabbi Yehuda HaNasi **says: In all of** those cases, **if he seeks to retract** his decision **he cannot retract** it, because when he hands the document to the agent, the bill of divorce takes effect immediately. **However, if he said to** the agent explicitly: **I do not want you to receive** the bill of divorce **for her; rather, deliver and give** it **to her,** then if **he seeks to retract** his decision **he can retract** it.

רַבִּי הַיְינוּ תַּנָּא קַמָּא! אִיבָּעֵית אֵימָא: ״אִי אִיפְּשִׁי״ אֲתָא לְאַשְׁמוֹעִינַן; וְאִיבָּעֵית אֵימָא: הָא קָא מַשְׁמַע לָן; מַאן תַּנָּא קַמָּא – רַבִּי.

The Gemara asks: The opinion of **Rabbi** Yehuda HaNasi **is** apparently identical to that of **the first *tanna***; what is their dispute? The Gemara answers: **If you wish, say** that Rabbi Yehuda HaNasi **comes to teach us** that the explicit expression: **I do not want** you to receive the bill of divorce for her; rather, deliver and give it to her, is effective in negating the agent's designation as an agent of receipt and designating him as an agent for delivery. **And if you wish, say** instead that **this teaches us: Who is the first *tanna*** of this *baraita*? It is **Rabbi** Yehuda HaNasi, and the *baraita* then clarifies Rabbi Yehuda HaNasi's statement.

אִיבַּעְיָא לְהוּ: ״הֵילָךְ״ לְרַבִּי נָתָן, כְּ״זְכֵי״ דָּמֵי אוֹ לָאו כְּ״זְכֵי״ דָּמֵי?

A dilemma was raised before the Sages. If the husband says: **Here you are,** according **to Rabbi Natan is it comparable** to a case **where** the husband said: **Acquire,** and therefore, he cannot retract his designation, **or** is it **not comparable** to a case **where** he said: **Acquire?**

תָּא שְׁמַע: הָאוֹמֵר ״הִתְקַבֵּל גֵּט זֶה לְאִשְׁתִּי אוֹ הוֹלֵךְ גֵּט זֶה לְאִשְׁתִּי״, רָצָה לַחֲזוֹר – יַחֲזוֹר; הָאִשָּׁה שֶׁאָמְרָה ״הִתְקַבֵּל לִי גִּיטִּי״, רָצָה לַחֲזוֹר – לֹא יַחֲזוֹר;

The Gemara states: **Come** and **hear** a resolution of this dilemma from the mishna. With regard to **one who says** to another: **Receive this bill of divorce for my wife, or: Deliver this bill of divorce to my wife** as my agent, if the husband **seeks to retract** his designation and cancel the agency, **he can retract** it until it reaches his wife's hand. However, with regard to **a woman who said** to an agent: **Receive my bill of divorce for me,** and the husband handed the bill of divorce to her agent, if the husband **seeks to retract** his decision to divorce his wife upon receipt of the bill of divorce by the agent, **he cannot retract** it.

Perek **VI**
Daf **63** Amud **b**

מַאי לָאו בְּ״הֵילָךְ״ וְרַבִּי נָתָן? לָא, בְּ״הוֹלֵךְ״ וְרַבִּי.

What, is the reference in the mishna **not** to a case **where** the husband said to the agent: **Here you are, and** it is in accordance with the opinion of **Rabbi Natan,** who apparently holds that if the husband says: Here you are, it is not comparable to a case where the husband said: Acquire? The Gemara rejects this: **No,** the reference in the mishna is to a case **where** the husband said to the agent: **Deliver,** and it is the opinion of **Rabbi** Yehuda HaNasi that even in that case the husband cannot retract his decision.

תא שמע: לפיכך, אם אמר לו הבעל "אי אפשי שתקבל לה אלא הולך ותן לה", רצה לחזור – יחזור; טעמא דאמר "אי אפשי", הא לא אמר "אי אפשי", רצה לחזור – לא יחזור;

The Gemara states: **Come** and **hear** an additional proof from the mishna. **Therefore,** if the husband **said to** the woman's agent of receipt: **I do not want you to receive** the bill of divorce **for her; rather, deliver and give it to her,** then if the husband **seeks to retract** his designation, **he can retract** it until it reaches his wife's possession. The Gemara infers: **The reason** that he can retract his designation **is** due to the fact **that he said: I do not want,** thereby canceling the agent's status as an agent of receipt. **However, if he did not say: I do not want,** but he said: Deliver this bill of divorce, then if the husband **seeks to retract** his decision **he cannot retract** it.

מאי לאו ב"הילך" ורבי נתן? לא, ב"הולך" ורבי.

What, is the reference in the mishna **not** to a case **where** the husband said to the agent: **Here you are, and** it is in accordance with the opinion of **Rabbi Natan,** who apparently holds that the husband's saying: Here you are, is not comparable to his saying: Acquire? The Gemara rejects this: **No,** the reference in the mishna is to a case **where** the husband said to the agent: **Deliver,** and it is the opinion of **Rabbi** Yehuda HaNasi.

תא שמע: "הולך גט זה לאשתי" – רצה לחזור יחזור, "הילך גט זה לאשתי" – רצה לחזור לא יחזור; מאן שמעת ליה דאמר ב"הולך" – רצה לחזור יחזור? רבי נתן, וקאמר ב"הילך" – רצה לחזור לא יחזור, שמע מינה: "הילך" כ"זכי" דמי, שמע מינה.

The Gemara states: **Come** and **hear** proof with regard to the opinion of Rabbi Natan from a *baraita*. If the husband said: **Deliver this bill of divorce to my wife,** if he **seeks to retract** his decision **he can retract** it. If he said: **Here you are; this bill of divorce** is **for my wife,** if the husband **seeks to retract** his decision **he cannot retract** it. **Whom did you hear who said with regard to** a case where the husband said: **Deliver,** that if the husband **seeks to retract** his decision **he can retract** it? It is **Rabbi Natan; and he says in** the case of a husband who says: **Here you are,** that if the husband **seeks to retract** his decision **he cannot retract** it. **Learn from** the *baraita* that according to the opinion of Rabbi Natan, if the husband says: **Here you are,** it is **comparable** to a case **where** the husband said: **Acquire.**[H] The Gemara concludes: **Learn from** the *baraita* that it is so.

איתמר: "התקבל לי גיטי", ו"אשתך אמרה התקבל לי גיטי", והוא אומר "הולך ותן לה", אמר רבי אבא אמר רב הונא אמר רב: נעשה שלוחו ושלוחה, וחולצת.

§ **It was stated** with regard to a woman who says to her agent: **Receive my bill of divorce for me, and** the agent says to her husband: **Your wife said: Receive my bill of divorce for me, and** the husband **says** to the agent: **Deliver and give** it to **her,**[H] that **Rabbi Abba says** that **Rav Huna says** that **Rav says:** The agent **becomes** both the husband's **agent** for delivery of the bill of divorce **and** the wife's **agent** for receipt. Therefore, if the husband dies childless after handing the bill of divorce to the agent **but** before it reaches his wife's possession, **she performs *ḥalitza*** with the husband's brother due to the possibility that the agent was an agent of delivery and she was therefore not yet divorced. However, her husband's brother may not enter into levirate marriage with her, due to the possibility that the agent was an agent of receipt, in which case she was divorced and is forbidden to the brother.

HALAKHA

Here you are is comparable to where the husband said acquire – הילך כזכי דמי: If a woman designated an agent for receipt, and the husband said to him: Here you are, he did not negate the agency for receipt, and once the bill of divorce is handed to the agent the divorce takes effect (Rambam *Sefer Nashim, Hilkhot Geirushin* 6:10; *Shulḥan Arukh, Even HaEzer* 140:8).

Deliver and give it to her – הולך ותן לה: If a woman designated an agent for receipt and the husband said to him: Deliver it to her, he negates the agency for receipt. The agent becomes an agent for delivery on behalf of the husband and she is divorced only when the bill of divorce reaches her possession. Similarly, if he said to the agent: Deliver it and give it to her, the agency for receipt is negated, in accordance with the statement of Rabbi Natan. The Rema writes that some say (Ran) that if he said: Give it to her, there is uncertainty whether she is divorced, in accordance with the statement of Rav. The *Beit Shmuel* writes that according to that opinion the *halakha* is the same if he says: Deliver it to her (Rambam *Sefer Nashim, Hilkhot Geirushin* 6:10; *Shulḥan Arukh, Even HaEzer* 140:6).

לְמֵימְרָא, דִּמְסַפְּקָא לֵיהּ לְרַב אִי ״הוֹלֵךְ״ כִּ״זְכֵי״ דָּמֵי אִי לָאו כִּ״זְכֵי״ דָּמֵי? וְהָא אִתְּמַר: ״הוֹלֵךְ מָנֶה לִפְלוֹנִי שֶׁאֲנִי חַיָּיב לוֹ״, אָמַר רַב: חַיָּיב בְּאַחְרָיוּתוֹ, וְאִם בָּא לַחֲזוֹר – אֵינוֹ חוֹזֵר!

The Gemara asks: **Is this to say that Rav was uncertain whether** a case where the husband said: **Deliver,** is **comparable** to a case where the husband said: **Acquire,** or **whether** it is **not comparable** to a case **where** he said: **Acquire? But wasn't it stated** that in a case where one said to his agent: **Deliver one hundred dinars to so-and-so, as I owe him** that sum,[H] **Rav says:** The person who designated the agent **bears** financial **responsibility** for this money, and if it is lost he is required to pay the debt to his creditor. Nevertheless, **if** the person who designated the agent **seeks to retract** his designation and take the money back from the agent, then **he cannot retract** it, because the creditor acquires the money from the moment that the debtor handed it to his agent of delivery. Apparently, according to Rav, saying: Deliver, is like saying: Acquire.

הָתָם סְפֵק מָמוֹנָא לְקוּלָּא, הָכָא סְפֵק אִיסּוּרָא – לְחוּמְרָא.

The Gemara rejects this proof. There is a distinction between the agent for delivery of a bill of divorce and the agent for delivery of the repayment of a loan. **There,** in the case of repayment of a loan, because there is **uncertainty** with regard to **monetary** law, the ruling is **lenient,**[N] as one does not extract money from another in cases of uncertainty with regard to monetary law. However, **here,** in the case of divorce there is **uncertainty** with regard to **ritual** law and the ruling is **stringent.**

אָמַר רַב: אֵין הָאִשָּׁה עוֹשָׂה שָׁלִיחַ לְקַבֵּל לָהּ גִּיטָּהּ מִיַּד שְׁלִיחַ בַּעְלָהּ, וְרַבִּי חֲנִינָא אָמַר: אִשָּׁה עוֹשָׂה שָׁלִיחַ לְקַבֵּל לָהּ גִּיטָּהּ מִיַּד שְׁלִיחַ בַּעְלָהּ.

§ **Rav says: A woman cannot appoint an agent to receive her bill of divorce from the hand of her husband's agent, and Rabbi Ḥanina says: A woman can appoint an agent**[H] **to receive her bill of divorce from the hand of her husband's agent.**

מַאי טַעְמָא דְּרַב? אִיבָּעֵית אֵימָא: מִשּׁוּם בִּזָּיוֹן דְּבַעַל;

The Gemara asks: **What is the reason** for the opinion **of Rav,** who said that she cannot appoint an agent to receive a bill of divorce from an agent? The Gemara answers: **If you wish, say:** It is **due to** the fact that her unwillingness to receive the document directly from his agent could be construed as a display of **contempt for** her **husband.**[N]

אִיבָּעֵית אֵימָא: מִשּׁוּם חֲצֵרָהּ הַבָּא לְאַחַר מִיכָּן.

If you wish, say instead that it is a decree issued **due to her courtyard that comes** into her possession **thereafter.** If a husband places a bill of divorce in a courtyard that does not belong to his wife, and his wife then purchases the courtyard, the divorce does not take effect, because the husband neither gave the bill of the divorce directly to his wife nor did he place it in her property. Her subsequent purchase of the courtyard is tantamount to her finding and taking the document. In this case too, the woman designated her agent for receipt, who in this sense is comparable to her property or her courtyard, subsequent to her husband's handing the bill of divorce to his agent of delivery. Were the divorce valid in that case, one might mistakenly conclude that divorce is likewise valid in a case where he placed the document in a courtyard that she subsequently acquired.

מַאי בֵּינַיְיהוּ? אִיכָּא בֵּינַיְיהוּ, דְּקַדְמָה אִיהִי וְשַׁוְיָה שָׁלִיחַ מֵעִיקָּרָא.

The Gemara asks: **What is** the difference **between** these two reasons? The Gemara answers: The difference **between them** is in a case **where she first appointed an agent from the outset,** before the husband designated his agent for delivery. That case is not at all comparable to the case of a courtyard that a woman purchases after the document is placed there. However, the concern remains that it could be construed as a display of contempt for her husband.

הַהוּא גַּבְרָא דְּשַׁדַּר לָהּ גִּיטָּא לִדְבֵיתְהוּ, אֲזַל שְׁלִיחָא אַשְׁכְּחַהּ כִּי יָתְבָה וְקָא לָיְשָׁא, אֲמַר לָהּ: הֵילָךְ גִּיטֵּךְ, אֲמַרָה לֵיהּ: לֶיהֱוֵי בִּידָךְ; אֲמַר רַב נַחְמָן: אִם אִיתָא לִדְרַבִּי חֲנִינָא, עֲבַדִי בָּהּ עוֹבָדָא.

The Gemara relates: There was **a certain man who sent a bill of divorce to his wife. The agent went and found her while she was sitting and kneading. He said to her: Here you are,** take **your bill of divorce. She said to him:** My hands are covered with dough and therefore **let** the bill of divorce **be in your hand,**[H] i.e., serve as my agent for receipt. **Rav Naḥman said: If it is so that** the *halakha* is in accordance with the opinion **of Rabbi Ḥanina** and she can designate an agent to receive a bill of divorce from her husband's agent, then **I would perform an action with regard to** this woman and rule that the divorce takes effect.

HALAKHA

Deliver one hundred dinars to so-and-so as I owe him that sum – הוֹלֵךְ מָנֶה לִפְלוֹנִי שֶׁאֲנִי חַיָּיב לוֹ: If a debtor said to an agent: Deliver to so-and-so one hundred dinars that I owe him, the debtor cannot retract his designation. However, the debtor is responsible for the one hundred dinars until it reaches the creditor, in accordance with the opinion of Rav (Rambam *Sefer Mishpatim, Hilkhot Malve VeLoveh* 16:2, *Shulḥan Arukh, Ḥoshen Mishpat* 125:1).

A woman can appoint an agent, etc. – אִשָּׁה עוֹשָׂה שָׁלִיחַ וכו׳: A woman can appoint an agent to receive her bill of divorce from her husband's agent, in accordance with the opinion of Rabbi Ḥanina (Rif; Rambam; Rosh). Others disagree, in accordance with the opinion of Rav (*Halakhot Gedolot*; *Sefer HaTerumot*). The *Beit Yosef* writes that it is appropriate to take into consideration the opinion of those who prohibit doing so due to the severity of the prohibition against engaging in sexual intercourse with a married woman; see *Pitḥei Teshuva* (Rambam *Sefer Nashim, Hilkhot Geirushin* 6:9; *Shulḥan Arukh, Even HaEzer* 141:1).

She said to him: Let the bill of divorce be in your possession, etc. – אָמְרָה לֵיהּ: לֶיהֱוֵי בִּידָךְ וכו׳: In a case where the husband sent a bill of divorce to his wife, and instead of receiving it from the agent, she said to him in the presence of witnesses: Let the bill of divorce be in your possession, or: You are an agent to receive it for me, there is uncertainty whether the divorce takes effect before the bill of divorce reaches her possession. Once the document reaches her, the divorce certainly takes effect (Rambam *Sefer Nashim, Hilkhot Geirushin* 6:9; *Shulḥan Arukh, Even HaEzer* 141:1).

NOTES

There is uncertainty with regard to monetary law, the ruling is lenient – סְפֵק מָמוֹנָא לְקוּלָּא: The term lenient does not truly apply to monetary law, as leniency for one party is necessarily a stringency for the other. Therefore, one should understand this principle as meaning: The burden of proof rests upon the claimant, i.e., the one attempting to change the status of the money in question. Applying this principle to the case at hand, two conclusions emerge. As long as the money did not reach the creditor, the debtor who designated the agent is responsible. Since there definitely was a debt, and it has not yet definitely been repaid, the burden of proof is on the debtor. Additionally, the debtor cannot retract his designation of the agent, as, if saying: Deliver, is like saying: Acquire, the creditor has already taken possession of the money (Rashi), and the debtor cannot remove it from his possession without proof.

Contempt for her husband – בִּזָּיוֹן דְּבַעַל: The early commentaries write that designating an agent for receipt is not contemptuous, as the husband knows that he is giving the bill of divorce to the agent and not to the woman, and nevertheless, he gives it to him (Rashi). The same is true in a case where the husband explicitly instructs the agent to give the bill of divorce to the woman or her agent, as he thereby indicates that he is not disturbed by the receipt of the document by her agent.

אָמַר לֵיהּ רָבָא: וְאִם אִיתָא לְדְרַבִּי חֲנִינָא, עָבְדַתְּ בָּהּ עוּבְדָא? הָא לֹא חָזְרָה שְׁלִיחוּת אֵצֶל הַבַּעַל!

Rava said to him: And if it is so that the *halakha* is in accordance with the opinion **of Rabbi Ḥanina, would you perform an action with regard to** this woman? In this case, as the agent did not actually hand her the bill of divorce, the **agency** was not completed and consequently the agent **did not return**[N] **to the husband** and report that he performed the task for which he was designated. By designating him as her agent before he completed the agency on behalf of the husband, the wife nullified the agency of the husband. Therefore, the divorce does not take effect.

שְׁלַחוּהָ לְקַמֵּיהּ דְּרַבִּי אַמִי, שְׁלַח לְהוּ: לֹא חָזְרָה שְׁלִיחוּת אֵצֶל הַבַּעַל. וְרַבִּי חִיָּיא בַּר אַבָּא אָמַר: נִתְיַישֵּׁב בַּדָּבָר.

Rav Naḥman and Rava **sent this** issue **before Rabbi Ami. He sent** a response **to them: The agency did not return to the husband,** and the divorce does not take effect. **And Rabbi Ḥiyya bar Abba says: We will consider the matter** and then respond.

הֲדוּר שְׁלַחוּהָ קַמֵּיהּ דְּרַבִּי חִיָּיא בַּר אַבָּא, אֲמַר: כָּל הָנֵי שָׁלְחוּ לַהּ וְאָזְלִי!? כִּי הֵיכִי דְּמִסְּפְקָא לְהוּ לְדִידְהוּ, הָכִי נַמִי מִסְּפְקָא לַן לְדִידַן.

Later **they again sent** this issue **before Rabbi Ḥiyya bar Abba. He said: All these** times **they continue to send** questions? **Just as the matter is uncertain to them, so too, it is uncertain to us,** and I do not have a resolution to the uncertainty.

הָוֵי דָּבָר שֶׁבְּעֶרְוָה, וְדָבָר שֶׁבְּעֶרְוָה – חוֹלֶצֶת.

The Gemara concludes: This is a case of uncertainty with regard to **a matter of forbidden relations,** i.e., a question of whether the woman is still married. And in cases of uncertainty with regard to **a matter of forbidden relations, she performs** ***ḥalitza.*** The ruling is stringent in this case of uncertainty. Therefore, if her husband died childless she may not remarry, due to the possibility that she was not divorced. However, her husband's brother may not enter into levirate marriage with her, due to the possibility that she was divorced and is therefore forbidden to him.

הֲוָה עוּבְדָא, וְאַצְרְכַהּ רַב יִצְחָק בַּר שְׁמוּאֵל בַּר מָרְתָא גֵּט וַחֲלִיצָה. תַּרְתֵּי?! גֵּט מֵחַיִּים, וַחֲלִיצָה לְאַחַר מִיתָה.

The Gemara says: There **was an incident and Rav Yitzḥak bar Shmuel bar Marta required** the woman to receive both an additional **bill of divorce and** ***ḥalitza.*** The Gemara asks: **Two** of them? They are mutually exclusive. The second bill of divorce obviates the need for *ḥalitza*. The Gemara explains: He required **a bill of divorce** in a case **where** the husband was **alive, and** if the husband did not give her a bill of divorce, he required ***ḥalitza*** **after** the husband's **death.**

הַהִיא דַּהֲווּ קָרוּ לַהּ נְפַאתָה, אֲזוּל סָהֲדֵי כְּתוּב תְּפַאתָה, אָמַר רַב יִצְחָק בַּר שְׁמוּאֵל בַּר מָרְתָא מִשְּׁמֵיהּ דְּרַב: עָשׂוּ עֵדִים שְׁלִיחוּתָן.

The Gemara relates: There was **a certain** woman **who was named Nefata** whose husband instructed witnesses to write and sign a bill of divorce and to divorce her. **The witnesses went and** mistakenly **wrote Tefata** in the bill of divorce. **Rav Yitzḥak bar Shmuel bar Marta says in the name of Rav:** The bill of divorce is invalid because the name is wrong. However, the witnesses cannot write another bill of divorce in the correct manner because the **witnesses** already **performed their agency** and are no longer agents of the husband.

מַתְקִיף לַהּ רַבָּה: מִי קָאָמַר לְהוּ ״כְּתוֹבוּ חַסְפָּא וְהַבוּ לַהּ״? אֶלָּא אָמַר רַבָּה: וַדַּאי אִי כְּתוּב סָהֲדֵי גִּיטָּא מַעַלְיָא וְאָבַד, עָשׂוּ עֵדִים שְׁלִיחוּתָן.

Rabba objects to this ruling. **Does** the husband **say to them: Write** a worthless earthenware **shard and give it to her?** He instructed them to write a valid bill of divorce; as long as they did not write a valid bill of divorce they did not perform their agency. **Rather, Rabba said: Certainly, if the witnesses wrote a proper bill of divorce and it was lost,** one would say that **the witnesses performed their agency,** and they are not authorized to write another bill of divorce. That is not the case if they wrote an invalid bill of divorce.

מַתְקִיף לַהּ רַב נַחְמָן: מִי קָאָמַר לְהוּ ״כִּתְבוּ וְאַנְחוּהּ בְּכִיסַיְיכוּ״? אֶלָּא אָמַר רַב נַחְמָן: כּוֹתְבִין וְנוֹתְנִין אֲפִילּוּ מֵאָה פְּעָמִים.

Rav Naḥman objects to this ruling of Rabba. **Does** the husband **say to them: Write** it **and place it in your pockets?** He instructed them to write the document and divorce her with it. They did not perform their agency by merely writing a valid bill of divorce. **Rather, Rav Naḥman said:** In every case of this type, the witnesses **write** a bill of divorce **and give** it to the wife **even one hundred times.**[H]

NOTES

The agency was not completed and consequently the agent did not return, etc. – לֹא חָזְרָה שְׁלִיחוּת וכו׳: Rashi explains that since his initial agency was not yet complete, as he did not give the bill of divorce to the woman as instructed, he cannot return to the husband and report that he fulfilled his mission. Therefore, he cannot be designated as an agent by others for the same matter (see Rashi and *Tosafot* on 24a).

HALAKHA

The witnesses write a bill of divorce and give it to the wife even one hundred times – כּוֹתְבִין וְנוֹתְנִין אֲפִילּוּ מֵאָה פְּעָמִים: In a case where one said to a scribe and witnesses to write, sign, and give a bill of divorce to his wife and they did so, and then the bill of divorce was invalidated, or if they wrote and signed it and it was lost, they can write another bill of divorce. The Rema writes that it is customary to rule stringently and have the husband instruct them again to write a bill of divorce. Citing the Rema in *Seder HaGet*, his work delineating the procedure for writing and giving a bill of divorce, the *Beit Shmuel* writes that if the bill of divorce is invalidated, they write another bill of divorce, and they do not need to consult the husband in order to write it, as fundamentally, the need to write an additional bill of divorce is merely a stringency (Rambam *Sefer Nashim, Hilkhot Geirushin* 2:8; *Shulḥan Arukh, Even HaEzer* 122:1).

בעא מיניה רבא מרב נחמן: "כתבו ותנו לשליח", מהו? סלוקי סליק להו, או דילמא לטירחא דידהו חייש?

Rava raised a dilemma before Rav Naḥman: In a case where the husband said to witnesses: **Write** a bill of divorce **and give** it **to an agent,**[N] **what** is the *halakha*? Did the husband **exclude them** once they gave the bill of divorce to the agent, and they are no longer eligible to write another bill of divorce? **Or perhaps** the husband **was concerned** only **about** sparing them from **their exertions,** and that is why he instructed them to hand the document to an agent rather than deliver it themselves. Therefore, their agency remains in effect, and if necessary they can continue writing bills of divorce until the divorce takes effect.

אמר ליה רבינא לרב אשי: "ויוליך לה", מהו? תיקו.

Ravina said to Rav Ashi, elaborating on the previous dilemma: If the husband said to the witnesses: Write a bill of divorce and give it to an agent **and he will deliver** it **to her, what is** the *halakha*?[H] Does the added expression: And he will deliver it to her, indicate that their agency remains in effect until the agent actually delivers the bill of divorce to her? Or perhaps that is not the meaning of the phrase, and their agency ends with the writing? The Gemara concludes: The dilemma **shall stand** unresolved.

"רבן שמעון בן גמליאל אומר: אף האומרת "טול לי גיטי" אם רצה לחזור – לא יחזור". תנו רבנן: "טול לי", ו"שא לי", ו"יהא לי בידך" – כולן לשון קבלה הן.

§ The mishna teaches that **Rabban Shimon ben Gamliel says: Even** with regard to a woman **who says** to her agent: **Take my bill of divorce for me,**[H] if the husband **seeks to retract** his decision, **he cannot retract** it. He is an agent for receipt and she is divorced once the bill of divorce reaches his possession. **The Sages taught** (*Tosefta* 6:4): If the woman said to an agent: **Take** my bill of divorce **for me,** or: **Lift** my bill of divorce **for me, or:** The bill of divorce **will be in your possession for me, all of them are expressions of receipt,** and the divorce takes effect as soon as the bill of divorce reaches the possession of the agent.

מתני' האשה שאמרה "התקבל לי גיטי" – צריכה שתי כיתי עדים, שנים שאומרים "בפנינו אמרה", ושנים שאומרים "בפנינו קבל וקרע", אפילו הן הראשונים והן האחרונים,

MISHNA **A woman who said** to an agent: **Receive my bill of divorce for me, requires two sets of witnesses**[H] to confirm that she was divorced when the agent received the bill of divorce. She requires **two** witnesses **who say: In our presence she said** to the agent: Receive my bill of divorce on my behalf, **and two who say: In our presence** the agent **received** the bill of divorce **and tore** it. This testimony is effective **even** if two people **are the first** pair of witnesses **and** the same two **are the latter** pair of witnesses,

NOTES

And give it to an agent – ותנו לשליח: Rashi explains: And give it to an agent whom I already appointed for this purpose. The commentaries infer from his statement that the uncertainty applies only in a case where it is clear that he seeks to spare them the exertion of delivering the bill of divorce. However, if he commissioned them to designate an agent, that indicates that their agency continues until the bill of divorce is given to the woman and the divorce takes effect (see Rabbi Akiva Eiger).

HALAKHA

If the husband said, and he will deliver it to her, what is the ***halakha*** **– ויוליך לה, מהו:** If the husband says to two people: Write, sign, and give a bill of divorce to an agent and he will deliver it to her, and the bill of divorce is deemed invalid or is canceled, they do not write a new bill of divorce unless the husband instructs them again to do so. If they wrote another bill of divorce without consulting him and the agent gave it to her, there is uncertainty whether or not she is divorced, as the dilemma in the Gemara is not resolved. The Rema writes that some say (Rosh; *Tur*) that if the bill of divorce is invalid or canceled, they write another bill of divorce, as Rashi explains that the discussion in the Gemara is with regard to a bill of divorce that was lost (Rambam *Sefer Nashim*, *Hilkhot Geirushin* 2:9; *Shulḥan Arukh*, *Even HaEzer* 122:2).

Take my bill of divorce for me – טול לי גיטי: If the wife says to her agent: Receive my bill of divorce for me, or: Take my bill of divorce for me, or: The bill of divorce will be in your possession for me, she thereby designates him as an agent for receipt. The Rema writes that the same *halakha* applies if she said: Lift my bill of divorce for me. The *Beit Shmuel* writes that all agree with regard to that expression that she thereby designates him as an agent for receipt (Rambam *Sefer Nashim*, *Hilkhot Geirushin* 6:9; *Shulḥan Arukh*, *Even HaEzer* 140:4).

Requires two sets of witnesses – צריכה שתי כיתי עדים: When a woman designates an agent for receipt, two witnesses are required to testify that she designated the agent, and two witnesses are required to testify that the agent received the bill of divorce.

There is no need for two independent sets of witnesses; either or both of the witnesses can testify with regard to both matters (Rambam *Sefer Nashim*, *Hilkhot Geirushin* 6:1; *Shulḥan Arukh*, *Even HaEzer* 141:8).

אוֹ אֶחָד מִן הָרִאשׁוֹנִים וְאֶחָד מִן הָאַחֲרוֹנִים וְאֶחָד מִצְטָרֵף עִמָּהֶן.

or if there is **one** witness **from the first** pair of witnesses **and one** witness **from the latter** pair, **and one** additional witness **joins with them** as the second witness in both testimonies.

גמ׳ אִיתְּמַר: בַּעַל אוֹמֵר לְפִקָּדוֹן וְשָׁלִישׁ אוֹמֵר לְגֵירוּשִׁין, מִי נֶאֱמָן? רַב הוּנָא אָמַר: בַּעַל נֶאֱמָן, וְרַב חִסְדָּא אָמַר: שָׁלִישׁ נֶאֱמָן.

GEMARA **It was stated** that there is an amoraic dispute in a case where **a husband says** that he handed the bill of divorce to another **as a deposit**[NH] for safekeeping and not to deliver it to his wife, and that consequently she is not divorced, **and the third party** [*shalish*],[L] to whom the husband gave the document, **says** that he was serving as an agent for receipt and the husband gave him the document **for** the purpose of **divorce.** In such a case, **who is deemed credible? Rav Huna says: The husband is deemed credible, and Rav Ḥisda says: The third party is deemed credible.**

רַב הוּנָא אָמַר בַּעַל נֶאֱמָן, דְּאִם אִיתָא דִּלְגֵירוּשִׁין יְהָבֵיהּ נִיהֲלֵיהּ – לְדִידָהּ הֲוָה יָהֵיב לָהּ נִיהֲלָהּ; וְרַב חִסְדָּא אָמַר: שָׁלִישׁ נֶאֱמָן, דְּהָא הֵימְנֵיהּ.

The Gemara elaborates: **Rav Huna said** that **the husband is deemed credible, as, if it is so that he gave it to** the third party **for** the purpose of **divorce,**[N] **he would have given** the bill of divorce directly **to her.** Both husband and wife are in the same city. Why did he give it to a third party? Apparently, he merely entrusted him with the bill of divorce for safekeeping. **And Rav Ḥisda said: The third party is deemed credible, as** the husband himself **deemed him credible** by entrusting him with the bill of divorce.

מְתִיב רַבִּי אַבָּא: הוֹדָאַת בַּעַל דִּין כְּמֵאָה עֵדִים דָּמֵי, וְשָׁלִישׁ נֶאֱמָן מִשְּׁנֵיהֶם, כֵּיצַד? זֶה אוֹמֵר כָּךְ וְזֶה אוֹמֵר כָּךְ – שָׁלִישׁ נֶאֱמָן!

Rabbi Abba raises an objection to the opinion of Rav Huna from a *baraita* in the *Tosefta* (*Bava Metzia* 1:10): The legal status of **the admission of a litigant**[H] **is similar to** that of the testimony of **one hundred witnesses, and** the statement of **a third party is deemed** more **credible than** the statements of **both of** the litigants.[H] **How so? If this** litigant, the creditor, **says** that the debtor owes him **this** sum, **and that** litigant, the debtor, **says** that he owes **that** lower sum, the **third party** to whom the debtor gave the money to pay the creditor is **deemed credible** to establish the sum of the debt. This contradicts the opinion of Rav Huna, who said that the husband, not the third party, is deemed credible.

שָׁאנֵי מָמוֹן, דְּאִיתְיְהִיב לִמְחִילָה.

The Gemara rejects that objection: **A monetary** debt **is different,**[N] **as it can be forgiven.** Since one can forgive a monetary debt outright, he can also accept upon himself to abide by the statement of a third party as to the sum of the debt. Therefore, even if the third party deviates from the truth, because it is a case involving money, they accept his determination. However, no proof may be cited from that case to the matter of the bill of divorce, as there is no possibility of forgiveness with regard to ritual matters, e.g., divorce.

NOTES

A husband says that he handed the bill of divorce to another as a deposit, etc. – בַּעַל אוֹמֵר לְפִקָּדוֹן וכו׳: Most commentaries explain that this third party is the woman's agent for receipt, and he claims that the divorce took effect at the moment that the bill of divorce reached his possession. However, the Rif explains in his responsa that the third party claims that he was an agent for delivery, and the bill of divorce was given to him for the purpose of divorce and he already fulfilled his agency and gave it to the woman.

As if it is so that he gave it to the third party for the purpose of divorce, etc. – דְּאִם אִיתָא דִּלְגֵירוּשִׁין וכו׳: Rashi and the other early commentaries explain that Rav Huna disagreed only when all of the people involved were in the same city, as then it was possible to deem the husband credible. However, if the woman was in a different city, it is likely that he handed it over for the purpose of divorce, and his claim is not credible.

A monetary debt is different, etc. – שָׁאנֵי מָמוֹן וכו׳: Rav Huna concedes that with regard to monetary law the third party is deemed entirely credible, as the fact that one entrusts an item to another person and instructs him as to how to proceed indicates that he trusts the third party implicitly. Even if the third party acts counter to the instructions of the one who gave him the item, he gave him the authority to do so. The commentaries explain that the point of contention between Rav Huna and Rav Ḥisda is that according to Rav Huna, the person entrusting the deposit to the third party can do so only in cases of monetary law. Since he is able to renounce the debt, giving the money to the third party confers irrevocable authorization to the third party to do as he chooses. By contrast, Rav Ḥisda holds that for that reason itself, one could say that when the husband hands the bill of divorce to the third party, he authorized him to do as he chooses, and for all intents and purposes he designated him as a bailee and as an agent to deliver the bill of divorce to the woman when he chooses.

LANGUAGE

Third party [*shalish*] – שָׁלִישׁ: This refers to someone who is connected to and trusted by both parties and to whom they entrust items or leave instructions for him to implement. Apparently, it is related to its biblical definition of army officer, or the king's aide-de-camp.

HALAKHA

A husband says that he handed the bill of divorce to another as a deposit, etc. – בַּעַל אוֹמֵר לְפִקָּדוֹן וכו׳: If the husband said: I handed him the bill of divorce as a deposit and the third party says: The husband gave it to me for the purpose of divorce, the third party is believed, in accordance with the opinion of Rav Ḥisda (Rif; Rambam). Rabbeinu Ḥananel and Rabbeinu Tam rule that if the husband, wife, and third party are all in one city, the husband is deemed credible. If they are not all in one city then the agent is deemed credible, in accordance with the opinion of Rav Huna. The Rosh writes that one should rule stringently in accordance with the latter opinion and refrain from divorcing his wife who is in the same city by means of an agent (Rambam *Sefer Nashim, Hilkhot Geirushin* 12:11; *Shulḥan Arukh, Even HaEzer* 141:55).

The admission of a litigant – הוֹדָאַת בַּעַל דִּין: If one states in the presence of two people that he owes money to another and he does so as a formal admission and not merely in the context of conversation, it is full-fledged testimony, even if he did not designate them as witnesses and the creditor was not present (Rambam *Sefer Mishpatim, Hilkhot To'en VeNitan* 7:1; *Shulḥan Arukh, Ḥoshen Mishpat* 81:8).

The statement of a third party is deemed more credible than the statements of both of the litigants – שָׁלִישׁ נֶאֱמָן מִשְּׁנֵיהֶם: When an item entrusted to a third party is in his possession, his credibility equals that of two witnesses, even if he is a relative, and he is not required to take an oath. Others write that the third party is credible like two witnesses relative to the claims of the creditor and the debtor. However, if his claim is contradicted by two witnesses, their testimony, not his claim, is deemed credible (Rambam *Sefer Mishpatim, Hilkhot Malve VeLoveh* 16:8; *Shulḥan Arukh, Ḥoshen Mishpat* 56:1).

NOTES

Does the bill of divorce emerge, etc. – מִי קָא נָפֵיק גִּיטָּא וכו׳: Rashi explains elsewhere that the third party is deemed credible based on the principle of *miggo*. Since the bill of divorce is torn, he no longer is able to effect her divorce with it, and no longer has the credibility supplied by a *miggo*. *Tosafot* explain that the third party is not deemed credible. Since the bill of divorce is no longer in his possession, there is no way to determine whether he was entrusted by the husband as a third party. It is possible that he found a torn bill of divorce in a garbage heap.

Why do I need witnesses to testify, in our presence the agent received – קִיבֵּל לָמָּה לִי: Rashi explains that the question is: If the bill of divorce is in the agent's possession, why are witnesses necessary? *Tosafot* explain: Even after the bill of divorce will have been torn, witnesses that saw him receive the document are not necessary. It is sufficient for witnesses to testify that at one point they saw the intact bill of divorce in his possession.

Witnesses of transmission effect the divorce – עֵדֵי מְסִירָה כָּרְתִי: *Tosafot* and other early commentaries assert that this refers to a bill of divorce without signatory witnesses, as Rabbi Elazar concedes that in the absence of witnesses of transmission, one may rely on signatory witnesses.

BACKGROUND

Religious persecution [*shemad*] – שְׁמַד: This is a pejorative term for the conversion of an apostate Jew to another religion, to Christianity in particular. Therefore, in certain printings of the Talmud it was replaced by the Christian censors with the terms decree, or royal decree. The *ge'onim* explain that the root of the word is related to the root *ayin*, *mem*, *dalet* in Aramaic, which means to wash or immerse. However, it can also mean urine-soaked dung. The connotation of the term *meshumad*, apostate, which drops the guttural *ayin* from the word *meshuamad*, is one who immersed or was baptized. However, in many sources, *shemad* refers to any decree or punitive measure intended to convert the Jews. The word is also related to the Hebrew term for destruction.

HALAKHA

The third party said to me, etc. – אֲמַר לִי שָׁלִישׁ וכו׳: If a woman produces a bill of divorce and she says: This agent gave it to me, and the agent confirms that he did in fact give it to her for the purpose of divorce, but the husband claims that he merely deposited it with the agent, the agent is deemed credible and she is divorced, in accordance with the opinion of Rav Ḥisda (Rambam *Sefer Nashim*, *Hilkhot Geirushin* 12:11; *Shulḥan Arukh*, *Even HaEzer* 141:56).

וְהָא תַּנְיָא: וְכֵן לְגִיטִּין! גִּיטֵּי מָמוֹן. וְהָתַנְיָא: וְכֵן לִשְׁטָרוֹת!

The Gemara asks: **But isn't it taught** in another *baraita*: **And likewise** that is the *halakha* with regard **to bills of divorce [*gittin*]**, i.e., the *halakha* is that the third party is deemed credible? The Gemara answers: The reference in the *baraita* is not to bills of divorce. Rather, the reference is to **monetary documents [*gittei mamon*]**. The Gemara asks: **But isn't it taught** in another *baraita*: **And likewise** that is the *halakha* with regard **to** monetary **documents [*shetarot*]**? The fact that monetary documents are labeled as *shetarot* indicates that the term *gittin* refers to bill of divorce.

מִידֵּי גַּבֵּי הֲדָדֵי תַּנְיָא?

The Gemara rejects that proof: **Are they**, the two expressions, **taught together?** If there were a passage in one *baraita* that said: And likewise, that is the *halakha* with regard to *gittin* and documents, one could infer that the term *gittin* is referring to bills of divorce, as the term documents is referring to all other documents. However, since these are two discrete *baraitot*, perhaps one is referring to monetary documents as *gittin* and the other is referring to them as *shetarot*.

תְּנַן: הָאִשָּׁה שֶׁאָמְרָה ״הִתְקַבֵּל לִי גִּיטִּי״ – צְרִיכָה שְׁתֵּי כִיתֵּי עֵדִים, שְׁנַיִם שֶׁיֹּאמְרוּ ״בְּפָנֵינוּ אָמְרָה״, וּשְׁנַיִם שֶׁיֹּאמְרוּ ״בְּפָנֵינוּ קִבֵּל וְקָרַע״; וְאַמַּאי? לִיהֵמְנֵיהּ לְשָׁלִישׁ!

The Gemara cites proof with regard to the credibility of the third party. **We learned** in the mishna that **a woman who said** to an agent: **Receive my bill of divorce for me, requires two sets of witnesses** to confirm that she was divorced when the agent received the bill of divorce. She requires **two** witnesses **who say: In our presence she said** to the agent: Receive my bill of divorce on my behalf, **and two** others **who say: In our presence** the agent **received** the bill of divorce **and tore** it. The Gemara asks: **And why** are the witnesses necessary? **Let us deem the third party,** to whom the husband handed the bill of divorce, **credible** and not require witnesses.

מִי קָא נָפֵיק גִּיטָּא מִתּוּתֵי יְדֵיהּ דְּלִיהֵמְנֵיהּ?

The Gemara rejects this: **Does the bill of divorce emerge**[N] **from his possession**, i.e., does he have the bill of divorce, such **that** it would lead one **to deem him credible?** The third party is believed only in a case where the item in question is under his control, as then he can do with it as he wishes. However, in this case the bill of divorce is no longer in his possession, as it has been torn, and the credibility attributed to the third party is no longer relevant.

תֵּינַח ״אָמְרָה״, ״קִיבֵּל״ לָמָּה לִי? אֲמַר רַבָּה: הָא מַנִּי? רַבִּי אֶלְעָזָר הִיא, דְּאָמַר: עֵדֵי מְסִירָה כָּרְתִי.

The Gemara asks: That **works out well** in explaining why witnesses are required to testify that **she said** to the agent in their presence: Receive my bill of divorce on my behalf. However, **why do I** need witnesses to testify: In our presence the agent **received**[N] the bill of divorce and tore it? From the point that the bill of divorce was in his possession no testimony should be necessary. **Rabba said:** In accordance with **whose** opinion **is this** mishna? **It is** in accordance with the opinion of **Rabbi Elazar,** who **says: Witnesses of transmission** of the bill of divorce **effect** the divorce.[N] The divorce takes effect primarily by means of its transmission to the woman in the presence of witnesses. Therefore, witnesses are necessary to testify that the transmission took place in their presence.

קָרַע לָמָּה לִי? אָמַר רַב יְהוּדָה אָמַר רַב: בִּשְׁעַת הַשְּׁמָד שָׁנוּ.

The Gemara seeks to clarify a different matter mentioned in the mishna. **Why do I** need the witnesses to testify that the third party **tore** the bill of divorce? **Rav Yehuda says** that **Rav says:** The Sages **taught** the mishna **during a period of** religious **persecution,**[B] when the government decreed that it is prohibited to write bills of divorce. Therefore, immediately after the divorce took effect they would destroy any evidence that a bill of divorce had been written by tearing it.

אֲמַר רַבָּה: וּמוֹדֶה רַב הוּנָא, דְּאִי אָמְרָה אִיהִי ״לְדִידִי אֲמַר לִי שָׁלִישׁ דִּלְגֵירוּשִׁין יְהָבֵיהּ נִיהֲלֵיהּ״ – מְהֵימְנָא. מִי אִיכָּא מִידֵּי, דְּשָׁלִישׁ גּוּפֵיהּ לָא מְהֵימַן וְאִיהִי מְהֵימְנָא?

Rabba said: And although he said that the husband is deemed credible, **Rav Huna concedes that if** the wife **said:** The **third party said to me**[H] that my husband **gave** the bill of divorce **to him for** the purpose of **divorce, she is deemed credible.** The Gemara asks: **Is there anything** with regard to which, according to Rav Huna, **the third party himself is not deemed credible, but** the wife **is deemed credible** when quoting him?

אֶלָּא, אִי אָמְרָה ״קַמַּאי דִּידִי לְגֵרוּשִׁין יְהָבֵיהּ נִיהֲלֵיהּ״ – מְהֵימְנָא, מִיגּוֹ דְּאִי בָּעֲיָא אָמְרָה: לְדִידָהּ יְהָבֵיהּ נִיהֲלֵיהּ בַּעַל.

Rather, Rabba said that Rav Huna concedes that **if she said: In my presence** my husband **gave** the bill of divorce **to** the third party **for** the purpose of **divorce,**[H] **she is deemed credible.** Her credibility is based on the principle of ***miggo***, that the ability to make a more advantageous claim grants credibility to the claim one actually makes. **Since, if she wished, she** could have **said** that **the husband gave it to her** and she was divorced, therefore, when she says that the husband gave it to an agent for the purpose of divorce she is deemed credible.

בַּעַל אָמַר לְגֵירוּשִׁין, וְשָׁלִישׁ אוֹמֵר לְגֵירוּשִׁין, וְהִיא אוֹמֶרֶת: נָתַן לִי וְאָבַד, אָמַר רַבִּי יוֹחָנָן: הֲוָה דָּבָר שֶׁבְּעֶרְוָה, וְאֵין דָּבָר שֶׁבְּעֶרְוָה פָּחוֹת מִשְּׁנַיִם.

§ The Gemara proceeds to a related matter. If the **husband said** that he gave the bill of divorce to the third party as an agent of delivery **for** the purpose of **divorce,**[H] **and the third party says** that the husband gave it to him as an agent of delivery **for** the purpose of **divorce, and the wife says:** The third party **gave me** the bill of divorce **and** it **was lost, Rabbi Yoḥanan said:** This **is** uncertainty with regard to **a matter of forbidden relations. And** there is **no** resolution of a **matter of forbidden relations** with **fewer than two** witnesses.[H]

וְאַמַּאי? וְלִיהֶימְנֵיהּ לְשָׁלִישׁ! מִי קָא נָפֵיק גִּיטָּא מִתּוּתֵי יְדֵיהּ דְּלִהֵימְנֵיהּ?

The Gemara asks: **But why** is this case one of uncertainty? **But let us deem the third party credible,** i.e., let us believe his statement that the husband gave him the bill of divorce for the purpose of divorce. The Gemara rejects this: **Does the bill of divorce emerge from his possession,** such **that** it would lead one **to deem him credible?**

וְלִהֵימְנֵיהּ לְבַעַל, דְּאָמַר רַב חִיָּיא בַּר אָבִין אָמַר רַבִּי יוֹחָנָן: בַּעַל שֶׁאָמַר ״גֵּירַשְׁתִּי אֶת אִשְׁתִּי״ – נֶאֱמָן! מִי קָאָמַר גֵּירַשְׁתִּי?

The Gemara asks: **But let** one **deem the husband credible, as Rav Ḥiyya bar Avin says** that **Rabbi Yoḥanan says: A husband who says: I divorced my wife,**[H] **is deemed credible.** The Gemara rejects this: In the case under discussion **does** the husband **say: I divorced** her? He merely stated that he handed the bill of divorce to the third party.

וְלֵימָא: חֲזָקָה שָׁלִיחַ עוֹשֶׂה שְׁלִיחוּתוֹ! דְּאָמַר רַבִּי יִצְחָק: הָאוֹמֵר לִשְׁלוּחוֹ ״צֵא וְקַדֵּשׁ לִי אִשָּׁה״ סְתָם, וּמֵת שְׁלוּחוֹ – אָסוּר בְּכָל הַנָּשִׁים שֶׁבָּעוֹלָם, חֲזָקָה שָׁלִיחַ עוֹשֶׂה שְׁלִיחוּתוֹ!

The Gemara asks: **But let us say** that there is **a presumption**[B] that **an agent performs his** assigned **agency, as Rabbi Yitzḥak says** that in the case of **one who says to his agent: Go out and betroth a woman for me,**[H] and he did **not specify** which woman, **and his agent died** without informing him whether he betrothed a woman or the identity of the woman he betrothed, it is **prohibited** for him to marry **all the women in the world,** as there is **a presumption** that **an agent performs his** assigned **agency.** Apparently, one relies on this presumption even with regard to matters of forbidden relations. Because the identity of the woman is unknown, one must be concerned with regard to all women; perhaps they are relatives of the woman whom the agent betrothed on his behalf.

BACKGROUND

Presumption – חֲזָקָה: This Hebrew term has different halakhic meanings in different contexts. Its most common usage is presumption or presumptive status, based on facts, circumstances, custom, or people's behavioral tendencies. Examples of those presumptions are: An agent executes his agency; children who are treated as family members are, in fact, their parents' offspring. In the absence of absolute proof to the contrary, the legal status of facts established based on these presumptions is like that of facts established through full-fledged testimony, and corporal punishment may be administered on their basis.

HALAKHA

In my presence my husband gave the bill of divorce to the third party for the purpose of divorce – קַמַּאי דִּידִי לְגֵרוּשִׁין יְהָבֵיהּ נִיהֲלֵיהּ: If the woman says: In my presence the agent received this bill of divorce for the purpose of divorce, she is deemed credible. Others say (Responsa of Rif; Responsa of Rashba, cited in *Beit Shmuel*) that this is the ruling only when the bill of divorce is in the woman's possession (*Shulḥan Arukh, Even HaEzer* 141:55).

The husband said he gave the bill for the purpose of divorce, etc. – בַּעַל אָמַר לְגֵירוּשִׁין וכו׳: If a bill of divorce was lost, there is uncertainty whether or not she is divorced, even if the husband claims that he gave it to the agent for the purpose of divorce, and the agent claims that he gave it to the woman, in accordance with the opinion of Rabbi Yoḥanan (Rambam *Sefer Nashim, Hilkhot Geirushin* 12:12; *Shulḥan Arukh, Even HaEzer* 141:56).

There is no resolution of a matter of forbidden relations with fewer than two witnesses – אֵין דָּבָר שֶׁבְּעֶרְוָה פָּחוֹת מִשְּׁנַיִם: If there were rumors that a woman committed adultery, the court compels her husband to divorce her only if there are two witnesses who testify that the woman willingly committed adultery (Rambam *Sefer Nashim, Hilkhot Ishut* 24:18; *Shulḥan Arukh, Even HaEzer* 11:1, 178:9).

A husband who says, I divorced my wife – בַּעַל שֶׁאָמַר גֵּירַשְׁתִּי אֶת אִשְׁתִּי: A husband who says: I divorced my wife, is not deemed credible. However, his statement is not dismissed entirely and there is uncertainty whether or not she is divorced. This is in accordance with the statement of Rabbi Yitzḥak bar Yosef in the name of Rabbi Yoḥanan in tractate *Bava Batra* (134b) and contrary to the opinion of Rav Ḥiyya bar Avin here (Rambam *Sefer Nashim, Hilkhot Geirushin* 12:5).

Go out and betroth a woman for me, etc. – צֵא וְקַדֵּשׁ לִי אִשָּׁה וכו׳: If one says to an agent: Go out and betroth a woman for me, and the agent dies without telling him whether he did so, it may be presumed that he performed his agency and betrothed a woman on one's behalf. However, since the man does not know the identity of the woman whom his agent betrothed, any woman who might be related to her is forbidden to him, in accordance with the opinion of Rabbi Yitzḥak.

The Rema writes that there is a dispute among the halakhic authorities in a case where he instructed the agent to betroth a specific woman on his behalf and the agent died whether all of her relatives are forbidden to him based on the presumption that an agent performs his assigned agency. According to the *Ḥelkat Meḥokek* and the *Beit Shmuel*, everyone agrees in that case that they are forbidden. The Rema cites the opinion of the Ran, who says that if all the relatives of a woman say that they were not betrothed by an agent, and they married others, he may marry that woman (Rambam *Sefer Nashim, Hilkhot Ishut* 9:6; *Shulḥan Arukh, Even HaEzer* 35:11).

הָנֵי מִילֵּי לְחוּמְרָא, אֲבָל לְקוּלָּא לָא.

The Gemara answers: **This matter,** the presumption that an agent performs his agency, applies only when its application leads **to stringency,** as there is a concern that the agent performed his agency. **However,** when its application leads **to leniency, no,**[H] the presumption does not apply.

וְלִיהֶמְנָהּ לְדִידָהּ מִדְּרַב הַמְנוּנָא, דְּאָמַר רַב הַמְנוּנָא: הָאִשָּׁה שֶׁאָמְרָה לְבַעְלָהּ "גֵּירַשְׁתַּנִי" – נֶאֱמֶנֶת, חֲזָקָה אֵין הָאִשָּׁה מְעִיזָּה פָּנֶיהָ בִּפְנֵי בַעְלָהּ!

The Gemara asks: **But let** one **deem the wife herself credible,** based **on** the statement **of Rav Hamnuna, as Rav Hamnuna says:** A **woman who said to her husband: You divorced me,**[H] **is deemed credible,** as there is **a presumption** that **a woman** would **not be insolent in the presence of her husband** and lie.

הָנֵי מִילֵּי הֵיכָא דְּלֵיכָּא דְּקָא מְסַיֵּיעַ לַהּ, אֲבָל הֵיכָא דִּמְסַיֵּיעַ לַהּ – מְעִיזָּה וּמְעִיזָּה.

The Gemara answers: **This matter applies only** in a case **where there is no factor that supports her** claim,[H] as the presumption is that she would not be so insolent as to tell a lie that has no basis. **However,** in a case **where** there is a factor **that supports her** claim, as in this case both the husband and the third party claim that the husband sent a bill of divorce, **she** would **indeed be insolent.** Therefore, her claim that she was divorced is accepted only if she can produce the bill of divorce.

מתני׳ נַעֲרָה הַמְאוֹרָסָה, הִיא וְאָבִיהָ מְקַבְּלִין אֶת גִּיטָּהּ; אָמַר רַבִּי יְהוּדָה: אֵין שְׁתֵּי יָדַיִם זוֹכוֹת כְּאַחַת, אֶלָּא אָבִיהָ מְקַבֵּל אֶת גִּיטָּהּ בִּלְבַד. וְכָל שֶׁאֵינָהּ יְכוֹלָה לִשְׁמוֹר אֶת גִּיטָּהּ, אֵינָהּ יְכוֹלָה לְהִתְגָּרֵשׁ.

MISHNA With regard to **a betrothed young woman,**[N] **she and her father** are each eligible to **receive her bill of divorce,**[H] and the divorce takes effect at the moment that either of them receives the bill of divorce. **Rabbi Yehuda said: Two hands do not** have the right to **acquire** an item on behalf of one person **as one. Rather, her father alone receives her bill of divorce** on her behalf. **And** there is another principle: **Any** female **who is unable to safeguard her bill of divorce is unable to be divorced.**

גמ׳ בְּמַאי קָמִיפַּלְגִי? רַבָּנַן סָבְרִי: יָדָא יְתֵירְתָּא זָכֵי לָהּ רַחֲמָנָא, וְרַבִּי יְהוּדָה סָבַר: בִּמְקוֹם אָבִיהָ, יָד דִּילָהּ לָאו כְּלוּם הִיא.

GEMARA The Gemara asks: **With regard to what do** the Rabbis, who stated the unattributed first opinion in the mishna, and Rabbi Yehuda **disagree? The Rabbis hold: The Merciful One grants** the betrothed young woman **an additional hand,**[N] beyond the hand of her father, who can receive the bill of divorce on her behalf. **And Rabbi Yehuda holds: In a place,** i.e., situation, where **her father** is alive, **her hand is nothing** and she is ineligible to receive her bill of divorce.

HALAKHA

However when its application leads to leniency, no – אֲבָל לְקוּלָּא לָא: If one says to his agent: Separate *teruma* on my behalf, and he does not know whether the agent did so, he cannot presume that the agent separated the *teruma*, even if he found a portion of the produce missing, as with regard to prohibitions, in this case partaking of untithed produced, there is no presumption that an agent performs his agency, and the concern is that perhaps another person separated *teruma* without his permission (Rambam *Sefer Zera'im, Hilkhot Terumot* 4:6).

A woman who said to her husband, you divorced me – הָאִשָּׁה שֶׁאָמְרָה לְבַעְלָהּ גֵּירַשְׁתַּנִי: If a woman said in her husband's presence: You divorced me, she is deemed credible, as it is presumed that a woman would not be so insolent as to lie in her husband's presence, in accordance with the opinion of Rav Hamnuna. The Rema writes that some (Ra'avad) say that the presumption is not effective in terms of allowing her to remarry or receive payment of her marriage contract; rather, it is merely that if another betroths her she requires a divorce from him. The Rema holds that nowadays this presumption is no longer in force, and that is the ruling of many halakhic authorities. Similarly, other early commentaries (Rosh; *Tur*) say that if the husband and wife quarreled or if she demanded her marriage contract, her claim is not deemed credible (Rambam *Sefer Nashim, Hilkhot Ishut* 4:13, 16:26 and *Hilkhot Geirushin* 12:4; *Shulḥan Arukh, Even HaEzer* 17:2).

Where there is no factor that supports her claim – הֵיכָא דְּלֵיכָּא דְּקָא מְסַיֵּיעַ לַהּ: Even those who say that there is a presumption that a woman would not be so insolent as to lie in her husband's presence, that applies only when there is no factor supporting her claim. However, if there is support for her claim, there is a concern that she would be insolent, and she is not deemed credible (Rambam *Sefer Nashim, Hilkhot Geirushin* 12:5; *Shulḥan Arukh, Even HaEzer* 17:2).

She and her father are eligible to receive her bill of divorce – הִיא וְאָבִיהָ מְקַבְּלִין אֶת גִּיטָּהּ: If one divorces his wife when she is a young woman, the divorce takes effect when the bill of divorce reaches either her possession or her father's possession (Rambam *Sefer Nashim, Hilkhot Geirushin* 2:18; *Shulḥan Arukh, Even HaEzer* 141:2).

NOTES

A betrothed young woman – נַעֲרָה הַמְאוֹרָסָה: The term young woman refers to a girl who reached age twelve and displayed indications of puberty, e.g., two pubic hairs. She maintains the status of a young woman for six months, during which several unique *halakhot* apply concerning betrothal and the nullification of her vows. At the end of this six-month period she becomes a grown woman, at which point she is no longer subject to her father's authority.

There is a dispute between the early commentaries with regard to the *halakha* in the mishna. Some hold that the ruling of the mishna pertains only to a young woman, while the father of a minor must receive the bill of divorce on her behalf. This opinion is supported both by the formulation of the mishna that mentions a young woman and not a minor, and by the fact that a minor does not have the halakhic competence to acquire the bill of divorce. Her marriage was effected based on the halakhic competence of her father (Rif; Ra'avad; Rid).

Rashi initially accepted that opinion; however, he reconsidered and concluded that a minor may also receive her own bill of divorce. The reason that the mishna cited the case of a young woman here is to convey the far-reaching nature of the opinion of Rabbi Yehuda, who holds that even a young woman cannot receive her bill of divorce (*Tosafot*; *Ge'onim*; Ramah; see Rashba). In any event, if she is an orphan, everyone agrees that she can receive her own bill of divorce if she has reached an age at which she can be divorced.

The Merciful One grants the betrothed young woman an additional hand – יָדָא יְתֵירְתָּא זָכֵי לָהּ רַחֲמָנָא: Some explain that this means that once she attains the status of a young woman, the Torah grants her an additional hand, i.e., her own hand. This is according to the opinion that a minor cannot receive her bill of divorce, and the hand that has the capacity to acquire items on her behalf is that of her father. However, others explain that the additional hand is the hand of her father, which is also effective for her in addition to her own. Although she acquires items on her own, her father maintains certain rights of acquisition in her regard (Ritva).

״וְכָל שֶׁאֵינָהּ יְכוֹלָה לִשְׁמוֹר אֶת גִּיטָּהּ״. תָּנוּ רַבָּנַן: קְטַנָּה הַיּוֹדַעַת לִשְׁמוֹר אֶת גִּיטָּהּ – מִתְגָּרֶשֶׁת, וְשֶׁאֵינָהּ יוֹדַעַת לִשְׁמוֹר אֶת גִּיטָּהּ – אֵינָהּ מִתְגָּרֶשֶׁת. וְאֵיזוֹ הִיא קְטַנָּה יוֹדַעַת לִשְׁמוֹר אֶת גִּיטָּהּ? כֹּל שֶׁמְּשַׁמֶּרֶת גִּיטָּהּ וְדָבָר אַחֵר.

The mishna teaches: **And any** woman **who is unable to safeguard her bill of divorce** is unable to be divorced. **The Sages taught: A minor girl who knows** how **to safeguard her bill of divorce can be divorced, and one who does not know** how **to safeguard her bill of divorce**[N] **cannot be divorced. And which is the minor girl** who **knows** how **to safeguard her bill of divorce?** It is **any** minor girl **who safeguards her bill of divorce and something else.**

מַאי קָאָמַר? אָמַר רַבִּי יוֹחָנָן, הָכִי קָאָמַר: כֹּל שֶׁמְּשַׁמֶּרֶת דָּבָר אַחֵר מֵחֲמַת גִּיטָּהּ.

The Gemara asks: **What is the** *tanna* **saying** in the statement: Who safeguards her bill of divorce and something else? **Rabbi Yoḥanan says** that **this is what he is saying: Any** minor **who safeguards something else due to her bill of divorce,** i.e., she lost her bill of divorce itself but she guards something else that she mistook for her bill of divorce.

מַתְקִיף לַהּ רַב הוּנָא בַּר מָנוֹחַ: הָא שׁוֹטָה בְּעָלְמָא הִיא! אֶלָּא אָמַר רַב הוּנָא בַּר מָנוֹחַ מִשְּׁמֵיהּ דְּרַב אַחָא בְּרֵיהּ דְּרַב אִיקָא: כֹּל שֶׁמַּבְחֶנֶת בֵּין גִּיטָּהּ לְדָבָר אַחֵר.

Rav Huna bar Manoaḥ objects to this: That minor girl **is merely an imbecile,**[B] as she keeps something else in lieu of her bill of divorce. **Rather, Rav Huna bar Manoaḥ says in the name of Rav Aḥa, son of Rav Ika:** The reference is to **any** girl **who distinguishes**[H] **between her bill of divorce and something else,** and safeguards her bill of divorce and does not safeguard less significant items.

אָמַר רַב יְהוּדָה אָמַר רַבִּי אַסִי: צְרוֹר וְזוֹרְקוֹ, אֱגוֹז וְנוֹטְלוֹ – זוֹכֶה לְעַצְמוֹ וְאֵין זוֹכֶה לַאֲחֵרִים. חֵפֶץ וּמַחֲזִירוֹ לְאַחַר שָׁעָה – זוֹכֶה בֵּין לְעַצְמוֹ וּבֵין לַאֲחֵרִים;

Apropos minors, **Rav Yehuda says** that **Rabbi Asi says:** If one gives a child **a pebble and he throws it** away[BH] and one gives him **a nut and he takes it,** he is capable of distinguishing between items of value and worthless items, and **he acquires** property **for himself but does not acquire** property on behalf of **others.** If the child develops to the extent that he is given **an item and he returns it** to its owners **later,** because he understands the concept of ownership, **he acquires** property **both for himself and on** behalf of **others.**

NOTES

And one who does not know how to safeguard her bill of divorce – וְשֶׁאֵינָהּ יוֹדַעַת לִשְׁמוֹר אֶת גִּיטָּהּ: Rashi explains that the primary reason she cannot be divorced is not that she is unable to safeguard her bill of divorce. Rather, this inability indicates that she lacks the halakhic competence to understand the essence of divorce. Consequently, the verse: "And sends her out of his house" (Deuteronomy 24:1), is not fulfilled in her regard, as after her husband sends her away she will return. Therefore, he holds that not only is it ineffective to give the document directly to a girl who is unable to safeguard her bill of divorce, but it is equally ineffective even if he gives the bill of divorce to her father.

However many of the early commentaries explain the matter differently. The Rid holds that the matter of knowing how to safeguard her bill of divorce is related to the question of whether she has a hand capable of acquiring a bill of divorce. If she is incapable of safeguarding the item that she acquires, her acquisition is not an acquisition. Therefore, giving her the bill of divorce directly is ineffective. However, giving the bill of divorce to her father is effective.

The Ramah also holds that giving the bill of divorce to her father is effective. With regard to the issue that after her husband sends her out she will return, that does not invalidate the divorce by Torah law. The claim that the divorce will not be valid because she will return to her former husband's home is not a concern, as this concern is rabbinic in nature, and does not apply in this case, as this girl has her father to look after her. The Rashba explains in that manner and he cites proof from the Jerusalem Talmud, from which it can be understood that if her father looks after her, this is not an issue. In addition, he explains that this restriction applies only to an imbecile, whose condition is chronic and the concern for her is ongoing. In contrast, the capability of a minor increases from day to day. Therefore the Sages did not institute that she cannot be divorced.

BACKGROUND

An imbecile – שׁוֹטָה: When the Sages refer to an imbecile, the reference is to a person totally lacking halakhic competence, who is therefore exempt from all mitzvot and liabilities.

A pebble and he throws it away – צְרוֹר וְזוֹרְקוֹ: The capacity to make these distinctions exists in very small children, as typically, even a three-year-old can distinguish between a stone and a nut, and a four- or five-year-old will return an object that was given to him. The ability to distinguish between a bill of divorce and another matter would refer to a six- or seven-year-old, who is able to appreciate that a certain document is significant and needs safeguarding. Since the Gemara is discussing a minor girl who was married by her father, and the father can marry her to another from the moment of birth, it was necessary to distinguish between minor children at different levels.

HALAKHA

Any girl who distinguishes, etc. – כֹּל שֶׁמַּבְחֶנֶת וכו׳: In the case of a minor who was betrothed by her father, and her father died, if she can distinguish between her bill of divorce and another item, she is divorced when the bill of divorce reaches her possession. If she is not capable of distinguishing between her bill of divorce and another item, she can be divorced only when she grows old enough to do so, in accordance with the *baraita* and the opinion of Rav Huna bar Manoaḥ (Rambam *Sefer Nashim, Hilkhot Geirushin* 2:19; *Shulḥan Arukh, Even HaEzer* 141:6).

A pebble and he throws it away, etc. – צְרוֹר וְזוֹרְקוֹ וכו׳: If when given a pebble, a minor throws it away but when given a nut he keeps it, the minor can acquire items for himself. However, he cannot acquire items on behalf of others. If the minor was unable to distinguish between a pebble and a nut, he cannot acquire items even for himself. The Rema writes that he can acquire an item only in a case where another person transfers the item to him; however, he cannot acquire a lost item on his own. The *Shakh* asserts that there is no distinction between the cases and the minor can acquire a lost item as well (Rambam *Sefer Kinyan, Hilkhot Zekhiya UMattana* 4:7; *Shulḥan Arukh, Ḥoshen Mishpat* 243:15).

כִּי אָמְרִיתָהּ קַמֵּיהּ דִּשְׁמוּאֵל, אֲמַר לִי: דָּא וְדָא אַחַת הִיא. מַאי "דָּא וְדָא אַחַת הִיא"? אָמַר רַב חִסְדָּא: אֶחָד זֶה וְאֶחָד זֶה – זוֹכֶה לְעַצְמוֹ וְאֵין זוֹכֶה לַאֲחֵרִים.

Rav Yehuda continued. **When I stated** Rabbi Asi's ruling **before Shmuel he said to me: This and that are one.** The Gemara asks: **What** is the meaning of: **This and that are one? Rav Ḥisda says:** With regard to **both this** child **and that** child, each **acquires** property **for himself but does not acquire** property **on** behalf **of others,** and there is no distinction in this regard between the developmental stages of a minor.

מֵתִיב רַב חִינְּנָא וַורְדָּאן: כֵּיצַד מִשְׁתַּתְּפִין בְּמָבוֹי? מַנִּיחַ אֶת הֶחָבִית וְאוֹמֵר "הֲרֵי זוֹ לְכָל בְּנֵי הַמָּבוֹי", וּמְזַכֶּה לָהֶם עַל יְדֵי בְּנוֹ וּבִתּוֹ הַגְּדוֹלִים, וְעַל יְדֵי עַבְדּוֹ וְשִׁפְחָתוֹ הָעִבְרִים;

Rav Ḥinnana of Vardania raises an objection based on what was taught in a mishna (*Eiruvin* 79b): **How does one merge** the courtyards that open **into the alleyway**[HB] on behalf of all the residents of the alleyway? **He places a barrel** filled with his wine **and says: This is for all the residents of the alleyway. And he** may **confer possession** of the wine **to** the other residents of the alleyway **by means of his adult son or daughter,**[H] **or by means of his Hebrew slave or maidservant.**

הַאי שִׁפְחָה הֵיכִי דָּמֵי? אִי דְּאָתְיָא שְׁתֵּי שְׂעָרוֹת, מַאי בָּעֲיָא גַּבֵּיהּ? אֶלָּא לָאו דְּלָא אָתְיָא שְׁתֵּי שְׂעָרוֹת, וְקָתָנֵי: זוֹכָה לַאֲחֵרִים!

The Gemara asks: **What are the circumstances of this maidservant? If she developed two** pubic **hairs,**[B] indicating that she reached majority, **what** is she **doing with** the owner of the barrel? A Hebrew maidservant is emancipated when she reaches puberty. **Rather,** is the reference here **not** to a case **where she did not** yet **develop two** pubic **hairs,** and she is a minor, **and it is taught** that she can **acquire on** behalf of **others?** Apparently, a minor can acquire property on behalf of other people.

שָׁאנֵי שִׁיתּוּפֵי מְבוֹאוֹת, דְּרַבָּנַן.

The Gemara rejects this proof: The **merging of alleyways is different,** as it is an ordinance **by rabbinic law.** The Sages ruled leniently with regard to this rabbinic ordinance and allowed a minor to acquire property on behalf of others.

אֲמַר רַב חִסְדָּא: אִישְׁתִּיק וַורְדָּאן. מַאי הֲוָה לֵיהּ לְמֵימַר? כׇּל דְּתַקּוּן רַבָּנַן

Rav Ḥisda said: Rav Ḥinnana of **Vardonia was silent** and had no response. The Gemara asks: **What could he have said** in response? The Gemara answers that he could have responded: **All** ordinances **that the Sages instituted,**

HALAKHA

How does one merge the courtyards that open into the alleyway – כֵּיצַד מִשְׁתַּתְּפִין בְּמָבוֹי: The Sages decreed that it is prohibited to carry out on Shabbat from courtyards that open into an alleyway. However, they permitted doing so by means of a merging of the alleyways that is established by collecting bread or other food or drink from each member of the courtyards and placing it together in one of the courtyards (Rambam *Sefer Zemanim, Hilkhot Eiruvin* 1:17; *Shulḥan Arukh, Oraḥ Ḥayyim* 366:1).

And he may confer possession to the other residents by means of his adult son or daughter – וּמְזַכֶּה לָהֶם עַל יְדֵי בְּנוֹ וּבִתּוֹ הַגְּדוֹלִים: If one resident of a courtyard takes a measure of food equivalent to two meals and says: This is for all the residents of the courtyard, there is no need to collect food from each person, and it is permitted for all the residents to carry in the courtyard on Shabbat. However, he must confer ownership of a portion of the food to each of the residents by means of a third party, even by means of his son or daughter who reached majority, or his Hebrew slave or Hebrew maidservant, even if they are still minors (Rambam *Sefer Zemanim, Hilkhot Eiruvin* 1:20; *Shulḥan Arukh, Oraḥ Ḥayyim* 366:10).

BACKGROUND

Merge into the alleyway – מִשְׁתַּתְּפִין בְּמָבוֹי: The merging of alleyways is a procedure where food belonging to the families in different courtyards that open into a shared alleyway is placed in one of those courtyards, uniting all the residents of the alleyway into one extended household, thereby rendering it permitted to carry in all the courtyards that open into that alleyway. Since the purpose of the merging of the alleyways is to permit the use of the courtyards and not of the particular houses, the merging can be established by placing the food in any secure place in the courtyard.

Two hairs – שְׁתֵּי שְׂעָרוֹת: A minor reaches majority with the appearance of at least two pubic hairs after a boy turns thirteen or a girl turns twelve. Pubic hair grows at an earlier or later age depending on various genetic, nutritional, and climatic factors. The appearance of pubic hair earlier than expected is not necessarily a sign of puberty. It is characterized by the Sages as a mole.

כְּעֵין דְּאוֹרַיְיתָא תִּקּוּן.

they instituted parallel to Torah law, and they did not innovate novel halakhic models.

וְאִידָךְ? כִּי אָמְרִינַן כׇּל דְּתִקּוּן רַבָּנַן כְּעֵין דְּאוֹרַיְיתָא תִּקּוּן – בְּמִילְּתָא דְּאִית לַהּ עִיקָּר מִן הַתּוֹרָה, אֲבָל מִילְּתָא דְּלֵית לַהּ עִיקָּר מִן הַתּוֹרָה – לָא.

And the other Sage, Rav Ḥinnana of Vardonia, why was he silent? He holds that **when we say: All** ordinances **that the Sages instituted, they instituted parallel to Torah law,** it is **with regard to a matter that is rooted in the Torah,** and upon which the Sages instituted an ordinance. **However, with regard to a matter that is not rooted in the Torah,** e.g., the *halakhot* of joining courtyards and merging alleyways, **no,** they did not institute the ordinances parallel to Torah law.

מְתִיב רַב אַוְיָא: מַעֲרִימִין עַל מַעֲשֵׂר שֵׁנִי; כֵּיצַד? אוֹמֵר אָדָם לִבְנוֹ וּבִתּוֹ הַגְּדוֹלִים, לְעַבְדּוֹ וְשִׁפְחָתוֹ הָעִבְרִים "הֵא לָכֶם מָעוֹת הַלָּלוּ וּפְדוּ בָּהֶן מַעֲשֵׂר שֵׁנִי זֶה", וְאוֹכְלוֹ בְּלֹא חוֹמֶשׁ;

Rav Avya raises another **objection** to Shmuel's opinion, according to Rav Ḥisda's explanations, that a minor cannot acquire property on behalf of others, based on a mishna in tractate *Ma'aser Sheni* (4:4): **One may employ artifice** to exempt himself from the obligation to add one-fifth to the sum when redeeming **second tithe,**[HN] which the owner of the tithe is required to add. **How so? A person says to his adult son or daughter,** or **to his Hebrew slave or his maidservant: Here you are,** take **money and redeem second tithe with it.** After they redeem the second tithe, they give it to their father or master **and he eats it without** adding **one-fifth.**

הַאי שִׁפְחָה הֵיכִי דָּמֵי? אִי דְּאָתְיָא שְׁתֵּי שְׂעָרוֹת, מַאי בָּעֲיָא גַּבֵּיהּ? אֶלָּא לָאו דְּלָא אָתְיָא שְׁתֵּי שְׂעָרוֹת! הָכָא בְּמַאי עָסְקִינַן – בְּמַעֲשֵׂר בִּזְמַן הַזֶּה, דְּרַבָּנַן.

The Gemara asks: **What are the circumstances** of **this maidservant? If she developed two** pubic **hairs,** indicating that she reached majority, **what is** she **doing with** the owner of the produce? A Hebrew maidservant is emancipated when she reaches puberty. **Rather, is** the reference here **not** to a case **where she did not** yet **develop two** pubic **hairs?**[N] Apparently, a minor can also acquire property on behalf of others. The Gemara rejects this proof: **With what are we dealing here?** It is **with tithes today,** which is in effect **by rabbinic law,** and the Sages ruled leniently in matters of rabbinic law.

וְאָמָה הָעִבְרִיָּה בִּזְמַן הַזֶּה מִי אִיכָּא? וְהָתַנְיָא: אֵין עֶבֶד עִבְרִי נוֹהֵג אֶלָּא בִּזְמַן שֶׁהַיּוֹבֵל נוֹהֵג! אֶלָּא בְּעָצִיץ שֶׁאֵינוֹ נָקוּב, דְּרַבָּנַן.

The Gemara asks: **And is there a Hebrew maidservant today? But isn't it taught** in a *baraita*: The provision of **a Hebrew slave is in practice only**[H] **during a period when the Jubilee** Year **is in practice.** Therefore, there have been no Hebrew slaves or maidservants since observance of the Jubilee Year ceased, before the destruction of the First Temple. **Rather,** it must be that the mishna is referring to a case where the produce grew **in an unperforated pot,**[B] which one is obligated to tithe **by rabbinic law.**

HALAKHA

One may employ artifice when redeeming second tithe – מַעֲרִימִין עַל מַעֲשֵׂר שֵׁנִי: It is permitted to employ artifice when redeeming second-tithe produce in order to avoid paying the additional one-fifth. How so? One may say to his adult son, daughter, or Hebrew slave: Here you are, take money and redeem second tithe with it (Rambam *Sefer Zera'im*, *Hilkhot Ma'aser Sheni* 5:8).

The provision of a Hebrew slave is in practice only, etc. – אֵין עֶבֶד עִבְרִי נוֹהֵג אֶלָּא וכו׳: The *halakhot* of a Hebrew slave and Hebrew maidservant apply only when the Jubilee Year is in practice (Rambam *Sefer Kinyan*, *Hilkhot Avadim* 1:10; *Shulḥan Arukh*, *Yoreh De'a* 267:14).

BACKGROUND

Unperforated pot – עָצִיץ שֶׁאֵינוֹ נָקוּב: A plant grown in an unperforated container does not absorb water or nutrients from the ground. Therefore, *halakhot* of *teruma* and tithes do not apply to that plant by Torah law, as by Torah law they apply only to produce that grows in the ground. In the case of a plant in a perforated pot, its roots draw sustenance from the earth through the perforations, and therefore its halakhic status is like that of a plant in the ground. The Sages instituted that one is obligated to separate *teruma* and tithes from produce grown in unperforated containers based on the similarity to plants grown in perforated pots.

NOTES

One may employ artifice when redeeming second tithe – מַעֲרִימִין עַל מַעֲשֵׂר שֵׁנִי: By Torah law, in addition to separating first tithe from one's produce to give to Levites, one also separates second tithe during the first, second, fourth, and fifth years of the Sabbatical cycle. Second-tithe produce is taken to Jerusalem and eaten there by its owners. By Torah law, if the owners are unable to bring the produce to Jerusalem, they redeem it for its full value and add one-fifth to its value, and the money is brought to Jerusalem to purchase food to be eaten there. The obligation to add one-fifth exists only when the owner redeems his own second tithe or other consecrated items. However, if one redeems the produce by selling it to another, there is no obligation to add one-fifth. Therefore, people would engage in artifice and involve others in redeeming their own produce to avoid adding one-fifth. Although one could involve people outside his household, it was more convenient and secure to involve members of his family in redeeming the second-tithe produce. Based on the Gemara's conclusion, this leniency may be employed only for produce for which one's obligation to separate second tithe is entirely by rabbinic law.

Where she did not yet develop two pubic hairs, etc. – דְּלָא אָתְיָא שְׁתֵּי שְׂעָרוֹת וכו׳: The early commentaries ask: Isn't Rav Avya seeking to prove that a minor can acquire items on behalf of others? What proof is there from this mishna, which refers to minor servants who redeem second-tithe produce on their own behalf? Some explain that it may be assumed that the owner does not then perform an act of acquisition to reacquire the produce from the minor servants. Rather, immediately when they acquire the produce, it reverts to the possession of the owner, proving that they can acquire items on behalf of others (Ramban; Rashba).

Others explain that Rav Avya is citing proof against the opinion of Shmuel, who holds that by Torah law, a minor cannot acquire items even for himself (Ramban). Others explain that by redeeming the second tithe, they acquire the money on behalf of God, which is also an acquisition on behalf of others (Ritva).

אָמַר רָבָא: שָׁלֹשׁ מִדּוֹת בְּקָטָן: צְרוֹר וְזוֹרְקוֹ, אֱגוֹז וְנוֹטְלוֹ – זוֹכֶה לְעַצְמוֹ וְאֵין זוֹכֶה לַאֲחֵרִים, וּכְנֶגְדָּן בִּקְטַנָּה – מִתְקַדֶּשֶׁת לְמֵיאוּן;

Apropos the capacity of minors to acquire property, **Rava says** that there are **three stages in** the development of **a minor:** With regard to a minor who is given **a pebble and he throws it** away but when given **a nut he takes it, he acquires** property **for himself but does not acquire** property on behalf of **others. And with regard to a minor girl with the corresponding** stage[H] of intellectual development, after the death of her father she can be **betrothed** by her mother and her brother by rabbinic law, and can opt out of that betrothal **through refusal.**[N]

הַפָּעוֹטוֹת – מִקָּחָן מִקָּח וּמִמְכָּרָן מִמְכָּר בְּמִטַּלְטְלִין, וּכְנֶגְדָּן בִּקְטַנָּה – מִתְגָּרֶשֶׁת בְּקִידּוּשֵׁי אָבִיהָ;

At the next stage of development are young **children** aged approximately six through eight, whose **purchase is a purchase and whose sale is a sale, with regard to movable property. And with regard to a minor girl with the corresponding** stage of development, **she is divorced** by receipt of her bill of divorce, even if it is **from betrothal by her father,**[NH] which is by Torah law.

הִגִּיעוּ לְעוֹנַת נְדָרִים – נִדְרֵיהֶן נֶדֶר וְהֶקְדֵּשָׁן הֶקְדֵּשׁ, וּכְנֶגְדָּן בִּקְטַנָּה – חוֹלֶצֶת; וְלִמְכּוֹר בְּנִכְסֵי אָבִיו – עַד שֶׁיְּהֵא בֶּן עֶשְׂרִים.

The third stage of development is when **they have reached the age of vows,** when **their vows are** valid **vows and their consecration** is valid **consecration. And with regard to a minor girl with the corresponding** stage of development, **she performs *ḥalitza***[N] to free herself from her levirate bond. **And** with regard **to selling his father's** landed **property,** a minor cannot sell it **until he will** reach the **age of twenty.**

מתני׳ קְטַנָּה שֶׁאָמְרָה ״הִתְקַבֵּל לִי גִּיטִּי״ – אֵינוֹ גֵּט עַד שֶׁיַּגִּיעַ גֵּט לְיָדָהּ, לְפִיכָךְ אִם רָצָה הַבַּעַל לַחֲזוֹר – יַחֲזוֹר, שֶׁאֵין קָטָן עוֹשֶׂה שָׁלִיחַ;

MISHNA In the case of **a minor girl who said** to an agent: **Receive**[H] **my bill of divorce for me, it is not** a valid **bill of divorce until the bill of divorce reaches her possession. Therefore, if the husband seeks to retract** his decision before his wife receives the bill of divorce, **he can retract** it, **as a minor does not designate an agent.**[H] Consequently, the agent is not an agent for receipt, and the divorce does not take effect when the husband hands the document to the agent. The agent is an agent for delivery, and the divorce takes effect when the bill of divorce enters the wife's possession.

וְאִם אָמַר לוֹ אָבִיהָ ״צֵא וְהִתְקַבֵּל לְבִתִּי גִּיטָּהּ״, אִם רָצָה לַחֲזוֹר – לֹא יַחֲזוֹר.

And if her father said to the agent:[H] **Go out and receive my daughter's bill of divorce on** her behalf, then **if** the husband **seeks to retract** his decision, **he cannot retract** it. As a father can receive the bill of divorce on behalf of his minor daughter, he can designate an agent for receipt, and the divorce takes effect when the husband hands the document to the agent.

NOTES

Can be betrothed and can opt out of that betrothal through refusal – מִתְקַדֶּשֶׁת לְמֵיאוּן: By Torah law only a father can betroth his minor daughter. Therefore, a minor girl whose father died can be betrothed only after reaching majority. The Sages instituted that if her mother or brother betroths her with her agreement, it is considered a form of betrothal. However, in order to end the betrothal or subsequent marriage, a bill of divorce is not required. The minor girl can perform refusal in which she says that she no longer wishes to be with her betrothed or husband. Rava said here that in order for there to be a need for refusal to terminate the marriage, she must have been old enough at the time of betrothal to distinguish between different items. If she was younger, the betrothal does not take effect at all.

She is divorced from betrothal by her father – מִתְגָּרֶשֶׁת בְּקִידּוּשֵׁי אָבִיהָ: The version of the text in the Gemara is the version of Rashi and the *Halakhot Gedolot*. However, many of the early commentaries had a variant reading according to which she can be divorced from betrothal by her father once she can distinguish between a pebble and a nut and she can be betrothed once she reaches the stage of development of young children. The Meiri explains Rashi's version of the Gemara, that the age of betrothal is younger because betrothal is typically effected with money, and most children understand its value and will safeguard it. In addition, she need keep her betrothal money only briefly. Understanding the significance of a bill of divorce requires a greater degree of sophistication, and the document must be kept for a more extended period. The other version is explained as follows: Since betrothal can be effected only with the consent of the woman being betrothed, she must have more advanced capabilities. However, since with regard to divorce her consent is not required, the age is younger. In addition, it is more difficult to safeguard the money of betrothal, which could be stolen. By contrast, no one is interested in stealing a bill of divorce (see Ba'al HaMaor).

Reached the age of vows…performs *ḥalitza* – הִגִּיעוּ לְעוֹנַת נְדָרִים...חוֹלֶצֶת: Although with regard to most matters the statement of a child has no substance, the Sages said that if a minor vows during the year before majority, for girls from age eleven and for boys from age twelve, the vows are examined. If they understand in Whose name they vow and in Whose name they consecrate items, the vow is binding. Rashi says that corresponding to that stage of development with regard to a minor girl is the ability to perform *ḥalitza*. If she develops two pubic hairs after that age, it is deemed a sign of majority, and she may perform *ḥalitza*.

However, many question Rashi's statement based on the *halakha*, also accepted by Rava, that two pubic hairs are considered an indication of majority only after the girl reaches the age of twelve. How then can she perform *ḥalitza*? Rabbeinu Tam says that Rava established the principle with regard to different ages in order to be thorough, as it is only according to Rabbi Yosei that a minor girl can also perform *ḥalitza*. Furthermore, there are versions of the text in which the three categories of minors are delineated by Rabba, and the statement with regard to the *halakhot* of *ḥalitza* it made by Rava. The Rashbam explains that the Gemara is saying that at the age that a male child reaches the age of vows, twelve years and one day, a girl has already reached majority and can perform *ḥalitza*. Although *Tosafot* say that this explanation is difficult, the opinion is shared by the Ramban and the Rashba.

In addition, the Rashba cites the opinion of the *Halakhot Gedolot*, that the age of vows is not mentioned here in its typical sense, referring to the year before majority. Rather, it refers to majority. The Gemara refers to it as the age of vows because at that age one's vows need no longer be examined and the vow takes effect in any case. If the reference is to a daughter who reached majority she can certainly perform *ḥalitza*.

HALAKHA

And with regard to a minor girl with the corresponding stage, etc. – וּכְנֶגְדָּן בִּקְטַנָּה וכו׳: If a girl is between the ages of six and ten, her intellectual capacity is examined. If she is capable of safeguarding her betrothal money, her refusal is needed to end her betrothal. If she is not capable of safeguarding her betrothal money, she does not require refusal, as the betrothal does not take effect and she returns to her mother's home. If she is younger than six she does not require refusal even if she is precocious. If she is older than ten, even if she has limited mental capacity, she requires refusal, in accordance with the opinion of Rava, based on the Rif's variant reading of the text (Rambam *Sefer Nashim, Hilkhot Geirushin* 11:7; *Shulḥan Arukh, Even HaEzer* 155:2).

She is divorced from betrothal by her father – מִתְגָּרֶשֶׁת בְּקִידּוּשֵׁי אָבִיהָ: A minor girl was betrothed by her father and was then orphaned or married, at which point she could distinguish between her bill of divorce and another item, which is the equivalent of the ability mentioned in the Gemara of distinguishing between a pebble and a nut. In such a case, she can receive her bill of divorce. This is in accordance with the opinion of Rava and based on the Rif's version of the text. Some say that she can receive her bill of divorce once she reaches an age in which young children may engage in business transactions, in accordance with the opinion of Rava, based on the Rif's variant reading of the text (Rambam *Sefer Nashim, Hilkhot Geirushin* 2:19; *Shulḥan Arukh, Even HaEzer* 141:6).

If a minor girl said to an agent: Receive, etc. – קְטַנָּה שֶׁאָמְרָה הִתְקַבֵּל וכו׳: A minor girl cannot appoint an agent for receipt, even if she was orphaned from her father. Therefore, the bill of divorce is valid only when it reaches her possession (Rambam *Sefer Nashim, Hilkhot Geirushin* 6:9; *Shulḥan Arukh, Even HaEzer* 141:3).

A minor does not designate an agent – אֵין קָטָן עוֹשֶׂה שָׁלִיחַ: A minor boys or girl cannot appoint an agent (Rambam *Sefer Kinyan, Hilkhot Sheluḥin VeShutafin* 2:2; *Shulḥan Arukh, Ḥoshen Mishpat* 188:2).

And if her father said to the agent, etc. – וְאִם אָמַר לוֹ אָבִיהָ וכו׳: A father can appoint an agent to receive a bill of divorce on behalf of his betrothed daughter when she is a minor and even when she is a young woman (Rambam *Sefer Nashim, Hilkhot Geirushin* 2:18; *Shulḥan Arukh, Even HaEzer* 141:3).

הָאוֹמֵר ״תֵּן גֵּט זֶה לְאִשְׁתִּי בְּמָקוֹם פְּלוֹנִי״, וּנְתָנוֹ לָהּ בְּמָקוֹם אַחֵר – פָּסוּל; ״הֲרֵי הִיא בְּמָקוֹם פְּלוֹנִי״, וּנְתָנוֹ לָהּ בְּמָקוֹם אַחֵר – כָּשֵׁר.

With regard to **one who says** to an agent: **Give this bill of divorce to my wife in such and such a place,**[H] if the agent deviated **and gave it to her in another place** the divorce is **invalid.**[N] However, if he said to the agent: Give this bill of divorce to my wife, **she is in such and such a place,** without explicitly instructing the agent to give her the document there, **and he gave it to her in another place** the divorce is **valid.**

הָאִשָּׁה שֶׁאָמְרָה ״הִתְקַבֵּל לִי גִּיטִּי בְּמָקוֹם פְּלוֹנִי״, וְקִיבְּלוֹ לָהּ בְּמָקוֹם אַחֵר – פָּסוּל, רַבִּי אֶלְעָזָר מַכְשִׁיר; ״הָבֵא לִי גִּיטִּי מִמָּקוֹם פְּלוֹנִי״, וֶהֱבִיאוֹ לָהּ מִמָּקוֹם אַחֵר – כָּשֵׁר.

With regard to **the woman who** when designating her agent for receipt **said** to her agent: **Receive my bill of divorce for me in such and such a place,**[H] **and he received it for her in another place,** the divorce is **invalid;** and **Rabbi Elazar deems** it **valid.** If she said to him: **Bring me my bill of divorce from such and such a place, and he brought it for her from another place,** it is **valid.** Because he is an agent for delivery, the woman is not particular where he receives the bill of divorce, as the divorce takes effect only when the bill of divorce reaches her possession.

גמ׳ וְרַבִּי אֶלְעָזָר, מַאי שְׁנָא רֵישָׁא דְּלָא פְּלִיג, וּמַאי שְׁנָא סֵיפָא דִּפְלִיג?

GEMARA The Gemara asks: **And** according to **Rabbi Elazar, what is different in the first clause,** where the agent deviated from the husband's instructions and delivered the bill of divorce in a different place, **where he does not disagree** with the unattributed opinion of the first *tanna* that the divorce is invalid, **and what is different** in **the latter clause,** where the agent deviated from the wife's instructions and received the bill of divorce in a different place, **where he disagrees** with the unattributed opinion of the first *tanna* and deems the divorce valid?

אִיהוּ דִּמְדַּעְתֵּיהּ מְגָרֵשׁ – קָפֵיד, אִיהִי דִּבְעַל כָּרְחָהּ מִתְגָּרֶשֶׁת – מַרְאָה מָקוֹם הִיא לוֹ.

The Gemara answers: **He,** the husband, **who divorces** his wife **of his own volition, insists** that the divorce be effected in a certain place. However, **she,** the wife, **who is divorced** even **against her will,** is in no position to insist with regard to the manner in which the divorce will be effected, and **is** merely **indicating a place for him** to give her the bill of divorce.

מתני׳ ״הָבֵא לִי גִּיטִּי״ – אוֹכֶלֶת בִּתְרוּמָה עַד שֶׁיַּגִּיעַ גֵּט לְיָדָהּ, ״הִתְקַבֵּל לִי גִּיטִּי״ – אֲסוּרָה לֶאֱכוֹל בִּתְרוּמָה מִיָּד. ״הִתְקַבֵּל לִי גִּיטִּי בְּמָקוֹם פְּלוֹנִי״ – אוֹכֶלֶת בִּתְרוּמָה עַד שֶׁיַּגִּיעַ גֵּט לְאוֹתוֹ מָקוֹם, רַבִּי אֶלְעָזָר אוֹסֵר מִיָּד.

MISHNA An Israelite woman married to a priest partakes of *teruma.* If she says to an agent: **Bring me my bill of divorce,** designating him as an agent for delivery, **she continues to partake**[H] **of** ***teruma*** **until the bill of divorce reaches her possession.** However, if she says: **Receive my bill of divorce for me,** thereby designating him as an agent for receipt, it is **immediately prohibited** for her **to partake of** ***teruma.*** Since the divorce takes effect when the husband hands the bill of divorce to the agent, the concern is that the agent encountered the husband nearby. If the woman said to the agent: **Receive my bill of divorce for me in such and such a place,** then even if he received it elsewhere, **she** continues to **partake of** ***teruma*** **until the bill of divorce reaches that place. Rabbi Elazar prohibits** her from partaking of *teruma* **immediately.**

גמ׳ וְגִיטָּא מִיהָא הָוֵי? וְהָאָמְרַתְּ רֵישָׁא: לָא הָוֵי גִּיטָּא!

GEMARA In this mishna, the first *tanna* apparently states that if the agent for receipt received the bill of divorce in a place other than the place designated by the woman for receipt, the bill of divorce is valid when the agent brings it to the designated place. The Gemara asks: **And in any event, is it** a valid **bill of divorce? But didn't you say in the first clause,** i.e., in the previous mishna, that if the agent received the bill of divorce in another place, **it is not** a valid **bill of divorce?**

לָא צְרִיכָא, דְּאָמְרָה לֵיהּ: ״הִתְקַבֵּל לִי גִּיטָּא בְּמָתָא מַחְסֵיָא וְזִימְנִין דְּמַשְׁכַּחַתְּ לֵיהּ בְּבָבֶל״. וְהָכִי קָאָמַר לֵיהּ: מִשְׁקַל כָּל הֵיכָא דְּמַשְׁכַּחַתְּ לֵיהּ שְׁקַלֵיהּ מִינֵּיהּ.

The Gemara asks: **No,** this *halakha* is **necessary** with regard to a case **where she said to him: Receive the bill of divorce for me in the city of Mata Meḥasya,**[B] **and sometimes you can find him in the city of Babylon. And this is what she is saying:** When **taking** the bill of divorce, **anywhere that you find him, take it from him,**[H]

HALAKHA

Give this bill of divorce to my wife in such and such a place, etc. – תֵּן גֵּט זֶה לְאִשְׁתִּי בְּמָקוֹם פְּלוֹנִי וכו׳: If a man says to his agent: Give this bill of divorce to my wife in such and such a place, and the agent gave it to her elsewhere, it is not a valid bill of divorce. If a man said to his agent: Give a bill of divorce to my wife and she is in such and such a place, then even if this agent gave the bill of divorce to her elsewhere, the divorce is valid. This is because he is merely indicating a place for the agent (Rambam *Sefer Nashim, Hilkhot Geirushin* 9:33; *Shulḥan Arukh, Even HaEzer* 141:45, 47).

Receive my bill of divorce for me in such and such a place, etc. – הִתְקַבֵּל לִי גִּיטִּי בְּמָקוֹם פְּלוֹנִי וכו׳: If a woman says to her agent: Receive my bill of divorce for me in such and such a place, and he received it in a different place, the bill of divorce is not valid. If a woman says to her agent: Bring me my bill of divorce from such and such a place, and he brings it to her from elsewhere, the bill of divorce is valid (Rambam *Sefer Nashim, Hilkhot Geirushin* 9:34; *Shulḥan Arukh, Even HaEzer* 141:48).

If she says, bring me my bill of divorce she continues to partake, etc. – הָבֵא לִי גִּיטִּי אוֹכֶלֶת וכו׳: If the wife of a priest said to her agent: Bring me my bill of divorce, she may continue to partake of *teruma* until the bill of divorce reaches her possession. If she said to her agent: Receive my bill of divorce on my behalf, it is immediately prohibited for her to partake of *teruma.* If she said to her agent: Receive my bill of divorce in such and such a place, she may partake of *teruma* until the agent arrives in that place (Rambam *Sefer Zera'im, Hilkhot Terumot* 9:1).

Anywhere that you find him, take it from him – כָּל הֵיכָא דְּמַשְׁכַּחַתְּ לֵיהּ שְׁקַלֵיהּ מִינֵּיהּ: If a woman said to her agent: Receive my bill of divorce in such and such a place, and sometimes you can find himself elsewhere, wherever he receives the bill of divorce it is valid. However the divorce takes effect when the agent arrives at the place designated by the woman (*Shulḥan Arukh, Even HaEzer* 141:50).

NOTES

In another place the divorce is invalid – בְּמָקוֹם אַחֵר פָּסוּל: The reason it is invalid is that the husband insists that the bill of divorce will be given to her in a certain place, where he will not be mocked, as he is embarrassed to be divorcing his wife.

BACKGROUND

Mata Meḥasya – מָתָא מַחְסֵיָא: Mata Meḥasya was a town adjacent to the city of Sura. In its day, Sura was a large city and even served as the capital of the Parthian kingdom. Mata Meḥasya was relatively small, and apparently most of its inhabitants were Jews. It is possible that the Jewish presence there dates back to the beginning of Jewish settlement in Babylonia. In the days of Rav Ashi the yeshiva in Sura relocated to Mata Meḥasya, and due to the proximity of the two places their names were often interchanged during the geonic period; the Sura Yeshiva was sometimes called the Meḥasya Yeshiva. Regardless, Mata Meḥasya remained small and never developed into a city.

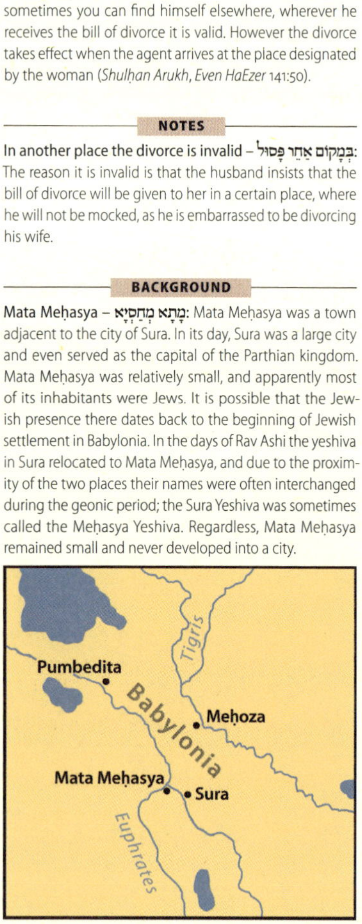

גִּיטָּא לָא הָוֵי עַד דְּמָטֵית לְמָתָא מְחַסְיָא.

However, it **is not** a valid **bill of divorce until you reach Mata Meḥasya.**

״וְרַבִּי אֶלְעָזָר אוֹסֵר מִיָּד״. פְּשִׁיטָא, דְּהָא מַרְאָה מָקוֹם הִיא לוֹ!

The mishna teaches that if the woman said to the agent: Receive my bill of divorce for me in such and such a place, **Rabbi Elazar prohibits** her from partaking of *teruma* **immediately.** The Gemara asks: That **is obvious, as** she is merely **indicating a place for him** to receive the bill of divorce and not stipulating that the divorce is contingent upon receipt of the document in that place.

לָא צְרִיכָא, דְּאָמְרָה לֵיהּ ״זִיל לְמִזְרָח דְּאִיתֵיהּ בְּמִזְרָח״, וְקָא אָזֵל לַמַּעֲרָב, מַהוּ דְּתֵימָא בְּמַעֲרָב הָא לֵיתֵיהּ, קָא מַשְׁמַע לַן, דִּילְמָא בַּהֲדֵי דְּקָאָזֵיל מֵיגַס גָּאֵיס בֵּיהּ וִיהַב לֵיהּ גִּיטָּא.

The Gemara answers: **No,** Rabbi Elazar's ruling is **necessary** in a case **where she said to him: Go to the east,** as my husband **is in the east, and** the agent **went to the west. Lest you say** that since the husband **is** certainly **not in the west** and the agent will not find him there, the bill of divorce will certainly not take effect until later, Rabbi Elazar **teaches us** that **perhaps while he was going** west, the agent happened to **encounter** the husband, **and** the husband **gave the bill of divorce to** the agent.

הָאוֹמֵר לִשְׁלוּחוֹ ״עָרֵב לִי בִּתְמָרִים״ וְעֵירַב לוֹ בִּגְרוֹגָרוֹת, ״בִּגְרוֹגָרוֹת״ וְעֵירַב לוֹ בִּתְמָרִים, תָּנֵי חֲדָא: עֵירוּבוֹ עֵירוּב, וְתַנְיָא אִידַּךְ: אֵין עֵירוּבוֹ עֵירוּב!

The Gemara cites a related *halakha*. With regard to **one who says to his agent: Establish an** ***eiruv*** of Shabbat boundaries **on my** behalf[N] **with dates,**[H] **and he established an** ***eiruv*** **on his** behalf **with dried figs,** or if said to his agent: Establish an *eiruv* on my behalf **with dried figs, and he established an** ***eiruv*** **on his** behalf **with dates,** it **is taught** in **one** *baraita*: **His** ***eiruv*** is a valid ***eiruv*****. And** it **is taught** in **another** *baraita*: **His** ***eiruv*** **is not** a valid ***eiruv*****.**

אָמַר רַבָּה, לָא קַשְׁיָא: הָא רַבָּנַן, הָא רַבִּי אֶלְעָזָר; הָא רַבָּנַן, דְּאָמְרִי: קְפִידָא; הָא רַבִּי אֶלְעָזָר, דְּאָמַר: מַרְאָה מָקוֹם הִיא לוֹ.

Rabba said: This is **not difficult. This** *baraita*, in which it is taught that it is not a valid *eiruv*, is in accordance with the opinion of **the Rabbis,** and **that** *baraita*, in which it is taught that it is a valid *eiruv*, is in accordance with the opinion of **Rabbi Elazar.** He explains: **This** *baraita* is in accordance with the opinion of **the Rabbis, who say:** When one gives instructions to his agent, there is **insistence** on his part that the agent implement those instructions without deviation. Failure to do so revokes his designation as his agent. And **that** *baraita* is in accordance with the opinion of **Rabbi Elazar,** who **says: She** is merely **indicating a place for him** to receive the bill of divorce and not stipulating that the divorce is contingent on receipt of the document in that place. In the *baraita* as well, he was not particular as to what food should be used to establish the *eiruv*.

NOTES

Establish an *eiruv* of Shabbat boundaries on my behalf – עָרֵב לִי: On Shabbat one is permitted to walk only to the edge of the Shabbat boundary, which is the limits of his city or, if he is in the wilderness, two thousand cubits beyond his location. However, the Sages instituted that one may place food sufficient for two meals at the boundary and establish the *eiruv* there. This is now established as his place for Shabbat, which enables him to walk an additional two thousand cubits in each direction from that point. One can either establish the *eiruv* on his own or appoint an agent to establish it in that place on his behalf.

HALAKHA

Establish an *eiruv* of Shabbat boundaries on my behalf with dates – עָרֵב לִי בִּתְמָרִים וכו׳: If a man said to his agent: Establish a joining of Shabbat boundaries on my behalf with dates, and he established the *eiruv* with dried figs, or he said to him: Establish a joining of Shabbat boundaries on my behalf in a tower, and he established the *eiruv* in a dovecote, then because the agent deviated from the other's intent the *eiruv* is not valid, in accordance with the opinion of Rabba, as *halakha* is ruled in accordance with his opinion in his disputes with Rav Yosef. This is also the opinion of the Rabbis (Rambam *Sefer Zemanim*, *Hilkhot Eiruvin* 6:23; *Shulḥan Arukh*, *Oraḥ Ḥayyim* 409:10).

וְרַב יוֹסֵף אָמַר: הָא וְהָא רַבָּנַן, כָּאן בְּשֶׁלּוֹ, כָּאן בְּשֶׁל חֲבֵירוֹ.

And Rav Yosef said: Both **this** *baraita* **and that** *baraita* are the opinion of **the Rabbis,** who say: When one gives instructions to his agent, there is insistence on his part that the agent implement those instructions without deviation. However, not all deviations are equal. **Here,** where the *baraita* rules that it is a valid *eiruv*, the reference is to a case where the one who designated the agent instructed him to establish the joining of the courtyard **with his**[N] dates or dried figs and the agent deviated and established the *eiruv* with the other type of fruit, but it belonged to the one issuing the instructions. **There,** where the *baraita* rules that it is not a valid *eiruv*, the reference is to a case where the one who designated the agent instructed him to establish the joining of the courtyard **with** the dates or dried figs **of another,** and the agent deviated and established the *eiruv* with the other type of fruit belonging to that other person. The *eiruv* is not valid because that other person authorized use of only a specific type of fruit.

אֲמַר לֵיהּ אַבַּיֵי, וְאֶלָּא הָא דְּתַנְיָא: הָאוֹמֵר לִשְׁלוּחוֹ "עָרֵב לִי בְּמִגְדָּל" וְעֵירֵב לוֹ בְּשׁוֹבָךְ, "בְּשׁוֹבָךְ" – וְעֵירֵב לוֹ בְּמִגְדָּל, דְּתַנְיָא חֲדָא: עֵירוּבוֹ עֵירוּב, וְתַנְיָא אִידָךְ: אֵין עֵירוּבוֹ עֵירוּב, הָתָם מַאי שֶׁלּוֹ וְשֶׁל חֲבֵירוֹ אִיכָּא?

Abaye said to Rav Yosef: **However, that which is taught** in a *baraita*: With regard to **one who says to his agent: Establish a joining** of Shabbat boundaries **on my** behalf **in a tower, and he established the** ***eiruv*** **in a dovecote,** or he said to the agent: **Establish a joining** of Shabbat boundaries **on my** behalf **in a dovecote, and he established the** ***eiruv*** **in a tower,** it **is taught** in **one** *baraita*: **His joining** of Shabbat boundaries **is** a valid ***eiruv***. **And** it **is taught** in **another** *baraita*: **His joining** of Shabbat boundaries **is not** a valid ***eiruv***. **There, what** distinction between **his** fruit **and** fruit **of another is there?**

הָתָם נַמִי אִיכָּא פֵּירֵי דְּמִגְדָּל וּפֵירֵי דְּשׁוֹבָךְ.

The Gemara answers: **There too, there is** a distinction between **fruit of the tower and fruit of the dovecote.** In these *baraitot* the instruction did not relate to the location of the placement of the *eiruv*; rather, the instruction was related to the location of the fruit to be used in establishing the *eiruv*. In one *baraita*, the produce in both locations belongs to the one who designated the agent; in the other *baraita*, the produce in both locations belongs to another.

מתני׳ הָאוֹמֵר "כִּתְבוּ גֵּט וּתְנוּ לְאִשְׁתִּי", "גָּרְשׁוּהָ", "כִּתְבוּ אִיגֶּרֶת וּתְנוּ לָהּ" – הֲרֵי אֵלּוּ יִכְתְּבוּ וְיִתְּנוּ;

MISHNA With regard to a husband **who says** to two people: **Write a bill of divorce and give** it **to my wife,** or: **Divorce her,** or: **Write a letter and give it to her,**[N] **they should write** the document **and give** it to her. In each of those cases his intent is clear. He is instructing them to effect her divorce.

"פַּטְרוּהָ", "פַּרְנְסוּהָ", "עֲשׂוּ לָהּ כַּנִּימוּס", "עֲשׂוּ לָהּ כָּרָאוּי" – לֹא אָמַר כְּלוּם.

However, one who said: **Release her,** or: **Sustain her,**[H] **or: Treat her according to the law** [***nimus***],[L] or: **Treat her appropriately, said nothing,** as none of these expressions clearly expresses his desire to divorce his wife.

גמ׳ תָּנוּ רַבָּנַן: "שַׁלְּחוּהָ", "שִׁבְקוּהָ", "תַּרְכוּהָ" – הֲרֵי אֵלּוּ יִכְתְּבוּ וְיִתְּנוּ; "פַּטְרוּהָ", "פַּרְנְסוּהָ", "עֲשׂוּ לָהּ כַּנִּימוּס", "עֲשׂוּ לָהּ כָּרָאוּי" – לֹא אָמַר כְּלוּם.

GEMARA **The Sages taught** that if the husband said: **Send her,** or: **Separate her,** or: **Banish her,**[H] then all of these expressions convey his will to divorce her, and consequently, **they should write** the bill of divorce **and give** it to her. However, one who said: **Release her** [***patruha***], or: **Sustain her,** or: **Treat her according to the law,** or: **Treat her appropriately, said nothing.**

NOTES

Here with his, etc. – כָּאן בְּשֶׁלּוֹ וכו׳: Rashi explains: Here, with his fruit, refers to a case where he told the agent to establish the *eiruv* from his fruit, and he is indifferent whether the agent uses dates or dried figs, provided that they belong to him. However, if he tells him to establish the *eiruv* with dates belonging to another, e.g., when another allowed him to utilize his dates to establish the *eiruv*, he is insistent that the agent use dates because he received permission to use only dates and no other fruit. However, *Tosafot* explains to the contrary: When he tells the agent to establish the *eiruv* with his own fruit, at times he is insistent that the agent utilize the specific fruit that he told him to use. However, if the fruit belongs to another person, the one who designates him to establish the *eiruv* is indifferent whether or not he uses the specific fruit that he told him to use.

Write a letter and give it to her – כִּתְבוּ אִיגֶּרֶת וּתְנוּ לָהּ: See Rashi, who writes that the expressions that are effective are all part of the basic formula of a bill of divorce itself; therefore, it is clear that the husband's intent is to divorce his wife. That is the reason these terms are effective even though they have other meanings.

LANGUAGE

Law [*nimus*] – נִימוּס: From the Greek νόμος, *nomos*, meaning fixed custom or law.

HALAKHA

Release her, sustain her, etc. – פַּטְרוּהָ, פַּרְנְסוּהָ וכו׳: If a man said to two men with regard to his wife: Release her, or: Sustain her, or: Treat her according to custom, or: Treat her according to the law, or: Treat her appropriately, his statement is not substantive, and if they wrote a bill of divorce and gave it to her, the bill of divorce is null and void, in accordance with the statement of the first *tanna*. The *Beit Shmuel* notes that some (Rashi; Ran) say there is uncertainty whether it is a valid bill of divorce (Rambam *Sefer Nashim, Hilkhot Geirushin* 2:10; *Shulḥan Arukh, Even HaEzer* 141:15).

Send her, separate her, banish her, etc. – שַׁלְּחוּהָ, שִׁבְקוּהָ, תַּרְכוּהָ וכו׳: If one says to two men: Write a bill of divorce and give it to my wife, or he used the expression: Divorce her, or: Send her, or: Separate her, or: Banish her, or: Write a letter and give it to her, they should write a bill of divorce and give it to her, as that was the intent conveyed through his statement (Rambam *Sefer Nashim, Hilkhot Geirushin* 2:10; *Shulḥan Arukh, Even HaEzer* 141:15).

תַּנְיָא, רַבִּי נָתָן אוֹמֵר: "פַּטְרוּהָ" – דְּבָרָיו קַיָּימִין, "פִּיטְרוּהָ" – לֹא אָמַר כְּלוּם. אֲמַר רָבָא: רַבִּי נָתָן דְּבַבְלָאָה הוּא, וְדָיֵיק בֵּין "פִּיטְרוּהָ" לְ"פַטְרוּהָ", תַּנָּא דִּידָן דְּבַר אֶרֶץ יִשְׂרָאֵל הוּא, לָא דָּיֵיק.

It is taught in a *baraita* that **Rabbi Natan**[P] **says:** If one said ***patruha***, **his statement stands,**[N] and they give her a bill of divorce. However, if one said ***pitruha***, **he said nothing. Rava said: Rabbi Natan, who is a Babylonian, distinguished between *pitruha* and *patruha*.** *Pitruha* means exempt her, which is unrelated to divorce; *patruha* means release her, which is very much related to divorce. However, **the *tanna* of our** mishna, **who is a resident of Eretz Yisrael, did not distinguish** between these two expressions.

אִיבַּעְיָא לְהוּ: "הוֹצִיאוּהָ", מַהוּ? "עִזְבוּהָ", מַהוּ? "הַתִּירוּהָ", מַהוּ? "הַנִּיחוּהָ", מַהוּ? "הוֹעִילוּ לָהּ", מַהוּ? "עֲשׂוּ לָהּ כַּדָּת", מַהוּ?

A dilemma was raised before the Sages: If the husband said: **Remove her, what is** the *halakha*?[H] If he said: **Abandon her, what is** the *halakha*? If he said: **Unbind her, what is** the *halakha*? If he said: **Let her be, what is** the *halakha*? If he said: **Be useful for her, what is** the *halakha*? If he said: **Treat her according to the custom, what is** the *halakha*?

פְּשׁוֹט מִיהָא חֲדָא, דְּתַנְיָא: "עֲשׂוּ לָהּ כַּדָּת", "עֲשׂוּ לָהּ כַּנִּימוּס", "עֲשׂוּ לָהּ כָּרָאוּי" – לֹא אָמַר כְּלוּם.

The Gemara answers: **Resolve at least one** of these expressions, **as it is taught** in a *baraita*: One who said: **Treat her according to the custom,** or: **Treat her according to the law,** or: **Treat her appropriately, said nothing** and it is not a valid bill of divorce. Apparently, the expression: Treat her according to the custom, is not an unequivocal instruction to effect divorce.

מתני׳ בָּרִאשׁוֹנָה הָיוּ אוֹמְרִים: הַיּוֹצֵא בְּקוֹלָר, וְאָמַר "כִּתְבוּ גֵּט לְאִשְׁתִּי" – הֲרֵי אֵלּוּ יִכְתְּבוּ וְיִתְּנוּ. חָזְרוּ לוֹמַר: אַף הַמְפָרֵשׁ, וְהַיּוֹצֵא בְּשַׁיָּירָא; רַבִּי שִׁמְעוֹן שְׁזוּרִי אוֹמֵר: אַף הַמְסוּכָּן.

MISHNA At first the Sages **would say:**[H] In the case **of one who is taken out in a neck chain** [*kolar*] to be executed **and** who **said: Write a bill of divorce for my wife, these** people **should write** the document **and give**[N] it to his wife even though there was no explicit instruction to give it to her. **They then said: Even** with regard **to one who sets sail and one who departs in a caravan** to a far-off place and says: Write a bill of divorce to my wife, his intention is to write the bill of divorce and give it to his wife. **Rabbi Shimon Shezuri says: Even** if **one who is dangerously ill** gives that instruction, they write the bill of divorce and give it to his wife.

גמ׳ גְּנֵיבָא יוֹצֵא בְּקוֹלָר הֲוָה, כִּי הֲוָה קָא נָפֵיק, אֲמַר: הֲבוּ אַרְבַּע מְאָה זוּזֵי לְרַבִּי אָבִינָא, מֵחַמְרָא דִּנְהַר פַּנְיָא. אֲמַר רַבִּי זֵירָא:

GEMARA The Gemara relates: **Geneiva was** one who **went out in a neck chain** to be executed. **When he was going out, he said** to the people there as his dying bequest: **Give four hundred dinars to Rabbi Avina from wine** that I have in the city of **Nehar Panya.**[B] **Rabbi Zeira said:**

NOTES

Patruha, his statement stands – פַּטְרוּהָ, דְּבָרָיו קַיָּימִין: This is according to Rashi's version of the text, and he asserts that while *patruha* is an Aramaic command meaning: Release her, and clearly refers to divorce, *pitruha* is a Hebrew word related to *patur*, meaning exempt; therefore, it is possible that he intended to release her from some debt or obligation. However Rashi's teachers and many early commentaries explain to the contrary, that *pitruha* is a command to give one's wife a bill of divorce, whereas *patruha* is in past tense and is halakhically irrelevant (see Rabbeinu Crescas Vidal).

These people should write the document and give – הֲרֵי אֵלּוּ יִכְתְּבוּ וְיִתְּנוּ: Even though he did not instruct them to give the bill of divorce, the divorce takes effect. That is not the case with regard to a person who normally can expect to live, as, if he did not instruct the witnesses to give the bill of divorce, the Gemara says that the witnesses are only to write the bill of divorce and keep it until they receive further instructions from the husband. However, in this case the presumption is that he did not complete his instructions due to preoccupation or lack of time (Rashi). The Rif adds that a healthy person who merely gives instructions to write the bill of divorce sometimes intends only to mock his wife, and never intends to divorce her at all. However, in this case, one who is about to die or to embark on a long and dangerous journey is generally not seeking to mock his wife and he is attempting to prevent her from assuming the status of a deserted wife or incurring the obligation to perform *ḥalitza* (Ritva).

BACKGROUND

Nehar Panya – נְהַר פַּנְיָא: This is a city in Babylonia named for the Panya River, which passes through it. Some identify it with the city Nahrban, which was situated on a canal that emerges from the Tigris River in southern Babylonia. Subsequently, that city and region were called Harpanya.

PERSONALITIES

Rabbi Natan – רַבִּי נָתָן: This is Rabbi Natan the Babylonian, one of the great *tanna'im* in the generation prior to the redaction of the Mishna. Rabbi Natan was the son of the Babylonian Exilarch, a member of the noblest of Jewish families that traced its ancestry back to King David. Due to his prominence in Torah and his ancestry, he was appointed as the deputy *Nasi*, the second-highest rank in the Sanhedrin. Rabbi Natan was renowned for the breadth and depth of his knowledge in monetary cases. He was similarly renowned for his piety, and it is related that Elijah the prophet appeared to him.

Together with Rabbi Meir, Rabbi Natan sought to revise the protocol for election of the *Nasi* of the Sanhedrin, and to assume that position himself. The attempt failed, and as a sanction it was decreed that Rabbi Natan would not be mentioned by name in the Mishna. Instead, his statements are introduced with the phrase: Some say, although there are exceptions in the Mishna where his statements are attributed to him.

Rabbi Natan compiled several sections of the Mishna, and *Avot deRabbi Natan* is named for him. Many of the Sages of the next generation were his disciples, the most prominent among them Rabbi Yehuda HaNasi, the final redactor of the Mishna.

HALAKHA

If he said, remove her, what is the *halakha* – הוֹצִיאוּהָ מַהוּ: If a man said to two people with regard to his wife: Remove her, or: Abandon her, or: Unbind her, or: Let her be, or: Be useful for her, there is uncertainty whether these expressions refer to divorce. Therefore, if they wrote a bill of divorce and gave it to her, it is not a valid bill of divorce (Rambam *Sefer Nashim, Hilkhot Geirushin* 2:11; *Shulḥan Arukh, Even HaEzer* 141:15).

At first the Sages would say, etc. – בָּרִאשׁוֹנָה הָיוּ אוֹמְרִים וכו׳: With regard to one who is critically ill; one who is taken out in a neck chain to be executed, even if it was due to a monetary crime; one who sets sail; and one who sets out in a caravan, if he says: Write a bill of divorce for my wife, they write the document and give it to her, as it is clear this was his intent (Rambam *Sefer Nashim, Hilkhot Geirushin* 2:12; *Shulḥan Arukh, Even HaEzer* 141:16).

דָּרָא רַבִּי אָבִינָא לְסִילְתֵּיהּ וְאָזֵיל לְגַבֵּי דְּרַב הוּנָא רַבֵּיהּ, דְּאָמַר רַב הוּנָא: גִּיטּוֹ כְּמַתְּנָתוֹ, מָה מַתְּנָתוֹ אִם עָמַד חוֹזֵר – אַף גִּיטּוֹ אִם עָמַד חוֹזֵר;

Let **Rabbi Avina**[P] **lift his basket and go to Rav Huna his teacher,** as in order to acquire the item he must rely on the opinion of his teacher, **as Rav Huna said:** The legal status of **one's bill of divorce** is **like** that of **his gift. Just as** with regard to a **gift** given by one on **his** deathbed, **if he** recovered from his illness and **arose** from his deathbed, **he revokes** his gift,[H] **so too,** with regard to **his bill of divorce**[H] given by one on his deathbed, **if he** recovered from his illness and **arose** from his deathbed, **he revokes** the bill of divorce.

וּמָה גִּיטּוֹ אַף עַל גַּב דְּלָא פָּרֵישׁ, כֵּיוָן דְּאָמַר ״כִּתְבוּ״ – אַף עַל גַּב דְּלָא אָמַר ״תְּנוּ״, אַף מַתְּנָתוֹ כֵּיוָן דְּאָמַר ״תְּנוּ״ – אַף עַל גַּב דְּלָא קָנוּ מִינֵּיהּ.

And just **as** with regard to the **bill of divorce** of one on **his** deathbed, **even though he did not specify, once he said: Write** the bill of divorce, **even though he did not say: Give** it to my wife, they write and give it to his wife, as it was taught in the mishna. **So too,** with regard to a **gift** given by one on **his** deathbed, **once he said: Give**[H] the gift, **even though** the recipients **did not acquire** the item **from him** by means of an act of acquisition, the one on his deathbed has given the gift. Based on the parallel drawn by Rav Huna between a bill of divorce and a gift, Rabbi Avina can go and collect the gift given him by Geneiva.

מַתְקִיף לַהּ רַבִּי אַבָּא: אִי מָה מַתָּנָה יֶשְׁנָהּ לְאַחַר מִיתָה, אַף גֵּט יֶשְׁנוֹ לְאַחַר מִיתָה! הָכִי הַשְׁתָּא?! בִּשְׁלָמָא מַתָּנָה אִיתַהּ לְאַחַר מִיתָה, אֶלָּא גֵּט לְאַחַר מִיתָה מִי אִיכָּא?

Rabbi Abba objects to that conclusion. **If** that parallel is valid, extend it and say: **Just as a gift is** valid **after death, so too, a bill of divorce is** valid **after death.** The Gemara rejects this: **How can** these cases **be compared? Granted, a gift is** valid **after death; however, is a bill of divorce** valid **after death?** A bill of divorce severs the bond between husband and wife. After the husband dies, the bill of divorce is pointless. Therefore, the parallel certainly does not extend to after death.

אֶלָּא, רַבִּי אַבָּא הָכִי קָא קַשְׁיָא לֵיהּ: מַתְּנַת שְׁכִיב מְרַע בְּמִקְצָת הִיא, וּמַתְּנַת שְׁכִיב מְרַע בְּמִקְצָת בָּעֲיָא קִנְיָן! מִכְּלָל דְּרַב הוּנָא סָבַר: לָא בָּעֲיָא קִנְיָן? וְהָא קַיְימָא לַן דִּבְעֲיָא קִנְיָן! שָׁאנֵי הָכָא, דִּמְצַוֶּה מֵחֲמַת מִיתָה הוּא.

Rather, this is what is difficult according **to Rabbi Abba:** Geneiva's instruction **is the gift of a person on his deathbed of a portion** of his estate,[NH] **and the gift of a person on his deathbed of a portion** of his estate **requires an act of acquisition.** The Gemara asks: Is that to say, **by inference,** that **Rav Huna,** according to whose opinion Rabbi Avina acquired the gift, **holds** that the gift of a person on his deathbed of a portion of his estate **does not require an act of acquisition? But don't we maintain** that the gift of a person on his deathbed of a portion of his estate **requires an act of acquisition?** The Gemara answers: It **is different here,** as this is not a standard case of the gift of a person on his deathbed. This is a case **where one issues an instruction** to give the gift **due to his** imminent **death.**[H] In that case, the principle: It is a mitzva to fulfill the statement of the deceased, applies even if it is a gift of a portion of his estate.

מִכְּלָל דְּרַבִּי אַבָּא סָבַר: מְצַוֶּה מֵחֲמַת מִיתָה בָּעֲיָא קִנְיָן? וְהָא קַיְימָא לַן דְּלָא בָּעֵי קִנְיָן!

The Gemara asks: Is that to say **by inference** that **Rabbi Abba holds** that **one who issues an instruction** to give the gift **due to his** imminent **death requires an act of acquisition? But don't we maintain that** one who issues an instruction to give the gift due to his imminent death **does not require an act of acquisition?** What, then, is difficult for Rabbi Abba?

NOTES

The gift of a person on his deathbed of a portion of his estate – **מַתְּנַת שְׁכִיב מְרַע בְּמִקְצָת:** The gift of a person on his deathbed refers to gifts given based on the assumption that he is ill and about to die. He informs others that he is distributing his property in a specific manner because he is about to die. In order to avoid exacerbating his emotional turmoil, the Sages said that an act of acquisition is unnecessary, and a person on his deathbed can transfer ownership of his property through speech alone. If the person on his deathbed recovers from his illness, then all of his gifts are void, and he retains his property. In addition, the provision that he can transfer ownership through speech alone was instituted only in a case where the one on his deathbed distributes all his property. If he gave an instruction that only a portion of his property be distributed, this indicates that he was seeing to his own future welfare, and the legal status of his gift is like that of a healthy person and therefore requires an act of acquisition. If he performed that act of acquisition, he cannot retract the gift.

PERSONALITIES

Rabbi Avina – רַבִּי אָבִינָא: A third-generation Babylonian *amora*, Rabbi Avina was the most prominent disciple of Rav Huna but also studied with other Sages, e.g., Rav Yirmeya bar Abba, who was the disciple of Rav. He was apparently a younger contemporary of Rav Sheshet and of Rav Ḥisda, in whose name he cited *halakhot*, but with whom he also entered into disputes.

Rabbi Avina is the one Sage who cited Torah statements in the name of Geneiva, who also left him a sizable inheritance. He apparently eventually immigrated to Eretz Yisrael, studying there with several prominent Sages. His halakhic and aggadic statements are cited in both the Babylonian Talmud and the Jerusalem Talmud.

HALAKHA

If he arose from his deathbed he revokes his gift – אִם עָמַד חוֹזֵר: If a person on his deathbed writes over all his property as a gift to another and subsequently recovers, he may revoke that gift (Rambam *Sefer Kinyan, Hilkhot Zekhiya UMattana* 8:14; *Shulḥan Arukh, Ḥoshen Mishpat* 250:2).

So too his bill of divorce, etc. – אַף גִּיטּוֹ וכו׳: If a man on his deathbed wrote a bill of divorce for his wife and divorced her, then even if he recovered he cannot retract the divorce, because the *halakhot* of a bill of divorce are not parallel to the *halakhot* of a gift, in accordance with the opinion of Rava cited on 75b (Rambam *Sefer Nashim, Hilkhot Geirushin* 9:16; *Shulḥan Arukh, Even HaEzer* 145:4).

Once he said give – כֵּיוָן דְּאָמַר תְּנוּ: If a person on his deathbed instructs that his property be given to another, whether he did so on a weekday or on Shabbat, and whether he did so in writing or orally, that other person acquires that property upon his death. No formal act of acquisition is required, as the legal status of the statement of a person on his deathbed is like a statement written in a document and transferred to the recipient (Rambam *Sefer Kinyan, Hilkhot Zekhiya UMattana* 8:2; *Shulḥan Arukh, Ḥoshen Mishpat* 250:1).

The gift of a person on his deathbed of a portion of his estate – מַתְּנַת שְׁכִיב מְרַע בְּמִקְצָת: If a person on his deathbed instructs that only a portion of his property be distributed, the legal status of his gift is like that of the gift of a healthy person, which requires an act of acquisition. The Rema writes that some (Rosh) say that this applies only when after giving the gift he maintains in his possession sufficient assets to support himself (Rambam *Sefer Kinyan, Hilkhot Zekhiya UMattana* 8:15; *Shulḥan Arukh, Ḥoshen Mishpat* 250:4).

One issues an instruction to give the gift due to his imminent death – מְצַוֶּה מֵחֲמַת מִיתָה הוּא: In what circumstances did the Sages rule that the gift of a person on his deathbed of a portion of his estate is not acquired through speech alone? It is when he merely stated that he is giving the gift without elaborating on his motive. However, if he explicitly stated that he is giving the gift due to his impending death, or if it is clear from the context that this is his intent, then even if it is a gift of only a portion of his property, its legal status is that of a gift of a person on his deathbed. Such a gift does not require an act of acquisition, and if he recovers he can revoke the gift. This legal status applies also to gifts given by one who sets sail, one who sets out in a caravan, one who is taken out in a neck chain, and one who is dangerously ill (Rambam *Sefer Kinyan, Hilkhot Zekhiya UMattana* 8:17; *Shulḥan Arukh, Ḥoshen Mishpat* 250:7–8).

אלא, רבי אבא הכי קא קשיא ליה: "חמרא" לא קאמר, "דמי חמרא" לא קאמר, "מחמרא" קאמר! ואידך? "מחמרא" – כדי לייפות את כחו. שלחו מתם: "מחמרא", כדי לייפות את כחו.

Rather, this is what is **difficult** according **to Rabbi Abba:** Geneiva **did not say** to give four hundred dinars of **wine** to Rabbi Avina, and **he did not say: The monetary value** of four hundred dinars **of wine. He said:** Four hundred dinars **from wine.** The question is: What did Geneiva seek to convey with that ambiguous expression? **And the other** *amora*, Rabbi Zeira, who does not find this difficult, holds that when Geneiva said: Four hundred dinars **from wine,** it was **in order to enhance** Rabbi Avina's **ability**[HN] to collect the gift. Geneiva sought to give him a gift of value; in order to guarantee that Rabbi Avina would have access to his property and that the heirs would not be able to prevent him from receiving the gift with various claims, he specifically designated from which property Rabbi Avina could collect the gift. The Gemara notes: **They sent** a message **from there,** i.e., Eretz Yisrael, that the term: **From wine,** is **in order to enhance** Rabbi Avina's **ability** to collect the gift.

מתני׳ מי שהיה מושלך לבור, ואמר כל השומע את קולו יכתוב גט לאשתו – הרי אלו יכתבו ויתנו.

MISHNA With regard to **one who was thrown into a pit**[H] and thought that he would die there, **and he said** that **anyone who hears his voice should write a bill of divorce for his wife,** and he specified his name, her name, and all relevant details, **those** who hear him **should write** this bill of divorce **and give** it to his wife, even though they do not see the man and do not know him.

גמ׳ וליחוש שמא שד הוא! אמר רב יהודה: כשראו לו דמות אדם.

GEMARA The Gemara asks: **But let us be concerned** that **perhaps** the source of the voice in the pit **is a demon,**[N] as no one saw the person in the pit. **Rav Yehuda says:** It is referring to a case **where they saw** that the being in the pit **has human form.**

אינהו נמי אידמויי אידמו! דחזו ליה בבואה. אינהו נמי אית להו בבואה! דחזו ליה בבואה דבבואה. ודלמא אינהו נמי אית להו! אמר רבי חנינא, לימדני יונתן בני: בבואה אית להו, בבואה דבבואה לית להו.

The Gemara objects: Demons **too** can **appear** in human form, and therefore the fact that the being looked human is not a proof that it is not a demon. The Gemara explains: It is a case **where they saw that he has a shadow** [*bavua*].[L] The Gemara objects: Demons **also have a shadow.** The Gemara explains: It is a case **where they saw that he has the shadow of a shadow.**[N] The Gemara objects: **And perhaps** demons **too have** the shadow of a shadow? **Rabbi Ḥanina says: Yonatan my son taught me** that demons **have a shadow** but **they do not have the shadow of a shadow.**

HALAKHA

From wine was in order to enhance his ability – מחמרא כדי לייפות את כחו: If a person on his deathbed said: Give so-and-so five hundred dinars of wine, and a portion of the wine fermented and spoiled, the one who received the gift loses a proportional share of the wine. Similarly, if he said: Give so-and-so five hundred dinars of the value of my wine, and the wine was sold and a portion of the money was lost, the recipient of the gift loses a proportional share of the proceeds of the sale. However, if he said: Give so-and-so five hundred dinars from my wine, then even if a portion of the wine spoiled or a portion of the money was lost, the recipient of the gift receives the entire amount that was given to him (Rambam *Sefer Kinyan*, *Hilkhot Zekhiya UMattana* 11:22; *Shulḥan Arukh*, *Ḥoshen Mishpat* 253:13).

One who was thrown into a pit, etc. – מי שהיה מושלך לבור וכו׳: If one was thrown into a pit and says: Anyone who hears my voice should give a bill of divorce to my wife, and he specifies his name and his wife's name, the name of his city and the name of her city, anyone who hears him should write the document for her. Even if the corpse of the one in the pit was later taken out and could not be identified, the bill of divorce is valid. This is because it was a time of danger, during which the witnesses may write and give a bill of divorce even though they do not identify the man, as the statement of the Sage of the school of Rabbi Yishmael is cited as an answer with regard to the demon as well.

Some (Rif; Rosh) say that they write a bill of divorce only when they determine that he has human form and that he has a shadow of a shadow, as otherwise the concern is that the one calling out may not be a man. The statement of the Sage of the school of Rabbi Yishmael addresses only the concern that it was her rival wife. The *Tur* writes that the concern that it might be a demon applies only in places not frequented by people. However, if a man says at night to write a bill of divorce for his wife, even if he cannot be seen, then there is no need to examine whether it is a demon (Rambam *Sefer Nashim*, *Hilkhot Geirushin* 2:13; *Shulḥan Arukh*, *Even HaEzer* 141:19).

LANGUAGE

Shadow [*bavua*] – בבואה: The meaning of this word is reflection, an impression left by an object, or a shadow. It is perhaps related to *bava*, pupil, which is the part of the eye in which the image of the one looking at another is reflected.

NOTES

In order to enhance his ability – כדי לייפות את כחו: There are several ways to explain this matter. Rashi explains that had Geneiva said only: Wine, the heirs could have given Rabbi Abba wine that fermented into vinegar and told him that this is what Geneiva intended to give him. Had he said: The value of the wine, if the heirs sold the wine and lost the money they received, they could tell Rabbi Abba that the money they lost was his portion. Therefore, he said: From wine, in order to enhance his ability to collect his gift, as he would receive four hundred dinars in any case.

Tosafot say that since Geneiva did not specify which wine or which money to give to Rabbi Avina, the heirs could not completely reject his claim. However, if there would be a loss in the quality or value of the wine then they could claim that he shares in this loss, Therefore he said: From wine, to ensure that he would receive the entire amount.

The Ramban writes that had Geneiva said only: Wine, Rabbi Abba would have been forced to receive the wine and sell it himself. Had he said: The value of the wine, the heirs would have been required to give him money based on the price of the wine at the time that he gave the instruction, and if the price at that time was higher than when they actually sold it, he would lose the difference. Therefore he said: From wine, to instruct that Rabbi Avina would receive the money and would not incur any loss. The Ra'avad adds that since he said: From wine, to enhance Rabbi Avina's ability to collect his gift, if the value of the wine increased after the instruction, Rabbi Avina would receive the higher amount and that in any case he would not receive less than four hundred dinars. Rabbeinu Ḥananel explains that enhancing Rabbi Avina's ability to collect his gift means ensuring that they cannot replace the wine with other property. However, he is entitled to nothing other than wine.

Perhaps it is a demon – שמא שד הוא: *Tosafot* write, based on the parallel discussion in the Jerusalem Talmud, that this is a concern only in places that people do not frequent. The Meiri also writes that in every place of that sort there is room for concern that the listener's mind was playing tricks on him.

The shadow of a shadow – בבואה דבבואה: Some explain that the word shadow refers to a shadow that is the same size as the person casting the shadow. However, Rashi on *Avoda Zara* 47a says that a longer shadow is not as clear and is referred to as the shadow of the shadow. Others explain that when the light is not strong, there is not only a primary shadow but a secondary, less vivid shadow, called the shadow of the shadow (Ritva). Apparently demons lack substance, and appear like dense air or an optical illusion, and therefore they do not have the shadow of a shadow.

וְדִלְמָא צָרָה הִיא! תָּנָא דְּבֵי רַבִּי יִשְׁמָעֵאל: בִּשְׁעַת הַסַּכָּנָה, כּוֹתְבִין וְנוֹתְנִין אַף עַל פִּי שֶׁאֵין מַכִּירִין.

The Gemara asks: **But perhaps** the source of the voice in the pit **is a rival wife** of the woman who is to be divorced. She seeks to cause her rival to receive a bill of divorce under false pretenses, leading her to believe that she is divorced. Based on that mistaken belief, she will remarry without a divorce and will then be forbidden to both her first and second husband. The Gemara answers: A Sage **from the school of Rabbi Yishmael taught: During a time of danger,**[H] when there is the likelihood that the wife would assume deserted wife status, **one writes and gives** a bill of divorce **even though** the people instructed to do so **are not familiar** with the man who gave the instructions. Here too, when a voice is heard from a pit, one writes and gives the bill of divorce, as there is no possibility of properly clarifying the issue.

מתני׳ הַבָּרִיא שֶׁאָמַר ״כִּתְבוּ גֵּט לְאִשְׁתִּי״ – רָצָה לְשַׂחֵק בָּהּ.

MISHNA **A healthy man who said: Write**[H] **a bill of divorce for my wife,** but did not say to give it to her, presumably **sought to mock her.** Since he told them to write the bill of divorce and not to give it, it is not a valid bill of divorce.

מַעֲשֶׂה בְּבָרִיא אֶחָד שֶׁאָמַר ״כִּתְבוּ גֵּט לְאִשְׁתִּי״, וְעָלָה לְרֹאשׁ הַגַּג וְנָפַל וּמֵת; אָמַר רַבָּן שִׁמְעוֹן בֶּן גַּמְלִיאֵל: אִם מֵעַצְמוֹ נָפַל – הֲרֵי זֶה גֵּט, אִם הָרוּחַ דְּחָתוֹ – אֵינוֹ גֵּט.

The mishna relates: There was **an incident involving a healthy man who said: Write a bill of divorce for my wife, and** then **ascended to the roof and fell, and died. Rabban Shimon ben Gamliel said: If he fell at his own** initiative, taking his own life, **it is a** valid **bill of divorce,** as it is clear that he anticipated his death and instructed those listening to write the bill of divorce with the intent of giving it to her. However, **if the wind forced him** to fall, **it is not** a valid **bill of divorce,** as there was no clear intent to give her the bill of divorce.

גמ׳ מַעֲשֶׂה לִסְתּוֹר?

GEMARA The Gemara asks: Was **an incident** cited **to contradict** the *halakha* stated in the mishna? The *halakha* is that in a case where a healthy man said: Write a bill of divorce for my wife, the bill of divorce is not valid. From the incident it is clear that under certain circumstances when a healthy man said: Write a bill of divorce for my wife, the bill of divorce is valid.

חַסּוֹרֵי מִיחַסְּרָא וְהָכִי קָתָנֵי: אִם הוֹכִיחַ סוֹפוֹ עַל תְּחִילָּתוֹ – הֲרֵי זֶה גֵּט; וּמַעֲשֶׂה נַמִי בְּבָרִיא שֶׁאָמַר ״כִּתְבוּ גֵּט לְאִשְׁתִּי״, וְעָלָה לְרֹאשׁ הַגַּג וְנָפַל וּמֵת, וְאָמַר רַבָּן שִׁמְעוֹן בֶּן גַּמְלִיאֵל: אִם מֵעַצְמוֹ נָפַל – הֲרֵי זֶה גֵּט, אִם הָרוּחַ דְּחָתוֹ – אֵינוֹ גֵּט.

The Gemara answers: The mishna **is incomplete and this is what it is teaching:**[B] In the case of a healthy man who said: Write a bill of divorce for my wife, but he did not say to give it to her, presumably sought to mock her. However, **if his ultimate** actions **prove** the nature of **his initial** intent, that he seeks to give the bill of divorce because he is about to die, **it is a** valid **bill of divorce. And** there was **an incident involving a healthy man who said: Write a bill of divorce for my wife, and** he then **ascended to the roof and fell and died. Rabban Shimon ben Gamliel said: If he fell at his own** initiative,[H] **it is a** valid **bill of divorce.** However, **if the wind forced him** to fall, **it is not** a valid **bill of divorce.**

הַהוּא גַּבְרָא דְּעָל לְבֵי כְנִישְׁתָּא, אַשְׁכַּח מַקְרֵי יָנוֹקָא וּבְרֵיהּ דְּיָתְבִי וְיָתֵיב אִינִישׁ אַחֲרִינָא גַּבַּיְיהוּ, אֲמַר לְהוּ: בֵּי תְרֵי מִינַּיְיכוּ נִכְתְּבוּ גִּיטָּא לְדְבֵיתְהוּ, לְסוֹף שְׁכִיב מַקְרֵי יָנוֹקָא, מִי מְשַׁוּוּ אֱינָשֵׁי בְּרָא שְׁלִיחָא בִּמְקוֹם אַבָּא אוֹ לָא?

The Gemara relates: There was **a certain man who entered the synagogue and found a schoolteacher and his son who were sitting** there, **and another person** also **sat with them.** The man **said to them: Two of you should write a bill of divorce for my wife. Ultimately, the schoolteacher died.** The Sages considered the following question: **Do people designate a son** as **an agent in the presence of** his **father,** even though the two of them could not serve together as witnesses because they are relatives, **or not?** As the man's intent was to designate two people who could serve as witnesses, the schoolteacher and the other person, the question is whether the son of the schoolteacher and the other person are agents and eligible to write and give the bill of divorce.

רַב נַחְמָן אָמַר: לָא מְשַׁוּוּ אֱינָשֵׁי בְּרָא שְׁלִיחָא בִּמְקוֹם אַבָּא, וְרַב פַּפִּי אָמַר: מְשַׁוּוּ אֱינָשֵׁי בְּרָא שְׁלִיחָא בִּמְקוֹם אַבָּא. אָמַר רָבָא, הִילְכְתָא: מְשַׁוּוּ אֱינָשֵׁי בְּרָא שְׁלִיחָא בִּמְקוֹם אַבָּא.

Rav Naḥman said: People do not designate a son as **an agent in the presence of** his **father. And Rav Pappi said: People designate a son** as **an agent in the presence of** his **father. Rava said** that **the** ***halakha*** is: **People designate a son**[H] **as an agent in the presence of** his **father.**

HALAKHA

During a time of danger – בִּשְׁעַת הַסַּכָּנָה: During a time of danger, witnesses write and give a bill of divorce even if they are unable to identify the man and do not know that the woman to whom they give the document was his wife (Rambam *Sefer Nashim, Hilkhot Geirushin* 2:13; *Shulḥan Arukh, Even HaEzer* 120:3).

A healthy man who said, write, etc. – הַבָּרִיא שֶׁאָמַר כִּתְבוּ וכו׳: If a healthy man said: Write a bill of divorce for my wife, then those who hear him should write and sign the bill of divorce and give it to the husband. However, they do not give it to the wife until he explicitly instructs them to do so. If they give it to his wife when the husband did not explicitly instruct them to give it to her, it is not a valid bill of divorce (Rambam *Sefer Nashim, Hilkhot Geirushin* 2:12; *Shulḥan Arukh, Even HaEzer* 141:16).

If he fell at his own initiative – אִם מֵעַצְמוֹ נָפַל: If a healthy man said: Write a bill of divorce for my wife, and those who heard him wrote and signed it and gave it to her, and then the man committed suicide, it is a valid bill of divorce. However, if he died in an accident, it is not a valid bill of divorce, in accordance with the statement of Rabban Shimon ben Gamliel, as the *halakha* is ruled in accordance with his statements cited in the mishna. Citing the Ran, the *Beit Shmuel* writes that in any case an investigation is required to ascertain whether or not he was sane when he instructed that the bill of divorce be written (Rambam *Sefer Nashim, Hilkhot Geirushin* 2:13; *Shulḥan Arukh, Even HaEzer* 120:17).

People designate a son, etc. – מְשַׁוּוּ אֱינָשֵׁי בְּרָא וכו׳: If one said to three people: Two of you should write a bill of divorce and give it to my wife, and two of them were a father and son, it is a valid bill of divorce. This is the case whether the father signed the document with another witness or if the son signed it with another witness, as people designate a son as an agent in the presence of his father, in accordance with the opinion of Rav Naḥman and Rava (Rambam *Sefer Nashim, Hilkhot Geirushin* 9:30; *Shulḥan Arukh, Even HaEzer* 120:22).

BACKGROUND

The mishna is incomplete and this is what it is teaching – חַסּוֹרֵי מִיחַסְּרָא וְהָכִי קָתָנֵי: This method of explanation is often found in the Gemara. The addition introduced by the Gemara is an elaboration of that which is written in the mishna, based on various difficulties raised in the Gemara that render the mishna in its original form incoherent or inconsistent with another authoritative source. The addition provides the necessary clarification.

מתני׳ אָמַר לִשְׁנַיִם ״תְּנוּ גֵט לְאִשְׁתִּי״,

MISHNA If a man **said to two** people: **Give a bill of divorce to my wife,**

Perek **VI**
Daf **66** Amud **b**

או לִשְׁלֹשָׁה ״כִּתְבוּ גֵט וּתְנוּ לְאִשְׁתִּי״ – הֲרֵי אֵלּוּ יִכְתְּבוּ וְיִתְּנוּ. אָמַר לִשְׁלֹשָׁה ״תְּנוּ גֵט לְאִשְׁתִּי״ – הֲרֵי אֵלּוּ יֹאמְרוּ לַאֲחֵרִים וְיִכְתְּבוּ, מִפְּנֵי שֶׁעֲשָׂאָן בֵּית דִּין, דִּבְרֵי רַבִּי מֵאִיר;

or if a man said **to three** people: **Write a bill of divorce and give it to my wife,**[H] **these** people **should write** the document themselves **and give** it to her. **If he said to three** people: **Give a bill of divorce to my wife, these** people **should tell others,** and those others **will write** the document, **because he designated** the three people **as a court.** This is **the statement of Rabbi Meir.**

וְזוֹ הֲלָכָה הֶעֱלָה רַבִּי חֲנִינָא אִישׁ אוֹנוֹ מִבֵּית הָאֲסוּרִין: מְקוּבָּל אֲנִי, בְּאוֹמֵר לִשְׁלֹשָׁה ״תְּנוּ גֵט לְאִשְׁתִּי״ – שֶׁיֹּאמְרוּ לַאֲחֵרִים וְיִכְתְּבוּ, מִפְּנֵי שֶׁעֲשָׂאָן בֵּית דִּין.

And it is **that** ***halakha*** that **Rabbi Ḥanina of Ono**[P] **brought up from prison** in the name of Rabbi Akiva, who was incarcerated there: **I received** a tradition from my teachers that **in** a case where a man **says to three** people: **Give a bill of divorce to my wife, that these** people **should tell others and** those others **will write** the document, **because he designated** the three people as **a court.**

אָמַר רַבִּי יוֹסֵי, נוֹמֵינוּ לַשָּׁלִיחַ: אַף אָנוּ מְקוּבָּלִין, שֶׁאֲפִילּוּ אָמַר לְבֵית דִּין הַגָּדוֹל שֶׁבִּירוּשָׁלַיִם ״תְּנוּ גֵט לְאִשְׁתִּי״ – שֶׁיִּלְמְדוּ וְיִכְתְּבוּ וְיִתְּנוּ.

Rabbi Yosei said: We said [*nomeinu*][L] **to the agent,** Rabbi Ḥanina of Ono: **We too received** a tradition. However, it is a different one, **that even** if a man **said to the High Court** [**Sanhedrin**] **in Jerusalem: Give a bill of divorce to my wife, that** the members of the court **should learn** to write, **and should write**[N] the document themselves, **and give** it to his wife.

אָמַר לַעֲשָׂרָה ״כִּתְבוּ וּתְנוּ גֵט לְאִשְׁתִּי״ – אֶחָד כּוֹתֵב וּשְׁנַיִם חוֹתְמִין, ״כּוּלְּכֶם כְּתוֹבוּ״ – אֶחָד כּוֹתֵב וְכוּלָּם חוֹתְמִין, לְפִיכָךְ אִם מֵת אֶחָד מֵהֶן – הֲרֵי זֶה גֵט בָּטֵל.

If a man **said to ten** people: **Write**[H] **and give a bill of divorce to my wife, one** of the ten **writes** the bill of divorce **and two sign** it. If he said: **All of you write**[H] the document, **one of them writes** the bill of divorce **and all of them sign** it. **Therefore, if one of them died,** then **this is a bill of divorce** that is **null and void,** as he directed all of them to participate in the process.

גמ׳ אָמַר רַבִּי יִרְמְיָה בַּר אַבָּא, שָׁלְחוּ לֵיהּ מִבֵּי רַב לִשְׁמוּאֵל: יְלַמְּדֵנוּ רַבֵּינוּ, אָמַר לִשְׁנַיִם ״כִּתְבוּ וּתְנוּ גֵט לְאִשְׁתִּי״, וְאָמְרוּ לַסּוֹפֵר וְכָתַב וְחָתְמוּ הֵן, מַהוּ? שְׁלַח לְהוּ: תֵּצֵא, וְהַדָּבָר צָרִיךְ תַּלְמוּד.

GEMARA **Rabbi Yirmeya bar Abba says:** After Rav's death, **they sent** a question **from the study hall of Rav to Shmuel: Let our teacher teach us:** In a case where a man **said to two** people: **Write and give a bill of divorce to my wife, and they told the scribe and he wrote** the bill of divorce **and they signed** it, **what is** the *halakha*? **He sent** this response **to them:** If the woman remarried on the basis of this bill of divorce, she **should leave** her second husband, **and the matter requires study.** It is necessary to clarify the *halakha*, as there is fundamental uncertainty with regard to this matter.

מַאי ״הַדָּבָר צָרִיךְ תַּלְמוּד״? אִילֵימָא מִשּׁוּם דַּהֲווּ לְהוּ מִילֵּי, וּמְסַפְּקָא לֵיהּ: מִילֵּי אִי מִימְּסְרָן לְשָׁלִיחַ אִי לָא מִימְּסְרָן לְשָׁלִיחַ?

The Gemara asks: **What** is the meaning of: **The matter requires study?** What aspect of this question requires study? **If we say** that the uncertainty arises **due to** the fact **that these are** verbal **directives,** as the husband merely gave them instructions and did not hand them anything tangible, **and** Shmuel **is uncertain whether** verbal **directives,** instructions given to one agent, **are transferred to** another **agent** or **whether** verbal directives **are not transferred to** another **agents;** this leads to the question of whether the agents designated by the husband to write the bill of divorce can designate the scribe to write it. That cannot be the question.

HALAKHA

Write a bill of divorce and give it to my wife – כִּתְבוּ גֵט וּתְנוּ לְאִשְׁתִּי: If a man said to two or three people: Write a bill of divorce and give it to my wife, they write and give the wife the bill of divorce themselves. Even if he said to a court: Give a bill of divorce to my wife, they write and give the wife the bill of divorce themselves, in accordance with the opinion of Rabbi Yosei (Rambam *Sefer Nashim, Hilkhot Geirushin* 2:5; *Shulḥan Arukh, Even HaEzer* 120:4).

If a man said to ten people, write, etc. – אָמַר לַעֲשָׂרָה כִּתְבוּ וכו׳: If a man said to ten people: Write and give a bill of divorce for my wife, one writes it, two sign it, and one gives it to her (Rambam *Sefer Nashim, Hilkhot Geirushin* 9:27; *Shulḥan Arukh, Even HaEzer* 120:8).

All of you write, etc. – כּוּלְּכֶם כְּתוֹבוּ וכו׳: If a man said to ten people: All of you sign this bill of divorce, all of them sign it. If one of them died before signing the bill of divorce, the bill of divorce is null and void (Rambam *Sefer Nashim, Hilkhot Geirushin* 9:27; *Shulḥan Arukh, Even HaEzer* 120:9).

PERSONALITIES

Rabbi Ḥanina of Ono – רַבִּי חֲנִינָא אִישׁ אוֹנוֹ: Rabbi Ḥanina of Ono, sometimes called Rabbi Ḥananya of Ono, was a *tanna* who lived in the generation before the redaction of the Mishna. He is rarely mentioned in the Talmud or midrashim. It appears from here that he was a disciple of Rabbi Akiva and was one of the emissaries sent to ask Rabbi Akiva questions on Torah matters while Rabbi Akiva was incarcerated by the Roman government for teaching Torah.

LANGUAGE

We said [*nomeinu*] – נוֹמֵינוּ: From the Hebrew root *nun, alef, mem,* meaning speak. However, at times the verb is conjugated as if it were from the root *nun, mem, mem*; or *nun, vav, mem*. Therefore, it can assume the form of *namti* or *nomeiti*.

NOTES

That the court should learn to write and should write – שֶׁיִּלְמְדוּ וְיִכְתְּבוּ: The Rambam writes in his Commentary on the Mishna that it is not surprising that members of a court would not know how to write, as they were appointed to their positions because they are Torah scholars, not because they are scribes. However, since the Sages said that every Torah scholar must know how to write, this apparently means that they are unable to write in a legible and clear manner. Concerning a bill of divorce, where any deviation can render the document invalid, the Sages said that those writing it should learn how to write the document properly (*Tiferet Yisrael*).

וְהָאָמַר שְׁמוּאֵל, אָמַר רַבִּי: הֲלָכָה כְּרַבִּי יוֹסֵי, דְּאָמַר: מִילֵּי לָא מִימְסְרָן לְשָׁלִיחַ!

The Gemara explains why not: **But didn't Shmuel say** that **Rabbi** Yehuda HaNasi **says: The *halakha* is in accordance with** the opinion of **Rabbi Yosei,** who **said:** Verbal **directives cannot be delegated to an agent,** i.e., an agent cannot be deputized to give instructions on behalf of another. Shmuel was not uncertain concerning this issue.

אֶלָּא לִשְׁמוּאֵל הָא קָא מִיבַּעְיָא לֵיהּ: הַאי "כְּתוֹבוּ", אִי כְּתַב יָדָן אִי כְּתַב הַגֵּט.

Rather, this is the dilemma that **Shmuel is raising:** When the man told the two people: **Write** the bill of divorce, the question is **whether** he was referring to **their signatures,** in which case they could designate the scribe to write the document, **or whether he was referring to writing** the text of **the bill of divorce,** in which case it would be incumbent upon them alone to write and sign the document.

וְתִיפְשׁוֹט לֵיהּ מִמַּתְנִיתִין: אָמַר לִשְׁנַיִם "תְּנוּ גֵּט לְאִשְׁתִּי", אוֹ לִשְׁלֹשָׁה "כִּתְבוּ גֵּט וּתְנוּ לְאִשְׁתִּי" – הֲרֵי אֵלּוּ יִכְתְּבוּ וְיִתְּנוּ!

The Gemara asks: **But let** Shmuel **resolve** the dilemma **from the mishna:** If a man **said to two** people: **Give a bill of divorce to my wife, or** if a man said **to three** people: **Write a bill of divorce and give** it **to my wife, these** people **should write** the document themselves **and give** it to her. Apparently, they must write the bill of divorce themselves.

הִיא גּוּפָא קָא מִיבַּעְיָא לֵיהּ: "כְּתוֹבוּ", כְּתַב יָדָן הוּא אוֹ כְּתַב הַגֵּט הוּא? פְּשִׁיטָא דִּכְתַב הַגֵּט הוּא, דְּקָתָנֵי סֵיפָא: אָמַר רַבִּי יוֹסֵי, נוֹמֵינוּ לַשָּׁלִיחַ: אַף אָנוּ מְקוּבָּלִין, שֶׁאֲפִילּוּ אָמַר לְבֵית דִּין הַגָּדוֹל שֶׁבִּירוּשָׁלַיִם "תְּנוּ גֵּט לְאִשְׁתִּי" – שֶׁיִּלְמְדוּ וְיִכְתְּבוּ וְיִתְּנוּ לָהּ;

The Gemara answers: The proper interpretation of **the** mishna **itself is the dilemma** that Shmuel **is raising:** When the man told the two people: **Write** the bill of divorce, was he referring to **their signatures, or** was he referring to **writing** the text of **the bill of divorce?** The Gemara explains: It **is obvious that it is** referring to the **writing of the bill of divorce, as it is taught in the latter clause** of the mishna: **Rabbi Yosei said: We said to the agent,** Rabbi Ḥanina of Ono: **We too received** a tradition; **that even** if a man **said to the High Court in Jerusalem: Give a bill of divorce to my wife, that** the members of the court **should learn** to write, **and should write** the document themselves, **and give** it to his wife.

אִי אָמְרַתְּ בִּשְׁלָמָא כְּתַב הַגֵּט הוּא – שַׁפִּיר, אֶלָּא אִי אָמְרַתְּ כְּתַב יָדָן הוּא, מִי אִיכָּא בֵּי דִינָא דְּלָא יָדְעִי מִחְתַּם חֲתִימַת יְדַיְיהוּ?! אִין, אִיכָּא בֵּי דִינָא חֲדַתָּא.

Granted, if you say it means the **writing of the bill of divorce,** that they must write the actual bill of divorce, this works out **well,** as a certain degree of expertise is necessary in order to write a bill of divorce correctly. **However, if you say** that **it** means **their signatures, is there a court whose** members **do not know** how **to sign their signatures?** The Gemara responds: **Yes, there is a new court,**[N] whose members have not yet learned to sign a unique signature that will be recognizable to the public.

וְאִי סְבִירָא לָן דְּהַאי "כְּתוֹבוּ" – כְּתַב יָדָן הוּא, הָא כְּתַב הַגֵּט כָּשֵׁר? וְהָאָמַר שְׁמוּאֵל, אָמַר רַבִּי: הֲלָכָה כְּרַבִּי יוֹסֵי, דְּאָמַר: מִילֵּי לָא מִימְסְרָן לְשָׁלִיחַ!

The Gemara asks: **But if we hold that this** instruction: **Write** the bill of divorce, **is** a reference to **their signatures, is** the **writing of the bill of divorce** by a scribe **valid? But didn't Shmuel say** that **Rabbi** Yehuda HaNasi **says: The *halakha* is in accordance with** the opinion of **Rabbi Yosei, who says:** Verbal **directives cannot be delegated to an agent.**

אָמְרִי: אִי סְבִירִי לָן דִּ"כְתוֹבוּ" – כְּתַב יָדָן הוּא, כְּתַב הַגֵּט נַעֲשָׂה כְּאוֹמֵר "אִמְרוּ", וּמוֹדֶה רַבִּי יוֹסֵי בְּאוֹמֵר "אִמְרוּ". וּמִי מוֹדֶה רַבִּי יוֹסֵי בְּאוֹמֵר "אִמְרוּ"? וְהָתְנַן: כְּתַב סוֹפֵר וְעֵד – כָּשֵׁר, וְאָמַר רַבִּי יִרְמְיָה: חֲתַם סוֹפֵר שָׁנִינוּ,

The Sages **say** in response that **if we hold** that the phrase: **Write** the bill of divorce, **is** a reference to **their signatures,** the **writing of the bill of divorce becomes as** one who **says** to those agents: **Tell** another to write it. **And Rabbi Yosei concedes in** the case of **one who says: Tell** another to write it, that the agent can designate another to write the document. The Gemara asks: **And does Rabbi Yosei concede in** the case of **one who says: Tell** another to write it? **But didn't we learn** in a mishna (87b): If a bill of divorce has **the writing of a scribe,** and the scribe identifies his handwriting, **and** one **witness** verifies his signature, it is **valid** as though two witnesses testified to ratify their signatures. **And Rabbi Yirmeya said: We learned** in the mishna that this is the *halakha* with regard to **the scribe's signature**[H] and not the scribe's writing.

וַאֲמַר רַב חִסְדָּא: מַתְנִיתִין מַנִּי? רַבִּי יוֹסֵי הִיא, דְּאָמַר: מִילֵּי לָא מִימְסְרָן לְשָׁלִיחַ;

And Rav Ḥisda said: Whose opinion is expressed in the **mishna? It** is that of **Rabbi Yosei,** who **said:** Verbal **directives cannot be delegated to an agent,** and there is no concern that the scribe signed the document without the husband instructing him to do so.

וְאִי סָלְקָא דַּעְתָּךְ מוֹדֶה רַבִּי יוֹסֵי בְּאוֹמֵר "אִמְרוּ", נָפֵיק מִינָּהּ חוּרְבָה, דְּזִימְנִין דְּאָמַר לְהוּ לִשְׁנַיִם

And if it enters your mind to say that **Rabbi Yosei concedes in** the case of one who **says: Tell** another to write it, **a pitfall will result from it. As sometimes,** it happens **that one said to two** people:

NOTES

A new court – **בֵּי דִינָא חֲדַתָּא:** It is difficult to understand how there could be any court whose members do not know how to sign their names. Some explain that this refers to the members of a court who sign numerous documents and adopt contractions or symbols instead of their full signature. In a new court, these symbols have not yet become publicly identified with the court (*Likkutei Ḥever ben Ḥayyim*).

HALAKHA

We learned with regard to the scribe's signature – **חֲתַם סוֹפֵר שָׁנִינוּ:** One must make certain that the scribe does not sign the bill of divorce as a witness, as some hold that if he does so the bill of divorce is invalid, in accordance with the opinion of Shmuel (*Shulḥan Arukh, Even HaEzer* 130:18).

"אִמְרוּ לַסּוֹפֵר וְיִכְתּוֹב וְלִפְלוֹנִי וּפְלוֹנִי וְיַחְתְּמוּ", וּמִשּׁוּם כִּיסּוּפָא דְּסוֹפֵר חָיְישֵׁי וּמַחְתְּמֵי חַד מֵהָנָךְ סָהֲדֵי וְסוֹפֵר בַּהֲדַיְיהוּ, וּבַעַל לָא אֲמַר הָכִי!

Tell a scribe and he will write[H] the document **and tell so-and-so and so-and-so and they will sign** it. **And due to the shame of the scribe,** who asks: Don't you consider me a sufficiently upright person to sign the document as a witness, the agents **are concerned** to avoid that disgrace **and have one of those witnesses and the scribe sign together with him, and the husband did not say** to do so. The bill of divorce is invalid because it was signed contrary to the husband's instructions, and the agents will mistakenly think it is valid.

כֵּיוָן דְּאָמַר מָר: כָּשֵׁר וְלֹא תֵּעָשֶׂה כֵּן בְּיִשְׂרָאֵל – לָא שְׁכִיחַ.

The Gemara answers: **Since the Master said,** as cited later, that such a bill of divorce is **valid, however, it shall not be done in Israel,** as the husband himself should appoint the scribe and the witnesses, **it is** an **uncommon** case for the husband to appoint an agent to arrange the bill of divorce, and the Sages do not issue a decree for cases that are uncommon.

וְלֵיחוּשׁ דִּילְמָא אֲמַר לְהוּ לְבֵי תְּרֵי "אִמְרוּ לַסּוֹפֵר וְיִכְתּוֹב וְאַתֶּם חֲתוֹמוּ", וְאָזְלִי הָנָךְ מִשּׁוּם כִּיסּוּפָא דְּסוֹפֵר וּמַחְתְּמֵי לֵיהּ לַסּוֹפֵר בַּהֲדֵי חַד מִינַּיְיהוּ, וּבַעַל לָא אֲמַר הָכִי! אָמְרִי: הָא נַמִּי כָּשֵׁר וְלֹא תֵּעָשֶׂה הוּא.

The Gemara asks: **And let us be concerned lest** the husband **say to two** people: **Tell the scribe and he will write** the document **and you sign** it, **and these** two, **due to the shame of the scribe, go and have the scribe sign** the document **together with one of them, and the husband did not say** to do so. The Sages **say:** In **this** case **too, it is valid; however, it shall not be done.** This too is uncommon, and there is neither concern nor a decree.

הָנִיחָא לְמַאן דַּאֲמַר: כָּשֵׁר וְלֹא תֵּעָשֶׂה, אֶלָּא לְמַאן דַּאֲמַר: כָּשֵׁר וְתֵעָשֶׂה מַאי אִיכָּא לְמֵימַר?

The Gemara responds: **This works out well according to the one who said** in this case as well: It is **valid; however, it shall not be done. But according to the one who said:** It is **valid and it may be done,** i.e., it is permitted *ab initio,* **what is there to say?**

אֶלָּא רַבִּי יוֹסֵי תַּרְתֵּי אָמַר, וּשְׁמוּאֵל סָבַר לָהּ כְּוָותֵיהּ בַּחֲדָא וּפָלֵיג עֲלֵיהּ בַּחֲדָא.

Rather, this is the explanation. **Rabbi Yosei stated two**[N] *halakhot*: The first is that verbal directives cannot be delegated to an agent. The second is that even when the husband said: Tell another to write the document, this agency cannot be transferred to another person. **And Shmuel holds in accordance with** the opinion of Rabbi Yosei **in one** case, i.e., that verbal directives cannot be delegated to an agent, **and he disagrees with him in one** case, as Shmuel holds that if the husband explicitly said: Tell another to write the document, this agency can be transferred.

גּוּפָא: אָמַר שְׁמוּאֵל, אָמַר רַבִּי: הֲלָכָה כְּרַבִּי יוֹסֵי, דְּאָמַר: מִילֵּי לָא מִימְסְרָן לִשְׁלִיחַ. אָמַר לְפָנָיו רַבִּי שִׁמְעוֹן בְּרַבִּי: מֵאַחַר שֶׁרַבִּי מֵאִיר וַחֲנִינָא אִישׁ אוֹנוֹ חוֹלְקִין עַל רַבִּי יוֹסֵי, מָה רָאָה רַבִּי לוֹמַר הֲלָכָה כְּרַבִּי יוֹסֵי?

§ With regard to **the** previously cited matter **itself, Shmuel says** that **Rabbi** Yehuda HaNasi **says: The *halakha* is in accordance with** the opinion of **Rabbi Yosei,** who says: Verbal **directives cannot be delegated to an agent. Rabbi Shimon, son of Rabbi** Yehuda HaNasi, **said before** his father: **Since Rabbi Meir and** Rabbi **Ḥanina of Ono,** who hold that verbal directives can be delegated to an agent, **disagree with Rabbi Yosei, what led Rabbi** Yehuda HaNasi **to say** that **the *halakha* is in accordance with** the opinion of **Rabbi Yosei?**

אָמַר לוֹ: שְׁתוֹק, בְּנִי, שְׁתוֹק, לֹא רָאִיתָ אֶת רַבִּי יוֹסֵי, אִילְמָלֵי רְאִיתוֹ נִמּוּקוֹ עִמּוֹ;

Rabbi Yehuda HaNasi **said to** his son: **Be silent, my son; be silent. You did not see Rabbi Yosei, as, if you had seen him,** you would know that **his reasoning [*nimmuko*]**[L] **accompanies his** statements.[N] Therefore, I deem his opinion most reliable.

HALAKHA

Tell a scribe and he will write, etc. – **אִמְרוּ לַסּוֹפֵר וְיִכְתּוֹב וכו׳**: If a man said to two people: Tell a scribe and he will write a bill of divorce for my wife, and tell witnesses to sign the document, the scribe may not write the bill of divorce and the witnesses may not sign unless they receive direct instructions from the husband. The Rema writes that if one divorced his wife with a bill of divorce written in that manner, there is uncertainty whether she is divorced, as the halakhic authorities are unsure whether the *halakha* is in accordance with the opinion of Rabbi Yosei (Rabbeinu Yitzḥak; Ramah; Ramban; *Smag*).

From the Rambam it appears that the bill of divorce is invalid as a matter of uncertainty, and perhaps even completely void. The *Beit Shmuel* writes that even if the husband told two people to tell the scribe to write the bill of divorce and that they should sign the document themselves, the bill of divorce is invalid (Rambam *Sefer Nashim, Hilkhot Geirushin* 2:6; *Shulḥan Arukh, Even HaEzer* 120:4).

NOTES

Rabbi Yosei stated two – **רַבִּי יוֹסֵי תַּרְתֵּי אָמַר**: Rabbi Yosei holds both that verbal directives are not delegated to an agent and that even if the husband said: Tell another to do so, the agent may not appoint another agent to perform the task. The Ramban writes that the reason Rabbi Yosei also rules that a bill of divorce written by the agent designated by the agent is invalid even when the husband said: Tell another to do so, is not that there was an issue with the appointing of the agent. Rather, it is a *halakha* unique to a bill of divorce. Since the person writing the bill of divorce stands in lieu of the husband, and the bill of divorce must be written for the sake of the woman, the bill of divorce is not valid until the scribe and witnesses hear the instructions from the husband.

However, with regard to other matters relating to the bill of divorce, unrelated to writing for the sake of the woman, Rabbi Yosei would rule that if it is performed by the agent designated by the agent to whom the husband said: Tell another to do so, it is valid, e.g., a woman can designate an agent for receipt by instructing another to designate the agent on her behalf.

The Ra'ah, cited by Rabbeinu Crescas Vidal, explains that if the husband tells the agent to designate a specific man as an agent, it is effective in the case of a bill of divorce. Rabbi Yosei stated that the agent cannot designate another agent only with regard to one who says: Tell another person, chosen at your discretion, to do so, as in that case the concern is that perhaps the agents will deviate from the husband's instructions due to the shame of the scribe (see Ran, citing Rif).

His reasoning [*nimmuko*] accompanies his statements – **נִמּוּקוֹ עִמּוֹ**: Rashi explains that this means Rabbi Yosei had a reason for all of his statements. Elsewhere (*Eiruvin* 51a) Rashi explains that *nimmuko* is a contraction of *nim kav*, meaning that everything he said [*nim*] was straight as a line [*kav*]. Some of the *ge'onim* hold that *nimmuko* means writing, and in this context it means that there was textual support from the Torah for everything he said. The *Arukh* explains that his Torah knowledge was well organized, leading to clarity in his rulings.

LANGUAGE

His reasoning [*nimmuko*] – **נִמּוּקוֹ**: Some have suggested that this word is a contraction of the word *na'amuko*, with the *ayin* dropped, and stems from the word *omek*, meaning depth. Most, however, agree that its source is the Greek **νομικός**, *nomikos*, meaning learned in the law or a lawyer. The word appears in several Greek sources in reference to the Sages of Israel. According to this the phrase would mean: The *halakha* accompanies him; the reasoning of the Torah accompanies him.

דְּתַנְיָא, אִיסִי בֶּן יְהוּדָה הָיָה מוֹנֶה שִׁבְחָן שֶׁל חֲכָמִים: רַבִּי מֵאִיר – חָכָם וְסוֹפֵר, רַבִּי יְהוּדָה – חָכָם לִכְשֶׁיִּרְצֶה, רַבִּי טַרְפוֹן – גַּל שֶׁל אֱגוֹזִין, רַבִּי יִשְׁמָעֵאל – חָנוּת מְיוּזֶּנֶת, רַבִּי עֲקִיבָא – אוֹצָר בָּלוּם, רַבִּי יוֹחָנָן בֶּן נוּרִי – קוּפַּת הָרוֹכְלִים, רַבִּי אֶלְעָזָר בֶּן עֲזַרְיָה – קוּפָּה שֶׁל בְּשָׂמִים, מִשְׁנַת רַבִּי אֱלִיעֶזֶר בֶּן יַעֲקֹב – קַב וְנָקִי, רַבִּי יוֹסֵי – נִמּוּקוֹ עִמּוֹ, רַבִּי שִׁמְעוֹן – טוֹחֵן הַרְבֵּה וּמוֹצִיא קִימְעָא;

This is **as it is taught** in a *baraita* that **Isi ben Yehuda**[P] **would recount the praise of the Sages** by characterizing each of them: **Rabbi Meir, a scholar and scribe; Rabbi Yehuda, a scholar when he chooses**[N] to be one; **Rabbi Tarfon, a pile of nuts,** as, just as when one removes a nut from a pile all the other nuts fall, so too, when a student would ask Rabbi Tarfon with regard to one matter, he would cite sources from all the disciplines of the Torah; **Rabbi Yishmael, a well-stocked store;**[N] **Rabbi Akiva, a full storehouse;**[N] **Rabbi Yoḥanan ben Nuri, a peddler's basket,**[N] in which there is a small amount of each product; **Rabbi Elazar ben Azarya, a basket of** fragrant **spices,** as everything he says is reasonable; **the mishna of Rabbi Eliezer ben Ya'akov is measured** [*kav*] **and immaculate;**[N] **Rabbi Yosei, his reasoning accompanies his** statements; **Rabbi Shimon grinds much**[N] **and removes little.**

תָּנָא: מְשַׁכֵּחַ קִימְעָא, וּמַה שֶּׁמּוֹצִיא אֵינוֹ מוֹצִיא אֶלָּא סוּבִּין. וְכֵן אָמַר רַבִּי שִׁמְעוֹן לְתַלְמִידָיו: בָּנַיי, שְׁנוּ מִדּוֹתַי, שֶׁמִּדּוֹתַי תְּרוּמוֹת מִתְּרוּמוֹת מִידּוֹתָיו שֶׁל רַבִּי עֲקִיבָא.

It is **taught** in explanation: Rabbi Shimon **would forget little** of his studies, **and what he removed** from his memory, **he removed only chaff. And likewise, Rabbi Shimon said to his students: My sons, accept my** halakhic **rulings, as my rulings are the finest** rulings **of the finest rulings of Rabbi Akiva.**

גּוּפָא: אָמַר לִשְׁנַיִם ״אִמְרוּ לַסּוֹפֵר וְיִכְתּוֹב וְלִפְלוֹנִי וּפְלוֹנִי וְיַחְתְּמוּ״, אָמַר רַב הוּנָא אָמַר רַב: כָּשֵׁר, וְלֹא תֵּעָשֶׂה זֹאת בְּיִשְׂרָאֵל.

§ With regard to **the** matter previously cited **itself,** a case where **one who said to two** people: **Tell a scribe and he will write** the document **and** tell **so-and-so and so-and-so and they will sign** it, **Rav Huna says** that **Rav says:** It is **valid; however, it shall not be done in Israel** *ab initio*. The husband himself must appoint the scribe and witnesses.

אֲמַר לֵיהּ עוּלָּא לְרַב נַחְמָן, וְאָמְרִי לַהּ רַב נַחְמָן לְעוּלָּא: מֵאַחַר דְּכָשֵׁר, אַמַּאי לֹא תֵּעָשֶׂה זֹאת בְּיִשְׂרָאֵל? אֲמַר לֵיהּ: חָיְישִׁינַן שֶׁמָּא תִּשְׂכּוֹר עֵדִים.

Ulla said to Rav Naḥman, and some say that **Rav Naḥman** said **to Ulla: Since** it is **valid, why shall it not be done in Israel? He said to him: We are concerned lest** the woman **hire witnesses.** Since this is permitted by means of an agent, and the witnesses themselves do not know what the husband said, a woman could hire witnesses to tell a scribe to write a bill of divorce on her behalf and hire witnesses to sign it without her husband's knowledge.

וּמִי חָיְישִׁינַן? וְהָתַנְיָא: עֵדִים הַחֲתוּמִין עַל שְׂדֵה מִקָּח וְעַל גֵּט אִשָּׁה, לֹא חָשׁוּ חֲכָמִים לְדָבָר זֶה! מַעֲשֶׂה לָא עָבְדִי, דִּבּוּרָא קָאָמְרִי.

The Gemara asks: **But are we concerned** about that possibility? **But isn't it taught** in a *baraita* (*Tosefta*, *Yevamot* 4:7): With regard to **witnesses who are signed on a field of sale and a woman's bill of divorce, the Sages were not concerned with regard to this matter** of forgery, that perhaps these documents were written without consent of the owner and the husband, respectively. The Gemara answers: Although **they** would **not perform an action** and forge a bill of divorce, **they** would **utter a statement** and tell another to forge a document. The other person acts unknowingly, unaware of the impropriety involved.

אָמַר לִשְׁנַיִם ״אִמְרוּ לַסּוֹפֵר וְיִכְתּוֹב וְאַתֶּם חֲתוֹמוּ״, רַב חִסְדָּא אָמַר: כָּשֵׁר וְלֹא תֵּעָשֶׂה, רַבָּה בַּר בַּר חָנָה אָמַר: כָּשֵׁר וְתֵעָשֶׂה;

The Gemara cites another *halakha*: If **one said to two** people: **Tell the scribe and he will write** the document **and you sign** it, **Rav Ḥisda says:** This bill of divorce is **valid; however, it shall not be done** *ab initio*. **Rabba bar bar Ḥana says:** It is **valid and it may be done** *ab initio*.

רַב נַחְמָן אָמַר: כָּשֵׁר וְלֹא תֵּעָשֶׂה, רַב שֵׁשֶׁת אָמַר: כָּשֵׁר וְתֵעָשֶׂה; רַבָּה אָמַר: כָּשֵׁר וְלֹא תֵּעָשֶׂה, רַב יוֹסֵף אָמַר: כָּשֵׁר וְתֵעָשֶׂה.

Several other *amora'im* dispute this matter. **Rav Naḥman says:** It is **valid; however, it shall not be done** *ab initio*. **Rav Sheshet says:** It is **valid and it may be done** *ab initio*. **Rabba says:** It is **valid; however, it shall not be done. Rav Yosef says:** It is **valid and it may be done.**

NOTES

A scholar when he chooses – **חָכָם לִכְשֶׁיִּרְצֶה**: Rashi explains that when Rabbi Yehuda chose to speak in a settled manner, he was particularly erudite. Similarly, *Tosafot* explain that the difference between Rabbi Meir and Rabbi Yehuda was that Rabbi Meir was especially sharp, while Rabbi Yehuda would reach a conclusion in a deliberate and measured manner. When he conducted himself in that manner he would surpass Rabbi Meir. Others explain that when Rabbi Yehuda chose to speak, and based on his appointment by the Roman authorities as well, he would have the prerogative to speak before all others (*Arukh*).

A well-stocked [*meyuzzenet*] store – **חָנוּת מְיוּזֶּנֶת**: Rashi explains that this refers to a store filled with food; one need not search to find food items in such a store, as they are readily available. The *Arukh* explains this expression to mean a store that is stocked with all types of merchandise, as Rabbi Yishmael was filled with Torah that was available at any time. There is a variant reading that reads *mezuyyenet*, meaning armed with weapons (*Tosafot*). Others explain this as a variation of the word *ziv*, meaning beauty (*Arukh*).

A full [*balum*] storehouse – **אוֹצָר בָּלוּם**: Rashi explains that *balum* means closed, referring to a storehouse made with closed, orderly walls. He cites from *Avot deRabbi Natan*, where this discussion is recorded in greater detail, that Rabbi Akiva would study the Torah as it was transmitted to him, and he was very skilled at analyzing and organizing all of those statements. There is a variant reading, *balus*, meaning mixed (*Tosafot*; Ibn Janaḥ, citing Rav Sherira Gaon), and it is explained in the *Arukh* that this means that all the qualities required to create a Torah scholar were combined within him.

A peddler's basket – **קוּפַּת הָרוֹכְלִים**: This basket contains separate compartments for each product. Rashi writes that this praise does not equal that of Rabbi Akiva, who studied all of the Torah and then organized it. Apparently, there is another difference, as the full storehouse contains large amounts of each product, while a peddler's basket contains only small amounts. A basket of spices, to which Rabbi Elazar ben Azarya, the next Sage in the list, is compared, is smaller than a peddler's basket, and is not as well organized, as it is a small box belonging to an individual. Apparently, these praises appear in descending order.

Measured [*kav*] and immaculate – **קַב וְנָקִי**: He taught very little, as indicated by the singular term *kav*; however, what he taught is immaculate in the sense that his rulings are accepted as *halakha*. Similarly, there is a tradition that the *halakha* is ruled in accordance with his opinion in every case. Rabbeinu Ḥananel cites a tradition that *kav* in this context refers to the numerical value of the word, spelled *kuf beit*, 102, as the *halakha* is in accordance with his opinion concerning 102 statements of his.

Grinds much, etc. – **טוֹחֵן הַרְבֵּה וכו׳**: At first glance, this is not praise at all. In fact, in *Avot deRabbi Natan*, Rabbi Shimon considered it derogatory. However, Isi ben Yehuda himself explains that he meant that he would study a significant amount and would remove, i.e., forget, only a bit. He forgot only chaff, i.e., insignificant matters.

PERSONALITIES

Isi ben Yehuda – **אִיסִי בֶּן יְהוּדָה**: Isi ben Yehuda lived in the generation before Rabbi Yehuda HaNasi. He is the *tanna* known as Yosef HaBavli because he was a native of Babylonia, from Huzal, the city that was the most significant center of Jewish life and scholarship. Isi is one of the Aramaic nicknames for Yosef. There is a tradition that tells of a harsh decree in Yosef HaBavli's area that forced him to flee and change his name to Isi ben Gamliel. According to the Jerusalem Talmud he was also called Rabbi Yosef Ketanta, who is mentioned in the Mishna (*Sota* 49a) as one of the last of the famous pious Sages. When he came to Eretz Yisrael, he studied with several of the students of Rabbi Akiva. His halakhic and aggadic statements are cited in *baraitot* and in the Talmud.

HALAKHA

If a man said to ten people: Write, etc. – אָמַר לַעֲשָׂרָה כִּתְבוּ וכו׳: If a man says to ten people: Write a bill of divorce for my wife, one writes it for all of them. If he says: All of you write it, one writes it in the presence of all of them (Rambam *Sefer Nashim, Hilkhot Geirushin* 9:26; *Shulḥan Arukh, Even HaEzer* 120:7).

Deliver a bill of divorce to my wife – הוֹלִיכוּ גֵּט לְאִשְׁתִּי: If a man says to ten people: Deliver a bill of divorce to my wife, one brings it for all of them. However, if he said: All of you deliver it, one delivers it in the presence of them all (Rambam *Sefer Nashim, Hilkhot Geirushin* 9:26; *Shulḥan Arukh, Even HaEzer* 141:21, 23).

If one enumerated them by name it is comparable to saying, all of you write – מָנָה הֲרֵי הוּא כְּכוּלְּכֶם: If a man says to ten people: All of you sign, or if he enumerated them by name, whether he enumerated all of them, or he enumerated some of them, it is as though he said: All of you, and they all need to sign it. Based on his understanding of the Rambam, the *Shulḥan Arukh* says that because the meaning of his instruction is ambiguous, the ruling is stringent, as it is a matter of forbidden relations. Others (*Beit Shmuel*; Rashi; Ran) write that only those enumerated explicitly are required to sign; the Rambam can be understood this way as well. If those enumerated do not sign the document, according to the Rambam the bill of divorce is invalid. However, according to the Ran, there is uncertainty whether or not she is divorced (Rambam *Sefer Nashim, Hilkhot Geirushin* 9:27; *Shulḥan Arukh, Even HaEzer* 120:9).

Write it…each and every one of you – כְּתוּבוּ...כָּל חַד וְחַד מִינַּיְכוֹן: The Sages instituted that if one designates several agents for a bill of divorce, he should say to them: Each one of you may write a bill of divorce for my wife. If he designates them for signing the document, he should say: Every two of you may sign the document. If he designates them for delivering the document he should say: Each one of you may deliver the document, in accordance with the statement of Rava (Rambam *Sefer Nashim, Hilkhot Geirushin* 9:28; *Shulḥan Arukh, Even HaEzer* 141:11).

וְאִיכָּא דְּאַפֵּיךְ לְהוּ.

And there are those **who reverse** the attribution of the opinions of Rabba and Rav Yosef with regard to this matter.

״אָמַר לַעֲשָׂרָה כִּתְבוּ גֵּט״. תָּנוּ רַבָּנַן: אָמַר לַעֲשָׂרָה ״כִּתְבוּ גֵּט וּתְנוּ לְאִשְׁתִּי״ – אֶחָד כּוֹתֵב עַל יְדֵי כּוּלָּם, ״כּוּלְּכֶם כְּתוֹבוּ״ – אֶחָד כּוֹתֵב בְּמַעֲמַד כּוּלָּם; ״הוֹלִיכוּ גֵּט לְאִשְׁתִּי״ – אֶחָד מוֹלִיךְ עַל יְדֵי כּוּלָּם, ״כּוּלְּכֶם הוֹלִיכוּ״ – אֶחָד מוֹלִיךְ בְּמַעֲמַד כּוּלָּם.

The mishna teaches that if a man **said to ten** people: **Write**[H] and give **a bill of divorce** to my wife, one of the ten writes the bill of divorce and two sign it. **The Sages taught:** If **one said to ten** people: **Write a bill of divorce and give** it **to my wife, one writes on behalf of them all.** If he said: **All of you write** the document, **one writes it in the presence of them all.** If he said: **Deliver a bill of divorce to my wife,**[H] **one** person **brings it on behalf of them all.** If he said: **All of you deliver** a bill of divorce, then **one brings it in the presence of them all.**

אִיבַּעְיָא לְהוּ: מָנָה אוֹתָן, מַהוּ? רַב הוּנָא אָמַר: מָנָה – אֵינוֹ כְּ״כוּלְּכֶם״, רַבִּי יוֹחָנָן מִשּׁוּם רַבִּי אֶלְעָזָר דְּמִן רוֹמָה אָמַר: מָנָה – הֲרֵי הוּא כְּ״כוּלְּכֶם״.

A dilemma was raised before the Sages: If he said: Write a bill of divorce, and **he enumerated them** by name, **what is** the *halakha*? Can one of them write the bill of divorce on behalf of them all? Or perhaps it is comparable to a situation where one says: All of you write, when it must be written in the presence of them all. **Rav Huna says:** If **one enumerated** them by name, **it is not comparable to** saying: **All of you** write. **Rabbi Yoḥanan says in the name of Rabbi Elazar of Rome:** If **one enumerated** them by name, **it is comparable to** saying: **All of you** write.[H]

אֲמַר רַב פַּפָּא, וְלָא פְּלִיגִי: הָא דְּמָנָה כּוּלְּהוּ, וְהָא דְּמָנָה מִקְצָתַיְיהוּ. אָמְרִי לָהּ לְהַאי גִּיסָּא, וְאָמְרִי לָהּ לְהַאי גִּיסָּא.

Rav Pappa said: And they do not disagree. This is referring to a case **where he enumerated them all, and that** is referring to a case **where he enumerated some of them. Some say** that the distinction between the cases should be explained **in this manner, and some say it in that manner.** Some explain that the distinction is that if he enumerated them all, he insists that they all participate, but if he enumerated some of them, he does not insist that they do so. He enumerated the names that he did only to indicate that he wants the people performing the task to be chosen from those people. Others explain that if he enumerated only some of them, he thereby expressed his intent that they alone participate, but if he enumerated them all but did not say: All of you write, that is not the case.

אַתְקֵין רַב יְהוּדָה בְּגִיטָּא דְּ״כוּלְּכֶם״: ״כְּתוֹבוּ אוֹ כּוּלְּכוֹן אוֹ כָּל חַד וְחַד מִינַּיְכוֹן, חֲתוֹמוּ אוֹ כּוּלְּכוֹן אוֹ כָּל תְּרֵי מִינַּיְכוֹן, אוֹבִילוּ אוֹ כּוּלְּכוֹן אוֹ כָּל חַד וְחַד מִינַּיְכוֹן״.

The Gemara recounts: **Rav Yehuda instituted in** the case of **a bill of divorce** with regard to which the husband gave instructions in the presence of many people and the concern is that it will be interpreted that he said: **All of you** write, and if they do not all sign there will be uncertainty whether or not the woman is divorced, that he should say: **Write** it, **either all of you or each and every one of you;**[H] **sign** it, **either all of you or every two of you; deliver** it, **either all of you or each and every one of you.** In that way, there is no concern that the bill of divorce will be invalid if one of them fails to participate.

אֲמַר רָבָא: זִימְנִין דְּגָאֵיז לֵיהּ לְדִיבּוּרֵיהּ, וְאָמַר ״כּוּלְּכוֹן״ וְלָא אָמַר ״כָּל חַד מִינַּיְכוֹן״, וְאָתֵי לְאִיפְּסוּלֵי!

Rava said: This ordinance still leaves room for a pitfall. Since Rav Yehuda instituted a formula that is that long and complex, **sometimes** the husband **may truncate his statement and say: All of you, but he will not say: Every one of you. And** the bill of divorce **will be invalidated** as a result.

אֶלָּא אֲמַר רָבָא: ״כְּתוֹבוּ כָּל חַד מִינַּיְכוֹן, חֲתוֹמוּ כָּל תְּרֵי מִינַּיְכוֹן, אוֹבִילוּ כָּל חַד מִינַּיְכוֹן״.

הדרן עלך האומר

Rather, Rava said that he must say: **Each of you** may **write** it, **every two of you** may **sign** it, **each one of you** may **deliver** it. However, he should not say: All of you, so that the bill of divorce will not be invalidated if one fails to do so.

Summary of **Perek VI**

In the discussion of the *halakhot* of agency for transfer of a bill of divorce from husband to wife, it was concluded that the husband can designate an agent, male or female, to deliver the bill of divorce to his wife, in which case the divorce takes effect only when the document reaches his wife. Likewise, the wife can designate an agent, male or female, to receive the bill of divorce, in which case the divorce takes effect once the document reaches the agent. There must be two men witnessing the designation of the agent for receipt, and there must be two men witnessing the document being handed to the agent.

When the designation and transfer of the bill of divorce to the agent for receipt is performed properly, the bill of divorce takes effect immediately, and the husband can no longer void it. Once a woman designates an agent for receipt, she must act stringently, as if she already received the bill of divorce from the husband or his agent. For instance, if she was the wife of a priest, it is prohibited for her to partake of *teruma* from the moment of designation. An adult woman may designate an agent for receipt, and the father may designate an agent for receipt for his betrothed daughter who is a minor.

In designating an agent to write and deliver a bill of divorce to his wife, the husband must clearly state that he seeks to divorce his wife. If he expressed his intention ambiguously, the agent may not deliver the bill of divorce on his behalf. If the husband says: Write a bill of divorce for my wife, it is not considered designation of an agent for delivery; nevertheless, in exigent circumstances, e.g., if he is taken out for execution, if he departs on a long journey, or if he is dangerously ill, his intention is presumably not only that the agents write the document but that they deliver it as well.

The same is true with regard to a husband located in a dangerous area. Even if it is impossible to determine his identity beyond a shadow of a doubt, allowances are made in order to avoid rendering the woman a deserted wife. In principle, if a healthy man says: Write a bill of divorce for my wife, the agents have no mandate to deliver it. However, if it is discovered that the husband intended to later commit suicide, the agents deliver the bill of divorce based on the assumption that this was the husband's intention and that he failed to articulate that intention due to his preoccupation.

If a man instructs two people to give a bill of divorce to his wife, his intention is that they themselves will write and deliver it, and they may not designate others to do so. If they do not know how to write, they must learn to do so and write the document. If

the husband told a group of people to write a bill of divorce for his wife, one of them writes the document and two sign it. If he said: All of you write a bill of divorce for my wife, they are all required to sign it. Failure to do so, even if one of them died, voids the bill of divorce, as they did not fulfill the condition. In order to avoid that pitfall, one should explicitly state that when he said all he meant that any of the members of the group may write and sign the document.

Image **Credits**

My Notes

My Notes

My Notes

My Notes

My Notes

My Notes